独乐斋文存

仓修良◎著

浙江人民出版社

图书在版编目（CIP）数据

独乐斋文存 / 仓修良著. —杭州 ：浙江人民出版社，2019.5

ISBN 978-7-213-09329-6

Ⅰ．①独… Ⅱ．①仓… Ⅲ．①史学-文集 Ⅳ．①K0-53

中国版本图书馆CIP数据核字（2019）第101369号

独乐斋文存

仓修良　著

出版发行	浙江人民出版社（杭州市体育场路347号　邮编　310006）
	市场部电话：(0571)85061682　85176516
责任编辑	王福群　诸舒鹏
责任校对	戴文英
责任印务	程　琳
封面设计	张合涛
电脑制版	杭州天一图文制作有限公司
印　　刷	浙江新华数码印务有限公司
开　　本	710毫米×1000毫米　　　1/16
印　　张	35.5
字　　数	557千字
插　　页	6
版　　次	2019年5月第1版
印　　次	2019年5月第1次印刷
书　　号	ISBN 978-7-213-09329-6
定　　价	168.00元

如发现印装质量问题，影响阅读，请与市场部联系调换。

"独乐斋"与求是情（代序）

毛诗吟

十几平方的小房间被大大小小的书籍堆放满，几乎要侧着身子在里面行走———这是我对外公的"独乐斋"最大的印象。我的外公仓修良，是浙江大学历史系的退休老教授，而"独乐斋"是他最喜欢的房间，无论是写书、查文献，或是一个人的沉思，他都喜欢独自坐在书房的小藤椅上。也许正因为如此，外公将它称为"独乐斋"。尽管空间狭窄、光线昏暗，那却是外公的学术乐园。

外公1958年从浙江师范学院毕业，就一直任教于杭州大学历史系，四校合并后成为浙江大学历史系教授。在我的记忆中，外公喜欢一个人泡一杯浓茶，然后在书桌前坐上一个下午。在那里，诞生过很多的思想与著作。早年他出版过《中国古代史学史简编》《方志学通论》《章学诚评传》，之后又主编过《中国史学名著评介》《仓修良探方志》等书。

外公很爱书，他把一本本书当作珍藏的宝物，平常从不让我们随意拿取书架上的书，怕不经意间让书受到损伤。他时常对我说："这里的很多书都已经是绝版的了，只有我这里有，连图书馆都要问我来借。"看着外公骄傲的神情，我渐渐能够体会到那些书在他心中的分量。很多次，我都会看到，外公小心翼翼地从书架上取下一本书，用袖子轻轻地拂去上面的灰尘，然后满意地会心一笑。一行行、一列列，在我们看来不起眼的书籍，却在岁月中继承着学者的执着，也只有他们可以在书海中感受到历史的脉搏。

外公爱书，也爱那一方讲台。年轻的时候，如果遇上有课的日子，他都会提前一个多小时来到教室做好课前的准备，那里是他传授知识的地方，也是他的战场。他很严肃，也很固执，有时候会觉得他脾气有点大，特别是在学生不遵守课堂纪律的时候，他一定会狠狠地批评几句。但是，外公和学生的关系却特别好，常常在一起交流学术问题，有时候还会把他们请到家中做客。即使过了几十年，很多学生也已经当上了老师，每逢佳节，他们还是会来看望外公，在他们的心里，外公已经被当作了父亲。无论是学术上的问题还是家常的琐事，外公都会饶有兴致地和他们交流，提出自己的想法和建议。

每当谈到几个欣赏的学生，外公的眼里总会泛出微光；每当听到自己的学生又出了新书，又有了新的成就，外公总会啧啧赞叹，并回想起当年给他们授课的场景。让外公印象最深刻的是恢复高考后第一年的那届学生，尽管当时的教学水平并不算太高，但是艰苦的环境却孕育出了浓浓的师生情。外公总是喜欢拿出抽屉里的那张毕业照，细细摩挲，回味着那些年的教学生活，偶尔嘴里还会念叨旧时生活的不易。正是因为那些日子给他的印象深刻，他总是教导我们应该提倡节俭的生活。

外公很喜欢提起他求学时期的那些往事，从他如何离开家乡来到城市，到他认真把握每时每刻、熬夜读书、克服环境上的不足考上大学的经历，虽然今天这些事情被他津津有味地说出，但是也许在那个遥远的时代，独自一人的求学生活并不是一件容易的事。每当外公谈到现在的生活，他总是很满足的样子，一个人斟一杯故乡的洋河酒，配上几碟小菜，听听电视里的新闻，偶尔对时事评论一番，相比于旧时的颠沛流离已经算是一种奢侈的享受。

也许是因为不断地备课著书，过度用眼，外公的视力一直不好，有的时候连脚下的台阶也很难看清楚，需要有人在一旁扶着，但是每当有人请他审阅文章时，他都不会拒绝。虽然因为年纪大了，外公的阅读速度很慢，有时候一个下午也只能很吃力地看几张纸，但他还是会很认真地在旁边做上批注。我们都奉劝他可以不要再专注于学术了，身体要紧，但是外公总是会哼哼道"活到老，学到老"，然后继续看剩下的文稿。他就是这样，执拗而专注，紧紧地抓住工作上的每一个细节，以前是这样，现在依旧如此。有一次，有个地方的方志办邀请他当修志顾问，然而却迟迟没有来和他进行交流，外公就主动打电话向他们询问情况，他说"顾问顾问，既然顾了就应该问"，不应该只挂名而不做实事。"打破砂锅问到底"，这是形容他学术精神的最恰当的词句，尽管有了很多的学术成就，外公遇到问题的时候还是会眯着眼睛，有些吃力地翻阅文献。在他的心中，一直有这样的一片土地，只容得下真理与事实。

　　随着年龄的增大,外公一直担心着"独乐斋"里的那些书籍,那些他积攒了几十年的心血积累的宝物不能得到很好的安置。他一直希望能将书送到有它们用武之地的地方。每次外公将一本本旧书叠好打包捐赠给图书馆的时候,我都能感觉到他好像在送别一个个长大的孩子,虽然依依不舍,却仍然希望它们能找到最好的归宿。他常常会拿出捐赠证书给我看,带着荣耀的语气,"以后一定要常去看看这些书哦"。

　　明年是浙江大学的 120 周年校庆,也是我外公自任教开始的第 58 年,在这里,外公留下了他的青春记忆,也度过了他不畏艰难追求真理的几十年,看着浙大一年年成长与进步,外公很是欣慰。他时常激励我要刻苦学习,珍惜优越的物质条件,多学多问。虽然我们这一代的"求是人"无论是在学术成就还是在探索精神方面都还不能与老一代人相比,但是我们一定会在心中默念,将"求是"的精神永远地传承下去,不辜负时代的期望。

　　也许在不久的将来,在这片我们共同奋斗的土地上,会有更多的"独乐斋"中盛开的"求是之花"。

　　　　　　　　　　　　(原载《浙江大学报》2016 年 5 月 21 日第 598 期第二版)

目　　录

王充的反潮流精神

王充是我国著名的唯物主义思想家、文学家,杰出的法家代表人物。他的名著《论衡》,不仅对儒家反动思想进行了较全面、较系统的批判,而且敢于冒"非圣无法"的政治风险,列出《问孔》《刺孟》两个专篇,公开举起讨孔伐孟的战斗旗帜,运用形式逻辑的方法,锋芒毕露地对孔孟进行了尖锐的揭露和批判,并在思想文化领域里作出了重要的贡献。这在孔孟儒学和谶纬迷信思想独占统治地位的东汉时代,确是难能可贵的,集中地表现了王充在政治上是进步的,具有敢于反潮流的大无畏战斗精神。

王充字仲仁,会稽上虞(今浙江上虞县)人。生于东汉光武帝建武三年(公元 27 年),卒年不可确考,约在和帝永元九年(公元 97 年)。王充的家庭,是个屡受世家豪族欺凌的"细族孤门"。青年时代曾游学洛阳,因"家贫无书",经常到街市书铺里去看书,使他有机会接触到那些在太学里被禁止阅读的诸子百家之言。王充虽曾做过几任官,但都是一些职位不高的州县属吏,而且由于他的政治见解和学术思想多与当权的豪贵不合,往往任职不久,或者"以数谏争,不合"①,被迫离去;或者"俗材因其(王充)微过,蜚(飞)条陷之"②,遭到贬黜。到他晚年,更是"仕路隔绝",过着"贫无供养"的穷困生活。但王充并不因此意志消沉,反而自豪地说:"得官司不欣,失位不恨。处逸乐而欲不放,居贫苦而志不倦。淫读古文,甘闻异言。世书俗说,多所不安,幽处独居,考论虚实"③。这种不阿权贵,不怕丢官,追求真理,敢于斗争的精神,贯穿着王充的一生。差不多用了毕生精力(前后历时凡 30 余年)写成的《论衡》,就是王充一生奋斗精神的结晶。

王充在《论衡》中,以大量的篇幅,集中地对董仲舒的"天人感应""王权神授"说和班固的谶纬神学,进行了猛烈的抨击。

---

① 《后汉书·王充传》。
② 《论衡·自纪》篇。以下引《论衡》只注篇名。
③ 《自纪》篇。

以孔孟为代表的儒家哲学,经过董仲舒的加工改造,成为西汉中斯以后日趋保守的封建统治阶级,在政治思想领域内对农民阶级实行专政的思想理论武器。《春秋繁露》和《天人三策》,便是这种反动哲学思想的代表作。董仲舒特别强调并进一步发挥了孔孟的天命思想,大肆鼓吹"天人感应""王权神授"和"天谴""天告"这一套天人合一的神学思想。他把"天"说成是有意志的天,帝王是接受上天命令来进行统治的,上天则以符瑞和灾异表示对人君的维护和谴责。这样,就把天上的神权和人间的王权沟通起来,从而构成了一套为封建专制王权服务的神学思想体系,为"王权神授"制造反动理论根据。为了稳固封建统治秩序,他又根据孔丘的"正名"思想,提出了"三纲"、"五常"的反动说教。后来这种神秘主义的儒家哲学进一步发展,又直接和谶纬神学相结合,尤其是东汉时期,由于以光武帝刘秀为代表的豪强地主集团的竭力提倡,更得到了恶性的发展。刘秀不仅在他混入农民起义队伍的过程中,早就利用图谶迷信欺骗人民,夺取起义军的领导权;而且在他当上皇帝以后,借助政权的力量,于中元元年(公元 56 年)"宣布图谶于天下"①,正式确定谶纬学为儒家的正统。一时谶纬之说,如同洪水泛滥。到了章帝建初四年(公元79 年),采纳校书郎杨终"博征群儒,论定《五经》","永为后世则"的建议②,召集全国的所谓"名儒",在京师洛阳北宫白虎观开了一次如何注释儒家经书的会议,大肆宣扬董仲舒那套神秘主义的"天人合一"说和阴阳五行的迷信说教,最后由章帝"亲称制临决"。班固撰集的《白虎通义》一书,就是这次尊孔复礼的宗教神学会议的书面总结,它全部继承并发挥了董仲舒那套神学思想体系,集当时儒家哲学谶纬化之大成,也是当时封建统治阶级尊孔的一部法曲。《白虎通义》开宗明义就说:"王者,父天母地,为天之子也。……天覆地载,谓之天子。"为了论证封建统治的合理,《白虎通义》把自然秩序和社会秩序更加紧密地结合起来,大加比附。说什么"天道莫不成于三:天有三光,日月星;地有三形,高下平;人有三尊,君父师"。又说什么:"子顺(顺从)父,妻顺夫,臣顺君,何法(仿效什么)? 法地顺天也"。"地之承(奉承)天,犹妻之事(事奉)夫,臣之事君也"。并把"君有众民",比作"天有众星";等等。显然,这是一种更加赤裸裸地为封建地主阶级专政服务的反动哲学,它"把孔夫子的

---

① 《后汉书·光武帝纪》。
② 《后汉书·杨终传》。

一套当作宗教教条一样强迫人民信奉"①,把孔丘这个人捧上了"通天教主"的高位,说他能"前知千岁,后知万世",加以神化。

正当笼罩着这种乌烟瘴气的神学迷信思想之时,王充抱着不怕丢官,不怕杀头的大无畏精神,对董仲舒的《春秋繁露》《天人三策》以至《白虎通义》的谶纬迷信等官方哲学,展开了系统的批判。王充在《论衡》中,首先集中火力抨击了天有意志的神学观念。他说:"夫天者体也,与地同"②。"天地不生,故不死"③。并进一步指出:"天之与地,皆体也。地无下,则天无上矣。"④这样,就把主宰一切的至高无上的天,还原为如同"玉石之类"无意志的自然的天。王充抓住了要害,否定了天有意志的谬论,从而也就打破了王权神授、天人感应、谶纬迷信、天谴天告等有神论的思想基础。王充还用同样的逻辑推理的方法。驳斥了"人死为鬼,有知,能害人"的迷信思想。他认为如说人死还有知觉,等于说火灭了还有光,是非常荒谬的。他的结论是:"人死不为鬼,无知,不能害人。"⑤这样,王充不仅否定了天上的神,也否定了地下的鬼。王充的这种无神论思想,不仅在当时具有很大的进步作用,对后来的唯物主义思想家范缜等人,也很有影响。

应该着重指出的是,王充在《论衡》中,不仅对以董仲舒等为代表的反动神学理论,进行了坚决的斗争,而且敢于"不避上圣",锋芒直指儒家反动思想的祖顺爷孔丘和孟轲,列出《问孔》《刺孟》两个专篇,分别对他们进行了大胆的揭露和批判。这在一片尊孔叫嚣的当时,孔丘已经由"人"而"圣",由"圣"而"神",成为维护封建统治的一尊偶像的现实情况下,充分地体现了王充那种敢于反潮流的大无畏精神。

王充在《问孔》篇中,劈头就指出孔丘之文"前后多相伐(抵触)",孔丘之言"上下多相违(违背)",接着就列举大量事实,运用形式逻辑的推理方法,一桩桩、一件件地进行据理驳斥、追难,充分暴露了孔丘那副口是心非、言行不一、要尽反革命两面派花招,一门心思想当官掌权以推行"周道"的丑恶嘴脸。

孔丘为了挽回日趋崩溃的奴隶制统治的颓势,像条"丧家之狗",四处奔

---

① 毛泽东:《反对党八股》,载《毛泽东选集》第二卷。
② 《祀义》篇。
③④ 《道虚》篇。
⑤ 《论死》篇。

走,兜售"周道",妄图阻止历史车轮前进。在到处碰壁挨揍之后,他曾发出
"欲居九夷"的绝望哀鸣。对于这件事,王充深刻地揭露说:"孔子欲之九夷
者,何起乎?起道不行于中国,故欲之九夷。夫中国且不行,安能行于夷狄?
'夷狄之有君,不若诸夏之亡(元)'①,言夷狄之难,诸夏之易也。不能行于易,
能行于难乎?"孔丘是最看不起"夷狄"的,但在走投无路的时候,又竟然"欲居
九夷",这里王充引用孔丘自己对"夷狄"评论的话来进行揭露,是很有说服力
的。王充批判说:"实不欲往,志动发言,是伪言也。"这"伪言"二字,既明确地
揭露了孔丘言不由衷说假话的虚伪性,又十分含蓄地道出了孔丘行"周道"、
复"周礼"至死不悟的顽固性。

　　孔丘口口声声以"礼"来教育他的学生,要求他们"克己复礼",做到"非礼
勿视,非礼勿听,非礼勿言,非礼勿动"②。并且还打着行周公之礼的招牌,到
处招摇撞骗。王充曾以孔丘对待卫国宾馆办事人及其学生颜渊和儿子孔鲤
三人的丧事处理,来揭露孔丘的口是心非和对待"礼制"的两面派手法。王充
评论说:"吊伯馆脱骖以赙(卸下套车的马相赠),恶涕无从;器颜渊恸,请车不
与,使恸无副。岂涕与恸殊,马与车异邪?于彼则礼情相副,于此则恩义不
称,未晓孔子为礼之意。"对于这件事,孔丘也明知"情不副礼",生怕别人议
论,他就以自己的儿子孔鲤死时也是有棺无椁,当时也没有卖掉车子给他儿
子买椁一事来为自己辩护。王充则一针见血地指出:"副情于旧馆,不称恩于
子,岂以前为士,后为大夫哉?如前为士,士乘二马;如为大夫,大夫乘三马。
大夫不可去车徒行,何不截卖两马以为椁,乘其一乎?为士时乘二马,截一以
赙旧馆,今亦何不截其二以副恩,乘一以解不徒行乎?不脱马以赙旧馆,未必
乱制。葬子有棺无椁,废礼伤法。孔子重赙旧人之恩,轻废葬子之礼。此礼
得于他人,制失于亲子也,然则孔子不粥(鬻)车以为鲤椁,何以解于贪官好仕
恐无车?而自云'君子杀身以成仁',何难退位以成礼?"这一段评论,王充紧
紧抓住孔丘前后言行不一的矛盾,尖锐地指责孔丘对于"礼",完全是根据自
己的利害得失而作随心所欲的解释,揭露了孔丘不肯卖车买椁的丑恶嘴
脸——"贪官好仕恐无车",批判了孔丘教育他人"杀身以成仁",而自己却不
肯"退位以成礼"这种口是心非的伪君子作风。

---

① 　引文内是孔丘的原话,见《论语·八佾》篇。
② 　《论语·颜渊》篇。

孔丘表面上装得道貌岸然,连取名"盗泉"的水也不喝,为的是"避恶去污",不让这种羞辱的名称来沾染他自己的洁净。可是在行动上又完全是另一套。如佛肸(音"气"。佛肸,晋大夫范氏的家臣)据中牟(在今河北西部)搞反革命复辟政变时,曾派人邀请孔丘到他那里做官,孔丘马上就想动身去,他的学生子路反对,孔丘还强词夺理地强辩说:"吾岂匏瓜(胡瓜)也哉? 焉能系而不食也?"王充对于这件事作了辛辣的批评,他说:盗泉只有空名,孔丘就以为可耻;佛肸有罪恶的事实,可是却想到那里去! 揭穿了孔丘"巧伪人"的真面目。接着,王充进一步指出:子路的反对并不是说孔丘不该做官,他只是说应该选一个好的地方去。可是孔丘却把自己比作匏瓜,"孔子之言,何其鄙也"! "仕而直言食,……不假(借)义理之名,是则俗人,非君子也"。王充毫不客气地把这位"孔圣人"一下子拉到了"俗人"的行列。

诸如此类的例子,在《问孔》篇中还有很多。仅从以上所摘引的这三件事情,就已经充分地暴露子孔丘这个政治小丑的真面目。在王充犀利的笔锋下,孔丘就是这样一个十足的反革命两面派、伪君子,开倒车、搞复辟的老手。王充能够根据事实"追难孔子","伐孔子之说",打破对孔丘的偶像崇拜,确是一种大胆的造反精神。

王充在《问孔》篇中,还对孔丘及其门徒一再颂扬并卖力推销"礼治",鼓吹"去兵去食"的反动主张,作了批判。王充针锋相对地提出:"使治国无食,民饿,弃礼义;礼义弃,信安所立? 传曰:'仓廪实,知礼节;衣食足,知荣辱。让(谦让)生于有余,争生于不足'。今言去食,信安得成? 春秋之时,战国(有战争的国家)饥饿,易子(交换自己的儿子)而食,析骸而炊,口饥不食,不暇顾恩义也。夫父子之恩,信矣。饥饿弃信,以子为食。孔子教子贡去食存信,如何? 夫去信存食,虽不欲信,信自生矣;去食存信,虽欲为信,信不立矣。"虽然王充在当时不可能认识到封建统治的阶级压迫和阶级剥削的问题,但是他强调"食"的重要性,这对孔丘所宣扬的"去食存信"的政治骗术,却是个有力的揭露。

不仅如此,王充在《问孔》篇中,又针对孔丘叫喊"凤鸟不至,河不出图,吾已矣夫"①的绝望哀鸣,作了有力的批驳。他说:"太平之帝,未必常致凤鸟与

---

① 《论语・子罕》篇。

河图也。五帝、三王,皆致太平。案其瑞应,不皆凤凰为必然之瑞。"接着,王充又进一步揭露了孔丘"自伤不得王"的野心。有人曾为孔丘辩护,说"孔子不自伤不得王也,伤时无明王,故已不用也"。王充反驳说:"任贤使能,治定功成;治定功成,则瑞应至矣。瑞应至后,亦不须孔子。孔子所望,何其末也!……孝文皇帝(西汉文帝)可谓明矣,案其本纪,不见凤鸟与河图。使孔子在孝文之世,犹曰'吾已矣夫'?"这就有力地驳斥了孔丘那套凤鸟、河图的谎言,暴露了孔丘自己想当"明王"的政治野心。

由上可知,王充在《问孔》篇中,充分运用形式逻辑的推理方法,摆出事实,深入分析,反复论证,层层批驳,对孔丘的唯心主义反动观点作了一次重大的冲击,特别是对孔丘反革命两面派的伪善面貌给予了巧妙的揭露,他抓住孔丘日常言行中的矛盾,借孔丘自己的手打他自己的耳光,撕下了孔丘这个"上大人"的伪装外衣而还原为"俗人",是确有胆识的。

如果说,王充对孔丘的揭露和批判还有掩饰之辞,辞中又多有隐晦之义,那么,王充在《刺孟》篇中对孟轲的批判,则更为尖锐、泼辣,确实有些锋芒逼人。他紧抓住孟轲"五百年必有王者兴"的反动英雄史观,作了层层分析和批驳。首先,王充列举了儒家最崇拜的一些"圣君""贤王",并不是500年才产生一个。他说:"帝喾(音'酷')王者,而尧又王天下;尧传于舜,舜又王天下;舜传于禹,禹又王天下。四圣之王天下也,继踵而兴。禹至汤且千岁,汤至周亦然,始于文王,而卒传于武王。武王崩,成王、周公共治天下。由周至孟子之时,又七百岁而无王者。"在列举了历史上大量事实之后,王充责问:"五百岁必有王者之验,在何世乎?云五百岁必有王者,谁所言乎?论不实事考验,信浮淫之语;不遇去齐,有不豫之色;非孟子之贤效与俗儒无殊之验也?"在这里,王充一面有力地反驳了孟轲的每隔500年必然要出现一个"天才"大人物的说法是毫无根据的谎言,同时也把这个堂堂"亚圣"打了"俗儒"的行列。王充还通过反复的辩驳,进一步揭露了孟轲散布这种反动英雄史观怀有很大的政治野心,指出孟轲曾大言不惭地说什么:"夫天未欲乎治天下也,如欲治天下,舍予而谁也。"这就是说,在当时"上天"是不希望天下太平的,如果要使天下太平,国家得到治理,除了他孟轲,再没有别的人可以担当起这个重任了。所以王充紧接着就一语揭了他的底:"言若此者,不自谓当为王者?"显然,孟轲鼓吹反动的英雄史观,是为复辟奴隶主贵族的反动统治服务,也是为实现他自己的政治野心——登上最高统治者宝座而制造舆论。

　　事隔2000多年,大野心家、大阴谋家林彪,对于早被王充批判过了的孔孟的反动英雄史观,居然如获至宝,大吹大擂,四处推销,胡说什么"世界几百年,中国几千年才出现一个天才"。从大量揭露的事实证明,林彪卖力地鼓吹"天才"论,其目的也正是妄图借此作为跳板,为自己抢班夺权,复辟上台,建立反革命林家王朝制造反革命舆论。

　　王充除了在《问孔》《刺孟》篇中集中地对孔孟进行批判外,还从唯物主义的认识论出发,在《论衡》一书的其他篇章,对孔孟所宣扬的唯心论的先验论作了有力的批判。孔丘和孟轲是典型的唯心论的先验论者,他们是中国哲学史上鼓吹先验论最有影响的代表人物。汉代的反动儒生,更是胡吹什么"圣人"是"前知千岁,后知万世,有独见之明,独听之聪,事来则名,不学自知,不问自晓"①的生而知之者。林彪一类骗子,为了欺骗人民,也大肆贩卖唯心论的先验论和天才观,作为他们反党夺权的理论纲领。王充在《论衡》中特地写了《程材》《实知》《知实》等专篇,列举大量事实,包括广博的社会历史知识和丰富的自然科学知识,对反动的唯心主义先验论展开了无情的斗争,揭穿了这些全属虚妄的欺人之谈。他断言人的知识来源于感觉,有赖于学习,"如无闻见,则无所状","不学自知,不问自晓,古今行事,未之有也"②。王充在批判所谓圣人"生而知之"谬论的同时,还进一步说明了人的认识光凭耳目的感觉是不够的,必须把感觉到的经验,通过头脑的思考,加以分析,才能判断事物的是非,才能对事物作深一层的理解,获得真正的知识。他说:"是故是非者不徒耳目,必开心意"③。在《实知》篇中,王充列举了16件事情,论证"圣人不能神而先知",其中关于孔丘的就有13件,关于周公的两件,关于虞舜的一件。这些人都是汉儒心目中最崇拜的人物,特别是孔丘,已被吹捧为神灵般的"通天教主",可是13件具体而生动的事例,恰恰说明孔丘这个人不仅不能先知,而且蠢笨得非常好笑。所以王充得出结论说:"天地之间,含血之类,无性(生)知者。"所谓圣人,也和普通人一样,"不能性知,须任耳目以定情实。其任耳目也,可知之事,思之辄决;不可知之事,待问乃解"。"不学不成,不问不

----

①② 《实知》篇。
③ 《薄葬》篇。

知"①。坚持用唯物主义观点,而与以孔丘为祖师爷的汉儒的唯心主义先验论,展开了不调和的斗争。王充这种大无畏的反潮流精神是很可贵的,在中国哲学史上作出了重要的贡献。

综上所述,白虎观会议后,王充在一片尊孔崇儒的叫嚣声中,公开站出来,树起讨孔伐孟的旗帜,对儒家哲学思想的老祖宗——孔丘和孟轲进行了大胆的驳难;对董仲舒的"天人感应""君权神授"进行了无情的批判,痛斥其唯心主义的说教。此外,在《率性》《本性》以及《超奇》《齐世》《宣汉》等篇章中,对董仲舒的"性三品"说,对汉儒"颂古非今"的反动历史观也进行了有力的揭露和批驳。这些是他的主要功绩。王充的一生,就是和唯心主义有神论思想进行战斗的一生,王充不愧是两汉时代反尊孔斗争中的一员战将。

正因如此,所以当他的《论衡》问世以后,必然遭到儒学卫道士们的种种毁谤和非难,他们把《论衡》视为妖异怪诞,看成洪水猛兽,妄想一开始就扑灭它,致使《论衡》直到东汉末年统治力量日趋瓦解的时候,才由蔡邕自会稽带往中原而得到逐渐传播。在往后漫长的封建社会中,那些孔孟的徒子徒孙、复古主义者更是不遗余力地进行恶毒的谩骂和人身攻击。他们咒骂王充是"小人",是"名教之罪人","汉儒之傁戾者"。说什么"周秦而下,诸子百家杂出,以淆圣人之道,背仁义者莫如申(申不害)韩(韩非)。至王充之《论衡》则又甚焉。呜呼! 敢于问孔、刺孟,则无所不用其悍戾矣"②! 清朝的钱大昕则骂得更凶。他说:"以予观之,(王充)殆所谓小人而无忌惮者乎! 观其《问孔》之篇,掎摭(音'己执',指摘、批评的意思)至圣;《自纪》之作,訾毁先人。……呜乎! 何其悖也。后世误国之臣,是今而非古,动谓天变不足畏,《诗》《书》不足信,先王之政不足法,其端盖自充启之。小人哉!"③十分明显,正是王充的这种"三不足"的大无畏精神,捅了儒家正统思想的"马蜂窝",使得那伙儒学卫道士们暴跳如雷。他们肆意贬低《论衡》,把它列为"杂家",就是于杂家也认为只能是第二流的。也有那么一些所谓"好心肠"的人,他们站在儒学正统思想的立场上,千方百计寻找"根据",企图为王充开脱"非圣无法"的"罪名",说什么"仲任,孔子之徒也","既以孔孟为宗,焉有宗之而问之、刺之者乎"?

---

① 《实知》篇。
② 赵坦保:《甓斋文录》卷上《书论衡后》,转引自刘盼遂:《论衡集解》。
③ 《潜研堂文集》卷二十七《跋论衡》。

"《问孔》、《刺孟》二篇,小儒伪作,断非仲任之笔"①。这种做法,是徒劳枉然的,他们是根本不可能理解王充那种敢于"非圣无法"的反潮流精神的。

但是对于《论衡》,尽管"攻之者众,而好之者终不绝"②。那些对儒学正统思想具有一定叛逆精神的人,或者抱有变革现实思想的人,"往往自手书牒,珍为家宝"③,赞扬王充是"一代英伟,所著文,时有小疵,犹邓林(神话传说中的大树林)枯枝,沧海流芥,未易贬者"④。近代资产阶级革命家章太炎也明确指出:"作为《论衡》,趣以正虚妄,审乡(向)背,怀疑之论,分析百端(端),有所发摘,不避上圣,汉得一人焉,足以振耻。至于今亦尠(鲜)有能逮者也。"⑤

以上这种分歧和论争,实质上反映了我国古代哲学史上唯物论和唯心论之间的激烈斗争,反映了尊孔和反孔之间儒法两条路线的激烈斗争。反动派对王充骂得越凶,越是证明王充做得正确,证明王充的批判击中了他们的要害。

当然,由于时代和阶级的局限,特别是在当时孔孟儒学取得独尊地位的情况下,使得王充在对孔丘及儒家反动思想的批判中,不能不采用遮遮掩掩的委婉手法,不少地方还是打着尊重孔丘这个旗号来揭发批判孔丘,引用孔丘的言论来证明自己论点的正确,同时这些思想又往往与上述的批判精神交织在一起。这些,我们只有了解了王充当时的处境,才能懂得他这样做是费尽苦心的,否则将会苛求于古人。

王充的反孔批儒斗争,是具有明显的不彻底性的,他对孔孟和孔孟之道的批判,突出的往往只是运用形式逻辑的批判,他的这种批判是为当时的法家路线服务的,但还不够深刻。他对孔孟的批判,主要着眼于打破当时的"世儒学者,好信师而是古,以为圣贤所言皆无非,专精讲习,不知难问"⑥的偶像崇拜之风,把吹捧为神灵的孔丘下降到人的地位,可是并没有根本否定孔丘;他批判了孔孟的反动天命观,可是又使自己陷入了宿命论的泥坑。这种不彻底性,正是他的阶级地位和历史条件所决定的。正因如此,长期以来一直有

---

① 熊伯龙:《无何集・读论衡说》,转引自刘盼遂:《论衡集解》。
② 《四库全书总目提要》卷一百二十・子部・杂家四。
③ 汪潞:《藏书题识》卷二,转引自刘盼遂:《论衡集解》。
④ 《太平御览》卷五百九十九引《抱朴子》。
⑤ 《检论学变》卷三。
⑥ 《问孔》篇。

人把王充歪曲为是"儒家正统思想"的代表,是"汉之大儒"。显然,这是由于没有鉴别王充思想的主流和支流,没有透过现象看本质所造成的。正如马克思所教导的:"如果现象形态和事物的实质是直接合而为一的,一切科学就成为多余的了。"①

　　王充对孔孟和汉儒的批判,达到了当时所能达到的高度,但由于没有辩证唯物论和历史唯物论这个锐利武器,他没有也不可能彻底战胜孔孟之道。这使我们深刻地体会到,只有用马克思主义的立场、观点、方法才能真正认识社会和自然,才能真正彻底批判和战胜孔孟之道,只有刻苦学习马克思主义、列宁主义、毛泽东思想,才能正确地研究儒法斗争和整个阶级斗争的历史经验,为现实的阶级斗争、为反修防修、为巩固无产阶级专政服务。

　　　　　　　　　　(本文与魏得良合撰。原载《理论与实践》1974 年第 2 期)

---

　　① 《资本论》第三卷。

章学诚对刘知幾史学的批判继承和发展

——章学诚史学研究之四

刘知幾和章学诚,是我国古代杰出的两大史学评论家。刘氏生当盛唐龙朔开元之际,章氏处于清代所谓"盛世"的乾嘉时期,两人均以史学评论著称,并各有专著——《史通》和《文史通义》流传下来。他们在这方面所作的贡献,丰富了祖国史学理论的园地。虽然两人皆论史学,但各有所长,正如章学诚所说:"刘言史法,吾言史意;刘议馆局纂修,我议一家著述。"①章学诚正是在总结继承前人的基础上,创造性发展了刘知幾的史学理论,做到了详其所略,重其所轻,把封建时代的史学理论大大向前推前了一步。

发扬了刘知幾的批判精神

《史通》和《文史通义》,既反映了刘章二人的学术主张,更体现了他们对古今学术进行批判的战斗精神,这种精神贯穿于两书的始终,在旧史籍中,堪称"经世致用"的典范。

刘知幾的批判精神,突出地表现在他敢于斥责封建社会中奉为"至圣先师"的孔子及其所删订的"经典"之缺点和错误,指出"五经立言,千载犹仰,而求其前后,理甚相乖"②。尤其对影响最大的《尚书》《春秋》更立专篇评论。认为《尚书》所记,不尽可信,"今取其正经雅言,理有难晓,诸子异说,义或可凭"。这就是说《尚书》的历史价值有些连诸子也不如。原因在于它"略举纲维,务存褒讳,寻其终始,隐没者多"③。而在《或经》篇中,集中批驳了《春秋》的谬误,列举它所"未谕"者十二,虚美者五。可是,"世人以夫子固天攸纵,将圣多能,便谓所著《春秋》,善无不备。而审形者少,随声者多,相与雷同,莫之指实"。这里他不仅揭露了孔子修《春秋》,"外为贤者,内为本国"④讳的"饰智

---

① 《文史通义》外篇三,《家书》二。
②③④ 《史通·疑古》。

矜愚,爱憎由己"的恶劣作风,而且亦讥刺了世儒的随声附和盲目崇拜。为了批判世儒把《春秋》吹捧为"善无不备"的著作,宣扬所谓"《春秋》笔法"的假象,刘知幾把《春秋》和《汲冢书》加以对照,结果发现《春秋》所载,"多是古史全文,则知夫子所修者,但因其成事,就加雕饰,仍旧而已,有何力哉! 加以史策有阙文,时月有失次,皆存而不正,无所用心,斯又不可弹说矣"①。这么一来,就彻底揭穿了长期以来吹嘘孔子"将圣多能"、《春秋》的"微言大义"全是谎言。证明他的《春秋》,不过是按照自己观点需要照抄"古史"而已。不仅如此,就连史策阙文、时月失次也不加补充订正,哪里还谈得上什么"笔则笔,削则削"呢? 尽管他在《六家》篇中把《尚书》《春秋》还各列为六家之一,实际上它连一部义例谨严、组织完善的普通史书的历史价值也赶不上,自然"作《春秋》"的孔子也就连普通的历史家也不如了。这些议论在当时出现,无疑是将封建"圣人"孔子及其"经书"所涂的圣光一扫而光。这种精神是上承王充"问孔""刺孟"的光辉传统,下启章学诚"六经皆史"之端绪。

在长期的封建社会里,儒家的学说,一直成为封建统治的有力工具,《六经》被奉为神圣不可侵犯的经典。因此,王充对孔孟的抨击,刘知幾对《尚书》《春秋》的讥刺,都遭到了后人的非难。到了明代中叶,经学思想发生变化,产生了"六经皆史"说。王阳明、王世贞、李贽都先后提出"六经皆史"的命题。到章学诚才对"六经皆史"的内容含义作了全面的论述和发挥。

章学诚首先论证古代根本就"无经史之别,六艺皆掌之史官,不特《尚书》与《春秋》也"②。其次指出"三代学术,知有史而不知有经"③。再则进言"古人未尝离事言理。《六经》,皆先王之政典"④,既然《六经》只是先王"典章""政典"的记录,自然当时也就不会看成后世那样奉之为神圣不可侵犯的经典。到于"尊《六艺》而奉以为经",乃是后来儒家为了抬高自己地位。他还论证了"《六经》之名起于孔门弟子"⑤。不仅如此,他还指出"儒家者流尊奉孔子,若将私为儒者之宗师"⑥。这些言论,不管章学诚意图如何,但客观上却起着剥

---

① 《史通》外篇,《惑经》。
② 《章氏遗书》卷五,《论修史籍考要略》。
③ 《文史通义》内篇二,《浙东学术》。
④ 同上书内篇一,《易教》上。
⑤ 同上书内篇一,《经解》上。
⑥ 同上书内篇二,《原道》中。

去《六经》神圣经典外衣的作用,这是无法否定的。这种言论能在封建统治相当顽固的"乾嘉盛世"出现,是既要有胆,又要有识的。无怪乎章学诚重新提出"六经皆史"这一命题后,人被目为异端,言被视为邪说。

章学诚的"六经皆史"说在当时具有一定的社会现实意义,它是对当时学术界所出现的宋学末流和汉学末流的不良学风的箴贬。宋元以来,理学长期高踞庙堂,至其末流,更是"专己守残,束书不观,而高谈性天"①。清初,汉学兴起,逐渐与宋学分庭抗礼。理学内部程朱与陆王之长期论战,一变而为汉学与宋学之争。乾嘉之际,汉学在学术界进而取得了统治地位。人人争搞考据,似乎只有"《尔雅》名称,六书训故",才"足尽经世之大业",只有"襞绩补苴",才"足尽天地之能事","以谓天下之道在乎较量名数之异同,辨别音训之当否,如斯而矣已"②。于是"风气所趋,竞为考订,学识未充,亦强为之"③。在这种形势面前,章学诚非但没有俯首帖耳,唯命是从,而且敢于同这种不正之风进行针锋相对的斗争。批判汉学家们学而不思,泥古不化,终日"疲精劳神于经传子史"的考证订补,严重地阻碍了学术的发展。他劝导学者们在做学问上,"贵辟风气而不贵趋风气"④。"风气既弊,学业有以挽之;人心风俗不能历久无弊",应当"因其弊而施补救"⑤。他"贵发明","重创造",提倡敢于标新立异,反对死守经注。以为只有这样,学术才能进步。当然,他批判的对象,并不局限于汉学末流,对向来为统治者所极力表彰的宋学,尽管当时已经一蹶不振,但对其"空言义理","舍器求道"的流弊,也同样予以无情的抨击。他认为宋学末流轻视考据、忽视文辞的所谓"玩物丧志""工文则害道"的观点是非常有害的。

继承刘知幾的进化论史观

《史通》首卷《六家》篇的第一段就反映出刘知幾历史进化论的观点,他在这里论述史体学类时提出"古往今来,质文递变"的观点。他认为史裁文体随

① 《文史通义》内篇三,《朱陆》。
② 同上书内篇四,《答客问》下。
③ 同上书外篇三,《与族孙守一论史表》。
④ 同上书外篇一,《淮南子洪保辨》。
⑤ 同上书内篇六,《天喻》。

着历史的前进而在发生不断的变化。他在《模拟》篇中还指出"世异则事异，事异则备异。必以先王之道，持今世之人，此韩子所著《五蠹》之篇，称宋人有守株之说也"。意思是说历史是在变化，情况也不断在变化，因此史家著述，必须知人论世，即要注意"考时俗之不同，察古今之有异"①。做到因时制宜，通情达变，切勿墨守成规。为此他还列举"三王各异礼，五帝不同乐，故传称因俗，易贵随时"②。三皇五帝的礼乐制度也不相同，就是因为时代不同，管理制度自然也就不一样，这完全是取决于历史发展的客观条件。他在《烦省》篇中论述古今史书详略不同的情况时说明，其所以如此，并不决定于人们的主观意志，而是由于"古今不同，势使之然"。

在进化论的历史观方面，章学诚的继承刘知幾这一优良传统上尤有很大的发展。无论是论述的数量之多还是观点的明朗性都远远超过了刘知幾。他认为人类社会的历史是在不断地变化和发展的，他说："滥觞流为江河，事始简而终巨。"③社会历史的发展也是如此。他用典章制度的演变，学术文化的发展等大量事实来论证自己这一观点。就如典章制度而言，尽管有其一定的继承性，但更重要的是随着时代条件的变化而必然有所变更。"宪自黄帝以来，代为变更"④，就是明显的证据。他还列举周公所订立《官礼》，虽鉴于夏殷，而必"折衷于时之所宜，盖有不得不然者也"⑤。由以往观之，"不特三王不相袭，三皇五帝亦不相沿矣"⑥。所以他敢于大胆断定，"古今时易，先王成法不可复也"⑦。在这里他公然宣布先王所制订的成法，今天并不适用，这种举动无疑是对当时那些食古不化颂古非今的复古主义者当头一棒。

一定的学术文化是一定社会的政治经济在观念形态上的反映。因此，不同时代，总要出现为这一时代服务的学术文化。而文化知识的提高，学术思想的繁荣，又是社会进化的反映。关于这一方面，章学诚的论述就更多了。他说"古今时异势殊"，"古之学术简而易"，"后之学术曲而难"。自然科学的

---

① 《史通》内篇《叙事》。
② 《史通·因习》。
③ 《文史通义》内篇一，《书教》中。
④ 同上书，《易教》中。
⑤ 同上书，《礼教》。
⑥ 同上书，《易教》上。
⑦ 《章氏遗书》卷二十五，《湖北通志检存稿》二《复社名士传》。

"历象之学,后人必胜前人,势使然也"。① 社会科学的历史,它的体裁之演变,也是社会历史的进步。他说:"宪法久则必差,推步后而愈密,前人所以论司天也;而史学亦复类此。《尚书》变而为《春秋》,则因事命篇,不为常例者,得从比事属辞为稍密矣。《左》《国》变而为纪传,则年经事纬,不能旁通者,得从类别区分为益密矣。"②至于文学评论亦复如此,他说:"凡言义理,有前人疏而后人加密者,不可不致其思也。古人论文,惟论'文辞'而已矣。刘勰氏出,本陆机氏说而昌论'文心';苏辙氏出,本韩愈氏说而昌论'文气',可谓愈推而愈精矣。"③

　　为什么会有这些变化,章学诚认为这是社会历史客观形势发展所决定的,而不是人们的主观意志所能够决定,他说:"文人之心,随世变为转移,古今文化升降,非人力所能为也。"④我们认为,这种文人之心随时代变化为转移的论断,在当时来看,可以说是相当了不起的见解。关于这点,普列汉诺夫有过论述,说"社会底心理永远顺从它的经济的目的,永远适合于它,永远为它所决定"。"任何进步着的社会经济是变化着的;生产力的新的状态引起新的经济结构,同样引起新的心理、新的'时代精神'"。⑤ 正因为学术思想、文学艺术一定要反映各个时代的精神,所以各个历史时期所出现的学风文体,决不以某些个人意志为转移,在这个问题上章学诚的观点摆得非常明朗而肯定。他说:"世代升降,而文辞语言随之,盖有不知其然而然,圣人不能易也。三代不摩唐虞之文,而汉不摩三代之语,经史具在,不可诬也。"(《章氏遗书》外篇卷一,《信摭》)在复古之风盛行的乾嘉时代,能够旗帜鲜明地提出这些看法,自然有其明显的进步意义。基于上述观点,他要求人们在撰述文章,评论著作,都必须注意"因地"、"因时"而"论世",切不可墨守陈说,拘泥经句,食古不化。因为在他看来"时势殊异,封建井田必不可行,人事不齐,同居亦有不可终合之势;与其慕虚名而处实患,则莫如师其意而不袭其迹矣"。⑥ 看,这是多么恳切的劝告。

————————

①　《文史通义》内篇二,《朱陆》。
②　同上书内篇一,《书教》下。
③　同上书内篇二,《文德》。
④　同上书补遗,《与邵二云论文》。
⑤　《论一元论历史观之发展》第202—203页。
⑥　《文史通义》内篇六,《同居》。

从疑古到重今

儒家的创始之孔子对三代社会曾极力美化,对尧、舜、禹、汤、文、武、周公倍加赞扬。此后长期封建社会里,这种贵古贱今的思想相当流行。刘知幾在反对这种思想时,继承了以前一些进步思想家的优良传统,在《史通》一书中立了《疑古》专篇,对古代社会和二帝三王,提出了大胆的怀疑。本来尧舜禅让,千古传为美谈,但刘知幾认为"尧之授舜,其事难明,谓之让国,徒虚语耳"。他列举典籍所载,分析论证,认为与其说是尧让位于舜,毋宁说是舜篡夺尧的帝位更为可信。陆贾《新语》云:"尧舜之人,比屋可封。"刘知幾对此首先指出:这完全是根据"《尧典》成文而广造奇说"。然后对照《左传》记载,揭穿其全系谎言。指出:"当尧之世,小人君子,比肩齐列,善恶无分,贤愚共贯。且《论语》有云:'舜举咎繇,不仁者远,'是则当咎繇未举,不仁甚多,弥验尧时群小在位者矣。又安得谓之'克明俟德','比屋可封'者乎?"当然,他的许多结论,不一定完全符合古代社会的具体情况,但对于复古主义的颂古非今思想却作了一次狠狠的批判。这种言论,实际上包含着要求人们重视现实,注意当代。这一观点,章学诚曾作了极大的发扬。

乾嘉时代,一般学者闭口不谈当代,终日钻在故纸堆中。面对这古今关系的看法,章学诚用他历史进化论的观点同复古主义进行了斗争。他说:由于"事随时变","今人为学,不能同于古人;非才不相及也,势使然也。……天时人事,今古不可强同,非人智力所能为也"。① 他反复列举大量事实,论证随着时代的向前发展,文化思想、典章制度也都不断在发生变化,而这种变化,一般说来,总是后胜于前,今胜于古。他说:"自结绳画象以来,由质趋文,反复更变,其不可知者亦已矣。"② 又说:"上古简质,结绳未远,文字肇兴,书取其以达微隐,通形名而已矣。因事命篇,本无成法,不得如后史之方圆求备,拘于一定之名义者也。"③ 既然如此,还有没有必要向古人学习?他的回答也是肯定的。现时的典章制度是从古代沿革而来,今天的文学艺术是在昨天的基

---

① 《文中通义》内篇二,《博约》下。
② 同上书外篇三,《报谢文学》。
③ 同上书内篇一,《书教》上。

础上发展起来,了解古代是为了更好地认识现代,博古为了通今,为了"计其实用"和"推明大道"。正因为如此,所以他说:"鄙人不甚好古,……至于古而有用,则几于身命徇之矣。"学古既是为了今用,学习中就得应当注意取舍,因为"古书亦有有用无用之别,无用之书,不过摩挲古泽,略同彝鼎,间备旁证而已"。① 即使"古人法度,有必不可违者,有界于可否间者,亦有必不可行者,不可不辨也。"②在向古人学习当中,他认为应当做到领会精神实质,切忌生搬硬套。他说"善读古人之书,尤贵心知其意"③,如果真能"师古而得其意,固胜乎泥古而被其毒也"④。

针对当时学术界闭口不谈时政,脱离现实生活的严重状况,章学诚毅然提出学术研究应当联系社会现实,重视当今国家制度。他批评当时学者们只知颂古,不知当今,只知背先王遗言,而不解时王制度,这样的学问于世何益?自然就失去了学古的意义。为此他曾一再提出要"尊时制","贵时王之制度"。他说:"三王不袭礼,五帝不沿乐。不知礼时为大,而动言好古,必非真知古制也。"他讥讽那些"昧于知时,动矜博古"的学者,"譬如考西陵蚕桑,讲神农之树艺,以谓可御饥寒而不须衣食也"。提出"君子苟有志于学,则必求当代典章以切于人伦日用,必求官司掌故而通于经术精微,则学为实事而文非空言,所谓有体必有用也。不知当代而言好古,不通掌故而言经术,则鼗鞀之文,射覆之学,虽极精能,其无当于实用也审矣"。⑤ 这种反对复古主义的重今思想,反映在他史学理论上,则强调史实著述历史应当详近略远,特别要多写当代之事。他说:"史部之书,详近略远,诸家类然,……太史公书详于汉制,其述虞夏商周,显与《六艺》背者,亦颇有之。然《六艺》俱在,人可凭而证史迁之失,则迁书虽误,犹无份也。秦楚之际,下逮天汉,百余年间,人将一惟迁书是凭;迁于此而不详,后世何由考其事邪?"⑥

---

① 《章氏遗书》卷二十九,《与阮学使论求遗书》。
② 《文史通义》外篇二,驳《孙何碑解》。
③ 同上书内篇四,《言公》下。
④ 同上书内篇六,《同居》。
⑤ 同上书内篇五,《史释》。
⑥ 大梁本《文史通义》外篇,《记与戴东原论修志》。

从"总括万殊、包吞千有"到"通古今之变"

　　唐宋时期,由于社会经济的发展,典章制度的演变,学术思想的进步和史学本身的发展,于是人们产生了明变思想,反映在史学上是通史观念盛行起来。刘知幾的《史通》,是这一时期以通命名的第一部史书。不过,刘知幾通的观念究竟达到何等程度,还很难断言。他在《史通·原序》中释其书名时说:"昔汉世诸儒,集论经传,定之于白虎观,因名曰《白虎通》。予既在史馆而成此书,故便以《史通》为目。且汉求司马迁后,封为史通子,是知史之称通,其来自久,博采众议,爰定兹名。"又在《自叙》中谈到《史通》内容时说:"其书虽以史为主,而余波所及,上穷王道,下掞人伦,总括万殊,包吞千有。……其为贯穿者深矣,其为网罗者密矣,其为商略者远矣,其为发明者多矣。"除此以外,能够说明这一问题的材料,留传下来的就不多见了。根据这几句话,似乎还是指历史编纂学而言。南宋郑樵曾明确地提出了"会通"的概念。他在《通志·总序》第一句开宗明义就说:"百川异趋,必会于海,然后九州无浸淫之患,万国殊途,必通诸夏,然后八荒无壅滞之忧。会通之义大矣哉。"又在《上宰相书》里说:"水不会于海,则为滥水。途不通于夏,则为穷途。""天下之理,不可以不会。古今之道,不可以不通。会通之义大矣哉!"①因此,他极力主张写通史,因为历史是一个整体,如同长江大河,后代与前代之事有着"相因依"的关系,不应把它截断。他对孔子和司马迁推崇备至,认为他们两人为会通工作做出了典范。

　　章学诚在前辈史家们所积累的宝贵经验基础上,将"通"的观念作了进一步发展。他在《文史通义》当中论述历史发展,学术变化,制度沿革等等,无不表现了明显的历史进化论观点。文化艺术,礼法制度,古简今详,古无今有者,理属当然。他列举"人之初生至于什伍千百,以及作君、作师、分州、画野,盖必有所需而后从而给之,有所郁而后从而宣之,有所弊而后从而救之,羲农轩颛之制作,初意不过如是尔。法积美备,至唐虞而尽善焉;殷因夏监,至成周而无憾焉。譬如滥觞积而渐为江河,培塿积而至于山岳,亦其理势之自然,

---

① 《夹漈遗稿》卷下。

而非尧舜之圣过乎羲轩,文武之神胜于禹汤"①。意思是说,历史发展是经过了许多社会阶段,每个社会阶段,都出现了相应的一些制度。而制度的出现,不是由某些圣人凭空臆造,而是"出于不得不然,一似暑之必须之葛,寒之必须为裘"②。不过后者对前者是有着继承和发展的关系,"建官制典,决非私意可以创造,历代必有沿革,厥初必有渊源"③。正因如此,所以典章制度,国家机构,越到后来越加完备。在这里,章学诚期望描绘出社会发展的趋势是不断在进步,而历史发展是一个有连贯的整体。基于这种观点,反映在历史编纂学上,他主张编写通史。他对通史的要求能"纲纪天人,推明大道,所以通古今之变而成一家之言"④。这就是说,一部通史,不仅要能揭示出人与自然的关系,更重要的要能说明历史的发展和变化,即"通古今之变"。他对郑樵倍加称颂,认为"郑樵生千载而后,慨然有见于古人著述之源,而知作者之旨,不徒以词采为文,考据为学也,……而独取三千年来遗文故册,运以别识心裁,盖承通史家风,而自为经纬,成一家言者也"。遗憾的是"学者少见多怪,不究其发凡起例,绝识旷论,所以斟酌群言,为史学要删;而徒摘其援据之疏略,裁翦之未定者,纷纷攻击,势若不共戴天"⑤。他在《文史通义》中还专门写了《释通》一篇,论述通的概念,历述书名标通的由来,阐明编写通史的长短利弊。他认为通史之修,不仅"事可互见,文无重出",而且更重要的还在于历代人物,学术典制,皆可依照时代,"约略先后,以次相比"。这样一来,"制度相仍","时事盛衰",均"可因而见矣"。⑥

对刘知幾历史编纂学的继承和发展

刘知幾在《史通》里对史书编写的各种体例进行了比较全面而系统的评论,可以说自他开始,在中国封建社会的史学领域里建立起历史编纂学。如对编年、纪传二体的长短和纪传体各种体例的编纂方法等,几乎均有专篇论述。而章学诚对史学评论的重点在于阐明"史意",故《文史通义》中对这些问

①② 《文史通义》内篇二,《原道》上。
③　同上书内篇一,《礼教》。
④　同上书内篇四,《答客问》上。
⑤　同上书内篇四,《申郑》。
⑥　同上书内篇四,《释通》。

题很少立有专章。尽管如此,每当他论锋所及,仍能畅抒己见,因此,他对刘知幾的历史编纂学,也作了批判、继承和发展。

关于史体的评价,刘知幾在《二体》篇中说:编年体"系日月而为次,列时岁以相续,中国外夷,同年共世,形于目前,理尽一言,语无重出,此其所以为长也"。但对于那些与政治无大关系的文人学士,尽管名重于世,亦俱不载入,"故论其细也,则纤芥无遗,语其粗也,则丘山是弃,此其所以为短也"。而纪传体"纪以包举大端,传以委曲细事,表以谱列年爵,志以总括遗漏,……显隐必该,洪纤靡失,此其所以为长也。若乃同为一事,分在数篇,断续相离,前后屡出,……又编次同类,不求年月,后生而擢居首帙,先辈而抑归末章","此其所以为短也"。其于二体利弊,可谓备述无遗,但对如何补弊,则未见倡言。

章学诚在论及这些问题时,虽然肯定刘知幾已经"论之详矣",但仍尽情抒发己见。编年纪传,按时代而言,编年先于纪传,然而后来纪传问世今何以反跃居正统地位? 他说:"纪传之初,盖分编年之事实而区之以类者也。类则事有适从而寻求便易,故相沿不废;而纪传一体,遂超编年而为史氏之大宗焉。"①他对司马迁所创立的这种史体极为赞赏,"实为三代以后之良法"。可是后来学者袭用成法而不知变通,以至变成了如守科举之程式,如治胥吏之簿书,一味求于纪表志传之成规,使这种史体不能得到进一步发展。

为了克服编年、纪传二体所存在的缺陷,章学诚提出了一种叫作"别录"的方法,他在《文史通义》中特地写了《史篇别录例议》一篇,分析了二体的优点缺点,叙述了做"别录"的方法及好处。他以为"纪传之书。类例易求而大势难贯","编年之史,能径而不能曲"。一个是"事同而人隔其篇",一个是"事同而年异其卷"。针对这一现象,其解决办法是:"纪传苦于篇分,别录联而合之,分者不终散矣;编年苦于年合,别录分而著之,合者不混矣"。这两种体裁的史书,只要做了别录。都将收到"如振衣之得领,张网之得纲"的效果。

史学发展到了南宋,又出现了一种新的史体,即袁枢的纪事本末体。这种史体的出现,为史学进一步发展开辟了另一条新的道路,它是史体发展过程中的一大革新,所以章学诚对此极为重视。他说:"本末之为体也,因事命篇,不为常格,非深知古今大体,天下经纶,不能网罗隐括,无遗无滥。"其长处

---

① 《文史通义》外篇一,《史篇别录例议》。

在于"文省于纪传,事豁于编年,决断去取,体圆用神,斯真《尚书》之遗也"。①
章学诚在这种史体的启示之下,自己计划创立一种新的史体,把以前几种体
裁的优点,尽量吸收进去。他说:"仍纪传之体,而参本末之法,增图谱之例,
而删书志之名,发凡起例,别具《圆通》之篇。"②这种新的史体,"较之左氏翼
经,可无局于年月后先之累,较之迁史之分列,可无歧出互见之烦,文省而事
益加明,例简而义益加精"。所以我们说章学诚不仅是一位史学评论家,而且
是一位史体革新者。可惜他的《圆通》篇未能写成。

对于本纪的性质、任务,刘章二人的看法是不同的。刘知幾在《史通·本
纪》篇中云:"盖纪之为体,犹《春秋》之经,系日月以成岁时,书君上以显国统。
……又纪者,既以编年为主,唯叙天子一人,有大事可书者则见之于年月,其
书事委曲,付之列传,此其义也。"在刘知幾看来,独有年号国统的天子才能列
入本纪,否则是不可以的。因此他对司马迁为项羽立本纪表示非常不满,说
"项羽僭盗而死,未得成君,求之于古,则齐无知卫州吁之类也,安得讳其名
字,呼之曰王者乎? 春秋吴楚僭拟,书如列国,假使羽窃帝名,正可抑同盗贼,
况其名曰西楚,号止霸王乎? 霸王者,即当时诸侯,诸侯而称本纪,求名责实,
而三乖谬"③。毋庸讳言,这段议论正反映出刘知幾的封建正统史观。就这一
问题而言,章学诚较之刘知幾要来得高明。章学诚认为,"纪之与传,古人所
以分别经纬,初非区辨崇卑。是以迁史中有无年之纪,刘子元首以为讥;班氏
自序称十二纪为春秋考纪,意可知矣。自班马而后,列史相仍,皆为纪为尊
称,而传乃专属臣下,则无以解于《穆天子传》与高祖孝文诸传也"④。按照章
氏的意见,本纪只不过是按时间顺序编排的大事记,是纲领,其他部门则详载
事实,如同《左氏》之传经,以纬本纪。所以他说:"史部要义,本纪为经,而诸
体为纬,有文辞者曰书曰传,无文辞者曰表曰图,虚实相资,详略互见。"⑤实际
上他所创立的新纪传体,正反映了这种观点。

由于刘知幾在《史通》里对表谱的作用有两种不同的议论,因此引起后世
学者们发生许多争执,他在《表历》篇说:"夫以表为文,用于时事,施诸谱谍,

① 《文史通义》内篇一,《书教》下。
② 同上书外篇三,《与邵二云论修宋史书》。
③ 《史通·本纪》。
④ 大梁本《文史通义》外篇二,《永清县志恩泽纪序例》。
⑤ 同上书,《永清县志舆地图序例》。

容或可取;载诸史传,未见其宜。何则?《易》以六爻穷变化,《经》以一字成褒贬,《传》包五始,《诗》含六义,故知文尚简要,语恶繁芜,何必款曲重沓,方称周详。观司马迁《史记》则不然矣,天子有本纪,诸侯有世家,公卿以下有列传,至于祖孙昭穆,年月职官,各在其篇,具有其说,用相考核,居然可知,而重刊之以表,成其繁费,岂不谬乎?且表次在篇第,编诸卷轴,得之不为益,失之不为损。用使谈者莫不先看本纪,越至世家,表在其间,缄而不视,语其无用,可胜道哉。既而班东二史,各相祖述,迷而不悟,无异逐狂。”又在《杂说》篇说:“观太史公之创表也,于帝王则叙其子孙,于公侯则纪其年月,列行萦纡以相属,编字戢𩅧而相排,虽燕越万里,而于径寸之内,犬牙可接,虽昭穆九代、而于方尺之中,雁行有叙,使读者阅文便睹,举目可详,此其所以为快也。”对这两种截然相反的说法,近代史家,各执一端,有的说刘知幾“对于表历根本反对”,有的说刘知幾对于表历还是相当重视的,也有的指责刘氏自相矛盾,难以理解。其实根据上面两段引文,很难说明刘知幾是重视史表的,而《表历》篇则是专门讨论纪传体史书是否需要表谱一项,当然应以此为据。所以我们认为刘知幾对于表谱的作用是没有给予足够重视,这也无须争辩。郑樵则否定了刘知幾这一观点,认为编著史书,应当立表,因此非常赞扬司马迁《史记》的十表,说《史记》一书,功在十表,“犹衣裳之有冠冕,木水之有本源”①。不仅如此,他还很重视图在史书中的作用,说“古之学者,为学有要,置图于左,置书于右,索象于图,索理于书,故人亦易为学,学亦易为功”②。后来章学诚对这观点又进一步发挥,把图表两项,视为编写史书不可缺少的部分。在章学诚看来,史表适用范围很广,不仅可以表人、表年,而且可以表解事类,尤其人表格外重要。他说:“史之大忌,文繁事晦;史家列传,自唐、宋诸史,繁晦至于不可胜矣。使欲文省事明,非复人表不可;而人表实为治经业史之要册。”因为“人表入于史篇,则人分类例,而列传不必曲折求备;列传繁文既省,则事之端委易究,而马班婉约成章之家学可牵而复也”。③

至于图的作用,章学诚更是大力提倡,说“史不立表,而世次年月,犹可补缀于文辞;史不立图,而形状名象,必不可旁求于文字。此耳治目治之所不

---

① 《通志·总序》。
② 《通志》,《图谱略·索象篇》。
③ 《文史通义》外篇二,《史姓韵编序》。

同,而图之要义所以更甚于表也。古人口耳之学,有非文字所能著者,贵其心领而神会也。至于图象之学,又非口耳之所能授者,贵其目击者而道存之。……虽有好学深思之士,谈史而不见其图,未免冥行而摘埴矣"。当然,这里主要还是从谈史的效果而言,而对于史书的编纂来说,"列传之需表而整齐,犹书志之待图而明显也。先儒尝谓表缺而列传不得不繁;殊不知其图缺书志不得不冗也",图之与史关系之重大可想而知。唯其如此,他对司马迁《史记》没有立图很为不满,批评"司马氏创定百三十篇,但知本周谱而作表,不知溯夏鼎而为图,遂使古人世次年月可以推求,而前世之形势名象无能踪迹"。所以非常惋惜地说:"呜呼! 马班以来,二千年矣,曾无创其例者;此则穷源竟委,深为百三十篇惜矣。"①

　　史书作注,其来已久,许多好的史注,确实大有功于后学,这是难以否认的。然而刘知幾在《史通·补注》篇中,对于史注的作用,几乎全加否定。在他看来,"大抵撰史加注者,或因人成事,或自我作故,记录无限,规检不存,难以成一家之格言"。所以他指骂补注者为"好事之子,思广异闻,而才力短微,不能自达,庶凭骥尾,千里绝群,遂乃批众史之异辞,补前书之所缺"。而于自我作注者,则一律讥讽为"志存该博史,而才缺纶叙,除烦则意有所恡,毕载则言有所妨,遂乃定彼榛楛,列为子注"。章学诚对史注的看法,显然与刘知幾不同。认为史书作注,亦自具"史学家法",不应忽视。如补注一项,"迁书自裴驷为注;固书自应劭作解。其后为之注者犹若干家,则皆阐其家学者也"。这些注本,对于后人研究迁史班书,自然都会有所补益。他特别提倡自注之法,因为写史自注,可以做到词尚体要,文省义深。他其所以强调自注,举出两点理由:"文史之籍,日以繁滋,一编刊定,则徵材所取之书,不数十年,尝失亡其十之五六,宋元修史之成规可覆按焉。使自注之例得行,则因援引所及而得存先世藏书之大概,因以校正艺文著录之得失,是亦史法之一助也。……诚得自注以标所取,则闻见之广狭,功力之疏密,心术之诚伪,灼然可见于开卷之顷,而风气可以复渐于质古,是又为益之尤大者也。"由此可见,章学诚对于写史自注之法是何等重视。他意味深长地说:"然则考之往代家法既如彼,揆之后世繁重又如此,夫翰墨省于前而功效多于旧,孰有加于自注

----

① 以上均见《永清县志舆地图序例》。

也哉!"①

刘知幾在《史通·载言》篇中提出正史要立书部,这种书部类似文选。他感到从《史》《汉》以后,史传往往大量载入长篇的"制册诰命""群臣章表"等文章,这样势必有害于行文气势,使传记文章变得臃肿而冗长,"唯上(尚)录言,罕逢载事",当然就谈不上是好的文章。为了克服这一弊病,遵照古法,言事分载,"于表志之外,更立一书",将"人主之制册诰命","群臣之章表移檄",以及著名的诗文佳章,分别选录,以类区分,各立为制册书、章表书、诗颂书等等。这样一来,既可以保存大量宝贵的文献资料,又可使文章写得简明扼要。章学诚对此十分赞赏,他说:"唐刘知幾尝患史传载言繁富,欲取朝廷诏令,臣下章奏,仿表志专门之例,别为一体,类次纪传之中,其意可谓善矣。"②他不仅在理论上加以发展,而且在修志当中付诸实践。他的方志学的核心——方志分立三书的主张,无疑就是受到刘氏的启发。三书当中的掌故、文征,就是重要的资料汇编。掌故,是将当地机关的章程条例和重要文件,按类编选,勒成专书;而文征,则是挑选那些足以反映本地生活风尚的、"合于证史"的诗文,以及那些即使"不尽合于证史"而实属"名笔佳章,人所同好"的文章,汇编成书,与志书相辅而行。他还认为,这种方法可以在纪传、编年史中普遍推广。他说:"为史学计其长策,纪表志传,率由旧章,再推周典遗意,就其官司簿籍,删取名物器数,略有条贯,以存一时掌故,与史相辅而不相侵,虽为百世不易之规可也。"③在《为毕制军与钱辛楣宫詹论续鉴书》中又说:"推孟子其事其文其义,且欲广吕伯恭氏撰辑,别为《宋元文鉴》,将与《事鉴》(指《续资治通鉴》)并立,以为后此一成之例。"

综上所述,章学诚在历史编纂学方面尽管没有作过专门系统论述,但将其散见各篇的言论聚集起来,论点不仅相当全面,而且不少具有创见。这里仅述与刘知幾有关者,以阐明他对刘知幾史学理论是有批判,有继承,又有创造性的发展。虽然他史学理论的重点在于阐明"史意",但在历史编纂学方面仍作出了贡献。

---

① 均见《文史通义》内篇五,《史注》。
② 大梁本《文史通义》外篇一,《和州文序例》。
③ 同上书外篇二,《亳州志掌故例议》下。

从"重史法"到"重史意"

刘知幾生活的时代,正是中国封建社会从前期进入后期之际。在封建社会前期,随着经济文化的发展,史学也取得了巨大成就,编年纪传二体,历代都在交互采用,并出现了大量著作,但也存在了不少问题。因而如何评价前一阶段的史学贡献,批判其错误,总结其经验,以便指导此后史书的编纂,就成为这一历史转变时期急需解决的任务。刘知幾的《史通》正是适应这一时代的要求而产生的。《史通》是一部主要是论述历史编纂学的史学方法论专著,从史体的长短得失,到史书的编写内容,从史料的搜集、审核和选用,到文章的叙述方法、形式和技巧,它都备论无遗。刘知幾认识到史书作用重大,关系到善恶惩劝,国家兴亡。他说:"苟史官不绝,竹帛长存,则其人已亡,杳成空寂,而其事如在,皎同星汉,用使后之学者,坐披囊箧而神交万古,不出户庭而穷览千载,见贤而思齐,见不贤而内自省。若乃《春秋》成而逆子惧,南史至而贼臣书。其记事载言也则如彼,其劝善惩恶也又如此。由斯而言,则史之为用,其利甚博,乃生人之急务,为国家之要道,有国有家者,其可缺之哉!"①既然如此,编写史书,取裁选题,都不能不抱审慎态度。他从具体史著入手,总结出以前史书中的利弊得失,在史学领域内,创立起历史编纂学的体系。

章学诚也是以史学理论著名,对于史学上所作的贡献,可与刘知幾比美,清代许多学者曾称其为"国朝之刘子元"。不过两人虽然同以史学理论而称著,但其评论重点则各不相同,"名曰同条共贯,实则分道扬镳"②。他对刘知幾的历史编纂学作了比较全面的批判和发展,而刘氏论述不多的史意,更是他发展的重点。他的《文史通义》,主要是在发明史意,阐明历史的重要作用。他的时代,已经是封建社会末期,作为封建社会上层建筑组成部分的史学来说,可说已经发展到登峰造极阶段,各种史体均已成熟,而史学方法论刘知幾已打下了坚实基础,因此,如何从理论上来说明历史为政治服务的重要性,就成为史学园地里一个重要课题。可是,乾嘉时代,考据之风笼罩着整个学术界,史学界自然也不例外,如当时第一流史学家钱大昕、王鸣盛、赵翼等人所

---

① 《史通・史官建置》。
② 萧穆:《敬孚类稿》卷五,《跋文史通义》。

做的工作,不过是对古史研究考证和补订,既不谈发凡起例,也不讲史学意义。他们的《廿二史考异》《十七史商榷》《廿二史劄记》等书,虽说不无贡献,但无疑都是脱离现实生活、远背政治斗争的作品。面对这种学术气氛,章学诚独树一帜,别开生面,反对史学的繁烦考证,提倡发挥史学的意义作用。在他看来,史学所担负的使命是重大的,"天地间大节大义,纲常赖以扶持,世教赖以撑柱"①。若是只知奢谈记诵,雕饰文辞,与此有何补益? 所以他要求史家"作史贵知其意,非同于掌故,仅求事文之末",此乃"史氏之宗旨"。② 他还以《春秋》为例,来说明史意的重要,他说:"孔子作《春秋》,盖曰其事则齐桓晋文,其文则史,其义则孔子自谓有取乎尔。夫事,即据后世考家之所尚也;文,即后世词章家之所重也。然夫子所取,不在彼而在此,则史家著述之道,岂可不求义意所归乎?"③他劝导史家,若有志于《春秋》之业者,"固将惟义之求,其事其文,所以籍为存义之资也"④。他的《文史通义》,主要就在抒发史学的意义,论述史学的作用,强调史学应当为政治服务。意欲力挽史学界之颓风,网罗其放失,使行将僵化的清代史学,能得到进一步发展。

品评史家的标准从"三长"到"四长"

章学诚在其代表作《文史通义》中,特地写了一篇《史德》,第一个提出"史德"是历史学家不可缺少的条件之一。这篇文章实际上是针对刘知幾所提出"良史"必备的三个条件而写的。作为一个优秀的历史学家,究竟应当具备那些条件,刘知幾在同礼部尚书郑惟忠问答时曾提了三点。郑惟忠问:"自古以来,文士多而史才少,何也?"刘知幾回答说:"史才须有三长,世无其人,故史才少也。三长,谓才也,学也,识也。夫有学而无才,亦犹有良田百顷,黄金满盈,而使愚者营生,终不能致于货殖者矣。如有才而无学,亦犹思兼匠石,巧若公输,而家无梗楠斧斤,终不果成其宫室者矣。尤须好是正直,善恶必书,使骄主贼臣所以知惧。此则为虎傅翼,善无可知,所向无敌者矣。脱苟非其

---

① 大梁本《文史通义》外篇三,《答甄秀才论修志第一书》。
② 《文史通义》内篇四,《言公》上。
③ 同上书,《申郑》。
④ 同上书,《言公》上。

才,不可叨居史任,自夐古已来,能应斯目者罕见其人。"①不过对于这三长,他在《史通》里并没有明确提出。章学诚在《史德》篇中对此首先加以肯定,指出:"才学识三者,得一不易,而兼三尤难。千古多文人而少良史,职是故也。"因为"史所贵者,义也,而所具者,事也;所凭者,文也。……非识无以断其义,非才无以善其文,非学无以练其事"。但他认为,具此"三长"还不足以称"良史",因而批评"刘氏之所谓才学识犹未足以尽其理也"。感叹"文史之儒,竞言才学识而不知辨心术以议史德,乌乎可哉?"于是他在"三长"之外,又特地提出一个"史德"来。什么是"史德"?他说就是"著书者之心术",就是指史家作史能否忠实于客观史实,做到"善恶褒贬,务求公正"的一种品德。他说:"史之义出于天,而史之文不能不藉人力以成之,……故曰心术不可不慎也。"②

对于刘、章二人的才学识理解,近人各有不同。我们认为,他所谓的才,就是指写文章的表达能力。有了丰富的史料,如何进行分析、组织、整理、加工,使之成为一篇精美的文章,也就是刘知幾所谓"刊勒一家,弥纶一代;使其始末圆备,表里无咎"③,那都是需要一定才能的,故章学诚说"非才无以善其文"。所谓学,是指具有渊博的历史知识,掌握丰富的历史资料,"博闻旧事,多识其物"④。所谓识,则是指对历史发展、历史事件、历史人物的观察、判断和鉴别能力,这也可以从刘知幾本人所说的话中得到证实,他说:"假有学穷千载,书总五车,见良直而不觉其善,逢抵牾而不知其失,葛洪所谓'藏书之箱箧','《五经》之主人',而夫子有云:'虽多亦安用为?'其斯之谓也。"⑤这就是说,纵有极为丰富的历史知识,若无判别其真伪抵牾能力,那也是枉然。所以章学诚说"非识无以断其义"。请注意,这个断字用在这里非常确切。可是,杨翼骧先生认为,刘氏史识还包含"有秉笔直书,忠于史实的高尚品质和勇敢精神",因此断定章学诚后来补充的"史德","实际上是包括在刘氏所说的史识之内的。"言下之意,章学诚的"史德"实属多余。其依据是刘知幾与郑惟忠那段问答中,刘氏除了对史学、史才作了比喻外,接着说"犹须好是正直,善恶

---

①　《旧唐书》卷一〇二《刘子玄传》。
②　均见《文史通义》内篇五,《史德》。
③　《史通·核才》。
④　《史通·杂述》。
⑤　《史通·杂说》下。

必书,使骄主贼臣所以知惧".① 我们觉得,这种说法是值得商榷的。首先,对于"史识"的解释,杨先生那种理解,恐不甚妥当,无论从字面还是字义,史识都无法解释出具有"史德"的内容来。我们还是用刘知幾本人的言论来说明吧,他在《史通·鉴识》篇劈头就说:"夫人识有通塞,神有晦明,毁誉以之不同,爱憎由之各异。盖三王之受谤也,值鲁连而获申;五霸之擅名也,逢孔宣而见诋。斯则物有恒准,而鉴无定识,欲求铨核得中,其惟千载一遇乎?况史传为文渊浩广博,学者苟不能探赜索隐,致远钩深,乌足以辨其利害,明其善恶?"非常明显,刘知幾所说的"识",显然还是指鉴别、判断而言。他说,事物本身是有一定的准则,但由于每个人"识有通塞",因而才出现"鉴无定识",于是对同样事物会产生不同的看法和评价,当然这就很难做到"辨其利害,明其善恶"。但是,这种不辨利害,不明善恶,并不是其本人故意如此,而是由于识别能力所限。另外,再从杨先生所提的论据来说,尽管刘、郑对话中有"犹须好是正直,善恶必书,……"等话,但刘氏并未说这是史识的内容。如果说它是吧,那么史识的其他内容为什么不表而单提这点呢? 关键在于刘知幾对才、学、识三长,才与学都作了比喻,而史识未作比喻,因而为后人留下了难题。我们上面引了刘知幾对"识"的看法既然如此,所以我们认为,这里所指,乃是指除史才、史学、史识之外,"犹须好是正直,善恶必书……"其实,关于这点,我们仍可从刘知幾本人论述中找到证据。他说:"观刘向对成帝称武宣行事,世传失实。事具《风俗通》,其言可谓明鉴者矣。及自造《洪范》《五行》及《新序》《说苑》《列女》《神仙》诸传,而皆广陈虚事,多构伪辞,非其识不周而才不足,盖以世人多可欺也。呜乎! 后生可畏,何代无人,而辄轻忽若斯者哉。夫传闻失真,书事失实,盖事有不获已,人所不能免也。至于故为异说,以惑后来,则过之尤甚者矣。"② 这里说得就更加明显了,为什么会"广陈虚事,多构伪辞"? 为什么会"故为异说,以惑后来"? 刘氏指出,"非其识不周而才不足,盖以世人多可欺也"。明知事情真相,而却偏偏进行歪曲和篡改,这不正是章学诚所说的"著书者之心术"不正吗? 章学诚在《史德》篇中就曾明确指出:"夫秽史者所以自秽,谤书者所以自谤,素行为人所羞,文辞何足取重! 魏收之矫诬,沈约之阴恶,读其书者先不信其人,其患未至于甚也。"这里所说与上

---

① 见所著《刘知幾与史通》,载《历史教学》1963 年第 8 期。
② 《史通·杂说》下。

所引刘氏之言同属一个性质，既然如此，史识、史德所指内容有其区别，自然也就无须多说了。章学诚还正面提出，"盖欲为良史者，当慎辨于天人之际，尽其天而不益以人也。尽其天而不益以人，虽未能至，苟允知之，亦足称著书者之心术矣"。问题十分清楚，他要求史家端正心术，就是要忠于史实，据事直书，不要篡改和歪曲历史，尽可能做到"尽其天而不益以人"。据事直书，乃是我国史学领域的优良传统，而章学诚只不过从理论上加以总结和提高罢了。所以我们认为，章学诚对于"良史"必须具备的条件加上一个"史德"并非多余，而是非常必要，这是古往今来历史经验的总结。难道不正是这样吗，有些史家，以才学识论三者俱备，就是"心术不正"，怀着某种不可告人的目的，于是篡改史实，伪造历史，用心之险恶，手段之恶劣，实在令人发指。此种情况，古今中外，屡见不鲜。章学诚正是看到了客观历史与史家主观意图常常产生矛盾这一现象，因此要求史家端正心术，培养史德，这应当承认是他杰出之处。当然，在封建社会要做到这点是困难的，因为各个阶级都有自己的道德标准，地主阶级由于他们带有阶级偏见，对于是非真理的看法本身就有分歧。尽管如此，我们还必须肯定，在当时条件下，能够提出这种见解无疑还是很可贵的。就是在今天，仍有借鉴的价值。反对曲笔，提倡直书，这是我国史学上长期以来的优良传统，我们广大史学工作者有责任加以批判地继承和发扬。

　　综上所述，从章学诚对刘知幾史学的批判、继承和发展来看，使我们看到，封建社会的文人、学者，对待前人的遗产尚且是有批判地加以继承和发展。作为社会主义制度下的今天，我们就更应当要以马克思主义唯物史观为指导原则，有分析、有批判地对文化遗产进行总结，以便做到吸收其精华，扬弃其糟粕，为发展社会主义祖国文化事业作出贡献。

（原载《杭州师院学报（社会科学版）》1979 年第 1 期）

李贽史学思想简论

李贽是明代中叶一位卓越的思想家。他不仅是反封建的叛逆者,而且也是很有史识的史学家。他将他的政治、哲学理论原则贯彻到史学中去,对历史作了一些异于正统的评论。

李贽的著作很多,如果我们深入分析一下,恐怕史学著作占绝对的优势,他的《藏书》68 卷、《续藏书》27 卷,就是史论方面的专著。这两部书也可以说是他一生中的得意之作。《藏书》的体裁,略仿纪传体史著,载录了战国至元亡的历史人物约 800 名,书中事实取材于历代正史如《晋书》《唐书》《宋史》《通鉴》等书。《续藏书》载录了明神宗以前明代人物约 400 名,取材于明代的人物传记和文集。李贽按照自己的观点把这些人物加以分类,各立名目,并撰写了叙记,如《纪传总目前论》《后论》《名臣总论》《富国名臣总论》《智谋名臣总论》等等。对某些人物、事件和言论,往往还写有专论或短评。这些评语比较集中地反映了李贽的政治思想和历史观点,包含着丰富和深刻的内容。下面,我们就从几个方面谈谈李贽的史论的特点。

一、断以己意,不必合于儒者相沿之是非

李贽在《藏书世纪列传总目前论》中,阐明了他对历史评论的观点,就是要打破儒家相沿的是非标准。他说:"人之是非,初无定质,人之是非人也,亦无定论。"他认为历史之是非,标准是不固定的,因此对人物的评价也就无一定论。为什么无定质,亦无定论呢? 他从历史更迭来看,认为不同的时期,有不同的是非。"夫是非之争也,如岁时然,昼夜更迭,不相一也。昨日是而今日非矣,今日非而后日又是矣,虽使孔夫子复生于今,又不知作如何是非也"。所以他认为执定以孔子的是非为是非,那就大谬不然。他劝人们"但无以孔夫子之定本行罚赏也"。确实,历来史学界在儒家思想的影响下,常常拿一些孔子的定论作为是非标准,使很多历史事件、历史人物遭到很不公正的评价。

李贽深感必须突破旧的是非观念,重新探索真理。

那么李贽评论是非的标准又是什么呢? 他说:"然则今日之是非,谓予李卓吾一人之是非,可也;谓为千万世大贤大人之公是非,亦可也,谓予颠倒千万世之是非,而复非是予之所非是焉,亦可也。则予之是非,信乎其可矣。"①他自信,他的是非标准是当今之世的公是公非。虽是他一人提出的"己意",却符合公意。关于他这种大胆否定孔子之是非的行为,他的朋友亦曾大力表彰。梅国桢在《藏书·序》中说:"余友李秃翁先生,豪杰之士也。当其时,士方持文墨,矩步绳趋,谈性命之糟粕。独一秃翁,其识趣论议,谁从而信之,故官至二千石,辄自刭免,取汉以来至金元君臣名士,撮其行事,分类定品,一切断以己意,不必合于儒者相沿之是非,知其与世不相入,而曰:吾姑书之,以候夫千百世之下有知我者而已。"②为《藏书》作序的刘东星也谈及李贽对历史"既已觑破,实不与旧时公案同"。梅国桢与刘东星的评论很符合李贽的史论出发点。李贽作《藏书》的意图就是要"颠倒千万世之是非",这在当时环境下,是难能可贵的。

李贽对经史的关系,和史的地位的论述,就有"颠倒千万世是非"的高见,被儒家崇拜得五体投地的《六经》,在李贽看来,并不是千万世不易的经典,而是古代的史书。李贽认为史就是经,他称之为"经史一物"论。这就把史的地位抬得与经一样高了。诚然,"六经皆史"论,王阳明已经提出这个观点,但李贽并非简单抄袭。李贽对《六经》《语》《孟》向来不抱迷信。他以为这些东西,"大半非圣人之言"。"纵出自圣人,要亦有为而发,不因病发药、随时处方,以救此一等懵懂弟子迂阔门徒云耳。药医假病,方难定执,是岂可遽以为万世之至论乎"③。所以他得出六经皆史的结论是很自然的。在此基础上,他还论述了经与史的辩证关系,他说:"经史一物也。史而不经,则为秽史矣,何以垂成鉴乎? 经而不史,则为说白话矣,何以彰事实乎? 故《春秋》一经,《春秋》一时之史也。《诗经》《书经》二帝三王以来之史也。而《易经》则又示人以经之所自出,史所从来,为道屡迁,变易匪常,不可以一定执也。故谓《六经》皆史可也。"④他认为《春秋》不过是一部史书。这与历来的定论相违。李贽对《春

①② 《藏书》卷一。
③ 《焚书》卷三《童心论》。
④ 《焚书》卷五《经史相为表里》。

秋》所作的评论现在已完全被人们接受了。《书经》与《诗经》在李贽看来也是史，这也说得很是。《书经》实际上是我国最古的史料。《诗经》用文学诗歌的形式反映夏商周时代的典章制度，民情风俗，今天看来也可说是我国古代很有价值的史料。《易经》，李贽说它是"经之所自出，史所从来"，也就是说，史论的原则出自《易经》，《易经》论述了"为道屡迁，变易匪常"，变，就是原则，所以是非不能执定。这段话是很有见地的。经史相为表里，拿今天的话来说，就是史论一致。作史者如果没有一定的理论为指导，不以大道、常法经纬纷繁复杂的史料，对历史材料就会失去鉴别能力，不明是非，不辨轻重，甚至任凭个人的好恶，举之则使上天，按之当使入地，史料失实，这就难免要成为秽史，不但不能成为后人的借鉴，也经不起时间的检验，没有历史价值。反之，如果只是一些大道说教，而无充分的历史资料的汇集，从历史中引出经验与教训，那就只是空口说白话，没有充分的说服力。以经为里，即以理论作为编写历史的指导；以史为表，即以史料作为历史的内容，两者有机地结合起来，才能成为有价值、能提供作为后世借鉴的历史。李贽的"经史一物"、"经史相为表里"原则，成了李贽本人的研究原则。他一生的精力，主要的不是放在创立一个完整的哲学体系上，而是贯彻以上原则，竭力利用历史来发挥他的理论。他的史、论是融为一体的。他常常是用历史论证他的理论，提出他的哲学、社会历史观点的。

二、以"良史"为鉴，以"秽史"为戒

前面已经讲到，李贽对历史评论，"一切断以己意"。那么，李贽的"己意"是否是个人的好恶？不然。理论界有一种说法，认为李贽的真理观是主观唯心主义的。他以自己的本心作为剖断真理的标准。这是从表面看问题。如果我们深入到李贽的史论中去看一看，就可以发现，他的是非标准，恰恰是经过历史检验的公是公非。不过，他确实是用一种不确切的言辞表达他的思想，叫作"继以己意"。或称己为"千万世大贤大人之公是非"，或称之为"童心"。但从史论角度看，李贽的真理观更接近于唯物主义。因为他在史论上确定的是非标准，不是自己主观的设想，而是总结历史学得出来的。他很重视对史学理论的研究，他很推崇历史上优秀的史学家，如司马迁、吴兢、刘知

幾等。他从他们的作史经验中吸取了有益的思想原则。我们可以从李贽对于这些史学家的传略和评论中看到李贽所主张的是一些什么原则。

他在《史学儒臣·司马谈、司马迁》传中记载了司马迁的事迹。同时也引了班彪、班固父子对司马迁的一段评论。班氏父子从正统观念出发，批评司马迁"是非颇缪于圣人"，说《史记》"论大道，则先黄老而后《六经》；序游侠，则退处士而进奸雄；述货殖，则崇势利而羞贫贱，此其所蔽也"。李贽对班氏父子的批评大不以为然。他说："班氏以此为真足以讥迁也，非也。不知适足以彰迁之不朽而已。使迁而不残陋，不疏略，不轻信，不是非谬于圣人，何足以为迁乎。……若必其是非尽合于圣人。则圣人既已有是非矣，尚何待于吾也。夫按圣人以为是非，则其所言者，乃圣人之言也，非吾心之言也。词非由于不可遏，则无味矣。"班氏父子认为司马迁颠倒了历史人物主次地位，把黄老思想摆在《六经》之上，对所谓的奸雄人物加以宣扬，而对那些处士给以贬低。而且司马迁居然崇扬讲求势利，这与儒家之道是不相符的，而李贽认为班氏父子所批评的"蔽病"，虽然确是事实，但这些"蔽病"正是司马迁的"不朽"之处。他在文中又摘录了刘向、扬雄对司马迁的赞美，说明在当时的条件下，《史记》是空前绝后的作品。

除司马迁之外，我们还可以看看他对陈寿、吴兢等史学家的评论。他称陈寿作的《三国志》"辞多劝诫，明得失，有益风化，虽文艳不若相如，而质直过之"①。他对《武后实录》的作者吴兢有这样一段描述："兢叙事简核，初与刘子玄撰定武后实录。叙张宗昌诱张说诬证魏元忠事，颇言说已然可，赖宋璟等激厉苦切，故转祸为忠，不然皇嗣且殆。后说为相，读之，心不善。知兢所为，从容谓兢曰：刘生事魏齐公事，不少假借，奈何？兢曰：子玄已亡，不可受诬地下，兢实书之，其草故在。说屡以情蕲改。辞曰：徇公之情，何名实录，卒不改。"②张说被张宗昌唆使诬魏元忠，吴兢在《武后实录》中直书隐讳，这时张说已经做了宰相，他对吴兢威迫恭维，软硬兼施，蕲请吴兢改写，吴兢正气凛然，不徇私情，不畏权势，维护已不在人世的刘知幾，竟挺身而出，承担责任，其精神实在可贵。因此吴兢被诬为"书事不当"，而遭到贬谪。李贽称他"方直寡谐"，实际上，"寡谐"指吴兢不朋党比奸的优秀品质。

---

① 《藏书》卷四十《陈寿》。
② 《藏书》卷四十《吴兢》。

《史通》的作者刘知幾在回答礼部尚书郑惟忠问为什么史才少时说:"史有三长,才、学、识。世罕兼之,故史才少。夫有学无才,犹愚贾操金不能殖货,有才无学,犹巧匠无楩柚斧斤,弗能成室。善恶必书,使骄君贼臣知惧,此为无可加者。"①刘知幾的才、学、识论,"时以为笃论"。李贽评论说:"才学二字,发明得明彻。论识处,尚未具也。"②刘知幾论识,只提到"善恶必书",在李贽看来,这还没有把"识"讲透彻全面。虽然李贽在此只简单地作如此评论,但他的批评是有道理的。对于历史记载,除了分清大是大非之外,还有更复杂的内容,不是简单地分清是非就够了。可见,李贽在论识的方面比刘知幾深了一层。

在李贽的《史学儒臣》传中收入了一篇《魏收》传。他在这篇传中,简略地记载了魏收被人不齿的作为。魏收是《魏书》的作者,他在作《魏书》的过程中,以个人的亲疏好恶立论,有这么一件事,魏收得到过谢休的帮助,因此他对谢休表示"无以谢德,当为卿作佳传"。谢休的父亲谢固,在魏朝时,曾做北平太守,因为贪虐被中尉李平弹劾,获罪。可是魏收在谢氏传中,却歪曲事实,称谢固"固为北平守,甚有惠政",甚至颠倒黑白,竟说"又云李平深相敬重"。因种种不实的记载,引起了群口沸腾,遂号为"秽史"。李贽评魏收"收性急,又不能平"。魏收为史不公正,所以在北齐亡国那年,"收塚被发,弃骨于外",不得好结果。这是从反面提供的教训。

从李贽对以上几位史学家的评论,可约略看到李贽史论的原则,他的《藏书》正是继承司马迁、吴兢等优秀史学家的优良传统写就的。下面我们看看李贽在历史人物评论上的远见卓识。

三、包罗千古,鉴别众形

刘东星说李贽的《藏书》"包罗千古,鉴别众形"。此论不假,李贽对各种史料都曾作过细细的品评。用他自己的史论标准重新评定了人物。他在《答焦漪园》书中说:"窃以魏晋诸人标志殊甚,一经秽笔,反不标致。真英雄子,画作罢软汉矣;真风名世者,画作俗士;真啖名不济事客,画作褒衣大冠,以堂

---

① ②　《藏书》卷四十《刘知幾》。

堂巍巍自负,岂不真可笑!"①李贽岂但对魏晋的才子重新做了描绘,就是对那些千古罪人,也不惜笔墨将他们翻过身来。功过是非自有一番新议。

比如秦始皇这样被骂为暴君的人物,李贽却称他是"千古一帝"。歌颂他"混一诸侯"的功业,即统一了各诸侯国,结束了战国的局面,并接受李斯的建议,一反对子弟为王的传统;随顺历史的趋势,建立了郡县制。所以像隋文帝之类君主,虽然"同为混一而不得比秦始皇称帝矣。"显然,同为统一,但作用不同,因而在历史上的地位亦不同。这里应该说明,李贽并未了解,秦始皇的统一是以建立新的封建制度为基础的。但他也看出了秦始皇所建立的秦王朝有不同于旧时的新制度。李贽对秦始皇的评价是没有偏见的,他虽然称秦始皇为"千古一帝",但对秦始皇的暴虐仍加以抨击,秦始皇搞焚书坑儒,李贽以为此事"卒自殒身灭族者宜矣"。侯生卢生称"始皇为人,天性刚戾自用",李贽说:"画得像。"他对秦始皇的功过及个人缺陷都作了适当的评价,分清了主次。

李贽对历史上有作为的一些君主也作充分的肯定。他称赞汉高祖入关、约法三章,除秦苛法,乃"王者之师"。特别是对汉高祖能够使用有才能的人更为敬佩。刘邦自称:"夫运筹帷幄之中,决胜千里之外,吾不如子房。镇国家、抚百姓,给馈饷,不绝粮道,吾不如萧何。连百万之众战必胜,攻必取,吾不如韩信。三者皆人杰。吾能用之,此吾所以取天下者也。项羽有一范增而不能用,此所以为我擒也。"李贽在此段文字后批"真英雄","英雄语可敬哉"。② 李贽自然不懂得个人与群众的关系,但他看出了刘邦能集众将之智慧,而非"匹夫之勇",堪称"真英雄",是有道理的,所以他称刘邦是"神圣开基"的君主。他对汉武帝征伐长期侵扰西北边境的匈奴贵族,保障了人民生活的安定,并亲自率师,威震匈奴的伟绩,称为"大有伟略","英明君主",作了高度评价。汉孝文帝临终遗诏,体恤百姓疾苦,认为他生前不能很好地帮助老百姓过好日子,死后如要老百姓为他厚葬、重服,这对天下人作何交代。所以他遗诏规定,出丧三天之后,老百姓可以去丧服,照常进行婚嫁、祭祠、饮酒、食肉,不必为他服丧而伤生。李贽读了文帝的遗诏后,感慨万分,称赞文帝"身崩而念在民,真仁人哉,真圣主哉"。还说:"历代诏令多文饰。惟孝文

---

① 《焚书》卷一。
② 《藏书》卷二《汉高祖皇帝》。

诏书,字字出肺肠,读之令人深快。"①

李贽称唐太宗是"英主肇兴"。是在南北朝动乱之后,出现的振兴中华的人杰。他不但肯定了唐太宗在推翻荒淫的隋炀帝,统一中国的武功,而且很详尽地记述了唐太宗善于用人,喜于听取逆耳忠言的品行。唐太宗自称"朕于弓矢定四方,识之犹未能尽,况天下之务乎",唐太宗曾得到过十数把良弓,以为自己的弓箭是天下最好的弓箭了,可是给良匠一看,才发现"皆非良材",唐太宗由这件小事推论开去,认为治理天下的经验还很不够,必须要听取各方面的意见。李贽还记载了唐太宗重视人才及对于用人的严格。唐太宗对他的下属的业绩经常进行考察,各地都督、刺史的名单书于屏风,"得其在官善恶之迹,皆注于名下,以备黜陟"。他认为"为朕养民者,惟都督刺史"。这些地方官是父母官,为官好坏直接影响到老百姓的利益,所以他对都督刺史要求甚严。李贽对唐朝肇兴与唐太宗这些治国方略关系的总结,是很有历史借鉴作用的。

李贽对于节俭仁恕的君主也十分敬仰。他称宋仁宗皇帝"恭俭仁恕",在位 42 年,始终如一,可谓"圣主"。称宋神宗皇帝"小心谦抑,敬畏辅相,求直言,察民隐,恤孤独,养耆老,不治宫室,不事游幸,励精图治,自始至终",称他为"求治真主"。②

李贽对历史人物的评定比较客观、公正。比如,他对唐高宗武后残杀唐朝宗室,夺取王位,利用特务告密,伤害无数公卿,进行了无情的鞭挞,但也充分肯定武则天的气度。武则天为了奖赏告密有功之人,滥封官爵,不问贤愚,悉为擢用,时人讥此事曰:"补阙连车载,拾遗平斗量。擢椎史御史,怨脱校书郎。"有个举人叫沈全交的再续了二句:"翮心存抚使,眯目圣神皇。"这后续二句是直接讥刺武则天的了。当政的御史纪先知道后,"劾其诽谤朝政"。可是武后听了笑说:"但使卿辈不滥,何惧人言。"她倒是不加怪罪的。李贽对此作了很高的评价,说她"胜高宗十倍,中宗万倍矣"。接着李贽又记述了武后功绩,说:"太后虽滥以禄位收天下人心,然不称职者,寻亦黜之,或则加刑诛。政由己出,明察善断,故当时英贤亦竞为之用。"③这个评论可谓十分公道。李

---

① 《藏书》卷三《汉孝文皇帝》。
② 《藏书》卷八《宋神宗皇帝》。
③ 《藏书》卷六三《唐武才人》。

贽对武则天的评论超出了前人那些所谓"牝鸡司晨"之类的陈词滥调,比起现代某些史学家的评论恐怕也要高明一些。

李贽评定杰出人物的标准是什么? 从以上一些评论综合起来看,大体有这么几条:一是统一祖国、振兴中华者,对中华民族的繁荣富强作出过杰出贡献;二是任用贤能,于国于民有利者;三是节俭仁恕、励精图治者,他曾说,"天之立君,本以为民",所以杰出的领袖首先要爱护人民。

四、讲功利,重强主富国之名臣

李贽推崇和继承了司马迁的"崇势利,羞贫贱"的史学观点。他总结历史的经验教训,认为国之强弱与贫富有直接关系。他说汉朝自高帝直到文景,对匈奴都是委曲求全的,以至"妻以公主而纳之财",仍不免烽火连天。只是到了汉武帝时,用了桑弘羊的均输法、平准法,才使"不待加赋,而国用自足,太仓、甘泉一岁皆满"。这样才有条件"募民徙边、积役屯田",加强了边防,使汉朝出现了史无前例的强盛,汉武帝成了"大有不世出之主"。[①] 他提出不要讳言利。宋明时期的道学家只言义而讳言利,批评王安石搞变法是"夺民之财"。李贽以为不然。他认为王安石想效仿桑弘羊,并无过错,问题是出在他的才干不及桑弘羊,"其才之不足以生财"。因此"欲益反损,欲强反弱"致"使神宗大有为之志,反成纷更不振之弊"。他的罪过是"非生财之罪也,不知所以生财之罪也"。[②]李贽的评论有可取之处。李贽反对理学迂腐的观念,在史学上大力颂扬"强主富国名臣",在《藏书》中,专立了"强主名臣""富国名臣""武臣传"。把商鞅、李悝、韩非、桑弘羊、晁错、张骞、沈括、陈亮等历代的改革家都列入了此类目中。他赞扬李悝"取有余而补不足"的做法,"行之魏国,国以富强"。[③] 称颂吴起相楚"料敌制胜,号知兵矣","其废公族疏远以养战士,所以强楚者是"。[④] 对商鞅的评价更高,说秦孝公"用商鞅之法,移风易俗,民以殷盛,国以富强,百姓乐用,诸侯亲服"[⑤]。商鞅严以执法,收到了很好的

---

①② 《藏书》卷十七《富国名臣总论》。
③ 《藏书》卷十七《魏李悝》。
④ 《藏书》卷十七《吴起》。
⑤ 《藏书》卷二十《李斯》。

效果,"令行十年,秦民大悦,道不拾遗,山无盗贼,家给人足,民勇于公战,怯于私斗,乡邑大治"①。对为汉室沟通西域,加强边防的张骞,也给予高度的评价,说:"张骞持汉节入匈奴,十三年而不失,……身所经历者,大夏、大宛、乌孙、康居诸国,不下万余里,所至戎狄皆爱而信之,以故两度得脱,无困迫忧,则其才力,固有大过人者。"②

李贽也很重视军事家,他认识到国家要富强,加强军事是重要的方面。他在《藏书》中专列《武臣传》,他对儒家轻视武力作过深刻的批评。他说:"唯夫子自以'尝学俎豆,不闻军旅'。此语,即速贫速朽之语,非定论也。"③李贽的批评毫不过分。重礼义教化,轻武装斗争,确是孔夫子思想的一个大缺陷。从强国的目的出发,李贽几乎完全附和了曹操的思想,只求有治国用兵之术,而不需顾及礼义。他在《吴起》传后有一段精彩的评论。吴起为了取得鲁君的信任,在齐鲁发生战事的时候,竟然杀了妻子(他的妻子是齐国人)。后来,他又想投奔魏文侯,魏文侯向李克了解吴起的为人,李克推荐说:吴起"贪而好色,然用兵,司马穰苴不能过也"。魏文侯得知吴起兵法如此高强,就不顾吴起的品行如何,竟将吴起封为将。李贽对此评论说:"李克亦可人哉!使访之程正叔辈,必以贪财好色见杀矣。孰与富国强兵乎。"④程正叔辈即指宋明理学家。吴起之所以能发挥他的才能,与李克的推荐分不开,而李克也确实是眼光远大,理学家们与李克相比是望尘莫及的。

李贽在军事上重战略胜于战术。他曾论到"战非圣人之得已也。上兵伐谋,不战而自屈矣"。他批评项羽虽百战百胜,最后却被刘邦所败,就是没有远大的谋略。在这一点上,他最推崇司马懿。司马懿对诸葛亮的谋略了如指掌,"诸葛氏固自以算无遗策,不知仲达已逆知其必不能久也"。所以司马氏"无损兵费粮之失,而诸葛已困矣"。李贽说,可以与语不战之旨者,唯有司马懿。李贽关于战略重于战术的思想是包含着真理的。

值得特别一提的是,李贽对于发展我国科学文化艺术等有贡献的人士,都分别列了传,载入史册。由此可见他对科学文化的重视。科学家沈括,天

---

① 《藏书》卷十五《商鞅》。
② 《藏书》卷十五《张骞》。
③ 《藏书·世纪列传总目后论》。
④ 《藏书》卷十七《吴起》。

文学家李淳风、僧一行，音律学家万宝常，书法家王羲之、怀素、褚遂良，画家顾恺之等，在传记中歌颂了他们对中华民族文化科学的创造。他记载了沈括利用水利科学，治理江河，"得上田七千顷"。称赞他谙熟工、商事务，为宋神宗出谋划策，深得神宗信任。并且记述了沈括的《梦溪笔谈》对天文、历算等科学作出的贡献。

综上所述，李贽对经济、政治、军事、科学文化的重视，与宋明理学家空谈性命违然相异，足以反映他史学观点的远见卓识，独树一帜。

以上，我们对李贽的史论作了一些粗略的探讨，所持观点可能与人违异。比如，有的学者认为李贽的史书不过是抄史而已。笔者认为即便是抄，也有他的指导思想，所以从《藏书》《续藏书》里仍可看到李贽的史论精神。自然，李贽是封建时代的人物，他的思想不可能摆脱封建观念的束缚，他把君臣关系作为社会关系的总括，把君父之大义看得很重，在《藏书》和《续藏书》中宣扬忠君的思想还是比较突出。因此，他对叛逆封建国家的行动深恶痛绝。比如，他看到农民的起义是君逼民反，对个别农民起义领袖如陈胜，称为"匹夫首倡"，"古所未有"，列入世纪。但对大多数农民起义军都污蔑为"妖贼"。对于历史人物的评价，他冲破了历来已作的定论，否定了原来的是非标准。可是在他自己的评论中，同样存在着许多错误和偏见。如他根据《孟子》的"民为贵，社稷次之，君为轻"的重民思想，反对忠于一姓的封建伦理，这是进步的，但他却以此为借口，替五代时曾投降契丹、做过汉奸的冯道辩护，甚至恭维他，称他为"五代一人"。这显然是丧失了民族大义，分不清一姓之王朝与民族利益的关系。在历史观上，他也还有循环论和宿命论的影响及较浓厚的天命观，他的这些错误和局限，我们也是不可隐讳的。

（本文与夏瑰琦合撰。原载《杭州师院学报
（社会科学版）》1982 年第 2 期）

黄宗羲和清代浙东史学

黄宗羲是我国封建社会晚期一位杰出的启蒙思想家和史学家,他的政治思想和史学理论对后世都曾产生过重大影响。特别是《明夷待访录》一书,具有浓厚的近代民主思想,《明儒学家》一书则为学术史研究开了先河,并创立了一种新的史体——学案体。他对明代历史的研究、当代文献的整理等也都作出过卓著的贡献。黄宗羲的学术思想上承宋明以来浙东学派的优良传统,同时通过讲学,培养了一大批著名学者,形成清代浙东史学流派。所以,黄宗羲又是清代浙东史学的开山鼻祖,在浙江文化史上占有重要地位。

(一)

黄宗羲(1610—1695),字太冲,号南雷,又号梨洲,学者称南雷先生或梨洲先生,浙江余姚人。父素尊,东林名士,天启间官御史,为魏忠贤所害。后忠贤败,宗羲袖铁锥入京讼冤,并击毙忠贤爪牙两人。福王即位后,忠贤党人马士英等得势,黄宗羲及其同学140人联名发表《南都防乱揭》,痛斥权奸阮大铖、马士英等人罪行,遭到马士英等的痛恨和迫害,险遭不测。清军南下后,黄宗羲与钱肃乐等人组织地方抗清武装,号"世忠营",据四明山结寨防守,为反清复明奔走呼号,晚年他回忆这段经历时说:"书购余者二,名捕者一,守围城者一,以谋反告讦者三,绝气沙坤者一昼夜。其他连染罗哨所及,无岁无之,可谓涉于十死者矣。"①明既亡,知事不可成,遂伴老母回乡,从事读书、著书、讲学。

宗羲幼年读书即不守章句,年十四补诸生,随学京邸,其父科以举业,他却毫无兴趣。后来致力于史学,自云受父亲影响,至 19 岁、20 岁已读完"二十一史"和明十三朝实录,"每日丹铅一本,迟明而起,鸡鸣方已"。可见用功之

---

① 《南雷余集·怪说》。

勤。明末以来的社会学术风气,使他深感史学的危机。这可以说是促使他立志于史学的又一重要原因。他在《历代史表序》中劈头就说:"自科举之学盛,而史学遂废。昔蔡京、蔡卞当国,欲绝灭史学,即《资治通鉴》板亦议毁之,然而不能。今未尝有史学之禁,而读史者顾无其人,由是而叹人才之日下也。"抗清斗争的失败,更使他决心通过历史研究,探索明朝灭亡的原因和教训,笔伐贪赃误国之徒,表彰为国捐躯之士。所以,他研究历史的重点便落在明代。

还在抗清形势处于十分紧张的时候,他一面投入火热的斗争,一面即将南明有关事迹记录下来。抗清斗争失败后,他将所记汇辑整理成《行朝录》一书。后又把有关记载明代史事的各种文献汇编成《明史案》244卷,《行朝录》亦列入其中。而对于那些为国献身的爱国之士,出于形势,则用墓志碑铭的形式予以表彰。这些墓志碑铭,对于补史乘之不足同样具有重要价值。为了全面研究有明一代学术文章,也为编修明史广泛搜集资料,康熙七年(1668)年近花甲的黄宗羲开始选辑《明文案》,历时8年,成书217卷。他一反以往选文之成例,纯从史学角度出发,不津津于文辞格式之华丽优美。明白表示,凡空洞无物之文,即使出于"巨家鸿笔",亦在所必去;若能反映一代风物、社会风尚,即使"稀名短句",亦要收录。继《明文案》后,又用18年时间编成《明文海》482卷,是书内容相当广泛,实际上是一部反映有明一代文风、学风、朝章典故、社会风尚的学术大宝库,绝不能单纯视作文学作品选集。

编修《明史》,是黄宗羲的夙愿,康熙十八年(1679)清开明史馆,聘请他参与其事,出于民族大义,他断然拒绝了。但为了使故国历史真实面貌得以完整保持,如实反映有明一代贤奸治乱之迹,他又同意其得意门生万斯同以布衣参与其事,并将《大事记》《三史钞》授之,加上史馆编修中许多人是他的学生,所以后来《明史》历志多赖其审校,而地理志则强半采其所著《今水经》原文。至于史料经其鉴别者更不在少数。特别是万斯同的《明史稿》为修《明史》时所本,推其本源,实出黄氏,故宗羲虽未身赴史局,而对于《明史》编修之贡献,实非浅鲜。黄宗羲后半生的全部精力,几乎全用在学术研究上,著作十分繁富,多至60余种。著名的有《明夷待访录》《明儒学案》等。

《明夷待访录》,是反映黄宗羲政治、经济思想和历史观的代表作。书成于康熙二年(1663),虽只1卷(分13类),但所涉及的问题非常广泛,影响很大,曾被誉为类似"人权宣言",而又早于卢梭《民约论》1个世纪。宗羲在这部书中,从多方面批判了封建制度。并着重抨击了封建专制主义统治的弊害。值得注意的是,他所反对的并不只是某些皇帝个人,而是反对整个封建制度,表露了封建社会末期所产生的民主主义进步思想。

书中首先抨击封建的君主制度,勇敢地宣布君主的罪状是"荼毒天下之肝脑,离散天下之子女,以博我一人之产业";"敲剥天下之骨髓,离散天下之子女,以奉我一人之淫乐"。君主是"天下之大害者"。"天下之人怨恶其君,视之如寇仇,名之为独夫,固其所也"。又说君主制度是"使天下之人不敢自私,不敢自利",而只允许君主一人大私大利。作为一个封建文人,能对封建君权进行如此直接的揭露和痛骂,充分说明了他那超人的胆量和卓识。对于封建的官吏制度,也作了严厉的批判。认为官吏的设置本应与君主分工共同治理天下,"为天下"、"为万民",而现在变成专为君主"一人一姓"服务的机构。并提出看待治乱的标准,"不在一姓之兴亡,而在万民之忧乐"。对于封建社会的法律制度,黄宗羲列出专篇加以批判。认为封建君主所创立的法律制度不是为了天下的利益,而只不过是为了巩固一家一姓的统治,"其所谓法者,一家之法而非天下之法也"。故其"法愈密,而天下之乱即生于法之中"。此外,黄宗羲在书中还指出了封建国家赋税一代重于一代、人民生活一代贫似一代的趋势。他说:"吾见天下之赋税日增,而后之为民者日困于前。"为此,他提出了许多革除奢侈风俗习惯和禁止佛巫等宗教迷信的主张,以减轻人民的负担。

以上这一切认识,都是黄宗羲从大量历史事实的研究中,特别是从他亲身经历过的明亡历史教训中总结提炼出来的。由于这部书有着浓厚的近代民主思想,因此在当时的封建压力下得不到流传,而对后世则产生巨大影响。在清末的民主革命运动中,被大量印刷散布,用来作为传播革命思想的精神武器。正如梁启超所说,是书"对于三千年专制政治思想,为极大胆的反抗,在三十年前——我们当学生时代,实为刺激青年最有力之兴奋剂,我自己的政治运动,可以说是受这部书的影响最早而最深"。又说:"此书乾隆间入禁书类,光绪间我们一班朋友曾私印许多送人,作为宣传民主主义的工具。"①可见影响之大。

---

① 《中国近三百年学术史》。

　　黄宗羲对学术文化的贡献最显著者自然莫过于《明儒学案》一书的编撰了。它不仅是我国封建社会第一部完整的学术史专著，而且形成了一种新史体——学案体。全书62卷，把明代214名学者按时代顺序，分各个学派组织起来，采集有明一代学者文集、著作、语录，分析宗派，成立学案19篇。其编次顺序是，每一学案之前，均有小序一篇，简述该学派的源流和宗旨。接着就是学者的评传，对各人生平经历、著作情况、学术思想以及学术传授，均作扼要述评。这些评传，一般都写得朴实动人，自然逼真，不事雕琢摹拟，重视内容事实，坚持史家笔法，充分体现出优秀史家所特有的风度。评传之后，便是学者本人著作节录或选辑，间有著者自己按语。黄宗羲为此书规定的编纂原则和方法是：第一，充分体现每个学派、学者的学术宗旨，做到"分别宗旨，如灯取影"。第二，所有原始材料，皆从每人著作中节录，不走捷径，不袭前人之旧本，力求做到通过所辑材料透露其人一生精神和思想特色。第三，肯定独立见解，兼取众家之说，对"有一偏之见，有相反之论"者亦同样为之立案。第四，提倡自得，贵于创见，"凡倚门傍户，依样葫芦者"，一概不取。

　　梁启超在论述学术史著作时说："著学术史有四个必要的条件：第一，叙述一个时代的学术，须把那个时代重要的各学派全数网罗，不可以爱憎为弃取。第二，叙述某家学说，须将其特点提挈出来，令读者有很明晰的观念。第三，要忠实传写各家真相，勿以主观上下其手。第四，要把各个人的时代和他一生经历大概叙述，看出那人的全人格。梨洲的《明儒学案》，总算具备这四个条件。"①像这样全面而有组织的学术思想史专著，在中国封建社会还是首创。综观全书内容，讲阳明学派的几占一半，有人认为这是黄宗羲的偏见，其实乃是误解。应当知道，明代中叶以来，王学风靡一时，成为显学，时代精神既是如此，编写史书就应把这个时代的特点反映出来，特别是学术思想史，尤应理所当然地把占统治地位的学术思想全面反映出来。何况本书对于阳明以外的各学派也都分别立有学案，给予一定的位置。另一方面，黄宗羲在书中的许多按语中，对理学不断地进行了批判，反映了他主张"经世致用""文章事功"的学术思想。

　　然而，黄宗羲著《明儒学案》，其贡献不单在于为我们留下一部完善的学

---

　　①　《中国近三百年学术史》。

术史,更重要的还在于创立了一种新史体。这种学案体是我国封建社会史学家所创立的最后一种史书体裁,它也是史学发展的必然产物,在中国史学发展史上应占重要的地位。遗憾的是,自此书刊行以后,由于种种因素,这一点一直未得到应有的重视,以致直至今日,也没有在史书分类上取得应有的地位,大多将这类著作附在传记一类中,这显然是不确当的。众所周知,中国封建社会进入宋代以后,州县学校纷纷兴起。书院林立,讲学之风盛行。通过讲学形成许多学派,相互交流和竞争,促进了学术思想的发展和文化的繁荣。在当时的学术界,很讲究学术渊源和师承关系。历史应反映这一新出现的社会现象。早在宋代,就有许多学者采取不同形式从事这一工作。有的用传记,有的用年谱,有的用言行录。但直到南宋朱熹的《伊洛渊源录》也只是反映这一个学派的学术渊源而已,而且毫无体例可言,明代万历年间,冯从吾作《元儒考略》,后来周汝登作《圣学宗传》、孙奇逢作《理学宗传》,但这些不仅疏略粗陋,而且仅是传记体史书,未能反映各家各派的学术。可见数百年来,尚无一人能圆满地完成宋以来社会发展向史学家所提出的任务。就在这个情况下,作为历史学家的黄宗羲以他那超人的思虑见识、渊博的学问和特有的学术组织能力以及创造精神,总结各种史体的编纂经验,创立出一种能够反映出一个时代各个学派的学术渊源和宗旨的学术思想史体——学案体。用这种学案体来编撰学术史,有明显的四大优点:第一,由于同一学派放在一个学案中,因而每个人的学术渊源、师承关系都可以得到充分反映。第二,能充分体现出学术思想的发展变化脉络,因为有的学派,往往是同中有异,异中有同,有的虽同出一源,发展到后来却又分道扬镳,用学案体最能体现这一点。第三,由于每个人的主要著作要点均已摘录,故最能了解每个人的学术宗旨、思想特点。第四,便于研究整个时代学术发展的大势和学风的盛衰。用今天时髦术语来说,用这种史体编写学术史,既可以收到宏观研究的效果,使我们了解到一代学术发展大势,又可起到微观研究的作用,因为它对每个学派和学者都有征列。至于学案体各组成部分的渊源及其影响,笔者在《要给学案体以应有的历史地位》[①]、《黄宗羲的史学贡献》[②]二文中已有详细的论述,此不赘言。

---

① 载《光明日报》1988 年 3 月 23 日。

② 载《黄宗羲论》,浙江古籍出版社 1987 年版。

（二）

　　清代浙东史学，在清代史学发展上占有主导地位，有清一代史家中，有创见、有贡献、有作为、有影响的大多出自浙东学派。黄宗羲生当明清之际，为清代浙东史学的开山祖，起了承前启后的作用。这一方面表现为他继承发扬了宋明以来浙东学派的统系和优良传统，更表现为他通过讲学，培养了一大批著名学者，形成为清代浙东史学流派，并且开创了清代浙东史学的一系列学风特点。

　　学术发展以地域为限而形成某种学派，在古代特殊情况下往往如此。这一方面有师承关系，或经名师讲学传习，或属家学渊源，另一方面，同一地区就近从业方便，学风也会播迁浸染。特别是宋以来，书院林立，讲学之风盛行，对众多学派的形成有直接作用，如"关学""洛学"等等。江浙一带在南宋时代则形成了由"永嘉学派""永康学派""金华学派"等组成的浙东学派，影响至为深远，他们当中的不少人多专心于史学研究，特别是吕东莱的文献之学，陈傅良、叶适的经制之学，陈亮等人的事功之学，对于清代浙东史学都有重要影响。黄宗羲的学术思想渊源无疑是与宋代以来的浙东学派分不开的。全祖望即指出："公（指黄宗羲）以濂洛之统，综合诸家，横渠（张载）之礼教，康节（邵雍）之数学，东莱（吕祖谦）之文献，艮斋（薛季宣）、止斋（陈傅良）之经制，水心（叶适）之文章，莫不旁推交通，连珠合璧，自来儒林所未有也。"①关于这点，章学诚也曾多次提及，认为黄宗羲开创的清代浙东史学，"历有渊源"，是承继了南宋以来浙东学派的传统。此外，元明以来，两浙为边远省份，去京城较远，又濒临东海，因而清入关后，这里一度成为明末遗民反清复明的重要根据地。就此而言，宋末元初爱国史家胡三省的史学思想自然对他们也产生一定影响。黄宗羲曾多次起兵抗清，便是明证。

　　黄宗羲不仅承接了南宋以来浙东学派的学术思想，更重要的是，通过授徒讲学，为浙东培养出一大批有才有识之士，开启了清代浙东史学之先河。抗清斗争失败后，他先后主讲于绍兴证人书院、余姚姚江书院等处。因有感

---

① 《鲒埼亭集》卷十一，《梨洲先生神道碑文》。

于明季学风衰微,好为游谈,束书不观,以致最后亡国,故教育生员博览经史,从事核实之学。全祖望在《甬上证人书院记》里说:"自明中叶以后,讲学之风,已为极敝,高谈性命,直入禅障,束书不观,其稍平者则为学究,皆无根之徒耳。先生始谓学必原本于经术,而后不为蹈虚,必证明于史籍,而后足以应务。原原本本,可据可依。前此讲堂痼疾,为之一变。"①由于讲学风气大变,一时前来受业者云集,且多父子相传,兄弟相继,其高座皆得携其子弟听讲,或有以生徒来者。学风之盛可谓空前,因而为浙东培养出一大批才识之士。正如《黄梨洲先生年谱》所云:"公讲学遍于大江以南,而瓣香所注。莫如江东,门下之士如陈夔献、万充宗、陈同亮、仇沧注、陈介眉之经术,王文三、万公择之名理,张旦复、董吴仲之躬行,万季野之史学,郑寒村之文章,其著焉者也。"而其中最著名者为万氏兄弟,他们直接承继了黄氏的经史之业,万斯大专治经学,斯同则博通诸史,尤熟于明代掌故,以弘扬黄氏之学为己任。与万氏同时,尚有邵念鲁,亦尝问业于梨洲,而传其文献之学。继邵氏之后,又有全祖望,私淑黄、万,向慕其风,于晚明文献,搜罗贡献甚大。其后出者,则有邵晋涵、章学诚,虽未直接受业于黄氏,但却承继了黄氏学术之统系。而章学诚始终以浙东史学成员自居,实为浙东史学之殿军。总之,人们可以明显地看出,从黄宗羲到章学诚,在浙东地区形成了一个很有特色的学术统系,他们的学术宗旨一脉相承。所以章学诚说:"梨洲黄氏,山蕺山刘氏之门,而开万氏兄弟经史之学,以至全祖望辈尚存其意。"又说:"世推顾亭林氏为开国儒宗,然自是浙西之学;不知同时有黄梨洲氏出于浙东,虽与顾氏并崎,而上宗王刘,下开二万,较之顾氏,源远流长矣。"②这就说明,在黄宗羲的精心教育培植下,浙东地区不仅出现了许多著名学者,而且形成了一个学派,这个学派是有源有流,并且"源远流长"的。所以后来梁启超也说:"浙东学风,从犁洲、季野、谢山起以至于章实斋,厘然自成一系统,而其贡献最大者,实在史学。"③这里顺便提及一个问题,近来有的学者撰文否认清代浙东学派的存在,否认浙东学者黄、万、邵、全、章之间的脉络关系,这是毫无道理的,也是不符合历史实际的,关于这个问题,宜有专文辩证,限于篇幅,此不赘述。

---

① 《鲒埼亭集》外编卷十六。
② 《文史通义》内篇二,《浙东学术》。
③ 《中国近三百年学术史》第八章《清初史学之建设》。

　　黄宗羲不仅为清代浙东培养了一大批学者名流,而且开创了清代浙东史学的一系列学风特点,关于这点,章学诚在《浙东学术》一文中作过详细的总结,归纳起来,有如下三个方面:

　　一是反对门户之见。浙东学派的史学家虽然有自己的宗旨,却反对树立门户,主张学派之间,相互尊重,互相推服。在清代汉宋门户之争越演越炽的时候,浙东学派不仅不介入,而且对这种无谓的纷争表示反对,主张在学术上兼取朱陆之长,并蓄汉宋精华。这一治学风气,是由黄宗羲开创的。他研究历史,书院讲学,无不本着这一精神。他在《明儒学案》一书的凡例中说:"此编所列,有一偏之见,有相反之论,学者于其不同处,正宜着眼理会,所谓一本而万殊也。以水济水,岂是学问!"明确表示在做学问上,对于不同学者、不同学派都应一视同仁加以研究,而反对"今之君子必出一途"的作风。在《清谿钱先生墓志铭》中说得更明确:"昔明道泛滥诸家,出入于老释者几十年,而返求者《六经》。考亭于释老之学,亦必究其归趣,订其是非。自来求道之古,未有不然者。盖道非一家之私,圣贤之血路,散珠于百家,求之愈艰,则得之愈真。虽其得之有至有不至,要不可谓无与于道者也。"①黄宗羲在这里提出的"道非一家之私",正是在于反对树立门户,反对学术垄断。所以他教导学生说经则宗汉儒,立身则宗宋学,兼收并蓄,会通汉宋之长。当然,门户之见与学术宗旨是两回事,反对门户之见,并不等于连学术宗旨也不要了,也不等于说反对所有学派。正如章学诚所说:"学者不可无宗主,而必不可有门户。"对此,黄宗羲在《明儒学案》的凡例中论述得非常明白,认为:"大凡学者有宗旨,是其人之得力处,亦是学者之入门处。"一个学者的学问,必定都有其宗旨,否则学问再深,也不过是"无头绪之乱丝"。作为学习者来说,要研究一个人的学术思想,就必须把握其学术宗旨所在,所学才有所得。黄宗羲提倡的学术上反对门户之见的精神,为其学生万斯同,以及邵念鲁、私淑弟子全祖望等浙东学者的继承和发扬,至于章学诚更是这一精神的大力提倡者。遂形成为浙东史学的共同特点。这不仅是他们对历史学发展的一大贡献,而且对整个学术的发展都有巨大贡献。

　　二是贵专家之学。章学诚说:"浙东贵专家,浙西尚博雅,各因其习而

---

① 《南雷文定》三集卷二。

习。"所谓"贵专家",其实就是贵有独创精神的专门之学,贵创造发明,不停留在单纯为前人的著作注释考订上。这一精神,也是由黄宗羲率先树立的。作为一代大师的黄宗羲,其学识之博大精深是不言而喻的,对上下古今,天文地理,九流百家,无不精研,但他并不以渊博闻名,更重要的在于他有独创精神,能够自成一家之说。他自己就曾说过,做学问不患不博,但患不精。他在学术上便是以多方面的专精而著称的。他的《明儒学案》开创了我国学术思想史编纂的先河,创立了一种新的史书体裁。他的《明夷待访录》则是一部具有进步民主思想的启蒙著作。其后万斯同、全祖望等虽都是博闻强识,但也都专精于史学。这一精神,在章学诚那里益发得到发扬光大,他不仅在理论上专门论述博约关系,而且在所著《文史通义》和《校雠通义》两书中,提出了许多很有价值的独到见解。可见,清代浙东史学大师,都是各有所长的专门名家。

三是主张学术经世致用。这一优良传统在宋元以来便是浙东学派的共同特征,更为黄宗羲所继承发扬,并成为清代浙东史学的治学宗旨。黄宗羲在清兵南下后,奔走国难,不受清诏,在这种情况下,他所从事的学术研究,全然具有十分明显的"经世致用"色彩,他的《明夷待访录》便体现了这一点,而他整理明代文献,编纂《明儒学案》等等,也都无不刻意于研究治乱兴衰、利弊得失,拯救学风。他教育学生的都是"有用之学"。万斯同、邵念鲁、全祖望,章学诚等治学也无不注重"经世致用"。万斯同曾说:"经世之学,实儒者之要务,而不可不宿为讲求者。"邵念鲁则说:"文章无关事道者,可以不作;有关事道者,不可不作;即文采未极,亦不妨作。"他的《治平略》《史略》等著作,便是经世之作。章学诚更从理论上反复论述学术必须"经世致用","有补于世","有体有用",反对"空言著述"。这里我们再辨明一点,即有的著作把"民族思想精神"也作为清代浙东史学的特色之一,这种说法是不确切的。所谓"民族思想精神",其实不过是"经世致用"思想的表现形式之一种。由于各人所处的时代不同,因而学术思想上的"经世致用"的表现形式也就不同。关于这一点,章学诚在《浙东学术》中已经提出过:"浙东之学,虽源流不异而所遇不同,故其见于世者,阳明得之为事功,蕺山得之为节义,梨洲得之为隐逸,万氏兄弟得之为经术史裁,授受虽出于一,而面目迥殊,以其各有事事故也。"说明各人"经世致用"的特点表现,是与其所处的时代密切相关联的。如果按照"民族思想精神"这一所谓"特色"去套,把出生于康熙中期以后,生活在雍、乾年间的全祖望的学术研究硬说是出于故国之恩、民族气节。试问,既然生于清代,长于清代,又有何"故国"可言呢? 他不过是出于史家忠于事实、据事直书的直笔精神而已。全祖望如此,邵晋涵、章学诚就更不用说了。所以,我们认为不能把"民族思想精神"作为清代浙东史学的一大特色,而只能视为"经世致用"史学思想的具体表现形式之一种。

（原载《东南文化》1989 年第 6 期）

章学诚的学术生涯

——纪念章学诚逝世 190 周年

今年是我国封建社会后期著名的学者,杰出的史学家、方志学家章学诚逝世 190 周年,他的故里上虞人民在此集会,纪念先贤,以弘扬优秀民族传统文化,弘扬章氏的优秀学说和治学精神。我研究章氏之学 30 余年,躬临盛会,十分高兴,特将他在学术上主要贡献作一简介,以兹纪念。

章学诚,字实斋,号少岩,浙江会稽(今上虞)人。生于清乾隆三年(1738),卒于嘉庆六年(1801),终年 64 岁。他生活的时代,正是所谓"乾隆盛世"。

章学诚从青少年开始就对历史学产生了特别兴趣,20 岁以后便"纵览群书,于经训未见领会,而史部之书,乍接于目,便似夙所攻习然者,其中利弊得失,随口能举,举而辄当"①。他曾很自负地说:"吾于史学,盖有天授。"除了史学外,他博览群籍,遍阅四部九流之书,为他在学术上的广泛贡献打下了基础。

章学诚年轻时,"意气落落,不可一世,不知人世艰也"②。对于科举,他并不放在眼中,23 岁时,初应顺天乡试,不第;25 岁再试,又落选,不得已入国子监读书,3 年后始学文章于朱筠。朱家藏书甚丰,因得纵览群籍,并得与往来于朱家的学界名流讨论学问。他性情孤僻,很少知音,于当时专务考索的乾嘉学风不相苟合。他的一生穷困潦倒,从 31 岁起父亲去世而肩负起家庭重担,直到晚年,生活几乎全靠朋友帮助,或通过朋友介绍得以主持书院讲席和编修方志来维持。41 岁时考中进士,却又顾虑重重,"自以为迂拘,不合世用",终究不敢进入仕途。由于生活上的极不安定,他的许多著作几乎都是"撰著于车尘马足之间"。他在史学上虽有不少创见,也因迫于生活而未能运用自己的主张写出一部完整的史著来。其代表作《文史通义》,生前因恐"惊

---

① 《文史通义》外篇三,《家书》六。
② 《章氏遗书》卷十九,《庚辛之间亡友列传》。

世骇俗"，只刻印了一些"近情而可听者"，直到道光十二年（1832），次子华绂才在开封第一次刊印《文史通义》8 卷、《校雠通义》3 卷，这样，他的著作始正式公之于世。清末以来，《文史通义》得到了广泛的流传。1920 年，吴兴刘承干搜集章氏遗稿，编成《章氏遗书》30 卷、《章氏遗书》外编 21 卷，从此，章学诚的著作遂全部刊行于世。

章学诚在史学方面贡献最大的著作是《文史通义》。乾隆三十七年（1772），即他 35 岁那年，开始撰写此书，全书直至逝世尚未写完，撰述时间历经 30 年。据章学诚所述，他撰写此书的目的，有如下几点：一是继承发扬唐代史学家刘知幾和南宋史家郑樵的史学思想，进一步阐发史学的"义"——"史意"。二是为著作之林校雠得失，"上探班、刘，溯源《官礼》，下该《雕龙》、《史通》，甄别名实，品藻流别，为《文史通义》一书"①。三是"盖将有所发明"。他不是为校雠而校雠，而是要在驳正前非以后，树立己见，成一家之言。四是评论当时学风流弊，与乾嘉时代的不正学风进行论战。《文史通义》是一部纵论文史，品评古今学术的著作，它不仅是史学评论著作中不可多得之书，而且也是文学批评园地里的名作。由于该书著作目的，是要为著作之林校雠得失，品藻流别，故全书皆用辩驳评论的体裁作为写作的方法，而其中心侧重于史。

章学诚的史学理论

1. 主张史学要经世致用。章学诚是清代浙东史学的殿军，他发扬了浙东学派学术"经世致用"、反对空谈义理和专务考索的优良传统，其"经世致用"思想更加明确。乾嘉时代的学者，恐于清朝政府的文化专制政策，皆埋头考据，只有章学诚独树一帜，阐述史学意义，强调经世致用。他对乾嘉学者们专务考索、不问政事的学风很不满意，大声疾呼"学术所以经世，固非空言著述"②。他说："文章经世之业，立言亦期有补于世，否则古人著述已厌其多，岂容更益简编，撑床叠架为哉。"③他强调史学要能起惩劝善恶的作用，因为"史

---

① 《章氏遗书》卷二十九，《与严冬友侍读》。
② 《文史通义》内篇二，《浙东学术》。
③ 同上书补遗续，《与史余村》。

家之书,非徒纪事,亦以明道也"①。既然研究历史要经世致用,史家写史就应详近略远,特别是要多写当代之事。这些言论,对于当时一潭死水般的学术界,如同吹进一股新鲜空气,从学术思想史的地位来讲,当然是进步的举动。

2. 高唱"六经皆史"。明代中叶的哲学家王阳明曾提出过"六经皆只是史"这一命题,后来王世贞、李贽等人也有类似的意见,但均未作具体论述。章学诚针对时弊,重新提出这一命题,并加以详尽阐明,成为他经世致用史学思想的核心。

为什么说"六经皆史"? 章学诚认为,在古代根本就"无经史之别,六艺皆掌之史官,不特《尚书》与《春秋》也"②。再则,"三代学术,知有史而不知有经,切人事也"③。三是"古人未尝离事而言理,《六经》皆先王之政典也"④。既然《六经》只是"政典""典章"的记录,自然在当时也就不会像后世那样奉之为神圣不可侵犯的经典了。至于尊之为经,那是后来"儒家者流"所为。这样,他把儒家所加于《六经》的一层面纱全部撕了下来。这种言论在当时是十分大胆的,无怪乎要被视为异端邪说了。

提倡"六经皆史"的意义有二:其一,它扩大了历史研究、史料搜集的范围。因为《六经》既然都是先王的"政教典章",无疑皆为研究当时社会政治制度的重要史料。不仅如此,他还进一步提出"盈天地间,凡涉著作之林,皆是史学"⑤的主张。其二,"六经皆史"说是针对空谈性命的"宋学"和专务考索的"汉学"两种不良学风而提出的。章学诚批驳了"宋学"关于"六经皆载道之书"的错误思想,指出孔子删订《六经》,目的在于取先王典章,垂训后世,因此,人事之外,别无所谓"道"可言。对于"汉学"家们终日"疲精劳神于经传子史"的考订而无发明创见的学风亦是无情的抨击。

3. 史家必须具有"史德"。唐代刘知幾曾经提出,作为一名优良的史家,必须具备才、学、识"三长"。章学诚在《文史通义·史德》篇里,首先肯定"才、学、识三者得一不易,而兼三尤难",但他认为品评"良史"的标准,这"三长"还不够全面,所以又增补了一个"史德"(笔者已撰《史德史识辨》一文,刊于《中

---

① 大梁本《文史通义》外篇二,《永清县志前志列传序例》。
② 《章氏遗书》卷十三,《论修史籍要略》。
③ 《文史通义》内篇二,《浙东学术》。
④ 同上书内篇一,《易教》上。
⑤ 同上书外篇三,《报孙渊如书》。

华文史论丛》1979 年第三辑）。章学诚认为"史德"就是"著述者之心术"，即史家作史时能否忠实于客观史实，做到善恶褒贬，务求公正的一种品德。这就是要求史家能够客观地去观察事物，如实地反映历史发展真相，不得以私意为褒贬。对于才、学、识、德这"四长"，在章学诚看来，还是有个主次之别的。史识、史德比之史才、史学更为重要，前者是灵魂、统帅，后者是躯干。单有好的文笔和丰富的历史知识，如果没有观察、判断历史的能力，对历史事件就不可能作出正确的判断。但是"著述者之心术不正"，没有史德，尽管有能力判断出历史事件之真伪，也不能忠实于史实，如实地描绘出客观历史的面貌。故史识和史德，缺一不可。

4. 进化论的历史观。章学诚继承和发展了柳宗元、王夫之等人重"势"的社会历史观，认为整个社会的发展，有它自己固有的、不以人的意志为转移的必然过程，每个社会阶段的出现，不是由什么圣人的主观愿望所决定的，而是完全出于"势使然"而"不得不然"的。这是一种建立在朴素唯物主义基础上的进步历史观。他在《文史通义·原道》篇里进行了反复的论述，认为人类社会从"三人居室"到"部别班分"，从"作君作师"到各种礼法制度的出现，都不是"圣人智力之所能为，皆其事势自然，渐形渐著，不得已而出之，故曰'天'也"。可以看出，章学诚在这篇文章里是试图探寻历史发展的规律的，但由于阶级和时代的局限，他并没有做到。根据社会进化的观点，章学诚进而论证了典章制度的演变和学术文化的发展，也都是取决于社会发展的必然趋势。他大胆提出了"古今时异，先王成法不可复也"的论断，公然宣布先王所制订的法制，在当今并不适用，这对当时流行的崇古思潮无疑是个当头棒喝。

章学诚还列举大量事实，论证了文化知识、学术思想，是随着社会不断进步而在向前发展的。他断言，由于"古今时异势殊"，"古之学术简而易"，"后之学术曲而难"，这个论断应该说是很科学的。就如自然科学的"历象之学，后人必胜前人，势使然也"①。社会科学中的历史学，其体裁之演变，总是后者胜过前者，"《尚书》变而为《春秋》，则因事命篇，不为常例者，得从比事属辞为稍密矣。《左》《国》变而为纪传，则年经事纬，不能旁通者，得从类别区分为益密矣"②。

---

① 《文史通义》内篇二，《朱陆》。
② 同上书内篇一，《书教》下。

　　既然学术的发展总是后人胜过前人,那么为何后人"致力倍难于古人,观书倍富于前哲,而人才愈下,学识亦愈以卑污"? 是否后人才智不及前人? 关于这个问题,章学诚作了令人信服的回答。他指出这一方面与学术的繁简有很大关系,古之学术简而易,今之学术曲而难。另一方面则与时代远近和社会风气有不可分割的关联。"古人于《六艺》,被服如衣食,人人习之为固然,未尝专门以名家者也。……后儒即器求道,有师无官,事出传闻而非目见,文须训故而非质言,是以得之难也。"①因此他说:"今人为学,不能同于古人;非才不相及也,势使然也。……天时人事,今古不可强同,非人智力所能为也。"②

　　综上所述,在学术上复古之风盛行的乾嘉时代,章学诚能够提出这样的看法,自然有其明显的进步意义。

　　5. 反对英雄史观。章学诚既然具有重势的观点,就必然反对英雄史观。众所周知,是时势造英雄,还是英雄造时势,长期以来就是哲学领域里唯物论与唯心论斗争的重要焦点之一。英雄史观总是把社会生活和人类历史的发展归之于帝王将相、英雄豪杰的活动。章学诚从重势的观点出发,针对这种论调提出截然相反的看法。他认为,无论是帝王将相,还是圣贤豪杰,都不能以主观意志创造历史、改变制度,即使是尧、舜、禹、汤、文、武以及周公、孔子那样的圣贤也不例外。周公之所以能够集古代典制之大成,正是由于他"适当积古留传道法大备之时,是以经纶制作,集千古之大成,则亦时会使然,非周公之圣智能使之然也"③。在章学诚看来,是"时会"造就了周公这样的英雄,而不是周公创造了当时的"时会"。所以他认为社会制度、学术风气,都不是以某一个人意志为转移的,相反,英雄人物还必须受到某种必然的"时会"或曰"势"的制约。"风会所趋,庸人亦能勉赴;风会所去,豪杰有所不振也。"基于这个观点,章学诚大胆而肯定地宣告:"天下无全功,圣人无全用。"④尤为可贵的是,章学诚还能在一定程度上看到众人的力量、集体的智慧,这也是他学术思想中杰出的地方。他说:"天下有公是,成于众人之不知其然而然也。

①　《文史通义》内篇二,《原道》下。
②　同上书内篇二,《博约》下。
③　同上书内篇二,《原道》上。
④　同上书内篇四,《说林》。

圣人莫能异也。"①又说:"一夫之力可耕百亩,合八夫之力而可耕九百亩者,集长易举也。学问之事,能集所长而不泥小数,善矣。"②在他的文章中,还反映出这样的思想:圣贤所为之事,"凡庶"不一定就不能为。而"凡庶"所建之功业,"圣贤"却不一定能够做到,所以"圣贤"也不可不向"凡庶"学习。他得出"盖自古圣人皆学于众人之不知其然而然","学于众人,斯为圣人"这样颠扑不破的真理。③ 也正是在这种思想指导下,他大力提倡做学问要发挥众人的智慧,赞扬以集体力量所成之著作。他说:"文章自在天地,借人发挥之耳,人才分则不足,合则有余,著述私则力微,公则功巨,……人才难萃而易分,良时难觏而易逝,慨然因地乘时,集众长而著为不朽之业,且为学者无穷之衣被焉。"④

值得注意的是,尽管他强调"势"在社会历史进程中的作用,但同样也重视人的主观因素,并不像宿命论者那样,把一切都归之于命中所注定,人只能是听天由命,受命运的支配。他在《天喻》篇中说:"天定胜人,人定亦能胜天。"⑤这说明他承认人类对于自然界是可以有所作为,可以加以利用和改造的。他既然肯定"势"的客观作用,又肯定人的主观能动性,这就反映了他具有一定的朴素的辩证观点。

6.章学诚史学思想的局限性。章学诚虽然创造性地发展了刘知幾、郑樵等前辈史家的史学理论,提出了不少独到的见解,但在他的史学思想中,同样也存在着许多封建性的糟粕。他是一个封建主义的史学家,因此论史就不可能不从其地主阶级的立场观点出发。他力主史学必须经世致用,大力发挥"六经皆史"说,这对于针砭当时学术界的不良学风,自有其积极作用。但究其目的,仍然在于维护封建专制统治,他所经的是封建社会之世,致的是封建统治之用。这是时代的局限,章学诚是不可能超越这个限制的。在章学诚看来,空谈义理既会误国,埋头考索同样害事。只有重视现实,才能把学术研究引导到有效地为封建政治服务的轨道上去。他曾毫不掩饰地宣扬,"史志之书,其所以有裨风教者",就在于它能"传述忠孝节义","使百世而下,怯者勇

① 《文史通义》内篇三,《砭异》。
② 同上书内篇四,《说林》。
③ 同上书内篇二,《原道》上。
④ 《章氏遗书》卷二十九,《跋邗上题襟记》。
⑤ 《文史通义》内篇六。

生,贪者廉立","纲常赖以扶持,世教赖以撑住"①,可见他对史书的封建教育作用所寄托的希望是何等之大。因此,在他看来,为封建统治提供史鉴,宣传忠于封建统治,维护封建秩序,自然就成为封建史家天经地义的职责了。我们必须看到这些实质,认清其史学思想中的糟粕,但绝不是以此来否定他在史学上的贡献和史学思想中的进步成分。因为这是时代和阶级局限的具体表现。

对历史编纂学的贡献

1. 通史编写要做到"纲纪天人""通古今之变"。唐宋以来,由于社会经济的发展,典章制度的不断变化,以及学术思想和史学本身的进步,人们产生了"明变"思想,反映在史学上就是通史观念盛行起来。刘知幾的《史通》,是这一时期以"通"命名的第一部史书,不过他对通史的编修还不太强调。南宋郑樵则竭力主张编写通史,反对断代为书。章学诚在总结前人经验的基础上,将"通"的观念作了进一步发挥。他在《文史通义》中论述了历史发展、学术文化、制度沿革等等,都有其不可分割的因袭关系,指出社会发展趋势是在不断地进步着,而历史的发展又是一个连贯的整体,自人之初生,经过作君、作师、分州、划野,直到"法积美备",后者对于前者都有着继承和发展的关系,基于这种认识,在历史编纂学上,他虽然也肯定了班固所撰断代为书的《汉书》,说"迁书一变而为班氏之断代,迁书通变化,而班氏守绳墨,以示包括也"②,但他更主张编写通史,并在《文史通义》中专门写了《释通》篇,论述"通"的概念,历叙书名标"通"的由来,阐明编写通史的长短利弊。他说:"通史之修,其便有六:一曰免重复,二曰均类例,三曰便铨配,四曰平是非,五曰去牴牾,六曰详邻事;其长有二,一曰具剪裁,二曰立家法。"这种不限于一朝一代的通史,可以避免正统是非,不受历朝统治势力的牵制,并使整个历史发展连成一贯,不仅"事可互见,文无重出",更重要的还在于历代人物、学术典制,皆可依照时代,"约略先后,以次相比"。于是,"制度相仍""时事盛衰",均"可因而见

---

① 大梁本《文史通义》外篇三,《答甄秀才论修志第一书》。
② 《文史通义》内篇一,《书教》下。

矣"。① 说明通史的编写优点很多，特别是便于阐明历史的发展和变化。所以他对郑樵倍加称颂，认为"郑樵生千载而后，慨然有见于古人著述之源，而知作者之旨，不徒以词采为文，考据为学也。……而独取三千年来遗文故册，运以别识心裁，盖承通史家风，而自为经纬，成一家言者也"②。他之所以如此推崇郑樵及其《通志》，就因为通史之修，可以达到"纲纪天人，推明大道"，"通古今之变而成一家之言"③。

2. 区分史籍为撰述、记注两类。长期以来，我国史籍大都按照史体进行分类，而章学诚在《文史通义》里却提出了把史籍分为"撰述"（著作之书）和"记注"（为著作提供材料的资料汇编）的主张。他在《报黄大俞先生》书里说："古人一事必具数家之学，著述（即撰述）与比类（即记注）两家，其大要也。班氏撰《汉书》，为一家著述矣，刘歆、贾护之《汉纪》，其比类也；司马撰《通鉴》，为一家著述矣，二刘、范氏之《长编》，其比类也；两家本自相因而不相妨害。"④这里他用具体类比的办法，说明著述、比类性质之不同。关于记注的作用，他曾作过明确的叙述："若夫比次之书，则掌故令史之孔目，簿书记注之成格，其源虽本柱下之所藏，其用止于备稽检而供采择。"⑤根据记注之书的性质与功用，他又提出了撰写记注的要求和方法，概括起来，其"比次之道，大约有三"：其一，"及时撰集以待后人之论定者"，其要求是"详略去取，精于条理而已"。其二，"有志著述，先猎群书以聚薪樵者"，只要求做到"辨同考异，慎于覆核而已"。其三，"陶冶专家，勒成鸿业"，也仅要求"钩玄提要，达于大体而已"。⑥至于撰述，则为经过整理加工的高级产品，要求能够做到反映别识心裁，可以嘉惠后学。为了说明两者性质与任务之不同，他还特地用圆神方智来作比拟："撰述欲其圆而神，记注欲其方以智也。夫智以藏往，神以知来，记注欲往事之不忘，撰述欲来者之兴起，故记注藏往似智，而撰述知来拟神也。藏往欲其赅备无遗，故体有一定而其德为方；知来欲其决择去取，故例不拘常而其德为

---

① 《文史通义》内篇四，《释通》。

② 同上书内篇四，《申郑》。

③ 同上书内篇四，《答客问》上。

④ 同上书外篇三。

⑤ 同上书内篇四，《答客问》中。

⑥ 同上书内篇四，《答客问》下。

圆。"①透过这些论述,显而易见,撰述较之记注是更难而可贵了。因为撰述是一种有观点、有材料、有组织、有体例的著作,它具有一定的创造性。而记注只不过是原始资料的记录、选辑和汇编而已,并不要求具有什么发凡起例与别识心裁。当然就其用途来说,两者又是缺一不可的。章学诚之所以竭力辨清这两者的区别,为的是向来学者只知一意模仿迁史班书,以致出现了许多"于记注、撰述两无所似"的作品,"以云方智,则冗复疏舛,难为典据;以云圆神,则芜滥浩瀚,不可通识"②,因此不可不辨。

3. 创立新史体,改造旧史籍。章学诚不仅是一位史学评论家,而且是一位史体创造者。在《文史通义》中,对于各种旧史体的发展演变、长短得失,可说得备论无遗。他肯定史体的演变发展,是历史编纂学的进步表现。他盛赞司马迁所创立的纪传史体,"实为三代以后之良法",也是"三代以后之绝作"③。由于后世学者袭用其成法而不知其变通,以致成了如守科举之成法,如治胥吏之簿书,只知求全于纪表志传之成规,不敢稍作破格变通之尝试,这样一来,史学的发展就受到了很大的影响。宋代袁枢,打破常规,将《通鉴》分事类纂,创纪事本末体,为历史编纂学辟一新途径,章学诚非常称颂袁枢的这一创举,他说:"本末之为体也,因事命篇,不为常格,非深知古今大体,天下经纶,不能网罗隐括,无遗无滥",并指出它的优点在于"文省于纪传,事豁于编年,决断去取,体圆用神,斯真《尚书》之遗也。"④评价虽很高,但他还总觉得称不上是一种很完善的史体。为了克服以前各种史体之短,尽取前人史体之长,他打算创立一种新的体裁,在《与邵二云论修宋史书》中曾谈及此事,他说:"仍纪传之体而参本末之法,增图谱之例而删书志之名,发凡起例,别具圆通之篇。"⑤为了表明"所著之非虚语",曾择定赵宋一代史事作为试点,用其新创之义例改编《宋史》。可惜计划未能实现。

不过关于新史体的设想,从《书教》篇中尚可窥见其大略。它是由三个部分组成的:第一,本纪,相当于按年编排的大事记要。历来史家一直把本纪看作专记天子历史的一种体裁,章学诚不同意这种看法,认为"纪之与传,古人

---

① 《文史通义》内篇一、《书教》下。
② 同上书内篇一、《书教》下。
③ 同上书内篇三、《匡谬》。
④ 同上书内篇一、《书教》下。
⑤ 同上书外篇三。

所以分别经纬，初非区辨崇卑。是以迁书中有无年之纪，刘子元首为讥；班书自叙称十二纪为《春秋》考纪，意可知矣。自班马而后，列史相仍，皆以纪为尊称，而传乃专属臣下"①。在他看来，司马迁初创本纪，意在"绍法《春秋》"，而另"著书表列传以为之纬"。所以他说："史部要义，本纪为经，而诸体为纬。"②第二，因事命篇的纪事本末。为什么必须"因事命篇"呢？他认为"史为纪事之书，事万变而不齐，史文屈曲而适如其事，则必因事命篇，不为常例所拘，而后能起讫自如，无一言之或遗而或溢也"。所谓"因事命篇"，就是按照事类分别写成专题，如"考典章制作""叙人事终始""著一代之文"，等等③。第三，图、表。"人名事类，合于本末之中，难于稽检，则另编为表以经纬之；天象、地形、舆服、仪器，……难以文字著者，别绘为图以表明之"④。章学诚对图表的作用非常重视，特别是图，认为"史不立表，而世次年月，犹可补缀于文辞；史不立图，形状名象，必不可旁求于文字，此耳治目治之所以不同，而图之要义所以更甚于表也"⑤。"图表为无言之史，谱牒为无文之书，相辅而行，虽欲阙一而不可者也"⑥。所以他竭力提倡在史书的编写中，给图表以应有的地位。在这三个部分中，后两者又是共同"以纬本纪"。这种新史体的长处，据他自己讲，"较之左氏翼经，可无局于年月后先之累；较之迁史之分列，可无歧出互见之烦，文省而事益加明，例简而义益加精"。这种评论，虽不无溢美之处，但确为后来新史学的编纂开了先河。因为这种新的纪传史体，就是希图能编写出纲举目张、图文并茂的史著来。

　　为了便于人们整理研究旧史，补救编年、纪传两种史体的缺陷，章学诚还设计了一种叫作"别录"的方法，他说："纪传之史，分而不合，当用互注法以联其散；编年之史，浑灏无门，当用区别之法以清其类。"⑦为此，曾特地写了《史篇别录例议》⑧一文，纵论编年、纪传之弊以及如何进行改造的做"别录"的方法。他说："纪传苦于篇分，别录联而合之，分者不终散矣；编年苦于年合，别

---

① 　大梁本《文史通义》外篇二，《永清县志恩泽纪序例》。
② 　同上书外篇二，《永清县志舆地图序例》。
③④ 　《文史通义》内篇一，《书教》下。
⑤ 　同上书外篇二，《永清县志舆地图序例》。
⑥ 　同上书外篇一，《和州舆地图序例》。
⑦ 　同上书外篇三，《为毕制军与钱辛楣宫詹论续鉴书》。
⑧ 　同上书外篇一。

录分而著之,合者不终混矣。"这两种体裁的史书,只要做了"别录",都将收到"如振衣之得领,张网之得纲"的效果。可惜这一设想并没有得到应有的重视。

4. 校雠学上的贡献。章学诚曾作过《校雠通义》四卷,游古大梁时,遇盗失去。前三卷幸有朋友抄存,第四卷却不可复得。乾隆五十三年,章氏将朋友抄存各种本子,亲自校正一番,加以订正,这就是现在通行的三卷本。他撰写这部书的目的,就在于宗刘、补郑、正俗。它起到了集封建社会中校雠学之大成。该书开宗明义就提出校雠学的任务是"辨章学术、考镜源流"。他说:"校雠之义,盖自刘向父子部次条别,将以辨章学术、考镜源流,非深明于道术精微,群言得失之故者,不足与此。后世部次甲乙,纪录甲乙者,代有其人,而求能推阐大义,条别学术异同,使人由委溯源,以想见于坟籍之初者,千百之中不十一焉。"①这就是说,校雠之学,不单纯是为了寻求、整理、保管书籍,更主要在于"辨章学术、考镜源流",这就非得对这些著作有所研究不可。在章学诚看来,各类书籍只有经过整理、校勘,并写出序言,加以分类,人们才能从中看出学术类别之源流,所以对这一项工作非常强调。另外,该书对于书籍的管理、分类、辑佚等方面也都作了专门的论述。所以有人把它看作是一部研究目录学的重要著作,并不是没有道理的。其中有不少的方法和理论,具有较大的参考价值,在我国目录学史上占有很高的地位。特别是他提出的互著法,解决了长期以来图书分类中的一大困难。他说:"有理有互通,书有两用者,未尝不兼收并载,初不以重复为嫌,其于甲乙部次之下,但加互注,以便稽检而已。古人最重家学,叙列一家之书,凡有涉此一家之学者,无不穷源至委,竟其流别,所谓著作之标准,群言之折衷也。如避重复而不载,则一书本有两用,而仅登一录,于本书之体,既有所不全,一家本有是书,而缺而不载,于一家之学,亦有所不备矣。"②这就是说,如遇一书的内容论及两种主题或涉及两类以上时,那么该书就应在有关的各类中,互为著录。同时他还指出,互著法主要是用在"书之易淆者"与"书之相资者"的情况之下,如《太公》既见于兵家,又见于道家,《荀子》亦互见于兵家和儒家。这样,就把多年悬而未决的问题解决了。

---

① 《校雠通义》卷一,《叙》。
② 《校雠通义》卷一,《互著》三之一。

章学诚的方志学

(一)关于方志的性质和作用的论述。

1. 章学诚的史学理论在修志中的实践。章学诚一生中,因学问不合时好,又仕途塞塞,故平生精力,除了论史、讲学外,多用于方志的编修和讨论上。他把自己在史学方面的理论,在编修方志中加以实践。他一生中编修的方志很多,主要的有《和州志》《永清县志》《亳州志》《湖北通志》《荆州府志》等。特别是《湖北通志》,是他晚年修志理论成熟时期的代表作,完全按照他的修志理论进行编修的。他自己对于这部通志是非常自负的,全书分为四大部分:《通志》74 篇,《掌故》66 篇,《文征》8 集,《丛谈》4 卷。虽然此书未能完整地保存下来,但却为我们留下了一整套修志的理论。他在总结前人修志经验的基础上,加以自己长期实践所得,提出一套修志理论,创立了修志体例,建立起完整的方志学。

2. 方志的性质即"古者一国之史"。我国方志的起源很早,章学诚从志为史体的角度出发,认为春秋战国时期那些记载地方史事的书籍,如晋之《乘》、楚之《梼杌》、鲁之《春秋》等,都应是最早的地方志。明清以前的许多学者,一直把方志归入地理类,不重视其在史学上的地位与作用,直到清乾嘉时代,章学诚才提出方志是地方史的重要创见,辨明了方志在史学上应有的地位与作用。

章学诚第一次提出"志属信史"的意见,认为方志乃"封建时代列国史官之遗"①,"志乘为一县之书,即古者一国之史也"②。因此它既不属于地理书类,又有别于唐宋以来的图经,而是"国史羽翼",故其价值应与"国史"相同。他说:"夫家有谱,州县有志,国有史,其义一也。"③方志性质既然如此,则其内容就不应当只局限于地理沿革的考证,为此,他同戴震曾进行过反复论战。戴氏仍将方志看作地理类书,主张"志以考地理,但悉心于地理沿革,则志事已竟。侈言文献,岂所谓急务哉?"对此论调,章学诚予以有力的反驳,指出:

---

① 大梁本《文史通义》外篇三,《为张吉甫司马撰大名县志序》。
② 同上书外篇二,《永清县志前志列传序例》。
③ 同上书外篇三,《为张吉甫司马撰大名县志序》。

"方志如古国史,本非地理专门。如云'但重沿革,而文献非其所急',则但作沿革考一篇足矣,何为集众启馆,敛费以数千金,卑辞厚币,邀君远赴,旷日持久,成书且累函哉?"他们争论的焦点,虽是方志的性质,但更重要的是反映了他们各自的学术主张。按照戴震的见解,其后果必然是把那种专务考索、不问现实的学风带到修志领域中来。章学诚本着经世致用的观点,认为一方之志,要"切于一方之实用",而其材料必须取自当时一方之文献。所以他说:"考古固宜详慎;不得已而势不两全,无宁重文献而轻沿革耳"①。

3. 方志的作用与修志的断限。方志的性质既属史体,它的作用也就无异于国史。因此它的任务,首先就要具有"经世"之史的作用,对社会起教育作用。他说:"史志之书,有裨风教者。原因传述忠孝节义,纲常赖以扶持,世教赖以撑柱者乎!"②其次,方志还负有为朝廷编修国史提供资料的任务。"国史于是取裁,方将如《春秋》之借资于百国宝书","盖方志亡而国史之受病也久矣。方志既不为国史所凭,则虚设而不得其用,所谓觚不觚,方志乎哉?"③

那么为什么会造成方志徒有虚名,起不到上述作用呢?章学诚认为原因很多,归纳起来有三点:一是修志诸家不明方志的性质,误仿唐宋州郡图经,把方志当作地理之书。二是方志变成文人游戏、应酬文字或私家墓志寿文的汇集。三是修志者无真才实学,又多是旨在名利,于是记载全无凭信。这样修出的方志,当然起不到"善恶惩创"的作用,也无从为修国史提供资料了。

关于修志的断限问题,他认为"修志者,非示观美,将求其实用也"。故每部方志不必都从古修起,"如前无憾,但当续其所有;前者有阙,但当补其所无"。况且为了切合实用,也必须着重修当代之书,记当代之事。所以"方志之修,远者不过百年,近者不过三数十年"④。这种修志求其实用,详近略远的主张。正是他"经世致用"思想在修志问题上的具体表现。

(二)方志分立三书。章学诚在方志学上另一杰出贡献。是创立了一套完整的修志义例,提出了方志分立三书的主张。《方志立三书议》可以说是章学诚方志学精义之所在。

章学诚经过长期的研究和实践,总结出要撰好方志,必须分立三书。他

---

① ④ 《记与戴东原论修志》。

② 大梁本《文史通义》外篇三,《答甄秀才论修志第一书》。

③ 同上书外篇一,《方志立三书议》。

说:"凡欲经纪一方之文献,必立三家之学,而始可以通古人之遗意也。仿纪传正史之体而作志,仿律令典例之体而作掌故,仿文选文苑之体而作文征。三书相辅而行,阙一不可;合而为一,尤不可也。"①这种主张,是针对当时修志中所存在的问题而提出的。

三书当中,"志"是主体,是"仿纪传正史之体而作"的。因此,它是"词尚体要"、成一家之言的著述。章学诚说:"夫志者,志也,其事其文之外,盖有义焉。所谓操约之道者此也。"②"志"乃是具有经世目的、有裨社会风教的史著,它与撰史一样,不仅在体例上有所讲求,还必须注意内容、文字上的"属辞比事"。唯其如此,志书的编撰工作,非具有史才、深通史法的人是无法胜任的。

"掌故"如同会要、会典,目的在于既使志书做到简洁扼要,又使重要材料得以保存。它将当地机关的章程条例、重要文件,按类编选,勒成专书,与"志"相辅而行。章学诚认定,"不整齐掌故,别为专书,则志亦不能自见其意",只有"修其掌故,则志义转可明矣"③。

"文征"则类似文鉴、文类,其"大旨在于证史",它是挑选那些足以反映本地生活民情、"合于证史"的诗文,以及那些即使"不尽合于证史"而实属"名笔佳章,人所同好"的文章,汇编成书。综上所述,"掌故""文征"的设立,目的在于"证史",保存一套可靠而丰富的资料,为后人著述创造条件。就其性质而言,是资料汇编,与具有著述之体、"词尚体要"的"志"书自有区别。

总之,方志分立三书,确是一种创见,对于旧的方志来说,无论在体例上或是内容上,都将起着巨大的革新作用,它的提出,无疑为方志学的发展开辟了新的广阔天地。

(三)志书的体裁和内容。作为方志主体的"志",应当写哪些内容? 采用何种体裁? 这是章学诚最为重视的问题。他一再强调"志及史体",体裁当规史法,内容要写这一地区的山川、物产、风俗、人文,"政教设施、经要所重"。志书要仿纪传正史之体,纪、传、表、书,诸体俱备。惟书、志之名,《和州》《永清》诸志称"书",《湖北通志》改称"考"而已。今对其诸体,略加论述如下:

纪:是指按年编写的大事记,其要求是把这个地方"古今理乱"之重大事

---

① 《方志立三书议》。
②③ 《亳州志掌故例议》下。

件,都"粗具于编年纪"中①。它与一般正史中的本纪不同,只是一书之经而已。而一书之首,必冠以编年之纪,因为"志者,史所取裁,史以纪事,非编年弗以为纲也"②。

传:它的设置在于纬本纪未尽之事宜。他在《湖北通志》中,或事类相从,或数人合传。如记明末农民起义之事,曾立《明季寇难传》;述明季党争者,则有《复社名士传》。而《欧魏列传》,名为欧阳东风、魏运昌二人立传,"一为明代沔阳之人,一为国朝景陵之人,以论水利,合为一传,亦史家比事属辞之通义"③。

要写好列传,他认为应当"详今而略远","详后而略前"。另外,所志人物应有所选择,写出特点,不能"面目如一,情性难求"。凡立一名宦传,一定要说明此人"实兴何利,实除何弊,实于何事有益国计民生,乃为合例"④。

考:考之为体,乃仿书志而作。"但重政教典礼,民风土俗"。凡是"浮夸形胜,附会景物者,在所当略"⑤。

图表:章学诚对于图表非常重视,强调方志编修中要充分发挥图表的作用。他自己所撰诸志,部部有表,而《湖北通志》仅人物就立了5个表。至于图的作用,他认为有时更甚于表。他在《永清县志水道图序例》中对图表的作用还举例作了对比,"盖地名之沿革,可以表治;而水利之沿革,则不可以表治也。……惟图而已"。他还指出,图之所作,应当"取其有关经要而规方形势所必须者,详系之说,而次之诸表纪之后"⑥。

章学诚在总结前人修志经验的基础上,结合自己的实践经验,还别具匠心地提出了一个修志纲要。他说:"修志有二便:地近则易核,时近则迹真。有三长:识足以断凡例,明足以决去取,公足以绝请托。有五难:清晰天度难,考衷古界难,调剂众议难,广征藏书难,预杜是非难。有八忌:忌条理混杂,忌详略失体,忌偏尚文辞,忌妆点名胜,忌擅翻旧案,忌浮记功绩,忌泥古不变,忌贪载传奇。有四体:皇恩庆典宜作纪,官师科甲宜作谱,典籍法制宜作考,名宦人物宜作传。有四要:要简,要严,要核,要雅。"修志当中,应尽力做到

① 《章氏遗书》卷二十五《湖北通志检存稿》二,《序传》。
② 大梁本《文史通义》外篇三,《为毕秋帆制府撰石首县志序》。
③ 《章氏遗书》卷二十六《湖北通志检存稿》三,《欧魏列传》。
④⑤ 《修志十议》。
⑥ 大梁本《文史通义》外篇一,《和州志舆地图序例》。

"乘二便,尽三长,去五难,除八忌,而立四体,以归四要"。①

(四)建议州县设立志科。章学诚在修志的具体实践中,深深感到搜集资料的困难,与及时搜集资料的重要性,认为要修好方志,以往的正史典籍固然要"俱须加意采访",同时"若邑绅所撰,野乘私记,文编稗史,家谱图牒之类,凡可资搜讨者,亦须出示征收",从而可以"博观约取"②。为了解决修志过程中所遇到的材料来源的困难,他曾建议政府在各州县建立志科,专门掌管搜集乡邦文献,为修志创造有利条件。他在《州县请立志科议》中说:"州县之志,不可取办于一时;平日当于诸典吏中,特立志科。金典吏之稍明于文法者以充其选,而且立为成法,俾如法以纪载,……积数十年之久,则访能文学而通史裁者,笔削以为成书,所谓待其人而后行也。"在志科以外,四乡还各设采访一人,聘请"绅士之公正符人望者为之",平日负责搜集遗闻逸事,及时上呈志科。③ 可是,这种具有创造性的积极建议,并没有为清政府所采纳。我们认为,章学诚的这篇《州县请立志科议》,不仅今天历史工作者和档案工作者可用作借鉴,就是从事社会调查的工作人员,也同样具有一定的参考价值。

总之,章学诚在方志学方面的理论是相当全面的,使得以前不大被重视的地方志,从理论到实践,建立起一整套体系,并使之发展成为专门的学问——方志学。因此,我们说章学诚在方志学上的贡献应当给予充分的肯定,近世有人推许他为"方志之祖""方志之圣",是有一定道理的。

(五)章学诚方志理论的三大来源。首先,史学理论是他建立方志学的重要源泉。章学诚是我国封建社会后期一位杰出的史学评论家,他对刘知幾的史学理论进行了批判性的总结继承和发展,对各种史体的长短得失都进行了系统的总结和评论。可是像他这样一位很有才华的历史学家,由于学术主张不合时好,所以从未得到清政府的重用,以致一生穷困潦倒,自己虽有丰富的史学理论,却无从试之于史。于是他就用自己的史学理论来指导方志的编修和方志理论的探讨。这是他在方志理论上所以能取得巨大成就的重要因素。首先,他从史学的发展源流来论述志属史体,确定了方志性质是史而不是地理著作,然后又针对方志的特点及其发展过程中所形成的规模和体式,选择了用纪传正史之体来编纂方志。章学诚认识到用司马迁创立的纪传史体的

---

①② 《修志十议》。
③　大梁本《文史通义》外篇一。

优点和长处，所以力主方志的主体"志"要仿纪传正史之体而作。我们统观他写的《和州》《永清》《亳州》《湖北通志》等各序例，无一篇不是从史学角度入手加以论述，最后才落实到方志的编修。下面举例略加说明。

我们先从他的方志分立三书的理论谈起。很明显，这个主张就是直接来源于刘知幾的史学理论。刘知幾在《史通·载言》篇中提出，今后编修纪传正史要立书部，类似文选。因为他感到从《史记》《汉书》以后，史传往往载入大量长篇的"制册诰命"、"群臣奏章"等文章，这样势必有害于行文气势，使纪传文章变得冗长。为了克服这一弊病，"于志表之外，更立一书"将"人主之制册诰命""群臣之章表移檄"，以及诗文佳章，分别选录，以类区分，各立为《制册书》《章表书》等，对此主张，章学诚十分赞赏，经过实践，对刘氏之说又提出了修正意见，成为他方志分立三书的理论由来。

再如他的"文人不能修志"的主张，有人对此有些非议，我认为他谈得很有道理。他这一结论一则是从大量文人所修方志的实际情况总结出来，再则亦有史学理论为依据。刘知幾和《史通》一书中就已指出文人修史的种种弊病，认为文人不能修史。史家写史，必须言出有据，不可私意杜撰，而文士作文，则着意于文学技巧，润色文字，许多内容情节，更可以虚构和夸张。鉴于这种情况，他主张史家之文与文士之文应该有所不同，文人修史弊端很大，文史不分，将严重影响史学的正常发展。章学诚"文人不能修志"的论述，不仅有大量事实为前提，而且有史学理论为依据。志乃史体，既然文人不能修好史书，又如何能修好方志？其道理自然是相同的。

其次，修志的实践经验不断丰富着他的方志理论。在章学诚看来，只有脚踏实地地从事实践，才能产生出真的见解。他在方志学这块园地里，确实是一步一步地实践着，每修完一部方志，其方志理论也就有了新的发展。乾隆二十九年（1764）冬，其父应天门知县之聘，主持编纂《天门县志》，年方27岁的章学诚，不仅参与了编修工作，而且特为其写了《修志十议》一文。乾隆三十二年（1767），其师朱筠被诏撰《顺天府志》，亦属章学诚"经纪其事"，可惜这部府志最后编纂的结局如何，已不得而知。乾隆三十八年（1773），应知州刘长城之聘，编纂《和州志》，这是他第一次用自己的方志理论进行实践。全书纪、表、图、书、传一应俱全，另编《和州文征》8卷。《和州志》的体例、内容和编纂方法都体现了他的史学理论。如他在《和州志舆地图序例》中详细论述了图谱之学的发展演变及其在史书中和方志中的地位和价值。又如在《和州志艺文书序例》中,详细论述了艺文志的源流、发展及其作用。另外他在《和州志》中还创立了《前志列传》,体现出他的别出心裁。乾隆四十二年(1777)五月,章学诚应周震荣之聘,主持编纂《永清县志》。乾隆四十七年七月,《永清县志》修成,凡五体,共 25 篇,另有《文征》5 卷。在此志的编修过程中,他随时总结经验,加以改进,关于表的使用便是一例。乾隆五十四年(1789)秋冬,章学诚在亳州时,应知州裴振的邀请为其编撰《亳州志》,约于翌年二月告成,为时不到半年。可惜此书未及刊板,竟至散佚。乾隆五十七年(1792),章学诚方志理论的核心著作《方志立三书议》正式写出,标志着他的方志理论达到成熟阶段,这年他已 55 岁了。乾隆五十八年(1793),他用自己新的方志理论,开始编纂一部大型的《湖北通志》,至乾隆五十九年全书脱稿。这是一部全面体现《方志立三书议》精神的著作。因此亦可视为章学诚方志理论成熟阶段的代表作。此志纪、图、表、考、传一应俱全,除主体志外,尚有《文征》《掌故》和《丛谈》。

从上述事实我们可以看到,章学诚的方志理论确实是在修志的实践中不断得到丰富和逐步完善起来的。理论指导实践,实践又丰富了理论,这便是章学诚方志理论发展的全过程。

再次,不断总结吸取前人的修志经验和教训,是章学诚方志理论的重要来源。他对前人的方志皆作了研究,并能论其长短得失。如对于宋代流传下来的十多部方志,从总的方面他都予以充分肯定,同时也指出其弊失。如对范成大的《吴郡志》、罗愿的《新安志》。他对别人修志中的长处和经验,不仅没有抹杀,而且吸收来丰富自己的方志理论。如他的方志分立三书的理论,也曾得之于当时人修志经验的启示。他在写《答甄秀才论修志第二书》时,自己还未具体参加过修志,但在这篇文章里,他根据历史理论和近人经验,已萌发了在志体之外另立文征的想法。当《和州》《永清》《亳州》三志修成以后,他便认识到自己的主张不仅可行,而且行之有效。

章学诚在总结前人修志的经验教训时,一般都要用三条标准进行衡量,一曰史家法度,二曰方志体例,三曰内容价值。三者符合,自然便是佳志。关于用史家法度绳之,在他所评论的方志里几乎每部都有涉及。因为他认为"志属信史",所以编纂中绝不应当违背史法。如批评范成大的《吴郡志》,首先在书名上就违背史法。"按宋自政和五年以前,名为苏州,政和五年以后,名为平江路府,终宋之世,无吴郡名。范志标题既谬,则志文法度,等自郐无讥。"并指出范成大之所以违反史家法度,与宋代文人中流传的拟古之风有很大关系。这个批评是非常确当的。方志编修,本应反映社会现实,官名地号,皆应以修志时之名称为准,不能随意乱用古代官名地号。否则会使人今古不分,是非莫辨。章学诚用史家法度对每部方志进行衡量,是非常必要的。

一部方志编纂得好坏,还要看它的体例如何。如果不合方志体例,内容虽好也不能算是方志。关于这点,他在《为毕秋帆制府撰石首县志序》中曾反复强调此意。他说:"抚驭必因形势,为政必恃纲纪,志书必贵体要。"他认为方志是著作,而不是资料汇编,但当时流传者多为纂类家言,即如他颇为肯定的《吴郡志》,亦"通体采撷史籍及诗文说部,……是足为纂类之法,却非著作体也"。章学诚对这种违反方志书法体裁的做法进行了批评。

至于方志的内容是否有益于社会风尚,有补于政事,则更是章学诚衡量评价前人方志的重要条件之一。他在《为毕秋帆制府撰常德府志序》中便直接提出:"方志不特表章文献,亦以辅政教也。"他认为以前许多方志根本谈不上这点。他倡议要改变这种局面,使所编方志皆能"于事之关于经济,文之出于史裁"。

通过上述事实,人们可清楚地看到,章学诚的方志理论的形成,有三条活水源头,最后经过他的综合提炼,而形成了独具一格的方志理论。这三个来源,对于今天修志者来说,很具有现实意义和借鉴价值。

章学诚在文学上的贡献

章学诚在文学上的成就也是引人注目的。他的《文史通义》主要是关于史论的专著,但其中颇有一部分专门论文的篇章。其中"文德"说、"文理"说等,是反映其文学理论的代表主张。

1."文德"说。文学理论批评史上的文德说,最早见于王充的"文德之操为文","繁文丽辞,无文德之操"①,意思是反对当时追求形式的宏丽而忽视内

---

① 《论衡·佚文篇》。

容的倾向。刘勰亦提出"文德"，是就文章的职能和作用而说的。章学诚在《文史通义》内篇二《文德》中专门论述了"文德"问题，和前此所提出的"文德"却具有不同的内容。"德"是什么呢？"谓著书者之心术也"，"文德"实际上是一个著作者和批评者态度的问题。作者的创作态度要"敬"，批评者的态度要"恕"，"凡为古文辞，必敬以恕"。

章学诚所谓的"敬"，是指创作的态度。"敬"包括"修德"和"养气"两方面的功夫，而其根本，则在于"修辞立诚"。所谓"主敬则心平而气有所摄，自能从容变化以合度也""心虚难恃，气浮易弛，主敬者，随时检摄于心气之间，而谨防其一往不收之流弊也。夫缉熙敬止，圣人所以成始而成终也"。章学诚在这里提倡的，实际上就是《中庸》中所提倡的"从容中道"，即中庸哲学。

章学诚所说的"恕"，主要是一个批评态度。章学诚说"论古必恕，非宽容之谓也"，意思是说，既不能苛求古人，也不能无原则的"宽容"，而是要"能为古人设身而处地"着想，不能以一个不变的模式去衡量一切古人。

2. 反对拟古和形式主义的文风。章学诚认为文学是反映自己的思想感情的，硬要模拟古人，就会弄得笑话百出。文学应该追求神似。以"形似"为目的模拟古人，是"桐城派"只求法式，而不求"中有所得"的弊病。章学诚对此提出了尖锐的批评。"《书》曰：'诗言志。'吾观立言之君子，歌咏之诗人，何其纷纷也？求其物而不得也，探其志而茫然也。……无言而有言，无诗而有诗，即其所谓物与志也。"①

其次，章学诚反对"桐城派"所提倡的"法"式。在《文理》中，章学诚认为像《文心雕龙》《诗品》这样的著作，"或偶举精字善句，或品评全篇得失"，原是必要的，但他认为根本问题，在于作者之自得，法或形式，只是"为文之末务"。硬要以一种"法式"去范例一切，就必然会弄得笑话百出。

针对"桐城派"古文的流弊，章学诚还专门写了一篇《古人十弊》，对之进行揭发和批判。十弊："剜肉为疮"；"八面求圆"；"削足适履"；"私属头衔"；"不达时势"；"同里旌铭"；"画蛇添足"；"优伶演剧"；"井底天文"；"误学邯郸"。这些批评对于"桐城派"来说，不能不说是尖锐而中肯的。

章学诚主张"文贵发明"，贵"世用"、重内容等见解，以及在这些见解基础

---

① 《文史通义》内篇三，《质性》。

上对于内容空洞无物、无病呻吟,对创作上的模拟主义、死守法度的批判,对于清代中叶的学风和文风,都有一定的积极意义。

当然章学诚的文论中也有很多糟粕,如站在封建卫道者的立场上批评袁枚的"性灵说",甚至责骂他"无圣无法"等,暴露了他的浓厚的封建伦理观念和正统思想。

章学诚的一生,是奋发进取的一生,他的全部精力,都无保留地贡献给祖国的文史校雠之业,他的晚年,尽管由于生活折磨,造成双目失明,却并未停止他的研究工作,仍坚持口授由其子笔录,直至离开人世方止,如著名的《浙东学术》论文,正是完成于逝世前一年。真乃是"春蚕到死丝方尽"。这种治学精神,值得我们很好学习。他的著作,不仅是我们中华民族文化遗产中非常宝贵的财富,也是世界人民珍贵的精神财富。这是中国人民的荣誉,更是他故里人民的光荣。我们今天纪念他,就是要学习他顽强的治学精神,弘扬他学术思想中优秀的内容,为繁荣社会主义文化事业服务,为建设社会主义精神文明服务。

(原载蒋志浩、唐元明主编《纪念章学诚逝世一九〇周年》,

上虞县志编纂委员会办公室 1991 年编印)

李天根与《爝火录》

　　《爝火录》是一部编年体的南明野史,清朝乾隆初年李天根纂辑。

　　李天根原名大本,自号云墟散人。生卒年已无从确考,大约生活在清康熙、乾隆年间。关于他的生平事迹,由于从未入仕,故其名既不见于史传,也无人替他作过墓志,虽有一些零星记载,而说法又多分歧。诸如他的籍贯,有人说江阴,有人说无锡;他的名字,有的作大本,有的作大木,又有作本、天根的。我们认为以沈德潜所撰《李芥轩墓志铭》①所载为可信。芥轩是天根父亲李崧的字,他与德潜为好友,交往"垂四十年",常以诗词相唱和。乾隆元年(1736)十一月,李崧去世,享年81岁。翌年秋,天根奉"先人遗命",请德潜作墓志铭。关于籍贯,《墓志铭》中说:"芥轩上世河间人,讳嘉郚,为元统军帅,子袭职世守江阴,后为江阴人。明熹宗时,忠毅公讳应昇,死阉祸,再从祖也。祖奉山公讳国纲,以国变迁无锡。"可见李氏于元时南下,最初定居江阴,至天根曾祖始以明亡而再迁无锡。《墓志铭》中还说:"芥轩先生卒,越一月,孤大本葬考妣于所封之新阡。""子二:大本,有文行;大栋,先卒。女四,皆为士人妻。孙三:仁至、履端、履吉。曾孙一:致和。"文中不提天根,两度言及大本。而《江阴续志》卷五《文苑·李崧传》末也说:"子天根,原名大本。"可见李天根的原名确为大本,本和天根是后来改的名,至于有些书中称之为大木者,似应属于笔误。我们从缪荃孙《补辑李忠毅公年谱》中还获知,天根祖原是色目人。《年谱》说:"赤岸李氏,在江阴东乡顾山镇,本色目人,始祖嘉郚谥桓烈,至元中,官统军元帅,墓在河间宁晋县。孙李八撤儿,佩虎符镇江阴,家焉,遂以李为姓。"

　　李天根的生平事迹,只在《江阴续志·李崧传》附有寥寥数语:"天根,原名大本,字云墟,著《爝火录》四十卷,序明季事;《云墟小稿》、《艳雪词》。生平不妄言,不疾行,硁硁自守。人有假其名具呈当事者,知之,曰:'汙我名矣。'

---

① 见《归愚文钞》卷十七。

遂易之。"又缪荃孙《艺风堂文漫存》卷四《乙丁稿四·爝火录跋》则云:"《爝火录》三十二卷,《附录》一卷,吾邑李天根撰。天根字大木(当为"大本"之误),居鹅湖之浣香园,著有《云墟小稿》一卷,《紫金环》《白头花烛》《颠倒鸳鸯》三传奇。其父岈轩先生(崧),有《岈轩诗草》《夕阳村诗草》《浣香词》;母薛素琼,有《绿窗小草》《绛雪词》。一门风雅,高尚不仕。"看来从李应昇遭阉党迫害致死后,子孙便立志不入仕途了。

《爝火录》32卷,又《附记》1卷,《论略》1卷。而《江阴续志》之所以误作40卷者,问题很可能出在缪荃孙身上。缪氏《艺风藏书再续记·传钞本》第七云:"《爝火录序例》一卷,李天根撰。天根字大木,自号云墟老人(应作"云墟散人"),同邑人。汇萃胜国以来官书野史,编成《爝火录》四十卷。钞录《序例》一卷,已见大意。"其实缪氏当时所见到的仅是《爝火录》一书中《序例》部分的传钞本,而并非全书,同时他又根据传钞本《序例》而误信为是四十卷了。我们知道缪荃孙是《江阴续志》的主要编纂人,那么在该志中出现这样的错误,自然也就不难理解了。后来当缪氏见到《爝火录》的全书后,即便确指为32卷,并特作《爝火录跋》一文以记其事,在跋文中他还兴奋地说:"邑志其人其书均未载入,今得见全书,亦云大幸。"这实际上是对他自己前说错误的纠正。

从《爝火录自序》可知该书的编辑,始自丁卯(乾隆十二年,1747年)季秋,"凡七阅月而告竣"。但他对史料的搜集,却用了40余年的时间。从所列引用书目来看,明清之际许多重要的野史,基本上都在搜罗之中。由于早有准备,史料较为齐全,加之全书又是原始资料的摘编,所以7个月时间完成这样一部50万字史书纂辑工作,自然是可以理解的了。全书用编年体叙述了南明王朝兴亡的事迹,起于顺治元年(崇祯十七年,1644年)三月十九日"庄烈帝殉社稷",止于康熙元年(鲁监国十七年,1662年)"鲁王薨于金门"。《附记》1卷,主要叙述郑成功经营台湾始末;《论略》1卷,则是作者对明朝亡国原因的剖析及明季诸重要人物的批评,其中不乏真知灼见。书中同时并用清帝和南明诸王纪年,对此做法,李天根在《凡例》中曾有说明:"是编编年,顶格大书大清顺治元年,尊正统也,次行低一格,书崇祯十七年,纪明事也。乙酉以后,次行低一格,书福、唐诸王纪元,遵《纲目》列国例也。"对于该书的著作目的和所以名其书曰《爝火录》,他在《自序》中也都有明确的交代,就是要使人们通过是编的阅读，"睹屠王之庸懦，奸权之贪鄙，丁弁之骄悍，与夫盗贼之横暴，黎民之颠沛，自当切齿怒目。间见二三精忠报国、阖门殉难之臣，足与文天祥、张世杰辈争烈者，有不掩卷咨嗟，抚几而长叹者乎？然则是编也，虽不足为《明史》羽翼，未必非国史之嚆矢也矣。名'爝火'者，深慨夫三王臣庶，以明末余生，窃不自照，妄想西昇东坠，速取灭亡，为可哀也。"可见作者对该书的纂辑，是相当自负的。他在《爝火录引用书目》的小序中甚至还说："欲知弘光、永历事者，观此足矣！"从全书内容来看，此言确非虚语。

清末学者缪荃孙和吴庆坻，对《爝火录》一书都曾作过评论。缪荃孙说："此书专纪弘光、绍武、永历、鲁监国五王事迹，附台湾郑氏，用编年体排日编纂，并冠例、表于首，体例秩然。《论略》极为公平，文亦畅达。惟引用书目在前，而出处有注有不注，未知原撰如此耶，抑系钞胥脱去耶？内有传闻失实，得失参半者，亦有两说并列，未能折中者。然出于下邑儒生，亦足见其见闻之广，编纂之勤矣。内李逊之撰《李忠毅（公）年谱》，洪士铭撰《洪承畴行状》，均不可见之书。"①吴庆坻说："《爝火录》三十二卷，江阴李本天根云墟散人撰，记甲申以后福、潞、唐、桂、鲁诸王事，起顺治元年三月十九日庄烈帝殉社稷，至康熙元年十一月二十三日鲁王薨于金门止，凡十有九年。后有《附记》一卷，则康熙二年至二十九年台湾郑氏始末、三藩叛后之事；有乾隆十三年六月自序。……卷首有《论略》一卷，持论极有识；又有《纪元续表》一卷。引用群书一百十七种，又采各省通志及诸家文集、年谱三十七种，其书用编年体，排日纪事，前数卷记李自成破燕京及南都立国事最繁重，后数卷记永明王事稍简略。书中多载奏疏、文檄、书牍，为他书所未见者。今亦为刘氏嘉业堂所藏。"②两人所论，大致相同。值得注意的是，缪荃孙乃是清代著名的学者，学识渊博，著作繁富，尤娴熟版本目录、文史掌故，在学术界负有盛名，因此他的评论，自然是很具有代表性的。

我们认为这部著作，在今天看来，至少有以下几点很值得重视：

首先，它取材丰富，引用史籍 117 种，各省通志、府县志 17 种，文集、年谱20 种，这些著作，缪荃孙在当时便已经指出，有不少均为"不可见之书"，时至今日，散失的自然就更多了。众所周知，谢国桢先生的《晚明史籍考》，是一部

---

① 《爝火录跋》。
② 《蕉廊脞录》卷五。

对于晚明史籍搜罗相当完备的工具书,我们根据该书增订本作了统计,其中被谢氏列为"未见诸书"者有14种,为《晚明史籍考》所无者有47种,两项合计61种。这就是说,《爝火录》曾所引用之书,有半数以上在今天已无法见到了,可是这些书的内容,却赖《爝火录》而得以留传下来。加之《爝火录》的纂辑,李天根曾明白表示,他是仿照朱竹垞撰《日下旧闻》的方法,"无一字出之于己"。唯其如此,所以更加显示出它的史料价值之重要。作者虽然生活在康、雍、乾文禁森严的时代,但是对清朝所忌讳的文字,书中却大多不作篡改或避讳,而是照录原文。如卷三甲申(1644)六月二十六日癸丑条载:

> 塘报:五月十六日。据闯营逃回兽医张魁明,系商丘县人,口称:"闯贼于三月十八日攻开北京,贼进北门。至四月十六日出京,往边外招抚吴三桂。至二十日,两兵相遇,闯贼被吴兵杀败。次日又战,大败,闯贼救兵入京。至二十七日午时进城,分付阖城人民俱各出城避难,鞑子来的势恶。"

这里,并没有因为怕触犯文字忌讳,而把"鞑子"这类字眼加以更改,从而也就更能反映出当时的历史真实面貌。

对于抗清斗争中所涌现的英雄人物事迹的记载,不仅忠于原有史料,而且作者本人还加以热情的肯定和颂扬。相反,对于那些丧失气节的人,则大多加以贬斥和讥刺。这在剃发与反剃发斗争的问题上反映得十分突出。

清军入关,特别是下南京,破苏、杭之后,一再下达剃发令,限期强迫汉人剃发,清统治者认为,只有剃发梳辫,改为满俗,才是真心归顺,从而激起广大吏民的强烈反抗。在《爝火录》中,不但有声有色地记述了江阴等地人民"头可断,发不可剃"的大规模反民族压迫斗争的动人场面,同时对那些坚持民族气节、宁死不屈的人给予深刻的同情。如卷十一乙酉(1645)闰六月初三日癸未条载:

> 鄞县樵者不剃发,歌曰:"发兮发兮,父之情兮,母之血兮,我剃发兮,何以见我父母兮。"遂自沉死。

又卷十七丁亥(1647)五月初五日乙巳条载:

> 永嘉诸生叶尚高不剃发死。尚高宇尔立,一字天章,义不剃发,日荷一竿,竿系一笔、一带、一镜、一网巾,示"毕竟带网巾"意,高冠大袖,摇曳市上。大清知府吴某执之,尚高吟诗曰:"北风袖大惹寒凉,恼乱温州刺史肠。何以蜉蝣易生死,得全楚楚好衣裳。"

对于那些剃发争先、降清恐后的官员,则给予无情的讥讽。如卷十二乙酉七月十九日戊辰条载:

> 大清兵破南康,知府王或被执,不屈死之。熊文举降于大清,乡人题其门曰:"孝弟忠信礼义廉,一二三四五六七。"盖骂其无耻、忘八也。

又卷二十庚寅(1650)十一月初二日辛亥条载:

> 黄士俊、何吾驺、杨邦翰、李贞、吴以连等投诚恐后。士俊年已八十二矣,有嘲之者云:"君王若问臣年纪,为道今年方剃头。"

这些记载,褒贬分明,在文网森严的乾隆时代,能够如此忠实地将这些内容照录下来,应该说是难能可贵的。单从这一角度来看,它的史料价值也已不难想见了。

其次,该书所载奏疏、文檄、书牍、塘报等原始资料十分丰富,对此,清人吴庆坻在评论中早已指出。这些材料是写史的第一手资料,特别是奏疏,能够比较真实地反映出当时社会的现状。如刘宗周等人多次所上的奏章,把弘光朝的内外局势讲得十分透彻,这对于研究当时的政治形势来说,都是不可缺少的重要史料。又如甲申六月十三日己巳条所载黄澍《劾马士英十可斩之罪疏》,对马士英专擅朝政、祸国殃民的罪行,作了淋漓尽致的揭露,同时疏中还引用了金陵民间流传的"若要天下平,除非杀却马士英"之谣,反映出当时朝野上下对马士英的切齿痛恨。值得指出的是,名人的奏疏,一般都能在他本人的文集中得以保存,可是更多人的奏疏,由于多种原因却未能单独流传,幸赖此书得以保存下来,这就越发显得可贵了。同样,许多文檄、书牍的内容也十分丰富,都从不同角度反映了当时的政治局势和社会现状。如多尔衮致史可法的劝降信以及史可法的复信,均全文照录。我们曾用几种本子校对,除了文字上稍有异同外,内容完全一致,据此则其他文檄、书牍也就不难知其可信程度了。此外,书中还辑录了不少人的议论和对话,有的内容也相当重要。如农民起义领袖宋献策、李岩两人的一次对话,就充分道出了明末官场的精神状态和当时取士制度的弊端。卷二甲申四月初二日己未条载:宋献策出遇李岩,散步而行,适见二僧设两案供养崇祯灵位,从旁诵经礼忏,降臣绣衣乘马,呵道而过,竟无惨戚意。岩曰:"何以纱帽反不如和尚?"献策曰:"此等纱帽原是陋品,非和尚之品能趋于若辈也。"岩曰:"明朝选士,由乡试而会试,由会试而廷试,然后观政候选,可谓严核之至矣。何以国家有事,报效之人不能多见也?"献策曰:"明朝国政,误在重制科、重资格,是以国破君亡鲜见忠义。满朝公卿,谁不享朝廷高爵厚禄? 一旦君父有难,各思自保,其新进者盖曰:'我功名实非容易,二十年灯窗辛苦,才博得一纱帽上头,一事未成,乌有即死之理?'此制科之不得人也;其旧任老成又云:'我官居极品亦非容易,二十年仕途小心,始得至此地位。大臣非止我一人,我即独死无益。'此资格之不得人也。二者皆谓功名爵位是己所致,所以全无感戴朝廷之意,无怪其弃旧事新而漫不相关也。可见如此用人,原不显朝廷待士之恩,乃欲责其报效,不亦愚哉! 其间更有权势之家徇情而进者,养成骄慢,一味贪痴,不知孝弟,焉能忠义? 又有富豪之族从黉缘而进者,既费资财,思权子母,未习文章,焉知忠义? 此近来取士之大弊也。当事者若矫其弊而反其政,则朝无倖位,而野无遗贤矣。"

对此,李天根特别按语说:"按此论虽出诸流贼,然议明末弊政,言言切实,固不可以人废言也。"

第三,该书还搜集了许多民谣和能够反映社会现代的诗歌,特别是前者,不仅形象生动,而且在一定程度上反映了人心的向背,传出了社会的心声。如南明弘光王朝建立不久,在马士英、阮大铖等的操权弄法下,卖官鬻爵,大肆搜括,人民恨之入骨。李天根在书中不但具体记载了各种官职的价格:文华殿中书 1500 两,武英殿中书 900 两,内阁中书 2000 两,翰林待招 3000 两,拔贡 1000 两,推知衔 1000 两,监纪、职方万、千不等,而且还辑录了当时流传在社会上揭露这一丑恶现象的民歌民谣。如卷六甲申九月二十五日庚戌条载:

时语云:中书随地有,翰林满街走。监纪多似羊,职方贱如狗。荫起千年尘,拔贡一呈首。扫尽江南钱,填塞马家口。

卷八乙酉春正月十三日丁酉条载:

时人语曰:金刀(刘孔昭)莫试割,长弓(张捷)早上弦。求田(田成)方得禄,买马(马士英)即为官。

同日又记南京童谣云:

一匹马,走天下。骑马谁,大耳儿。

又一对联云:

闯贼无门,匹马横行天下;元凶有耳,一兀坐扰中原。

卷十乙酉五月壬午朔条载：

> 是早，有书联于东西长安门柱者，云：福王沈醉未醒，全凭马上胡诌；幕府凯歌已休，犹听阮中曲变。

又云：

> 福运告终，只看驴（卢九德）前马（马士英）后；崇基尽毁，何劳东捷（张捷）西沾（李沾）。

以上谚谣充分说明了当时福王政权的昏庸腐朽，马、阮权奸集团的横行跋扈。同时，据此也足可证明，清摄政王"晓喻江南文武官员"和豫王"晓喻江南官民"两道告示的内容，并非出自虚夸。告示略云："福王僭称尊号，沉湎酒色，信任金壬，民生日瘁。文臣弄权，止知作恶纳贿；武臣要君，惟只假威跋扈。上下离心，远近衔恨。"紧接告示之后，李天根还加上了一句自己的评论："人以为实录"（卷十）。为了反映人民对马士英的痛恨，书中又引录了《甲乙事案》的一段记载："士英渡江后，黔兵逃散，乃潜居天台寺中，其家丁缚之献于贝勒，贝勒数其恶，诛之，剥其皮，实之以草。时有对云：'周延儒字玉绳，先赐玉，后赐绳，绳系延儒之头，死同狐狗之尸；马士英字谣草，家藏瑶，腹藏草，草裹士英之皮，腐作犬羊之椰。'"（卷十六）充分表达了人民群众对那伙作恶多端、败坏朝政者可耻下场的庆幸心情。

《爝火录》的编写方法，主要是将许多史籍的资料加以汇集、考订，去伪存真，然后再按年代顺序进行编排，这就是作者在自序中所说的："抽绎《明史》为经，摭拾野史为纬，讹者正之，伪者削之。"若自己有所看法，或对事件记载众说纷纭者，则加按语予以说明。如卷六甲申八月三十日乙酉条载：

> 封吴三桂交襄蓟国公。刘泽清奏，封吴襄，使三桂感恩；刘孔昭奏，吴三桂父子效忠，宜加殊礼，故封。

在这条材料之后，接着就加上自己的按语："按是时举朝皆知三桂无心于明，而诸臣故欲崇之，已寓卖国之意。"这就点出了当时朝中大臣"身在曹营心在汉"的阴暗心情，难怪后来清军一到南京，弘光小朝廷的大臣们便都纷纷出城投降。当然其中也有例外的，如史可法虽然也奏请褒奖吴三桂，但他的出发点却是在于鼓励士气，振作军心，与其他大臣的奏封吴三桂父子，自不可同日而语。又如关于崇祯帝太子的下落，吴襄、鲁王之死的原因，诸书记载不一，作者分别在卷一、卷二和卷二十四将各说并列，然后提出疑问，但不下结论，并在有关鲁王之死的按语最后,还特地再次指出:"是编凡有歧说,不妨并载,意在传疑传信,不敢偏执一见以为是也。"凡属此类一时难以下结论的,大多在按语之末加"未知孰是""俟考""俟再考"等字样。对于那些有把握肯定的歧异之说,则在按语中毫不含糊地予以肯定。如卷二十庚寅冬十月辛巳朔条载:

> 永明王赠堵胤锡浔国公,谥文忠。钱邦芑《堵文襄公传》云:"赠上柱国、中极殿大学士、太傅兼太子太师、镇国公、谥文襄,荫一子锦衣卫指挥同知,世袭。"

这里实际上存在两说,那么究竟哪一说是正确的呢?作者就在按语中指出:"赠镇国,谥文襄,《传》与史异,邦芑与胤锡同朝,其撰次必真实可据。"至于各史记载明显错误的,则更是据理加以驳正。这都说明,李天根在编纂《爝火录》时,对于所辑录的史料,不仅有所选择,而且大多经过一番审核和考订。不过,由于书中有不少地方是取材于塘报,而且无别的史料可资印证,再加上考订也还有不够精审的,因而记载失真之处自然亦在所难免了。特别是在卷三甲申四月十二日己巳条的论述中,竟然将爱国将领袁崇焕与跋扈权奸马士英相提并论,视作"同为误国之臣",说明作者对袁崇焕受诬后又为他平反一事并不了解,否则是不可能出现这种错误论断的。同时还需进一步指出的,生活在康乾时代的李天根,毕竟是一位封建地主阶级的史学家,因而在书中也明显地流露出他仇视农民起义的阶级偏见。如谓"流贼所过之处,人烟断绝,鸡犬不留。闯逆破京师,凡有兵权者皆可杀人,刘宗敏立磔人柱于门,杀人无虚晷。献贼一日不杀人,则怏怏不乐,杀各卫军九十八万,又遣将四出,分屠各郡县男女六万万有奇","呜呼!自生民以来,好杀人者有矣,未有若斯之酷也"[①]。诸如此类的不实夸大之辞,时有所见。

《爝火录》的版本,据我们所知共有三种:吴兴刘氏嘉业堂钞本(现藏浙江图书馆)、《明季史料丛书》本,长白赵氏藏传钞本。谢国桢先生在《晚明史籍考》里,将嘉业堂说成为是稿本,其实这个本子的书口都写有"钞本"字样,而并不是稿本。赵氏藏传钞本我们一时未能见到,至于原稿本的下落如何,则更是无从得知。我们曾就刘氏嘉业堂钞本,与《明季史料丛书》影印本加以

---

① 《论略》。

对校，发现它们是同出于一种母本，只不过两者卷首排列略有不同，嘉业堂钞本"引用书目"在前，而《丛书》本则《自序》在前。吴庆坻所见的，固然已明言为"刘氏嘉业堂所藏"的钞本，就是缪荃孙所见的，也同样是这个"引用书目"在前的嘉业堂钞本。《丛书》本是根据何种本子影印的，因书前没有说明，我们不得而知，但从两个本子的比较来看，《丛书》本的错误（其中大量的是属于传钞者的笔误、夺字的衍文）似乎要多一些。我们曾受浙江古籍出版社的委托，以嘉业堂钞本为底本，对本书进行了点校，列为该社"明末清初史料选刊"之一，并已于 1986 年出版发行。

（本文与魏得良合撰。原载《杭州大学学报》
第 24 卷第 3 期，1994 年 9 月）

章学诚的教育思想

——赴韩学术交流讲演稿

　　章学诚是中国历史上杰出的史学评论家,又是方志学的奠基人。他的学问相当渊博,在文学、哲学、谱牒学和教育学方面都有自己的独到见解,是一位不可多得的著名学者。他到 41 岁方中进士,但却从未做过官,因此,他的一生是在艰难困苦中度过的,尽管生活颠沛流离,然而读书、著述却从未间断过。由于从未有过固定职业,故一生中就以主讲书院、为人修志、担任幕僚而走完了艰辛的人生旅程。先后主讲过好多书院,还担任过家庭教师。在长期的教学实践中,他积累了丰富的经验,并且撰写了多篇阐述教育理论的文章,他强调教育的目的是"学以致其道",培养对社会的经世致用之才;他主张将传统的经、史课程作为教学的主要内容,强调必须通经服古;在教学原则和教学方法上,提出了许多真知灼见,大大丰富和发展了传统的教育理论,有些内容至今尚有参考价值。

"学以致其道"的教育目的

　　章学诚认为,教育的目的在于使受教育者通过学习认识"道"。"道"的内容是很丰富的,既指一定的政治主张,思想体系,又指自然界万事万物。其实就是通过教育使学生掌握做人、处世、治理国家的知识能力和方法,并不是为教育而教育,而要使受教育者成为治国安邦的栋梁之材。"君子学以致其道"。本是孔子弟子子夏所说的一句名言,章学诚沿用了这句名言,更系统地论述了教和学与明道之间的关系。其实做一个教师也并不是那么容易的,特别是将学生教育成才并不那么容易。他在《清漳书院留别条训》中就曾指出:"人才实难,而因设教,更不易易。"意思是说,培养人才是很不容易的,而教育是为培养人才而设置的,因而要求把这个工作做好是十分不容易的。这是一篇研究章学诚教育思想重要的文章,但是长期以来很少有人注意,原因在于这是一篇佚文，章氏友人王宗炎在整理章氏著作《章氏遗书》时，不知何故此文没有收进。到1985年文物出版社出版的《章学诚遗书》方才收入。我在整理编辑其代表作《文史通义》而成《文史通义新编》时，亦将其收入。因为这篇文章不仅较为全面地反映了章学诚的教育思想，而且涉及他关于文史等方面的理论也很重要。我所以说这篇文章对于研究章学诚教育思想很重要，就在于它能较为全面地反映章氏在教育方面的各种主张，诸如教育目的、教育内容、教育方法等都有论述。全文共提出了33个问题，真是涉及教育的方方面面。

至于章学诚所谓通过学习来认识"道"，同样具有为社会培养"经世致用"的有用人才。他认为上古时期的教育就是与社会政治紧密结合，培养的学生能够具有"修身、齐家、治国、平天下"的本领。而脱离"经世致用"，教育也就失去了意义。他还说："古学、俗学之分，不在文字，在乎有为而言与无为而言。"①因此，培养学生"尽其学而成其立言之功能"，应当是成为教学的最终目的。所谓"有为而言"的"立言"功能，就是有益于当代社会，如果培养的人才对于当今社会无益，这样的教育显然是失败的。章学诚还提出，教育的目的，还应当培养学生"有德有言"的良好素质，这也是他与当时一般士人见解的根本分歧。从小培养"有德有言"素质，可以为长大以后立言行道打下基础。可见章学诚的教学目的很清楚，不是为教而教，为学而学，而是有所为而教，有所为而学，也就是培养社会有用的人。

"通经服古"的教学内容

章学诚认为，经史之学乃是第一大学问，是一切学问的根本，只要抓住根本，就能根深叶茂，一通百通。他一再提出"学问大端，不外经史"②，"学问大要，不出经史，经载其道，史征其事"③。所以他把经史视为对学生教育的根本内容，只要以经史教育学生，就能实现教育目的，将学生培养成经世致用的人才，既能为人师表，又能治国安邦。他在《清漳书院留别条训》中第一条提出

---

① 《答周篯谷论课业书》。
② 《与乔迁安明府论初学课业三篇》。
③ 《清漳书院会课策问》。

"凡天下事,俱当求其根本","学问文章,何独不然?"学问文章的根本自然就是经史,有了根本,"本深者叶未有不茂,事半功倍,孰大于此?"他非常反对用八股文、时文教育学生,特别是儿童启蒙教育,当时社会上都强调"必从时文入手",他尤其反对,因为儿童很单纯,相当于一张白纸,此时给教育任何内容,将会影响终身,"先入为主,良不可以不慎也"。

这里也要说明一下,章学诚所讲的经,与一般人讲的经是有所区别的,在中国封建社会,一直把孔子整理的"六经"等儒家著作视为经典,是神圣不可侵犯的,是封建帝王用来统治的基础。而章学诚则认为"'六经',先王之政典",孔子根据这些"政典""典章"加以整理,供后人参考,所以他主张"六经皆史也"。只不过他讲理论的多一些。所以他提出"通经服古"与别人还是有所不同。至于具体如何学,他还提出了建议,学《易》当熟悉卦变之图,掌握变的精神;学《尚书》,关键是掌握《尧典》的天文,《禹贡》的地理、《洪范》的五行"三门学术";学《诗》则"贵于风雅";学《礼记》应"以《周礼》六典为纲,而一切礼文皆依条而归附,此则万事得其条贯,万物得其统宗。"学《春秋》则应"用论事之法"。至于史书,则以《左传》《史记》为主,尤其是《史记》,章学诚非常推崇,认为"史迁论赞之文,变化不拘……所以尽文章之能事,为著述之标准也。初学不可可所别择,不特使其胸罗全史,亦可使知文境无不备也"①。章氏所以选择《史记》,在于《史记》不仅是一部史书,而且在中国文学史上的地位很高,的确书中包含了很多文体,文章生动,流畅易读,对后世史学、文学的发展都有着重大的影响,将它称为"著述的标准"也的确非常确当。当代文豪鲁迅赞美它为"史家之绝唱,无韵之《离骚》",所以把它定为初学的入门读本也是很有道理的。《左传》是一部编年体史书,文字精练生动,对后世散文的发展也有很大的影响。

除了经史以外,子部的《老子》《庄子》《韩非子》《管子》《吕氏春秋》《淮南子》等,集部的唐宋八大家,李白、杜甫全集,《文选》等亦可适当选用,教育学生。所以要列这么多书目,在章看来,"博学守约,凡事皆然"。在对学生进行基础教育时,必须使他们掌握广博的知识,将来才有可能提高,向专精方面发展,如果孤陋寡闻,知识浅薄,要想深造就成空话。因此广博本身不是目的。

---

① 《论课蒙学文法》。

即使在封建时代做官,知识面不广也是行不通的。可见章学诚教育内容的目光是相当远的,既从初学抓起,又为将来发展着想,所以他的教育理论是相当丰富的。

"尽人达天"的教育方法

在长期的教学实践中,章学诚总结出许多具体的、行之有效的教学方法,而最根本的一条,就是要让每个受教育者能够充分发挥自己的个性特长,更有效地掌握知识,最终实现教学目的。用今天的话来说,在教学中必须发挥因材施教。

一、"尽人达天",因材施教

中国古代孔子在教育学生时已经注意到根据每个学生的不同个性进行教学,因材施教。章学诚在总结前人经验的基础上,提出了"尽人达天"的教学原则和方法。章学诚认为,"人才之质,万变不同"①,每个人的个性特长都不一样,只有结合他们的特点,发挥他们的天性,才能取得更好的成就。所以,教学中必须实行"因材施教"的教学原则。他说:"善为教者,达其天而不益以人,则生才不枉,而学者易于有成也。"②意思是说,在教学中要充分发挥每个学生的天性、个性和秉性,而不要强迫学生放弃自己的特长,听从教师的摆布,这样做学生的个性、爱好不会受到影响,学习积极性也可以调动起来,学习自然容易取得成功。这就是"达其天而不益于人",这里的"天"可以解释为"天性""个性"。这个思想在《清漳书院留别条训》中有很多论述。这样做就能符合学生的个性和心理,学生再学起来就容易掌握,而学习中也就不觉得很费力气。所以在该文中他提出"即其性之所良,用其力之能赴",而不应当"强人同我"。这就叫作"达其天而不益于人",也就是"因材施教"。章学诚在定武书院时,就是根据每个学生的不同情况,分别提出了不同的要求与发展方向。具体情况在《与定武书院诸及门书》中都有反映。可见"因材施教"对于章学诚来说,不仅有理论,而且自己也是在实践。

---

① 《家书》六。
② 《论课蒙学文法》。

这里要附带说明一下,章学诚在《史德》一文中也曾提出过"尽其天而不益于人"的要求,这是要求历史学家在写历史时,要尽量尊重客观史实,如实反映客观史实,不要随心所欲地把自己的主观思想掺杂到客观史实中去。这里的"天"则是指客观史实,两者是不同的。

章学诚在教学中还提出教学内容应当"由近及远,由浅入深"①。"入门先由浅近,后及高远"②。尤其是儿童启蒙教育中,更应当根据儿童的天性及心理特点,因材施教,循序渐进。比如儿童学习论事、论人之文,应从《左传》入手,因为《左传》论事,"文短理长,语平旨远,故自三语五语,以致三数百言,皆孺子意中之所有"。可是当时社会上一般人一开始就都用宋人博议、史论等教育儿童,章学诚指出这种做法实际上是揠苗助长,急于求成,那无异于让"萌芽初苗之时,先受多方之摧折","大有可为之资,屈于多方之摧折"。其结果不仅是"事倍功半",而且简直是"误人子弟"③。应当说这都是经验之谈,连同以上尊重学生天赋,发挥个人特长,因材施教的教学方法,即使在今天还是值得我们加以总结借鉴的。

二、教学相长

章学诚认为,教与学的关系,不只是教师和学生的关系,实际上教师的教学内容也有不断提高的过程,在这中间有许多问题是从学生的问题中受到启发,获得灵感,得到解决,这么一来,教师在教学过程中也就有了提高,因为有些问题教师自己从未考虑过,通过学生的提问,促使教师去思考研究,获得解决后自然自己也就提高了。就是我们现代所讲的教学相长理论。众所周知,作为教师来说,也不可能样样事事都懂得,章学诚就曾讲过:"人之有能有不能者,无论凡庶圣贤有所不能免者也。"④因为世上没有"万能博士",这也是章学诚提出上述命题的理论依据。

在《与定武书院诸及门书》中,他还谆谆教导诸生,人生中年以后,人事复杂,不可能再闭户十年,专心去读未读之书,这个时候,只有在聚徒讲学时,边

① 《清漳书院条约一》。
② 《清漳书院条约二》。
③ 《清漳书院留别条训》。
④ 《说林》。

教边学,这样,学徒既得成就,而教师的水平亦得到不断提高,在章氏看来,"岂不为尽善尽美之事乎!"

三、理解思考,"启发是资"

章学诚认为,教育学生理解思考非常重要。但是当时许多教师教学只是背诵课文,不作讲解,多者六七百篇,少者二三百篇,但如果问有多少收获呢,则千百而无一闻。其根本原因就在于教师只知教学生死记硬背,而不去理解文章的意思。这样的读书,读了等于未读,既不能灵活运用,更不会举一反三。对此他在《清漳书院留别条训》中作了详尽的论述,文中并将理解记忆的好处加以说明。不仅如此,他还对理解思考的具体方法作了详细说明。

章学诚还提出:"古人教学,启发是资。"①启发教育与理解是密切相关的,他自己在主讲书院时,处处启发学生思考,培养学生的独立思考能力与怀疑精神,教导学生不可迷信以往的解释。他在教学中非常善于运用启发式教学方法,启发学生独立思考,因而取得很好的教学效果。学习与思考必须同时进行,既不能只学习而不作思考,又不能整天思考而不学习,"学而不思,为俗学之因缘,思而不学,为异端之底蕴"②。他在《文史通义》中还特地写了《原学》三编,作了反复论证。关于这一点,古代大教育家孔子早就说过:"学而不思则罔,思而不学则殆。"③可见学与思也是密不可分的。

四、用多内容交替教育

章学诚已经认识到人的记忆很容易产生"厌故喜新"的现象,尤其是青少年的注意力很难长时间集中在一件事上(现代心理学称之为注意的转移)。所以如果让学生长时间读某一种内容的书,注意力往往会分散,反而不易掌握,很难收到效果。对此,他提出用多种内容交互更替方法"分别正闰"的教学方法,具体做法是,几种内容穿插进行学习,正像我们今天,一天开出几门课一样。他虽然还不可能知道,这种现象的出现,是由于人类大脑分区记忆的原因,但他提出的解决办法,即"分别正闰"的教学方法,是符合现代教育心

---

① 《清漳书院会课策问》。
② 《与陈鉴亭论学》。
③ 《论语・为政》。

理学的,也是今天大家所普遍采用的。远在 200 多年前,他就能够有此创举,自然是了不起的。

五、"知行合一","动手成功"

在中国教育史上,从孔夫子到明代王阳明,大多提倡"知行合一"的教学原则。章学诚也不例外,他认为"知行合一"之教,是孔子所创立的古代教育的优良传统,也是今人所不可放弃的教学原则。因为只有这样进行教学,才能保证教学不流于空疏的条文,教学要做到与实际相结合,与社会相联系。所以他又说:"谓必学于事而后可以言学,此则夫子诲人知行合一道也。"①当然,他这一教学思想也是由其"道不离器"的哲学思想所决定的。他在《与乔迁安明府论初学课业三简》中,还提出"为学之事,动手必有成功"。鼓励学生自己动手,将所学知识与社会实践结合起来。

综上所述,我们可以看到章学诚的教育思想是相当丰富的,许多论述也相当系统,可惜的是长期以来从未引起人们的注意,更不要说是重视。很重要的原因,由于他在史学理论和方志理论上贡献很大,他在这两方面的成就掩盖了他在教育方面的贡献。因此,对于他的教育思想很少有人写过文章加以评述,直到我们写《章学诚评传》时才在其中单独立章专门写了他的教育思想。今天在这里向诸位做一简要的评述,欢迎各位批评指正!

（原载《浙江方志》2002 年第 1—2 期）

---

① 《原学》中。

研究、纪念章学诚
应当发扬他的三大精神

　　章学诚（1738—1801）是我国封建社会晚期一位杰出的史学评论家，又是我国方志学的奠基人。他的代表作《文史通义》是我国古代一部集文史理论大成的著作，人们通常将它与唐代著名史学评论家刘知幾的《史通》视为中国古代社会史学理论的"双璧"，而他丰富的史学理论后来居上，在许多方面都超过了刘知幾的论述，成为我国传统文化宝库中不可多得的宝贵财富。他提出作为一位优秀的历史学家，单具史才、史学、史识"三长"还是不够的，还必须具备"史德"，因此他在《文史通义》中特地写了《史德》一篇，论述了"史德"的含义，说明了史家为什么必须具备"史德"。什么是"史德"呢？就是指写史者之"心术"，指史家作史，能否忠实于客观史实，做到"善恶必书，务求公正"的一种品德。他在文中说："盖欲为良史者，当慎辨于天人之际，尽其天而不益以人也。尽其天而不益以人，虽未能至，苟允知之，亦足以称著书者之心术矣。"意思是说，历史学家在编写历史之前，首先应当分辨清哪些是客观的历史事实，哪些是个人主观看法，应当尽量做到反映客观历史事实，要尽量避免将史家主观成分掺杂到客观的历史事实中去。因为章学诚深深懂得，"史之义出于天，而史之文不能藉人力以成之"，"故曰心术不可不慎也"[①]。我们知道，这个观点的提出显然是前无古人的，是他对史学理论的重大贡献。而这一贡献，直到今天，仍具有现实意义，因为史德在任何时候都是缺少不了的。又如他在《文史通义》一书中，重点阐述史义，认为这正是他与刘知幾史学理论不同的重要表现，而这也是向来被史学家们所忽略的一个人问题。他在一封家书中就曾这样明确讲过："吾于史学，盖有天授，自信发凡起例，多为后世开山，而人乃拟吾于刘知幾。不知刘言史法，吾言史意，刘议馆局纂修，吾议

---

　　① 《文史通义新编新注》内篇五。

一家著述,截然两途,不相入也。"①只要我们稍加注意就可以发现,章氏所讲确实如此,两人虽然都是史学评论家,所评论的对象和重点确实并不相同。对此,清光绪年间,安徽桐城学者萧穆曾作过论述:

　　近人有以章氏之书拟之《史通》者,然两家同一论史而宗旨各殊,刘氏之书论史法,章氏之书论史意,刘氏之论为馆局纂修,章氏之论乃一家著述,名为同条共贯,实则分道扬镳,非深玩两家之书者未之能深悉也。两人才识既高,文笔犀利,又足以达其所见;而恃才傲物,轾古今,几于前无古人,后无来者矣。两人之书,两人之情性,既足遥遥相对,有时呈其笔锋,放言高论,不察事实,凿空蹈虚,以致全书得失具陈,醇驳互见者,亦往往有之。……章氏所论,有文章可以学古,而制度则必从时,此真为千古之名言,后著作之家所当奉为严师之训也。②

　　可见萧穆对刘、章二氏史论之比较论述还是有见地的。当然,重视史意的发明自然也就成为章氏在史学理论方面的一大贡献。尽管章学诚有着丰富的史学理论,但却一直没有机会进入史馆参与国史的编修,这也成为他一生最大的憾事。刘知幾虽然在史馆中并不得志,但他毕竟曾出入史馆,再为史臣,对于章学诚来说还是很羡慕的。自己的史学理论既然无法在修史中得以实践,于是他便在编修方志当中加以实践,并用自己的史学理论来检验和总结前人的修志经验和教训,通过自己的实践又获得许多宝贵的知识和经验。更为重要的是,他能及时地将所有经验教训升华为理论,进而使之具有普遍意义,转过来再指导方志的编修工作,这是一般方志学家所无法办到的,因为他们缺少的是史学理论。与章学诚同时的许多方志学家,他们编修的志书有的多到十多部,但方志理论却相当贫乏。而章学诚由于用史学理论指导实践,实践经验又丰富了理论,这就是他方志理论取得巨大成就的重要因素。人们可以看到,他的方志理论是相当全面的,从方志的性质,到方志的内容,从义例创立,到资料来源,乃至省志与府州县志的分合详略等问题,无所不论,并且形成了一整套的方法理论体系,这也就是为什么从此开始方志才成为一门学问,原因就在这里。所以近代人梁启超把他称为"方志之祖"、"方志之圣"是有道理的。正因如此,在上世纪80年代开始,全国掀起修志高潮期

---

① 《文史通义新编新注》外篇三,《家书》。
② 萧穆:《敬孚类稿》卷五《跋文史通义》。

间,章氏的方志理论也曾风行过一时。我们这里之所以要一再论述章学诚能够建立起一整套的丰富的方志理论,目的是要告知方志学界许多修志同仁,并不是修好一两部志书,就可以掌握到丰富的方志理论,还必须认认真真地读点书,使自己所得到的修志经验教训加以升华,而不要一直停留在经验总结上。

　　章学诚的学术贡献是多方面的,无论是哲学、史学、方志学,还是文学、校雠学、教育学等,都有他独到的见解。可以毫不夸张地说,他早年提出的豪言壮语——"成一家之言"是完全实现了的。不过,他的"成一家之言"途径与司马迁是完全不同的,他是要通过对古今著作进行校雠得失来实现的,他在《上晓徵学士书》中曾有过明确的说明:"故比者校雠其书,申明微旨,又取古今载籍,自六艺以降,迄于近代作者之林,为之商榷利病,讨论得失,拟为《文史通义》一书。分内外杂篇,成一家言。"①这就是说,这样一个宏伟的奋斗目标,还在青年时代就已经确定。值得注意的是,他并不是指出利病得失而了事,也就是说并不是为校雠而校雠,而是要通过这个途径,采用这种手段而达到做自己学问的目的。他在《与孙渊如论学十规》一文中就讲得非常具体:"鄙人所业,文史校雠,文史之争义例,校雠之辨源流。"②他是要通过争义例,辨源流,进一步达到有所创造,有所发明。他的许多新观点、新主张,都是在这种情况下提出来的。所以我们说,他才是一位真正的文献学大家。然而,许多人都有所不知,他的所有成就,都是在十分恶劣的环境中取得的,正如他自己所说,许多著作都是写于"车尘马足之间"。直至晚年,为了完成《史籍考》的编纂,还拖着多病之躯,四处奔走,即使在失明之后,著作也从未中断。所以我们可以这样讲,章学诚是真正认识到人生的价值,因而他充分发挥了他个人的人生价值,为中华民族学术文化发展无保留地作出了巨大的奉献,因此,他在中国文化思想史上具有十分重要的地位。

　　章学诚的学术思想影响已经早就越出了国界,成为一位国际上颇有影响的文化名人,这也是许多人至今尚不知道的。在日本、法国、美国、韩国等,都有学者对他的著作、对他的学术思想进行研究,发表论文,出版专著。日本学者内藤虎次郎在20世纪初就已经出版了《章实斋先生年谱》;法国学者戴密微

---

①　《文史通义新编新注》外篇三。
②　《文史通义新编新注》外篇一。

在其《章学诚和他的史学思想》论著中,称章学诚是中国第一流史学天才,可以与阿拉伯的史学家伊本凯尔东或欧洲最伟大的史学家并驾齐驱。美国学者倪德卫教授在阅读了该文后说:"凡是阅读过这篇文章的人,很自然会相信章学诚是中国造就的最有魅力(最迷人的)的思想家之一。"就是这位倪德卫教授,还在1966年就已经出版了20多万字的《章学诚的生平与思想》一书。作者认为,章学诚不单是一位史学评论家,首先应当是一位杰出的思想家,并且是文学评论家和哲学家。尤其要指出的是,书中对于中国学术界没有肯定章学诚是位哲学家而感到非常不平。他在书中这样说:"章学诚在中国哲学史上还未得到一个公认的位置。但我深信,章学诚理应得到作为中国哲学家的重要地位。承认这一点,只是时间问题而已。"书中还指出,章学诚的许多理论,特别是史学理论,都已具有现代色彩。所有这些事实都说明,章学诚早已跻身于世界史学家之林,他的学术思想已经成为世界文化宝库中可贵的精神财富,这自然也是中华民族的骄傲!

在国内进入上世纪80年代以后,对于章学诚的学术思想研究也取得了相当大的收获,虽然也曾出现过不和谐的声音,认为对章氏研究升温过快,但并未影响研究的不断深入。在对章氏学说各方面研究都取得一定成果的今天,我们觉得有必要提出建议,希望在研究过程中,应当结合研究章氏生前三大宝贵精神,只有这样,才能更加体现出章氏在学术上的贡献是来之不易的,对他的学术思想也就会更加觉得可贵。也就是说,我们在研究他在学术上贡献和学术思想的同时,就应当注意继承和发扬他生前的三大精神:一是发扬他执着的敬业精神,二是发扬他敢于批判社会不良风气和不良学风的精神,三是发扬他诚实守信的精神。

章学诚的敬业精神可以说是贯穿他的一生始终,他自从确定研究文史校雠之业以后,就一直为之奋斗终生。尽管生活颠沛流离,却从未中断。一生中虽然发表过许多超人的见解,也从未得到过当局者丝毫重视。他的一生中从来就没有过一个可以养家糊口的固定职业,全靠讲学、为人修志、做人幕僚来维持生活。乾隆四十六年三月,游河南不得志而归,中途遇盗,44岁以前的著作文稿,全部被抢一空,他的重要著作之一《校雠通义》4卷,也就在这次遇盗中散佚,前三卷幸有朋友抄存,第四卷因成文较晚,竟不可复得。因此,如今流传的《校雠通义》只有3卷,萧山王宗炎不知此情,在为章氏编订文稿时,将有些序文编为《校雠通义》外篇一卷,这是不对的,因为已经有人上当受骗了,故在此特多说两句。著作的散失,这在精神上所受之打击,自非言语所能表达。在友人的帮助下,先后主讲过武定书院、清漳书院、敬胜书院、莲池书院、文正书院,由于人事的不断变动,他主讲的书院也就不得不经常变换。因此,生活一直动荡不安,经常是"江湖疲于奔走"。尽管如此,始终不渝地坚持文史校雠之业和著述工作。特别是在中进士后,"已垂得知县",可是想到了自己所热爱的文史校雠之业,又决计舍去。若从生活考虑,一个知县所入养家糊口自是不成问题的。然而一旦做了知县,自己所从事的文史校雠之业将如何处置?经过深思熟虑,最终还是舍弃了县官之位,以继续自己的文史校雠之业,仍旧过着寄人篱下流动不定的生活。放着官不做,仅此一点,今天能有多少人可以做到?他在如此丰富的文史校雠之内,每一个问题都非常顶真,样样都要精益求精。就以论文而言,周震荣与他关系非常密切,曾两度介绍他主讲书院,并请他主持编修《永清县志》。但在两人讨论文学和教育内容问题时,争论起来一点不留情面,毫无客套,真是实话实说,对于周震荣在论学中涉及行文称谓不规范之事,直截了当加以批评,认为行文称谓等都不能任意变更。再如修志问题,虽然他是通过为人修志,解决生活来源问题,但是,他又要通过地方志的编修,来实践他的史学理论,因此,他所修的每一部方志,从体例,到内容,都是经过很好考虑和研究的,而不是为了混饭吃的应酬而已。这从他修过的志书就可以看出,体例是一部比一部完善。乾隆三十八年应知州刘长城之聘编纂的《和州志》,乃是他第一次单独用自己的理论进行实践,全志纪、表、图、书、传一应俱全,另编《和州文征》8卷。《和州志》的体例、内容和编纂方法,都体现了他的史学理论。如他在《和州志舆地图序例》中详细论述了图谱之学的发展和演变,指出图谱在史书和方志中的重要地位。又如他在《和州志艺文志序例》中,详细论述了艺文志的源流、发展及其重要价值,他认为艺文志之作,在于"辨章学术,考镜源流",岂可等闲视之?可是,当时许多方志的艺文志,一般都是选载诗文,故他深深感到"州县艺文之篇,不可不熟议也"。他说:"典籍文章,为学术源流所自出,治功事绪之所流传,不于州县志书为之部次条别,治其要删,其何以使一方文献无所缺失耶?"①因为艺文志关系到一个地方文献的保存和学术文化发展的反映,故他一直非常重视。乾隆四十二年,应周震荣之聘,主持编修了《永清县志》,此志完成后,他的修志理论在朋友中已广为流传。乾隆五十四年,应知州裴振之请为其编纂了《亳州志》。对于这部志书,章氏非常自信,在《又与永清论文》中说:"近日撰《亳州志》,颇有新得,……此志拟之于史,当于陈、范抗行,义例之精,则又《文史通义》中之最上乘也。世人忽近贵远,自不察耳。后世是非终有定评,如有良史才出,读《亳志》而心知其意,不特方志奉为开山之祖,即史家得其一二精义,亦当奉为不祧之宗。此中自信颇真,言大实非夸也。"②这部志书最大特点,就是强调"人表"在方志中的作用和首创"掌故",他认为只要充分发挥"人表"作用,州县之志列传自然就可清其芜累;而只要"掌故"立为专书,则志书之体可免去繁芜,不必再事事求备。这样一来,他的方志核心理论——方志分立三书就逐渐形成,于是乾隆五十七年,他的方志核心论著《方志立三书议》便正式产生。这篇论文的诞生,标志着章学诚的方志理论已达到成熟阶段。这年他已经55岁了。就在次年,他用自己新的修志理论,编纂了一部大型志书《湖北通志》,此志纪、图、表、考、传一应俱全,除主体志外,尚有《文征》《掌故》和《丛谈》。这种编修方法,自然是前无古人,完全出于章氏之独创,这自然也体现了章氏对修志事业同样是精益求精,认真负责。

我们再看由他主持编纂的《史籍考》。乾隆五十三年,章学诚在得到毕沅同意后,开局编纂《史籍考》,并于去冬今春在开封写出《论修史籍考要略》一文。当然,这仅是开创之初的设想,文中提出15点意见,既讲了编写的原则,又谈了搜集的范围。虽然仅是设想,但仍可反映出编纂此书的规模。就在这年五月,他在《报孙渊如书》中就作如是说:"承询《史籍考》事,取多用宏,包经而兼采子集,……愚之所见,以为盈天地间,凡涉著作之林,皆是史学,六经特圣人取此六种之史以垂训者耳。子集诸家,其源皆出于史。末流忘所自出,自生分别,故于天地之间别为一种不可收拾、不可部次之物,不得不分四种门户矣。此种议论,知骇俗下耳目,故不敢多言。"③从《要略》和此信,自然就可以知道《史籍考》编纂初期的思想和规模。众所周知,此书是以毕沅名义编纂的,可是到了乾隆五十九年八月,毕沅因湖北教案奏报不实而被议,降补山东

---

① 《文史通义新编新注》外篇五。
②③ 《文史通义新编新注》外篇三。

巡抚,并被罚交湖广总督养廉5年,罚山东巡抚养廉3年。毕沅一走,章学诚在武汉自然就无法再住下去了,尽管《史籍考》已完成十之八九,因无后台支持经费,不得不离开武汉回浙江。虽然次年正月毕沅由山东巡抚回至湖广总督原任,又因湖南发生苗民起义,奉命筹办军饷加以平定,已经无暇顾及编书之事,因此他也不可能再回湖北。就在走投无路之际,嘉庆元年他给朱珪写了一封非常恳切的求助信,信中说:"小子《史考》之局,既坐困于一手之难成,若顾而之他,亦深惜此九仞之中辍,迁延观望,日复一日。今则借贷俱竭,典质皆空,万难再支,只得沿途托钵,往来于青、徐、梁、宋之间,惘惘待饩来之馆谷,可谓惫矣。但春风拂面,朋友虽多,知己何人? ……夫以流离奔走之身,忽得藉资馆谷,则课诵之余,得以心力补苴《史考》,以待山制府军旅稍暇,可以蒇成大观,亦不朽之盛事,前人所未有也。而阁下护持之功,当不在弇山制府下矣。"①信虽然写得十分悲切,也未能打动这位"中堂世叔"的同情之心。难怪他在信中无奈地说:"朋友虽多,知己何人?"在极端困难的时候,竟无一人能伸出援助之手,足见当时世态之炎凉。他的要求并不很高,只希望能够有个书院讲学的机会,就可以对《史籍考》继续编纂。就是这样很低的要求,也很难实现。嘉庆二年,毕沅去世,这一希望完全破灭。于是他又谋求时任浙江巡抚的谢启昆支持,并于嘉庆三年为其写了《史考释例》②一文。虽是他自己所写,却要用别人的名义,这就是旧社会有才华的穷知识分子的缩影。文中对《史籍考》分类前后变化作了论述,原稿分为120目,现并省为12纲57目,共325卷。通过分类的前后对比,他于此书所花费之精力便显然可见。由于学术发展不断变化,因而目录分类也一直在变,他在此文中作了突出的论述,说明目录的编纂者必须具有变化的观点。况且各科学本身也不断在变化,就以文集而言,其内容变化就非常突出:"文集于东京,至魏、晋而渐广,至今则浩如烟海矣。然自唐以前,子史著述专家,故立言(入子)与记事(入史)之文,不入于集,而辞章诗赋,所以擅集之称也。自唐以后,子不专家,而言集有论议,史不专家,而文集有传记,亦著述之一大变也。彼虽自命曰文,而君子以为是集中之史矣。"对于文集内容的重大变化,却从来没有人作过论述,这也说明章学诚对学术流派的演变,各类文体发展与变化,研究、观察是非常

---

① 《文史通义新编新注》外篇三,《上朱中堂世叔》。
② 《文史通义新编新注》外篇一。

仔细认真的。又如随着史学的发展,后来许多史书大多出于众人之手,尽管各人所撰优劣不等,也无从评论其功过,他认为:"人才优劣敏钝,判若天渊,一书之中,利病杂见,若不考求草稿所出,则功罪谁分?"为此他提出:"集众修书,必当记其分曹授简,具详识其草创润色,别为一篇,附于本书之后。"这无疑又是目录编纂上的一个创见。章学诚晚年的精力几乎都倾注在这部《史籍考》上面,生活上已处于"沿途托钵"的地步,但他还是念念不忘《史籍考》。在他的心目中,这是著述之林不可不补的缺典,《史考释例》中的一段话足以表达他的心声:"今《史考》一依《经考》起义,盖亦创始之书也。凡创始者功倍而效不能全,朱氏《经考》,后人往往究其未至,其前车也。况《史考》又倍难于经。虽黾勉加功,而牴牾疏漏,良亦不敢自保。然明知创始之难,不敢避难而务为之,则以经经必须史纬,著述之林,实为不可不补之缺典也。读者谅其难而有以益其所未尽,幸矣。"明知创始之难,还是知难而进,这就是章学诚的性格,他在长期研究古今著作之林之后,深深感到这是一部非作不可的目录学著作,若是保存下来,其价值自然可想而知。从章学诚一生的经历,人们可以看到,他自从确定文史校雠作为自己的职业以后,便一直为之奋斗终身,每当贫困交加,几乎失去生活乐趣的时候,只要一想到自己所爱好的文史校雠事业,"则觉饥之可以为食,寒之可以为衣","且暮得此所由以生,不啻鱼之于水,虎豹之于幽也"①。为了自己在学业上能够取得不朽的成就,生活上不管多么艰苦,精神不管受到多大刺激,他都能以惊人的毅力坚持下来。正因如此,他才有可能为我们留下了如此丰富的史学理论、哲学理论、文学理论、方志学理论、教育学理论和校雠学理论。他这种执着的敬业精神,不仅值得我们敬佩,而且值得我们学习,并很好地加以发扬。

凡是研究和接触过章氏著作的人都会感到,他的批判精神也是值得提倡和发扬的。面对乾嘉时期不良的学术风气和不良的社会风气,他敢于大胆地进行批判。当时考据之风盛行,无论是研究经学、史学、文字学、地理学等等,走的无一不是考据的途径。对于这一现象,他在许多文章和给友人的信中,都表达了不满的情绪,并提出了尖锐的批评。"自四库馆开,寒士多以校书谋生,而学问之途,乃出一种贪多务博,而胸无伦次者,于一切撰述,不求宗旨,

---

① 《文史通义新编新注》外篇三,《与史余村论学书》。

而务为无理之繁富,动引刘子骏言:'与其过废,无宁过存,'即明知其载非伦类,辄以有益后人考订为辞,真孽海也。"①由于当局者的政策,促使考订逐步形成了风气,他在《周书昌别传》中就曾这样指出:"四方才略之士,挟策来京师者,莫不斐然有天禄、石渠句坟抉索之思,而投卷于公卿间者,多易其诗赋举子艺业,而为名物考订与夫声音文字之标,盖 乎移风俗矣。"②他认为"天下事凡风气所趋,虽善必有其弊。君子经世之学,但当相弊而救其偏"③。流弊何在? 他说,"古人之考索,将以有所为也",然而,"今则无所为而竞言考索"④。这么一来,由于风气所趋,便出现了"但知聚铜,不解铸釜;其下焉者,则沙砾粪土,亦曰聚之而已"⑤的奇怪现象。显然,考据学此时已经误入歧途。为此,他曾一再大声疾呼,要求学者们正确对待考据,迅速扭转这一倾向。人们可以看到,在这一时期之内,他先后发表了《博约》(上、中、下)与《博杂》《假年》等文章,批评社会上许多人在做学问上不仅泛泛无所主,而且是"骛博以炫人",于是就出现了"无所为而竞言考索","其为考索也,不求其理之当,而但欲征引之富,以谓非是不足以折人之口也"⑥。这种学术风气,自然是不利于学术的发展,所以他再三提出批评是可以理解的。他告诫青年学者,求博不是最终的目的,而考据也只是做学问的一种手段、一种途径,它本身并不就是学问,而"学必求其心得,业必求于专精",这才是处理好博约关系的最终目的。所以博必须及时返约,求专求精,只求博则只能是杂货铺之店主、三家村的塾师而已。学术界有位很有影响的人物曾经说过,章学诚所以如此批判考据学,是由于他自己不善于考据。这种说法当然是无稽之谈。要知道他对宋学末流所产生的弊病,同样进行了毫不留情的批判,指出宋学之所以"见讥于大雅",就在于它"空谈义理为功"⑦,"第其流弊,则于学问、文章、经济、事功之外,别有见所谓'道'耳。以'道'名学,而外轻经济事功,内轻学问文章,则守陋自是,枵腹空谈性天,无怪通儒耻言宋学矣"。特别是对宋学那种舍器求道的学风,深表痛绝。他对宋儒轻视考据、忽视文辞的所谓"玩物丧志""工文则

---

① 《章氏遗书》外篇三,《丙辰札记》。

② 《文史通义新编新注》卷十八。

③ 《文史通义新编新注》外篇一,《淮南子洪保辨》。

④⑥ 《文史通义新编新注》内篇六,《博杂》。

⑤ 《文史通义新编新注》外篇三,《与邵二云书》。

⑦ 《文史通义新编新注》内篇六,《浙东学术》。

害道"的荒谬观点,同样多次进行批判,指出这种观点是学术发展的大敌。对于汉学、宋学之间各执一端、毫无意义的纷争,章学诚亦曾作过这样批评:

> 学问之途,有流有别,尚考证者薄辞章,索义理者略征实,随其性之所近,而各标独得,则服、郑训诂,韩、欧文章,程、朱语录,固已角犄鼎峙,而不能相下。必欲各分门户,交相讥议,则义理入于虚无,考证徒为糟粕,文章只为玩物,汉唐以来,楚失齐得,至今嚣嚣,有未易临决者。惟自通人论之则不然,考证即以实此义理,而文章乃所以达之之具。事非有异,何为纷然?①

鉴于汉学、宋学之纷争,他当时还发表了《言公》《说林》等文章,特别是《言公》上、中、下三篇,说明古人为言,在于明道,所以为公,未尝据为私有,"其道果明于天下,而所志无不申,不必其言之果为我有也"②。此话确实符合古代学术发展的情况,在古代有些人为了实现自己的政治、学术观点的推行或流传,甚至自己的书写出后托别人之名以流传。可是到了后来,世道变了,从而把学术都占为私有,故在《言公》中篇指出,"世教之衰,道不足而争于文,实不充而争于名",这就是当时社会的写照。他在给其师弟朱少白写的信中,还特地讲了当日发表这些文章的背景情况:这些"十余年前旧稿,今急取订正付刊,非市文也,盖以颓风日甚,学者相与离跂攘臂于桎梏之间,纷争门户,势将不可已也。得吾说而通之,或有以开其枳棘,靖其噬毒,而由坦易以进窥天地之纯,古人之大体也,或于风俗人心不无小补欤"③!从以上论述可以看到,面对社会上各种不良的学术风气,章学诚确确实实是从各个不同角度进行着批评,他把挽救时风流弊视为自己不可推卸的时代责任。但是他的行动并不为社会所认可,在许多人的眼中,他的行为简直是不可思议的。他也知道逆时趋而进是十分危险的,为了坚持真理,发扬正确的学术风气,就必须和不良的学风做斗争,为此,他一再大声疾呼,"所贵君子之学术,为能持世而救偏"④。"天下事凡风气所趋,虽善必有其弊。君子经世之学,但当相弊而救其偏"⑤。"人心风俗不能历久而无弊,犹羲和、保章之法不能历久而不差也。因

---

① 《文史通义新编新注》内篇三,《与族孙汝楠论学书》。
② 《文史通义新编新注》内篇四,《言公》。
③ 《文史通义新编新注》外篇三,《又与朱少白》。
④ 《文史通义新编新注》内篇二,《原学下》。
⑤ 《文史通义新编新注》外篇一,《淮南子洪保辨》。

其弊而使补救,犹历家之因其差而议更改也"①。在他看来,作为一位真正的学者,应当去扶持好的社会风气和学术风气,批评不良的社会风气和学术风气,更不要为不良的社会风气和学术风气推波助澜。因为既然是风气,就必然会发生变化,"人心风俗,不能历久而无弊",正直的学者,"风气既弊,学业有以挽之"。至于如何挽救呢? 他认为还需从源头抓起。学风为什么会变坏,主要是当时许多士人为了追求个人名利,不顾自己所学之专长,一意趋风气以从时尚。而这些人本无真才实学,在毁誉面前全都不能自主。正如章学诚所讲,"今之学者则不然,不问天质之所近,不求心性之所安,惟逐风气所趋而徇当世之所尚,勉强为之,固已不若人矣;世人誉之则沾沾以喜,世人毁之则戚戚以忧,而不知天质之良,日已离矣"。抱有这种患得患失之心的人,要在学术上取得重大成就当然是不可能的。因为凡是投社会风气所好,无不带有投机取巧的心理,唯其如此,"趋风气者未有不相率而入于伪也,其所以入于伪者毁誉重而名心亟也"。针对当时社会的现实,他提出"为学之要,先戒名心;为学之方,求端于道"②的要求。无数事实证明,"好名之甚,必坏心术","好名之心,与好利同"③。作为一个社会,好名之风气的流行,必然产生恶劣的影响,"实为世道人心忧虑。"为了达到自己追名逐利的目的,可以不择手段,造假作伪,相互吹捧,尤其是"好名之士,方且趋风气以为学业,是以火救火而水救水也"④。这些人都是一心赶浪头,随风跑,实际都是在为时风流弊推波助澜。不仅如此,他在《答沈枫墀论学》一文中还气愤地说:"盖好名之习,渐为门户,而争胜之心,流为忮险。学问本属光明坦途,近乃酿成一种枳棘险隘,诡谲霠昧,殆于不可解释者。"⑤从上述介绍可以看到,章学诚对当时学术界的弊端作了较为全面的揭露和批判。在这中间,他还特地指出在挽救针治中,尤其应当注意"严于去伪而慎于治偏",因为有许多人往往是披着伪装的外衣而在贩卖假货,实际上是学术骗子,做的却是为不良学风造声势,对此首先要做剥去其伪装外衣的"去伪"工作。他的一举一动都是在逆时趋而进,他也深深知道,逆时趋而进是十分危险的,但他还是一往直前地做了。然

---

① ④ 《文史通义新编新注》内篇六,《天喻》。

② 《文史通义新编新注》外篇三,《答沈枫墀论学》。

③ 《文史通义新编新注》外篇三,《家书三》。

⑤ 《文史通义新编新注》外篇三。

而不幸的是,他的言论和举动,竟被视为"怪物",诧为"异类"。但他却毫不气馁,因为他在做学问上有追求真理的精神,并且早就立下要为古今著作之林校雠其得失,这就成为支持他顶住来自周围的讽刺、歧视和打击的巨大压力,更成为他忍受一生困苦磨难的精神支柱。不论多么艰难困苦,他一直坚持了毕生。这一精神难道就不值得我们加以发扬吗?目前学术界浮躁之风盛行,伪科学泛滥,学术腐败事件不时见诸报端,如此等等,都非常需要当年章学诚那种无所畏惧的批判精神,因此,我们这个时代,同样是需要章学诚,时代在呼唤着章学诚!

还有一点就是要学习章学诚说老实话、做老实人精神,他的一生就是在诚实守信中度过的。事实上敢于讲真话是不容易的,章学诚的一生,乃是讲真话的一生,因此,他得罪了许许多多人,而遭到了毁灭性的报复。正如胡适之先生在《章实斋先生年谱序》中所说:那班"汉学家权威竟能使他的著作迟至一百二十年后方才有完全见天日的机会,竟能使他的生平事迹埋没了一百二十年无人知道"。这两句话生动形象地将章学诚身后的遭遇描绘得淋漓尽致。当然,讲得未免过于绝对。从章学诚的一生来看,他平日里不论是在朋友之间或是在师长面前,一般都能做到实话实说,不拘小节,不搞虚伪,有时谈笑风生,有时争得面红耳赤。此种情况,在当时就有人很不以为然。《章实斋先生年谱》中就有这样一条记载:"朱筠弟子李威去年始自福建入京,今年始见先生。后作《从游记》有云:'及门章学诚议论如涌泉,先生(指朱筠)乐与之语。学诚姗笑无弟子礼,见者愕然,先生反为之破颜,不以为意。'"从这条材料就足以说明,章学诚在日常生活中,举止言谈,想说就说,不拘礼节,这就被一些人视为不太正常,"无弟子礼"。众所周知,章学诚是在41岁方考中进士,这并不是说他的学问不好,文章写得不好,而是他的文章不合时好,不合主考官的胃口,更确切地说是由于他坚持讲真话,乃使他推迟十年方中进士,也许有人不太相信,因为讲真话乃是做一个正直的人的起码条件,怎么会可能呢?事实正是如此,在他31岁那年,本当考中乡试,最后由于他过于诚实守信,还是只得了个"副榜"。关于这点,他在《与史氏诸表侄论策对书》中曾有详细说明。当年的主考官本来对他的文章还是颇为欣赏的,但是在国子监时,因修《国子监志》,令他"专司笔削",由于在《国子监志》的义例争论上与国子监长官意见相左,而在这次乡试中这位国子监长官正是主考官,"发策即问监志义例,仆乃执所见以对,不稍迁就,长官初赏其文,后见策而抑置副榜"①。可见这位国子监长官也确实是以此来策试章氏是否就范,想不到章学诚还就是不领情,与之相争,一点也不迁就。事后有些朋友都责怪他为什么明知故犯? 既然知道了主考官在这个问题上与自己看法不同,就应该稍作回避或者顺着主考官的思路作答,自然就可以通过了,怎么可以在考场上与主考官相争论呢? 这样一来,等着他的自然就只能是"副榜"。而他回答朋友的责备也十分干脆:"仆之生平,不能作违心之论。""生平惟此'不欺'二字,差可信于师友间也"。这是何等高尚的品德! 就在这篇文章中,他还告知其诸表侄,"仆于科举,无必得之技,亦无揣摩以求必得之心"。可见他每次应考都是想凭自己的真才实学。也许有人会问,章氏此时是否真有才学,这里不妨看一看当时人的评论。《章实斋先生年谱》于乾隆三十三年有这样记载:"朱筠、朱元(春浦)皆充顺天乡试同考官,先生乡试,仅中副榜。朱元于邻座见先生对策言《国子监志》得失,惊叹不已,怪六馆师儒安得遽失此人。于是先生名稍稍闻。"又在乾隆三十二年有一条记载说:"久居国子监,贫不知名。去年,欧阳瑾摄祭酒,首擢先生名第一,六馆之士,至相诧而嘻! 欧阳先生独谓'是子当求之古人,固非一世士也'。由是益厚遇之。是秋,国子监修志,遂令专司笔削。"这两条材料说明,只有真正的伯乐,才能够相中这样的千里马。因为章学诚每次应考,总都是顺其自然,从来没有"揣摩以求必得之心",所以直到41岁方才考中进士,也就是情理之中而完全可以理解了。如今各式各样的考试,凡是应试者无一不是使尽所有解数,个个都是志在必中。可见章学诚的一生,完全是在诚实守信中度过的,我们认为,这一精神今天尤其要发扬光大。

综上所述,通过对章学诚生前治学经历和学术思想的研究,我们进一步认识到,研究和纪念历史人物,不是为研究而研究,为纪念而纪念,更不是发怀古之幽情,而是要发掘每位历史人物的学术、思想、行为中有益的内涵,为发展和繁荣社会主义新文化提供养料。章学诚生前所反映出来的三大精神,对于当今社会来说都是非常重要的,特别是对于净化当前社会的不良风气尤其具有重要价值。因此,我们今天在研究和纪念章学诚的时候,除了研

---

① 《文史通义新编新注》外篇三。

究和总结他在各个学术领域贡献之外,更要很好地研究和发扬他生前的三大精神!

(原载《淮北煤炭师范学院学报(哲学社会科学版)》
第 27 卷第 4 期,2006 年 8 月)

伍子胥与钱江潮

伍子胥与钱江潮本来是风马牛不相及的,但在浙江的民间(尤其是浙江海宁)传说中,却偏偏将这不相关的两者联系在一起,说钱江潮的产生,是伍子胥因冤屈而死,一股冤气在钱塘江中兴风作浪而致,最后并演变为水神。因此,沿江各地为了免受江水猛涨而形成的恶浪成灾,许多地方还建造了伍公庙,这个伍公庙在杭州、海宁等地都有。

伍子胥(? —前484)是春秋时期吴国重臣,为吴国立下大功,正如《史记·伍子胥列传》所云:"吴以伍子胥、孙武之谋,西破强楚,北威齐晋,南服越人。"最后却含恨而死。他原为楚大夫伍奢之次子,名员,字子胥,亦称伍胥。楚平王时,伍奢为太子建傅,以直谏被杀。他避难出走,辗转宋、郑、晋诸国,后间道奔吴,依公子光(即吴王阖闾),策划刺杀吴王僚,使公子光夺得王位。吴王阖闾立,即辅佐其整军经武,一举攻入楚都郢,掘楚平王墓,鞭尸三百以泄仇。因功封申,故又称申胥。吴王夫差立,受任为大夫,参赞国事。在大败越国后,越王勾践向吴王乞和,他多次劝阻,吴王不听。却又北上伐齐,他又加规劝,主张先灭越而后再北上图齐。吴王很不高兴,遂对其逐渐疏远,直至赐死。对于伍子胥的主张来说,完全是出于对吴国忠心,所讲之理也都很有见地,却偏偏得不到夫差的理解。《国语·吴语》曰:"吴王夫差既许越成,乃大戒师徒,将以伐齐。申胥进谏曰:'昔天以越赐吴,而王弗受。夫天命有反,今越王勾践恐惧而改其谋,舍其愆令,轻其征赋,施民所善,去民所恶,身自约也,裕其众庶,其民殷众,以多甲兵。越之在吴,犹人之有腹心之疾也。夫越王之不忘败吴,于其心也侙然,服士以伺吾闲。今王非越是图,而齐、鲁以为忧。夫齐、鲁诸疾,疥癣也,岂能涉江、淮与我争此地哉? 将必越实有吴土'。"接着还反复论证,最后指出:"越人必来袭我,王虽悔之,其犹有及乎?"对此,《越绝书》卷五《请籴内传》亦曾有这样记载:当勾践"卑身重礼,以素忠为信,以请于吴"。就在夫差即将同意之时,申胥立即进谏曰:"不可,夫王与越也,接地邻境,道径通达,仇雠敌战之邦,三江环之,其民无所移,非吴有越,越必有吴。且夫君王兼利而弗取,输之粟与财,财去而凶来,凶来而民怨其上,是养敌而贫邦家也。"看来夫差与其还进行了一次激烈的辩论。最后他甚至喊出"臣闻狼子野心,仇雠之人,不可亲也。夫鼠亡壁,壁不忘鼠,今越人不忘吴也"! 其实当时两国形势,利害关系十分明显,即使越国重臣范蠡亦有如此看法:"吴、越二邦,同气共俗,地户之位,非吴则越。"①那么夫差为什么就看不到这点呢? 显然是与勾践进献美女有关,自古以来,"英雄难过美人关",何况帝王更加如此。《越绝书》卷十二《内经九术》就有这样一段记载,恐怕并非出于虚构:"越乃饰美女西施、郑旦,使大夫种献之吴王,曰:'昔者越王勾践窃有天之遗西施、郑旦,越邦洿下贫穷,不敢当,使下臣种再拜献之大王。'"接着又记载了伍子胥的劝谏,申胥谏曰:"不可,王勿受。臣闻五色令人目不明,五音令人耳不聪。……大王受之,后必有殃。胥闻越王勾践昼书不倦,晦诵竟旦,聚死臣数万,是人不死,必得其愿。……胥闻贤士,邦之宝也;美女,邦之咎也。夏亡于末喜,殷亡于妲己,周亡于褒姒。"如此苦苦劝谏,丝毫也打动不了夫差的心。"吴王不听,遂受其女,以申胥为不忠而杀之"。至于夫差之杀伍子胥,《史记·伍子胥列传》中确有较详细的记载:

　　(吴王)乃使使赐伍子胥属镂之剑,曰:"子以此死。"伍子胥仰天叹曰:"嗟夫! 谗臣嚭为乱矣,王乃反诛我。我令若父霸。自若未立时,诸公子争立,我以死争之于王,几不得立。若既得立,欲分吴国予我,我顾不敢望也。然今若听谀臣言以杀长者。"乃告其舍人曰:"必树吾墓上以梓,令可以为器;而抉吾眼悬于吴东门上,以观越寇之入灭吴也。"乃自刭死。吴王闻之大怒,乃取子胥尸盛以鸱夷革,浮之江中。吴人怜之,为立祠于江上,因命曰胥山。

　　对于这一记载内容,《国语·吴语》所载略同,"(员)将死,曰:'以悬吾目于东门,以见越之人,吴国之亡。'王愠曰:'孤不使大夫得有见也。'乃使取申胥之尸,盛以鸱夷,而投之于江。"正是因为伍子胥死后,其尸被盛入鸱夷(当时是用作盛酒的皮袋子)而投入江中,于是后来在民间就慢慢演绎出由于伍子胥的尸体在江中积蓄成一股冤气,兴风作浪,掀起了汹涌澎湃的巨浪,就形成了今天的钱江潮。而伍子胥也就正式被称为水神潮神。这种演绎从文献记载来看,最早记载有此内容的自然还是《越绝书》,在卷十四《总序外传记》

---

① 《越绝书》卷七。

中说："吴王将杀子胥,使冯同征之,胥见冯同,知为吴王来也。泄言曰:'王不亲辅弼之臣而亲众豕之言,是吾命短也。高置吾头,必见越人入吾也,我王亲为禽哉!捐我深江,则亦已矣!'胥死之后,吴王闻,以为妖言,甚咎子胥。王使人捐于大江口。勇士执之,乃有遗响,发愤驰腾,气若奔马,威凌万物,归神大海。仿佛之间,音兆常在。后世称述,盖子胥,水仙也。"这一记述,已经有些神化,但还只是称之水仙。而在《史记·乐毅列传》中引乐毅向燕惠上书中讲到夫差杀子胥时则说:"昔伍子胥说听于阖闾,而吴王远迹至郢;夫差弗是也,赐之鸱夷而浮之江。吴王不寤先论之可以立功,故沉子胥而不悔;子胥不早见主之不同量,是以至于入江而不化。"可见还在战国时代的乐毅已经讲了子胥"入江而不化"。对此,司马贞在《索引》中就直截了当地加以挑明:"言子胥怀恨,故虽投江而神不化,犹为波涛之神也。"伍子胥不仅已经开始神化,而且与波涛联系在一起,称为波涛之神,也就是说波涛是由伍子胥所兴。

至于伍子胥神化究竟起于何时,已无确切记载,从上引《越绝书》《史记》记载来看,战国晚期已经在流传了,到了秦汉时期,已经广为流传了。因为生活在东汉早期的王充在其著作中对此说已经提出了批驳,《论衡·书虚》篇曰:

传书言:吴王夫差杀伍子胥,煮之于镬,乃以鸱夷橐投之于江。子胥恚恨,驱水为涛,以溺杀人。今时会稽、丹徒大江、钱塘浙江,皆立子胥之庙,盖欲慰其恨心,止其猛涛也。夫言吴王杀子胥投之于江,实也,言其恨恚驱水为涛者,虚也。

文中接着就提出了一连串的责问,如屈原怀恨,自投湘江,湘江为什么没有大的波涛;申徒狄投河而死,河水亦不为涛。又江有三江,有丹徒大江(指长江)、有钱塘浙江(指钱塘江)、有吴通陵江。有的说投于丹徒大江则无涛,而投于钱塘浙江则有,这是什么道理?再者吴国已经灭亡,夫差亦无后代,子胥之神,为何还是怨苦而涛水止,有何求索?最后,子胥之尸是被投入吴地之江,驱水为涛亦应是在吴国领域之内,为何要到越地来兴风作浪?"怨恚吴王,发怒越江,违失道理,无神之验也。"尽管王充对此无稽之谈,已经提出了深刻的批驳,但是社会上还是在广为流传。因此,到了唐代,司马贞在为《史记》作注时,也会提出那样的说法,显然是被社会流传所影响。当然,接下去演绎得就更加神了。唐末五代著名道士杜光庭在其所著《录异记》中的记载可谓最为典型了:

夫差杀伍子胥，煮之于镬。乃以鸱夷橐投之于江。子胥恚恨，驱水为涛，以溺杀人。今时会稽、丹徒大江、钱塘浙江，皆立子胥之庙，盖欲慰其恨心，止其猛涛也。

昔传子胥累谏吴王忤旨，赐属镂剑而死。临终，戒其子曰："抉吾目悬于南门，以观越兵来伐吴；以鲇鱼皮裹吾尸，投于江中，吾当朝暮来潮，以观吴之败。"自是海门山潮头汹涌，高数百尺，越钱塘，过渔浦，方渐低小。朝暮再来，其声震怒，雷奔电激，闻百余里。时见有子胥乘素车白马，在潮头之中。因立庙祠焉。

看来在今天尚能见到的文献资料中，记载伍子胥兴钱江潮，这一条恐怕演绎得最为突出、最为明显，也最为完整了。作为民间故事来说到此也完成了。

关于各地建庙祭祀一事，实际上是建在沿江一带，如今知道的尚有杭州、海宁两地。这里也有一个演变过程，起初肯定是始于吴地，并且都是着眼于他对吴国有大功，忠于吴国而终被害，因此吴国民众立祠祭祀，以表达为其鸣不平。而从有关义献记载可知，吴土夫差杀了伍子胥以后，也许因为国难当头而无良策，不免又想到了伍子胥，并亲帅群臣至江滨祭祀，这是东汉赵晔《吴越春秋》佚文为我们提供的材料。赵晔《吴越春秋》曰："吴王既杀子胥，问太宰曰：'子胥数以越谏，遂以丧身。从死以来，若有所士，今欲祠之，何日可也？'曰：'三月癸未可也。'及夫差出国，祠子胥江水之滨，乃言曰：'寡人昔日不听相国之言，至今相国远投江海自亡。'"①同样这一内容，后出的《吴越春秋》所记载则有很大不同，并且也已经开始神化。清初马骕《绎史》卷九十六所引《吴越春秋》这则内容是这样的："夫差帅诸群臣出国东，祀子胥江水滨。诸臣并在，夫差乃言曰：'寡人蒙先王之遗恩，为千乘之主。昔不听相国之言，乃用谗佞之辞，至令相国远投江海。自亡以来，蒙蒙惑惑，如雾蔽日，莫谁与言。'泣下沾衿，不自胜。忽见乐自触酒，又言曰：'相国其可留神，一与寡人相见。'胥即从中出，曰：'生时为人，死时为神。向远大王，复重祭臣。'诸臣持杯，杯动酒尽。左右群臣，莫不见之。"②两相比较，可见其本事实虽然一样，但是后者显然已经融入了神话故事。夫差亲自祭祀伍子胥，《国语》《史记》均未见有记载，赵晔所以在书中记载，或许还是有所依据，在吴国又遇到危难之

---

① 这条佚文引自《太平御览》卷四五六，今传本《吴越春秋》无。

② 除东汉赵晔外，还有东汉赵歧、晋杨方、唐皇甫遵等亦都作过《吴越春秋》。

时,夫差想到伍子胥也是情理之中。笔者所以要引用此条材料,一则是要说明祭祀伍子胥也是从夫差开始,再则要说明"三月癸未"乃是祭祀伍子胥之日子,而不要毫无根据地再将纪念屈原的端午节莫明其妙地拉来说是纪念伍子胥的。至于伍子胥被神化以后,变成了水神、潮神,于是浙江境内许多江河沿岸也都先后建起了伍子胥庙,目的在于祈求伍子胥保佑江河沿岸居民不受洪水的灾害。如今我们确切可以知道的尚有杭州、海宁两地,尤其是杭州,自唐建立以后,从未中断。据《咸淳临安志》卷七十一《祠祀》一《土神》之下第三座庙宇便是祭祀伍子胥的"忠清庙",志书云庙在"吴山",是"唐元和十年刺史卢元辅修"。"国朝(宋)载在祀典,雍熙二年四月诏重建"。"大中祥符五年,朝廷以海潮大溢,冲激州城,诏本州每岁春秋醮祭,学士院写青词(见诏令门),其年赐忠清庙额,封英烈王。"这就是说,此庙是始建于唐朝,宋初不仅重建,而且封子胥为英烈王,其庙并被赐"忠清庙"额,每年春秋两次祭祀,定为制度,足见其重视程度。此后历代还在不断有所修建,所以直到上世纪50年代,此庙仍然还在。作为人文景观,杭州市目前在原址重建"伍公庙"。

至于海宁,如今虽然已经成为观钱江潮的胜地,但为潮神伍子胥建庙还是比较晚的,据文献记载,迟至清雍正年间方修建,这显然与潮水的变化有关。因为原来杭州潮水最大,唐宋时代,钱塘江从杭州向东穿过萧山南沙地区的南大门,直流出海,海宁的盐官镇离江边三四十里,当时的江道顺直,涌潮直冲杭州城廓,因此,杭州市郊和凤凰山、吴山等处就都成为当时的观潮胜地。宋代以后,海宁的盐官城外的沙涂开始坍失,到了明代嘉靖九年(1530),海决逼盐官城,江道弯曲,改走北大门,处于上游杭州的潮势减弱,于是海宁的盐官就成为观钱江潮的最佳地点。这么一来,由于潮头大,破坏性也大,地方官吏自然又想到为伍子胥建庙以平其怒潮。而在海宁的民间,对潮神伍子胥的说法已经是广为流传,无人不晓。民间并流传着这样四句话:"盐官海神庙金碧辉煌,潮神伍子胥端坐上方,俚人众男女虔诚朝拜,祈求伍王爷保邑安疆。"

当然,作为天下奇观的钱江潮,乃是一种自然现象,是由月球的引潮力所致,对此有些科学家早已发表文章加以论述。钱江潮的学名乃作"涌潮",指的是海潮初涨时,翻滚的浪花,逆江而上,奔腾咆哮着就像是一道白色的水墙,这道水墙确如排山倒海之势压过来,民间形象地称之为"潮头"。钱江潮所以举世闻名,原因在于这种"涌潮",据有关水利专家研究,在全世界也很少见。尽管在英国、法国、印度、北美等地有的河流也有"涌潮"现象，但"涌潮"的高度都比不过钱塘江，一般河口的涌潮高度，大多不超过 1—1.5 米，而钱江涌潮高度可达 3 米左右（最高处可达 8 米），所以这里自古以来就是得天独厚的观潮胜地，还在晋代就有苏彦留下了《西陵观涛》诗。到了唐代，对于观潮之事史书已有明确记载了，李吉甫在《元和郡县志》中就曾有这样记载：（浙江）"江涛每日昼夜再上，常以月十日、二十五日最小，月三日、十八日极大。小则水渐涨，不过数尺，大则涛涌高数丈。每年八月十八，数百里士女共观舟人渔子溯涛触浪，谓之弄潮"。到了宋代，记载观潮的文献也多起来，观潮的场面也大起来了。吴自牧在《梦粱录》卷四《观潮》条中说："临安风俗，四时奢侈，赏玩殆无虚日。西有湖光可爱，东有江潮堪观，皆绝景也。每岁八月内，潮怒胜于常时，都人自十一日起，便有观者，至十六、十八日倾城而出，车马纷纷，十八日最为繁盛，二十日则稍稀矣。十八日盖因帅座出郊，教习节制水军，自庙子头直至六和塔，家家楼屋，尽为贵戚内侍等雇赁作看位观潮。""其杭人有一等无赖不惜性命之徒，以大彩旗或小清凉伞、红绿小伞儿，各系绣色缎子满竿，伺潮出海门，百十为群，执旗泅水上，以迓子胥弄潮之戏，或有手脚执立小旗浮潮头而戏弄。"这些人都被称之为"弄潮儿"。而在周密所写之《武林旧事》一书卷三《观潮》条，亦有详细记载，两者所记侧重又有所不同，尤其对当日观潮的热闹场面似乎更为具体："浙江之潮，天下之伟观也，自既望以至十八日为最盛，方其远出海门，仅如银线，既而渐近，则玉城雪岭，际天而来，大声如雷霆，震撼激射，吞天沃日，势极雄豪。""吴儿善泅者数百，皆披发文身，手持十幅大彩旗，争先鼓勇。溯迎而上，出没于鲸波万仞中，腾身百变，而旗尾略不沾湿，以此夸能。而豪民贵宦，争赏银彩。江干上下十余里间，珠翠罗绮溢目，车马塞途，饮食百物皆穿常时，而僦赁看幕，虽席地不容间也，禁中例观潮于天开图画，高台下瞰，如在指掌。都民遥瞻黄伞雉扇于九霄之上，真若箫台蓬岛也。"从这一记载看出，对于"天下之伟观"的钱江潮，不仅豪民贵族乃至市民都争相前往观看，就连南宋皇帝更是占据最佳观赏地，于是就造成了道路上车马堵塞，已无立足之地。这两本书都是出自当时本地人所写，正如《四库全书总目提要》所云："耳睹目闻，最为真切。"至于当时所修的地方志《淳祐临安志》和《咸淳临安志》中，在《山川》卷的《浙江》目，对于涌潮的形成则多有论述，而对于当日杭城市民观潮的情况，则没有上述两书记载得那么详细。又据明人田汝成《西湖游览志余》记载,到了明代,杭城观潮仍以八月十八日为最盛。其实在观潮的日子里,"优人百戏,击球关扑,鱼鼓弹词,声音鼎沸。盖人但藉看潮为名,往往随意酣乐耳"。可见观潮已经形成了杭城一个重大的欢乐节日了。上文已经讲了,到了清代,观潮的最佳去处已经移去海宁盐官了。因此,如今海宁已将农历的八月十八日定为观潮节。尽管如此,杭州仍旧可以观赏到钱江潮,只不过潮头没有海宁高而已。所以每当农历八月十八日这天,杭州对江的萧山头蓬和近郊四堡、七堡之间,同样会有成千上万市民和游客聚集在这些地方观潮。近代以来,著名的钱江潮,不仅引来了许多外国游人,而且吸引着许多名人和政要人物亦纷纷前来观赏。孙中山、蒋介石、李宗仁、宋庆龄等政治名人都曾到海宁观过潮。据毛泽东同志的警卫王光崇的《警卫毛泽东的日子》一文介绍,1975 年的一天(9 月 11日),毛泽东同志亦到观潮胜地海宁观赏过"天下奇观"的钱江潮,"天下奇观"也正是出自他观潮时所说,并留下《七绝・观潮》诗一首:"千里波涛滚滚来,雪花飞向钓鱼台。人山纷赞阵容阔,铁马从容杀敌回。"1995 年 9 月,海宁盐官镇上,已建起了"毛泽东观潮诗碑亭"。

当然,历代文人雅士观赏过钱江潮的人数之多,如今已无法统计了,他们观赏以后,也曾留下了大量的观潮诗文。这些诗文都在描绘和称颂这一宏伟的天下奇观,有趣的是,有些诗词中也还在为伍子胥鸣不平。唐代诗人刘禹锡的一首写钱江潮的《浪淘沙》曰:"八月涛声吼地来,头高数丈触山回。须臾却入海门去,卷起沙堆似雪堆。"虽然短短四句,却已经将钱江潮到来时的声、像都展现在读者面前。宋代大画家米芾的《绍圣二年八月十八日观潮浙江亭》律诗则借舟人之口,道出了这一历史上民间传说故事:

怒势豪声进海门,舟人传是子胥魂。

天排云阵千雷震,地卷银山万马奔。

高与月轮参朔望,信如壶漏报朝昏。

吴争越战成何事,一曲渔歌过远村。

明代文学家冯梦龙的《观潮》诗则曰:"银山万叠耸崔嵬,蹴地排空势若飞;信是子胥灵未泯,至今犹自夺神威。"明代以后许多观潮诗中则往往借子胥鸱夷之事,历数历史上那些不平之事,比较典型的如明末清初的学者黄宗羲观潮长诗和现代诗人柳亚子的《浙江观潮》长诗就是如此。而近代学者朱起凤的《观潮》诗,则只用短短的四句诗,就道出了这一心声:"浊浪如山万里来,混茫一气海天开。古来不少难平事,只有胥涛作怒雷。"由此可见,伍子胥与钱江潮这一故事,在民间演绎过程中,其精神与内涵也一直在起着变化。越到后来,人们大多是从宣扬他的反抗精神和同情他的不幸遭遇的心态出发,最明显的就是反映在明末抗清名将张煌言的绝命诗《甬东道上》。此诗显然并不是观潮诗,诗曰:"国亡家破欲何之? 西子湖头有我师。日月双悬于氏墓,乾坤半壁岳家祠。惭将赤手分三席,拟为丹心借一枝。他日素车东浙路,怒涛岂必属鸱夷!"张煌言被捕后,清浙江总督赵廷臣多次许以高官厚禄劝其降清,均遭坚决拒绝,最后被戮于杭州官巷口弼教坊。这首诗就充分反映出他的反抗精神,特别是最后两句,说明自己虽然被杀害,但反抗精神和满腔怒气并不会消亡。一定会像伍子胥一样在钱塘江中形成素车白马般的怒涛,这种怒涛哪里一定都属于伍子胥的鸱夷呢? 显然他的这一举动就是受到"伍子胥与钱江潮"这一民间传说的影响所致。如今虽然大家都知道钱江潮形成的真正原因,但也不必将这一流传 2000 年的民间传说斥之为无稽之谈,因为它毕竟反映了广大民众的善良愿望和爱憎分明的精神。

(原载《文史知识》2006 年第 8 期)

朱熹和《资治通鉴纲目》

朱熹编著的《资治通鉴纲目》，自问世以后，在社会上所产生的影响相当大，上自朝廷，下至平民百姓，从中都曾得到过好处。因此，不仅原著得到广为流传，而且还形成了一种新的史学体裁——纲目体，同时又产生了许多新的相关的史学著作。然而对于这样一部史书以及在它影响下产生的一系列著作，在当代史学研究中，似乎还没有引起人们足够的重视，原因在于一般总都认为它对于中国史学发展影响不大，因而在许多史学史专著中竟无一席之地。笔者本人也曾有过这样的看法，如在1983年出版的《中国古代史学史简编》中，虽然列有一目作了介绍，但最后却说："尽管《纲目》在史学上没有什么价值可言，但其影响和流毒却是十分深远的。"这一说法显然是很不妥当的，只要深入加以研究就会发现，该书产生以后，不仅新增了一种史体，产生了一系列纲目体的历史著作，更为重要的还在于为史学走向社会、走向通俗化开辟了道路。然而这一历史现象，长期以来却一直被人们所忽略。唯其如此，笔者在1986年受山东教育出版社委托，主编《中国史学名著评介》时，启动之前，曾拟订了一份收入史书目录，于是将朱熹的《通鉴纲目》也收入其中，并分别寄请多位师友征求意见。从反馈的意见来看，还是很少有人同意收入此书。面对这种情况，我经过再三考虑，还是果断将其收入。并在该书《前言》中这样写道："再如朱熹的《通鉴纲目》，就其思想性和史料而言，都很难说有多大价值，但由于它创立了纲目史体，故亦把它收入。"但这里还仅局限于创立纲目体，至于由此而让史学走向社会、走向通俗化而产生的那股"纲鉴热"，还是未能提及。关于这一点，在今天看来似乎尤其具有重要意义，应当很好深入研究，如何加以借鉴。本文想就这些方面情况作些初步探索，以期达到引起人们的重视，也就是说，想以此起到抛砖引玉的作用。希望能有更多的人对此作进一步深入研究，特别要研究从纲目体进化到纲鉴热的真正原因、过程及其在社会上所产生的影响。

一

众所周知,司马光编修《资治通鉴》是有两个目的:一是深感千余年来史书至多,却没有一部简明系统的通史,因而"诸生历年莫能竟其篇第,毕世不暇举其大略,厌烦趋易,行将泯绝"①。于是他决心要编写一部简明的通史来解决这一矛盾。二是这部书的编修,还要做到"专取关国家盛衰,系生民休戚,善可为法,恶可为戒者"②,以供君主治国施政的借鉴。《通鉴》成书为294卷,约300万字,与原来的历代史书总计为3000万字相比,确实减少了十分之九。但是,就是这个数字,毕竟还是让众多的人为之望洋兴叹,因为像这样数字的大书,要在短时间将其通读一遍还是非常困难的。正如司马光自己所说,《通鉴》成书后,只有王胜之一人阅读过一遍。为此,朱熹便考虑利用《通鉴》为基础,另编一部简明扼要、通俗易懂的编年体史书。当然,朱熹编纂《通鉴纲目》的动因并非仅仅如此,我们曾根据他的有关论述,将其概括起来,其实亦有两大原因:其一是《通鉴》一书部头太大,内容太详,人们读了不能得其要领,读到后面,忘了前面,何况短时间内也无法通读完毕;其二是《通鉴》的封建正统思想还不够强,名分思想还不突出,书法褒贬还不完备,因此一意模仿《春秋》书法,亲自制订凡例,按照儒家的纲常名教思想,作为编排其内容的准则。其书起讫,一依《通鉴》之旧,而从《通鉴》中节取事实,编为纲目。纲为提要,顶格大书,模仿《春秋》;目以叙事,低格分注,模仿《左传》。当然,我们说"从《通鉴》中节取事实",说明《通鉴纲目》的记事内容基本上是依据《通鉴》,实际上在编纂过程中,还是做了三方面工作,即删去《通鉴》繁文,增补《通鉴》史实,改正《通鉴》记载不当之处。并不是人们所想象那样,全部节录《通鉴》,关于这一点,叶建华同志在《〈资治通鉴纲目〉评介》③一文中曾经作过论述,这里笔者就从略了。

---

① 刘恕:《通鉴外纪后序》。
② 司马光:《司马温公传家集》卷十七《进通志表》。
③ 仓修良主编:《中国史学名著评介》第二卷,山东教育出版社1990年版。

二

　　《通鉴纲目》一书主要究竟是由谁而作,至今似乎还存在着不同的声音。朱熹一生花了20余年时间,在友人和弟子的协助下完成了这部史学著作,由于生前未能正式刊行,又由于最后一部分的修改工作是由其学生赵师渊帮助完成,所以此书刊行之后,社会上竟然流传着《通鉴纲目》并非朱熹所撰,他只是制订了凡例,其内容全为赵师渊所作的说法。明末张自勋作《纲目续麟》一书中已正式提出此说,《四库全书总目提要》的作者讲得就更明确,并且在《纲目续麟》和《御批通鉴纲目》两书提要中都作了论述,尤其是后者讲得就更加具体:"朱子因司马光《资治通鉴》以作《纲目》,惟凡例一卷,出于手定,其纲皆门人依凡例而修,其目则全以付赵师渊。《四库提要》是官修的权威著作,既然作如此说法,几乎已成定论,加之著名历史学家全祖望亦持此说,认为是书全出讷斋(赵师渊号),其本之朱子者不过凡例一通,余未尝有所笔削。"①于是这一说法便广为流传。笔者在20世纪70年代末撰写《中国古代史学史简编》时,尽管对此说法并不完全相信,但由于自己未作过深入研究,也提不出相反意见,只是在书中写了"纲为朱熹自定,目为其门人赵师渊所作"。所以要这样写,因为纲的编订,涉及强正统、定名分问题,这是他不满于司马光在《通鉴》中关于正统的一些做法,成为他编纂此书的重要因素之一。因此,全书大纲只有由他亲自写定,方能达到这一目的,其他弟子是无法做到的。值得指出的是,全祖望所讲,亦并非有真凭实据,也是根据朱氏与赵师渊书信往来推测出来的。而全祖望在《书朱子〈纲目〉后》开头还有这样一段文字:"黄榦尝谓《纲目》仅能成编,朱子每以未及修补为恨。李方子亦有'晚岁思加更定,以归详密'之语。然则《纲目》原未成之书。其同门贺善争之,以为《纲目》之成,朱子甫踰四十,是后修书尚九种,非未成者。又力言朱子手著。"黄、李二人亦为朱氏弟子,明明讲的是仅能成编""未及修补""思加更定,以归详密",其意很明显,都是讲书稿已完成,只是"未及修补"和"更定"而已,同门贺善亦争之,认为《纲目》"非未成者","力言朱子手著",但全祖望最后仅据"观朱子与

---

　　① 《全祖望集汇校集注》中,《鲒埼亭集外编》卷三十四《书朱子〈纲目〉后》。

赵师渊书"，便得出"是书全出讷斋"的结论。这一做法，无疑是过于草率，对于黄、李、贺三人看法既然已经征引，总得也该表个态吧，在没有任何其他证据情况下，便直言"但观朱子与赵师渊书，则是书全出讷斋，其本之朱子者不过凡例一通，余未尝有所笔削，是佐证也"。这一说法，迷惑性是相当大的，不知情者总都会相信，总以为他的结论是由朱子亲笔信所得出，因而对于相反的看法，似乎也就无须辩驳了。问题在于朱子信中并未直截了当作过如此说法，而是全氏以意推求所得，又无其他"佐证"。何况他用朱子之信也是用来作"佐证"的，所以我们说他这种做法不免过于草率，人家并未讲过"是书全出讷斋"，要你"佐证"什么呢？但是，不管怎么说，由于前有权威的《四库提要》唱之于前，又有全氏和之于后，《纲目》一书并非朱子"手著"便成为挥之不去的定论了。还在 20 世纪 80 年代末，叶建华同志开始研究朱熹在史学上的贡献时，便发现了此说之不可信，于是便在我主编的《中国史学名著评介》一书中，对《资治通鉴纲目》写了评介。文章的第一部分就是对该书的编纂过程进行论述和考证，文中多次引用朱熹和好友吕祖谦讨论编修《纲目》往来书信，其中有淳熙元年(1174)答吕祖谦书云："近稍得暇，整顿得《通鉴》数卷，颇可观，欲寄未有别本，俟来春持去求是正。"① 又在淳熙五年答吕祖谦书中说："《纲目》近亦重修及三之一，条理整顿，视前加密矣。……但恐微细事情有所漏落，却失眼目，所以须明者一为过目耳。"② 再如淳熙四年答张敬夫书云："《通鉴纲目》近再修至汉晋间，条例稍举，今亦漫录数项上呈。但近年衰悴目昏，灯下全看小字不得，甚欲及早修纂成书，而多事分夺，无力誊写，未知何时可得脱稿求教耳。"③ 仅引朱熹以上三则给友人书信内容，就足以证明《四库提要》作者与全祖望所云都是绝对不可信的。叶建华在论述该书编纂过程时，还特地将其分成三个阶段，第一阶段是写成最初草稿，第二阶段乃为完成"净本"(初稿)时期，第三阶段则为最后修改定稿时期。最后他指出："我认为，朱熹编《纲目》，先有蔡季通、李伯谏、张元善、杨伯起等帮助编成初稿，后有赵师渊等帮助修改整顿。赵师渊之于《纲目》与蔡、李、张、杨诸人一样，只能看作是朱熹编撰此书的助手，一切还是听从朱熹的指导。"可见朱熹主编《通鉴纲

---

① 《朱文公文集》卷三十三《答吕伯恭》。

② 《朱文公文集》卷三十四《答吕伯恭》。

③ 《朱文公文集》卷三十二。

目》,绝不像我们今天那些挂名主编,他是实际参加了该书的编撰工作,从制订凡例到列出大纲,从编写初稿到修改定稿,都有他亲自的劳动成果,实际上当年只差一篑之功,就引来身后这么多议论。为了更加把问题说明清楚,叶建华同志特地于1994年在《文史》第39辑上又发表了《论朱熹主编〈纲目〉》一文,对于朱熹在编纂《通鉴纲目》中究竟做了哪些工作作了较为详细的考证和论述,用历史事实否定了《四库提要》的作者和全祖望所下的错误结论。并且指出:"朱熹编《纲目》共花了二十余年时间,是基本上定稿,只剩下一部分修改工作未能亲自完成。然而,由于《纲目》的最后一部分修改工作主要由赵师渊帮助完成,也由于《纲目》在朱熹生前未能正式刊行,所以书成之后,《纲目》非朱熹所撰,朱熹于《纲目》至多只作了一个凡例,其内容均为赵师渊所撰的说法在社会上流传开来。"这么一来,总算将长期以来后人加给朱熹关于《通鉴纲目》编修方面的不实之辞,作了一次清除,还历史以本来面貌。由于这一不正确的说法影响非常之广,有必要在此再作一些概述,以作点适当的澄清。

三

朱熹在生前一直处在修改《通鉴纲目》过程之中,直到他去世后十年,即嘉定三年(1210)方由弟子李方子参定刻印,起初纲、目、凡例还是分别刊行,陈振孙在《直斋书录解题》就曾这样说:"《通鉴纲目》五十九卷:侍讲新安朱熹元晦撰。始,司马公《通鉴》有《目录举要》。其后,胡给事安国康侯又修为《举要补遗》。朱晦翁因别为义例,表岁以首年,因年以著统,大书以提要,而分注以备言,自为之序,乾道壬辰也。大书者为纲,分注者为目,纲如经,目如传。此书尝刻于温陵,别其纲谓之提要,今板在监中。庐陵所刊则纲目并列,不复别也。"至于《纲目凡例》迟至咸淳元年(1265)方由门人王柏刻于金华,其中原委王柏在《凡例后语》中均有说明,此后便将《凡例》《纲目》一道合刻流传于世,直至明清,由于社会需求,时有刻本问世,成为一部非常热门的史书。

《通鉴纲目》自问世以来,所以受到社会的广泛关注和欢迎,首先是全书强化正统思想,突出纲常名教,符合封建统治者的要求,这在封建时代许多人的评论中便可得到反映,因此,明清两代统治者都非常重视。明宪宗成化九年(1473),"上命儒臣考订宋儒朱熹《资治通鉴纲目》,尽去后儒所著考异、考证诸书,而以王逢《集览》、尹起莘《发明》附其后,至是上呈"。明宪宗还亲自为之作序:"朕惟朱子《通鉴纲目》,实备《春秋》经传之体,明天理,正人伦,褒善贬恶,词严而义精,其有功于天下后世大矣。……是书所载,自周秦汉晋历南北朝隋唐以及五季,凡千三百六十二年之间,明君良辅有以昭其功,乱臣贼子无以逃其罪,而疑事悖礼,咸得以折衷焉,俾后世为君为臣者,因之以鉴戒惩劝,而存心施政,胥由正道,图臻于善治,其于名教岂小补哉!然则是书诚足以继先圣之《春秋》,为后人之轨范,不可不广其传也。因命缮录定本,附以凡例,并刻诸梓以传。"①这段议论,可以说代表了封建社会后期整个统治者的看法。不仅如此,同年十一月,宪宗又命大学士彭时等编纂《宋元资治通鉴纲目》,宪宗"上谕"曰:"朱文公《通鉴纲目》,可以辅经而行。顾宋、元二代,至今未备。卿等宜遵朱子凡例,编纂宋、元二史,上接《通鉴》,共为一书。"②彭时去世后,商辂接替主持编纂。至成化十二年书成,"始于宋建隆庚申,终于元至正丁未,凡四百有八年,总二十有七卷,名曰《续资治通鉴目》"。商辂等在《进续资治通鉴纲目表》曰:"伏以经以载道,阐万世之文明;史以辅经,昭累朝之鉴戒。东鲁大圣删述于前,考亭大儒祖述于后,此《春秋》为经中之史,而《纲目》实史中之经。"这里可以看出,君臣之间一唱一和,宪宗曰:"朱文公《通鉴纲目》,可以辅经而行。"商辂则曰"《纲目》实史中之经"也。这么一来《通鉴纲目》就轻轻地被推上了神圣的地位。因此,其后不久,作过《通鉴纲目前编》的许浩就曾这样说:"及我太祖高皇帝、太宗文皇帝表彰《四书五经》,颁降天下,而《纲目》亦与,则视《资治通鉴》盖加显矣。"③生活在万历年间的叶向高,在《重刻通鉴纲目序》中更加明确指出:"国朝列圣崇重表章,颁之学宫,令士子诵习,与《六籍》等。柄文者,必循以课士,宁独取其该洽,良以二千年来是非褒贬折衷于是书.不可废也。"④这些叙述足以说明,《通鉴纲目》到了明代,已被统治者推上了极高的神圣殿堂,司马光的《资治通鉴》已经无法与之相比。因为《通鉴纲目》不仅可以与《四书五经》并列,更重要的是"颁之学宫,令士子诵习",实际上是朝廷行政命令在推广此书,其影响之大自然就可想而知了。

---

① 《明宪宗实录》卷一一三。
② 《明宪宗实录》卷一二二。
③ 许浩:《宋史阐微》卷一,《命龙图阁大学士司马光编历代君臣事迹》。
④ 叶向高:《苍霞草》卷八。

而在社会上的地位之高，当然也就远在《资治通鉴》之上了。进入清代，康熙帝于康熙四十六年(1707)，"因陈仁锡刊本，亲加评定"(《四库提要》语)，并为之作序。因为有了"御批"，其身价自然就提高百倍，于是科举考试策论，概以本书为准。乾隆初年，高宗又命大臣编纂《通鉴纲目三编》，以续朱熹《通鉴纲目》和商辂《续资治通鉴纲目》，以补有明一代史事．并于乾隆十一年(1746)四月成书20卷进呈，高宗亲自为之作序、参定。他在序中还说明为什么要续《通鉴纲目》："编年之书奚啻数十百家，而必以朱子《通鉴纲目》为准？《通鉴纲目》盖祖述《春秋》之义，虽取裁于司马氏之书，而明天统，正人心，昭监戒者，□微得《春秋》大居正之意，虽司马氏不能窥其藩篱者，其他盖不必指数矣。尝谓读书立言之士，论世为难，非如朱子具格致诚正之功，明治乱兴衰之故，其于笔削，鲜有不任予夺之私，失褒贬之公者。自《纲目》成，而义指正大，条理精密，后儒有所依据，踵而续之。"在这篇序中就非常明显地道出了统治者要推崇《通鉴纲目》的原因所在，那就是此书可以"明天统，正人心，昭监戒"。关于这一点，"司马氏有不能窥其藩篱者"，当然《资治通鉴》也就得不到有如《纲目》这样的荣崇。书成不久，因事迹漏落，地名、人名又多舛误，遂于乾隆四十年(1775)命赫舒德重修，补遗纠谬，使端委秩然，而卷数比初编加倍。乾隆三十二年，高宗又命大臣依纲目体重修一部简明通史，名曰《通鉴辑览》，因高宗曾亲自核定和批注，故亦称《御批通鉴辑览》，全书116卷，附南明唐、桂二王事迹3卷。编年纪事，纲目相从，于音训典故与史实考证，则分注于其目之下。起自上古，迄于明末，是简明的编年体通史。其书虽是在前人旧史基础上删繁就简，但自定凡例，立有史料取舍标准，于数千年历史大事之原委始末，叙述简明，颇便于初学历史之入门。

至于民间所以欢迎《通鉴纲目》，关键在于简明与通俗，特别是提纲挈领，大的事件可以做到一目了然，这对于那些需要了解历史的人自然方便得多了，特别是适合于士人的科举考试。正如朱熹所说："此书无他法，欲其纲谨严而无脱落，目欲详备而不烦冗耳。"①尤其是全书卷帙不大，仅59卷，为《通鉴》的五分之一，这自然就适合广大民众的需求，加之统治者又大力提倡，因此，问世以后很快得以广泛流传。特别要指出的是，《纲目》成书不久，便有遂

---

① 《御批资治通鉴纲目》卷首下，《朱熹与赵师渊书》。

昌(今浙江遂昌)人尹起莘著成《资治通鉴纲目发明》59卷,对《纲目》进行了大力宣扬,尹氏在《纲目发明序》中说:"是书之作,其大经大法,如尊君父而讨乱贼,崇正统而抑僭伪,褒名节而黜佞邪,贵中国而贱夷狄,莫不有系于三纲五常之大,真所谓为天地立心,为生民立极,为先圣继绝学,为后世开太平者也。"这些议论,确实做到了为《纲目》发明义首的作用,所以魏了翁在《通鉴纲目发明序》中说:"是书若行,《纲目》之忠臣也。"唯其如此,明清以来同样得到广泛欢迎。王重民先生在《中国善本书提要》中曾有这样说明:"是书上自《纲目》纂成,仅三四十年,或四五十年,为发明《纲目》者第一部书,明清以来,翻刻不绝。"其影响之大,于此可见。元仁宗延祐五年(1318),望江人王幼学著成《资治通鉴纲目集览》59卷。"此书取朱子《纲目》,悉为训诂,引喻证释。"①元文宗天历二年(1329),永新人刘友益著成《通鉴纲目书法》59卷。刘氏为什么要写这样一部书,元代历史学家揭傒斯在《刘先生墓志铭》②中曾有明确的说明:"以圣之人志莫大于《春秋》,继《春秋》之迹,莫尚于《通鉴纲目》。凡司马氏宜书而未书者,朱子书之;宜正而未正者,朱子正之。恐朱子之意不白于天下后世,乃著《通鉴纲目书法》五十九卷,盖历三十年而成。"而他在为该书所作的序中又对刘氏作此书的意图详细论述了一番:

　　孔子因鲁史作《春秋》,以为万世之法;朱子因司马氏《通鉴》作《纲目》,以正百王之统。此天地之经,君臣之义,而圣贤之心也。世之言《春秋》者,自《公羊》《穀梁》《左氏》以下,无虑数十家,而义犹有所未明,疑犹有所未解者,鲁史不可复见,且圣人之制作也,后之羽翼《六经》者宜莫如,朱子犹不敢言《春秋》,然《纲目》之作,非深得圣贤之旨者不能也。故朱子不言《春秋》,而知《春秋》者莫如朱子。世之言《纲目》者,亦无虑数十家,既有《春秋》为之义例,又有诸史可以究其本末,且去朱子之世为未远,而又有亲及其门者。然言愈烦,义愈精,非深得朱子之意如朱子之知《春秋》者,不能言也。能言未有若庐陵刘氏《纲目书法》者,其辞则《公羊》《穀梁》,其义则《春秋》,而其志则朱子也。③

　　从这段议论人们可以清楚看到,因为有了这部《纲目》,还在元代朱熹已

---

① 王重民:《中国善本书提要·史部·编年类》,上海古籍出版社1983年版。
② 《揭傒斯全集·文集》卷八。
③ 《揭傒斯全集·文集》卷三。

经被推上了孔子以后第一人也,而注疏发明《纲目》的著作,即在元代已经有数十家之多了,与言《春秋》的著作也已经相当了,其影响之大,自然可以不必多言了。由于朝廷和民间对此书都是如此重视和推崇,因此,宋元以来社会上便掀起了《纲目》热。而这股《纲目》热几乎历元明清而不衰。这样一来,社会需求量自然大增,公私竞相刊刻,从而也产生了许多不同版本。而社会上的许多书商,亦乘机争相刊刻,大赚其钱。为了争取读者,有的书商还将许多研究《纲目》著作的内容,汇刻于《纲目》之中出版。据王重民先生在《中国善本提要》中记载,先是宣德七年(1432),福建书商刘剡将尹起莘《发明》、王幼学《集览》、汪克宽《考异》、徐昭文《考证》、陈济《集览正误》分别散附《纲目》每条之下或附各卷之末,由其同族兄弟刘宽在福建刊刻于世。而同时杨氏清江书堂亦刻《通鉴纲目大全》59 卷:"盖杨氏见刘氏颇获利,因增入刘友益《书法》,以与刘氏竞售。魏氏刻是书,后于刘、杨二家者约十余年,所以仅刻《集览》与《考异》者,盖择其最善者而刻之,欲以简易斗二家之繁博也。"①可见书商们竞争之激烈已经达到如此地步,而刻书之多也就可想而知了。

当然,也要指出的是,自元以来,也有一些学者著书立说,或对《纲目》持有微辞,或考证其记载史事之差误者,如元代何中著《通鉴纲目测海》一书,则是"纠《通鉴纲目》书法之异同";明末张自勋所著《纲目续麟》,则论证《纲目》一书,非惟分注非朱子手定,即正纲亦多出赵师渊手,并让刘友益误以晚年未定之本,为中年已定之本。② 清代则有陈景云《纲目订误》、冯班《纲目纠谬》、张庚《通鉴纲目释地纠谬》等。所有这些著作中,有的是纠正《纲目》本身的差误,有的则是对研究、注释、发明《纲目》之书进行纠误或批评,也有的则是对《纲目》作者、书法提出疑义。不论是哪一种,总归都是因《纲目》而派生出的这一书系、这一现象,以前的著作还是不多见的。这也说明,尽管有最高统治者在大力提倡和宣传,并不影响还会存在不同的声音。

我们在上文中已经讲了,因为《通鉴纲目》中所讲述的思想、观点和内容,完全符合历代统治者的要求,是一部维护封建统治秩序的教科书,非常有利于封建国家的统治,因此,一直受到历代封建统治者的重视、推崇和提倡。而作为此书的著作者朱熹,在整个封建社会后期,也就理所当然地被推上了仅

---

① 王重民:《中国善本书提要・史部・编年类》,上海古籍出版社 1983 年版。
② 《四库全书总目提要》卷四十七《编年类》。

次于孔子的神圣宝座,享受到仅次于孔子的崇高荣誉。也由于《通鉴纲目》在编纂上确实具有它的长处,诸如纲举目张,简明扼要,明白易懂,可以做到一目了然。这就更加适合于社会的方方面面人群读史的需求,因为在我国古代社会里,从启蒙教育开始,就是通过从读史中来求得各种知识和伦理道德,乃至修身齐家、治国平天下等大道理,无一不是通过学习历史而获得。所以近代著名思想家龚自珍在《尊史》中说:"欲知大道,必先为史。"[①]因此,我们可以毫不夸张地说,在我国古代社会里,几乎人人都要学习历史,阅读历史,而《通鉴纲目》正好就成为比较合适的一部历史好教材。特别是那些尚处于社会中下层的士人,更成为他们科举考试的必读之书。凡此种种,正是宋元以来社会上所以会产生《纲目》热的原因之所在。

四

就在《纲目》热的影响之下,明代学术界有些人很快就从中得到启示,并从中悟出了一个道理,那就是社会上非常需要一种通俗易懂的历史书籍,于是从明代初期开始,就有人从《资治通鉴》和《通鉴纲目》两部书打起了主意,最先出现的乃是对《通鉴》进行节略。当然,此事司马光自己就曾做过,在《通鉴》成书后,作过《通鉴举要历》80卷、《通鉴节文》60卷,则是以全书太详、目录太略而折中编成了的。到了南宋又有多家对《通鉴》做节要工作,据《中国善本书提要》的《编年类》载有《增入诸儒集议资治通鉴详节》一书,《提要》曰:"原书不著编辑人姓氏。考《季沧苇藏书目》有宋版《通鉴详节》一百卷,不著撰人;《传是楼宋元本书目》有宋大、小本《资治通鉴详节》各一百卷,宋本下题吕东莱三字。按《宋史·艺文志》有《吕氏家塾通鉴节要》二十四卷,此本增入名儒集议,当在其后。"而《中国善本书提要》的《编年类》还载有《增修陆状元集百家注资治通鉴详节》(作者乃淳熙年间的陆唐老)、《少微通鉴节要》、《少微家塾点校附音通鉴节要》、《增修附注资治通鉴节要续编》等多种,并且都为明刻本,特别是最后一种,还是"朝鲜铜活字本",可见流传之广。元代亦曾有《通鉴节要》《通鉴事略》等书。到了明代,便有刘剡的《资治通鉴节要续编》30

---

① 《龚自珍全集》,上海古籍出版社1983年版,第81页。

卷刊刻。这一系列删节《通鉴》的做法说明,就在《通鉴纲目》流行的同时,人们还在探索一种简洁易读的史书,但目光还仅是停留在对《通鉴》的简节上面。这种删节的做法,往往不仅影响历史事件的连贯性,而且也免不了要影响历史发展的完整性,何况这都还是在前人著作上面做些简单的文章。就如嘉靖三年(1524)刊刻的严时泰《新刊通鉴纲目策论摘题》、嘉靖十五年(1536)刊刻的戴璟《新刊通鉴汉唐纲目经史品藻》和《宋元纲目经史品藻》,已经失去了简明历史的性质,况且也还没有摆脱对前人著作的依赖。于是怎样编写一部为广大社会人群所接受的通俗的历史读物,已经成为当时社会的迫切要求。"纲鉴"这类通俗史书,就是在这种形势下产生的。其实只要仔细阅读就可发现,实际上不过是"纲目体"变异而已,因为这一类书虽名曰"纲鉴",而其体裁仍为"纲目"。而从史料记载和这类书籍的流传来看,大多为有些学问的书贾自己所为,也有的则是约请一些无名之士编写,刊刻时则冠以某某名人所编纂。对此,当代著名学者王重民先生在所撰《中国善本书提要》中,通过对具体书的提要撰写,进行了剖析,如《鼎镌赵田了凡袁先生编纂古本历史大方鉴补》的《提要》是这样写的:"三十九卷,卷首一卷,十二册(北大),明万历刻本。"原题:"明赵田袁黄编,潭阳余象斗刊行。"卷三《周纪》题:"宋涑水司马光《通鉴》,考亭朱熹《纲目》,明赵田袁黄编纂,潭阳余象斗刊行。"卷二十八《宋纪》题:"元四明陈柽《通鉴》,明淳安商辂《纲目》,赵田袁了凡先生编纂,潭阳余象斗刊行。"卷末有"万历庚戌仲冬月双峰堂余氏梓行"牌记。卷首有《凡例》云:"《纲鉴》二书古未有合编者,合之者自荆川唐老师始。"又云:"周烈王以前,宋、元以后,《纲》《鉴》俱未载,则用金履祥之《前编》,刘恕之《外纪》以开之于首;用陈柽之《续通鉴》,商辂之《续纲目》以绍之于终。"又有韩敬序云:"书历三年后成,而老师(指袁黄)亦以是年绝笔,痛哉!闽建邑余君文台,慷慨豪侠,行义好施,夙与袁有通盟谊。其二三伯仲郎俱以文学名,而长君君及屡试辄冠,翩翩闽中祭酒,束装千里,来购是书,适师大归矣!"

王先生在《提要》中摘引了如上内容后,接着便加按语:

按此本当为余象斗第三刻。第一刻托名李廷机,第二刻又改从吉澄校刻本分卷(此本也有在第一刻之前之可能),此第三刻又全翻第一刻(即托名李廷机之本),而又改托袁黄,并抬出根源,谓周烈王以前本之《外纪》《前编》,宋元则用《续通鉴》《续纲目》,其实第一刻本来如此,此不过借以阐述袁黄编纂之功耳。其实袁黄、韩敬俱是托名,此第三刻实则翻第一刻耳。所不同者,第一、二卷分标"编""纪""经",第二卷以后则分标"纲""目""鉴"耳。余象斗自万历二十八年至三十八年,十年之间,三刻是书,三次更换名目,无非欺骗读者,冀多销售耳。

通过王先生在按语中的分析,人们可以清楚看到书商们伪托所用的各种手段相当全面、相当高明,如果不具备阅读古籍的许多常识和相关历史知识,很难识破其伪托真相,何况每刊刻一次,就要更换一次作名者,另外编造一篇序言。伪托中为了让人们相信,还在《凡例》中假借袁黄之口,说出了"《纲》《鉴》二书古未有合编者,合之者自荆川唐老师"。这么一来,就把一位学者、文学家的唐顺之推上了"纲鉴类"著作的始作俑者的地位。于是明代中期以来,便流传了这一看法,其实这顶桂冠很明显的是书商们为之所加。他被伪托的著作则是《新刊古本大家合并纲鉴大成》46卷。对于这一社会现象,生活在明代晚期天启、崇祯年间的徐奋鹏在其《古今治统凡例》中就曾这样说过:"所睹者,则仅书肆□贾所为《纲鉴会编》已耳,或《史纲纪要》已耳,或《纲鉴大成》已耳。盖俱合紫阳之《纲目》与司马之《通鉴》,总而成帙,以便学古者之观看,然其事或此载而彼遗,其文或彼详而此略,博综之士,可恨其未全。而其书法义例,或仍于《纲目》,或戾于《纲目》。盖笔多出于山林学究之手,而假名于哲匠鸿□,非真笔也。"可见生活在同时代的人已经作如是之说,自属可信,而徐氏本人乃是一位学者,著有多种历史方面的著作。在当时被伪托的名家相当多,如王世贞、张居正、叶向高、焦竑、何乔远、钟惺、冯琦、冯梦龙等。在《中国善本书提要·编年类》还著录有明万历刻本的《鼎镌纂补标题论表策纲鉴正要精抄》20卷,卷首1卷,10册,藏于北大图书馆,原题:"太史琢罘冯琦补纂,编修猴山王衡编次,书林少垣郑纯镐绣梓。"还有明崇祯间刻本的《纲鉴统一》39卷,论题2卷,藏于北大图书馆,原题:"古吴冯梦龙犹尤父辑,男焴参阅。"作为历史学家的冯琦,曾预修《大明会典》,后又仿《通鉴纪事本末》,编次宋代史事,未竟而卒,还著有《经济类编》和《北海集》,就是未见过还纂辑有"纲鉴"一类之书;至于冯梦龙,知道的人就更加多了,因为他是明代著名的通俗文学家和戏曲家,特别是他所编纂的通俗小说"三言"(《喻世名言》《警世通言》《醒世恒言》)而使他出了名,他还编纂和改编了大量的传奇戏曲。在任福建寿宁知县期间还曾编修过一部《寿宁待志》,就是没有听说过他还编辑过

"纲鉴"这我们在研究中发现,在明代后期的学者中,被伪托最多、影响最大的无过于王世贞了,也许因为在当时他是位学术大家名流,在社会上流传的各种纲鉴著作中,冠以王氏之名的就有 6 部之多,其中流传最广的则是《王凤洲先生纲鉴会纂》,此书至清朝末年和民国期间还不断有刊印问世。我还存有一部"光绪己亥(1899)长夏上海富文书局石印"本,全书 46 卷,内容上起远古,下至五代。从这部"纲鉴"来看,还有一个特点,那就是除提纲挈领分列大事,细目详载史事外,还汇集一些历代名家对某些重大历史事件和重要历史人物所作的评论,间或对《通鉴纲目》编纂中存在的问题亦加以议论。看来这一特点在这类著作中大多存在,故王重民先生在《中国善本书提要·编年类》的《纲鉴统一提要》中就曾这样说:"此类《纲鉴》之编纂,评注方面,在嘉靖、万历期间,由简而繁,万历末年达于顶点。天启、崇祯又由繁趋简。"对于《王凤洲纲鉴会纂》,早年我曾相信确为王世贞所编纂,因而在有些论著中还曾引用过书中论述来评论王世贞的史学观点,当然也就误导了广大读者。可见对于历史上一些有争议的著作、人物、事件等,在未作深入研究之前,切忌轻下结论。就如我们上述这些纲鉴著作,其中究竟有否真正出于名家本人之手,我觉得也还有必要再作深入研究,因为在近年来出版的史学著作中,有的还是肯定"袁黄确编纂过《历史纲鉴补》",并说:"冯梦龙的《纲鉴统一》,是崇祯时期比较好的一部纲鉴教材。"这显然与上文征引的王重民先生的论述相左。在存在着不同看法的情况下,只有通过深入细微的研究,终究必定会得到一致的结论。

　　总之,在明代中后期所掀起的"纲鉴热"中,社会上产生的这类著作是相当多的,钱茂伟同志在所著《明代史学的历程》一书中就列举了 34 种之多,而他在《明代史学编年考》中,征引《白眉纲鉴凡例》则云:"历代纲鉴之刻,近纂修者不啻百种。"而这些书在当时人的眼中是"为举业家祈捷径也"。也就是说,为科举考试的士子们创造了条件。这样众多的纲鉴著作,由于登不了历史的大雅之堂,因此在当今的史学论著中,还很少取得一席之地。我总觉得,作为通俗史学一种的纲鉴,我们无论如何也不应当忽视它在传播和普及历史知识方面所产生过的作用,况且这种著作在当时的社会中是具有广大的市场,具有广大的读者群,而这种读者群,又并不仅限于从事科举考试的士人。正因如此,直到清代还有人在编纂这种"纲鉴"形式的史书,著名的则有山阴人吴乘权等编纂的《纲鉴易知录》。全书 107 卷,共 180 万字,是一部纲目体通史,上起盘古,下迄明末。吴乘权自云,读史每苦于篇章枝蔓,便与周之炯、周之灿一道,利用旧有的编年体史书,摘要删繁,历时 6 年,于康熙五十年(1711),全书编成。其书很明显是汇编性的,自盘古至战国,主要是根据刘恕《通览外纪》和金履祥《通鉴前编》;战国至五代,依据的是朱熹的《通鉴纲目》;宋元两朝则依据商辂的《通鉴纲目续编》;明代则又依据谷应泰的《明史纪事本末》。全书包罗了历代重大政治事件与各种历史人物活动的业绩。因其内容简要易读,故称《易知录》,为旧时学习历史入门之书,对传播历史知识曾起过不小的作用。我们说全书虽属汇编性质,但也并非粗制滥造,而是做过一番融会贯通的工作。而吴乘权虽然仅是一名儒生,但还是很有才华和学识,在编纂此书之前十年,他还与吴调侯编辑了《古文观止》,风行一时,影响极大。可见他的社会地位虽然不高,对社会的贡献却非常之大,特别在推广、普及传统文化方面,收到了难以估量的效果,对于这样一位有功的无名之士,我们有必要对其事迹大书而特书。

综上所述,朱熹的《通鉴纲目》,在史学上的贡献,我们以前只是说创立了一种新史体——纲目体。就是这一点,当代许多史学家的专著中也很少给以一席之地。实际上它的价值却远不止这一点,正是因为这种纲目体,在明代便又催生出"纲鉴热",因而我们说纲目体的史书,在推进史学走向社会,推进史学走向通俗化道路起到了料想不到的作用。可惜的是,在以前早就被人们所遗忘,因为这类通俗的史书,是难以走进学术殿堂,自然也就很少有人问津。值得庆幸的是,对于这些早被遗忘的通俗史书,已经开始引起人们注意。如钱茂伟同志在近年出版的《史学与传统文化》和《明代史学的历程》两书中,已经列有专门节目,介绍了这种通俗史学的发展情况,无疑这是可喜的现象。为此,我们今后应当进一步对这种通俗史学加以研究,这对我们当前如何让史学研究走向社会、走向大众,肯定会从中得到有益的启发。

(原载《安徽史学》2007 年第 1 期)

赵吉惠先生对中国历史
文献研究会的贡献

赵吉惠先生的不幸仙逝,对中国历史文献研究会来说是一大损失,他是历史文献研究会的创始人之一,是文献研究会的一大功臣。

我与赵先生相识,始于1979年初桂林会议期间,我们是20多年的老朋友了。这一年春天,当时18所高等院校从事历史文选和史学史教学工作的教师在此聚会讨论由几所院校编注的《中国历史要籍介绍及选读》书稿,著名历史文献学家张舜徽教授也应邀参加了会议。会议期间,张先生倡议成立"中国历史文献研究会",由于粉碎"四人帮"不久,国内学术团体还不多见。经过到会同仁的讨论,大家都同意张先生的倡议,于是我和赵先生两人受命拟订第一个文献会的章程,这对我们来说,既是一次预习,也是一次练习。因为此前对于学术团体的章程应当有哪些条文大家都很少见过。在拟订过程中,使我感到赵先生考虑问题思维很敏捷,也很仔细。成立大会上,大家一致推举了张舜徽先生为首任会长,并决定参加会议的18所院校每校一位理事。赵先生当即表示,他们的理事名额,要带回去给比他年长的李庆善先生担任,这一不平凡的举动,得到大家高度的称赞,可见赵先生是淡于名利的。尽管一个学会的理事,还称不上什么荣誉,但此举也并非任何人都能够做到。在桂林会议上还作出决定:1980年第一届年会在会长所在地武汉召开,1981年第二届年会在杭州召开,1982年第三届年会在兰州召开(赵吉惠先生当时在西北师范学院历史系任教),并要求我和赵先生回去后就着手筹备。要筹备召开一次上百人的学术会议,在当时社会学术气氛不太浓厚的情况下,要单位拿出一笔钱来,召开与自己单位关系不大的会议,难度确实还是相当大的。通过赵先生的一番努力,中国历史文献研究会第三届年会如期在兰州举行。凡是参加过这次年会的同志都深深感到,这次会议开得非常成功,而且会后还组织大家沿古丝绸之路进行考察。由于赵先生的努力,将甘肃省管文教的副省长请来参加会议的开幕式,并请副省长给拟考察的沿途"安西四镇"的有关领导都打了电话,请他们沿途安排好接待工作。因此,这次历史考察非常成功,大家都很满意。这也从一个侧面说明赵先生的社会活动能力是很强的。

赵先生自从担任副会长以后,对学会工作就一直非常重视,每年的年会,除特殊情况外,一般他都按时参加。会议期间,总是做好"跑龙套"工作,协助会长开好会议。尤其是在学会历史上两次会长人选变动交接问题上,起到了非常关键的作用。1989 年在上海嘉定会议上,老会长张舜徽先生提出,因年事已高,不再担任会长工作,并希望会长要由年轻人来担任,这在我会自然是一件大事。为了做好这一工作,学会秘书处通知常务理事提前两天到会。由于张先生坚持自己意见,因此这个问题很难在会上得到统一。于是施丁先生、赵先生和我三个单独研究,我们一致意见是请刘乃和先生出来接任会长比较合适,因为刘先生在学术界有一定的地位和影响,对于今后学会的发展会有好处的。为此,我们三人轮流去做两位老人的工作,经过两天的紧张努力协调和说明,张老会长终于同意我们的意见,请刘乃和先生出任文献会的第二任会长。于是学会领导人顺利地通过了换届的交接工作,从而使得学会工作在刘乃和会长的领导下一直处在正常的运转之中。这其中赵先生自然是功不可没。

1998 年,对于中国历史文献研究会来说,又是一个重大的转折关头。这一年 5 月 16 日,刘乃和会长因病在北京仙逝,对于学会来说,无疑是一大损失,于是学会面临着何去何从的大问题,谁来接任会长? 会址设在何处? 因为刘先生已经去世,会址自然就不可能再留在北京师范大学了。在刘先生去世的当天,时任学会秘书长周少川教授就给我打来电话,希望我暂出面主持一下学会的工作。接着我就给施丁先生、赵吉惠先生先后打了电话,商量处理办法,并作出决定,原定下半年在太原召开的年会按时照常举行,会上选举会长,我们三人还形成一个共识,即会长由年轻人担任。这也是 1989 年嘉定会议期间我们向老会长张先生做过的许诺,张先生虽然已经过世,我们必须实现这个承诺,因为这关系到学会的发展问题,并且要让学会的会址回到武汉华中师范大学。我们所以这样考虑,为的是在这个学校有一个研究历史文献的群体,老会长张舜徽先生是全国最早招收历史文献博士生的学者,培养了一大批从事历史文献研究的人才,这是任何地方都无法比拟的,加之最初会址也是设在这里,原来的老秘书长还愿意再协助工作。但是,在当时还有两种意见,一个是学会会址仍留在北京(当然不是北师大),会长当然产生在北京；另一种意见则安在西安，实际上是会长出自西安，并且在太原会议召开之前，大家早都做了繁忙的准备工作。因此太原会议一开始气氛比较紧张。为了顾全大局，搞好团结，施先生、赵先生和我三人研究后，马上先开会长联席会议，秘书长也参加，主要研究会议程序问题。决定这次选举破例由理事会直接选举正副会长。那次选举会议从晚上七时整准时开始，先由三方候选人代表介绍各自的理由及推举的候选人情况。赵先生代表我们三个人及全部到会会员最后一个作介绍，再由施丁先生作补充。然后各方进行辩论，当时我由于主持会议，不便于多发言，更不便参与辩论，因此，我们只能由赵、施二位先生多次申述和进行辩论。会议一直开到深夜一点多钟。通过激烈的反复辩论，最后以无记名方式投票，结果是周国林教授以绝对多数票当选中国历史文献研究会第三任会长。这么一来，既实现了我们1989年对老会长张先生的会长年轻化的多年承诺，又使学会不停地承传向前发展，长期为广大会员进行学术交流、以文会友提供良好的平台。而在这次选举中，赵先生的功劳自然更是不言而喻的。自太原会议以来，学会在周国林会长领导下，8年正常运转的事实证明，当时的决策是非常正确的，学会坚持了每年召开一次学术年会，学刊也每年一期按时出版。这是目前许多学会都做不到的。由于周国林当选时比较年轻，有些同志曾担心他经验不足，是否能够领导好这么一个大的学会。因此，我们三人当时还都表了态，我们不仅要将周国林先生扶上马，而且还要护送他走几程，全心全意、尽心尽力地协助他一道搞好学会工作。就以赵先生来说，太原会议以后，几乎每次年会他都参加，特别是2003年的绍兴年会，赵先生大病初愈，不仅还赶来参加，而且写了《章学诚强化史学主体之历史哲学》长篇论文，并在会上作了精彩的发言，可见其对学会的感情之深厚。没有想到的这竟是他最后一次参加的年会。2004年安徽年会，他因要去东北为老师祝寿而请假，想不到东北返回后，旧病复发，竟成永别！悲痛！悲痛！

　　为了永远记住因文献学会而建立起来的我们之间20多年的深厚友情，特撰此短文以兹纪念。

（原载《赵吉惠纪念文集》编写组编《赵吉惠纪念文集》，陕西人民出版社2008年4月版）

阮元和《云南通志稿》

在有清一代的封疆大吏中,曾产生过一批在理政之余,从事兴文教、治学问的学者型的地方官吏,他们与一般政客确实存在着很大差别,因为在他们的周围,大多吸引了一大批有着真才实学的人物。这种现象尤其以乾嘉以来最为突出。此时的代表人物如毕沅、谢启昆、阮元尤为典型。毕沅当年曾汇聚了一批学者,编修了《续资治通鉴》,又采用章学诚的建议,编纂《史籍考》,还主持编修了一批地方志,由章学诚负责编修的《湖北通志》乃是其中之一;谢启昆尝病魏收《魏书》失当,乃作《西魏书》24卷,又作《小学考》,以广朱彝尊《经义考》之所未及,故初名《广经义考》。至于阮元在学术上的贡献,则远远超过了他们不知多少倍。他们这些人不仅在繁荣乾嘉以来的学术,特别是朴学方面起到了不可忽视的作用,并且为朴学的进一步发展,培养了一大批人才,许多人都是在得到他们的资助、重用和培养才得以成长起来,有的还成为后来学术界的中坚人物。因此,对于这样一批封疆大吏当时在各地振兴文教、奖掖士子、重视乡邦文献、提倡学术研究等现象,应当很好地加以总结和研究,无论是对于了解当时的吏治还是总结当时的文教和学术发展都会有重要价值,因为这些人本身都是文教、学术发展的组织者和参与者。

一、阮元的学术生涯

阮元(1764—1849),字伯元,号芸台,江苏仪征人。乾隆五十四年(1789)进士。两年后升少詹事,不久授詹事,补文渊阁直阁事。乾隆五十八年,出任山东学政,任满调浙江学政。嘉庆四年(1799),继谢启昆而任浙江巡抚。后历经江西巡抚,湖广、两广、云贵总督,体仁阁大学士。所到之处,兴办学校,提倡朴学,延揽大批学者从事编书刊印工作,特别是发掘、编修地方文献,为繁荣学术文化作出了贡献。在山东任学政期间,便编修《山左金石志》。乾隆六十年(1795)十一月即调任浙江学政,嘉庆四年(1799)十月,奉命接谢启昆而巡抚浙江,直至嘉庆十年七月丁父忧归里。三年后再抚浙江,次年因科场案牵连革职,入京在文颍馆任事。他的一生,在浙江任职先后竟达 12 年之久。在此期间,他曾倡导了一系列对当时和后世都有重要影响的学术活动和文化事业。到了浙江不久,便开始编辑《两浙辅轩录》,编纂《经籍纂诂》,编写《畴人传》,并邀请臧庸、臧礼堂到杭州任《经籍纂诂》总纂。接着又撰《两浙防护录》《浙江图考》《皇清碑版录》《积古斋钟鼎彝器款识》,编修《两浙盐法志》《海塘志》《两浙金石志》和编辑《海运考》等。特别要指出的是,嘉庆五年,在杭州设馆校刊《十三经注疏》,好多学人如段玉裁、李锐、顾千里、臧庸、孙同元等相继入馆任事。历时六年,完成了 243 卷《十三经注疏校勘记》的撰写和刊刻工作,应当说这是当时学术界的一件大事,有的论著称这"正是他在校勘领域中树立的一座丰碑"。对于学术界的贡献和影响,自然可想而知。而对于浙江的教育事业所作贡献亦是相当大的。当奉命巡抚浙江后,很快就在编纂《经籍纂诂》处所设立诂经精舍,广聚生徒读书,并延聘王昶、孙星衍主讲诂经精舍。当时著名学者钱大昕、段玉裁、焦循、陈寿祺、顾千里、臧庸等亦都经常出入于诂经精舍,为生徒们讲学。不仅如此,他们还编集《诂经精舍文集》,将师生间研究讨论相关文章汇集成册,加以刊布。因此,这个书院实际上已经成为一个研究学问的活动中心。还特聘陈寿祺主杭州敷文书院。又立海宁安澜书院,聘周春为山长。他在浙江期间,还搜集撰写了《四库未收书提要》172 种,足见其平日读书之勤。如此等等,可见其对浙江的教育事业确实是相当热心的。调抚江西后,因时间短,仅刊刻《宋本十三经注疏附校刊记》,改建江西贡院号舍。嘉庆二十二年(1817)十月,便抵广州,接两广总督任。在两广总督任上,首尾约七年之久,在这段时间里,阮元在学术文化上做了三件大事:一是创办书院学海堂,二是组织学人编纂《皇清经解》,三是主持编修了《广东通志》。这三件事在当时和后世都产生了很大的影响。阮元到广东不久,便约请地方名士商讨兴办教育、提倡朴学、发展文化诸事宜。并且他很注意发挥社会力量来兴办教育和发展文化事业。嘉庆二十五年(1820),在广州设立了学海堂,初无校舍,乃借用原文澜书院,至道光四年(1824),新建之书院在风景宜人的越秀山落成。在这书院中,阮元实行了不少大的改革,如取消了山长制,《章程》的第一条明确规定书院不设山长,而实行学长制下的集体领导,这可以说是自有书院以来的一大变化。而作为课程,也不再专门传授八股制艺,而开设了《十三经注疏》《汉书》《后汉书》《三国志》《文选》《杜诗》《昌黎集》《朱子大全》等各种专书的讲授,而教学方法也类似于研讨式,除教师讲课外,学生之间、师生之间都可以展开讨论。为了鼓勖这种学习热情,还特意选编师生所撰文章,刊刻成《学海堂初集》16 卷,阮元自己还为此集作序。学海堂的学生梁启超曾称赞阮元说:"广东近百年的学风,由他一手开出。"可见学海堂书院,不仅为广东培养了一批人才,而且确实培养了一个好的学风。《皇清经解》的编辑,是阮元当年在学术界所做的另一项大的工程。有鉴于清初以来,一批著名学者都纷纷推出对经书研究成果,但是这些研究成果都分散在各自的文集或专集之中,查找起来颇不方便,于是阮元便想将其汇集成书以便阅读。最初命名曰《大清经解》。还在嘉庆二十三年,便约请了一批学人商讨编辑此书之事。最初考虑时,以为"能总此事,审是非,定去取者,海内学友惟江君(藩)暨顾千里二三人"。后因江藩在编辑取舍上意见不一,故此事一直迁延到道光四年,学海堂落成时,方正式发凡起例,决定去取,并命严杰率领学海堂诸生正式编辑《皇清经解》。因为严杰早在浙江时就已经协助阮元编《经籍纂诂》,校《十三经注疏》《文选》等书,长期志同道合,故此次乃定他为该书之主编。其子阮福,则为总理收发书籍出入、催督刻工诸事。其书编辑,以人之先后为序,不以书为次第。道光五年八月《皇清经解》才正式开局,次年阮元便奉命赴云贵总督任,行前他只好将书局编辑之事,委托于夏修恕。自己则与严杰邮件往返,商讨编辑中取舍之事。道光九年九月,《皇清经解》刊刻成书,计收书 182 种,作者 72 家,共 1400 卷。夏修恕为之作序,记述该书编辑之缘起。阮元在此序最后略作增改云:"不但岭南以此为《注疏》后之大观,实事求是,即各省儒林亦同此披览,益见平实精详矣。"①

有鉴于广东的《通志》上一次修于雍正九年(1731),已经近 90 年没有编修,按照清朝政府的规定,各地志书都要 60 年一修,于是阮元在嘉庆二十三年便会同广东巡抚奏请修志,次年便得到批准,很快就组织了一个强有力的修志班子,这个班子的人选从总纂、采访、校录者皆"富于学而肯勤力者",这就是说,参加的人,必须具备两个条件:一个是很有学问,再一个就是认真肯干。实际上在这批修志人员中,好多都是当时著名的学者,如总纂中的江藩,分纂

---

① 《皇清经解》卷首。

中的方东树等。其中还有许多则是对广东地方历史文献非常熟悉的有识之士,可见阮元在用人搭配上也很注意,如果都是外地人,对广东的历史和现状都很生疏,要修出一部内容丰富翔实的广东通志自然是困难的。这部《广东通志》历时三年,即道光二年三月便完稿。全书共 324 卷,用典、表、略、录、传五体组成,典一:《训典》;表四:《郡县沿革》《职官》《选举》《封建》;略十:《舆地》《山川》《关隘》《海防》《建置》《经政》《前事》《艺文》《金石》《古迹》;录二:《宦绩》《谪官》;列传八:《人物》《列女》《耆寿》《方技》《宦者》《流寓》《释老》《岭蛮》。后在列传中又赠《土司》一门,最后还设置《杂录》一门。门类设置相当齐全,其中的"略",其实就是一般所称的志,由于总的书名称志,故内中的志便改称"略",正如郑樵《通志》中的《二十略》,主要是内中称呼避开与书名重复而已。正如章学诚在修《湖北通志》时,则用"考"取代志,其意一也。由于阮元在浙江期间,曾与章学诚有过交往,因此在修志思想上受到章氏方志理论的影响,最后设置了杂录,就是章氏的一贯主张。志书编写中,还根据广东地方的特点,专门设置了《关隘》《海防》《岭蛮》《土司》等门类,更加丰富了志书的内容,所以受到后来方志学家瞿宣颖和梁启超等人的好评。与谢启昆所修的《广西通志》都成为清代所修志书中的上乘之作。

至于阮元在云南任职,从时间来说还是相当长的,从道光六年九月赴任,至道光十五年六月调回京城,首尾八年。然而,在这期间,学术文化方面大的活动,远不如在浙江、广东等地那么活跃,看来原因也是多方面的:一则是已经进入老年,精力自然不如以前充沛;二则是这几年中继妻孔璐华、爱妾唐庆云和长子阮长生先后死去,这对年届古稀的老人来说,精神上必然受到影响。还有一点也很重要,云南远在边陲,学术界人物来往很不方便,故而在此期间,只做了一些与云南有直接关系的学术文化工作,因为大型学术工程,人员相聚是不太容易的。阮元一生爱好金石,到了云南以后,工作之余,便对各地的碑刻进行调查,并指导其子阮福撰成《滇南金石录》。又搜罗大理石屏,留心石画,并于道光十四年撰成《石画记》一书,看来这也是他所独创。要知道,在道光以前,大理石在社会上还是鲜为人知的,尽管在明代陈眉公所著《妮古录》始载有石屏如董巨之画;李日华《六砚斋二笔》亦载环列大理石屏,有荆关董巨之想;而徐霞客游大理亦著入游记,大理石之名,在明代已见诸于文献,但影响并不大,未为世人所重。阮元在云南期间,十分留心石画,认为大理石为天然之石画,非笔墨所能造成,因此着力加以搜集和宣扬,并为此数次赴大理石产地大理之点苍山,每遇佳石,必有题咏。据有关论著记载,道光十三年是阮元题石画诗最多的一年,这年共题诗35首,其中题石画诗就有21首。阮元在《大理石屏四时山水歌》中记载,道光九年冬,他得佳石四幅,纵横皆一尺开外,确如画幅,"第一横幅,春山睡绿,湘烟叠叠,其痕宛然有欲销之意,用子厚句题之曰:'烟销日出不见人,欸乃一声山水绿。'此'湘烟春霁'也。第二方幅,横岭连峰,沉阴黝绿色,下有云起,上有雨来,用许浑诗意题之曰'溪云初起,山雨欲来'。此'夏山欲雨'也。其三立幅,特立方峰,右连绿岭,天飘雨脚,云落峰腰,亦用丁卯诗意题之曰'残云归太华,疏雨过中条'。此'华岳秋晴'也。其四横幅,石纹如坡公雪浪,石青白相纠,酷肖风雪江流寒矶激浪之势,即用坡公句题之曰'画师争摹雪浪势'。此'寒江雪浪'也。"①经过他如此点题,其意境便完全突显出来,这么一来,这四块石板,就变成了精妙绝伦的板画。经过阮元题写的各幅石画,往往都点出画意似某著名诗人之诗情,或类同某名画家之手法,一般题记大多做到恰到好处。阮元认为,许多石板虽有神工鬼斧的造化之工,不加品题,犹未凿破混沌,若无题记,则云烟过眼,实在可惜。众所周知,历代评论书画之书屡见不鲜,却无专记石画之书。阮元将多年来对石画所题所识,于道光十四年汇为一书曰《石画记》,所以我们说这完全出于他所独创。正因如此,大理石之名方大著于天下,其后便不断输入内地,成为各种著名园林名院不可缺少之建筑材料和装饰品牌。所有这些,阮元的宣传之功自然不可泯灭。因此,大理人民应当永远记住有功于大理的学者型官吏阮元。

　　当然,最重要的还是他组织人力,编纂了一部大型志书《云南通志稿》。这是一部内容相当丰富,编纂也颇有特色的志书,不知什么缘故,长期一直被人冷落。本文将在下面适当作些评述,以便引起人们的重视。

　　综上所述,我们可以看到,阮元的一生,大多数任官时间,都是在地方上担任封疆大吏,在为政之余,为各地振兴文教、发展学术确实作出了显著的贡献,特别是在浙江和广东两地尤为突出。在当时,他的周围总是吸引着一大批著名学者出入于他的幕府,他依靠了这批学人,不仅编纂出多部具有学术

---

① 《揅经室续集》卷九。

价值的大型著作,而且还为地方上借助这批力量培养出一大批人才,这些人有许多后来都成为学术界的中坚人物。侯外庐先生把阮元看作"是一个在最后倡导汉学学风的人",从他当时所编纂的各类书籍也确实可以说明这一点。而对于他的学问,侯外庐先生曾有这样一段论述:

阮元不是一个哲学家,而是一个史料辨析者。他虽然和焦循为同乡姻娅(焦循为他的族姐夫),并推崇焦循为通儒,但他的治学态度却与焦循不同。焦循主贯通,阮无仍主训诂。他不但和当时学者编纂了训诂各书,而且在学问的研究上,由经史子集以至天文、历算、地理、物理(他有《自鸣钟说》一篇讲重学,载《揅经室三集》卷五,可参考),由小学直求之古代吉金、石鼓、刻石、石经诸学。胡适硬说:"阮元虽然自居于新式的经学家,其实他是一个哲学家。"(《戴东原的哲学》,一四三页)这话错了,因为哲学家起码要有自己的体系。我们读遍阮元的《揅经室集》,除了接受戴震的一些思想外,丝毫找不出他自己的哲学思想,像焦循的均衡论那样的体系在他也是没有的。他整理古史的方法,绝不能代替哲学,他一方面说"经……立乎史之前"(《揅经室二集》卷七《通鉴训纂序》),另一方面也从事于古代思想的考证,好像接受章学诚的"六经皆史"论,无意之间说"书之性近于史"(同上《四史疑年录序》)。一方面他主观上主张最古的义训是最确的真理,这实在没有价值;另一方面他在客观上追求历史的义训,也有些史料判别的贡献。我们历史主义地批判地研究思想史,主要是从客观上论究古人的遗产,洗涤净除了他的糟粕,而保留着他的时代有价值的思维。[①]

他的所作所为,确实表明了他是乾嘉后期一位出色的汉学研究者、推广者和守卫者,而领头编纂的那些书籍,即使在今天来说,还是有着重要的学术价值。正如何满子先生在为《阮元传》写的序中所说:"不但乾嘉后期朴学的繁荣与他关系至密,咸同以后继朴学余绪的经师如俞樾、孙诒让等大批人物,亦莫不直接间接受其荫庇。"由于他对浙江的文化教育事业的发展影响比较大,所以后来浙人在杭州的吴山还建了一座阮公祠,并有人撰了长联云:"殊遇纪三朝,入翰苑者再,宴鹿鸣者再,综其七年相业,九省封圻,想当日台阁林泉,一代风流推谢傅;宏才通六艺,览词章之宗,萃金石之宗,重以四库搜遗,

① 《中国思想通史》第五卷第二编第十五章,人民出版社1956年版。

百家聚解,到于今馨香俎豆,千秋功德报湖山。"此联虽有歌功颂德之意,但在一定程度上还是反映了他的人生经历。

二、阮元的方志理论

阮元由于长期在地方上任职,因而有机会操持编修过两部大型志书《广东通志》《云南通志稿》,还曾编修过一部《扬州图经》,并应邀为多部府县志写过序,因为他自己也是做学问者,因而这些序也大多有内容,有价值,并非完全出于应酬,所以也就保存了不少有价值的方志理论。这里概括作些介绍。

(一)后人修志应当保留前人所修志书内容

这一观点主要反映在道光二十九年为《重修仪征志》所写的序中。他的理论根据就是"史家之志地理,昉于《汉书》,其志(指《汉书·地理志》)首列《禹贡》全篇,次列《周礼·职方氏》,然后述汉时疆域,盖旧典与新编前后相联而彼此各不相混,乃古人修志之良法也"。他认为"欲得新志之善,必须存留旧志",当于各门之中,皆列各部旧志内容于前,"然后再列新增,凡旧志有异同,则详注以推其得失。新增之事迹,则据实以著其本原。其旧志缺漏舛讹,有他书可以订正者,别立校补一类,庶乎事半功倍,详略合宜"。因为当时该志的编修者完全采纳了他的意见,所以该序最后说:"所幸新修之志包括旧志于其间,学者读此一编,即可见诸志之崖略,其有裨于掌故,岂不伟哉。后此修志者,能奉此志为典型,但续新增而无改旧贯,匪特易于集事,不至费大难筹,且新旧相承,并垂不朽,此则余所厚望夫。"①这一做法,实际上有三大好处:一是保留旧志内容,这是对以前修志人员功绩的肯定。二是方便读志用志人员,只要拿到一部书,新旧内容都可以看到。作为封建时代的官员,在编修方志的时候,还非常注意为读志用志人着想;再看我们今天有些修志领导者,领导修志时,从未把读志用志者放在心上,这两者差距难道不值得深思吗? 三是编修人员可以省时省工,节省经费。其实我国古代修志工作者,也都是这么做了。最典型的无过于南宋景定年间马祖光、周应合两人携手共同

① 以上所引均出自阮元《重修仪征志序》。

编写的《景定建康志》,他们的做法在该志的《修志始末》中都讲得非常清楚,笔者在 2001 年发表的《千锤百炼著佳章》①一文中已经作了较详细的征引,这里限于篇幅,就不多讲了。我们要特别指出的是,对于新一轮志书应当如何编修,上一届地方志指导小组常务副组长王忍之同志 2000 年 7 月 26 日在全国续志篇目设置理论研讨会上的讲话中,就曾总结吸收了我国历史上传统修志的这一优良方法,创造性地提出了新一轮志书的编修方法。原话是这样讲的:

上一届所修志书,总的说来,质量是不错的。但也存在缺点和不足,甚至有错误。面对这种情况,怎么办? 是视而不见、听之任之呢,还是重视它,尽可能地改正它? 我想应该是后者。"修"也是新一轮修志重要的、不应该忽视的任务,不能只讲"续",不讲"修"。"修"的工作量很大,开拓工作难度固然大,要在百尺竿头更进一步也不容易,也要付出大量劳动,要做很多考订、补充、修正等等的工作。好的保留,错的纠正,漏的补上,长的精简,如果这些工作做好了,再加上时间上把它延伸,新的续上,新一轮的修志工作就完成得更全面。摆在我们面前的,将是一部新的、更好的志书,既有最新一段历史的新的史料,又有对上一部志书的提高、修正。这次修志应做到既续又修,不能偏废。②

非常遗憾的是,对于新一轮志书编修有着重要指导意义的这样一个讲话内容,竟随着地方志指导小组的换届,王忍之同志的离任,而不再有人去理会了。

(二)志书编修不主张详近略远

自古以来,撰史修志,一般总是提倡详近略远,并成为传统史学中的优良传统。而《云南通志稿》的《凡例》第一条则说:"详近略远,志书通弊,考志书备一方掌故,若详近略远,考古者不可为典要,何用志为? 况四部载籍具在,悉心考订,自不至大有渗漏,蹈详近略远之弊。今自三代以迄本朝,综汇数千载,详加考订,期免漏略,不敢草率塞责,其不可考者仍缺之。"他所以把详近略远看成是志书的通弊,看来是出于他对方志的功能所寄托之希望过高。方

---

① 此文 2005 年已收入华东师范大学出版社出版的《仓修良探方志》一书中。
② 载《中国地方志》2000 年第 5 期。

志既然是一方之典要,就必须全面记载一方之掌故,若是详近略远,势必限制了古代许多重要事情难以载入,这样一来自然就影响了作为一方典要的价值,这就是他指责详近略远症结之所在。

(三)修志要做到繁简适宜,反对私人议论

《云南通志稿》的《凡例》中直接就提出:"志贵乎繁简得宜,最忌横使议论。……若前明《武功》、《朝邑》诸志,专以简称其意,盖欲效法《五代史》耳。然欧阳修、宋祁分修纪传,删繁就简,称为良史,而后人又有议其略者。近代志书或矫其弊,复失于冗,似于繁简均未得宜也。"修志要做到繁简得宜,这条要求在任何时候都是适用的,明朝康海的《武功志》、韩邦靖的《朝邑县志》,简得实在太离奇了,前者全书3卷,约2万余字,后者2卷,仅5600字,别的不说,仅以此字数而言,能够写出一部县志吗? 所以章学诚就曾指出,"韩氏则更不可以为志,真是一篇无韵之朝邑赋"。然而如此之志书却得到许多人的吹捧。当然,这里有必要附带指出,《新五代史》乃是欧阳修自己所修,"欧阳修、宋祁分修纪传,删繁就简",乃是指《新唐书》。由于清朝许多地方志书编修,内容过于繁富,所以他提出要做到繁简适宜。这一思想,同样反映在他为《嘉庆嘉兴府志》所写的序中,序说:"然使简而不得其要,固不若详者之足资考证也。"就在同一条《凡例》中,还提出了"最忌横使议论"。每一个门类记载,必须做到"详悉颠末",正文引书,应当注明出处,而不能掺以"私议",如有需要考辨者,则加以按语,以避免渗入正文。可见他严格要求在修志过程中必须遵守叙而不论的这一修志优良传统。

(四)重视图在志书中的作用

他在《重修广东省通志序》中就曾这样说:"古人不曰志,而曰图经,故图重最。"可喜的是,他当时已经知道,方志在发展过程中曾叫图经,这一点可以说是比章学诚来得高明,因为章学诚虽然具有丰富的方志理论,但是,他始终不承认图经也是方志。当然,阮元对图经也有误解,总以为古代图经图是很多的。但是他重视图的作用应当肯定的,对此他又多少受到郑樵和章学诚的影响,章学诚将图称之为"无言之史"。阮元在《重修广东省通志序》中说,"《广州图经》不可见矣。今则一县一州为一图,沿海洋泛又为长图,按册读

之,粲然毕著矣"。这就是说,除了卷首全省各种图外,每个州县还要绘图一幅,完全是从实用出发。他在《嘉庆嘉兴府志序》中盛赞该志有三善,其一便是"经界之明析,嘉靖赵志,作方画简而有法,仿其意为之,疆域之广袤,水利之堤防,展卷瞭如,此合乎夹漈(指郑樵)图谱之学也"。这就告诉修志同仁,方志编修,不能仅局限于文字的记述,还要充分发挥表和图像的作用。

(五)方志编修中应当专门设立事志

什么叫事志? 实际上就是记载这个地方自古及今的编年简史,目的在于让读者阅读后能够了解这个地方历史上发生过哪些重大事件。他在所修的《广东通志》十略中的《前事略》其实就是事志。他在《扬州府志事志氏族表图说三门记》一文中就讲述得非常清楚。

自古史传,人事与地理相为经纬者也。人事月改日易,而终古不易者地理也,同一郡县山川,在汉某年为治为乱,在唐某年为失为得,贤良之拊循,忠烈之婴守,灾害利弊,前史具在,修郡志者,是宜专立一门,以备考览。扬州太守伊公秉绶以修图经之事访于余,余为立事态一门,凡经史书籍中有关扬州府事者,编年载,始于《左传》吴城邗沟通江淮,迄于顺治十六年贾质死瓜洲之难。纂修诸君,依余言撰之,成六卷,三千年事,粲然毕著矣。太守以忧去官,此六卷稿与各门稿本,皆存余家。奈除服入都,巡盐御史阿公克当阿续修府志,延余门生姚文田等撰之,余以此门授文田曰:"勿改可也。"故此门至今刊成独详备,特名《事志》,曰《事略》耳。①

看了这段文字,对于编修事志的原由及方法自然已经非常了然。在新修方志中间,由于大多数志书都有"大事记"这一内容,因此再立事志,多少会有重复之感。在新一轮修志过程中,有的地方已经不设"大事记",而改为编写这个地方的编年简史,如新修的《昆山市志》,他们就直接称《史纲》,并且放在卷首。因此,阮元这一主张,在当时尚未普遍推广编修"大事记"的情况下,无疑还是具有创意的。他所以会有如此创意,自然与他把志乘视作史家之支流分不开的,在《云南通志稿》的《凡例》中就有这样一条:"志乘为史家支流余裔,而其实又微有不同。史纪一代典故,纵横数万里,而其断限则以时,两汉

---

① 《揅经室二集》卷八。

之史断不可及于三代,此定例也;志纪一方典故,上下数千年,而其断限则以地,滇之志断不可涉川黔。"按照阮元的看法,史与志的区别,史所记载是全国性的,不能越代而书;志书所载则为一地之事,不能越境而书。

阮元的修志主张,除上述以外,他对金石志也非常重视,他所到之处,都要为该地修一部金石志,而他主持的两部大型的通志中都有《金石略》或《金石志》,因为许多碑刻的内容往往可补史书之不足,尚未引起人们的足够重视。他在称赞《嘉庆嘉兴府志》"体例有三善"时,说"一在金石之著录,《至元志》所载碑碣搜罗独富,吴任臣作《十国春秋》藉以证据,今悉存其目,甄录其文,此合乎舆地碑目之例也"。

三、《云南通志稿》的价值与特色

《云南通志稿》全书216卷,总目十三,子目六十八。从总体来看,篇目分类合理,编排有序,资料翔实,内容丰富,在当时来说,应当是志书中上乘之作。为了帮助大家了解和研究,现将全部篇目抄列于后:

卷首3卷:卷首上《诏谕》、卷首中《圣制》、卷首下《圣制》。

《天文志》5卷:下设《分野》、《气候》、《灾异》(2卷)。

《地理志》26卷:《舆图》(4卷)、《疆域》(2卷)、《山川》(18卷)、《形势》(1卷)、《风俗》(1卷)。

《建置志》24卷:《沿革》(4卷)、《城池》(2卷)、《官署》(4卷。仓库、三善堂并附)、《邮传》(2卷)、《关哨 汛塘》(5卷)、《津梁》(4卷)、《水利》(3卷)。

《食货志》24卷:《户口》(2卷)、《田赋》(4卷)、《积贮》、《课程》、《经费》(4卷)、《物产》(4卷)、《盐法》(2卷)、《矿厂》(5卷。附钱法)、《蠲卹》。

《学校卷》9卷:《庙学》(2卷)、《学额》(附贡例)、《书院义学》(6卷)。

《祠祀志》11卷:《典祀》(3卷)、《俗祀》(2卷)、《寺观》(6卷)。

《武备志》9卷:《兵制》(2卷)、《戎事》(5卷)、《边防》(2卷)。

《秩官志》29卷:《封爵》、《官制题名》(16卷)、《使命》、《名宦》(2卷)、《忠烈》、《循吏》(2卷)、《土司》(6卷)。

《选举志》10卷:《征辟》、《进士》、《举人》(5卷)、《武科》(2卷)、《恩荫难荫》。

《人物志》26 卷：《乡贤》(2 卷)、《卓行》、《忠义》(4 卷)、《宦绩》、《孝友》(2 卷)、《文学》、《列女》(12 卷)、《方技》、《寓贤》、《仙释》。

《南蛮志》19 卷：《群蛮》(4 卷)、《边裔》(6 卷)、《种人》(6 卷)、《贡献》(2 卷)、《方言》。

《艺文卷》18 卷：《纪载滇事之书》(2 卷)、《滇人著述之书》(2 卷)、《金石》(2 卷)、《杂著》(12 卷)。

《杂志》8 卷：《古迹》(5 卷。台榭迹附)、《冢墓》、《轶事》、《异闻》。

由于该志稿成书，道光十五年(1835)刊刻以后就不再有刻本，因此流传不可能太广，一般人很难见到，所以我将全部篇目都一一列出，让更多的人能够有机会对它进行研究。要给人家指出的是，这部志书所以能够完稿不久就很快得以刊出，这与阮元任职调动有着很大关系。因为道光十五年二月，阮元拜体仁阁大学士，留任云南总督，没有几天就改管兵部，并很快成为实授。考虑到自己很快就要离开云南，若不抓紧刊出，人走后书稿很可能就会散失，这有早年毕沅要章学诚所修之《湖北通志》为前车之鉴，历史上留下了千古之遗憾！可以这样说，由于阮元的果断，为我们留下了一部不可多得的通志。

上文讲了，他的《广东通志》"大略以《广西通志》体例为本"，采用的为典、表、略、录、传五种体裁，而《云南通志稿》则又通体皆曰志，可见他的修志思想是随时随地在变的，以做到因时因地制宜。他在《顾亭林先生〈肇域志〉跋》中就曾明确讲过："天下政治随时措宜，史志、县志可变通而不可拘泥。"①这部志书据笔者初步研究，有如下几个特点值得注意：

(一)篇目编排有序

全书总目十三，实际上就是我们今天所讲的十三大类，每类之中再区分不等的子目。而这十三大类的编排都是前后有序，在每一个类目之间，又都有着一定的联系。关于这点，编纂者们在《凡例》中还作了详细的论述。如对于卷首为什么要放那些内容，作者们很坦诚地说："尊王制也。"这样的说法和做法，即使在今天，我们也很难说他对或不对，因为这完全是由时代和地位所确定的。正像我们今天新方志编修中，每部志书的凡例第一条，总是都要列

---

① 《揅经室三集》卷四。

上"本志编修要以马列主义、毛泽东思想和邓小平理论为指导思想"一样。因此,对于封建时代的志书卷首列上那些内容,自然也就不足为奇了。接下去排列,先天文,后地理,用他们自己所说"志书天文而外地理最重"。因为"天文、地理本于天成",其他内容都属于人事,故将这两个内容排列在前面。在所有人事中,则又先列建置,以显示出这里居民居住环境。"民以食为天",这是自古以来政治家治理国家总结出来的重要经验,先解决好老百姓吃饭穿衣问题,"仓廪实知礼节,衣食足知荣辱",所以在建置之后,紧接着就是食货。"衣食足而后礼义生",老百姓在吃饱穿暖之后,就要对他们进行教育,这是遵照孔老夫子富而教之的思路在做,因此接食货者便是学校。以下自然没有必要一一列举下去,总之十三个大的门类编排,是有他们自己一定的思路的,而不是随意地胡乱编排,最起码他们已经考虑到各个门类之间的相互关系。

(二)突出重点、反映特色

　　这部志书的编纂,重点和特色表现得都非常突出,200 多卷的志书,《食货志》就有 24 卷,而《南蛮志》亦竟用了 19 卷,这两卷既成了重点,又成了特点。我们先谈《食货志》,在《物产》之外,又特地专列《盐法》和《矿厂》,并在《凡例》中指出:"盐法、矿厂为滇南大政,尤宜详载。盐法有旧章新法,矿厂有现采已封,金、银、铜、铁各厂并京铜采买鼓铸诸例,俱不可缺。"可见编纂者们已经知道这些内容都应当详加记载。而记载少数民族的《南蛮志》,不仅设立专志,而且用较多的卷数加以记载,因为他们也知道云南是少数民族比较多的地方,可是以前所修志书,很少有专门记载的门目,大多分散在相关门类之中。正如《凡例》所云:"滇属蛮方,诸蛮之事为多,旧志俱杂入各类中,殊未明晰,今另立《南蛮志》一门,又次之其子目五,曰《群蛮》,考诸蛮受中朝封列五等者入封爵,受中朝冠带为群吏者入土司。其不受中朝爵命自相雄长,及未受爵命,以前既叛,以后事迹繁多,类无所归,今为《群蛮》一门,悉隶于是,俾效命者荣鹰圭组,叛乱者屏诸远方,于记载中亦微寓旌别之意。"针对云南地处边陲,又特立子目《边裔》,以记载边疆民众与邻国交往所发生诸事。特别是《贡献》与《方言》两个子目的设立,更突显边疆志书所特有的内容。而在《秩官》一门中,《土司》亦占 6 卷之多。可见修志者们确实还是本着从云南实际出发,尽可能地反映云南的历史和现状。

（三）力求保存地方文献

人们若仔细阅读这部志书以后，就会发现《艺文志》有两个非常特殊的地方：一是《金石志》归并于其中，二是诗文入了《艺文志》。其实这正是这部志书分类不合理所致。上文已经讲了，阮元对于金石一直是很重视的，因此每部志书他都要修金石志，这个主张和见解自然是应当肯定的。由于这部志书在分类上欠妥当，因此，《金石志》无适当位置，但是为了保存这一重要文献，只好附入《艺文志》，为此，《凡例》还作了说明："《金石》为旧志所无，今衰集元以前钟鼎碑版诸文，每事必详其源委，考其异同，并勾勒其原文以备鉴别，为嗜古者考证之资，且有足以补史家之缺，虽非《艺文》，亦可与《艺文》为一类，故附入之。"可见这样的做法完全出于无奈。又如对于各处题咏及诗文不该入《艺文志》，他也是很清楚的，但是像这样一个篇目设置又能放在何处呢？对此，《凡例》中亦无可奈何地表示出了作者的心情："杂著诗文不入《艺文》，前已言之。今志中凡各处题咏及诗文之与各类有关者既已散入各类中矣，尚有不能分入各类而诗文不可废者，统为《杂著》，亦从俗附入于此，犹夫《金石》之意。"所谓"前已言之"，即本条《凡例》前面讲的"旧志专以诗文为艺文，非古也，考《汉书・艺文志》专载书目，并无诗文"。这就说明，两者收入他也明知不合本意，最后还是"从俗附入"，完全出于尽力为地方多保存一些有价值的文献。而对于《艺文志》中所收的各种著作，做得就更加细致了，除著录书名、作者外，更"仿晁公武、陈振孙诸家之意，每书必录解题，又仿朱彝尊《经义考》，每解题必录前人成说，搜罗四部，衰集无遗"。这部志书之《艺文志》的学术价值也就可想而知了。当然，这对于研究云南的地方历史和文献价值也就可想而知了。因此，我认为，单就这个《艺文志》，这部地方志的价值就不应当被低估了。

（四）注意发挥杂志的作用

作为地方志的内容所追求的就是一个"全"字，所以章学诚把地方志称作"一方之全史"，它要对一个地方的历史和现状的方方面面都加以记载，包括奇闻轶事无所不载，正因如此，许多方志就在三言两语中为后人留下了许多重要的材料。章学诚当年就曾提出，修志过程中要对那些无类可归的内容，最后设置《丛谈》,对于街谈巷议的内容加以记载,可以起到拾遗补阙的作用,他在《湖北通志序》中就曾指出:"今编考据轶事,琐语异闻,别为《丛谈》四卷,所谓先民有言,询于刍荛,稗官小说,亦议政者所参听也。"①阮元受到章氏学说的启发,在所主持的两部通志中,都设置了这一性质的篇目,《广东通志》称《杂录》,而《云南通志稿》则称《杂志》,与全书保持一致。正如《凡例》所云:"有不能入各总目中无所统辖者,以《杂志》终焉。其子目四:曰《古迹》,旧志有收之未确者,咸辨明存之,其未收者悉为补入;曰《冢墓》,亦踵旧志之例而宜存者;曰《轶事》;曰《异闻》,即旧志之杂记,今为博采成编,以备阙遗。"他们的编纂目的非常清楚,"博采成编,以备阙遗"。尽量做到应收尽收。正因为有了这种认真负责的精神,才有可能编纂出这样一部内容丰富、特色鲜明的大型志书。特别是在当时的社会里,能够抓住突出重点,反映地方特色,尤其是难能可贵的,花了那么多篇幅来编写少数民族,不管他的出发点如何,单从为后人留下了这么丰富的少数民族史料也就值得肯定了。

以上从四个方面论述了该志的价值和特点外,其实有些内容的处理和做法上还是值得人们注意和研究的。众所周知,封建社会所编修的地方志,记载妇女的就是烈女传,似乎妇女只有忠守贞节的才值得记载。对此,章学诚在其论著中多次提出批评,认为妇女传的编写,不应当变成"烈女",忠节固然要写,而更多的应当写才华出众的妇女,凡是有作为、有贡献的妇女都应当撰写。我们看这部志书《人物志》的《列女传》就不是"烈女",不仅如此,《人物志》一共只有 26 卷,而《列女》就占了 12 卷,这样的比重,在历来方志中是很少见到的,这自然反映出作者的思想和观点。诸如此类,都很值得研究,限于篇幅,就不再讲了。

我们说这部志书修得相当不错,究其原因,除阮元在指导外,关键是总纂得人,这就是笔者经常讲的,主编得人,乃是一部志书编得成功的关键因素。主纂王崧(1752—1837),是阮元的门生,号乐山,清云南浪穹人。嘉庆四年进士,先在山西武乡县任知县,由于学问渊博,因此还受聘在山西晋阳书院游学四年。道光六年,受聘参与该志的编纂,并任主纂。著有《说纬》6 卷,编辑有《南诏野史》《云南备征志》等,特别是后一种,编辑以事为主,抄录原文,因此

---

① 章学诚著、仓修良编:《文史通义新编》,第 858 页,上海古籍出版社 1993 年版。

史料价值很高,号称滇南大典故。还将该志地理等六个门类抄录成《道光志钞》,收入所著《乐山集》。李诚,字师林,别号静轩,浙江黄岩人,研究经学,著有《十三经集解》,还著有《蒙古地理考》《新平县志》等,任云南顺宁县知县,适因事罢官,阮元遂将其聘入志局。从两人经历看,均非一般政客,正是阮元所要求的"富于学而肯勤力者",在他们共同努力相助之下,《云南通志稿》才有可能修成这样的规模,取得这样的成就。可见阮元的方志思想非常明确,主编用人得当,乃是修好一部志书的第一要务。

当然,用今天眼光来看,由于篇目设置上的局限性,因此许多内容归类不合理也就在所难免。也就是说,由于篇目设置上存在着问题,就限制了不可能做到分类的合理,这就说明这部志书并不是十全十美的,值得议论的地方也并非三两句话所能完成,文章篇幅所限,这个问题就不再展开。至于语言文字的表述存在的观点上的问题,那是时代所留下的烙印,今天大家都能理解,自然也就没有必要再对这些问题大做文章。

(原载《历史文献研究》总第 27 辑,
华东师范大学出版社 2008 年 9 月版)

历史的回顾　永远的怀念

　　中国历史文献研究会建会已经30年了，作为一个学术团体能够坚持发展而不衰，并且还在欣欣向荣地向前发展，这是非常不容易的。取得此种良好形势，广大会员对学会的向心力当然是很重要的因素，而与两位老会长的领导有方更是分不开的。今天我们在纪念、庆祝学会建会30周年的时候，自然不会忘记已经先后仙逝的两位老会长在创立、发展学会上所作出的重大贡献。为此，经与施丁先生和纪念筹备小组几位领导商量，在两位老会长生前给我写的数十封信中，挑选一小部分在此发表，让广大会员，特别是新会员，还能从中看到两位老人是怎样不辞辛苦，不避严寒酷暑，四处奔走，拜访学术界名人，寻求先贤的遗著，联系相关部门，争取社会各界对我会的支持的。这一切，在所发表的信函中都可得到反映。发表这些信函的目的，是让广大会员能够从中找到我们学会发展过程中的一些足迹，以便为学会进一步发展，大家团结奋进，共同努力，为繁荣祖国学术文化作出自己的贡献。并以此永远寄托我们对两位老会长的怀念之情。

2009 年 4 月 28 日于浙江大学独乐斋

张舜徽先生函

修良同志：

　　顷自京归，得八月十六日来信，藉悉徐规教授所著《王禹偁事迹编年》，可由我会集刊发表，甚表欢迎。盼即付邮挂号寄来，字数虽多，自可分期登载。前由《杭大学报》编辑部寄来之学报均早收到，拜读大著，极佩精湛。您所投寄到本会集刊的稿，也决定在第一期发表，请释念。本会刊物，已定名为《中国历史文献研究集刊》。我此次入京，停留兼旬，收获较大。自顾颉刚、谢国桢、张政烺、胡厚宣、周祖谟、杨伯峻诸先生均允为撰稿以光篇幅。顾、谢两老已面交，余则日内即可寄到。我深深感谢他们对我的高度信任和支持。今正忙于审稿定稿,余不多及。

即颂

撰安

舜徽 八月二十日

(1979年)

修良同志:

久不通信,忽然又将进入1980年了。想您身体健康、工作愉快!回忆今年四月,邂逅桂林,欢乐聚会的情景,历历在目。光阴易逝,一别转瞬八月。在此八月之中,我感到中国历史文献研究会责任重大,不易担当,心中十分惶惑不安。但此会既已成立,势[必]不得不努力去干。首先在计划刊物过程中,便遇着了困难,没有出版社肯承担刊物的出版、发行任务(出版刊物,照例是要赔钱的)。几费周折,最后才征得湖南人民出版社同意,承担了这一任务。我在夏秋两度赴京,为与社会科学院联系和为《集刊》组稿,进行多方面联系,在搜访的稿件中,有王国维(论学手札凡180通)、孟森、陈寅恪、谭戒甫、马宗霍数家未刊遗文,顾颉刚、谢国桢诸老新作,以及徐规教授和您的文章、其他会员的科研成果,辑成一册,蔚然可观。出版社已于十二月十一日发稿,大约春节后即可印成,这算是开始走了第一步。继之而来的,便是明春如何开好第一次年会的问题,提上议事日程了。希望您和其他同志早作准备,写好论文,定稿好了,多打印150份,届时携来,参加学术报告和讨论。请您就近抓一下,把工作组织好。您上次信中提到的诸祖耿老先生的著作,盼即寄来一读。徐规教授来信索还旧稿,已于前几天挂号付邮,不知收到否,乞便中一询。

即问近好!

舜徽 12.31

(1979年)

修良同志:

一月二日寄上一信,想已收到。我为研究会准备召开第一次年会事,及进行《集刊》第二期组稿兼搜访名贤遗稿,来至沪上,已经 数 天(仓注:原信不清,下同)了。有青年助教一人随行,可资照料扶持。适谢国桢先生众已抵沪,相叙正欢,又得与此地诸宿学共谈论之乐,对外作学术报告,而以到上海图书馆披览秘籍之时为多。顾廷龙先生竭诚相待,得饱看未刊之书,拟从其选抄数种,将次节刊入《集刊》。

文献研究会成立已将一年,将来开年会时,要着重讨论哪些问题,今后如何发展、壮大,有许多事要和您商量,共策进行之宜。兹因已莅上海,杭州近在咫尺,拟稍作屏当,即来杭相访,兼得就浙江图书馆访采孙(诒让)黄(以周)诸家未刊遗著,作数日之留。惟已约扬州师范学院之邀,访杭后仍须赴扬,但不知由沪抵杭再转扬州然后返回武汉,自杭至扬,是否有直达捷径?抑仍须由杭州返回上海再至镇江?希得此信后示知为感!来信寄"上海黄河路华侨饭店 509 号"。即问近好!徐规教授前,乞代致意!

　　　　　　　　　　　　　　　　　　　　舜徽手启　1.18 晨

　　　　　　　　　　　　　　　　　　（此信由上海寄出。1980 年）

修良同志:

抵沪后曾寄一书,想已收到。兹因扬州师范学院坚请作短期讲学,函电交催,不能再迟,已买好车票,将于明日赴镇江转扬,大约勾留七日,便当言归。杭州之行,则俟以后率研究生同往耳。

在沪十余日,从上海图书馆中访众未刊遗著,披检之余,收获不少,为《集刊》二期以下组稿工作,打下了基础,成绩是比较大的,不下于去夏北京之行。

以后来信,仍请寄"武昌华中村附二十号"为感。匆布,即致

敬礼!

　　　　　　　　　　　　　　　　　　　　张舜徽　1.23

　　　　　　　　　　　　　　　　　　（此信由上海寄出。1980 年）

修良同志:

《文献集刊》第一集既已出刊,想早收到。请收集反应,并提出今后改进之法。前得来信,知明年在杭州召开年会事,正在进行筹备,想承多方支持协助,已粗具端倪矣。次子君和,任武汉大学物理系讲师,因开会赴杭,谓其趋候左右,请与面读一切,举凡筹备情况,有无困难、阻碍,开会地址及经费,均已完妥否?皆我所亟欲闻知者,望详告之,为感!

闻阙、崔两同志言，近承推荐一文在《集刊》发表，不知何以尚未寄到。因湖南出版社催交第二集稿件甚急，近日即将寄去，不能再迟，盼速付邮。匆布，即祝健康！

张舜徽　11.25

（1980年）

修良同志：

挂号信及平信均已收到。您在养病期间，不辞劳苦，为会务奔走，甚感热情之高，敬服敬服。年会召开，想筹备大致就绪，千元补助之数，月内即可汇寄来杭。承示邀约港澳人士参加年会，事先必须通过外事部门，手续仍多，似可作罢。春寒犹厉，望起居珍重，注意休息。匆复，即颂痊安！

二月八日　舜徽书

（1981年）

修良同志：

得三月十四日手书，知日内即将再赴上海审稿，只三五日便可返杭，近想已回家了。

《文献研究集刊》第二集，早就劝湖南人民出版社多印一些，他们胆小，只印二千五百本，不久即售完，连我会预订之三百本，很早即已汇款去了的，也无法供应，来信答应，只有六十本，秘书处又信催争取，他们从他处凑合五十本寄来，余款退还。原拟会员人手一册，会员已有二百余人，如何分送，成了大问题。至于《文献学论著辑要》，是托华师印刷厂赶印的，只印了二千本，由于各大专院校及大图书馆来函争购，亦已缺售（每本成本费一元二角）。陕西人民出版社见到是书是有用之书，主动来函联系，愿为出版，我既许其所请，并补充了许多内容，昨已将全稿寄去了，大约暑假前可以见书。其他情况，详见第八期《通讯》，不知收到否？即问近好！

舜徽　3.2

（1981年）

注：此信可以告诉大家，当年我会所出之《集刊》深受社会欢迎，尤其是深受港台学术界欢迎，所印2500本不仅很快售完，并且台湾学术界还视作大陆

影响较大的几种文史刊物之一。

修良同志：

　　得 24 日信，知开会人数不能超过百人，已进行酌减。惟预定人数时，有的单位或至两人以上，乃就每单位会员总数比例计之。如会员人数较多，而压缩至一人，则惟理事有参加机会，既恐妨害团结，又畏人言为"开理事会"，自不可不考虑。

　　加以特邀人数，尚未列入，自未可硬性规定以百人为限。我意总共不超过 120 人，比较符合事实需要。如果现已定妥之招待所，不能增加床位，似可就附近另找一旅馆或小型招待所以扩充之。在经费开支方面自不免有所增加。我会此次主动补助千元之数，即考虑到人数恐有超过而作出之决定。请您与程书记及有关负责筹备的同志共同商量解决此一问题。

　　会期转眼即届，阙勋吾、崔曙庭两同志将提前几天赶到，我和陈抗生稍后启程。此事麻烦浙江史学会、杭州师院及有关单位许多同志，请为我一一致谢。您在病中，操劳太过，尤为铭感。

　　收到《浙江日报》童炽昌同志约稿的信，至为感谢。我当抽出时间，就"治学经验"四字上写成一篇，但不知是否符合客观需要耳。把晤非遥，此惟珍重！

张舜徽　3.29
（1981 年）

修良同志：

　　昨日刚寄一信，便发觉其中有几句话没有讲清楚，怕引起误会，再说明一下。

　　所谓争取作 120 名人数的打算，只是一种思想准备，说明最多也不会超过此数。如果到开会时，超过了 100 人，怎么办？届期自可临时找附近旅馆住下几个人，便可解决问题。并不是说请你们马上预定一个旅馆或小型招待所，以致新添麻烦。

　　看来事实上不会超过太多。例如广西师院，原分配三个名额，昨得严沛同志来信，只要两名便够了。湖南人民出版社，原邀请两人参加，由于他们事忙，再三说明只能派一人来，这样的情况是有的，请您不要为此事着急。匆布,即祝健康!

　　　　　　　　　　　　　　　　　　张舜徽　3.30

　　　　　　　　　　　　　　　　　　　（1981 年）

　　特邀的人,暂已决定了的有下列几位,请照通讯处发通知。

　　谢国桢教授　　　　　　北京建外永安南里十楼六单元一层

　　朱士嘉教授　　　　　　武昌紫阳路八十七号

　　彭铎教授　　　　　　　兰州甘肃师范大学中文系

　　程千帆教授　　　　　　南京南京大学中文系

　　赵守俨先生　　　　　　北京王府井大街 36 号中华书局

　　河南省社会科学院历史所（一人）。此处托专人申请争取一名额,意太诚恳。

修良同志:

　　连日迭寄数书,想均收到。

　　顷得三月卅一日信,知发出开会通知,四月十日以前一次,四月十日以后,再发一次,以免人数超额造成困难,甚善。

　　为了以后召开年会提供方便,您主张照顾山东大学历史系负责同志的心愿,欢迎他参加此次年会,我是很赞同的。上次信中我提到的关于河南省社会科学院历史研究所争取一个名额参加,他们是专托人来此找我两次谈这问题的。我认为对今后我会的发展和召开年会,都有好处,似可发邀请书。

　　其余陆续开列的特邀名单,想均已将邀请书寄去了,届时有几位名家来到,自当请他们作学术报告,使学术空气活跃些。即祝健康!

　　　　　　　　　　　　　　　　　　张舜徽　4.4

　　　　　　　　　　　　　　　　　　　（1981 年）

修良同志:

　　上午寄上一信,刚才又收到施丁来信,说白寿彝先生主动愿来参加我们的年会,当然欢迎。因恐邮信往返稽迟误事,所以发电给您,以便邀请书及早寄往。

　　谢国桢先生来信,说已邀张政烺先生同赴杭州。尹达先生虽因公外出,现不在京,到开会时,或早已回京了。此三处邀请书宜即发。

在上海方面托贺卓君联系的,只有顾廷龙、蔡尚思两先生,都答应赴会,想邀请书已发。

您在这段筹备开会的期间内,太劳累了,没有得到很好的休息,于病体非宜,至以为念。仍望劳逸结合,蓄聚精神,以便在开会时发挥更多的作用。程融钜同志已出院,晤谈时,望代致慰问和感谢。祝健康!

张舜徽　4.4下午

（1981 年）

修良注:1981 年杭州年会,参加人数一直在变,不仅会员代表人数多,而且学术名家也特别多。当时我们均无电话,只有通过书信,因此这段时间我与张先生间书信特别多,4 月 4 日这一天,张先生早上、下午就给我连发两封信,从这些信中就可以反映出这次年会称得上是名家会聚,盛况空前。

修良同志:

昨温玉川同志自山东来信,说不久前曾赴杭州,得见由您主编的《史记辞典》,比较满意,印象很好,仅剩下最后一道工序,年内即可发稿云云,这件事完全是由您主持做成的,取得了成绩,可喜可贺!

他来信的意思是由于在杭州看到了我写的《辞典题辞》,觉得太简略,因为将来要冠于每种专史辞典之前,请我补充一下,使分量较大,写好后再寄您。此事是可以办到的。但我处并未存稿,务请将原来寄您的那底稿即行寄下,以便修改。

上次您谈的关于邓君署名的问题,盼认真斟酌处理。此次已和温君谈及否? 我因不知其情,不好添加意见。即颂著祺!

张舜徽　9.6

（1987 年）

刘乃和先生函

修良同志:你好!

我回来已经一个多月,诸事纷纭,今天才执笔作书,请谅!

这次去杭州,得到你热情接待,安排、接送、住房,托了人情,最后又退;来新新(饭店)看我,又没遇到……种种款待,都使我既感谢,又深觉不安! 叨在深交,当不怪我!

嘉定会后,有很多事要办。回京后,即与古委会联系,但值北大的研究生答辩(上学期未办,移到11月),安平秋同志手中有几份论文,要看、要开会,直到11月29日,他才到我家来。我约了我校古籍所长一起谈的。他来谈了一个上午。

安对我会的态度是积极的,出了不少主意,提出他的许多看法,如他认为过去我们的《集刊》每年能出,是好的,但太厚、太板、质量不很高,选用来稿多、约稿少。又如他认为可以每年出至少两期《通讯》或《简报》,以密切与会员的关系。

他对咱会挂靠北京师大古籍所很高兴,说这样便于互相了解情况。并表示以后咱们开年会时,只要有时间,古委会的人尽量出席;他们重要的会,也将请咱会的人出席……等等。

但因五中全会后,更进一步贯彻压缩经济的精神,目前全国经济紧缩,市场疲软,过去已订的很多计划,都不得不在(再)重新根据实际形势,重新考虑。所以对咱会的经济支援,他们仍尽力,但不好说具体数字(这也是周林同志意见);且与文献有关的研究会、学会很多,古委会对别会皆未支援经济,恐别会知道后有意见,不好处理。他说以后有困难时,再找他。

谈得较愉快、和谐,目前经济形势如此,我也不便再多说,这也就算满意了。

我也和我校有关领导谈过,因文、理、教等学科的学会,在我校挂靠的不少,对其他学会也没有经济支援,对我会也不好破例。且各学校经费,明年又有所压缩。但在其他方面将尽力而为。我已与我校财务处谈妥,文献存款,原代管应按8%收管理费,现一律免收。收发室也联系好,代收、代发,每年千封以上或更多的信件、邮件。

目前邹贤俊同志已把他管的款项寄来一部分,以后再继续寄;来可泓同志也已把上海的1000元寄来。

朱仲玉同志已在积极审稿,王瑞明同志也经常与朱联系,并把部分余稿托人带京。

秘书长人选尚在物色中,我想"耽迟莫耽错",没有物色好时,就暂空着,有合适人选再定,你看如何?

汕头大学,我已与刘启林同志通过长途,了解了些情况,最近14日汕大历史系主任杜经国同志来京,到我家谈年会事。现已敲定,汕大拿15000元,汕头市拿一笔比汕大还多些的款。由文献会、汕头市、汕头大学为主办单位,约于10月10日至15日开会(暂定)。我告以潮汕文化过去研究的人少,资料不多,应早些将拟题写好,早些寄给会员,早些准备。不然恐文章太少。杜说回去即找几位同志细考虑一下,尽快寄来。

年会事算已定,就怕明年出席的会员少。听说今年就已有的学校规定因经济困难,不得参加外地的会议。如真有此情况,又加路远,交通费多,真怕影响出席人数。

大体情况,向你汇报。我个人能力有限,全靠大家,尤其是副会长同志们多多帮助,多提意见,才能把会办好,我初接此事,更盼知交如老兄,大力支援。祝新年愉快!

刘乃和　12月19日
(1989年)

修良同志:

在京通电话,得以一谈,虽只闻声,未见其人,亦觉快慰想回杭后工作顺利为慰。

3月20日来函收到,几事作复如下:

一、关于《辞典丛书》申报事,接来信后即与出版署联系,今晨才与其负责人通上电话,他说"八五"重点科研项目,正在办理,但应由出版社申请,不必由作者申请,因他们是管"出版规划",不是"科研规划";他并说很早已给各出版社发了通知,请出版社报选题,通知上已有具体规定,报请手续等,出版社都知道的。我便将此书情况作了汇报,并托他多多关照,他说他将查一查山东教育出版社已报请否,如已报请,他一定多多尽力。不知山东已报否。如有消息,请告我。过几天我再去电话托托他。

二、关于《辞典丛书》,当年我会部分人谈论此书时,我亦不甚了解详情,很希望你将过程、各书负责人及参加学校和名单等等详细情况告知,以便我再与出版署或其他单位联系时,可以说得更清楚准确些。(17 部是怎样分的?)

三、你信中说我校应考虑搞一部,但不知还有哪几部尚未落实,如内容与我处研究人员对口,则可考虑。不知张老挂了哪两部书?

四、来信说此书名《廿五史辞典》。《清史稿》应在二十五史之外,信中说亦有《清史稿》,不知如何安排?

你为此丛书费了大力,我是知道的,非常钦佩。但你眼力不好,要多多注意,不可太累。

西安之会,切切希望你能出席,这是咱会第一次国际的会。在嘉定、杭州照片,寄上请笑纳,魏德良同志的请代转,并问候他。即祝

撰安! 盼回信!

　　　　　　　　　　　　　　　　　刘乃和　4 月 9 日
　　　　　　　　　　　　　　　　　　　　　（1991 年）

注:关于《辞典丛书》,刘先生信上所说"当年部分人谈论此书时,我亦不甚了解情况",这是刘先生将当年的事情一时忘记了。1982 年山东教育出版社建议我会承担《廿五史辞典丛书》编写工作,他们认为我会人才济济,各方面人才都有。因为这是件大事,秘书处与张会长商量,将山东教育出版社的信给每位理事寄一份,要大家发表意见。后为慎重起见,在 1983 年开封年会上,将此事交全体到会代表讨论。会上争论非常激烈,该社社长张华岗、编辑室主任温玉川都到会,并一一解答代表们提出的问题。当时主持会议的正是刘乃和先生,因为先生时任副会长、学术委员会主任委员。讨论结果,以压倒多数票通过接受这一研究课题。会议还决定要理事会研究执行,理事会讨论又责成常务理事会研究具体落实。后来一次,我在刘先生家中,将此情况回忆讲述一次,此时先生方恍然大悟。1984 年南京年会期间,正副会长商量工作时,由张会长提出,指派我代表学会专门负责辞典编纂工作。直至今天,因辞典尚未出齐,因而我的担子尚未解脱。

修良同志：

2 日来信收到。

1. 我 4 月 8 日寄杭州信,4 月中旬得来信,说将 5 月 2 日动身去东北,并顺路来京,我想一切可当面谈,即未及去信。近得 6 月 2 日自辽大来信,本想即回,但信中说"明天去长春",我无法回信,盼自长春回杭,可来京一叙,至今未来,想早已回杭州了。

2. 我于收到长春来信后,刚收到就和出版总署负责人联系,他说他已"遵命执行",我问批后是否给我来一电话,他说:"今天的话,就算给你信了,请放心。"我想现在批准八五重点项目的消息,可能你们已知道了,望告我情况。

3. 北京选一部辞典事,来信说如同意即编《晋书》。我想你所考虑,甚合适,《晋书》较小,《宋史》太多,以《晋书》由北京编较好。我已与有关同志商谈,《晋书》在北京编,可成定案。如果你们没有其他意见,再等你回信后,我们就着手组织编委会,请速来信告我。编委一般都是多少人? 都应做何准备? 何时书(可)完成? 班子组成后何时开编委会? ……等,都请告知。

我最近忙于研究生答辩,访问学者结业,职称评定、副教提升等事。20 天来看论文、答辩会、写评语等等,日连一日,诸事纷纭,到昨天稍缓一口气,今早急写此信。请谅。

今年年会,得西安方面消息,已准备得不错,日前西北大学有人来,又当面商谈。你有何意见,请多多提醒。这次会你务必出席,是国际会议,是我会第一次,你能出席,则可壮壮声势! 以示我中华有名专家、教授,中华有人。至要至要!

耑此,急复,祝你

教安!

　　　　　　　　　　　　　　　　　刘乃和　6 月 25 日早

　　　　　　　　　　　　　　　　　　　　（1991 年）

修良同志：

6 月 30 日信已在读,得悉一切。

这次北京担任《晋书》,实是为了支持此大项工作。我们工作任务重,按力量说,都是很紧张的。

此部大项目,是谁主编、副主编? 各书主要负责人是谁? 大概情况请告知。各书都何时完成? 多年以来你四方奔波,极为辛苦,甚为佩服。

今得你此信后,我们即将考虑编委会成员,不知交稿是哪年? 其他有关事项,亦请多多告知。《史记》《三国》出版,则可有具体模式,可作参考。

我所新批下搞《全元文》是五年的任务,任务极重,因此人人都要保证所里工作的重点,如《晋书》时间太紧,尚不好安排。

盼多联系。西安之会,正在积极筹备,这次是我会第一次国际学术会,老兄知名度高,务必务必出席,以壮我会声势。日期为 10 月 8—14 日,参观三天,包括太史公老家韩城。尚此即祝

暑安!

刘乃和　7 月 9 日
(1991 年)

修良同志:

来信收到。

对《廿五史辞典丛书》各书的主编等,得知清楚。

山东教育出版社温玉川同志同时也有信来,并寄来《晋书辞典》聘书,看来这就是上马了。

来信知《宋史》尚未落实,适朱瑞熙在北京开国际宋史研讨会,来可泓同志也来参加,会前来可泓来我家,我向他提及,他说在会上与上海师大朱瑞熙谈谈,顷得知朱先生愿意牵头,但经费要有保证,班子由他自己组。我想这都是合理的,详情你可直接与朱商量,老来也会写信给你。

这下,《二十五史》就都落实了。但《二十五史》之名,大都不是因《清史稿》,名称问题,容我再考虑。因如现在改加《新元史》,又成了 26 部,亦不合,总是事先应研究好,目前既已如此,只好想个自圆其说的办法。你说是吗?

由于朱先生的意见,也提醒我想问问此书的稿费如何算法。目前稿费与前几年此书刚开始时,情况也已不同,有的同志在问,并说"辞典"稿费如何如何,因此我想替撰稿人问问了。

此书工程浩大,多年以来,你老兄费时费力,东西奔走,确实出了大力。此书是大项目,你为此事出力,也是为弘扬祖国文化立了功,正如你信中所说

"只抓工作,不挂名义",这样高的姿态令人佩服。你为文献会出力,自然是有目共睹的事,信中说老高说"花了这么多精力、时间,有点太可惜了",我说不是"太可惜",而是"太可贵"了,你说是吗?

此书我于4月5日收到你的来信5分钟后,即与新闻出版署有关领导联系(这是我第一次联系),提出请批《辞典》为"八五"重点,他说可以考虑。

又于6月5日接你信后,去问新闻出版署,他说已"遵命执行",今天就可告你,已列入"八五"重点书规划了。

温玉川信的信封上写"已接新闻出版署电报,催要《辞典丛书》详细材料列入'八五'重点书规划"。想详细材料你们已报上,这更是可喜可贺的事,我们彼此为文献会祝贺吧!(小温信是7月19日写的)。

我很欣赏你信上的末句话:"谁让我做副会长呢!"这是多好的认识!我作为会长,说一声谢谢了。

杭州无汛情,令人放心。北京北部山区也有洪水、泥石流,比起全国,则小些了。现闷热很利(厉)害,汗流浃背,人不舒服。余再写,盼来信。嵩此。问暑安!

刘乃和　8月12日
(1991年)

修良同志:

收到寄来的填表,信上说自上海回杭后当为去西安事筹款。我殷切的(地)盼望你能出席年会,以壮声势。款想已不成问题。

而且咱们还有很多事要商量,真想在西安能多谈一谈,你一定要去。

见面在即,一切面谈。我近日其忙无比,信里就不写了。

嵩此即问

撰安!

刘乃和　9月18日
(1991年)

在西安见!

修良同志：

2 月 16 日函收到。

春节前去吉林市开会，回来就过节，我倒不过什么节，但是客人来得特别多，所以也耽误不少事，又赶着写二篇急要的文章，因此久未写信，劳你挂记，太对不起。

《晋书辞典》同意 4 月开编委会，日期还要稍后才能具体。人数我想主编一人、副主编二人，再找三—四人，你看如何？是否你也应参加，听你的意见。小温同志不在此数内。

地点，你的两个方案很想得周到，就在济南如何？小温同志，轻车熟路，我们就可以省不少事。

会前还应做哪些准备，请来信告知。

我已买了两部《晋书》，但是年前买的，也未报销，我先给钱了，以后再说。

编写人员我已有设想，但工作上、物质上都应准备什么？交稿日期约需多少时？约人时好有所考虑。

还应当问什么，我尚不知，具体情况，请来信。

我的楼号改了，不是搬家，请按信封上地址写。

另外，海宁开胡三省会，你已知道了吧？是杭州大学作为发起单位吗？请告。尚此，即问

近安！

刘乃和　2 月 23 日
（1993 年）

修良同志：

我 28 日到京，29 日上午上三堂课。

在济南开会，得以晤谈，甚快。

济南会快速紧凑，解决问题，看来在你们工作的基础上进行，真是不同。你为这部辞典工作真是费力不少，功莫大焉。

回来后，我与朱仲玉先生及王西梅开了一次小会，一来传达济南会给朱先生，二来谈谈回来后工作进行情况。已打听印刷词条卡，也组织了人力，成立秘书组，总之工作在进行中。

寄来嘉定材料看到。此事甚好,早就应办,难得有钱耳。文件中"整理出版委员会"主任是谁,没写清楚。又 p. 1 历史文献研究会写成"协会"。小顾尚无信。余再写。嵩此候撰祺! 并问路上上铺如何?

　　　　　　　　　　　　　　　　　　　　刘乃和　6 月 2 日

　　　　　　　　　　　　　　　　　　　　　　　　（1993 年）

（原载中国历史文献研究会编《中国历史文献研究会成立 30 周年纪念集》,华东师范大学出版社 2009 年 9 月版）

怀念卞公

听到卞公孝萱先生的西行消息感到非常突然，因为年初还先后收到他两次来信，数月前我们还通过电话，他的声音还是相当洪亮，不料竟于 9 月 5 日遽归道山。不仅朋友们感到突然，就是他的子女、弟子也同样感到突然，因为他的西行确实太匆忙了。他这一走，不仅是学术界一大损失，而且对文献会来说更是一大损失，我相信全体文献会会员将会永远怀念这位对文献会作出很大贡献的学术界长者——我们的老会员。

近十多年来，卞公一直称自己是文献会老会员，并且称呼得非常亲切。他确实是一位老会员，还在 1980 年，我会在武汉召开第一届学术年会时，他已经参加，并被增补为理事。我们之间虽然也是初次见面，却一见如故。特别是散会后，由于当时陆路交通很不方便，于是我们一道乘长江轮顺流而下。当时卞公任教于扬州师院，需在镇江下船，而我则要到上海再转乘火车。同船而行的还有复旦大学的徐鹏先生和华东师大的贺卓君先生等。乘船给我们提供了很好的交谈的机会。船到镇江时，已是深夜两点，我一直送他上岸，两人还是依依不舍，这就为后来我们两人之间的深厚友谊建立了基础。也就在这近十多年中，我们之间的学术交往逐渐频繁起来。我们研究领域虽然不同，他是古典文学，我是史学，但是相互讨论、互相请托竟然多起来了，特别是他晚年重点在家谱研究，这无形中为我们提供了更多的共同语言，也促进了我们之间友谊的发展。记得在 2003 年 12 月 10 日，应南京大学古典文献研究所程章灿所长邀请，我去为该所相关专业硕士生和博士生作"读书与治学"的学术讲座，晚上宴请时，由于程所长，特别是徐有富教授知道我与卞公是老朋友，故还特地邀请卞公来作陪。老友见面，分外高兴，有谈不完的话语，从学会中老朋友的近况，到学术研究中的一些问题，乃至社会上、学术界的不正之风和奇谈怪论等。从晚宴开始，一直谈到结束，大家兴致都很高，这是一次难忘的晚宴。就在第二年，卞公就帮了我一个大忙。事情还得从头说起，当时我受山东教育出版社的委托，将我主编的《中国史学名著评介》内容加以增补,将三卷本扩充为五卷本,重点是增补现代部分史学名著 70 部。那几年我的精力主要都花在这个上面,因为选请每部名著的评介者是最麻烦的一件事。而当时陈寅恪先生的著作就选了两部,因为他是众所周知的史学大家,一部是《唐代政治史述论稿》,另一部是《柳如是别传》。对于这两部书请谁来撰写评介,起初并没有多思考,因为目标很明确,即请陈寅恪先生的大弟子胡守为教授来撰写。我与胡先生又是老朋友,所以当我提出后,他很乐意地就接受了。可是到了 2004 年,临近交稿的日期,突然接到胡兄的手示,他的夫人因病突然去世。这种情况下,他自然无法再进行写作,考虑到前一部已接近完成,我请他过一段时间,思想平静下来以后将其完成,而后一部我再另请高明。讲起来就是这么简单,但心里却一直在盘算,因为《柳如是别传》非同一般史书,体裁非常特别。这是陈寅恪先生以诗文证史方法的总结,作者在书中以诗、史互证,是熔文学与史学于一炉的一部史书,没有深厚古典文学根底的人是不能为也。通过思索,突然想到了卞公,心想,这部书的评介撰写,是非他莫属了。于是马上拨通卞公的电话,电波立刻传来了熟悉而洪亮的声音。我开门见山地说明来意,并说明时间很紧,因为许多书稿都已陆续寄到。他首先问我,"什么时候要?"我说:"只能给您两个月时间,行吗?"他回答十分爽快:"仓兄之事,当尽力效劳,两个月时间,一定按时交稿。"他比我年长九岁,但一直称我"仓兄",并且称呼得非常亲切,我是一直称他"卞公"。他撰写的书稿寄到时,确实是两个月,非常难得,非常守时。对于我来说,自然是非常感激,因为他毕竟为我解决了一大难题。也正因为如此,我才有可能如期向出版社交了全部书稿。2006 年初,五卷本《中国史学名著评介》以全新的面貌和更丰富的内容正式面市。当卞公拿到样书时,是非常满意,非常高兴的。他在电话中极口称赞"这是一部难得的好书","肯定会与这些名著一样永远流传下去","因为它是由全国上百位名家共同构造而成的"。他还建议,"像这样的好书,应当送到全国去参加评奖"。这就是他对这部书的发自内心的评价。

2008 年 9 月中旬,收到卞公来信,信封正面上方还写了"要件"二字,并且写了要我"亲收"的字样。虽是平信,但信的内容肯定很重要。拆开一看,原来是要我支援他一篇关于家谱方面的文章。现在学术交往中已经很少看到写信了,尤其是手书则更加少见了,为了说明问题,现将此信按原有格式抄录于后：

仓公修良先生道鉴：

　　"海内存知己，天涯若比邻。"今寄此函，请公撰文。《淮阴师院学报》办得很好，明年一月份起，开辟"家谱研究"专栏，由我主持。第一期拟发表公之大作(综论家谱……)及我之小文(对一部家谱，作个案研究)，如蒙俯允，至深感谢。公为谱牒学权威，第一期能有宏文为首篇，大增光彩！专此拜恳，渴望佳音。

　　此颂文安！

　　　　　　　　　　　　　　　　　　　　　　　　　　八五老弟
　　　　　　　　　　　　　　　　　　　　　　　　　　卞孝萱拜
　　　　　　　　　　　　　　　　　　　　　　　　　　9.4

　　上面已经讲了，卞公晚年，专心于家谱的搜集、研究工作。从来信得知，他还在《淮阴师院学报》上开辟了"家谱研究"专栏，并计划在第一期上先发一篇通论家谱的文章，因此信中指定要我给他一篇"综论家谱"的文章。读信后，马上拨通他的电话，告知手示已经拜读，一定遵命三天后寄上《家谱杂谈》修订稿。他听了以后，非常高兴，连声说："老朋友，不负老朽所托！"这里要作点说明的是，2006 年 5 月 27 日，应大连图书馆的邀请，我在白云书院的"白云讲坛"上作了《家谱杂谈》的讲演，同年 8 月 26 日，卞公亦应邀作了《漫谈中唐诗坛》的讲演，9 月 23 日，施丁先生亦应邀讲演了《楚汉相争的决战问题》，讲演的内容事后都被整理刊登在《白云论坛》第四卷上。① 2008 年 4 月，我又应山东省图书馆邀请，去济南"大众讲坛"作了一次家谱问题的讲演。所以卞公知道我也在研究家谱，故直接提出要我给他"综论家谱"的文章。不过，我的家谱研究，是作为谱牒学内容的组成部分。三天后，我便如约将《家谱杂谈》修订稿挂号寄出。

　　由于卞公近十多年来，对于学会工作非常关心，因此，会内一些重大活动，我们都事先和他沟通、商量，以听取他的宝贵意见。2007 年的年会，又轮

----

　　①　至今我会会员应邀赴"白云讲坛"作过讲演的，已近 20 位之多。

上学会的换届,9月中旬的一天下午,我照例和他通了电话,他首先说明因事无法参加年会,接着就陈述了自己对这次换届的几点意见,希望我能尽量将他的意见带到会上,并要我代他向老朋友问好。后来也许考虑到怕我到会上传达他的意见时空口无凭,故没有几天,就寄了一封手书给我,信是写给我和施丁先生两人的,将他在电话中讲过的三点内容用书面形式写了下来,信的最后还附上这么一句:"收到后,请来电话,以免挂念。"现将信的内容按同样格式抄录于后:

修良兄,施丁兄,请转大会主席团:

今值我会换届之际,谨以一个老会员的赤忱,从顺利交接以及新领导班子有成效地开展会务的大局,提供三点建议,供大会参考:

(一)从张老舜徽、刘老乃和到周国林兄,华中师大、北京师大、华中师大先后承担了繁重的会务,成绩辉煌。这次换届,建议在北京师大物色会长,轮流承担会务,发挥大家的积极性。

(二)建议增加几位年轻有为的副会长。举一个例,我推荐西北师大教授、博导、我会常务理事郝润华博士为副会长候选人。理由有三:(1)她科研教学成果显著;(2)是我会杰出的女会员,办过一次年会,有较强工作能力;(3)副会长赵吉惠去世后,我会领导班子中尚缺西北地区学者。

(三)仓修良、施丁两位副会长,是我会有威望,有突出贡献的老领导,这次换届,建议仍保留其副会长位置,对几位新的年轻副会长"扶上马,送一程"。

此祝大会圆满成功,全体代表身体健康!

卞孝萱

10.1

收到后,请来电话,以免挂念。

这封信充满了一位老会员对学会的关心与热爱,相信每位文献会的会员,在阅读了这封信后,都会对这位老会员产生敬佩和尊重之情!昆明会议后,他得知自己提的建议都得到会议的采纳,感到非常高兴和欣慰。

为了纪念我会成立30周年,学会纪念筹备小组决定,编辑一部大型纪念集,内容包括30年来有代表意义的照片选刊、历届理事名单、秘书长30年总结、会员的纪念文章以及 30 年来集刊论文选载。实际上分量最多的是论文选载,这是要从 30 年来我会已出版的 27 辑集刊近千篇会员论文中选取的。工作量自然是相当大的,因为选载的论文首先要能够展示我会会员 30 年来在文献学领域专深研究的水平,同时又要能反映出代表近两千会员的普遍性,因为我们毕竟是群众性的学术团体。没有想到,纪念筹备小组最后竟将这个难题交给我做,几经推辞不掉,最后只好勉为其难。考虑到责任之重大,特邀请周国林、来可泓二位先生一同来做,一些疑难问题则与施丁先生商量。在挑选之前,我们也确定了几条原则。由于考虑到纪念集篇幅的限制,要能让更多的文章入选,因此在保证代表性的同时,文章篇幅简短最好,可以多入选几篇。当然,这也是不得已的做法。就在这个时候,收到卞公 2 月 16 日(2009年)来信,信的内容不长,当他得知要编辑文集挑选文章后,来信自荐,希望能选取最新发表在《历史文献研究》第 27 辑上的《大小方考》,全称是《〈光宣诗坛点将录〉"大小方"考》。说实在的,收到信后,我没有马上给他回答,心中一直在盘算,因为这篇文章实在太长,有两万多字,怎么办?于是我立刻与施丁先生通了电话,两人共同商量,觉得老先生既然已经开了口,就很难将其挡回。这种情况,该照顾的还得照顾。两人商量并取得共同看法后,我这才给卞公打了电话,告诉他,我们同意他的自荐。他听后非常高兴,连声谢谢。这封信的最后,他还特地写了"争取参加今年年会,与兄等快晤聆教"。此信全文不长,亦按原有格式抄录于后。由于现在电信事业的发达,目前已很少有人写信,尤其是手书就更少了,许多年轻人对于如何写信也不知道,所以卞公的三封来信,我都按照原信格式抄录。既然是原信抄录,对于这封信中开头两句话就要作点说明:"从大量文章中,每人选出代表作一篇",这里所讲"每人选出代表作一篇",并不是说每位在集刊上发表过文章的会员都可以选出一篇代表作。我们上文已经讲了,由于篇幅所限不可能这样做,这里附带说几句,还请广大会员见谅,并向没有入选的会员们表示歉意!卞公原信是:

修良教授兄:

　　恭贺新禧!

　　兄从大量文章中,每人选出代表作一篇,甚为辛劳,至为敬佩。选定后,是否仍请原作者校阅一下,然后付排?弟发表文章不多,不知兄选何篇?我自荐最近发表之《大小方考》一文,不知兄意如何?

原拟在拙编"家谱研究"第二辑发表之大作,现遵照兄电话指示,撤出此篇。第一辑由淮阴师院寄样书,汇稿费,感谢兄之支持,今后仍请赐稿。

争取参加今年年会,与兄等快晤聆教。专此,顺颂文安!

八六老弟

卞孝萱拜

2009.2.16

作为一位老会员,卞公对学会的感情确实是很深厚的,晚年曾多次想参加学会的年会,都因故未能成行,因而对学会30周年庆祝大会,他曾多次表示要争取参加,故他在这封信的最后又写上"争取参加今年年会,与兄等快晤聆教",这完全是发自内心的。非常遗憾的是,距离开会时间只有一个多月,他便永远地离开了我们,对于他的仙逝,只能写上数言,深表哀悼!并以此永远寄托我们的怀念之情。

(原载《历史文献研究》总第29辑,

华东师范大学出版社2010年9月版)

我与诸祖耿先生的二十六年师生情

我们1954年离开镇江中学后，诸祖耿先生于1955年也就调往南京，因此，当年100多位同学中，绝大多数同学就从未再见到过诸先生。而我却传奇式地与诸先生交往了20多年，结下了非常深厚的师生情。我参加工作后的第四年，即1962年，在《江海学刊》第5期上发表了《章学诚和方志学》一文，这是我生平第一次发表的长篇论文，全文约8000字。而就在这一期上，刊登有诸先生的《论〈诗经〉里的"言"字》文章。我也曾想过，这位诸祖耿先生会不会是在镇江中学为我们上过语文课的诸先生？当时我还是有些犹豫。第二年，即1963年，我又在《江海学刊》第5期上发表了《顾祖禹和〈读史方舆纪要〉》的长文，全文在万字以上。非常巧的是，诸先生在这一期上也发表了《从用字造句方面看韩愈提倡"古文"的作用》文章。于是我鼓起勇气给他写了一封信，问问真实情况。信写到《江海学刊》编辑部，请他们代为转交。信中说到，我在镇江中学读书时，语文老师的名字和您的名字一样，1954年高中毕业后，一直没有联系过，也不知道我们的老师现在何处工作？写此信的目的是来认老师，如果认错了，我想您也不会责怪我。从您在《江海学刊》上的两篇文章的思路和措辞用意看，都和我们那位诸先生上课的风格一样，因此，但愿我没有认错。大约在十多天后，我果然收到了诸先生非常高兴的回信。来信第一句话就是："哈哈！我正是您要认的在镇江中学为你们上过语文课的那位老师。"并说在接到我的认老师信以后，不晓得多么高兴，自己在中学教过的学生，不仅已经走上大学讲堂，而且已经和自己一道在同一个刊物上发表文章，能不高兴吗？接着在信中就讲了，1955年秋，江苏教育厅便调他到南京江苏教师进修学校任教，不久教师进修学校改为江苏教育学院，最后又与南京师范大学合并，便一直在南师大任教。从此以后，我们师生之间就不断有书信往来，有了新的研究成果，也都及时寄赠，即使在那十年动乱的"文化大革命"日子里，我们之间的联系也从未中断过。

1974年夏，我在杭州大学任教时，被当时的"科教组"借调去北京参加《历史研究》的复刊工作。由于"四人帮"已派了爪牙操纵了该刊,欲使之成为反党舆论工具,而我的观点却"不合时宜",与他们做法格格不入,故国庆后他们便宣布我为"害群之马"而让我返回杭大。行前,我曾将返回一事告知诸先生,诸先生得知后,要我途经南京时一定要停留一天,并且一定要住在他家里。为了我去,师母还特地炖了一只鸡。大家知道,在那个年头,一般只有逢年过节才有可能吃鸡。师母告诉我,因为我要来,所以老师几天来心情都特别好。当天晚上,我与诸先生一直谈到深夜,所谈内容也特别广泛,毕竟分别20年了,各方面变化也都很大。特别是这天晚上,第一次听到诸先生当年师从国学大师章太炎的情况,他说:"'九一八'事件发生后,章太炎决定在苏州创办'国学讲习会'①,全国各地来听讲者甚众,朝鲜、越南、日本学人,也有人前来询问。此时,我辞去课务,特地住在先生新建的讲堂西面宿舍中,朝夕陪着先生。先生每次演讲,都由我在旁记录,分期刊行。后又和孙世扬一道协助先生编印《制言》半月刊,任务颇为繁忙,但是精神却十分愉快。"(引自诸先生的《八十七岁自述》)直到1936年6月14日太炎先生去世,诸先生一直守在其身边。所以,诸先生乃是国学大师章太炎先生真正的弟子,真正传人!据诸先生亲口告诉我,后来有许多学者都讲自己是章氏学生,实际上许多人只不过听过几次课而已。更有甚者,现在社会有许多学界人士总还是打着自己是章太炎的再传弟子的旗号,其实都是不可信的。

　　由于当日在诸先生家吃鸡,这就使我联想到当年诸先生讲课时的语言生动性与形象性。记得当时诸先生讲作一篇文章时,指出一篇文章如何好,要靠每个人阅读以后慢慢去品味方能体会到,靠别人讲解,你还是体会不到真正点子在那里。就如大家都知道,鸡汤是非常鲜的,但是,究竟如何鲜?谁也讲不清楚,只有自己吃了鸡汤后,方能真正领会到鸡汤鲜美的意境。我们回顾了这一内容以后,诸先生当年在课堂上讲课时的音容笑貌,肯定会浮现在脑海之中。当然,这里有必要说明一下,50多年后的今天,由于各方面都有了很大变化,鸡汤也变得不鲜了,洋种鸡的引进,加上养鸡时大量使用催生素,原来作为鲜美代名词的鸡汤,已经不再是非常诱人的美味佳肴了。如果今天在课堂上再用这个比喻,效果自然就不一样了。还有,当年诸先生在课堂上

---

　　① 章太炎,浙江余杭人。杭州西湖边有章太炎墓与章太炎纪念馆。他是近代杰出的国学大师,"国学"一词便是由他最早提出的。

讲解一些较为生僻的字或是词时，为了能让大家都听得懂，往往还讲解一些文字的结构和音韵的转变等方面常识，力求做到形象、易懂。可惜的是，由于我们自己基础不够扎实，因此，这样好的内容还是不太听得懂，现在想起来，实在太可惜，若是当时都能听得进去，对于我们这些人来说实在太受用了。

拨乱反正以后，尽管大家都忙于教学和科研工作，我们师生间更加保持着通讯往来。1979 年，中国历史文献研究会成立后，要约请一些德高望重的知名老学者为学刊写文章，我受会长、著名文献学家张舜徽先生委托，向诸先生约请一篇文章，诸先生欣然答应，并很快写了一篇关于长沙马王堆出土的战国帛书文章，发表在《中国历史文献研究集刊》第二期上。此后，各人有新成果问世，都会相互告知。1983 年、1984 年，我先后有两部学术专著出版，并都作为作业先后向诸先生寄呈，先生每次收到后，都会写来热情洋溢的褒奖信，老师看着自己的学生不断成长，内心高兴也是可以理解的。1985 年，诸先生 100 万字的《战国策集注汇考》一书出版，这是集先生一生心血而成的一部学术大著，是到目前为止研究《战国策》集大成之作。此书出版后，诸先生不仅给我寄来一部（上、中、下三册），而且在扉页上端正地写了"修良老弟惠存：祖耿敬赠"题字，充分表达了师生间的深厚情谊。这一年，先生已经是 89 岁高寿了。也就在这一年，先生在《文献》杂志"中国当代科学家"栏目中，发表了《八十七岁自述》（文章是写于 1984 年 9 月，这年是 88 岁）一文，将自己的生平经历作了介绍。我们这位诸先生，和许多著名学者一样，是一位没有大学文凭的大学教授，就如在历史学界享受盛誉的钱穆先生，中学都没有毕业，就先后在小学、师范、苏州中学等任教，并与诸先生多次为同事，他们都是通过自己的辛勤劳动，最后都登上最高的学术殿堂。章太炎"国学讲习会"开办后，诸先生便辞去所有教学工作，专门跟随太炎先生研究国学，并应聘为上海两大学院同时任职。上海沦陷，他途经越南到云南，应聘为云南大学中文系教授。抗战胜利后，无锡荣氏家族办了江南大学，便将他与钱穆先生一道请回江南大学任教。直到 1949 年全国解放，因全国院校调整，江南大学一部分归入东南大学，一部分与江苏省立社会教育学院合并。诸先生则被分配在教育学院，不久又被调到镇江中学，因此，我们才有幸聆听到章太炎真正传人的教诲。1989 年，先生仙逝，享年 92 岁。

（原载《浙江方志》2012 年第 6 期）

从《册府元龟·帝王部》看其作者的神学史观

一

《册府元龟》为宋代四大部书之一，是王钦若、杨亿、钱惟演、夏竦等人奉宋真宗之命编纂的。它与古代许多官修类书一样，主要是为了供帝王阅览历代治乱兴衰之故、君臣得失事迹，以为施政之借鉴。不过它在这方面表现得更为突出，因此，和唐宋其他类书相比，其内容、体例又全都不同。它的全部编纂过程，从内容到分类，无一不是从史鉴角度出发。这当然与编纂人员的指导思想有关，真宗曾直接指示编修人员："朕编此书，盖取著历代君臣德美之事，为将来取法，至于开卷览古，亦颇资于学者。"又说："所编《君臣事迹》，盖欲垂为典法，异端小说，咸所不取，观所著篇序，援据经史，颇尽体要，而诚劝之理有所未尽也。"①据史书记载，宋真宗对该书的编纂，于内容取材作过多次指示，必须做到能"为将来取法"，"垂为典法"。为了达到这一要求，甚至材料取舍都作具体规定，"异端小说，咸所不取"。所以李嗣京在为该书所作序中十分推崇，将其与《尚书》《春秋》并列，说："闻宣尼得帝魁之书，迄秦缪，凡三千二百四十篇，乃断远取近，止留百二十篇，以为万世君臣之法，又因端门之命，使子夏等求周史记，得百二十国之书，乃芟辞取义，止因鲁史以申天王予夺之权，是非大定，得失灿然，凛乎其不可易。故后世司马光作《通鉴》、朱子作《纲目》，皆始于周威烈之二十三年而不敢上越，以避《尚书》《春秋》。然其立旨君规臣儆，则根本托焉。臣谓《册府元龟》实准于是。"因此，他在序文最后指出，"《册府元龟》当与《尚书》《春秋》《史鉴》并置座右"。这些评论当然是从封建正统观念出发，我们姑且不作评论，但有一点可以说明，他把这部类书完全作为史书看待，并且是当作封建社会里第一流史书，可与《尚书》《春

---

① 引自中华书局影印《册府元龟》第一册卷首李嗣京《册府元龟考据》。

秋》并列,推崇之高,于此可见。

类书的史料价值,总的来说都是比较高的,这已为文史研究工作者所共认,而《册府元龟》由于它的纂修时目的要求所定,本身就是一部史料性质的类书,因而它所具有的史料性质更强。它"不采说部","异端小说,咸所不取",故其史料价值的可靠性无疑要比其他类书来得高。因为它所用的史料来源,尽管说大抵以"正史"为主,间及经子,但其所辑并不以"十七史"为限,不仅兼采了唐、五代各朝实录,而且五代时的奏议、诏令等,亦多整篇整节照录原文,况且所据史书,又都是北宋以前古本,所以其内容自然与今本"十七史"不尽相同。而唐、五代各朝实录并诏令、奏议等大都不存,这就无形中为我们保存了许多珍贵的史料,无论是研究当时历史还是校补当时史书都具有不可忽视的价值。清人在辑佚《旧五代史》和校补《旧唐书》等书时,此书已经发挥了很大作用。可是它的重要价值,长期以来一直没有引起学者们足够重视。诚如陈垣在《影印明本册府元龟序》中所指出:"《册府元龟》为宋朝四大部书之一,亦为清《四库全书》中最大部书之一,库本凡二万七千二百余页,其数比《太平御览》多一倍。二者同是类书,然前人每重《御览》而轻《册府》,故《御览》自明以来有数刻,《册府》只有一刻,……明末诸儒如顾炎武等对《册府》尚不断引用,其后致力者遂稀。"清人辑佚史书,亦多用其实而不标其名。当然,也由于《册府元龟》所引材料,均无出处,使读者不易知道其材料辑自何书,这也可能是它不受欢迎的一个重要因素。陈垣在序中还列举事实,说明清代辑佚家由于不重视《册府元龟》而产生很不应该的大笑话,说:"《魏书》自宋南渡后即有缺页,严可均辑《全后魏文》,其三十八卷刘芳上书言乐事,引《魏书·乐志》仅一行,即注'原有缺页';卢文弨撰《群书拾补》,于《魏书》此页认为'无从考补',仅从《通典》补得十六字。不知《册府》五百六十七卷载有此页全文,一字无缺。卢、严辑佚名家,号称博洽,乃均失之交臂,致《魏书》此页埋没八百年,亦可为清儒不重视《册府》之一证。"这不仅说明《册府元龟》在清代学者中不被重视,考据辑佚大家尚且如此,一般学者就可想而知。同时也说明其史料之丰富,既可校史,亦可补史。

既然作为借鉴是编辑这部类书的最终目的,因此它的分类与编排,亦多仿照史法。全书共分31部,1100余门,每部都有总序,每门亦有小序,体例一致,取舍谨严,无其他类书所存在的杂滥现象。分类编排,尽管不像纪传"正史"那样,区之以本纪、列传,以显示等级贵贱,但 31 部的排列,仍以《帝王部》居首,依次再列《闰位》《僭伪》《列国君》《储宫》《宗室》《外戚》等部。因为该书的编纂者与其他正宗史家一样,认为历代帝王,全是受天之命。至于世系之久长,还得看其是否施行德政。所以他们提出帝王"受天命,膺帝期者,盖以祖宗实有茂德,所以后世承乎发祥"。"若乃积累之懿,传继之盛,盖由德有厚薄,源有浅深;凭旧烈者蕃衍,无世资者衰替,今并考旧史,披帝箓,详究初终,率用论次,俾有条而不紊,庶百世而可知矣"①。这就表明其编辑本书的目的及借鉴之重点。既然帝王是受命于天而来治理百姓,主宰一切,故史书所载,理应以帝王为先。这正是刘知幾所说纪传"正史"的本纪,在于"书君上以显国统"的主张在此的体现。单就这点而言,在封建社会里编写史书,首先强调要"显国统",本是名正言顺,何况御用学者,这似乎也是无可厚非的。当然,我们在肯定《册府元龟》史料价值的同时,也应看到它的缺陷和思想局限性。现仅就《帝王部》的编纂,对其神学史观略加剖析。

二

为了麻醉人民,保持王朝的长治久安,于是利用阴阳灾异说,宣扬天命论神学史观,就成了历代统治者及其御用史家编写史书时常用的一种手法。这种天人感应的神学史观,充斥了《册府元龟》的《帝王部》,从《总序》到每一个《小序》,几乎个个都贯穿皇权神授这一说教。这部书的编纂人员中,虽然没有著名的历史学家,但是他们对于宣扬这一套思想的"史法"还是相当娴熟的。总其事的王钦若在这一方面并称得上是个行家。《宋史·王钦若传》记载说:"大中祥符初,为封禅经度制置使兼判兖州,为天书仪卫副使。先是,真宗尝梦神人言'赐天书于泰山',即密谕钦若。钦若因言,六月甲午,木工董祚于醴泉亭北见黄素曳草上,有字不能识,皇城吏王居正见其上有御名,以告。钦若既得之,具威仪奉导至社首,跪授中使,驰奉以进。真宗至含芳园奉迎,出所上《天书再降祥瑞图》示百僚。钦若又言至岳下两梦神人,愿增建庙庭;及至威雄将军庙,其神像如梦中所见,因请构亭庙中。封禅礼成,迁礼部尚

---

① 《册府元龟》卷一《帝系门》小序。以下凡引《册府元龟》,书名均省略。

书,命作《社首颂》,迁户部尚书。从祀汾阴,复为天书仪卫副使,迁吏部尚书。明年,为枢密使、检校太傅、同中书门下平章事。"这段记载,生动地说明此人很善于用符瑞等手段迎合真宗意图,表演十分出发,就像一位熟练的魔术师,因此步步高升。接着还说:"钦若尝言:'少时过圃田,夜起视天中,赤文成"紫微"字。后使蜀,至褒城道中,遇异人,告以他日位至宰相。……'及贵,遂好神仙之事。""真宗封泰山,祀汾阴,而天下争言符瑞,皆钦若与丁谓倡之。"可见还在为官之时,已学就了一副江湖嘴脸,在他的影响下,能使"天下争言符瑞"。要他修史自然更是依着主子腔调唱和。从这点来看,《册府元龟》里充满了神学史观,自然也就不足为怪。如果我们把他与同时代而稍后的大史学家相比,那就更加足以说明这些人大多是目光短浅、专为个人私利而到处钻营的无耻文人,无怪乎当时人已将王钦若列为"五鬼"之一。

司马光是与王钦若同时代的著名史学家,尽管反对王安石变法,但为人正直,不图私利,他奉命编修《资治通鉴》,要求非常明确,"专取关国家盛衰,系生民休戚,善可为法,恶可为戒"①,以供君主治国安邦而借鉴。为此,在编写中他就紧紧扣住这个主题。他比一般正宗史家要来得高明,他知道利用阴阳五行、神鬼故事,对巩固封建国家的统治绝无好处,因此还在《通鉴》编修工作刚开始时,就与他的三大助手约定,除了那些可以起警戒作用的妖异外,其余有关神鬼怪诞记载一概不加采择,所以充斥正史、杂史中那些鬼怪神奇故事,以及灾异、符瑞、图谶、占卜一类东西,《通鉴》中一般都不作记载。司马光敢于面对政治现实,正视历史事实,认定编写历史,既然在于"穷探治乱之迹,上助圣明之鉴",不能不详细地记载历代的政治斗争和阶级斗争情况。要探讨历代治乱,对历代农民起义必然要作比较详细的反映,使最高统治者看到,农民起义大多出于官逼民反。为了提醒统治者不再蹈前人覆辙,对于历史上统治阶级的罪恶行径,特别是对封建君主的骄奢纵逸,都作了一定的揭露和谴责。司马光清楚地意识到,无数历史事实说明,国祚长短,皇位得失,王朝兴衰,都不决定于上天之命,完全在于统治者的人为。他批评了汉武帝"穷奢极欲,繁刑重敛,内侈宫室,外事四夷,信惑神怪,巡游无度,使百姓疲敝,起为盗贼"。可是,在他看来,汉武帝毕竟与秦始皇不同,指出:"武帝能遵先王之

----

① 《进资治通鉴表》。

道，知所统守，受忠直之言，恶人欺蔽，好贤不倦，诛赏严明，晚而改过，顾托得人，此其所以有亡秦之失而免亡秦之祸乎？"①很显然，在司马光看来，汉武帝统治时期，其"所以有亡秦之失而免亡秦之祸"，并非天意，实在人为。即使"尧舜为帝王首者，亦修人事而已"②。所以他在《资治通鉴》中用大量生动的历史事实来说明治乱兴衰在于修人事而不在天命。这不仅说明他具有超人的史识，而且具有远大的政治眼光，又有一定胆量，敢于对历史上的政治斗争和阶级斗争如实加以揭示。特别对历史上那些帝王所做的丑事，即使汉武帝、唐太宗也从不放过。他认识到，宣扬神鬼怪异的天命论，实际上是自欺欺人，对于君主也是毫无益处。可是《册府元龟》的作者们，既无此史识，又无此胆量，因此凡是能够说明天命思想的材料，几乎有言必录。同时对于历代帝王又多尽言其"美事"，而讳言其荒淫贪暴之丑事。这完全是按照宋真宗所定的调子而编纂。真宗讲了，"朕编此书，盖取著历代君臣德美之事，为将来取法。"因此，从整个《帝王部》所列门目来看，全是关于历代帝王英明勤政，节俭仁慈。所述内容，则是歌功颂德，文治武功。后世君主若从中去了解历代治乱兴衰之实迹，自然就很困难了。

三

　　《册府元龟》的作者，在《帝王部》利用阴阳五行说来大肆宣扬天人感应的神学史观，在《总序》中竟然把五行说作为社会现象的永恒规律来加以鼓吹，他们承袭了董仲舒、刘向父子阴阳五行说的论述，把历史上所有朝代的出现都一一加以附会，说什么"帝王之起，必承其王气，太古之世，鸿荒朴略，不可得而详焉。庖牺氏之王天下也，继天之统，为百王先，实承木德以建大号。三坟所纪，允居其首，盖五精之运，以相生为德。木生火，火生土，土生金，金生水，水生木。乘时迭王以昭统绪，故创业受命之主，必推本乎历数，参考乎征应，稽其行次，上承天统，春秋之大，居正贵其体元而建极也。前志之论闰位，谓其非次而不当也。共工氏任智刑以御九域，霸而不王，虽承太昊之后，而不齿五德之序。神农氏以火承木，故为炎帝。轩辕有土德之瑞，故号黄帝。少

① 《资治通鉴》卷二十二。
② 《资治通鉴》卷二〇八。

昊以金德王,故号曰金天氏,颛顼以水德王,号曰高阳氏。……以上皆承运更起,应期正位,参列五辰之次而克当统纪。至于正朔服色之改度,戎祀朝会之所尚,记籍斯逸,罕得而述焉。夏后氏受有虞之禅,是谓金德,正用建寅,其色尚黑。商汤代夏,以水德王,正用建丑,其色尚白。周武以木德王,正用建子,其色尚赤。三代之际,各居一统,错综其数,以通其变。顺三微之序,极三才之致,咸享祚长久,盖得夫天历之正也"。对于以后各朝,"历数""征应""行次"乃至服色等,亦都一一记载,并按五德始终说的顺序加以排列,企图以此说明,朝代之兴亡,必定顺应这个五德始终循环,无一例外。当记至五代后周时,接着便说:"自伏羲氏以木王,始终之传,循环五周,至于皇朝,以炎灵受命,赤精应谶,乘火德而王,混一区夏,宅土中而临万国,得天统之正序矣。"这里列叙很多朝代,发表不少议论,其真正目的归根到底是要说明一点,即大宋之得天下,全由神意所安排,而这种安排,完全合乎五德始终说的顺序,这就是所谓"得天统之正序"。既然如此,那么,宋王朝的江山,无疑也就可以长治久安了。值得注意的是,这套理论,并非他们新创,全由班固等人著作中转相抄录。班固在《汉书》中为了说明刘邦建立的汉朝是出于神意所定,因此,在《汉书·郊祀志》中有这么一段议论:"高祖始起,神母夜号,著赤帝之符,旗章遂赤,自得天统矣。昔共工氏以水德间于木火,与秦同运,非其次序,故皆不永,由是言之,祖宗之制,盖有自然之应,顺时宜矣。"简而言之,刘邦之建立汉朝,是"得天统","顺时宜",全由天意所定,可见两者真所谓异曲而同工。

众所周知,自从董仲舒和刘问、刘歆父子倡五德终始,以阴阳五行说来解释历史的发展,班固撰《汉书》又专立《五行志》,集中了汉儒关于历史中灾异、祥瑞神学说教以后,史家著书,竞相效习,于是五德终始、五行灾异之说,遂充斥史书,直接为封建统治者宣扬皇权神授而制造舆论。于是历代统治者为了达到其政治目的,总要借助这个法宝,把自然界的各种灾异与人世间的一些事件有意地联系起来,予以附会。他们更像魔术师一样,编造出各式各样的祥瑞,还不断变更其年号,并用一个胜过一个的吉利词儿命名年号,无非都是为了说明其政权顺天承命,永享天年。唐代杰出的史学家刘知儿,久任史官,当然深知其意,面对这种政治骗局,对史学领域泛滥的五行灾异之说提出了严厉的批判,这种批判,矛头虽针对史学领域,而在当时,实际上却具有现实的政治意义。刘知幾指出,许多所谓灾异或祥瑞,其实都是自然现象、本与人事无关，有些史家硬是把它写入史书，加以附会，好像真有其事，着实可笑。特别是那些所谓祥瑞，实际上都是一些喜爱奉承拍马的大臣，为了迎合君主的意旨，骗取主子的欢心，故意牵强附会编造出来的。君主越是缺德，国家越是混乱，所出现的祥瑞也就特别多，这几乎也成了规律。所以他说："凡祥瑞之出，非关理乱，盖主上所惑，臣下相欺，故德弥少而瑞弥多，政愈劣而祥愈盛。是以桓灵受祉，比文景为丰；刘石应符，比曹马益倍，而史官征其谬说，采彼邪言，真伪莫分，是非无别。"①这样的所谓祥瑞，除了自欺欺人，还能够说明什么呢？而有些历史学家，却把它载入史册，自然令人可笑。

时至北宋，《册府元龟》的作者仍将这一思想当作法宝而大肆宣扬，并把它作为历史发展的主轴而吹嘘，这就足以说明作者封建正宗思想的顽固性。《帝王部》的《总序》，通篇文字除了宣扬这一思想外，别无其他内容可言。《帝系》小序，也只是对这一思想作些重复而已。人们只要打开《帝王部》的目录，立刻可以发现，在其所分门目之中，竟还专门列了《运历》《征应》《符瑞》《感应》《神助》等门，有意识地把这类内容汇集在一起，自然也是经过精心安排的。为了剖析作者的神学史观，这里不妨把这类门目小序选录如下。《运历门》小序云：

昔郯子述五代之官纪盖有伦矣，稽之于《易》，本其世数，乃知庖牺之王，正是天统，共工继起，位非其序，少昊之衰，九黎乱德，颛顼始复建重黎之官以司天地，其后三苗干纪，二官咸废，尧命羲和以篡共业，受时定岁，众功允治。既而授舜曰："天之历数在尔躬"，舜亦以命禹。三代之际，牲服殊典。汉绍周世，议论累叶，讫于中兴，始定厥制。魏晋而下，南北迭起，而天禄永终，实在中夏。至如征诸儒之说，集盈庭之言，敷引异辙，沿袭相戾。及夫循五德终始之传，叶三统因革之义，颁正朔，立制度，咸推历而更王居正而惟叙者矣。

这篇小序，除了说明历数有定，自汉而下，历代无不"循五德"、"叶三统"而外，别无其他实际内容。而这一门目所辑之材料，上起太昊，下至五代，一一罗列其"改正朔，易服包，殊徽号"。企图用这些所谓具体历史记载，证明其言出有据，足以征信。

《征应门》小序曰：

---

① 《史通·书事》。

自古受命而王者，莫不有征应焉。岁起摄提，肇生天皇，书契而下益章章矣。故曰，黄河清而圣人生，里社鸣而圣人出，群龙见而圣人用。生既异禀，则父王之在母不忧，出既殊感，则汉高以斩蛇自负，用既响合，则光武应白水之谶而中兴矣。《传》曰："天降时雨，山川出云，嗜欲将至，有开必先"。《易》曰："云从龙，风从虎，圣人作而万物睹"，上自日月星辰，下及昆虫草木，以时荐祉者何可胜道哉！是知天人合契，灵只幽赞，运之斯启，感而遂通，乘时建事，大勋以集。盖帝者之兴，未有不休征先兆以表眷命之符者也。

　　这一篇小序所反映出的作者思想就更明显了，毫无隐讳的开宗明义第一句就提出"自古受命而王者，莫不有征应"，这里的受命自然是指受天之命，意思是说，谁做皇帝，都是由上天早已决定，因此在他继任帝位之前，"莫不有征应"。这就是所谓"黄河清而圣人生，里社鸣而圣人出，群龙见而圣人用"，也就是"天人合契"。为了证明这一点，在这一门目之下，从旧史中汇辑了历史上每个王朝建立时所出现的"征应"。如大家所熟悉的，班固在《汉书》的《高帝纪》中曾特意编造了从尧舜到刘邦的刘氏世系和所谓斩蛇的奇迹。这本属无稽之谈，而《册府元龟》却把这些离奇的事全文照录，又从本纪和其他有关列传中摘取了有关神奇之说，加以拼凑，从而构成了一篇汉高祖称帝前的传奇故事，使人看起来似乎每个"征应"之间都还有内在的联系。前后连贯，说明刘邦称帝前的种种"迹象"，都是受天之命的"征应"。为了说明问题，现将全文抄录如下：

汉高祖初从王媪、武负贳酒，时饮醉卧，武负、王媪见其上常有怪。高祖每酤留饮，酒雠数倍。及见怪，岁竟，此两家常折券弃责。后高祖以亭长为县送徒郦山，徒多道亡。自度比至皆亡之，到丰西泽中亭，止饮，夜皆解纵所送徒。曰："公等皆去，吾亦从此逝矣！"徒中壮士愿从者十余人。高祖被酒，夜径泽中，令一人前行。行前者还报曰："前有大蛇当径，愿还。"高祖醉，曰："壮士行，何畏！"乃前，拔剑斩蛇。蛇分为两，道开。行数里，醉困卧。后人来至蛇所，有一老姬夜哭。人问姬何哭，姬曰："人杀吾子。"人曰："姬子何为见杀？"姬曰："吾子，白帝子也，化为蛇，当道，今者赤帝子斩之，故哭。"人乃以姬为不诚，欲苦之，姬因忽不见。后人至，高祖觉。告高祖，高祖乃心独喜，自负。诸从者日益畏之。高祖隐于芒、砀山泽间，吕后与人俱求，尝得之。高祖怪问吕后，后曰："季所居上尝有云气，故从往尝得季"。高祖又喜，沛中子弟或闻之,多欲附者。高祖既入咸阳,范增令人望其气,皆为龙,成五色,此天子气,故劝项籍急击之,勿失。沛公用项伯、张良谋,来谢得免。高祖既为汉王,二年,项籍击汉睢水上,大破汉军,多杀士卒,睢水为之不流。围汉王三匝。大风从西北起,折木发屋,扬沙石,昼晦,楚军大乱,而汉王得数十骑遁去。陈余袭破常山王耳。耳败走,曰:"汉王与我有故,而项王强,立我,我欲之楚"。甘公曰:"汉王之入关,五星聚东井。东井者,秦分也,先至必王。楚虽强,后必属汉。"耳遂走汉。

辑录至此,作者还唯恐人们不解其意,于是紧接着又用小字注引《汉书·天文志》一段文字曰:

又《汉书》载汉元年十月,五星聚晋东井,以历推之,从岁星也,此高皇帝受命之符。故客谓张耳曰:"东井,秦地,汉王入秦,五星从岁星聚,当以义取天下"。秦王子婴降汉王于枳道,汉王以属吏,宝器、妇女亡所取,并封公门(《汉书·天文志》作"闭宫封门"),还军次于霸上,以候诸侯。与秦民约法三章,民亡不归心者,可谓能行义矣。天之所予也,五年遂定天下,即帝位,此明岁星之聚东井为秦地明效也。

这样长的一段文字,全无实际内容,无非反复说明刘邦之称帝,盖由天授,"五星从岁星聚",正是天意之"征应",如此而已。下面我们再看《符瑞门》小序:

传曰:麟凤五灵,王者之嘉瑞也。夫德之休明,天降茂祉,则必百神幽赞,百物效灵,故有非人力之所能致而自至焉者。先民有言曰:人主和德于上,百姓和合于下,则天下之和应矣。故嘉禾兴,朱草生。记曰:天不爱其道,地不爱其室。盖珍符之应,以应有德,故王者重之,是以《书》载归禾,《诗》咏鸣凤,芝房宝鼎升于乐府,神雀甘露表为年纪,皆所以发扬景贶,光照丕烈者也。然而洪覆在上,其道玄远,坤厚载物,其德沉潜,人灵歙乎至和,昆虫蒙乎利泽,非布于伟兆,震乎珍物,又安能发辉眷祐而觉悟黎蒸者哉。

这里所说的是,只要人主修德,自会得到百神为之幽赞,庶物为之显灵,诸如凤凰鸣,麒麟舞,嘉禾兴,朱草生,这些祥瑞,自非人力之所能致者。由于历代史书关于这一方面内容记载较多,因此,《册府元龟》这一门内容竟用四节篇幅,足见作者对此十分重视,真做到了有记必录。其实凤凰来仪,嘉禾入献,是否真的这些朝代的君主都有德政,政治清明,百姓和合呢?历史事实无情地予以否定。"文景之治",是历来史家所公认,可是这两朝之祥瑞,据《册府元龟》所载,仅有两条,桓灵两朝政治得失,前人早有定论,而这两朝祥瑞之多,《册府元龟》所载,竟达12次之多,为文景两朝的6倍,这正是刘知幾所说"德弥少而瑞弥多,政愈劣而祥愈盛"。这就充分说明,所谓符瑞,全是编造出来的骗人鬼话,统治者企图用它来粉饰太平,麻醉人民,以巩固其统治。因此,用这样的材料,既无法证明当时统治者政治清明,也不会为后来统治者起到劝善惩恶的作用。

至于《感应》一门,其实就是因果报应的思想用在君主身上而已,认为君主只要注意修德,必然能感动上天而获得降福。其序曰:

《书》曰:"惟德动天"。又曰:"至诚感神。"是知为善者降祥,好谦者受福。天人相与之际,交感欣合,如律之命吕,云之从龙,未尝斯须而不应也。故古者贤圣之君,莫不通三统之要,重万灵之命,思惟往古,穷极至治,兢兢业业,罔敢暇预德之盛也。合于天地,诚之至也,通于幽明,神以知来,聪明知远,善行无迹,有开必先,则感而应之,乃自然之理也。乃若商汤桑林之祷,大雨斯降,汉武竹宫之祀,神光屡烛,宣帝建祖庙而白鹤集,玄宗封泰山而劲风止。策书所纪,其流实繁。……董仲舒有言曰:"王者修五常之道,故受天之祐而享鬼神之灵"。德施于方外,延及群生也。岂不韪欤。

"征应"与"感应",其区别就在于前者为上天意志事先有所定,只不过通过某一事物现象把它反映、体现出来。后者则要君主本身先修德,通过人事而去感动上天或鬼神,从而可以得到支持和帮助。这篇序中还特地提出董仲舒的言论,认为君主只要能"修五常之道",就必然能得上天或鬼神的保佑。大家知道,"五常"是儒家长期以来所宣扬的五种所谓常行不变的伦理道德标准,董仲舒等人认为,它和"三纲"一样,都是天的意志,君主应当带头实行。这么一来,"君权神授",君主应当按照天的意志行事的思想就紧密地结合起来。按照《册府元龟》作者的看法,君主一举一动,上天无不知晓,"为善者降祥,好谦者受福。天人相与之际,交感欣合,如律之命吕,云之从龙,未尝斯须而不应也"。不仅如此,《册府元龟》作者在《帝王部》里紧接着《感应》之后,还专列了《神助》一门,把历代帝王之所以取得胜利,或者得到帝位等,都归之于天、神所助。如上文所引对汉高祖刘邦的附会,在这一门中,再次重复记曰:

汉高祖初为汉王,二年四月,与项羽大战于彭城灵璧东,围汉王三匝,大风从西北起,折木发屋。扬沙石,昼晦。楚军大乱,而汉王得与数十骑遁去。

在作者看来,刘邦被团团包围,所以能够冲出重围而逃脱,自然是得之天神所助而无疑,否则在紧急关头怎么会突然有飞沙走石的大风发作呢?因此,只要能得到上天之助,"冒矢石而如夷,视水火而可蹈,寒暑为之易节,风雷为之借势"[1]。任何艰难险阻之事,均可顺利得到成功。特别要指出的是,《册府元龟》作者,为了宣扬天人感应的神学史观,还把江湖相命术语搬进书中,特列《奇表》一门,辑录历代称王称帝者与众不同的奇特形状,并且认为这都是由于天赋。他们在序中说:

域中四大,王居其一,《洪范》五事,貌为其首。是知清明在躬,而志气如神,和顺积中,而英华发外。自古继天而王,出震应期,莫不体备纯元,器含异禀,实有圣德焕乎英表,乘天地之正,故其仪可象,参日月之明,故其威可畏。若夫本徇齐之性,挺岐嶷之姿,标五行之端,冠群龙之首。宜乎包神灵之蕴,协符瑞之纪,魁奇倬穆,夐出世表。孟子曰:"形色天性也,惟圣人然后可以践形",诚哉是言。

这里所讲,道地江湖语言,刻意美化帝王形象,并说全属天赋。如说"汉高祖为人隆准而龙颜,美须髯,左股有七十二黑子"。"太宗年四岁时,忽有书生自言善相,诣高祖曰:'公是贵人,有大贵子,因目太宗曰,龙凤之姿,天日之表也。公之贵以此而后,必由之而创功业,年将二十,必能济世安民矣。'高祖闻其言,甚惧,及书生辞出,使人捕欲杀之,以灭其口,而不知所在"。诸如此类记载,录之于史书,如果仅用以说明某人形貌如何,自无不可。然而本书作者却是用来说明其出于天意,故而相貌与众不同,这自然就荒唐可笑了。至于有些门目和内容,全袭旧史,如《崇祭祀》《封禅》等,尽管小序中也多有议论,但只要我们已经了解到作者们上述思想状态,这些议论,即便不看,其内容精神亦可想而知。

综上所述,《册府元龟》的作者,为了宣扬神学史观,因此在《帝王部》里立了许多与史事毫无关系的门目,大都贩卖董仲舒、刘向等人所创立的五行灾异说和天人感应论,企图用它来为巩固封建统治服务。其实这种做法,非常笨拙,正如许多进步史家所批评的,只不过是自欺欺人罢了。唐宋以来,由于

----

[1] 《神助门》小序。

社会发展和历史学本身的进步,这种天人感应的神学史观已经一再遭到批判,许多有远见的历史学家,编历史著作,研究社会变革,大多注意人事的作用。如唐代的刘知幾、杜佑,北宋的司马光,南宋的郑樵等人,有的是对这种史观直接提出了批判,有的则规定在自己著作中排除这些神怪故事,强调研究人事的历史进程中的作用。而《册府元龟》在这时还极力宣扬这种观点,自然就格外显得突出了。因此,我们在研究和使用《册府元龟》时,在肯定它的价值与作用的同时,必须看到这点,以便扬弃其糟粕。

四

我们上面用了比较多的篇幅论述了《册府元龟·帝王部》所反映的神学史观,但并不意味着《帝王部》就毫无价值了。《帝王部》所辑录的虽然都是与帝王有关的史料,但涉及面却相当广泛。《总序》说:"凡帝王部一百二十八门。"可见分门别类相当详细,这为人们查阅材料提供了方便。尽管从现在看并无 128 门,但其分类确实很细,如单以用人而言,就分有《求贤》《审官》《命相》《任贤》《礼大臣》《褒贤》《委任》等门,关于君主治国施政方面就分立《节俭》《英断》《明察》《勤政》《守法》《政治》《兴教化》《立制度》《发号令》等门。人们需要寻求那一方面材料,从每一部所分门目,就可一目了然。又如历代统治者,他们在统治期间所利用的思想工具亦不尽相同,《册府元龟·帝王部》就分别立有《崇儒术》《崇释氏》《尚黄老》等门。这样,如果我们要想了解佛教在中国流传的盛衰历史概况,它就可以为之提供较系统的线索。《资治通鉴》卷一四八曾记载,北魏孝明帝时,"太后好佛,营建诸寺,无复穷已,令诸州各建五级浮图,民力疲敝。诸王、贵人、宦官、羽林各建寺于洛阳,相高以壮丽。太后数设斋会,施僧物动以万计,赏赐左右无节,所费不赀,而未尝施惠及民。府库渐虚,乃减削百官禄力"。这就说明,由于佛教的盛行,全国各地大建寺庙,已经严重地影响了国家财政收入。因此,神龟元年(518 年)冬,司空尚书令任城王澄上表,历数由于全国各地兴建寺庙,使得人民遭殃,国家经济破产。对于此表,司马光在《通鉴》中曾摘录了它的要点:"昔高祖迁都,制城内唯听置僧尼寺各一,余皆置于城外;盖以道俗殊归,欲其净居尘外故也。正如三年,沙门统惠深,始违前禁,自是卷诏不行,私谒弥众,都城之中,寺逾五百,占夺民居,三分且一,屠沽尘秽,连比杂居。往者代北有法秀之谋,冀州有大乘之变。太和、景明之制,非徒使缁素殊途,盖亦以防微杜渐。昔如来阐教,多依山林,今此僧徒,恋著城邑,正以诱于利欲,不能自已,此乃释氏之糟糠,法王之社鼠,内戒所不容,国典所共弃也。臣谓都城内寺未成可徙者,宜悉徙于郭外,僧不满五十者,并小从大,外州亦准此。"①《通鉴》毕竟是一部简明的编年体通史,对于这类奏章,自不可全文照录。如果我们要研究北朝佛教的历史乃至研究北朝的社会由此而产生的病态,最好能看到这个奏章的全文。因此佛教的盛行,上起帝王,下到民间,都有极大的影响,已经不单是宗教问题,而且是现实的政治问题、社会问题,对于学术思想、文化生活无不产生极大影响。我们只要看到这个奏章,就可以了解这一切。《魏书·释老志》中曾把它保存了下来,《册府元龟》也全文抄录。其中有几段所提供资料非常重要,如说:"都城之中及郭邑之内,简括寺舍,数剩五百,空地表刹,未立塔宇,不在其数,民不畏法,乃至于斯。自迁都已来,年逾二纪,寺夺民居,三分且一。"又说:"今之寺僧,无处不有,或比满城邑之中,或连溢屠沽之肆,或三五少僧共为一寺,梵唱屠音,连檐接响。像塔缠于腥臊,性灵没于嗜欲,真伪混居,往来纷杂。……昔如来阐教,多依山林,今此僧徒,恋着城邑。……非但京邑如此,天下州镇,僧寺亦然,侵夺佃民,广占田宅,有伤慈矜,用长嗟苦。"②读了这篇奏章,当日佛教盛行所造成的灾难,清晰可见。从所引文字来看,《通鉴》那段文字,并非原文,而是经过压缩,自然能体现其精神,而不能反映其全貌。由于《册府元龟》所引诸书,多为古本,故所载此文与今本《魏书·释老志》所载,在文字上也略有不同。尽管为数不多,但却很重要,加文中有"数剩五百"句,《魏书·释老志》则作"数乘五百"。"剩"者多余之意,"数剩五百"意即数逾五百,显然"数乘五百"意思就不通了。又如文中有"有司因习而莫非",然《魏书·释老志》作"下司因习而莫非"。从上下文意看,两者相较,自然"有司"较为确切。再如文中"防遏虑深"句,《魏书·释老志》作"防遏处深";"随俗避嫌",《魏书·释老志》作"矫俗避嫌",从两处上下文意看,"处"、"矫"显然都不妥当。这一事实就进一步说明,《册府元龟》对于研究和校、补旧史都是很有价值的。就以中华书局出版的标点本《魏书》而言,仅《释老志》

---

① 卷一四八。
② 《帝王部·崇释氏》。

一篇，用《册府元龟》的《帝王部·崇释老门》加以校改的就将近30处之多，其中有的是补脱文、改衍文，有的是改讹字，去衍字等。对于全部《魏书》校补工作所作的贡献，自然就可想而知了。

　　法律在封建社会是维护地主阶级利益、束缚农民手脚、镇压农民反抗的工具，但是，在使用这一专政工具时，历代统治者的手段和效果也各各不同。历史上那些开明的君主和有远见的大政治家，大多注意其限度，以达到保持社会安定为原则，主张立法简约宽平，去重就轻，赏罚严明，并且一经制定，不再随意改变。特别是赏与罚，乃是治国行法过程中一个重要手段。政策法令能否顺利推行，除了平时施以教化之外，很重要的就得靠赏与罚了。《册府元龟》的作者，对这一点还是深知其意，因此在《帝王部》特立《守法门》，专门辑录历史上那些比较开明的君主守法的故事，以启发后世君主应当注意赏罚。他们在小序中说：

　　仲尼有言曰：刑罚不中，则民无所措手足。盖居南面之重，宅亿兆之上，立乎法以齐众，一其心而成化。岂三尺之律令而敢私乎哉！故汉氏而下，致治之后，曷尝不申严邦宪，循行吏议，虽复宗室、贵戚、元勋，近习置于彝典，无所矜贷。由是明一成之不变，致天下之归心焉。周典曰："无偏无党，王道荡荡"。其斯之谓矣。

　　这里很明确地向君主提出，在处理刑赏时，必须严以律己，以身作则，做到亲疏如一，"无偏无党"，这样才能取信于民，使天下归心。在这一门里，他们选录了历史上著名君主唐太宗守法两则故事：

　　唐太宗贞观中，吏部尚书侯君集坐太子承乾事，帝谓百寮曰："往者家国未安，君集实展其力，不忍置之于法，我将乞其性命，公卿许我乎？"群臣争进曰："君集之罪，天地所不容，请诛之以明大法。"帝谓君集曰："与公长诀矣，而今而后，但见公遗像耳。"因歔欷下泣，遂斩于四达之衢，籍没其家。

　　赵节，长广长公主之子，以昵于太子承乾伏诛，帝幸主所，主以首击地泣谢子罪，帝亦拜主垂泪曰："有功者，仇雠必赏，有罪者亲戚咸诛，前王执此以守其国，弟世民亦庶几无私，有惭于姊。"

　　这两条材料的典型性就在于一个是有功之臣的老部下，一个是至亲外甥，由于触犯法律，最后都是挥泪依法处决，决不宽容。难道唐太宗不想宽恕有功旧臣和自己亲戚吗？当然不是，而是由于他深深感到"理国守法，事须画一的重要性,一开侥幸之门,必将造成不可收拾的严重后果。贞观九年,盐泽道行军总管、岷州都督高甄生,"坐违李靖节度,又诬告靖谋逆,减死徙边"。当时不少人上书为之求情,说高甄生是秦府功臣,请宽其过。但唐太宗并未接受这个意见,严肃指出:高甄生"虽是藩邸旧劳,诚不可忘。然理国守法,事须画一,今若赦之,使开侥幸之路。且国家建义太原,元从及征战有功者甚众,若甄生获免,谁不觊觎,有功之人,皆须犯法。我所以必不赦者,正为此也"①。这一席话,足见其深谋远虑。为此,他首先从自己做起,一再要求大臣们对他在处理政事中"有乖于律令者",随时加以监督。他说:"朕比来临朝断决,亦有乖于律令者,公等以为小事,遂不执言。大事皆起于小事,小事不论,大事又将不可救,社稷倾危,莫不由此。"②他还反复告诫大臣们,处理政事不能顾惜颜面以徇私情,必须做到"灭私徇公,坚守直道",否则,"难违一官之小情,顿为万人之大弊,此实亡国之政"③,后果不堪设想。由于他积极提倡上下守法,加之他也确实有那么一点"民主风度",所以左右大臣对于他平时一些违背法令的意旨,也就敢于"犯颜直谏",公开否定,甚至拒不执行。这些事实都生动地反映了贞观年间比较开明的政治局面,君臣上下都相当注意遵纪守法,办事能够"一断以律"。在封建社会,一个帝王,办事能够不以个人意愿而取代国家之大法,并且公开声称"法者,非朕一人之法,乃天下之法"④,这确是很了不起的。历史上所以能产生"贞观之治",自然绝非出于偶然。因此,《册府元龟》作者将这类史料加以辑录,作为后世君主的借鉴,是非常必要的。至于《帝王部》其他门类的内容,除了校补旧史外,如《立制度》《发号令》等门,对于寻检历代制度的兴废,也提供了方便条件。总之,《册府元龟》虽是一部类书,但由于它具有较强的史料性质,因此它的价值与作用自不同于其他一般类书。只要认识到这一点,就可以充分发挥它在整理祖国文化遗产时的应有作用。

(原载刘乃和主编《〈册府元龟〉新探》,
中州书画社 1983 年 4 月版)

---

① 吴兢:《贞观政要》卷八《刑法》。
②③ 《贞观政要》卷一《政体》。
④ 《贞观政要》卷五《公平》。

中国古代史书的主要体裁

中国古代的史学，在其发展过程中，不仅产生了许多著名的史学著作，而且由于社会的需要和史学自身发展的因素，曾产生了许多种史学体裁，因而史书的编纂体例上也是丰富多彩。其主要史体有：编年体、纪传体、政书体（或称典志体）、史评、纪事本末体和学案体。以下分别将各种体裁产生和发展的过程及其代表作品作简明扼要的介绍。

编年体

编年体是我国史学发展中最早产生的一种史书编纂体裁。这种史体的发明大约在西周，创此说者为近代学者章太炎。因为中国确切纪年是从西周共和（前841年）开始，说明此时历法精确，已有可能创立编年史体。不过确切发明者已不得而知，只能说太史就是这种史体的创立人。首先，太史是古代唯一的历史著作家，《左传》襄公十四年讲到"史为书，瞽为诗"，"史为书"，就是说太史编著史书。这种太史，其实就是古代王室的御用史家，当然他们发明史体的机会也就多了。其次，编年史体注重年月时间。而太史兼管天文历法，天文记录要求时间精确，因此他们对于时间观念必然十分重视。再者，古代史官的职能一直负有双重任务，一是关于人事方面，一是关于天道（即宗教迷信）方面。再加上古代有浓厚的天人感应思想，往往把天象的变化与人事联系起来。从天象的变动进而观察人事的变化，两者同时记录下来，这就形成了编年体历史的雏形。《春秋》记天象很多，可以说是有力的旁证。所以最初编年体的产生，就是把天文记录配之以人事的活动，它是由太史在工作实践中无意识地创造发明出来的。

从文献记载来看，西周以来各诸侯国的史书大都采用编年史体，这种编年体裁，在当时来说是最先进的。现在能够确知的有鲁国的《春秋》、秦国的《秦纪》以及魏国的史书（留下有《竹书纪年》）都是采用这种体裁。我们还应当知道的是,古代各国史官所写的编年体史书都通称"春秋",它的含义就如同我们今日所称的历史,所以墨翟说"吾见百国春秋"①。而《墨子·明鬼》篇中则载有周之春秋、燕之春秋、宋之春秋、齐之春秋等等。这些都是编年体史书。杜预在解释《春秋》书名时说:"《春秋》者,鲁史记之名也。记事者以事系日,以日系月,以月系时,以时系年,所以记远近,别同异也。故史之所记,必表年以首事,年有四时,故错举以为所记之名也。"②这就是说,编年体之所以称为春秋,就因为其书是以年为纲,举春以包夏,举秋以赅冬。所以先秦以后仍有许多编年体的历史书籍沿用着这一古老的名称,如习凿齿的《汉晋春秋》、崔鸿的《十六国春秋》等等。遗憾的是奴隶社会那些"百国春秋"几乎都失传了,今天我们所能看到的唯一的完整的就是孔子所修的《春秋》。

孔子所作的《春秋》,从编年体史书来看,尽管相当原始,很不完善。但它毕竟创立了编年体史书的雏形,是我国有史可查的第一部编年体史书。它的出现,在中国史学史上是一件大事,标志着我国古代史学发展进入了一个新阶段。在此之前,著述历史皆是史官之职,孔子《春秋》的创作,标志了私人著述的出现,从此,史书从官书中解放出来,私人著作的风气随之兴起。这是个很大的进步,表明学术特别是史学已不再为少数贵族所垄断。这种解释尽管是有限的,但其影响是深远的。

战国时代,是中国历史上前所未有的社会大变革的新时代,各国的变法运动,频繁的兼并战争,以及由此而出现的百家争鸣的新局面,既为历史学家提供了丰富多彩的社会题材,又向历史学家提出了十分迫切的新的要求,要求他们把那些兴亡盛衰的人类史迹,更加详尽地记载下来。这是人类社会发展的需要,是历史所赋予的新使命。因而从前那些专记王室、诸侯诰命和大事记之类的《尚书》《春秋》等史书记载形式,已远远不能满足新时代的要求。新的史书内容既要能反映出各诸侯国的政治、军事和外交等活动,而且又必须记载新兴地主阶级夺取政权的胜利过程和总结其经验教训。编年体巨著《左传》,应当说正是适应这一社会要求而产生的。

《春秋》作为编年体史书还带有很大的原始性,它虽然把人物、地点、时间、事件四个基本因素统一了起来,但记事非常简单,可以说有纲而无目。

---

① 见《隋书·李德林传》。
② 《春秋经传集解序》。

《左传》记事就相当详细了,对于历史事件一般都能做到首尾完整,使编年史体达到基本成熟的程度。它把春秋一代大事的演变作了比较全面的记载,虽然有人认为它主要记的是晋国之事,其实对当时的一、二等国也都有详细的记载,实际上是一部春秋时期霸主递嬗的历史,通过《左传》一书,基本上反映了出来。它的记事范围亦不只局限于政治、军事、外交的活动,而是涉及社会的各个方面,经济文化、社会生活、自然现象等都有不同程度的反映。所以这是一部研究先秦历史必不可少的重要史籍。关于这部书的作者、名称和成书年代长期来众说纷纭,有的说是左丘明所作,有的说是楚国左史倚相的后代所作,还有人提出为吴起所作。至于名称,实际上就是与《春秋》的关系问题。《史记·十二诸侯年表序》中称它为《左氏春秋》,单就这个名称而言,就可推知它是一部独立的史学著作,因为在春秋战国时期,许多编年史著作都称"春秋"。班固在《汉书》中则称为《春秋左氏传》,显然其目的在于说明此书是为《春秋》而作,为解释《春秋》经文而作。于是汉代以来,便将它与《春秋公羊传》《春秋穀梁传》合称为《春秋》三传。笔者认为,关于此书的著作,顾炎武的说法颇有道理,顾氏在《日知录》卷四《春秋阙疑之书》中说:"左氏之书,成之者非一人,录之者非一世"。这就是说,此书在战国初年出现以后,又曾经过许多人陆续增补,这是比较符合实际的。

　　自从司马迁创立纪传体以后,班固采用此体断代为史,编写了《汉书》,历代史家相仍不变。因而在此后相当长的一段时间内,编年体虽代有成书,但却并无起色。东汉末年,荀悦奉汉献帝之命,用编年体改编《汉书》,成《汉纪》30卷。尽管当时人称赞它"辞约事详",其实内容并无新意,只是对《汉书》删繁存要,改变体裁而已,新增材料很少。不过,由于它是采取了以传释经的方法,用《汉书》本纪为纲,采摘各传及志表之文,按其年月先后,散入本纪各年之下,对于那年无年可考的或不便于分散在年月之下的史事,则用连类列举的方法加以安排,这在编年体史书的编写上是一个新的创造,特别是它为用编年体撰写断代史树立了典范,对后世编年史的发展有着一定的影响。如魏晋南北朝时期,用编年体撰写后汉史的有4家,写三国史的2家,写晋史的11家,写南北朝史的6家。"至唐、五代,其流不废"[①]。得以留传下来的只有袁

---

① 刘恕:《通鉴外纪后序》。

宏的《后汉纪》30 卷,袁宏在该书《自叙》中曾叙述了他撰写此书的动因和经过,说他读了当时流传的好多种后汉历史著作,感到"烦秽杂乱,睡而不能竟也"。于是广泛搜集资料,经过 8 年,写成此书。由于他成书于范晔《后汉书》之前,因此其书内容在研究后汉历史时亦具有重要价值,可与《后汉书》相辅而行。《四库全书总目提要》就曾指出:"其体例虽仿荀悦书,而悦书因班固旧文,翦裁联络,此书则抉择去取,自出鉴裁,抑又难于悦矣"。就连刘知幾亦给予很高的评价,认为"世言汉中兴史者,唯范、袁二家而已"①。除此以外,终唐、五代之世,较为出色的编年体史书便不多见了。直到司马光编出《资治通鉴》,才使得编年体又产生了新的活力。

自荀悦《汉纪》以后,编年体著作亦都断代为书,很少有创作更新,这种体裁自然也得不到进一步发展。梁启超曾批评说:"盖自班固以后,纪传体既断代为书,故自荀悦以后,编年体亦循其则。每易一姓,纪传家既为作一书,编年家复为作一纪,而皆系以朝代之名。断代施诸纪传,识者犹讥之;编年效颦,其益可以已矣。宋司马光毅然矫之,作《资治通鉴》以续《左传》,上纪战国,下终五代,一千三百六十二年间大事,按年记载,一气衔接"②。这里既批评了断代之弊,又指出司马光作编年体通史《通鉴》的原因和价值。实际上《通鉴》之作,更重要还是适应社会上流行的变通思想的要求。

《资治通鉴》是我国古代一部优秀的编年体通史,全书 294 卷,另撰《目录》30 卷,以收提纲絜领之效。又编《考异》30 卷,表明对史料的甄别和取舍。司马光在《通鉴》的编写过程中,曾尽可能吸取纪传体的长处,避免编年体的弊病,每遇重大历史事件的发生,必交代前因后果;同一事件的材料,不再分见于多处。因此,《通鉴》的编修,为编年体开辟了新纪元,为编年体史书的编写闯出了新路子,此后,编年体史书得到很大发展,先后曾陆续产生了许多著名的编年体历史著作。当然,司马光所以能在 19 年中完成这样一部编年体巨著,还在于他有一套优良的修史方法和得力于三大助手的密切配合,刘攽、刘恕、范祖禹都是北宋时代第一流史学家,他们对于《通鉴》的编修都作出很大贡献。在编修过程中,刘恕和范祖禹还分别作了《通鉴外纪》和《唐鉴》。

在《通鉴》编修的直接影响下,南宋史家李焘采用司马光编修《通鉴》之

---

① 《史通·古今正史》。
② 《中国历史研究法》第二章。

法,编北宋九朝之事,成书980卷,作者自谦不敢言续《通鉴》,故曰《续资治通鉴长编》。李心传撰《建炎以来系年要录》200卷,专叙南宋高宗一朝历史,亦仿《通鉴》例,编年系月,与李焘《续资治通鉴长编》相衔接。宋代撰编年史的尚有陈均的《宋九朝编年备要》30卷和刘时举的《续宋编年资治通鉴》15卷。可见在司马光《通鉴》成书以后,在宋代对于编年体史书的发展就产生了很大的影响。宋元之际学者金履祥作《通鉴前编》,欲补《通鉴》三家分晋以前之缺。元代陈桱作《通鉴续编》24卷,名曰《通鉴续编》,其体例则全仿朱子《纲目》。明人续《通鉴》的著作有薛应旂、王宗沐两家的《宋元资治通鉴》,学术价值不大,姑存之以备查考。清代徐乾学,利用修《大清一统志》之便,邀集一批名家,修《通鉴后编》184卷,由于史料缺乏,虽出名家之手,亦不能令人满意。所以后来毕沅又立志撰《续资治通鉴》以补其不足。他搜罗了一批名家学者,历时20年,成书220卷。总的来说,它远在前此诸家宋元编年之上,因此后世史家便把它作为可续司马光《资治通鉴》的唯一著作,并把两者一起合刻,称为《正续资治通鉴》。《续资治通鉴》所载内容,上起宋太祖建隆元年,正与《资治通鉴》相衔接,下迄元顺帝至正三十年,比《通鉴后编》推迟3年。徐乾学、毕沅二人于清朝续修《通鉴》,本应下及明末,但都止于元末,其原因在于明清之际史事,容易触犯忌讳,遂使人人都存戒心,宁可缺而不书。直至清末,文网渐疏,于是才有陈鹤《明纪》和夏燮《明通鉴》相继问世。这样一来,除清代以外,编年体的史书也就做到了时代相续。

　　起居注和实录也都是编年史体中的一种体裁,两者性质相近又略有区别,前者为帝王言行的记录,后者则为专记某一皇帝统治时期的大事。较早的起居注有汉武帝时的《禁中起居注》,东汉《明帝起居注》。魏晋以后均有"起居注"之撰,唐、宋最详,元、明渐疏。从《隋书·经籍志》开始,许多目录学分类,均有起居注类。至于实录,最早有南朝梁周兴嗣撰《梁皇帝实录》,记梁武帝事。自唐初以后,每一皇帝死后,继嗣之君必命史臣为之撰修实录,以后历代因之,沿为定制。现存最早的一部完整的实录,乃是韩愈所撰的唐朝《顺宗实录》5卷。稍后则有北宋钱若水等所撰的《宋太宗实录》20卷,但已残缺不全。至于整个朝代的实录而又比较完整地保存到今天的,只有《明实录》和《清实录》。从现存的实录中,我们可以了解到其体例如同编年史的"长编",年经月纬,将重要事件分别归属。由于实录内容十分丰富,凡各种政治设施、军事行动、经济措施、自然灾祥、社会情况等等都有记录；同时各种诏令奏议、百官重要案牍，以至大臣生平事迹，它大都选载，加之这些材料都有可靠的档案作为依据，尽管其中多有曲笔讳饰，但其史料价值仍比一般记载为高，为后来编写该朝正史提供了丰富史料。从严格的意义上讲，实录还算不上是著作，而只是一种史料的汇编，所以新、旧《唐书·艺文志》均把它列于记注一类。

纲目体也是编年体派生出来的一种史书体裁，创始于南宋朱熹的《通鉴纲目》。朱熹所以要改编《通鉴》，据其所云有两个原因：其一是《通鉴》一书部头太大，内容太详，人们读了不能得其要领；其二是《通鉴》的正统思想还不够强，特别是书法还不完备，因此便模仿《春秋》书法，亲自制订凡例，按照儒家的纲常名教思想来编排其内容。其书起讫，一依《通鉴》之旧，从《通鉴》中节取事实，编为纲目。纲为提要，顶格大书，模仿《春秋》；目以叙事，低格分书，模仿《左传》。纲为朱熹自定，目主要亦为朱熹所自作。这种体裁，由于简明扼要，便于初学入门，加之朱熹改编的《通鉴纲目》，更适合于封建统治的需要，因此这种体裁在元、明、清三朝得到很大发展，特别是得到最高统治者的重视。明成化年间，商辂等奉敕修《通鉴纲目续编》，记宋元两代之事，万历年间，南轩又作《通鉴纲目前编》，起自伏羲，终于周威烈王。清乾隆年间，敕撰《通鉴纲目三编》，专记明代之事，与上述诸书相续，于是纲目体也就形成历代相续。另外，乾隆三十二年，还敕修《通鉴辑览》116卷。编年纪事，纲目相从，起自上古，迄于明末，叙述简明，颇便初学。因清高宗曾核定和批注，故亦称《御批通鉴辑览》。至于私人所修，尚有明代王世贞所编《纲鉴会纂》和清代吴乘权所编《纲鉴易知录》，均为旧时学习历史入门之书。

纪传体

纪传史体的产生晚于编年体，这种史体的产生，除史学发展诸因素外，历史观的变化是促使这种体裁产生的很重要因素。春秋以来，天命、神鬼的思想在不断衰退，而重视人事的观点则在迅速地发展着，到了战国时期，各类政治人物在进行辩论或说明问题时，已很少有人再援引神意，而大多数以历史上的人事为依据。荀子在《天论》中所说"治乱非天也"，便是具有典型的代表。历史的发展进程，尖锐激烈的社会变革，都不断地促进了人们历史观的变化和发展。战国七雄之间生死存亡的斗争,强弱兴衰的变化,无一不说明人的主观能动性在其中所起的重要作用。齐魏马陵之战,魏国遭到惨败,秦孝公用商鞅变法,使秦国很快富强,秦赵长平之战,秦胜而赵败。特别是长达四年之久的楚汉战争,鸿门宴之前,楚强汉弱的形势十分明显,可是最后竟以项羽自刎乌江的惨局而告终。所有这些,都不是神意、天命所能解释得了的。刘邦为什么取得胜利?刘邦自己曾说:"夫运筹策帷帐之中,决胜于千里之外,吾不如子房;镇国家,抚百姓,给馈饷,不绝粮道,吾不如萧何;连百万之军,战必胜,攻必取,吾不如韩信。此三者,皆人杰也,吾能用之,此吾所以取天下也。"[①]这是刘邦现身说法,表明他所以能够取得天下,建立汉王朝,靠的是人的主观能动作用,而不是靠什么天命。地主阶级在掌握政权以后,不仅要总结历史上这些重要的经验教训,更要总结新兴地主阶级夺取胜利过程中的经验和教训。可是编年体史书的弱点,正是不大容易集中体现一个人一生的贡献。正如吕祖谦所说:"编年与纪传互有得失:论一时之事,纪传不如编年;论一人得失,编年不如纪传。"[②]纪传体容易做到突出各种人物在历史进程中所起的作用,突出人物在物质文化创造上的功绩,特别是突出每个人的功和过,从中总结出成败得失的经验和教训。生活在西汉鼎盛时代的历史学家司马迁,正是适应这一时代的要求,在总结编写包括上下3000年历史的时期,创立了以人物为中心的纪传史体,在史学发展上树立了一座丰碑,为史学发展开创了新的时代。他的伟大著作《史记》是用五种体例组织起来:12本纪、10表、8书、30世家、70列传,共130篇。本纪——主要是用编年的形式,提纲挈领地写出一代大事,并非专为叙述帝王政绩而立。司马迁心目中的本纪,是纲纪天下政治的意思,也就是把当时在政治上起主导作用的中心人物立为本纪。所以项羽并非皇帝,吕后也非天子,而司马迁都把他们列入本纪,因为在楚汉战争期间,项羽是"五年之间,号令三嬗"的中心人物;而吕后在惠帝时实际上是掌实权的人物。后来史家在撰述纪传体史书时,虽然模仿《史记》,却是貌同而心异,实际上已失去了司马迁立本纪的真实精神。表——是各个历史时期的简单大事记,对于那些起过作用而没有立传的人物,其功"不容尽没",亦以表载之。所以表是全书的联络和补充。书——叙述社会制度和自

---

①　《史记·高祖本纪》。

②　《东莱集》卷十九,《史说》。

然界现象的发展变化。他要在八书中写出社会经济、学术文化、军事、天文、历法、水利等方面的古今之变,具有文化史性质,为后来典章制度史的建立作了良好的开端。世家——主要叙述贵族王侯的历史,虽然也是以人物为中心,但它与列传不尽相同,往往把某一家族的世代活动也记录下来。列传——是记载各个时代不同阶层、不同类型的各种人物的历史。五种体例,相互配合,互为补允,组成一个不可分割的整体。这种史体的产生,对史学的发展起了重大的影响。郑樵说:"使百代而下,史官不能易其法,学者不能舍其书"①。赵翼说:"自此例一定,历代作史者遂不能出其范围,信史家之极则"②。它直接影响着 2000 年来"正史"的编纂,在我国漫长的封建社会里,许多史家编写史书,确实都采用了司马迁所创立的纪传史体。

东汉班固,仿《史记》体裁而作《汉书》,是我国第一部纪传体断代史。而在体例上作了一些变更,改"书"曰"志","世家"并入列传,进一步整齐了纪传体的体裁。全书由 12 本纪、8 表、10 志、70 列传组成,共 100 篇。班固此举,开创了断代为史的先河,即以一个王朝为中心而编写历史,这就更加方便于突出帝王将相的地位和作用,这种以一个王朝为"正统"的历史著作,自然十分符合 2000 年来不断改朝换代的封建统治阶级的政治需求,因此当《汉书》一问世后便深受统治者的欢迎和大力提倡。而这种体裁不仅私人撰史普遍采用,而且也为封建统治者所认可。东汉明帝就曾命班固、陈宗等人共成《世祖本纪》,班固还作功臣、平林等列传载记 28 篇。后来刘珍等人受诏撰《东观汉记》,亦采用此种体裁。事实表明,纪传体已经得到皇家的正式承认,成为撰写"国史"的法定体裁,所以在唐初官修的《隋书·经籍志》中把纪传体史书定为"正史"这一举动,也就使人毫不感到突然了。在《东观汉记》成书以后,世间曾有《史记》《汉书》《东观汉记》三者并提的"三史"之称。但范晔《后汉书》问世后,特别是唐代李贤又为之作注后,于是研究东汉历史的人大都阅读范书,而《东观汉记》则慢慢失传,"三史"之称则又指《史记》《汉书》和《后汉书》了。而在陈寿《三国志》成书后,则又有"四史"之称,又因它们在"二十四史"中的位置居前,故也称"前四史"。

魏晋南北朝时期,用纪传体编写的史书数量很多,据记载,后汉史有 11

---

① 《通志·总序》。
② 《廿二史劄记》卷一,《各史例目异同》。

种,三国史 7 种,晋史 12 种,南北朝史 17 种。而著名的有陈寿《三国志》、范晔《后汉书》、沈约《宋书》、萧子显《南齐书》和魏收《魏书》。唐初,国家正式设史馆,编修了《晋书》《梁书》《陈书》《北齐书》《周书》和《隋书》六部史书,加上李延寿所修《南史》和《北史》,就是人们常称的唐初"八史"。而唐人则将官修六史和"前四史"、《宋书》《南齐书》《魏书》合称"十三史"。到了宋代,又在唐代所称"十三史"之外,加《南史》《北史》《新唐书》《新五代史》,称为"十七史"。明代又加上《宋史》《辽史》《金史》《元史》四部,遂有"二十一史"之称。清乾隆年间,《明史》修成,便合称"二十二史"。后乾隆又明令将《旧唐书》和《旧五代史》亦列入"正史",于是至此方出现了"二十四史"的名称。1921 年,北洋政府大总统徐世昌下令,将柯劭忞所撰《新元史》列为"正史",所以便有"二十五史"之称。不过人们所熟悉的还是"二十四史"。这部巨著,规模宏大,卷帙浩繁,总计 3249 卷,约 4000 万字。它用统一的纪传体形式,比较系统、完整地记录了从黄帝到明末共 4000 多年的历史,是我国十分珍贵的史料宝库,这在世界上是极罕见的。而这种体裁在历史编纂学上是颇具特色的一种史体,它虽然形式上以人物为中心,实际上却是兼备众体。它具有比较多的优越性,所以除正史以外,许多私人所著史书,亦大多采用这种体裁,限于篇幅,这里就不列举了。

这里还要说明的是,在司马迁创立以人物为中心的纪传体以后,在其启发和影响下,产生了单独的人物传记,最早的是刘向所作的《列女传》。由于有此书所开先例,于是脱离正史,专写人物传记的风气便逐渐盛行起来。特别是到了东汉、三国以后,由于社会因素,曾产生了大量的这类著作,据史书记载,汉隋之际便有各种人物传记 470 部之多。既有全国性的分类传记,也有以地域为中心的人物传记。如谢承的《会稽先贤传》、陈寿的《益部耆旧传》、周斐的《汝南先贤传》、习凿齿的《襄阳耆旧记》等等,都是记载某一地区的人物传记。袁宏的《名士传》、皇甫谧的《高士传》《逸士传》《列女传》、和尚释慧皎撰的《高僧传》等等,则是按类编写的人物传记。这些著作都从不同角度反映了社会现实,丰富了历史著作内容,为研究这一时代的精神提供了史料。以后还出现了分朝代的人物传记,如杜大珪的《名臣碑传琬琰集》、苏天爵的《元朝名臣事略》、徐纮的《明名臣琬琰录》等。到了明清两代,各种人物传记更加盛行,以致成为研究这一时期历史不可缺少的组成部分。

政书体

"政书"是记载历代典章制度的史书,因此有些今人著作径称典制体。"政书"这个名称,清代修《四库全书》时开始使用。最初目录学分类上称"旧事"或"故事"。《隋书·经籍志》设"旧事",《旧唐书·经籍志》沿用,《新唐书·艺文志》《宋史·艺文志》《明史·艺文志》皆改称"故事"。《四库全书总目》在《政书类序》里特地说明改变的原因,指出:"志艺文者有故事一类,其间祖宗创法,奕叶慎守,是为一朝之故事。后鉴前师,与时损益者,是为前代之故事。史家著录,大抵前代事也。《隋志》载《汉武故事》,滥及稗官;《唐志》载《魏文贞故事》,横牵家传。循名误列,义例殊乖。今总核遗文,惟以国政朝章六官所职者,入于斯类,以符《周官》故府之遗。至仪注条格,旧皆别出,然均为成宪,义可同归。……考钱溥《秘阁书目》有政书一类,谨据以标目,见综括古今之意焉"。不过在唐代以前,史家专门编纂的典章制度之书还不曾出现。纪传体史书中尽管大多有"志",但不仅篇目不同,内容详略不同,各自为政,又多限于某一朝代,很难从中看出历代王朝典章制度的沿革。无论从治理国家的政治需要,还是从史学本身发展来看,当时都迫切需要有专记典章制度的通史出现。所以在开元末年,大史学家刘知幾的儿子刘秩,曾依《周礼》六官的职掌,分门别类,编出《政典》35卷,分礼、户、吏、兵、刑、工六纲,记载黄帝迄天宝末制度沿革废置。杜佑感到过于简略,于是广泛搜集资料,用36年时间,编成200卷的《通典》,专门叙述历代典章制度沿革变迁,上起传说中的黄帝,下迄玄宗天宝末年,肃、代以后的变革,间亦附载于注中。全书分食货、选举、职官、礼、乐、兵、刑、州郡、边防九门。每门之下再分子目,每个项目又都各自立有标题。各种制度皆条贯古今,溯源明流,通其原委,按历史顺序排列材料。书成后,大受欢迎,史称"其书大传于时,礼乐刑政之源,千载如指诸掌,大为士君子所称"[1]。这种编纂方法,源于纪传体史书的书志,但经过创造性的组织,发展成政治、经济、文化等典章制度专史,在历史编纂学上开辟了新的途径,并逐渐形成了所谓政书体。

---

[1] 《旧唐书·杜佑传》。

宋末元初，马端临作《文献通考》348 卷，也是从古到今的典章制度通史。它是在《通典》的基础上扩大和补充而成的，所载的内容范围，远比《通典》来得广泛，编纂的方法也不尽相同，它包括了更多的正史书志门类，而所分的节目，比《通典》更加精密。这也反映了唐代以后史学的发展和其他科学的进步。如《通典》叙述经济只《食货》1 门 12 卷，《通考》则分为《田赋》至《国用》8 门 27 卷，这就说明经济方面内容大为增加。若较两书的价值，从历史地位而言，《通典》是开创，《通考》是模仿，自然以《通典》为高。但就实用价值而言，则《通考》高于《通典》，它所保存的材料，远远胜过《通典》，特别是中唐以后部分，更是《通典》所不可能包括的，何况所载宋制，又多为《宋史》各志所未备。因此，研究宋和宋以前的文化典章制度史，《通考》是一部必不可少的重要史籍。

南宋郑樵作《通志》200 卷，实际是纪传体通史，但其精华在《二十略》，讲典章制度，历来将它与上述两书并称"三通"。不过《四库全书》将《通典》《通考》入"政书类"，而以《通志》入"别史类"。清乾隆十二年开始设馆对《三通》进行续修。成《续通典》《续通志》《续通考》《清通典》《清通志》《清通考》六书。其体例皆仿《三通》，《续通典》《续通志》《续通考》材料皆取自宋元明史，价值自然不高。《清通考》在《清三通》中成书在前，材料来源于当代档案，故价值较高。而《清通典》《清通志》材料都抄自《清通考》，价值可想而知。后人多将《三通》配以清修六书合刻，称为《九通》。清末刘锦藻著《清续文献通考》，于是便有了《十通》之称。

唐代开始还曾出现了一种专记一代典章制度的"会要体"，《四库全书》也将其列入"政书类"，是很有道理的。《崇文总目》《郡斋读书志》将《唐会要》入"类书"，《直斋书录解题》入"典故"，《文献通考・经籍考》入"故事"，《宋史・艺文志》入"类事"，皆不妥当。因为其性质与《通典》《通考》相似，区别仅在一是通史，一是断代。"会要"的最早创始人为唐代苏冕，唐德宗时，苏冕曾编次高祖至德宗九朝之事，成《会要》40 卷，为会要体例之始。宣宗时，杨绍复又编纂德宗以后之事，续修 40 卷。但宣宗以后尚缺。北宋初，王溥在此基础上重新加以整理，并续编至唐末，成《唐会要》100 卷，这就是今存第一部会要。后王溥又编辑《五代会要》30 卷。到了南宋，徐天麟仿《唐会要》体例，编辑《西汉会要》70 卷、《东汉会要》40 卷。有时亦将其合称为《两汉会要》。宋代统治者对会要编纂相当重视,特设"会要所"司其事,成书2200余卷。现在流传的《宋会要辑稿》,乃是清人徐松从《永乐大典》中辑出,已残缺不全,还有近500卷。清代学者编辑会要很盛行,先后编出《春秋会要》《秦会要》《三国会要》《晋会要》《明会要》《清会要》。于是使会要体史书也形成前后相继,一以贯之。

还有一种是把当时制定的各种制度文件汇编成册的,如《大明会典》《大清会典》等等,对于研究这一代的制度有重要价值。

史评

史评实际上包含着两大内容,一个是评论史法,一个是评论史事。前者是对史书的编纂好坏、史体的长短得失进行评论。后者是对具体的历史事件、历史人物加以评论。而平时所讲的史论,实际上是指后者而言。在史书分类上,目录学家最早将史评列入者始于宋晁公武的《郡斋读书志》,后《四库全书总目》及张之洞《书目答问》亦有之。可见古代学者早就肯定了这种史体。关于评论史书的著作,最早应推刘勰的《文心雕龙·史传篇》,虽是一篇仅1370字的文章,但对编年、纪传二体的长短得失和古来各部史书都作了评论,正如有的文章所说,"是中国第一篇袖珍型史学批评史"。唐代刘知幾所著的《史通》,在很多方面都受到它的影响。当然,《史通》的出现,乃是适应史学进一步向前发展所提出的要求的产物。孔子作《春秋》,不仅建立了编年史体的雏形,而且对后来的史学思想有着重大的影响。司马迁创立了以人物为中心的纪传史体,由于统治者的利用,加之史学家的竞相模仿,因而在史学发展中一直处于优势地位。唐代以前,历代史家沿用这两种史体,编纂了大量的史学著作,其中也有不少著作,有所创造、变化和发展。加之史学思想也随着时代的不同而在不断地发展变化着。对于以往的史学发展,如何从理论上加以总结和评论,以便进一步推动和指导今后史学的发展,就成为当时迫切要求解决的一个大问题。刘知幾的《史通》,正是面对着史学发展所提出的要求而作的。因此,它是中国封建社会前期史学发展的必然产物。总的来说,此书全面总结了封建社会前期的史学,指出今后撰史的方向和要求。评论的范围十分广泛,诸如史官源流,史体得失,史书优劣,史料范围,撰史方法,史家修养等都有论述,为史学评论树立了标准和榜样。南宋郑樵在史学评论上亦有不少可取的见解,不过他并无专门著作,有关论点散见于《通志·总序》和《二十略》各序之中。到了清代,章学诚又根据封建社会晚期史学发展的特点,进行一次总的评论,写出《文史通义》一书。书中对于史体、史家和史书编写虽亦多有论述,但其重点却在阐明史意,发扬史学的重要意义。所以他所评述的重点,与刘知幾有所不同。他自己曾说:"吾于史学,盖有天授,自信发凡起例,多为后世开山,而人乃拟吾于刘知幾。不知刘言史法,吾言史意;刘议馆局纂修,吾议一家著述。截然两途,不相入也"①。这就说明他们两人的评论重点是各有侧重的。后人把他的《文史通义》与刘知幾的《史通》,视为史学理论上的"双碧"。

至于评论史事,在我国史学领域向来比较发达,先秦时期《左传》里的"君子曰"已发其端,秦汉之际并出现了贾谊《过秦论》这样的长篇史论著作。唐宋以来,史论更加发达,写成专著也不少,如葛洪的《涉史随笔》,吕祖谦的《东莱博议》等。但大多"断代为论",或者是片断、零碎而不系统。对于古代历史系统进行分析评论并写成专著,那还只有王夫之的《读通鉴论》。这是一部根据《资治通鉴》所载史事,用评论历史的形式,来阐发自己的政治主张和历史哲学的史论著作。全书共 30 卷,每卷根据《资治通鉴》所列帝王世系,又分为若干篇;每篇则选择这一时期的历史事件和历史人物若干,进行分析和评论,对于历史事实的具体过程都略而不载。卷末附《叙论》四篇,集中说明写作该书的意图和指导思想。可以视为封建时代史论集大成的著作。

关于史论著作,这里想向青年朋友着重推荐一部雅俗共赏的赵翼《廿二史劄记》,它的内容是既评史书,又论史事,实兼有《史通》和《读通鉴论》两书的性质。其特点则是就史书而论史事。全书围绕着 24 部正史做文章,对 24 部史书全面、系统、逐部进行了分析和比较,每部均做到以类相从,各立标题,全书共为 609 目。每部史书除校勘文字和史事之讹误外,对其编纂过程、编著人员、史料来源、体例得失、方法优劣、史料真伪等方面,都作了分析和研究,并评论其高下得失。而另一方面,又根据各个朝代的历史特点,从各部史书记载内容中归纳出一些重要历史事件和人物进行评论,所归纳的问题,也确实能够反映出一个时代的某些特点。尽管他所作的评论和分析在今天看来

① 《文史通义》外篇三,《家书》二。

不一定都很正确,但为我们进一步研究这些史书和史事毕竟还可提供许多重要的线索和素材,而对于初学历史的人,尤为入门之径。

纪事本末体

纪事本末史体,在中国史学史上出现是比较晚的一种体裁,它的出现远在"政书""史评"以后。南宋袁枢,改编《通鉴》成《通鉴纪事本末》一书,遂有"纪事本末"这一名称。当然有的目录学家将徐梦莘的《三朝北盟会编》列入纪事本末类,主要因为该书在按年编排中又以事分类,而徐梦莘与袁枢为同时人而比袁枢大5岁,作书也较袁为早,于是有的史家就认为纪事本末体乃徐梦莘所创立。说法虽有一定道理,但两人实出于不谋而合,这就说明这种史体到宋代必然产生的条件已经成熟,它的出现,是史学发展的必然结果,而袁枢用"纪事本末"之名,因而以其书为此种史体之开始,也是顺理成章之事。袁枢创立此种体裁,乃是出于方便大家读史这一动机。他很喜欢读《通鉴》,但在阅读过程中,他也遇到了和大家同样的读到后面忘记前面的困难,于是决定对这部编年体历史巨著加以改编。《宋史》本传云:"枢常喜诵司马光《资治通鉴》,苦其浩博,乃区别其事而贯通之。"他把《通鉴》全书内容,区分门类,以类排纂,综括1362年史迹,分隶239目,另有附录66事,总计大小305件重要事情,始自"三家分晋",终于"周世宗征淮南",每事一篇,自为起讫,故名"本末"。这种体裁的史书,对于初学历史的人来说,容易抓住要点,具有很大的优越性,故《通鉴纪事本末》自问世以后,深得历来史家好评。明人张溥在《重刊通鉴纪事本末序》中说:"国之有史,史之有《通鉴》,《通鉴》之有《纪事本末》,三者不可一缺也。国史因人,《通鉴》因年,《本末》因事。人非纪传不显,年非《通鉴》不序,事非本末不明。学者欲观历学之史,则必先观《通鉴》,既观《通鉴》,不能即知其端,则必取《纪事本末》以类究之。此宋袁机仲先生之书,所以与司马同功也。"当然,这个评论还只是着眼于对读史的方便与否来肯定其价值与作用的。史学评论家章学诚则从史体的创造上给予很高的评价。他说:"司马《通鉴》病纪传之分,而合之以编年;袁枢《纪事本末》,又病《通鉴》之合,而分之以事类。按本末之为体也,因事命篇,不为常格,非深知古今大体,天下经纶,不能网罗隐括,无遗无滥。文省于纪传,事豁于编年,决断去取,体圆用神,斯真《尚书》之遗也"①。章学诚从史体演变角度,高度赞扬了纪事本末体裁的优越性,但对袁枢本人的评价并不太高,认为,"在袁氏初无其意,且其学亦未足与此,书亦不尽合于所称,故历代著录诸家,次其书于杂史,自属纂录之家便观览耳"②。事实确是如此。因为袁枢将《通鉴》分类抄录,本为读史便利检寻,并无著书之意,而全书抄成以后,却无意中形成了一种新的史书体裁,起到了化臭腐为神奇之功效,这自然是袁枢开始所意料不到的。所以梁启超说:"善抄书者,可以成创作,荀悦《汉纪》而后,又见之于宋袁枢之《通鉴纪事本末》。编年体以年为经,以事为纬,使读者能了然于史迹之时际的关系,此其所长也。然史迹固有连续性,一事或亘数年或亘百数十年,编年体之纪述,无论若何巧妙,其本质总不能离账簿式。读本年所记之事,其原因在若干年前者,或已忘其来历;其结果在若干年后者,苦不能得其究竟。非直翻检为劳,抑亦寡味矣。枢抄《通鉴》,以事起迄,……其始亦不过感翻检之苦痛,为自己研究此书谋一方便耳。即其既成,则于斯界别辟一蹊径焉。……盖纪传体以人为主,编年体以年为主,而纪事本末体以事为主。夫欲求史迹之原因结果以为鉴往知来之用,非以事为主不可,故纪事本末体于吾侪之理想的新史最为相近,抑亦旧史界进化之极规也。"③总之,袁枢的《通鉴纪事本末》,虽是全部抄录《通鉴》而成,自己并未增加任何材料,但他毕竟创立了一种新的史体,为史书的编纂开辟了又一条新的途径。这首创之功自然必须肯定。在袁枢的影响之下,后来有许多人仿照这种体例来著书,著名的如宋杨仲良的《皇朝通鉴长编纪事本末》,明陈邦瞻的《宋史纪事本末》《元史纪事本末》,清谷应泰的《明史纪事本末》、高士奇的《左传纪事本末》、李铭汉的《续通鉴纪事本末》、李有棠的《辽史纪事本末》《金史纪事本末》,张鉴的《西夏纪事本末》、杨陆荣的《三藩纪事本末》,近人黄鸿寿的《清史纪事本末》,等等。于是纪事本末的史书,便贯穿古今而自成一个系统了。旧时坊间曾选《左传纪事本末》以下九种合刻,称"九朝纪事本末"。

①② 《文史通义》内篇一,《书教》下。
③ 《中国历史研究法》第二章。

学案体

　　由黄宗羲创立,全祖望完善的"学案体",是我国封建社会史学家们所创立的最后一种史书体裁,它也是史学发展的必然产物,在中国史学发展史上有着重要的地位。但至今尚未得到学术界应有的重视,因而至今在史书分类上还未得到应有的地位,大多将这类著作附在传记类,这是非常不合理的,实际上是无视这种史体的存在。应当知道,在我国封建社会里,从北宋开始,州县学校纷纷兴起,讲学之风盛行,书院林立,不仅促进了学术思想的发展,而且通过讲学,形成许多学派。历史是要反映现实的,对于这些内容自然也应反映。什么时候反映,用什么形式反映,那全是历史学家的责任了。明代万历年间,冯从吾曾作过《元儒考略》一书,其实仅将元代诸儒各人立一小传而已,因此它不过还是传记体。后来周汝登曾作过《圣学宗传》,孙奇逢作过《理学宗传》,但这两部书不仅疏略粗陋,而且也未能反映出各家的学术宗旨。正如黄宗羲在《明儒学案·凡例》中所说:"且各家自有宗旨,而海门主张禅学,扰金银铜铁为一器,是海门一人之宗旨,非各家之宗旨也。"于是,黄宗羲便吸取各种史体的编纂经验,要创立一种能够反映各个学派的学术渊源和学术宗旨的学术思想史体例。他搜集有明一代学者文集、著作和语录,著成《明儒学案》一书,把明代200余名学者按时代顺序、分各个学派组织起来,成学案19篇。全书编排顺序是,每一学案之前,均有小序一篇,简述这个学派的源流和宗旨。接着就是学者的小传,对各人生平经历、著作情况、学术思想以及学术传授,作扼要评述。然后便是学者本人著作节录或语录选辑,间附作者自己的意见。后来全祖望在续补《宋元学案》过程中,进一步使之加以完善,每一学案之前,先立一表,备举该学派之师友弟子,以明其学派渊源及传授统系,在书中若已为立案者,表中还注明"别见某学案";附于他学案者,则注曰"附见某学案"。这对于读者了解这些学者在学术思想上的承授关系,提供了很大方便。而在小传之后又另增"附录"一项,载其遗闻轶事,特别是当时和后人的评论,长短得失,备录无遗,让读者自为判断。用这种学案体来编撰学术史可以归纳出三大好处:第一,由于同一个学派放在一个学案之中,因而每个人的学术渊源、师承关系在学案中都得到反映。第二,学术思想的发展变化都得到反映,既得知师承关系,又了解发展变化。因为有的学派同中有异,异中有同;有的虽同出一源,可是发展到后来却分道扬镳。第三,由于每个人的主要著作要点均被摘录,因此对每个人的学术宗旨、学术主张基本得以了解。这种学案体其实大有发展前途,可是随着封建王朝的结束,似乎旧时代史学家们所创立的史体也就完成了历史的使命,这实际上是一种误解。清道光年间,唐鉴撰《清学案小识》15 卷,虽名为学案,实际与黄、全二氏所创学案体并不相符。解放前有人将其与《宋元学案》《明儒学案》合刻,称为《四朝学案》。更有甚者,近来有的著作,将江藩的《汉学师承记》与《宋学渊源记》也称为《清儒学案》,这完全是牵强附会。众所周知,这两书纯是人物传记,与学案体并不相符,说是学术思想史则还可以,说是学案则无法成立。清亡后,徐世昌曾招收一批门客,编纂《清儒学案》208 卷,清代各派重要学者,书中均为之立学案,1938 年刊版行世。当然也无法与《明儒学案》《宋元学案》两书相比,因此,当代有位著名历史学家,正在用这种体裁,重新编撰一部《清儒学案》。可见这种学案体还大有发展前途。

　　总之,我国古代史书的体裁非常丰富,限于篇幅,这里只能选择其中主要的几种略加介绍。要从事历史研究的青年朋友,能够了解各种史体的特点,对于选择和阅读史书都是有很大帮助的。

　　（本文原题《中国古代史书的主要体裁和体例》,系与胡方恕合撰,原载朱绍侯主编《中国古代史研究入门》,河南人民出版社 1989 年 1 月版。下半部分介绍史书体例,非本书作者撰写,故略去,标题并作修改）

试论乾嘉考据学的形成及其功过

乾嘉考据学在清代学术文化史上占有重要的地位,对于它的形成,学术界有几种看法:多数同志认为是康乾盛世的产物,即康乾时期社会政治安定、经济发展的结果;有的同志则把它看做是学术本身发展的必然趋势所致;还有的同志认为与乾嘉学者的学术旨趣和思想情绪有关。过去曾提出的是清统治者文化专制政策的产物的观点,现在越来越不为人们所接受,甚至被斥之为"左"倾思想的流毒。对于乾嘉考据学的评价,以前是否定的多,肯定的少;现在则又有越来越多的人给予过多的肯定,认为它是清代学术文化最繁荣昌盛的时期。乾嘉考据学形成的原因究竟是什么? 其历史功过究竟应作如何评价? 这个问题很有重新加以讨论的必要。

一、乾嘉考据学是清统治者文化专制主义政策的直接产物

现在有许多同志提出乾嘉考据学的产生和形成与清朝文化专制主义政策毫无关系,它仅仅是康乾盛世社会经济稳定发展的产物,或者说是古代学术文化发展的必然趋势。我们认为这两种说法都是值得商榷的。

诚然,"政治、法律、哲学、宗教、文学、艺术等的发展是以经济发展为基础的"①。从根本上讲,社会政治的安定、经济的发展,是学术文化得以繁荣发展的先决条件和物质基础。康乾时代的社会经济也确实呈现出一种"繁荣"的景象。然而,应当注意的是,一个时代的学术文化的繁荣和发展,"决不是同社会的一般发展成比例的,因而也决不是同仿佛是社会组织的骨骼的物质基础的一般发展成比例的"②,经济发展对这些领域的影响多半"只是在它的政治等等的外衣下起作用,……经济在这里并不重新创造出任何东西,……而且这一作用多半也是间接发生的"。对学术文化"发生最大的直接影响的,则

---

① 《马克思恩格斯选集》第四卷,第505页。
② 《马克思恩格斯选集》第二卷,第112页。

是政治的、法律的和道德的反映。"①所以，一个时代的学术文化究竟怎样发展、朝什么方向发展及其内容和特点，在很大程度上是取决于该时期统治者所采取的政治文化政策的。检讨中国封建文化的发展历程，不难看出，在大致相同的经济条件下，由于统治者所推行的文化政策不同，而出现迥然有异的学术文化，这只要举汉、宋两个朝代为例便可清楚。西汉经济在武帝时代应该说是稳步发展、实力雄厚，为学术文化的发展提供了坚实的物质基础。但是，武帝以后的学术文化发展却并不取决于经济发展所提供的基础，恰恰相反，它完全取决于汉武帝所采取的文化政策。汉武帝推行"罢黜百家，独尊儒术"的文化政策，并为儒学文化的发展制订了一系列的制度，如立五经博士、开弟子员设科对策等等，五经博士成为重要的"利禄之路"，凡得博士经说的才得仕进，否则一概排斥于仕进之外。儒生能通一经者，皆复其身，公卿之位，未有不从经术进者。儒生只要通明经术，即使要做丞相、太尉、御史大夫等三公官，也易如拾芥，故当时有"遗子黄金满籯，不如一经"②之语。是以人们竞相读经。后来诸帝也都继续奉行这一文化政策，到东汉章帝亲自召开了白虎观会议，讲论五经异同，章帝亲自裁决，制成定论，确定了解释五经的标准答案，在全国推行五经教育，上自公卿，下至掾吏，莫不通经，儒学文化定于一尊，成为正统的学术文化，得到了长足发展。总之，汉代学术文化发展的路子及其内容与武帝以后的统治者所推行的"独尊儒术"的文化政策是有着密不可分的联系的。宋代的学术文化是中国封建社会最繁荣的时代，这个文化高峰的形成固然是经济发展、学术文化的积累诸因素相互作用的结果，但在很大程度上却又不能不归功于宋统治者所采取的较为开明的文化政策。宋统治者深知"王者虽以武功克定，终须用文德致治"③的道理，着意推行"重文轻武"的文化政策，"兴文教，抑武事"④，"以文化成天下"⑤，尊用文臣，提高知识分子的政治地位和物质待遇。虽也曾出现过几次文化之禁，但总的来说，打击面不大。在通常情况下，允许知识分子评论时政甚至朝廷和皇帝，允许各种不同学术思想观点的存在。正是宋统治者这种较为开明宽松的文化政

---

①　《马克思恩格斯选集》第四卷，第486页。
②　《汉书》卷七十三《韦贤传》。
③　《续资治通鉴长编》卷二十三。
④　《稽古录》卷十七。
⑤　《文苑英华·序》。

策,最终促使宋代学术文化繁荣昌盛。当时书院林立,讲学之风盛行,通过讲学,形成许多学派,学派之间相互交流和竞争,出现了各种不同的思想观点,自由辩论,相互并存,一派繁荣景象。可见,如果单纯用"经济基础"这一模式显然无法解释汉、宋二代两种不同文化的形成。

无疑,每个时代的学术文化,"都具有由它的先驱者传给它而它便由以出发的特定的思想资料作为前提"①。否定学术文化的继承性,显然是不明智的。然而,这只能说明,每个时代的学术文化所取得的成就是继承了前人的一些已有成果,或者说是在前人已有成果的基础上获得的,却不能说明前人的已有成果是导致后代某种学术文化产生的原因。我们说,乾嘉考据学所取得的许多考据成果,是继承和吸取了前人,尤其是宋人的已有成果,这是正确的。但却不能说,前人的考据成果导致了乾嘉时期必然出现以考据学为特征的学术文化。否则,有明一代为什么不出现考据学风?如果说,清初顾炎武等提倡严谨的治学精神,重视考据,多少是为了纠正宋明以来崇尚空谈的学风偏差,那么,乾嘉时代的全盘考据化至少也是矫枉过正了,所以也不能把纠正学风偏差视作乾嘉考据学形成的主要原因。

至于还有的同志说乾嘉考据学的形成与学者的学术旨趣和思想情绪有关,殊不知这个旨趣的形成,特别是情绪的产生,又是由于对统治当局所采取的政治文化政策不满而出现的。乾嘉时期的许多考据代表人物,其因对时事政治的消极态度而转入考据,都是清政府的文化政策一手造成的,这下文还将论及。

总之,无论从经济基础出发,还是从学术发展的本身规律出发,甚至从学者的学术旨趣和思想情绪入手,解释乾嘉考据学的形成,都是无法作出令人信服的结论。因为,这至多只能找到一些最一般、最基本、最普通的表面原因,却找不到最深刻、最直接的真正的原因。乾嘉时期出现的这种特定的学术文化,其原因只能从乾嘉这个特定的时代中去考察,也就是从乾嘉统治者所推行的文化政策中去寻找答案。乾嘉时期统治者所推行的文化政策,足以使整个学术文化纳入考据轨道,而不是向其他方向发展。我们讨论历史上学术文化的发展,追求真理,无须忌讳。

---

① 《马克思恩格斯选集》第四卷,第 485 页。

1. 大兴文字狱,打击"经世致用"思想。

明清之际是我国封建社会晚期剧烈动荡的历史时期,阶级矛盾和民族矛盾都极为尖锐,反映在意识形态领域内,出现了一大批具有唯物主义和民主色彩的进步思想家,黄宗羲、顾炎武、王夫之、方以智、吕留良等人,就是其中杰出的代表。他们大多反对宋明以来程朱理学的空谈,主张"经世致用"之学,不同程度地对封建专制主义和民族压迫进行了批判。特别是黄宗羲,在其名著《明夷待访录》中,对专制暴君政治和封建秩序进行了激烈抨击。顾炎武的《天下郡国利病书》也是一部切于"当世之务"的经世之作。当时许多著名学者,著书立说,也和黄、顾一样抱有明显的"经世"目的,学术空气非常活跃,各种有价值的著作也都应时出现。从思想学术领域来看,确是一种十分可喜的现象,称得上是一场带有民主色彩的思想启蒙运动。不难看出,形势的正常发展,会自然地把中国导向近代民主社会。可是,这种局面的出现,使清朝统治者感到惶惶不安,他们很快意识到,如果让这种学术文化思想继续自由发展下去,势必要冲击封建统治,危及自己的统治地位。于是,便逐步改变了入关之初对知识分子比较宽容的政策,决心以高压手段对这些"掉弄笔墨"的学者以严厉的惩创,大兴文字狱,来打击"经世致用"思想,残杀富有民主思想的知识分子,以此加强对学术思想的控制,把带有民主启蒙色彩的文化思潮扼杀在摇篮里。

文学狱虽自古有之,但各代文网的疏密有所不同,明清时期的文网远超前代,而清代文字狱之凶残较之明代更有过之而无不及,达到登峰造极的地步。从康雍到乾嘉,接连兴起一连串的文字狱。康熙初年有所谓"明史案",康熙末年有"南山集案",雍正时期有"吕留良案"。自此以后,文网愈密,动辄犯忌,令人心寒。尤其是"明""清"二字,更不可随便使用,因为由于清统治者猜疑过甚,往往望文生义,为一两个字而定为"大逆"。用当时办案人员的话来说,便是"推求其意,悖逆显然"①。这就是说,"悖逆"乃系"推求其意"而得出。于是,许多人因被"推求其意"而丧生。雍正时又有查嗣庭"维民所止"案,徐骏"清风不识字"案,乾隆时期更是有增无减。据史料记载,乾隆一朝60年即兴文字狱71起,案件原因大多为"妄议朝政"或"讥讪朝政",可见打击的

---

① 《清代文字狱档》第八册《署两江总督高晋奏折》,《阎大镛俣俣集案》。

矛头主要是针对"经世致用"思想。而其挑剔程度亦比以前更苛细。如安徽戴移孝之子戴昆著有《约亭遗诗》一书,刊于乾隆九年,因书中有"长明宁易得"等诗句,被认为"悖逆狂吠"而定为大案。乾隆四十五年案发时,父子两人早已死,仍被刨坟戮尸,曾孙戴世道尽管在刊刻《约亭遗诗》时尚年幼,仍被斩杀,其兄弟三人也受株连。而为此书作序的鲁之欲及其子也早已死,其孙鲁恕杰在祖父作序时,年仅3岁,"未通文墨",根本不知道祖父作序之事,也不认识戴家的人,却也因是"罪人之孙"。而与兄弟四人一起受到惩处。他如徐一夔《一柱楼诗集》里有"大明天子重相见,且把壶儿搁半边","明朝期振翮,一举去清都";胡中藻《坚磨生诗抄》里有"一把心肠论浊清";李骥《虬峰集》里有"杞人惊转切,翘首待重明";沈德潜《咏紫牡丹诗》里在"夺朱非正色,异种也称王"等诗句,都因涉及了"朱明"和"清"字样,被定为重案。更有甚者,卓长龄《忆鸣诗集》中的"忆鸣"二字被"推求"之后,变成"忆明",遂成"大逆"。彭家屏因家藏明末野史数种,也被处死刑。诸如此类,不胜枚举。当时天下告讦之风蜂起,"笔墨招非,人心难测",士子无不"以文为戒",遇有一切字迹,都"必须时刻留心,免贻后患"。① 学者们的思想自由、著作权利,被剥夺得一干二净,清初学者所倡导的"经世致用"学风,亦被扫荡无遗。因为谈论"经世",免不了要涉及时政,开口便触忌讳,遂使人人皆深具戒心,钳口不谈,而这正是当时统治者的主观愿望。

2. 禁毁篡改"异端"书籍。

清初康雍时期,虽然兴了许多文字狱,但杀人并不毁书。到了乾嘉时期,则由文字狱进而焚书、禁书,又由查禁书而屡兴文字狱。如此循环无穷,遂使文网愈演愈烈。乾隆时大力搜查全国书籍,严审其内容,凡犯忌讳或具有"异端"思想的书文,一律查禁,而且进行删改,甚至大规模地销毁。特别是乾隆三十八年下令设置四库全书馆,名义上是为了作一次古今图书的结集,实际上仍是在于实行文化专制主义政策,借机全面清查各种文献书籍,进而销毁反清和反对封建统治的"异端"著作。清廷当时的命令就曾明确指出:"明季造野史者甚多,其间……必有抵触本朝之语,正当及此一番查办,尽行销毁。……各省已经进到之书,见交《四库全书》处检查,如有关碍者,即行撤出销

---

① 《清代文字狱档》第一册,《胡中藻坚磨生诗钞案》。

毁。"①。说得多么的露骨！需要指出的是，当时销毁、篡改、抽毁、禁绝的范围，不独限于反清文献，就是宋人言金事、明人言元事的书籍亦在其列，甚至内容与封建制度稍有抵触或"辞含激愤，意存感慨"者亦不免于被销毁。可见，他们是要把整个中国的学术文化变成符合他们统治的清一色的政治说教，容不得半点"异端邪说"、新思想、新学说，更容不得知识分子有半点"指点江山"、议论社会和朝政的思想行动。根据当时清政府的官方报告，从乾隆三十九年至四十七年的短短 8 年时间内，大规模烧书共 24 次，被烧毁的书达538 种，13862 部。而实际被毁之书要远远超过这个数字，如江西省即销毁8000 部以上。据孙殿起所辑《清代禁书知见录·自序》云，乾隆时期，"在于销毁之例者，将近三千余种，六七万部以上，种数几与四库现收书相埒"。可见被销毁书籍之多，实在令人吃惊！至于被篡改删削的书籍更是不计其数。鲁迅先生说："现在不说别的，单看雍正乾隆两朝的对于中国人著作的手段，就足够令人惊心动魄。全毁，抽毁，剜去之类也且不说，最阴险的是删改了古书的内容。乾隆朝纂修的《四库全书》，是许多人颂为一代盛业的，但他们却不但捣乱了古书的格式，还修改了古人的文章；不但藏之内廷，还颁之文风颇盛之处，使天下士子阅读，永不会觉得我们中国的作者里面，也曾经有过很有些骨气的人。"②

3. 笼络士人，垄断学术。

清政府的文化专制主义政策包括两手：一手是以高压手段控制社会舆论，打击经世致用思想；一手是用怀柔手段，笼络士人，垄断学术。前者通过大兴文字狱，禁毁删改书籍而收到了预期的效果；后者则表现为利用特科（在进士之外的特别科目）对知识分子进行笼络和收买，引诱学者埋头书斋，稽古而不问政事，同时严厉控制学术，垄断编修近现代史的大权，企图以官方学术压倒私人著述。这一政策在康熙时期就已开始，康熙十二年曾荐举山林隐逸，康熙十七年又借纂修《明史》为名，举行博学鸿儒科，罗致了全国的"名士"143 人，取录了 50 名，俱授以翰林院官职。不过，正如梁启超所说，被收买的都是些二三等人物，那些身负重望的大师，一位也网罗不着。像顾炎武、黄宗羲等人都一再避不就征，就如万斯同虽然秉老师之命参与编修《明史》，为的

---

① 《东华录》乾隆朝卷八十。
② 《且介亭杂文·病后杂谈之余》。

却是"恐众人分操割裂,使一代治乱贤奸之迹,暗昧而不明耳"。所以他"不署衔,不受俸",始终以布衣参其事。此外,清政府还召集大批文士编辑《古今图书集成》(1万卷)、《康熙字典》、《全唐诗》(900卷)、《朱子全书》等许多大部头书籍。雍正、乾隆朝除继续举行博学鸿儒科外,又有《永乐大典》的缮写、续《三通》的编修、武英殿校勘"十三经""廿一史"、编写《通鉴辑览》,等等。特别是四库全书馆的设置,竟网罗了300余位学者参与从事古籍的整理考订工作。不仅如此,朝廷还大肆鼓吹"稽古右文",提倡历史考据,督促和引诱学者就范。这样一来,遂引起整个社会学风的巨大变化。当时著名史家章学诚的好友邵晋涵、周书昌以及戴震等人都被"特征修四库书,授官翰林,一时学者称荣遇。而戴(震)以训诂治经,绍明绝学,世上疑信者半。二君者皆以博洽贯通,为时推许。于是四方才略之士,挟策来京师者,莫不斐然有天禄石渠、句坟抉索之思,而投卷于公卿间者,多易其诗赋举子艺业,而为名物考订,与夫声音文字之标,盖骎骎乎移风俗矣"①。可见,四库全书馆设置以后,使得许多学者纷纷抛弃诗赋举子艺业,致力于训诂名物的考订工作,考据之风逐渐取代了"经世致用"的"实学"。同时由于清政府严厉控制学术,特别是垄断了近现代史尤其是当代史的研究和编纂大权,企图以官史压倒私史,当时的史狱又往往涉及近现代史的问题上面,在这种情况下,私人实在不敢或难以研究明清史和当代史,只好被逼而转向古代史领域,越古越好,去从事古代学术文化、历史文献的考证、训诂校释和辑佚之类的工作。因此,这些做法,实际上是清政府在学术领域变本加厉地推行文化专制主义政策,其目的在于禁锢人民的思想,钳制学者的言论,垄断学术,以维护自身的统治。

4. 学术界全部被纳入考据轨道。

清政府推行镇压和怀柔相结合的文化专制主义政策,其结果,严重地禁锢了人民的思想。在这种情势下,一部分犯忌讳的学者,惨遭杀害,一部分趋附朝廷权贵的学者,为封建统治者所用,而绝大多数学者为了明哲保身,避嫌免祸,被迫钳口不言,噤若寒蝉,不敢问今,而一头钻进故纸堆中,大搞训诂名物,专事三代秦汉文献的整理和考订,因为唯有这一工作,才保险,也唯有这一工作才有出路,这是当权者所提倡的。于是在乾嘉时期,遂逐渐形成了一

---

① 《章氏遗书》卷十八《周书昌别传》。

代学风——考据学。乾嘉考据学的代表人物钱大昕便是因为慑服于时政而专事历史考据，写其《廿二史考异》的。对此，他自己曾有过清楚的透露，其"安心真是药，省事便成仙。……山妻苦相劝，第一且归田"（《病起》）；"自适田园兴，兼无燕雀喧。耐贫缘省事，避谤独忘言"（《自适》）等诗句，便表明归隐完全是为了逃离现实的政治斗争，其晚年自题像赞中言"因病得闲，因拙得安，亦仕亦隐，天之幸民"，更表明他是一个十足的明哲保身、苟且偷安的隐士。王鸣盛在当时文网严密的情况下，也只能"猥以校订之役，穿穴故纸堆中"，著述《十七史商榷》，而绝不敢"横生意见，驰骋议论，以明法戒"①。赵翼自降职处分后，也归家藏身避祸，"翻书度日"，"寝馈于文史以送老"，而不敢进行"言有可用"的"经世"事业了②。三大家尚且如此，其他学者的精神状态就更不用说了。当时的学术界，各种学科，无不是千篇一律的考证。不独做学问的人个个竞言考订，在整个社会上亦形成一种不可逆转的风气。对于这种社会风气，梁启超曾风趣地说："乾嘉间之考证学，几乎独占学界势力，虽以素崇宋学的清室帝王，尚且从风而靡，其他更不必说了。所以稍为时髦一点的阔官乃至富商大贾，都要'附庸风雅'，跟着这些大学者学几句考证的内行话。"③不过需要说明的是，清室帝王并不是被动的"从风而靡"，而是他们发现了这种考据学风的"汉学"比之"宋学"对于巩固其统治更为有利，所以对这种学风不仅推波助澜，而且大力扶持和利用。因此，乾嘉时代的整个学术界几乎全部被纳入了考据的轨道，考据之风笼罩着整个学术领域，成为一种时代精神。诚如梁启超所言："乾嘉以还，考证学统一学界"④。

　　有的同志也可以举出几个例子来说明乾嘉时代的学术并不都是考据，比如除了考据著作之外，还有历史撰述、历史评论、史学理论等著作，还有不少类纂之作等等，有的同志甚至还把乾嘉学术划分为三派：一派着重采集文献，代表是全祖望，一派着重整理古籍，代表是钱大昕，一派着重评述义法，代表是章学诚，并认为这三派代表了乾嘉学术的概貌。

　　经典作家一直教导我们，看问题要全面分析，把握事物的主流，不能只抓

---

① 《十七史商榷·自序》。
② 《廿二史劄记·小引》。
③ 《中国近三百年学术史》三《清代学术变迁与政治的影响》中。
④ 《清代学术概论》。

住个别例子。列宁曾这样说:"在社会现象方面,没有比胡乱抽出一些个别事实和玩弄实例更普遍更站不住脚的方法了。罗列一般例子是毫不费劲的,但这是没有任何意义或者完全起相反的作用,因为在具体的历史情况下,一切事情都有它个别的情况。如果从事实的全部总和、从事实的联系去掌握事实,那么,事实不仅是'胜于雄辩的东西'而且是证据确凿的东西。如果不是从全部总和、不是从联系中去掌握事实,而是片断的和随便挑出来的,那么事实就只能是一种儿戏,或者甚至连儿戏也不如。"①如果我们能从乾嘉时代学术文化的"全部总和""全部事实"出发,而不是"胡乱抽出一些个别事实和玩弄实例",那么,我们难道能否认乾嘉时代的学术文化其主流、其最主要的特征是"考据"这个普遍存在的客观事实吗?

　　至于所谓三派的划分就更属无稽了。这样的划分,不仅不符合乾嘉学术的特点,更无法勾画出一幅乾嘉学术的概貌,而只能是混淆乾嘉学术的主要特点和内容。因为当时整个学术界,几乎绝大多数人都从事于古籍的整理和考订工作,尽管采用的方法不同,但目的一致,对古籍进行整理和考订,殊途同归,这是乾嘉学术的特点和主流。为了对古籍进行研究,于是围绕这个中心,产生了为其服务的许多辅助学科,如文字学、音韵学、训诂学、校勘学、版本学、辨伪学等等。这些学科都从不同角度对古籍进行整理研究。至于文献整理和史论研究,在当时根本毫无地位可言,当然更谈不上成之为派。就以全祖望而言,一生中确是花了很多精力整理乡邦文献,但这只不过是继承黄宗羲、万斯同未竟之遗绪,何况这些工作并不能公开进行。他一生中还花了十余年时间续补了《宋元学案》,还七校《水经注》、三笺《困学纪闻》,在考据学上仍做出了很大成绩。所以《清代七百名人传》里说:"论者谓(厉)鹗之诗、(胡)天游之文、(全)祖望之考证,求之近代,罕有其比。"这一评论绝非出于偶然。还应注意的是,全祖望晚年的活动,还是处在乾隆早期,而乾隆考据之风的形成是在乾隆中叶以后,因此,用他作为乾嘉学术的某派代表自然是不妥当的。至于章学诚,他所从事的研究,正是当时人们所"弃置勿道"的,因为他的学问不合时好,因而一生中对他的学术思想很少有人领会,自云平生著作,除"归正朱先生(筠河)外,朋辈征逐,不特甘苦无可告语,且未有不视为怪物,

---

① 《列宁全集》第二十三卷,第279页。

诧为异类者"①。尽管他的学术思想在当时是非常可贵的,但这样的人在当时仅是凤毛麟角,自然不能代表那个时代的精神,更无从称得上派了。

我们不否认,绝对清一色的学术是没有的,乾嘉时代也确有所谓历史撰述、评论和史学理论等著作,但这些能代表整个乾嘉时代学术的主流吗? 而至于划分三派,把考据学同史论等派并立看待,便更是主次不分了。当时的考据学风是以压倒一切的绝对优势占据着整个学术界,所以乾嘉时代的学术文化只能用"考据"二字概括之,否则必然是舍本逐末,不可能反映出乾嘉学术的真貌来。

梁启超在《中国近三百年学术史》中曾指出:"凡当权者喜欢干涉人民思想的时代,学者的聪明才力,只有全部用去注释古典,欧洲罗马教皇权力最盛时,就是这种现象,我国雍乾间也是一个例证。记得某家笔记说:'内廷唱戏,无论何种剧本都会触犯忌讳,只得专排演些《封神》《西游》之类,和现在社会情状丝毫无关不至闹乱子'。雍乾学者专务注释古典,也许是被这种环境所构成。"又说:"康熙中叶,文网极宽,思想界很有向荣气象。此狱(指戴南山案)起于康熙倦勤之时,虽办理尚属宽大,然监谤防口之风已复开矣,跟着就是雍正间几次大狱,而乾嘉学风,遂由此确立了。"这清楚地指出了乾嘉考据学风形成的直接原因。他还进一步指出,四库馆的设置,说明汉学已经取得胜利,考据之风宣告形成。对此后来鲁迅先生也曾有过精辟的评论,他说:"清的康熙、雍正和乾隆三个,尤其是后两个皇帝,对于'文化统治',却使尽了很大的努力的。……文字狱只是由此而来的辣手的一种,那成果,由满洲这方面言,是的确不能说它是没有成效的。"②鲁迅先生又说:"这不能说话的毛病,在明朝是还没有这样厉害的,他们还比较地能够说些要说的话。待到满洲人以异族侵入中国,讲历史的,尤其是讲宋末的事情的人被杀害了,讲时事的自然也被杀害了。所以,到乾隆年间,人民大众便更不敢用文章来说话了。所谓读书人,便只好躲起来读经,校刊古书,做些古时的文章,和当时毫无关系的文章。有些新意,也还是不行的。"③梁启超和鲁迅先生的话说得多么明白! 事实证明,正是清朝统治者推行镇压和怀柔相结合的文化专制主义政

①　《章氏遗书》卷二十二《与族孙汝楠论学书》。
②　《且介亭杂文・买〈小学大全〉记》,《鲁迅全集》卷六,第62—63页。
③　《三闲集・无声的中国》,《鲁迅全集》卷四,第10页。

策,才直接铸成了乾嘉时代的考据学风。至于其他所谓的盛世产物,学术发展趋势等等,不过是些一般的原因,并不是乾嘉考据学形成的直接原因或最主要原因。

二、一种畸形发展的学术文化

乾嘉时代,在清朝历史上被称为"盛世",乾嘉时代的学术文化——乾嘉考据学,亦被视作清代学术文化最繁荣的象征。这种认识是不符合历史实际的。且不说在"乾嘉盛世"的背后,社会是如何的存在"不盛"的情况,甚至是危机四伏的处境;把这一时期的考据学视为学术繁荣的象征,也是不妥当的。当时的历史事实表明,乾嘉时代学术里所出现的局面,根本谈不上繁荣,它毫无生动活泼、欣欣向荣的"百家争鸣"景象,而只是死气沉沉的"万马齐喑"的局面,各种学科无一不是千篇一律的考证。这是一种严重畸形发展的学术文化,与真正学术繁荣的宋代所呈现的书院林立、学派众多、讲学之风盛行、各种思想观点互相争鸣、相互并存景象形成鲜明的对比。这种畸形发展的考据学,虽然在考据领域做出了不少的成绩,但重要的是,整个时代的学术,特别是思想并没有得到多少发展,反而有所倒退,其不良影响不容忽视。

1. 手段成为目的,为考据而考据,博古而不通今,抛弃了"经世致用"的优良传统。

由于清政府镇压与怀柔相结合的文化专制主义政策的推行,导致了乾嘉时期社会学术风气大变,与清初相比显然已经大不相同。清初学者治学所关心的是当世之务,他们所提倡的考据,确是为了矫正宋明理学空言心性、束书不观的弊病,并且与反对清初民族压迫的斗争形势密切相关。他们提倡"实学",要求研究历史真相,是为了经世致用,博古通今。所以研究历史上的得失成败和地理形势也就成为他们治学的重点,而各自著作,亦多言有所指,有理论、有思想,观点鲜明,决不作"无病呻吟"。可是,乾嘉考据学者,虽然在治学方法上继承了清初大师们所开辟的道路,却抛弃了大师们的治学精神实质。尽管他们把训诂、校勘等考据深入到经史子集各方面文献,可惜的是,他们把治学的手段变成了目的,为考据而考据,他们囿于古而蔽于今,博古则不通今,抛弃了"当世之务"的目标。考据学成为清廷用来粉饰所谓"乾嘉盛世"

的点缀品,成为统治者歌颂"升平气象"的工具。生活在当时的章学诚对这种局面深表不满,他在写给朋友的书信和许多文章里都批评了这个怪现象。指出:"自四库馆开,寒士多以校书谋生,而学问之途,乃出一种贪多务博,而胸无伦次者,于一切撰述,不求宗旨,而务为无理之繁富,动引刘子骏言'与其过废,无宁过存',即明知其载非伦类,辄以有益后人考订为辞。"①又说:"方四库征书,遗籍秘册会萃都下,学士侈于闻见之富,别为风气,讲求史学,非马端临氏之所为整齐类比,即王伯厚氏之所为考逸搜遗。是其研索之苦,襞积之勤,为功良可不少,然观止矣。至若前人所谓决断去取,各自成家,无取方圆求备,惟冀有当于《春秋》经世,庶几先生之志焉者,则河汉矣。余尝语君,史学不求家法,则贪奇嗜琐,但知日务增华,不过千年,将恐大地不足容架阁矣。"②他把这些"逐于时趋,而误以襞积补苴谓足尽天下之能事"的考据学者斥为"俗儒",嘲讽他们"幸而生后世也,如生秦火未毁以前,典籍具存,无事补辑,彼将无所用其学矣"③。

本来,在当时资本主义继续萌芽发展、新的市民阶层不断出现并与封建经济体系产生矛盾的社会条件下,思想意识形态领域里应该出现一种新与旧、生与死的对立冲突和尖锐斗争,产生一股生机勃勃的、代表新事物、新势力的力量,鞭挞旧世界,向往新的未来世界。但是,由于清政府推行严厉的文化专制主义政策,垄断了学术,禁锢了人们的思想,从而限制和扼杀了任何进步思想的产生发展。在这种局面下出现的乾嘉考据学,丝毫不代表社会的进步思潮,仍然是封建专制主义幽灵的顽固体现。他们缺乏对现实社会的大胆揭露和批判,更没有对未来新世界的憧憬和追求。他们甚至高呼"回到汉代去"的口号。他们博古、求古、存古,发展到尊古,甚至是"舍古无是"、泥古不化。看看他们对于当代史迹的关心和记载情况,并与宋代稍作对比,便可一清二楚。宋代史学的最大特色,便是详于当代史迹的记述,能够及时地把现实的社会变化和政治得失编写成书。有的学者早就指出,这是宋代史学最成功的地方。当时由于统治者非常注意时事的编纂,所以激起学者们私人编修当代史的勇气,许多人把毕生精力投入到当代史著的编撰上。如李焘著《续

---

① 《章氏遗书》外编三,《丙辰札记》。
② 《章氏遗书》卷十八《邵与桐别传》。
③ 《文史通义·博约》。

资治通鉴长编》自称"网罗收拾,垂四十年","精力几尽此书"。这与乾嘉学者的"皓首穷经"、把毕生精力埋在故纸堆中形成鲜明的对照。宋代学者私人所编当代史著之多,除李焘《长编》外,著名的还有徐梦莘的《三朝北盟会编》、李心传《建炎以来系年要录》和《建炎以来朝野杂记》、徐度《国纪》、王称《东都事略》、熊克《中兴小历》和《九朝通略》、赵甡之《中兴遗史》、李丙《丁未录》、彭百川《太平治迹统类》、江少虞《皇朝事实类苑》、李攸《皇朝事实》以及杜人珪《名臣碑传琬琰集》等等。虽然宋统治者偶尔也曾有过"野史之禁",但多为统治集团内部的党派和权臣挑起,而且时间相当短暂,危害面也不大,绝没有像清朝一样,上自最高统治者,下至一般的权臣奸臣,一致行动,贯穿始终,波及全国,所以乾嘉学者私人编修当代史,几付阙如。

乾嘉学者的"博古而不通今",再次证明清统治者文化专制主义政策的残暴及其危害之极!

这种脱离社会实际、脱离现实政治斗争的学风,大大阻碍了社会的发展,束缚了科学的进步,打断了明末清初兴起的思想启蒙运动,阻碍了学术文化向近代化的发展。近代中国落后挨打局面的形成,应当说这也是重要因素之一。因此,对乾嘉考据学的评价自然不宜过高。尽管梁启超说过:"乾嘉考证学,可以说是清代三百年文化的结晶。"这只能说明清代文化的成就不大。事实上非常清楚,当时除了训诂、校勘、整理古籍而外,几乎很少有其他创造发明可言。鲁迅先生在评价乾嘉学术成就时说:"说起清代的学术来,有几位学者总是眉飞色舞,说那发达是为前所未有的。证据也真够十足:解经的大作,层出不穷;小学也非常的进步;史论家虽然绝迹了,考史家却不少;尤其是考据之学,给我们明白了宋明人决没有看懂的古书。"[1]他接着指出,成绩不过如此而已,所花代价实在是太大了,恐怕是件折本生意。鲁迅先生还曾直接指斥这种"专事研究错字,争论生日"的学风,是"奴才家法"[2]。鲁迅的话,既说明了乾嘉考据学的特点,也表达了他对乾嘉考据学的评价。生当其时的方东树就曾一针见血地指出这种考据学的实质:"只是向纸上与古人争训诂形声,传注驳杂,援据群籍,证诂数百千条,反之身已心行,推之民人家国,了无益

---

① 《花边文学·算帐》,《鲁迅全集》卷四,第416—417页。
② 《鲁迅全集》卷十,第180页。

处。"①乾嘉考据学正是这样一种为考据而考据,"推之民人家国了无益处"的畸形文化。

2. 实事求是的考证态度和形而上学的思维方法。

乾嘉学者的治学态度是比较严谨的,他们始终以"实事求是"相标榜。钱大昕自称"唯有实事求是,护惜古人之苦心,可与海内共白"②。他反对"清谈",反对"以褒贬自任"。王鸣盛更是强调这一点,他说:"学问之道,求于虚不如求于实。""读史者不必横生意见,驰骋议论","但当考有典制事实"。他著《十七史商榷》便奉行"实事求是"的原则。乾嘉学者把"实事求是"的态度运用到考据工作中去,他们不仅提倡认真读书,反对空发议论,而且在具体进行考据时,能以充分的证据为基础,广稽博证,力求真实,做到言必有据,事必有本,并且坚持"疑者缺焉",而不"穿凿附会"把隐匿和曲解证据材料视作不道德的行为。这种"实事求是"的治学精神,确实是对宋明以来束书不观、游谈无根的空疏学风的一种反动。也唯其如此,乾嘉考据学才做出了可喜的成绩。梁启超在《中国历史研究法》一书中曾指出:"吾以为有一重要之观念为吾侪所一刻不可忘者,则吾前文所屡说之'求真'两字,即前清乾嘉诸老所提倡之'实事求是'主义是也。"梁启超对乾嘉考据学者"实事求是"的治学态度作了充分的肯定,即使在今天,我们也是应该继承和发扬这一精神的,因为这是达到科学的基础。梁启超又说:"经过了清代考证学派二百五十余年之训练,我国学人的头脑渐趋于冷静缜密,此种训练,实为科学研究之基本要素,将来必可成为最现代的'科学人'"。③

但是,我们在充分肯定乾嘉考据学者治学的实事求是态度时,也应同时看到他们所运用的考据方法还是欠科学的。乾嘉学者基本上采用"内证""外证""理证"等方法,善于在同类现象的类比中发现问题,又在遍找事例中归纳出结论来。这种方法,实质上是形式逻辑的归纳和类比法,这是一种形而上学的思维方法。这种方法对于解决一些个别的、具体的问题,是不无裨益的。如考定某条史料的真伪、训诂、校勘文字等等,所得出的结论多半是正确的。但是,这种思维方法的最大局限就是只见树木,不见森林,只注意到局部的、

①　《汉学商兑》。
②　《潜研堂文集》卷三十五《答王西庄书》。
③　《清代学术概论》。

个别的、静止的事物,而看不到全局的、运动的事物及其相互之间的联系。而无法对历史事物进行整体的、全貌的和发展的考察。因为他们只有微观研究,而无宏观研究。诚如恩格斯所指出的,它具有"片面的、狭隘的抽象,并且陷入不可解决的矛盾"①。乾嘉学者的考据正是如此。他们往往只能进行一些脱离实际的一事一物的烦琐考证,甚至只满足于从"识字"开始,到"识字"为止。如王鸣盛便公开表白其著《十七史商榷》只是囿于做些"正文字,辨音读,释训诂,通传注"等纯考证性质的工作。即使像赵翼《廿二史劄记》采用的"归纳法",甚至是"比较研究法",称得上是当时考据方法的高层次代表,但如作者本人所言只是"多就正史纪、传、表、志中参互勘校,其有抵牾处,自见辄摘出",日积月累而成。乾嘉考据学所用方法的局限性直接影响着其所做出的成就的大小及其正确性。

3. 用血的代价换来的考据成果。

由于乾嘉学者皓首穷经,埋头故纸堆中,又抱着"实事求是"的严谨态度,考据古书、古字、古音、古义,所以,他们在考据领域内确实做出了很大的成绩,主要体现在对古籍的校注、辨伪、辑佚和对古史的补作、改写、考证三个方面。为后人研读这些古籍创造了方便的条件,对他们所做出的成绩,我们今天自然应加以充分的肯定。

(1)对古籍的校注、辨伪和辑佚。

乾嘉时代的考据学者,一般都是选定某部古籍加以研究,或校勘、或辨伪、或辑佚、或考订,途径不一,目的相同。其中校勘之学,可以说是他们的特长,他们的注释工作所以能够做得比较精密,关键就在于他们的校勘工作做得比较细致。"欲读书必先精校书",是他们的一致看法。在长期的校勘中,他们积累了许多宝贵的经验。当时校注的先秦古籍,涉及经史子集各个方面。如顾广圻校《国语》《战国策》《韩非子》,孙星衍校《孙子》《吴子》,卢文弨校《逸周书》,刘逢禄的《春秋公羊经何氏释例》《尚书今古文集解》、宋翔凤的《论语说义》《论语郑注》、江永的《礼记训义》,惠栋的《后汉书补注》,沈钦韩的《两汉书疏证》,周寿昌的《汉书注校补》《后汉书注补正》,还有杭世骏、侯康、赵一清、周寿昌诸人各注《三国志》,等等。而成绩最卓著者要推王念孙的《广

---

① 《反杜林论》。

雅疏证》、卢文弨的《群书拾补》和戴震所校《水经注》等。所有这些校注对于后人研究上述著作提供了很大的方便。如王念孙常常是"一字之证,博及万卷",《战国策》那篇《触詟说赵太后》里的那个"触詟",以讹传讹,持续了1000多年,王念孙根据大量材料考订出是"触龙言"之误,从而解决了阅读古籍的一大疑案。

我国古代由于种种原因,书籍散失很多,有许多好事之徒,为了立异争名,往往伪造古书,以假乱真,以致造成真假难分。为了澄清这一混乱,我国早就产生了辨伪考据学,特别是在宋代取得了很大的成就。乾嘉时代学者在前人已有的成果基础上,做出了更大的成绩。他们从师承关系、思想渊源、文体句式、典章制度、内容材料等许多方面进行辨正,最后判断出一部书的真伪。像阎若璩的《古文尚书疏证》、惠栋的《古文尚书考》等,一一揭发出东晋梅赜所献之《古文尚书》全系伪作,结束了长期以来今古文《尚书》争论不休的一大悬案。又如刘逢禄的《左氏春秋考证》详细论证了《左氏春秋》并不传孔子《春秋》,指出经传之说乃属后人伪造。崔述的《考信录》对先秦古籍除《诗》《书》《易》《论语》之外,都考辨其真伪,并进而要对古代历史进行"考信"和"辨虚为实"。不过,他把诸子百家一律指为异端,把大量的重要史料全部撇开,以为战国秦汉之书,皆难征信,这种认识显然错误,势必陷于抱残守缺,仅仅以几部儒家经典为依据,要真正做到"辨虚为实"的"考信"自然是办不到的。

辑佚工作更是乾嘉学者所长。乾隆年间因编纂《四库全书》,进行了大规模的辑佚工作,从《永乐大典》中辑出了大量久已失传的宝贵书籍,其中经部书66种,史部41种,子部103种,集部175种,合计达375种,4926卷。这个数字十分可观。史部方面的书有李焘的《续资治通鉴长编》520卷,薛居正的《旧五代史》150卷,熊克的《中兴小纪》40卷,刘珍等的《东观汉记》24卷,还有《宋两朝纲目备要》16卷等等。这些史书的辑出,对于史学研究具有重要的价值。如《东观汉记》,元代已佚,其书为范晔撰《后汉书》时所未采,而其内容足以补《后汉书》之缺失,重新辑出后,就使人们可以从中看出我国最早的官修史书之面目。又如《旧五代史》,自欧阳修书出后逐渐失传,因欧书刻意模仿《春秋》笔法,许多重要史实被删削,薛史重新辑出后,遂使研究五代历史有了比较丰富的史料依据。李焘的《长编》,更是研究北宋历史不可多得的史书,史料极为丰富。嘉庆时,徐松又从《永乐大典》中辑出《宋会要》366卷,此书多有《宋史》及有关宋代其他史书所未采录的材料,为研究宋史的重要书籍。此外,乾嘉学者还从唐宋类书如《北堂书钞》《艺文类聚》《初学记》《太平御览》《文苑英华》《册府元龟》等,以及古籍的旧注如裴松之的《三国志注》、郦道元的《水经注》、刘孝标的《世说新语注》、李善的《文选注》等中搜辑出许多重要的资料。如马国翰的《玉函山房辑佚书》、王谟的《汉魏遗书钞》和《汉唐地理书钞》、黄奭的《汉学堂丛书》等。特别是严可均的《全上古三代秦汉三国六朝文》,"使与《全唐文》接,多至三千余家,人各系以小传,足以考证史文,皆从搜罗残腾得之,复检群书,一字一句,稍有异同,无不校订,一手写定,不假众力。唐以前文,咸萃于此焉"①。所辑者皆为散失之文,凡全书留传者则一律不予收入。像这样的辑佚工作,自然对后人学术研究提供了极为方便的条件。

(2)对旧史的改写、补作和考证。

乾嘉学者的研究,先是从经学开始的,后来因为"通经"必先要"研史",于是考史之风大盛。当时除《史》《汉》外,对其余诸史(包括《三国志》《后汉书》等正史)都有着不同程度的看法,欲改写者有之,补作者亦有之,而对其进行考证者更有之。如《晋书》称得上官修史书中比较好的一部,但嘉庆间周济仍仿鱼豢《魏略》编年之体改作《晋略》60卷。《宋史》芜杂漏略,为大家所公认,故历来有志于改作者甚多,但均未实现。乾嘉时期,邵晋涵和章学诚,亦皆有意于此。邵氏曾仿《东都事略》先改写《宋史》南宋部分成《南都事略》,因他一生生命短暂,又多忙于官场之应酬,虽经章学诚多次催促,终未能完成《宋史》的全部改写。而章氏本人。因生活上穷困潦倒,改编工作亦终无结果。至于《元史》,康熙年间已有邵远平著《元史类编》42卷,但又将原书重新编排一番而已,既无新意,亦无多少价值。乾隆年间钱大昕曾锐意重修,先作《元史考异》15卷,后又成《氏族志》《经籍志》两篇,但最终也未完成《元史》的全部改编工作。嘉庆年间又有汪辉祖作《元史本证》50卷,分证误、证遗、证名三部分,钱大昕序此书云:"自摭新得实事求是,有大醇而无小疵。"至于后人改作成功的则有魏源《元史新编》、柯邵忞《新元史》等,且已不属本文论述范围。当然,有些改作,只是出于正统观念,其实并无多大价值。如乾隆末年谢启昆的《西魏书》,系改编魏收的《魏书》而成,其实只是在正统问题上加以改动而已。嘉

① 《清代七百名人传》第四编。

庆间陈鳣作《续唐书》，以代替五代历史，不称五代，而用后唐李克用直续唐昭宗，后唐灭亡，则以南唐续之，其实亦无多大价值。

这一时期，为各史进行补作的就更多了。尤其是对表、志部分，有钱大昕的《后汉书补表》8 卷、《补续汉书艺文志》1 卷，洪亮吉的《补三国疆域志》2 卷、《东晋疆域志》4 卷、《十六国疆域志》16 卷，钱大昕的《唐书史臣表》1 卷、《唐五代学士表》1 卷、《宋学士表》1 卷和《宋辽金元四史朔闰表》，等等，数量很多，无法一一列举。而总的方面则有万斯同的《历代史表》59 卷、陈芳绩的《历代地理沿革表》47 卷、杭世骏的《历代艺文志》、顾栋高的《春秋大事表》、齐召南的《历代帝王表》等等。所有这些，对于研究旧史都有参考价值。

对旧史内容文字的考订，亦是乾嘉学者的治学重点之一。他们对于旧史文字上的错误，事实上的伪谬，记载上的遗漏，文句上的含糊等，都作了详细的考证和论述。其中最著名的当首推钱大昕的《廿二史考异》、王鸣盛的《十七史商榷》和赵翼的《廿二史劄记》三书。而专门从事一部书的考证的就更多了，如钱大昭的《汉书辨疑》《后汉书辨疑》《续汉书辨疑》，陈景云的《两汉书订误》，梁章巨的《三国志旁证》等。也有专为某部书中的表志进行考证的，如孙星衍的《史记天官书考证》，全祖望的《汉书地理志稽疑》，徐松的《汉书地理志集释》《汉书西域传补注》，章宗源的《隋书经籍志考证》等。考证和校注，有其共同之处，上述许多著作同时也有许多校注的内容。它们都是对旧史进行校勘疏证整理之作。从事这一工作，不仅在某一方面必须掌握渊博的知识，而且也要掌握一定的方法。但它并不需要发凡起例、别识心裁。他们在整理旧史过程中，还把通检之类的工具书加以发展，创作了如汪辉祖《史姓韵编》《三史同名录》《九史同姓名略》等书。

（3）方志与谱牒的盛行。

乾嘉学者在方志和谱牒的编修方面也是做出了成绩的。这也是乾嘉学术的一个重要组成部分。乾嘉学者所以能把一定的精力投向方志与谱牒的编修，一方面是政府的大力提倡，另方面则是由于当时私人不能随便撰史，于是许多学者便把自己的聪明才智用到了编修方志谱牒上去，因为这是当局所提倡的。章学诚就是典型的代表。他在《答甄秀才论修志第一书》中说："丈夫生不为史臣，亦当从名公巨卿执笔充书记，而因得论列当世，以文章见用于时,如纂修志乘,亦其中之一事也。"①可见,乾嘉时代方志与谱牒的发达,形式上看似乎与考据学无关,其实它同样是清政府文化专制主义政策的产物。

清代所修方志数量之多,据《中国地方志联合目录》所载进行统计,现存清代方志有 5701 种,约占全国现存方志总数 8200 余种的 70%。而其中康熙、乾隆时期就分别编纂过 1397 种和 1154 种,又成为清王朝修志最旺盛的时期。由于许多著名学者参与编修方志,开始讲求方志编纂的体例方法,所以,这一时期所修志书与清朝前期相比,更减少了粗糙简陋之病,质量普遍有所提高。如周永年、李文藻的《乾隆历城县志》,万经、全祖望参与编修的《乾隆宁波府志》,戴震参与的《乾隆汾州府志》,孙星衍主撰的《乾隆松江府志》《三水县志》,杭世骏主撰的《乾隆西宁府志》《乌程县志》《昌化县志》《平阳县志》,谢启昆主撰的《嘉庆广西通志》,毕沅主撰、章学诚总其事的《湖北通志》以及杨芳灿、谭光祐总领的《嘉庆四川通志》等等。为了编好志书,学者们还曾从理论上展开过讨论,特别是章学诚在总结前人经验的基础上,结合自己的修志实践,创立了系统的方志学。这可以说是乾嘉整个学术的精华所在。

至于谱牒,清代为继魏晋南北朝后的第二个发展高潮,而乾嘉时期又是清代谱牒发展的一个高峰。年谱的撰写风气尤盛,这也是乾嘉学术的一个特点。修成的年谱大致可分为几类:一是自撰年谱,即谱主生前将自己一生经历谱写下来,或者自己口授由别人代写。如《竹汀居士(钱大昕)年谱》(此谱记至 65 岁而止,后由其曾孙庆曾辑成续编一卷,并为之作注)、汪辉祖的《病榻梦痕录》《梦痕余录》等。这类自撰年谱,谱主大多为著名学者。二为谱主的朋友、门人或子孙所作。如李塨、王源合著的《颜习斋先生(元)年谱》,董秉德的《全谢山(祖望)年谱》,段玉裁的《戴东原先生(震)年谱》等。三是补作或改作前人之年谱。这项工作,困难较大,因时代相隔,资料散失,传闻亦少,非得下大苦功,遍查资料,勤加考证不可。而乾嘉学者正是擅长于文献史事的考证,故补作或改作前人年谱也就特别多。如顾栋高、蔡上翔分别撰《王荆公(安石)年谱》,赵翼、钱大昕分别作《陆放翁(游)年谱》,钱大昕作《深宁先生(王应麟)年谱》和《弇州山人(王世贞)年谱》等。章学诚则不仅替别人编修过大量的谱牒,还对谱牒学理论作了探讨,认为家乘谱牒属史学范畴,具有重大

---

① 《章氏遗书》卷十五。

的价值。

总之，乾嘉时代的学者们编纂了大批的地方志书和谱牒，为我们今天研究历史创造了许多方便的条件。对于他们的这个成绩，自然应有足够的肯定。

此外，乾嘉学者在目录学的研究方面也有一定的成就。除官修的《四库全书总目》外，钱曾的《也是园藏书目》《读书敏求记》，朱彝尊的《经义考》，孙星衍的《平津馆藏书记》，周中孚的《郑堂读书记》等，是比较著名的目录学著作。这一时期还出现一些学术史性质的著作，如唐鉴的《清学案小识》、江藩的《汉学师承记》《宋学渊源记》等，虽有一定的价值，但毕竟分量不大，与整个时代的考据学风相比，自然属凤毛麟角而已。

综上所述，我们可以看到，乾嘉学者主要是在考据领域内做出了可喜的成绩。就中国古代考据学发展的本身看，乾嘉考据学应该是一个最鼎盛的时期，成绩也最大。对这份文化遗产，我们确应加以批判地继承。但是，应该看到，这个鼎盛的考据局面的出现，是全国人民付出了十分惨痛的代价换来的。它是许许多多的聪明才智之士，为了逃避现实之嫌，将自己的毕生精力，葬送在古纸堆中，作出了重大的牺牲而换来的。我们更应该看到，乾嘉时代的学术成就也仅仅在考据学方面表现得比较突出。然而，考据并不能代表整个学术，学术文化也不只是考据。在整个思想意识形态领域，乾嘉时代仍然是一种"万马齐喑"的局面，笼罩着阴森可怕、动辄触犯刑律的气氛。对这一点，我们同样是不能不清楚地认识到的。

（本文与叶建华合撰。原载中国历史文献研究会编《历史文献研究（北京新一辑）》，北京燕山出版社 1990 年 10 月版）

试论汉魏六朝时期人物传记的发达及其价值

记人述事本是史书记载的基本内容,我国先秦史籍中便已叙述了各种不同的人物,但人物传记的形式尚未产生。司马迁《史记》运用列传的形式记载人物事迹,真正意义上的人物传记出现了,但司马迁是将传记作为史书的一个组成部分。到西汉刘向校书,编成《列女传》《列士传》《列仙传》,人物传记始独立成书。此后在汉魏六朝时期,人物传记得到了蓬勃发展,不仅以人物为中心的纪传史书成为这一时期史学发展的主流,尤其值得注意的是,还出现了数量很大、种类繁多的人物传记专书。这不仅是汉魏六朝史学的一大特色,在整个中国古代史学发展史上和文学史上也是颇为突出的一个现象。然而,这些人物传记专书大多已散失,要对它进行系统深入的发掘和研究并非易事。本文试图从当时的社会历史变化特点和史学发展演变的特点中,分析探讨人物传记专书出现并发达的原因,并从史部目录学著作及有关史籍的注释所引录的佚文和后人的有关辑佚著作中,分析论述它的编纂特点及内容价值。

一

汉魏六朝的史学园地里,所以会出现撰写人物传记盛极一时的思潮,是与长期以来历史观念的发展演变,特别是当时的社会政治变革和经济发展密切相关的。

(一)历史观念的变化促使人物传记的产生

人们的历史观是随着社会的发展而不断发生变化的。从古籍和卜辞中所反映的殷商历史观是神权至上,但春秋以来,这种天命鬼神的思想开始不断地衰退,而重视人事的观念则在迅速地发展着。到了战国时期,各类政治人物在进行辩论或说明问题时,已很少有人再援引神意,而大多以历史上的人事为依据。战国七雄之间生死存亡的斗争,强弱兴衰的变化,无一不说明人的主观能动性在其中所起的重要作用。这种情况在秦汉之际刘邦与项羽之间长达四年之久的楚汉战争中,体现尤为明显。史书记载必须反映这些历史事实,可是光靠《春秋》《左传》式的传统编年体史书并不容易集中体现人的一生及其作用,为了更有效地反映各种人物在历史进程中所起的作用,突出人物在物质文化创造上的功绩,评论历史人物的功过,从中总结出兴衰成败的经验和教训,在司马迁创立了以人物为中心的纪传史体之后,各种人物传记越来越受到重视,撰写的人也越来越多。而人物传记专书也在刘向的《列女传》之后不断涌现。从此,脱离正史,专写人物传记的风气便逐渐盛行起来。

特别是东汉末年之后的三国魏晋时期,社会急剧动荡,军阀混战,出现了一大批叱咤风云的人物,人的社会作用更加充分显示出来,并为人们普遍认识。在这种情况下,撰写人物传记,表彰那些仁人志士,便成为一种时代的风尚,而各种人物传记也就如雨后春笋般地产生了。

(二)《史》《汉》二书的诞生直接推动着人物传记的发展

《史记》的产生在我国史学史和文学史上均具有划时代的意义,它开创了我国纪传体史学和传记文学发展的新局面,并树立了编纂的典范,对后世史学和文学的发展均起着极为重要的作用。特别是后世史家撰写纪传体史书,基本上是沿着这个路子走的。班固率先继《史记》而撰《汉书》,从而为历代"正史"的编撰树立了榜样。"自是世有著述,皆拟班、马,以为正史,作者尤广,一代之史,至数十家"①。其影响之大,于此可见。而且《史》《汉》的问世,还直接启发甚至左右着人们研究历史的方法和兴趣,从此,不仅仿《史》《汉》体裁以载人物为中心的纪传体史书不断出现,而且还产生了专门记载人物的传记专书。刘向首先仿《史记》列传体例而作人物传记书《列女传》《列士传》,自此以后,应社会之需要,各类人物传记专书便纷纷出现,而其形式和内容等无不受《史》《汉》等纪传体史书的影响和启发。

(三)两汉魏晋选举制度的变化促使人物传记的盛行

早在西汉初年,封建统治者为了选拔官吏,就已采取了由郡国举荐贤良

---

① 《隋书·经籍志》。

方正的措施。到了武帝元光元年(前 134 年),又设孝廉一科,命令郡守和王国相每年各推荐孝廉一人,孝廉一科成为此后各级官吏的主要来源,这就是汉代选拔官吏的察举制度。后来这种察举制度一般都以郡国名士主持的乡间评议为主要依据,并形成一种社会风气,《后汉书·许劭传》记载:"初,劭与靖(劭从兄)俱有高名,好共核论乡党人物,每月辄更其品题,故汝南俗有月旦评焉。"这种乡间评议,就是对一个人品德学问进行褒贬。魏晋以来,各朝又相继实行九品中正制,这种制度实际上是汉代察举制的发展。九品中正制就是在各州郡设置大小中正,负责评定本地方的人物,依人才高下分为九等,即九品,作为吏部除授官吏的依据。州郡的中正官多以籍隶本州的中央官员兼任。

无论察举制度还是九品中正制,都是封建统治者用以选拔人才的制度,它们有一个共同的特点,就是对被选拔的士人都要进行一番评论。既然政治上盛行对人物的评论,就必然直接影响到史学上也注重褒贬人物的风气。于是撰写人物传记之风盛行起来,不仅许多史学家热衷于此,如谢承、习凿齿、陈寿、刘义庆等都撰有许多人物传记。就是统治者也重视人物传记的编写,如魏文帝撰有《列异传》、魏明帝撰有《海内先贤传》、梁元帝撰有《忠臣传》《孝德传》《显忠录》《丹阳尹传》等。同时,政府还规定史官任职之始,"必撰名臣传一人"[1],以此衡量史官之水平。特别是九品中正制成为维护门阀制度的工具后,选拔人才一般都来自门第高的世家大族,这样,品评死人实际上还是为了评论活人而服务的,旨在用来标榜门第高贵,夸耀本族人才出众,于是大写家传、家谱和传记。这就说明,汉魏六朝时期人物传记的发展,是直接为当时的政治服务的。

(四)地方经济的发展和地方豪族势力的强大促使人物传记空前发达

汉魏六朝的人物传记中有相当一部分为地方人物传。这些地方人物传记的出现,与地方经济的发展和地方豪族势力的强大密不可分。还在西汉时代,许多豪族地主便大肆兼并土地,横行乡里。有的豪强地主通过各种途径谋取官职,把持政治。有的则是官僚依仗权势侵占土地而成为地主。到了西汉后期,许多豪族地主占有土地以后,便采用庄园的经营方式。东汉以来,这

---

① 《晋书·职官志》。

种庄园形式,便逐渐盛行起来。这些豪族地主,当他们经济力量非常雄厚之后,便进而要取得政治权力以保持其既得的经济地位,于是他们便利用察举选官这一制度,相互勾结,互相标榜,相互推荐亲属故旧,这样势必要制造舆论为其服务。特别是到了"选举而论族姓阀阅"①、"贡荐则必阀阅为前"②的魏晋时期,宣扬显赫的家世,打出祖先的旗号,夸耀本家族以及本郡人才的出众,就更加显得重要了,于是各类乡贤传记便纷纷出现。

同时,由于汉末魏晋以来,北方战乱不已,人们纷纷逃离故土,向各地迁徙。晋室南渡后,在南方侨置州郡,促进了南方各地经济的发展。在这种情况下,这些避难他乡的人们也自然会产生对故土的追思,也撰写起各种"先贤""耆旧"等传。这也是当时地方人物传众多的原因之一。

(五)社会思潮的变革在史学上的反映

汉末魏晋以来的社会动荡,使学术思想领域发生了很大的变化。人物突破了经学的束缚,抛弃了西汉以来的经学章句,思想上得到了一次较大的解放。《宋书·臧焘传》说:"自曹氏膺命,主爱雕虫,家弃章句,人重异术。"正说明了这一变化。同时,当时险恶的人生环境对广大士人的思想和精神也是一种莫大的刺激。于是各种社会思潮纷纷出现:崇尚虚无、空谈名理的玄学,代替趋于衰微的汉代经学而流行;同时以老、庄解释儒家经文;促成儒、道融合;佛教传入并逐渐盛行;又有以老庄诠释佛典,而使释、道趋于合流。这种玄、佛、道相互并存、相互渗透的社会思潮直接反映在史学上,出现了一大批记载各种思想、思潮人物的传记,如《高士传》《逸士传》《高僧传》《神仙传》等。

二

汉魏六朝人物传记的发达,首先表现为数量繁多。《隋书·经籍志》云:汉时,"刘向典校经籍,始作《列仙》《列士》《列女》之传。……后汉光武,始诏南阳,撰作风俗,故沛、三辅有耆旧节士之序,鲁、庐江有名德先贤之赞。"据有

---

① 仲长统:《昌言》。
② 王符:《潜夫论·交际》。

关资料统计,汉代人物传记专书已有 6 门 58 部①。三国时代有 54 部②。晋代则有 350 家③。另据姚振宗《隋书经籍志考证》统计,汉隋之际人物传记总数在 470 部以上,3000 多卷。这个数字在当时来说是相当大的,我们仅就《隋书·经籍志》所录典籍作一比较便可说明问题。《籍志》分经、史、子、集四部著录典籍,其中史部之书有 16558 卷,在四部书中名列第一,约占总数三分之一强;而史部又分 13 类,其中杂传类共著录 219 部,又占史部 13 类之首,约占四分之一强。

其次表现为种类多。这些人物传记,按其所记载人物之性质、时代及地区归类,可分为下列 10 类:

一是人物总录:如魏明帝《海内先贤传》、梁元帝《怀旧志》、无名氏《四海耆旧传》等。

二是地方人物传:如刘义庆《徐州先贤传赞》、范瑗传《交州先贤传》、陈长寿《益都耆旧传》、谢承《会稽先贤传》、钟离岫《会稽后贤传记》、陈英宗《陈留先贤像赞》、刘彧《长沙耆旧传赞》、张胜《桂阳先贤画赞》、郭缘生《武昌先贤志》等。

三是妇女人物传:如刘向《列女传》、皇甫谧《列女传》、嵇康《列女传》、无名氏《列女传要录》《美妇人传》《女记》等。

四是氏族家传:如裴松之《裴氏家传》、崔氏《崔氏五门家传》、佚名氏《李氏家传》《太原王氏家传》《周氏家传》等。

五是隐逸人物传:如皇甫谧《高士传》《逸士传》、张显《逸民传》、阮孝绪《高隐传》等。

六是名士传:如袁敬仲《正始名士传》、刘义庆《江左名士传》、戴逵《竹林七贤论》、张骘《文士传》等。

七是僧人传:如虞孝敬《高僧传》、释宝唱《名僧传》、王中《法师传》、裴子野《众僧传》等。

八是神仙怪异传:如刘向《列仙传赞》、葛洪《神仙传》、魏文帝《列异传》、佚名氏《集仙传》、谢氏《鬼神列传》等。

---

① 姚振宗:《续汉书艺文志》。
② 姚振宗:《三国艺文志》。
③ 吴士鉴:《补晋书经籍志》,见《二十五史补编》第三册。

九是人物单传：如管辰《管辂传》、佚名氏《孙放别传》《东方朔传》《向秀别传》、嵇绍《赵至叙》等。

十是杂传：如陆澄《杂传》、贺跂《杂传》等。

此外，还有孝子传，如萧广济《孝子传》、王韶之《孝子传赞》等；忠烈传，如梁元帝《忠臣传》、钟岏《良吏传》等；儿童传，如王瑱之《童子传》、刘韶《幼童传》等。

汉魏六朝人物传记发达情况除了数量大、种类多外，还表现在编撰形式的多样化。仅就名称来看，除了绝大多数称"传"外，还有许多其他称呼，有的称"记"，如《毌丘俭记》等；有的称"志"，如《武昌先贤志》《怀旧志》；有的称"春秋"，如《玄晏春秋》；有的称"史"，如《陆史》；有的称"叙"，如《赵至叙》《羊秉叙》等；有的称"论"，如《竹林七贤论》；有的称"赞"，如《徐州先贤传赞》《桂阳先贤画赞》。

其中"叙""论""赞"的形式最为突出。《史通·论赞》云："《春秋左氏传》每有发论，假君子以称之。二传云公羊子、穀梁子，《史记》云太史公。既而班固曰赞，荀悦曰论，《东观》曰序，谢承曰论，陈寿曰评，王隐曰议，何法盛曰述，扬雄曰譔，刘昞曰奏，袁宏、裴子野自显姓名，皇甫谧、葛洪列其所号，史官所撰，通称史臣。其名万殊，其义一揆。必取便于时者，则总归论赞焉。"可见，史书中的"叙""论""赞"，实即史评之语。那么，汉魏六朝人物传记中大量的"叙""论""赞"是不是全属评论之体呢？由于这种著作没有一部流传下来，所以，它究竟是一种什么样的形式，人们不得其解。不过，我们从《世说注》和《三国志注》所引录的著作中可略知一二。两书注文曾多次引《晋诸公赞》《竹林七贤论》二书，一看书名，总以为全是赞语形式，属史论之作，其实，所有引文却全是记述人物生平事迹的，如传记完全一致。又如两书注文还引过《陶氏叙》《羊秉叙》《赵至叙》《三将叙》等著作，光看书名，真不知其为何体裁，然观其引文，则又全是记载人物生平事迹的，属传记之作。当然，上述书中所引毕竟只是片段零句，不能反映原著之整体面貌。然而，我们还可以从侧面进一步加以证实。《华阳国志》是魏晋时期流传至今的一部地记著作，其中的"人物传"部分有一篇《先贤士女总赞》，单看篇名，以为统篇是赞评之语，而事实不然。为说明问题，这里不妨先摘录其中二例：

云卿安贫。朱仓，字云卿，什邡人也。受学于蜀郡张宁，餐豆屑饮水以讽诵。同业怜其贫,资给米肉,终不受。著《河洛解》。家贫,恒以步行。为郡功曹。每察孝廉,羞碌碌诸公府试,不就。州辟治中从事,以讽咏自始。①

长伯抚遐,声畅中徼。析虎命邦,绅有余徽。郑纯,字长伯,郪人也。为益州西部都尉。处地金、银、琥珀、犀象、翠羽出,作此官者皆富及十世。纯独清廉毫毛不犯,夷汉歌叹。表闻,三司及京师贵重多荐美之。明帝嘉之,乃改西部为永昌郡,以纯为太守。在官十年卒,列画颂东观。②

从以上所引可知,标题虽是《先贤士女总赞》,实际上是有赞有传,并且赞、传皆是长短不一,视每个人物在当时所处地位而定。其中赞语是对人物生平主要事迹或突出贡献以及个性特点,用概括的语言加以称颂,并且一律采用四字一句的韵语组成,一般以两句、四句为多,少的一句,多至八句。所以,我们说,若要了解当时流传的各种"赞"的形式,只要看《华阳国志·先贤士女总赞》即可知其大概。而事实上这种形式在最早的传记刘向《列女传》中即已初具规模。《列女传》每类传前有序,每传之后又有颂,都是四言体评语。当然这种传记形式所以会在魏晋时期流行发展,甚至书名直接称"叙""赞""论",这又是当时的社会风尚的产物。前面说过,当时在士大夫中间广为流行着品题人物的风气,这种风气必然反映到各类史书之中。

<h2 style="text-align:center">三</h2>

汉魏六朝时期出现的大量人物传记,既是时代的产物,必然又反过来反映当时的社会现实。所以,对后人研究当时的社会历史发展和学术文化思想等具有极为重要的价值。虽然这些传记著作完整流传下来的已极少,而绝大多数已散失,但仅就幸存的几部看,其价值已弥足珍贵。更何况,在《世说新语注》《三国志注》《文选注》以及各种类书中还保存着相当多的人物传记佚文,其内容,往往正史所不载,"洁光片羽,皆可宝也"。

(一)研究魏晋玄学清谈和门阀士庶斗争的重要资料

魏晋时期的清谈,实际上是当时一批代表寒门庶族地主阶级利益的知识

---

①② 《先贤士女总赞》中。

分子,对门阀士族地主阶级进行的一种软弱抗议,是统治阶级内部斗争在思想领域的反映。对于这一代表魏晋时代精神的社会现象,正史记载不很多,而《高士传》《名士传》《文士传》《逸士传》《逸民传》以及一些人物单传则在一定程度上为研究这一社会现象提供了资料。

《高士传》,西晋皇甫谧撰。皇甫谧,字士安,自号玄晏先生,魏晋著名的逸士。《晋书》本传说他"居贫,躬自家稼,带经而农,遂博综典籍百家之言。沈静寡欲,始有高尚之士。以著述为务"。尽管当朝统治者屡次征召,甚至是"频下诏敦逼不已",他却始终不肯出仕。著有《高士传》《逸士传》《列女传》《玄晏春秋》等。现仅存《高士传》6卷。记载自唐尧至曹魏八代2400余年间96位高节之士的生平事迹。作者在序言中公开声明所传人物皆"身不屈于王公,名不耗于终始"。这些人物的事迹和精神面貌正是魏晋知识分子的一种真实写照,同时也是作者本人思想的体现。《高士传·焦先传》后有一段作者本人的言论,很能说明问题:

> 或问皇甫谧曰:"焦先何人?"曰:"吾不足以知之也。考之于表,可略而言矣。夫世之所常趣荣味也,形之所不可释者衣裳也,身之所不可离者室宅也,口之所不能已者言语也,心之所不可能者亲戚也。今焦先弃荣味,释衣服,离室宅,绝亲戚,闭口不言,旷然以天地为栋宇,阆然合至道之前,出群形之表,入玄寂之幽,一世之人不足以挂其意,四海之广不足以回其顾,妙乎与夫三皇之先者同矣。结绳以来,未及其至也,岂群言之所能仿佛,常心之所得测量哉!彼行人所不能行,堪人所不能堪,犯寒暑不以仿其性,居旷野不以恐其形,遭惊急不以迫其虑,离荣爱不以累其心,损视听不以汙其耳目,舍足于不损之地,居身于独立之处,延年历百,寿越期颐,虽上识不能尚也。自羲皇已来,一人而已矣!"

又如嵇康《圣贤高士传》①所载也全是上古至汉魏那些脱尘出世、清节高尚的人物,同样也反映作者本人的思想精神。如在《井丹传》后,嵇康赞曰:"井丹高洁,不慕荣贵,抗节五王,不交非类。显讥辇车,左右失气。披褐长揖,义陵群萃。"这些高士成为他们敬颂仰慕的对象。

此外,如《名士传》记载裴楷"行已取与,任心而动,毁誉虽至,处之晏

---

① 《玉函山房辑佚书》有辑本。

然"①;阮修"好《老》《易》,能言理,不喜见俗人,时误相逢,即舍去,傲然无营,家无担石之储,晏如也"②;《文士传》记载阮瑀"魏太祖雅闻瑀名,辟之,不应,连见逼促,乃逃入山中。太祖使人焚山,得瑀"③;《逸士传》记载荀靖"有儁才,以孝著名。隐身修学,动止合礼。太尉辟不就"④;《褚氏家传》记载褚陶"聪惠绝伦,清谈闲默,以论典自娱。语所亲曰:'圣贤备在黄卷中,舍此何求?'州郡辟,不就"⑤;还有《刘桢传》《司马徽别传》《郭璞别传》《卫玠别传》等所记载的主人公,都直接反映了当时的寒门人士的精神面貌。另外,这一时期出现的一些神怪传,也反映了当时一些士人企图求道升仙、逃避现实、寻求寄托的精神面貌和心态。

(二)研究汉魏六朝时期佛教传播和盛行的第一手资料

佛教自西汉传入中国以后,至魏晋六朝时期达到鼎盛,它不仅影响着当时的政治、经济,而且成为这一时期文化思想领域中的突出现象。随着佛教中许多流派的先后传入和创立,也就涌现了一大批有名望的僧人,其中有不少人还参与并左右了当时的政治斗争。这些内容,正史中很少记载,而这一时期出现的那些僧人传记则直接记述了这些情况,并从各个不同的侧面反映了佛教盛行的情况和僧人们的生活事迹等,成为研究这一时期佛教传播和盛行的第一手资料。

这些僧人传记流传至今的尚有《法显行传》《高僧传》两部。《法显行传》⑥系东晋高僧法显所撰之自传,全书1卷,1万字余。法显于晋隆安三年(399年)从长安出发,向西去天竺求佛,游历30余国,历时14年之久,才经由南海诸岛回国。这部传记不仅详细记载了他本人艰难的历程和经历各国时的所见所闻,也直接反映了当时佛教的兴盛情况。

要说反映汉魏六朝时期佛教兴盛情况最全面深刻的,还数《高僧传》。作者慧皎系南朝梁会稽嘉祥寺高僧。全书14卷,分译经、义解、神异、习祥、明律、亡身、诵经、兴福、经师、唱导10门,记载了自东汉至梁初257位僧人的事

---

① 《世说·德行篇》注。
② 《世说·文学篇》注。
③ 《三国志·魏书·王卫二刘傅传》注。
④⑤ 《世说·品藻篇》注。
⑥ 《法显行传》又名《佛国记》。

迹,附见者又 239 人。作者不仅采摘极广,而且态度严肃,他曾批评当时众多的僧传之作"褒赞之下,过相逾扬,或叙事之中,空行辞费,求之实理,无的可称",坚持"其有繁辞虚赞,或德不及称者,一皆省略"①的原则,这就使得这部著作所记载反映的高僧事迹和佛教情况具有相当的真实可靠性。

从《高僧传》的记载中,我们可以看到佛教传入后,得到中国社会各界人士的普遍欢迎和接受。如《僧伽提婆传》载印度僧人提婆于"隆安元年来游京师,晋朝王公及风流名士,莫不造席致敬"。《昙摩耶舍传》载耶舍"义熙中来入长安,时姚兴僭号,甚崇佛法,耶舍既至,深加礼异"。《鸠摩罗什传》载什在长安大寺讲经,"于时四方仪士,万里必集,盛业久大,于今式仰"。又《释法和传》载,法和"因石氏之乱,率徒入蜀,巴汉之士,慕德成群。"《释慧持传》载释慧持"以晋隆安三年辞远入蜀,……大宏佛法,井络四方,慕德成侣。皆望风推服"。

从《高僧传》中,还可得知当时不少僧人还参与了社会政治斗争。如《鸠摩罗什传》记载什被苻坚的骁骑将军吕光得到后,是怎样为吕光献计献策,帮助吕光解决许多困难,同时又与统治者发生矛盾冲突。《释昙迁传》记载范蔚宗被杀时,"门有十二丧,无敢近者",独释昙迁"抽货衣物,为营葬送"。反映当时僧人胆大参与社会政治斗争的情况。而这一记载,正史如《宋书》《南史》皆失载。

《高僧传》还直接反映了僧人们的思想面貌和人物性格。如《僧加跋澄传》载跋澄"戒德整峻,虚静离俗,关中僧众,则而象之"。《庐山释慧远传》则反映了高僧们不屈服于权贵,不依附于豪族的清高品格。《江陵辛寺释法显传》反映僧人们为求经律、播扬佛道而不畏艰险,历尽苦难,却矢志不渝的坚强性格。

《高僧传》还有许多记载为其他史书所失载,而具珍贵的史料价值,如支道林为当时名僧,而《晋书》无传,《高僧传》卷四有很长的一篇传记。竺法深负有盛名,而《世说新语注》称"不知其俗姓",《高僧传》卷四有《竺法深传》,不仅详载其僧名、经历,还能订正《世说新语》对其生卒年记载的错误。

此外,《高僧传》还记载了当时中外僧人翻译佛教著作的情况,对研究佛

---

① 《高僧传》自序。

教文化和佛教典籍有一定帮助。

(三)研究中外文化交流史、交通史的可贵资料

汉魏六朝时期的僧人传记不仅直接反映了当时的佛教盛况及僧人事迹，而且也是研究中外文化交流史、中西交通史的可贵资料。因为，随着佛教的传入，僧人的往来，不仅带来了今天印度、尼泊尔、巴基斯坦等地的古代绘画、音乐艺术和医学、音韵学、逻辑学知识；同时也将中国的科学文化传播出去。《法显行传》《高僧传》等对这些均有所反映。书中对当时的中外交通、山川地理气候等也有集中的反映，张星烺先生的《中西交通史料汇编》中的许多资料便采自此两书。

如《法显行传》详载他由陆路往西去天竺，后又由海路归国的历程及游历各国时的所见所闻、各地山川风物，为研究当时中国与印度、尼泊尔、巴基斯坦、斯里兰卡等国的交通、文化提供了珍贵的史料，甚至也有助于研究当时印度等国的历史。所以，此书历来受到中外学者们的重视，并已有多种外文译本。魏源在著《海国图志》时即已多次引证过此书，丁谦则专门著有《佛国记地理考证》一书。

《高僧传·耆域传》记载印度僧人耆域由海道来中国，然后又由陆路回去的经历，反映了当时的中外海陆交通情况。《释智猛传》记载他于晋安帝隆安二年(398年)发迹长安，西入流沙，游历鄯善、龟兹、于阗、葱岭诸国，"备瞩风化"，归国后自作传记，记所游历，但所记列的道路，时或不同，佛钵顶骨处亦乖爽。从而得出结论："将知游往天竺，非止一路，顶钵灵迹，时庙异土。故传述见闻，难以例也。"这些记载对研究中外交通、文化极有参考启发意义。

(四)古代妇女劳动生活的反映

我国古代妇女的事迹，在汉以前的史书中反映较少，《史记》也只写了吕后等几个女性，列入本纪和外戚世家。而自从西汉刘向作《列女传》后，古代妇女的形象越来越多地在史书中有了记载和反映。汉魏六朝时期，有关妇女的人物传记即有十余部之多。可惜多已散失，现存的只有刘向《列女传》一部。

刘向《列女传》是我国最早的一部妇女专史。全书共分母仪、贤明、仁智、贞顺、节义、辩通、孽嬖七类，共记载自虞舜至汉的妇女一百余位。从《列女

传》中我们可以看到古代很多妇女都是有知识、有才能、有道德，并且参加政治活动，说明当时妇女的地位还是比较高的，并不像宋以后那样加给妇女种种束缚。如《辩通》类所记载的妇女，个个都具有非凡的才能，事迹很丰富；《仁智》类中的《鲁漆室女》忧国忧民，关心国家政治；而《孽嬖》类中的《殷纣妲己》助纣为虐，亡国亡身，则又从反面说明妇女在政治生活中所起的作用和影响。他如《贞慎》类中的《蔡人之妻》、《节义》类中的《齐义继母》，都具有十分高尚的品德，一个不因丈夫患有严疾而改嫁，一个为了保护丈夫的前妻之子宁可舍弃自己的亲生儿子。如此等等。刘向为《列女传》所写的序、赞、颂，则又在一定程度上表明当时社会对妇女在劳动生活中的地位和作用的认识普遍较高。如《母仪》类序云："惟若母仪，贤圣有制。行为仪表，言则中义。胎养子孙，以渐教化。既成以德，致其功业。姑母察此，不可不法。"又《仁智》类序云："惟若仁智，豫识难易。原度天道，祸福所移。归义从安，危险必避。专专小心，永俱匪懈。夫人省兹，荣名必利。"所有这些记载对广大妇女也是一种勉励和教育。总之，《列女传》对于我们研究古代妇女的劳动生活是极有价值的。

在刘向《列女传》影响下出现的汉魏六朝时期一些妇女人物传，虽然均已散失，但在《世说注》《三国志注》等典籍中尚可找到一些佚文，从中同样可在一定程度上反映当时妇女的劳动生活面貌，其价值仍不可忽视。如《三国志·魏书·诸夏侯曹传》裴注引皇甫谧《列女传》载年轻妇女令女在丈夫曹文叔死后，为了不服从家庭和社会舆论要她改嫁的压力，先"断发以为信"，后"复以刀截两耳"，直到"以刀断鼻"，拒不改嫁。别人问她为何这样坚决？她说："闻仁者不以盛衰改节，义者不以存亡易心。曹氏前盛之时，尚欲保终，况今衰亡，何忍弃之？禽兽之行，吾岂为乎！"这个记载一方面反映出妇女改嫁在当时已为家庭和社会舆论认可，并不像宋以后要求妇女三从四德，另一方面也表现出传统妇女的贞德观。《三国志·魏书·庞淯传》裴注引皇甫谧《列女传》又记载妇女庞娥亲"以女弱之微，念父辱之酷痛，感仇党之凶言，奋剑仇颈"，为父报仇，亲杀仇敌的事迹。读来非常感人，表现当时妇女那种机智、勇敢、无畏的英勇精神。他如《三国志·魏书·杨阜传》裴注引皇甫谧《列女传》记载的妇女姜叙，亲自参加战争，并以"人谁不死？死国，忠义之大者"自勉。还有妇女王异，帮助丈夫赵昂作战，有智有谋，"又悉脱所佩环、黼黼以赏战士",当对方以其子为人质时,她毅然舍子杀敌,并说:"忠义立于身,雪君父之大胆,丧元不足为重,况一子哉?贵义存耳。"这就说明当时妇女敢于为国牺牲,为国战斗。《世说新语·贤媛》注引当时的一部《列女传》记载赵姬"才敏多览",丈夫死后,"大皇帝敬其文才,诏入宫省"。经常上疏陈谏,参与政治,并作《列女传解》一书,又有赋数十万言。有知识,有才能。所有这些记载都为我们研究古代妇女社会活动和劳动生活提供了极其珍贵的资料。

(五)研究传统史学的重要组成部分

汉魏六朝时期的人物传记是传统史学的一个重要组成部分,若把它放到传统史学发展的长河中进行考察,则又具有不容忽视的地位和影响。一方面,独立的人物传记专书是在《史》《汉》等纪传体史书的直接影响下出现的,所以,它的形式和内容均受到纪传体史书的传记影响;另一方面,独立的人物传记著作的发展,品种的日益繁多,又反过来给纪传体史书以及其他史书编撰以巨大而深刻的影响。

人物传记中各种类传本是《史》《汉》等书中类传的发展,如《良吏传》即《史记》中《循吏传》的发展;《逸士传》《高隐传》即范晔《后汉书》中《逸民传》形式。但有的却为其他史书所无,如《名士传》,各种耆旧传、知己传、僧人传、儿童传等。非但如此,还反过来影响后来的正史,如唐代所修《梁书》中的《止足传》实即受南北朝时的《止足传》影响。又如在刘向《列女传》产生之前,史书中并无妇女专传,但在刘向《列女传》和魏晋时期各种妇女传的影响下,《东观汉记》《后汉书》以及后来的纪传体史书中也大多设有《列女传》或《烈女传》。

汉魏六朝时期出现的大量地方人物传则对中国地方志的产生和发展起着极大的推动作用。中国早期地方志——地记,实际上是汉魏六朝时期大量的地方人物传记与地方地理书相结合的产物。地记开始时是人物传记的内容占比重较大,以后才慢慢增加地理方面的内容,所以,有些地记著作竟与地方人物传记难以分别。汉魏六朝的地记几乎全都有一定的传记内容,而这些传记内容是与当时出现的大量的地方人物传相统一的。所以,要研究地方志的产生和发展,不可忽视对汉魏六朝人物传记的研究。

汉魏六朝人物传记中大量的氏族家传又是谱牒学研究的重要内容。当时的家传之风直接与谱牒之书相融合,在谱牒著作中,家传成为重要内容。家传之风甚而直接影响正史的编撰,魏晋时期的几部史书以及后世所编魏晋时代的史书《魏书》《晋书》《宋书》《南史》《北史》等,都采用家传的形式,按世系编写列传,"竟似代人作家谱!"①

此外,汉魏六朝人物传记还可直接补订正史具体记载之不足与谬误。如三国时期魏国科学家马钧,陈寿《三国志》无传,而傅玄的《马钧传》和佚姓名《马钧别传》正好补其不足②。又如《三国志》有《袁涣传》,《晋书》则作"袁焕",据《世说新语·任诞》注引《袁氏家传》,"焕"作"涣",可知《晋书》为误。如此等等,不详举。

(六)研究古代传记文学的重要园地

可以这么说,汉魏六朝时期大量的人物传记,既是史传著作,也是传记文学作品。它的文学价值及对后世文学发展的影响极大。诚如程千帆先生所指出的:"纪传体之史,固史传文学之正宗,而西汉之末,杂传渐兴,魏晋以来,斯风尤甚。……其体上承史公列传之法,下启唐人小说之风,乃传记之重要发展也。"③这一时期的传记作品其文学价值,首先表现为题材十分广泛。如前所述,取材对象几乎遍及社会生活各个领域、各个方面的各种人物,从而比较全面真实地反映了当时的社会。其次表现为传记形式不拘一格,体裁多种多样。其中有自传、类传,还有更多的人物单传,而这些人物单传实际上就是今天的人物评传。第三表现为传记语言文字的表达和叙述上,生动活泼,简洁明快,描写人物形象鲜明,刻画人物性格细致逼真。所有这些艺术创作特色,对后世的传记文学特别是唐代传奇小说等都具有直接和深远的影响。然而,迄今为止,人们对汉魏六朝时期人物传记的文学价值及其影响,尚未引起足够的重视,也缺乏系统深入的研究,必须引起我们注意。

汉魏六朝人物传记的价值远非这些,以上仅举其荦荦大端而已。要进一步研究利用它的价值,还有待于将残存的传记及所有佚文加以系统地发掘、

---

① 《廿二史劄记·南北史子孙附传之例》。
② 《三国志·魏书·杜夔传》注及《太平御览·经史图书纲目》。
③ 《先唐文学源流论略》,《武汉师院学报》1981年第4期。

整理和分析。当然各类人物传记中,亦难免有隐恶扬善、歌功颂德、虚诞怪妄、伪劣造假之处,特别是那些氏族家传、神异怪传等,更是如此。我们在研究和利用时一定要善于鉴别。

(本文与叶建华合撰。原载周鹏飞、周天游主编《汉唐史籍与

传统文化》,三秦出版社 1992 年 7 月版)

中国的传统史学与史学传统

中国是世界文明发达最早的国家之一,有确切文字记载的历史也已经有四千多年了。四千多年来,我们祖先创造了光辉灿烂的文化,留下了非常丰富的文化典籍。其中单以史籍而言,已是浩如烟海,不仅数量之多,内容之丰富,而且记载之连续,体裁之多样,都是世界历史上所罕见的。就是一部《二十五史》,已经足以称奇于世界了。它不仅是中华民族发展的记录,也是中华民族对世界文明所做贡献的见证。而在长期发展过程中,不仅形成了自己所特有的特点,而且留下了许多优良的历史传统。

一、传统史学的特点

(一)史书编修的连续性

中国史书的编纂从《春秋》《左传》以来,在整个封建社会发展过程中,一直处于兴盛不衰的"显学"地位,得到历朝统治者的重视和关爱。许多帝王都亲自过问修史问题,足见史学与发展文化、巩固统治都有着密切的关系。特别是纪传体《史记》诞生以后,班固《汉书》整齐划一,断代为书,历朝相仍而不改。郑樵在评论司马迁所创立的这种史体时说:"使百代而下,史官不能易其法,学者不能舍其书,《六经》之后,惟有此作。"[①]赵翼也说:"自此例一定,历代作史者,遂不能出其范围,信史家之极则也。"[②]虽然说不上是史家之"极则",但它确实直接影响着两千年来"正史"的编纂。在我国漫长的封建社会里,许多史家编写史书,确实都采用了司马迁所创立的纪传史体,并且因为它适合封建统治者的需要,而被确立为"正史"。直到《清史稿》,正史就有《廿四史》《廿五史》《廿六史》之多。所以会如此连续不断,其实除了封建王朝统治者重

① 《通志·总序》。
② 《廿二史劄记》卷一《各史例目异同》。

视外,全国上下士大夫无不重视史学。因为从史书中可以得到丰富的文化知识,更可以得到处世做人的道理。而文天祥的"留取丹心照汗青"的心愿,更成为士大夫们精神之寄托。因此,在中国古代社会里,一直流传着"国可亡,史不可灭"的观念,你可以灭亡一个国家,但必须保留这个国家的历史,这在当时来说,已经成为不成文法。元代学者许有壬在《题牟成甫作邓平仲传》中就曾这样说:"国家得宋而天下始一,三百年道学之明、家法之正、人材之多、文物之盛,三代而下无与伦匹,其国可亡,其史不可亡。宋之史,我之责也。"①又元翰林王鹗,曾为金官吏,被俘后,在元官至翰林学士承旨,他也说:"宁可亡人之国,不可亡人之史,若史馆不立,后世亦不知有今日。"②可见修史的重要性,在中国古代士人心目中是处于如此高的地位。所以也就形成了国亡史作的一个传统。元灭宋以后,修了《宋》《辽》《金》三史,明修《元史》,清修《明史》,都是这个道理。特别是清修《明史》时,黄宗羲本人虽然不愿意做清朝的官吏,但为了能够如实反映一代贤奸治乱之迹,他毅然同意其得意门生万斯同以布衣参与其事,并作诗以送其行:"四方声价归明水,一代贤奸托布衣。"充分反映出封建时代士大夫们对修国史所产生的情怀。

当然,连续性并不限于纪传体正史而已,其他体裁亦复如此。编年体自《春秋》《左传》以后,先后产生了《汉纪》《后汉纪》《蜀本纪》《晋纪》等书,特别是司马光的《资治通鉴》,记载了自三家分晋至五代十国1362年的历史。南宋李焘,写了《续资治通鉴长编》,元明清时期,续补《通鉴》的著作那就更多了。至于政书体,自《通典》以后,则先后产生了《三通》《九通》《十通》;纪事本末体自《通鉴纪事本末》产生以后,亦产生了十多种,贯穿古今而自成一个系统。这都足以说明中国传统史学编修的连续性。

(二)内容的广泛性与丰富性

中国传统史学的许多史书,内容都非常丰富,所记之事非常广泛,政治、军事、经济、文化,天文、地理、典章制度,真可谓样样齐全,而不像西方史书那样单一化。就以人物而言,政治家、军事家、文学家、艺术家、科学家、探险家,并有不同类型的妇女,还有下层劳动人民、少数民族,乃至外国的相关情况,

---

① 《至正集》卷七十一。
② 苏天爵:《元名臣事略》卷十二。

都有记载,真称得上是应有尽有。即使是编年体史书,内容也同样相当丰富,这仅是就一部史书而言。若是从记载内容各不相同的各类史书来看,就更足以反映出其内容之丰富多彩。我们先看《隋书·经籍志》的史部,就分有正史、古史、杂史、霸史、起居注、旧事、职官、仪注、刑法、杂传、地理、谱系、簿录,共13类。这反映了封建社会早期史学发展的情况,也是对封建社会前期史学发展的一次总结。成书于封建社会晚期的《四库全书总目提要》,则对封建社会晚期的史学发展又做了一次大的总结,并将史籍分为正史类、编年类、纪事本末类、别史类、杂史类、诏令奏议类、传记类、史钞类、载记类、时令类、地理类、职官类、政书类、目录类、史评类等15大类。而在地理类之下,又区分有总志(指全国地理总结)、都会郡县(指府州郡县志)、河渠、边防、山川、古迹、杂记、游记、外纪共9类;政书类下又分通制、典礼、邦计、军政、法令、考工共6类;目录类下也有经籍、金石两类。如此众多的分类,本身就说明了中国史籍种类的繁多,内容的丰富,自然也就无须多做说明了。

(三)体裁的多样性

我们可以毫不夸张地说,中国史书体裁的多样性,是世界上任何一个国家所无法比拟的,其中许多体裁都是适应不同内容的需求而产生的,并且有些也是其他体裁所无法替代的。

中国史书最早产生的比较规范的当然是《春秋》《左传》,按时间先后顺序记事,这就是编年体史书,后来慢慢并形成了编年体系统。到了西汉,司马迁采用纪传体形式编写的《史记》产生以后,班固将这种体裁加以整齐划一,编写了首尾完整的西汉一代历史——《汉书》,首创了断代为史的先例,这就为以后每个朝代编修一部史书树立了典范,最后就形成了纪传体史书系列。《史记》有八书,《汉书》在此基础上加以扩充和发展,变成十志,当然记事内容比八书也更为丰富。以后各代所修的正史之志,大都是依据《汉书》十志而加以损益而成,从而形成了中国史学史上的书志体。这种书志体又多为记载典章制度的历史,这又为典章制度史的产生和发展,起到了继往开来的作用,对于《通典》《文献通考》等书的著述有过重大的影响。

需要指出的是,纪传体史书虽然大多有志,但每部书不仅篇目不同,记载也各自为政,况且所记又多限于某一朝代,很难从中看出历代王朝典章制度因仍沿革情况。所以到了唐代,杜佑利用自身的各种有利条件,编写出《通典》一书,创立了典章制度史的专书著作。全书分为食货、选举、职官、礼、乐、兵、刑、州郡、边防九门。若与纪传体的书志作一对照,这些门目,许多书志中都是早已有的,可见这种典制体(后称政书体)就是脱胎于纪传体的书志体,当然,它源于书志,而高于书志。南宋时郑樵编写了《通志》,宋末元初马端临的《文献通志》问世,典制体又成了系列。郑樵的《通志》,名义上还是一部通史,而实际上它的真正价值应当是在《二十略》,这是全书的精华之所在。后人将它与《通典》《文献通考》并称《三通》,着眼点自然也就在这里。还有一种内容与此相近而专记一个朝代典章制度的"会要",自唐产生以后,有《唐会要》《五代会要》《宋会要》等等,最后也形成了一系列"会要"著作。所记内容往往是其他史书所不记载,如我在《五代会要》中得到一条长兴三年(932)下令各地按时编送图经的材料,对于研究隋唐五代图经的发展有着至关重要的作用。

南宋袁枢《通鉴纪事本末》一书完成后,实际又创立了纪事本末体。南宋朱熹著《通鉴纲目》,则又产生了纲目体系列。到了明末清初,黄宗羲又创立了封建社会最后一种史书体裁——学案体,这是专为反映学术流派的发展而创立的一种史书体裁,它与一般学术史全然不同,它与纪传体一样,有一定组成形成,一般以一个学派立一个学案,先有小序一篇,简介这个学派的特点、成员及渊源关系,其次是案主小传,传后乃是传主主要语录摘编。这三个部分,负担着各自不同的职能,有机地组成一种新史体。后来全祖望在续补《宋元学案》时,又在每一学案之前,先立一"学案表",在表中备述该学派的师友弟子。最后又增设"附录",载录学者的轶闻逸事和当时及后人的评论。因为这种史体一般史学史论著中均不论及,故多做点论述。

最后介绍的一种史体则是史论史评,这是世界各国都有的一种史书体裁。在一些西方学者看来,中国封建时代史学理论是最贫乏的,并且说什么中国传统史学只注重微观,而不重视宏观。令人遗憾的是,中国学术界居然也有一些人会出来与之相唱和。我可以毫不客气地告诉大家,这种说法完全是一种无知的表现。因为他们对中国传统史学并没有认真研究,对中国封建时代所产生的史书不仅没有认真研究,许多著作连见都未见过,就来下如此结论,自然是出于无知。很简单,先秦诸子论著中那丰富的史论谁去认真研

究和总结过？贾谊《过秦论》那么好的一篇史论，为什么避而不谈呢？黄宗羲
的《明夷待访录》，是反映黄宗羲政治、经济思想的代表作，更是反映他历史观
的代表作，书中所有结论，基本上都是从历史事实的研究中得出的，因此，不
应当把它看做单纯的"政治专著"，实际上它是一部不可多得的史论著作，又
有多少人对它作过认真的研究呢？谈论起来，似乎中国只有刘知幾的《史
通》、章学诚的《文史通义》、王夫之的《读通鉴论》这少得可怜的几部史论而
已。《四库全书总目提要》史部史评类著录著作达 120 种之多，除了少数几部
外，大多数许多人连见都未见过，那又凭什么来说中国传统史学中史论是最
贫乏的呢？连自己家底厚薄都不知道，而只是跟在外人后面喊喊喳喳，难道
这也是在做学问吗？

综上所说，中国历史学家向来有着优良传统，许多历史学家，总是站在时
代的高度对社会历史进行总结，直接或间接地满足反映时代的要求，根据不
同时代，创造出不同的反映形式。就因为有这些不同的史书体裁，也就造就
了中国史书丰富多彩的表现形式，显示了中国传统史学所特有的民族特色。

二、传统史学的优良传统

中国传统史学经过长时间的发展和演变，不仅为后人留下了浩如烟海的
各类珍贵史籍，丰富了人类的文化宝库，而且留下了许多宝贵的优良传统。
我们应当珍视它，认真加以总结和研究，有选择地予以继承和发扬。

（一）据事直书

中国传统史学自产生之日起就非常强调从实而书，《左传》就曾记载了南
史氏和董狐两位敢于抗节直书的史官，一直为后人所传颂。唐代杰出史学评
论家刘知幾在《史通·直笔》中就这样写道："若南、董之仗气直书，不避强御；
韦、崔之肆情奋笔，无所阿容。虽周身之防有所不足，而遗芳余烈，人到于今
称之。"韦指三国时吴国史官韦曜，崔指北魏史官崔浩。韦曜主持修史，吴主
孙皓欲将其父孙和立为本纪，韦氏认为不可，只宜入传，而不宜立本纪，两者
相争，孙皓怒而将韦氏杀害；崔浩等修国书，"叙述国事，无隐恶，而刊石写之，

以示行路。浩坐此夷三族,同作死者百二十八人"①。东晋史家孙盛作《晋阳秋》成,"词直而理正,咸称良史"②。书中敢于直书桓温北伐时枋头之战失利真相,温以灭族相威胁,他仍拒不改写,诸子虽惧而改之,他另将原稿抄存于辽东。可见孙盛那种不为切身利益而改变历史真相的精神,确是继承和发扬了古代史家据事直书的优良传统。至于司马迁的《史记》乃是用血和泪书写而成,早就被后人视做"实录"。刘知幾为了提倡史家敢于直书,特在《史通》中写了《直书》和《曲笔》两篇,对历史上那些敢于直书的史学家都加以颂扬和表彰,凡是曲笔者则一律予以贬斥。他和吴兢一道撰写《武后实录》时,以身作则,坚持据事直书,如实记载了"张昌宗诱张说诬证魏元忠事",后来张说为相,"读之,心不善,知兢所为,即从容谬谓曰:'刘子书魏济公事,不少假借,奈何?'"此时刘知幾已去世,吴兢面对张说,毫无畏惧之色,理直气壮地指出:"子玄已亡,不可受诬地下,兢实书之,其草故在。"吴兢在权势面前,敢于承担责任,不使亡友受诬于地下。"闻者叹其直。说屡以情蕲改,辞曰:'徇公情,何名实录?'卒不改。世谓今董狐云"③。后来的郑樵和章学诚,在他们的著作中也都倡导直书,反对曲笔,希望作史者要将真实历史留给后世。到了封建社会晚期,仍旧产生了许多身处逆境而专心修史令人尊敬的历史学家。谈迁称得上是一位典型的代表。他家贫如洗,直到晚年,仍靠充当幕友,办些文墨事务、代写应酬文章来维持生活。他靠自己个人的努力,照样写出了一部108卷400多万字的有明一代编年体史书。他所以要这样做,就在于要把有明一代的历史留给后人。再如万斯同,一生坚守志节,不食清朝俸禄,但为了修好《明史》,他奉老师之命,只身赴京,以布衣身份参与编修,不署衔,不受俸,住在总裁府中审阅史稿。修好《明史》乃是他一生精神之寄托。他曾讲述自己修史的心情时说:"吾所以辞史局而就馆总裁所者,惟恐众人分操割裂,使一代治乱贤奸之迹,暗昧而不明耳。"花了10年时间,完成了500卷之《明史稿》,最后孤身一人客死京师,可谓一生精力都倾注于这部书的编纂之中。其目的自然就是为了要让有明一代历史能够如实地存留人间,单是这种敬业精神,就值得人们的尊敬。总之,据事直书这一精神,在传统史学的发展过程中,一

---

① 《史通》卷十二《古今正史》。
② 《晋书》卷八十二《孙盛传》。
③ 《新唐书》卷一百三十二《吴兢传》。

直贯穿始终,尽管表现形式并不相同,但其精神都是一样的。许多史家把"直书"视做比生命更为重要,为了保存真实的历史,宁可冒灭族的危险,其催人泪下的修史精神,实在令人敬佩!对此,我们有必要认真加以总结,有选择地加以继承和发扬,特别是在当今修志工作者中,更加应当提倡这一精神,将应当编写的内容,如实地写入新修志书之中。

(二)文史结合

文史结合也是中国古代史书一个优良传统。一部著名的史学著作,它同时也是一部优秀的文学作品。最早的一部编年史《左传》,不仅是一部内容丰富、史料价值很高的重要历史著作,而且还是一部富有文学价值的历史散文名著。作者善于用简练的文句写出复杂纷繁的历史事件,用较少的笔墨把多样的人物性格生动而又形象地刻画出来。大家一致公认,善于描写战争,是《左传》比较突出的一大特点。春秋时期几次大规模战争全都写了,并且写得都很成功。每次战争几乎都能抓住战争的性质,战争双方政治、军事的特点和力量的对比,从而生动地写出战争的全貌。全书叙事都富有故事性、戏剧性,情节紧张动人,语言精练形象。特别是对行人辞令的表达,既委婉曲折,又刚强有力。这种辞令之美,又为它的文学价值增添了光彩,因此,深得刘知幾的好评,认为该书的文字"跌宕而不群,纵横而自得。若斯才者,殆将工侔造化,思涉鬼神,著述罕闻,古今卓绝"①。可见文史结合这一古代历史著作的优良传统和特色,正是由《左传》所开创。它为后世的历史学家树立了一个良好的榜样。这一优良的传统,到了司马迁的《史记》,得到了更大的发扬。众所周知,《史记》不但是一部伟大的史学著作,同时也是一部杰出的历史文学作品,在中国文学史上具有很高的地位,所以鲁迅赞美它:"固不失为史家之绝唱,无韵之《离骚》。"②司马迁善于用不同的笔调,不同的语言,去刻画各式各样的人物的性格和形象,使他们个性分明,神态毕露。他特别善于运用符合人物身份的语言来表现人物精神状态和性格特征。但是,我们必须指出,《史记》中所有人物事件,都是真人实事,不夸张,不虚构,它是一部实录,一部信史,与单纯的文学作品有着本质的区别。同时又因为司马迁能够抓住文学

---

① 《史通》卷十六《杂说上》。
② 《汉文学史纲要》。

特点,通过种种艺术加工,根据历史事实,忠实地塑造了各类的人物典型,巧妙地使两者结合起来,创造了历史和文学统一的典范。所以刘知幾十分推崇《左传》和《史记》在这方面所取得的高超的成就,认为两书在文史结合方面树立了典范,它们都能做到"言近而旨远,辞浅而义深,虽发语已殚,而含意未尽。使夫读者望表而知里,扪毛而辨骨,睹一事于句中,反三隅于字外"①。有鉴于《史记》的文学成就很高,竟引起国外有人会怀疑,认为它不是一部史书,而是文学作品。于是国内也就有人从一知半解出发,莫名其妙地指责《史记》许多记载的可靠性。这种研究方法和思维方法,实在是可笑又可悲。此后相继产生的《汉书》《三国志》《后汉书》,除了史学价值外,在文学上也都仍旧具有相当的地位。即使到了宋代,司马光的《资治通鉴》,其文学品位依然很高,所以清代史家王鸣盛说:"此天地间必不可无之书,亦学者必不可不读之书也。"②自古以来,文史一家,所以刘知幾当日就曾说过:"文之将史,其流一焉。"③后来由于时代的发展,学术的变化,文史才逐渐分家,所谓"时移世异,文之与史,较然异辙"④。特别是魏晋南北朝以来,在修史领域里,盛行着浮夸雕饰之风,把文学著作的写作手法全部引入写史之中,于是修史中大多着意于文学技巧,润色文字,雕饰辞藻,追逐文字而忽略事实。特别是唐初所修诸史,执笔者大多是长于诗词文赋的文人,他们以骈俪相尚,因之四六骈体,充满史书。对此,刘知幾当时就提出了严肃的批评,指出:"大唐修《晋书》,作者皆当代词人,远弃史、班,近宗徐、庾(指徐摛、徐陵父子和庾信,都是宫体诗的重要作者,有'徐庾体'之称)。夫以饰彼轻薄之句,而编为史籍之文,无异加粉黛于壮夫,服绮纨于高士者矣。"⑤对于这种状况,刘知幾十分反感,指出:"喉舌翰墨,其辞本异。而近世作者,撰彼口语,同诸笔文。斯皆以元瑜(阮瑀字元瑜)、孔璋(陈琳字孔璋)之才,而处丘明、子长之任。文之与史,何相乱之甚乎?"⑥他在《叙事》篇中又说:"史之为务,必藉于文。自《五经》已降,《三史》而往,以文叙事,可得言焉。而今之所作,有异于是。其立言也,或虚加练饰,

---

① 《史通》卷六《叙事》。
② 《十七史商榷》卷一百《资治通鉴上续左传》。
③ 《史通》卷五《载文》。
④ 《史通》卷九《核才》。
⑤ 《史通》卷四《论赞》。
⑥ 《史通》卷十八《杂说下》。

轻事雕彩;或体兼赋颂,词类俳优。文非文,史非史,譬夫乌孙造室,杂以汉仪;而刻鹄不成,反类于鹜者也。"刘知几认为史家之文与文士之文应该有所不同,虽然作为一个好的历史学家,应该写出一手好的文章,一部优秀的史学著作,必须具有文质并茂的特色,但它与专讲技巧、立意修辞的文学作品毕竟有别,不能因为讲求文字优美而影响史书记事的真实。而文人所作之史,每每"喻过其体,词没其义,繁华而失实,流宕而忘返,无裨劝奖,有长奸诈。"所以刘氏当时就提出文人不能修史。他同时又指出,史书的文字表述也十分重要,因为言之不文,行之不远。对于刘知几这一观点,后来章学诚又加以发挥,他在《跋湖北通志检存稿》就曾明确指出:"余尝论史笔与文士异趋,文士务去陈言,而史笔点窜涂改,全贵陶铸群言"①。又说:"文人之文,与著述之文不可同日而语也。著述必有立于文辞之先者,假文辞以达之而已。"②所以"文士撰文,惟恐不自己出;史家之文,惟恐出于己。……史文而出于己,是谓之无征"③。可见自魏晋以后文史已分道扬镳,《二十五史》中,除前"四史"外,就很少出现过具有很高文学价值的纪传体史书,虽说是社会发展分工所致,但仍不能不说是史学发展上的一个重大损失。如今史学著作所以读者不多,重要原因之一自然是可读性不强。因此,今后的出路应当多注意可读性和通俗性,多写一些人人爱读、人人能读的史学著作。重走文史结合之路,这不是不可能的。

(三)及时反映社会现实

中国古代的史书作者,在撰写史书时不仅记述了当时社会发生的主要历史事件和主要历史人物,而且很注意通过史书的编写,及时反映社会风情和一些重要的社会现象,为后人了解和研究当时的历史和社会提供许多直观的感性知识。《史记》《汉书》也有表现,而比较典型的首推范晔的《后汉书》。此书通过《党锢》《宦者》《独行》《逸民》等类传,反映出东汉一代的社会风尚和历史特点。众所周知,东汉社会政治上一个突出的现象,就是外戚和宦官交替掌握最高统治权,随着外戚、宦官之间的剧烈斗争,皇帝随立随废,简直成了

---

① 《文史通义新编》外篇六。
② 《文史通义新编》内篇六,《答问》。
③ 《文史通义新编》外篇一,《与陈观民工部论史学》。

他们手中的傀儡。党锢事件的发生，正是这一斗争的延续和结果。东汉统治集团就是在这种相互倾轧中一天天腐烂下去的。范晔在《宦者列传序》中，既分析了宦官得宠的原因，又指责了他们"手握王爵，口含天宪"，作威作福的罪行："虽时有忠公，而竟见排斥。举动回山海，呼吸变霜露。阿旨曲求，则光宠三族；直情忤意，则参夷五宗。汉之纲纪大乱矣。"由于宦官势力自中央一直延伸到地方，在政治上影响极大，因此《宦者列传序》中又进一步揭露说："败国蠹政之事，不可单书。所以海内嗟毒，志士穷栖，寇剧缘间，摇乱区夏。虽忠良怀愤，时或奋发，而言出祸从，旋见孥戮。因复大考钩党（指兴党锢之狱），转相诬染。凡称善士，莫不离被灾毒。"清代史家王鸣盛对此序十分称赞："党锢传首总叙，说两汉风俗之变，上下四百年间，了如指掌，下之风俗，成于上之好尚，此可为百世之龟镜。蔚宗言之切至如此，读之能激发人。"①在东汉社会中还有一批沽名钓誉的人物"逸民"，他们放着官不做而愿意过隐居生活，东汉统治者对他们却非常重视，礼遇其厚，政府请他们出来做官，他们却推辞不就。他们越是不出山，政府则越要征聘，越征聘他们就越不出山，如此反复，自然就更加提高自己的社会地位，政府也从中得到好处。范晔在《逸民列传》中揭露这是东汉君主们所玩弄的政治手段，是为了通过那些戏剧性的征、聘、召、赐，以达到"举逸民而天下归心"的目的。以上这些，都反映了东汉一代的社会风尚和时代特色。魏晋时期士大夫中间流行着品题人物的风气，陈寿在《三国志》中有很多记载和反映，如记乔玄称曹操是命世之才，徐庶称诸葛亮为卧龙等等。而陈寿本人对三国人物亦做了各种名目的品题，如说刘备是英雄，曹操是人杰，孙策、孙权是英杰，诸葛亮、周瑜、鲁肃是奇才等等。这一做法，一方面固然反映了当时社会的风气，同时也与陈寿所担任过的官职有很大关系。他曾长期任职巴西郡中正，这是一种"定门胄，品藻人物"的官。这种品藻人物虽然并无多大历史价值，但毕竟反映了当时流行的社会风尚。又如魏晋以来，佛教盛行，上自帝王，下至民间，都有极大影响，它已经不单是宗教问题，而是个现实的政治问题了，同样对于学术思想也起着很大的影响。佛教、道教虽于汉代已经流传，但影响不大，因而史书尚未有记载。到了魏晋，已经成了全社会的问题了。魏收在撰写《魏书》时，特创立了《释老

---

① 《十七史商榷》卷三十八《党锢列传总序》。

志》,实现了编修历史要记载反映社会客观现实的历史学家应尽的社会责任。该志内容叙述了佛教传入中国的过程及其发展情况,对于那些影响较大的高僧名字也一一都有记录。还特别介绍了太和八年(484)北魏文帝开凿龙门石窟的情况。尤其值得注意的是,该志通过对佛道在北魏时期盛行的叙述,揭示了由于寺院和僧尼数量的激增而出现的"寺夺居民,三分且一"这一严重的社会现象,这对于后人了解当时的寺院经济和阶级关系无疑是很有用的重要资料。僧、道虽然都是出家之人,但实际上是脱离不了社会政治的。南北朝时期佛道的流行,及两教之间斗争的始末,世俗地主和寺院地主之间的矛盾以及劳动人民在寺院地主残酷压榨下的惨痛遭遇,从《释老志》中可以基本得到反映。至于六朝时期的清谈之风,也是历史上很有名的一个社会现象,而清谈的主题皆为老、庄,实际上是对两汉经学统治的一种反动。这一社会现象,在《晋书》和有关六朝史书中都有不同程度的反映。众所周知,宋代产生的理学,也称道学,对中国封建社会后期的政治思想和学术思想都有着深远的影响,成为明清两代统治者加强统治的思想基础。《宋史》的编纂者特地创立了《道学传》,并置于《儒林传》之前,而对那些道学家还立了专传,详细叙述他们的生平及其思想,这自然也就反映了宋代历史上的一个时代特色,为后人研究理学的产生及渊源创造了条件。

总之,中国历史学家向来就有注意反映社会现实的优良传统,许多历史学家总是站在时代的高度审视社会的发展,对社会历史进行研究和总结,直接或间接地满足反映时代的要求。这种反映有的是在纪传史体之内增设类传、专传加以解决,有的则是另外创立史体来加以反映,因而数千年来丰富多彩的历史内容,通过各式各样的史学著作得以保存下来。尤其是许多杂史、野史,它们虽然没有什么史体可以规范,却保存了其他史书不曾记载的宝贵史料,对于研究某一历史事件或某种社会现象、社会风气有着重要的价值。这也是中国传统史学发展中一个特有的现象。因此,在研究中国古代社会发展史时,眼睛千万不能只是盯着正规史书,而忽略了这个特有的史书群体。

(四)详近略远

中国古代史家写史大多注意详近略远这一特点,要多写当代之事。对此,著名史学理论家章学诚就曾有过概括性的论述:"史部之书,详近略远,诸家类然。……太史公书详于汉制,其述虞、夏、商、周,显与《六艺》背者亦颇有之,然《六艺》具在,人可凭证史迁之失,则迁书虽误,犹无伤也。秦楚之际,下逮天汉,百余年间,人将一惟迁书是凭,迁于此而不详,后世何由考其事邪?"①又说:"历观前史记载,每详近而略于远事,刘知幾所谓班书倍增于马,势使然也。"②后来他在替毕沅为《续资治通鉴》一书给钱大昕写的信中,再以《左传》和《通鉴》为例进行论述:"史家详近略远,自古以然。即如《左传》一书,庄闵以前与僖文而后,不可一概为例;涑水身生宋世,其所阅涉,自详于唐而略于汉、魏以上,亦其理也。"③可见在章氏看来,中国古代史书的编修确实都是详近略远,因此这一优良传统他认为必须加以继承和发扬。

我们不妨仍以《史记》为例。司马迁是汉武帝时代人,而其书就有《今上本纪》,他能够把历史一直写到汉武帝。以朝代而言,夏、商、周三代各成一纪,到了秦朝,既有《秦本纪》,又有《始皇本纪》,至于汉代,从高祖到武帝,则每人各为一纪;在十表中,三代作《世表》,十二诸侯作《年表》,秦楚之际则为《月表》。全书130篇,其中专记汉代历史的就有62篇,兼记汉代及秦代的有11篇。自天下并起而亡秦到《史记》成书约百年时间,这100年的历史,在全书分量的比重上要比过去几个时代的总量还大得多。这种重今思想,不仅表现在具体篇章数量的轻重上,更主要的还直接反映在内容中。对此,班固在《汉书·司马迁传》中就已经大加称赞:"司马迁据《左氏》《国语》,采《世本》《战国策》,述《楚汉春秋》,接其后,讫于天汉,其言秦汉,详矣。"

我们再看司马光的《资治通鉴》,全书记载,起自三家分晋,止于周世宗征淮南,共记1362年史事,分载294卷,其中战国秦汉622年,共68卷,约占全书的23%;魏晋南北朝369年,共108卷,约占全书的37%;隋唐五代371年,共118卷,约占全书的40%。从这年代、卷数分配的比例来看,就足以说明司马光在史书编写上的略古详今思想了。

当然,如果单从形式来看,似乎只有编修通史这一思想才得以体现,其实不然。若是从一个时代来看,照样可以体现出来。只要稍作留意就可以发现,魏晋南北朝时期,编修当代史的史学家特别多,往往一个国家的史书,就

① 《文史通义新编》外篇四,《记与戴东原论修志》。
② 《章氏遗书》卷十七《刘氏三世家传》。
③ 《文史通义新编》外篇三,《为毕制军与钱辛楣宫詹论续鉴书》。

有很多史家在同时编修，其中晋书的编修最为突出，竟达十八九家之多。而宋代史学发展中一个非常明显的特点，亦就是整理、编写当代历史的风气很盛行，并且取得相当大的成就。王称的《东都事略》就是典型的代表，这是一部私人所修的纪传体北宋历史，所记内容上起宋太祖，下迄宋钦宗，是本朝人所写本朝历史比较完整的一部。其他如李心传的《建炎以来系年要录》、徐梦莘的《三朝北盟会编》，亦都是当代人写当代历史成功的著作。再如有明一代，由于两次政变和党争等一系列统治阶级内部斗争的不断发生，史事记载严重失实，特别是实录被一再篡改，于是民间自行写史的人大大超过历史上任何一个朝代。特别是到了明清之际，整个社会又发生了许多重大变化，这就促使野史得到更进一步发展。轰轰烈烈的明末农民大起义，很快冲垮了明王朝的统治，起义风暴几乎席卷了整个北部中国，于是围绕着这次农民起义就出现了许多记载，有的是记载农民起义军在各地斗争情况，有的则是记载明清两代统治者如何镇压农民起义军。随后由于清军入关，各地又掀起了大规模抗清斗争，于是以记载各地抗清斗争为题材的史书又纷纷出现。与此同时，南方还有偏据一隅的南明王朝，对这个小朝廷的更替，也成为许多人记载的对象。总之，在明清之际的社会大变革时期，当封建政权失去了控制力量以后，面对这复杂多样的社会内容，编写野史的风气空前盛行。清代史家全祖望在《与卢玉溪请借钞续表忠记》一文中就曾指出："明野史，凡千余家。"①史籍之多，可以想见。而这些史籍写的又都是当时社会的现实问题。正因为有这些史籍，如今我们才有可能对那些重大的社会变革从中理出一些头绪来，可见记载当代历史比研究古代历史更为重要。因为当代所发生的事情，若不及时加以记载，将来研究就无所凭据。所以史学理论家总是要求历史学家应当发扬古代史家写史中详近略远的优良传统，注意多写当代历史。当然，长期以来的历史事实也在说明，写当代历史是要冒很大风险的，甚至要引来杀身之祸，在古代有的还会有灭族的危险。司马迁是怎么死的？至今尚无结论，我一直在想，很可能还是被汉武帝治死的，他的《史记》一直写到当今皇上，其中还说了许多"坏话"，特别是开国皇帝刘邦，被写成一个"大流氓"，对这种大不敬，汉武帝能够容忍吗？因此，对司马迁下毒手是完全有可能的，只

---

① 《鲒埼亭集》外编卷四十四，《全祖望集汇校集注》本，上海古籍出版社出版。

不过没有史料作为根据,当然也就无法下结论。尽管写当代史要冒极大的政治风险,而古代许多历史学家出于史家的责任感,他们还是尽心尽责,完成自己的写史任务。因此,我们对于这一优良传统,应当加以继承和发扬,为写好当代历史做出贡献。

(五)史论结合

史论结合,自中国传统史学产生之日起,随着史书的不断增多,这一优良传统就一直伴随着传统史学的成长而不断在发展。《左传》的"君子曰",《史记》的"太史公曰",其后"班固曰赞,荀悦曰论,《东观》曰序,谢承曰诠,陈寿曰评,王隐曰议,何法盛曰述,扬雄曰讄,刘昞曰奏,袁宏、裴子野自显姓名,皇甫谧、葛洪列其所号。史官所撰,通称史臣。其名万殊,其义一揆。必取便于时者,则总归论赞焉"①。后来司马光的《资治通鉴》,则称"臣光曰"等等。这些论赞,自然都属于史学理论。当然,也有在史书内容的叙述中间借历史人物或历史事件而展开的议论,那就更加丰富了。除此之外,史书注释之中,书目提要之中,也都包含有丰富多彩的史学理论,只不过长期没有人去专门加以总结、研究和探索而已,因而有些外国学者在未做深入了解和研究之前,就认为中国的史学没有理论,于是国内学术界也有人不分青红皂白地随声附和。虽然 1988 年白寿彝先生已经对此加以了批评,指出这种说法是"不符合事实的"。但是,我们自己下功夫进行深入研究和发掘确实做得很少,自然就会给人们产生某些错觉。值得高兴的是,瞿林东先生在前不久出版的《中国史学史纲》一书中已经适当突出在史学发展过程中"理论成就的积累"。当然,希望能够有更多的人对这一问题进行探索和研究。这里笔者先从如下几方面作点尝试。

关于《史记》的史论,一般只是讲"太史公曰",其实这是不全面的,因为《史记》中还有序 23 篇,《太史公自序》1 篇,这些都是属于史论性质,特别是后者,乃是全书的总论性质。对此,章学诚早就指出:"太史《自叙(序)》之作,其自注之权舆乎?明述作之本旨,见去取之从来,已似恐后人不知其所云,而特笔以标之,所谓'不离古文'及'考信六艺'云云者,皆百三十篇之宗旨,或殿卷

---

① 《史通》卷四《论赞》。

末,或冠篇端,未尝不反复自明也。"①按照章氏的说法,这些序论,或"明述作之本旨",或"见去取之从来",总的都在述"百三篇之宗旨",都是属于史论性质。我们随意列举,都足以得到证实。上文我们讲了《史记》编写是详近略远,他在《六国年表序》中有一段话正反映了这一思想。他说:"然战国之权变亦有可颇采者,何必上古!秦取天下多暴,然世异变,成功大。传曰'法后王',何也?以其近己而欲变相类,议卑而易行也。学者牵于所闻,见秦在帝位日浅,不察其终始,因举而笑之,不敢道,此与以耳食无异。悲夫!"由于司马迁的着眼点是在秦取天下,"世异变","成功大",因而对于那些不识时代变化而"牵于所闻"、以古非今的思想提出了批评。这段议论谁能说不是很好的史论呢?众所周知,"究天人之际,通古今之变,成一家之言",这是司马迁写作《史记》的宏伟目的。如何看待天人关系,这在当时是一个大问题。以董仲舒为代表的正统思想家,宣扬天人感应,鼓吹天有意志并享有绝对权威。在这种情况下,司马迁提出要"究天人之际",自然是有现实意义的。他是一位具有丰富科学知识修养的学者,精通天文、历法,他根据天文科学知识,说明自然界的发展、天体的运行都有自己的一定规律,而这种规律又是不以人的意志为转移的,人们只能并且必须按照这种规律去行事。他在《太史公自序》中说:"夫春生夏长,秋收冬藏,此天道之大经也,弗顺则无以为天下之纲纪,故曰'四时之大顺,不可失也'。"这就说明在司马迁的心目中"天道"不是永恒不变的,"《易》著天地阴阳四时之行,故长于变",他强调的是天地的变化,这与"天不变,道亦不变"的思想是对立的。

我们再看他关于治理国家的理论。他创立以人物为中心的纪传史体,本身就在于突出各种人物在历史进程中的作用。他在《楚元王世家》中就这样说:"国之将兴,必有祯祥,君子用而小人退;国之将亡,(必有妖孽),贤人隐,乱臣贵。"这就是说,只要"君子用而小人退",政治就上轨道,国家就会兴旺;"贤人隐,乱臣贵",政治必然腐败,国家肯定危亡。这充分表明人谋在历史进程中起着重要的作用。

凡是研究过司马迁史学思想的人都很了解,他对当时国家经济和社会财富的发展状况是非常关切的。他在《史记》中曾写了《平准书》《货殖列传》的

---

① 《文史通义新编》内篇五,《史注》。

专门篇章来论述,我们可以毫不夸张地讲,这是中国封建社会早期两篇高水平的经济学论文。他试图从经济的发展来寻求社会历史发展的原因。在《货殖列传》中他分析人类社会物质生活资料的生产发展情况时说:"故待农而食之,虞而出之,工而成之,商而通之。此宁有政教发征期会哉?人各任其能,竭其力,以得所欲。故物贱之征贵,贵之征贱,各功其业,乐其事,若水之趋下,日夜无休时,不召而自来,不求而民出之。岂非道之所符,而自然之验邪?"这里一方面说明物质生产的历史有其自身规律可循,是不以人的意志为转移的;另方面说明社会的分工是由生产和交换的需要而决定的,而社会生产的发展又是由于各人为满足物质需要而从事工作的结果。这些论点都表明司马迁已经认识到物质生产对社会生活所起的重要作用,并且还力图用这种社会经济生活来探索历史发展的原因。这是一种朴素的唯物历史观。这难道不是史学理论吗? 2000 多年前能够对人类社会历史的发展作这样分析,在中国历史上确是罕见的。

要特别指出的是,司马迁还肯定人们对物质利益的要求是合理的,认为人们关心自己的生活,谋求个人的利益,是人的"天性",他总结了"虞、夏以来,耳目欲极声色之好,口欲穷刍豢之味,身安逸乐,而心夸矜势能之荣。使俗之渐民久矣,虽户说以眇论,终不能化"的社会现象。他还形象性地指出:"故曰:'天下熙熙,皆为利来;天下攘攘,皆为利往'。夫千乘之王,万家之侯,百室之君,尚犹患贫,而况匹夫编户之民乎!"针对当时统治者利用仁义道德来抹杀人民物质利益的重"义"轻"利"思想,书中则针锋相对地提出:"'仓廪实而知礼节,衣食足而知荣辱',礼生于有而废于无"。① 可见,司马迁是把人对物质生活的需求放在首要地位,一个人如果连吃穿问题都无着落,你对他谈仁义道德自然是毫无意义的。所以他在《史记·游侠列传》中很含蓄地说:"何知仁义,已飨其利者为有德","侯之门,仁义存"。有钱有势就有仁义,这是司马迁所发现的真理,也是对封建统治者的道德虚伪性与片面性的无情揭露。当然,司马迁所发现的真理在任何时候都很适用。

通过上述简单的评介,就足以看出,司马迁的伟大著作《史记》,其中包含了极为丰富的史学理论,那些怀疑中国史学没有理论的中外先生们,这部伟

---

① 《史记》卷一百二十九《货殖列传》。

大著作你们阅读过吗?

　　我们再看司马光的《资治通鉴》。司马光在《通鉴》中所发表的史论,一般都认为有两种形式,一是"臣光曰",二是引前人的史论。据宋衍申先生统计,前者为119条,后者为99条,两者总数为218条。①　其实除这两种形式外,司马光在书中还常常借历史人物之口来发表议论,表示自己的观点。现在我们限于篇幅,仅列举"臣光曰"中关于治国用人方面的一些史论加以评介。

　　司马光认为,一个国家能否治理得好,关键在于能否选拔到一批得力的人才,他说:"为国之要,莫先于用人"②,所以他在《通鉴》中非常注意并突出叙述了举贤用能、信赏必罚的史实。在用人问题上,他主张用人惟贤,反对用人惟亲。他说:"臣闻用人者,无亲疏、新故之殊,惟贤、不肖之察。"③他还反对以门第、族望、资历等为取人的标准,指出:"选举之法,先门第而后贤才,此魏晋之弊而历代因之,莫之能改也。"④而在用人的标准上,司马光认为必须以德为本,德才兼备的人,才称得上为"贤"。所以他说:"夫聪察强毅之谓才,正直中和谓之德。才者德之资也,德者才之帅也。""为国为家者苟能审于才德之分而知所先后,又何失人之足患哉!"⑤在众多的评论中,我们可以看到,司马光的思想深处,是把才德兼备、智勇双全的大臣,视为国家的无价之宝。因而他在评论王猛谋杀慕容垂时所说的话就充分表现出来:"昔周得微子而革商命,秦得由余而霸西戎。吴得伍员而克强楚,汉得陈平而诛项籍,魏得许攸而破袁绍。彼敌国之材臣,来为己用,进取之良资也。"⑥为此,他在《进历年图·论序》中对选人、用人提出了精辟的见解:"凡用人之道,采之欲博,辩之欲精,使之欲适,任之俗专。"我觉得这个用人主张,即使在今天都非常适用。选拔时要广开门路,挑选时要慎重审查,选好后要分配以合适的岗位,使用时就该大胆放手,有职有权。他还告诫君主,对于有功之臣千万不要猜忌,"知其不忠,则勿任而已";如果"任以大柄,又从而猜之,鲜有不召乱得也"。⑦　为了巩固封

　　① 《〈资治通鉴〉究竟附有多少"史论"?》,载《司马光与〈资治通鉴〉》,吉林文史出版社1986年版。
　　② 《资治通鉴》卷七十三。
　　③ 《资治通鉴》卷二百二十五。
　　④ 《资治通鉴》卷一百四十。
　　⑤ 《资治通鉴》卷一。
　　⑥ 《资治通鉴》卷一百二。
　　⑦ 《资治通鉴》卷一百。

建统治,司马光还要求君主必须做到刑赏严明,持法公正,亲疏如一,"凡中外之臣,有功则赏,有罪则诛,无所阿私,法制不烦,而天下大治"①。在司马光看来,"政之大本,在于刑赏,刑赏不明,政何以成?"②他还提出,要使法令行之有效,君臣上下必须执法如一。因为"法者天下之公器,惟善持法者亲疏如一,无所不行,则人莫敢有所恃而犯之也"③。如此等等,单是用人方面的理论就如此丰富,其他方面的史学理论就可想而知。

对于"史注",在许多人看来,这纯粹是史料性的东西,根本谈不上什么史学理论。我们认为这完全是对"史注"一无所知的表现。现以胡三省的《通鉴注》为例,说明这种看法是错误的。只要认真阅读过《资治通鉴》的人都知道,《通鉴》"胡注",不仅在文字方面做了详细注释,辨证前人注释的错误,考辨史事上记载的讹误,而且对以前的历史学家、历史事件、历史人物都有很多评论,这些评论都具有很高的史论价值。《通鉴》卷六十四,汉献帝建安十年记载了"秘书鉴、侍中荀悦作《申鉴》五篇,奏之"。胡三省即在注中评论说:"荀悦《申鉴》,其立论精切,关于国家兴亡之大致,过于彧、攸;至于揣摩天下之势,应敌设变,以制一时之胜,悦未必能也。曹操奸雄,亲信彧、攸,而悦乃在天子左右。悦非比于彧、攸,而操不之忌,盖知悦但能持论,其才必不能辨也。呜呼!东都之季,荀淑以名德称,而彧、攸以智略济,荀悦盖得其祖父之仿佛耳!其才不足以用世,其言仅见于此书。后之有天下国家者,尚论其世,深昧其言,则知悦之忠于汉室,而有补于天下国家也。"这两百多字的议论,将荀悦一生言论、德行、立身、处世都做了概括。在胡三省看来,荀悦仅仅是位理论家,而不是政治家,他在政治上不会有什么作为,但其言论,对于君主治理国家却很有价值。又如《通鉴》卷一百四,晋孝武帝太元七年(328)有这样一条记载:"是岁,秦大熟,上田亩收七十石,下者三十石,蝗不出幽州之境,不食麻豆,上田亩收百石,下者五十石。"在这条记载下面,胡三省注曰:"物反常为妖。蝗之为灾尚矣,蝗生而不食五谷,妖之大者也。农人服田力穑,至于有秋,自古以来,未有亩收百石、七十石之理,而亩收五十石、三十石,亦未闻也。使其诚有之,又岂非反常之大者乎!使其无之,则州县相与诬饰罔上,亦不祥

① 《资治通鉴》卷五十七。
② 《资治通鉴》卷七十九。
③ 《资治通鉴》卷十四。

之大者也。秦亡宜也。"这里胡三省未用多少大道理,而是采用一般常理来推断其妄,并且很具有说服力。《通鉴》在梁武帝大同十一年(545)记梁武帝称"我自非公宴,不食国家之食,多历年所;乃至宫人,亦不食国家之食"。这自然是十足的欺人之谎言,封建帝王与封建国家的利益能够截然分得开吗?对此,胡三省在注中曾加以无情揭露,指出"帝奄有东南,凡其所食,自其身以及六宫,不由佛营,不由神造,又不由西天竺国来,有不出于东南民力者乎?惟不出于公赋,遂以为不食国家之食。诚如此,则国家者果谁之国家邪!"①我们再看一条,《通鉴》于唐玄宗开元二十二年(734)记"上种麦于苑中,帅太子以下亲往芟之"。对于此事,胡三省在注中评论道:"种藝之事天有雨旸之不时,地有肥硗之不等,而人力又有至不至,故所收有厚薄之异也。若人君不夺农时,人得尽其力,则地无遗利矣,岂必待自种而观其实哉!"②这无异是对最高统治者矫揉造作丑态的无情鞭笞和严厉谴责。历史事实正像胡三省所说,封建统治者若做到"不夺农时",让人民有一个较为安定的社会条件,使得人人都能尽其力,社会生产自然可以得到发展。

　　以上所举,虽然都是短小的议论,但它毕竟是史论,并且相当丰富。至于政书体,因记载多典章制度历史,因而在有些人看来,这些史籍都不过是些史料汇编而已,自然更谈不上有什么史学理论可言。其实不然,只要阅读过这类史书的人都会发现,同样蕴藏着丰富而宝贵的理论。就以《通典》而言,杜佑编写此书,目的在于寻求"富国安民之术",所以书中辑录了许多治理国家的各方面理论。难怪瞿林东先生在《通典》评介一文中将"重议论"列为该书三大特点之一,而"重议论""在具体表述上有三种不同形式"③。限于篇幅,这里我们就不再展开了。

　　通过以上论述,我们可以心安理得地告知世人,中国的传统史学内容是丰富多彩的,而中国的传统史学理论也同样是丰富多彩的,那种认为中国史学没有理论的说法是没有根据的。当然,为了要说明中国的史学理论表现是多方面的,因而"史论结合"这一问题讲得自然就多一些,只得请读者见谅!

----

① 《资治通鉴》卷一百五十九。
② 《资治通鉴》卷二百一十四。
③ 《中国史学名著评介》上卷,山东教育出版社1990年版。

（六）传信存疑

传信存疑也是中国史学发展史上一个优良传统。

自古以来，许多史家写史就抱着十分谨慎的态度，对于不太清楚的事件，宁可存疑，以待后人去解决。在这个问题上，孔子确实为后人树立了榜样。尽管在当时，他已经被公认为是"博于诗书，察于礼乐，详于万物"①的杰出人物，对于自己不知道的东西就回答不知道，从来都不强不知为自知，他再三教导自己的学生，"君子于其所不知，盖阙如也"②。又说："多闻阙疑，慎言其余。"③平时就当做到"知之为知之，不知为不知，是知也"④。子路曾"问事鬼神"，他回答说："未能事人，焉能事鬼。"子路又"敢问死"，他又答道："未知生，焉知死！"⑤请看回答多么干脆，不知道就回答不知道。对于历史研究，孔子同样抱着这样的态度，他曾说："夏礼吾能言之，杞不足征也；殷礼吾能言之，宋不足征也。文献不足故也。足，则吾能征之矣。"⑥意思是说，夏代的典章制度，他还能够说出，但是作为夏朝后代的杞国没有证据；殷的典章制度他也能够说出，但作为殷商后代的宋国同样没有证据。主要是因为文献不足，如果有足够的文献，对这两个小国的历史文化他照样可以解说清楚。可见，在没有足够文献证据的情况下，他绝不轻易发表看法，这就是中国古代史学家所具有的高贵品德。

我们再看一直被后代史学家推崇为"实录"的《史记》，司马迁正是以传信存疑的态度所写成。司马迁在掌握了丰富的史料以后，并没有为史料所役使而随便引用，凡是采录的，都经过一番考订选择的功夫，有可疑的则存疑，写作态度十分审慎。"百家言黄帝，其言不雅训。"⑦既然不雅训，他就不采纳；"神农以前，吾不知已。"⑧自己不知道，就不随便写；"至《禹本纪》《山海经》所

---

① 《墨子·公孟》。
② 《论语·子路》。
③④ 《论语·为政》。
⑤ 《论语·先进》。
⑥ 《论语·八佾》。
⑦ 《史记》卷一《五帝本纪》。
⑧ 《史记》卷一百二十九《货殖列传》。

有怪物,余不敢言也。"①许多古书记载的奇谈怪物,他更不随声附和。他在《史记·三代世表序》中对自己撰写本书的态度讲得十分清楚:"五帝、三代之记,尚矣。自殷以前诸侯不可得而谱,周以来乃颇可著。孔子因史文次《春秋》,纪元年,正时月,盖其详哉。至于序《尚书》则略,无年月,或颇有,然多阙,不可录。故疑则传疑,盖其慎也。"旨在说明,三代以前,由于时间久远,尚无确切年代可记,诸侯都还无法按年代来为之列表(不可得而谱),因此,只好作《三代世表》,就是如此,尚有好多残缺不全,无法记录,这也是不得已而为之。为了慎重起见,对那些解决不了的问题,只能"疑则传疑"。又如他在《高祖功臣侯者年表序》中再次申述了这个意思,因为即使是近代、当代之事,有时也未必都能了解清楚,故序文最后说:"居今之世,志古之道,所以自镜也,未必尽同。帝王者各殊礼而异务,要以成功为统纪,岂可绲乎? 观所以得尊宠及所以废辱,亦当世得失之林也,何必旧闻? 于是谨其终始,表其义,颇有所不尽本末;著其明,疑者阙之。"尽管他想把这些诸侯得宠与废辱的终始都予以表述,但是仍"颇有所不尽本末",再次表明要"疑者阙之"。如此审慎的著史态度,传信存疑,为后世史家树立了典范。后来班固著《汉书》,陈寿作《三国志》,亦都先后使用了存疑之法,限于篇幅,这里就从略了。

　　最后值得一提的是,章学诚在《文史通义》一书中,提出在方志人物传的编修中,应当设立《阙访列传》,把许多姓名可知而事迹不详的人物材料保存下来,以待后人进一步搜集和研究,同时对那些有怀疑、有争论而难以判断的人物,亦可列入此传,保存其材料,待后人搜集更多材料再行研究,以便得出公正的结论。为此,他在修《和州志》和《永清县志》时均立有《阙访列传》,如今还保留有《和州志阙访列传序例》和《永清县志阙访列传序例》两文,收在《文史通义》一书中。② 文中一再强调,设立《阙访列传》是采用孔子《春秋》阙疑之意旨。章氏这个创意,无疑可以有意识地保存那些悬而未决的和一时很难做出判断的许多重要史料,待后人有了新的发现再作定论,这就可以避免许多草率论定而成为冤假错案,不愧为史学理论家的见解。

---

① 《史记》卷一百二十三《大宛列传》。
② 《文史通义新编》外篇四、外篇五。

（七）经世致用

中国的传统史学还有一个很重要的优良传统，即经世致用的史学思想。这一优良传统在唐宋以后，特别是明清两代表现得最为明显。而这种"经世"思想，最早应当是从"殷鉴"发展而来的。《尚书·召诰》就曾明确提出："我不可不鉴于有夏，亦不可不鉴于有殷。"意思很清楚，西周统治者在取得政权之后，时刻提高警惕，把夏、商的灭亡，作为一面镜子来警示国人，"殷鉴不远，在夏后之世"①。因此，我们可以这样说，这是史学价值在社会功能方面最早的体现。到了春秋时期，这种意识就越来越明显了，当时许多政治家们和史官在论及国家兴亡盛衰和当前政治时事的时候，既不是海阔天空地议论，也很少再援引天命或神意，而是列举他们所掌握的历史知识为论据。他们还强调王者施政要以过去的历史为鉴。《国语·周语下》所引太子晋那段话可谓最为典型。他说："启先王之遗训，省其典图刑法，而观其废兴者，皆可知也。"正是反映了这一历史事实。不仅如此，在当时，历史著作并且成为贵族们教育弟子们的重要教材。楚庄王曾问申叔时，教育太子应当用哪些书籍，申叔时回答说："教之《春秋》，而为之耸善而抑恶焉，以戒劝其心；教之《世》，而为之昭明而废幽昏焉，以休惧其动……教之《故志》，使知兴废者而戒惧焉；教之《训典》，使知族类，行比义焉。"②西汉建立不久，汉高祖刘邦便命其谋士陆贾，"试为我著秦所以失天下，吾所以得之者何，及古成败之国"。陆贾"乃粗述存亡之征，凡著十二篇。每奏一篇，高帝未尝不称善，左右呼万王，号其书曰《新语》"。③ 东汉人王充在《论衡·案书》篇亦云：陆贾《新语》，"皆言君臣政治得失，言可采行，事美足观"。稍后出现的贾谊《过秦论》，则更为典型。文中总结了秦朝兴亡的原因，目的就是提供给汉文帝作为改革政治、避免社会危机爆发的借鉴。文章指出，秦朝所以能够实现统一，主要由于春秋战国以来，天下长期战乱，人民反对诸侯割据战争，要求统一安定，过和平安定生活，而秦的统一政策，正符合了广大百姓的要求，所以能够成功。而它的迅速灭亡，则是由于"赋敛无度，天下多事"，"百姓困穷而主不收恤"，"繁刑严诛"，"仁义不

---

① 《诗经·大雅·荡》。
② 《国语·楚语上·申叔时论傅太子之道》。
③ 《史记》卷九十七《郦生陆贾列传》。

施"。一句话,就是行暴政,失民心,因此"天下莫不引领而观其亡"。陈胜只是振臂一呼,各地便纷纷响应。这就说明秦王朝的成功和失败,都是人心背向所决定。

总结秦王朝兴亡历史,为的是汉朝施政有所借鉴,所以文中反复分析强调"前事之不忘,后事之师也",前车覆而后车戒。治理国家,应当吸取历史经验。唐朝开国君主李渊于武德五年(622),在《命萧瑀等修六代史诏》中就曾明确提出,编撰史书,必须做到:"考论得失,究尽变通,所以裁成义类,惩恶劝善,多识前古,贻鉴将来。"①这实际上也就是唐代统治者修撰史书的指导思想。唐太宗李世民曾多次对大臣们说:"以铜为镜,可以正衣冠;以古为镜,可以知兴替;以人为镜,可以明得失。朕常保此三镜,以防己过。"②可见他对历史的重要性是何等重视。贞观十年(636),房玄龄、魏徵等上所修《周书》《北齐书》《梁书》《陈书》《隋书》五部史书,唐太宗十分高兴地说:"朕睹前代史书,彰善瘅恶,足为将来之戒。……将欲览前王之得失,为在身之龟镜。公辈以数年之间,勒成五代之史,深副朕怀,极可嘉尚。"③他们之所以如此重视历史,目的在于通过了解历代兴亡的历史,作为巩固自己统治的借鉴。历史学家吴兢,在总结贞观年间一代君臣治国施政基础上,写了《贞观政要》,其中记载魏徵贞观十一年(637)的一篇奏疏,有几句话就是告诫君主应当借鉴何种历史:"夫鉴形之美恶,必就于止水;鉴国之安危,必取于亡国。故《诗》曰:'殷鉴不远,在夏后之世。'……臣愿当今之动静,必思隋氏以为殷鉴,则存亡治乱,可得而知。若能思其所以危,则安矣;思其所以乱,则治矣;思其所以亡,则存矣。"④该书所载类似内容还有很多,足见这是为君臣们如何治理国家提供重要论据的。

司马光编修的《资治通鉴》,对后世影响很大,正如清代著名史家王鸣盛所说,"此天地间必不可无之书,亦学者必不可不读之书也"⑤。司马光著这部1360多年的编年史,在于"叙国家之盛衰,著生民之休戚"⑥,有选择地论述史

---

① 《唐大诏令集》卷八十一。
② 《旧唐书》卷七十一《魏徵传》。
③ 《册府元龟》卷五百五十四《国史部·恩奖》。
④ 《贞观政要》卷八《刑法》。
⑤ 《十七史商榷》卷一百《资治通鉴上续左传》。
⑥ 《资治通鉴》卷六十九附论。

事,为封建统治者提供历史借鉴。所以他在《进资治通鉴表》中就明确告知当今皇上,他写此书"专取关国家盛衰,系生民休戚,善可为法,恶可为戒",希望宋神宗"时赐省览,鉴前世之兴衰,考当今之得失,嘉善矜恶,取是舍非",借以改进政治,安定国家。值得注意的是,《资治通鉴》之名,还是由宋神宗所定。治平四年(1067),神宗即位,司马光进读《通志》(《通鉴》之最初名称),神宗以其"鉴于往事,有资于治道,赐名曰《资治通鉴》"①。足见宋神宗对这部史书内容之关注。明清之际大思想家、史学评论家王夫之在读了这部书后,还专门著了《读通鉴论》,书中指出,编著历史,必须让人从中得到"经世之大略",否则就失去著史的意义。他说:"所贵乎史者,述往以为来者师也。为史者,记载徒繁,而经世之大略不著,后人欲得其得失之枢机以效法之无由也,则恶用史为?"②他在解释《资治通鉴》这个书名时,阐明"资治"两字的含义,对于"经世致用"的史学思想又做了进一步说明,提出"'资治'者,非知治知乱而已也,所以为力行求治之资也"。这就是说,研究历史,不仅在于"知治知乱"而已,更重要的是在于以此作为"力行求治之资"。如果读了历史,而不起任何作用,那必将变成"玩物丧志"。但是,要从历史中得到"资治",也不是一件简单的事,尤其是历史上的善恶是非,成败兴亡,往往互相依伏,变化多端,必须用心推敲,以做到"得可资,失亦可资;同可资,异亦可资也。故治之所资,惟在一心,而史特其鉴也"。可见,能否从历史上得到资治,关键在于人的主观能动性,只要发挥人的主观能动作用,都能收到"得可资,失亦可资;同可资,异亦可资",左右逢源,运用自如的效果。因为历史毕竟只是一面镜子,"照之者"还是在人,所以他说:"故论鉴者,于其得也,而必推其所以得;于其失也,而必推其所以失。其得也,必思易其迹而何以亦得;其失也,必思就其偏而何以救失。乃可为治之资,而不仅如鉴之徒悬于室、无与照之者也。"③至于开一代新学风的顾炎武,不仅大力倡导学术研究必须具有"经世致用"的价值,而且自己身体力行。他曾遍览二十一史以及天下郡县志书,一代名公文集及章奏文册之类,著《天下郡国利病书》。他把学术研究与对古今历史的探讨结合起来,密切关注了解社会状况与国计民生,这个书名就足以反映他研究的是

---

① 胡三省:《新注资治通鉴序》。
② 《读通鉴论》卷六《光武一〇》。
③ 《读通鉴论》卷末《叙论四》。

天下郡国的利与病,企图从这些方面入手来了解明末所以衰弱的原因,以便针对"时弊"进行改革。他曾提出,"凡文不关于《六经》之指,当世之务者,一切不为"①。他还认为,如果能够精通历史,就可以更好地洞察现实,了解现实。他说:"人苟遍读《五经》,略通史鉴,天下之事自可洞然。"②为此,他十分强调:"引古筹今,亦吾儒经世之用。"③"夫史书之作,鉴往所以训今。"④"引古筹今","鉴往训今",乃是顾炎武"经世致用"思想在史学研究中的具体发挥与运用,既指出了史学研究如何经世致用的途径与方法,又指出了史学本身的作用与任务。他自己著的《日知录》,就是为了探讨吏治、赋役、典制等来龙去脉,"疏通其源流,考证其谬误",以达到"规切时弊"的目的。他在《日知录》卷十《苏松二府田赋之重》中,讲述这两个府老百姓深受重赋之苦的情况。文章开头便说:"丘濬《大学衍义补》曰:韩愈谓'赋出天下,而江南居十九'。以今观之,浙东西又居江南十九,而苏、松、常、嘉、湖五府又居两浙十九也。"这些地方的农民赋税之重自然就可想而知了。文章又说:"吴中之民,有田者什一,为人佃作者十九,其亩甚窄,而凡沟渠道路,皆并其税于田亩之中,岁仅秋禾一熟,一亩之收不能至三石,少者不过一石有余,而私租之重者至一石二三斗","少亦八九斗,佃人竭一岁之力粪壅工作,一亩之费可一缗,而收成之日所得不过数斗,至有今日完租,而明日乞贷者"。如此重的盘剥,农民已经到了无法生存下去的地步,长此以往,哪有不起来反抗的道理!可见这位大学者的研究,全都是面对现实,言行一致。因此,他在该书卷十九《文须有益于天下》中大声疾呼:"文之不可绝于天地间者,曰明道也,纪政事也,察民隐也,乐道人之善也。若此者,有益于天下,有益于将来,多一篇,多一篇之益矣。若乎怪力乱神之事,无稽之谈,剿袭之说,谀佞之文,若此者,有损于己,无益于人,多一篇,多一篇之损矣。"这就告诉人们,研究学术,撰写文章,必须注意社会效益。我们今天社会风气如何?离此要求看来相差还很远呢。

众所周知,浙东史学的特点之一,就是主张学术必须经世致用。作为浙东史学的殿军章学诚,又是中国封建社会后期重要的史学理论家。他从理论

① 《亭林文集》卷四《与人书三》。
② 《亭林文集》卷六《与杨雪臣》。
③ 《亭林文集》卷六《答徐甥公肃书》。
④ 《亭林文集》卷四《与人书四》。

上多次论述史学著作必须做到"经世致用"。他曾对其弟子史余村说："文章经世之业,立言亦期有补于世,否则古人著述已厌其多,岂容更益简编,撑床叠架为哉。"①为此,他在《说林》一文中,曾反复举例加以论述。他说："人生不饥,则五谷可以不芒也;天下无疾,则药石可以不聚也。学问所以经世,而文章亦期于明道,非为人士树名地也。"②正因如此,他更直接提出："学业将以经世,当视世所忽者而施挽救焉。"③至于史学,他在《浙东学术》一文中就果断地说："史学所以经世,固非空言著述",并且带有自豪口气说："浙东之学,言性命者必究于史,此其所以卓也。"④总之,作为这样一个优良传统,在今天来说,尤其值得我们认真加以总结而大大加以发扬。

综上所述,足以看出中国传统史学内容是非常丰富的,并且具有许多可贵的优良传统。笔者根据自己学习和研究概括出七个方面。当然,并不是说只有这七点,也可能会有人概括出更多的方面。总之,我们应当很好地珍视它,爱护它,认真地加以总结和研究,该剔除的剔除,该批判的批判,该肯定的肯定,该发扬的发扬,以便为发展新史学提供养料,为发展社会主义文化事业服务。而绝不应当笼统地一概否定,千万不要让 20 世纪 80 年代那股"文化热"中所产生的争相诋毁传统史学的闹剧再度发生。在那几年中,有些搞文化的人,似乎不骂几句中国传统史学就显示不出其"英雄本色",一时间奇谈怪论纷纷出场,如说中国传统史学家只重视微观研究,而不重视宏观研究;中国传统史书都是剪刀加糨糊而成等等,喧闹一时,真有点不把传统史学骂倒、骂臭决不罢休之势。当时我粗略做过统计,那些大骂中国传统文化的人,本来并不研究中国传统文化,大骂中国传统史学的人,本人也并不研究中国传统史学。也许就为了表现"英雄本色"而出来亮一手而已,否则是无法说明这一怪现象的。众所周知,中国传统史学并不像他们所说的那样,对此,我这个不识时务者在 1988 年为自己主编的《中国史学名著评介》⑤所写的《前言》中已经做了回答,这里自然就没有必要再作重述。但其中有几句话我想引来作为本文的结束语："有一个历史事实,大家不应当忘记,即世界上没有一个民

---

① 《文史通义新编》外篇三,《与史余村》。
② 《文史通义新编》内篇四。
③ 《文史通义新编》外篇三,《答沈枫墀论学》。
④ 《文史通义新编》内篇二。
⑤ 《中国史学名著评介》(上、中、下三卷),山东教育出版社 1990 年版。

族是在骂倒自己的传统文化之后，而能立足于世界强大民族之林的。而我们的传统文化却经历了数千年而一直独立于世界各民族的文化之林，其生命力之长久，内涵之丰富和独特，在世界文化史上是非常罕见的，这是世界学者所公认的。"

（本文系赴韩国学术交流讲演稿。原载《历史文献研究》总第 24 辑，华中师范大学出版社 2005 年 8 月版）

从日本学者来信
再谈编修方志是中华民族特有的文化传统

　　我们向来认为，编修地方志是我们中华民族所特有的优良的文化传统。还在 1958 年 10 月，国务院科学规划委员会地方志小组发布的《关于新编地方志的几点意见》中就已经明确指出："方志是我国一项独有的文化遗产。"应当指出的是，这个地方志小组是在国务院科学规划委员会之下设立的，其成员都是著名的专家学者，组长为曾三，大家比较熟悉的专家有吴晗、齐燕铭、王冶秋、侯仁之、严中平、刘大年等。这个《意见》正是由他们这些人研究制定的。因此，从某种意义来说，它是代表了国家的意见。因为无论从组织还是这些参加成员，都具有极大的权威性。因而自从推出以后，从未产生过疑义。正因如此，老一辈学者们一直把方志视为我们中华民族所特有的文化遗产，因而编修方志就是我们所特有的文化传统。上个世纪 80 年代初，著名的历史地理学家谭其骧先生在中国地方史志协会成立大会上的讲话中也曾这样讲过："我们的祖宗给我们留下来八千多部方志，这是我国一个很伟大的、特有的宝库，这中间有大量的可贵的史料"。① 对此说法，我想任何人也是无法否认的，除我国以外，还有哪一个国家能有这样一座宝库呢？后来台湾学者陈捷先教授在所著《清代台湾方志研究》一书中，称中国的地方志"为全世界文化史中的一项特有瑰宝"。对这个问题，我认为陈先生是最有发言权的。他多次到韩国、日本等国讲学和专门调查研究，出版了《东亚古方志探论》一书。对朝鲜、日本、越南等东亚几个国家历史上先后曾编修过方志作了全面而系统的论述，得出了中国地方志"为全世界文化史中的一项特有瑰宝"的结论。而有人仅仅就抓住其中某个国家历史上编修过方志，就来否定，认为不是中华民族特有的文化传统。究竟谁的结论可信，我想最终还是要看历史事实，看谁所讲的历史事实完整、准确、可信。我们不希望搞强词夺理。可以坦诚

---

　　①　载《中国地方史志通讯》1981 年第 5、6 合期。

地告诉广大读者朋友，我们在研究中从来就没有否定过东亚的几个邻邦在历史上都编修过方志的事实，即使我本人也是如此。在拙著《方志学通论》修订本《前言》中，对此有一段论述，为了说明问题，不妨转录于下：

　　现在有些看法认为中国的方志，在世界各国都有，也就是说世界各国都在编修方志。我认为这种看法毫无根据。事实上只有我们周边邻国日本、朝鲜、越南等国家，由于千百年来一直与中国文化交往，受到中国传统文化影响很深，许多中国传统文化都相继传入，其中方志也不例外，因为我们与这些国家之间实际上并不是简单的文化交流，有些国家的"开化可以说都是藉由中国文化展开的。诸如文字、姓氏、礼俗以及衣食住行等等方式"①。有的国家土地在历史上还曾被列入中国行政区划，而大多数国家则长期与中国封建王朝存在着封贡关系，即所谓"年年进贡，岁岁来朝"，由于中国历代君主都主张对藩属国家"厚往薄来"，因而朝鲜、越南两国在明清两代还一直维持着这种关系。这样，中华文化的大量传入自然就在情理之中。熟悉中国历史的人都知道，这些国家生活在汉文化圈中已经一两千年了。就日本而言，还在我们唐代中叶（唐中宗至玄宗间），日本元明天皇和铜年间就已有"风土记"一类著作产生了，并且延续时间很久，直至江户幕府末期（17世纪后期至19世纪中期），这种著作形式还大量出现。至于成型的方志，出现就很晚了，如《雍州府志》成于日本贞享元年（清康熙二十三年），所记内容与形式，已经相当于宋代早期所产生的方志或图经了。值得注意的是，该志"不但书名完全汉化，书中文字也都是汉字"。尽管如此，日本的方志编修并未形成制度化，并不是每个地方必须按时编修，因而到了后来都走上了地方史的道路，莫看书名是某某郡志、某某市志，其实都是史而已。至于朝鲜的方志编修，开始可就晚了，根据韩国学者自己研究，古代朝鲜方志编修约在15世纪左右方才起步，这就相当于明代中期。到了19世纪末叶，由于国家逐步衰弱，方志的编修也就没落了。因此，韩国学者对古朝鲜时期所修方志实际上都不太重视，一般都将其列入地理书的范畴，与"地理志"作同样看待，足见他们对自己国家曾修过地方志并不重视，更很少有人作专门研究。而越南地方志的编修，从真正意义上来讲，亦主要是在15世纪以后，即我国明清时代这段时间，限于篇幅，就不

---

① 陈捷先：《东亚古方志探论》，第57—58页。

再举例说明。从上述简单介绍我们可以看到，我们周边的邻国，由于长期来与我国进行频繁的文化等方面的交流，方志这种著作形式，也的确都传到他们那里，各国也的确都编出了自己的方志，有的还相当典型，如日本的《雍州府志》、朝鲜的《中京志》、越南的《嘉定城通志》等。但是，也许因为各个国家的风俗习惯各异，对于这种著作都没有能坚持下去，特别是由于他们都没有国家制度保证，因而既不可能做到连续编修，更不可能做到普遍编修，因而有的是自行消失，有的则是完全变了味，全部走上地方史的道路，把地方志的特点丢得一干二净，这都是明摆着的历史事实。

以上这段很长的引文就足以说明，我们对于周边邻国历史上曾编修过方志的历史事实，都作了充分的肯定，也从未作过否定。但是，必须全面看待历史的发展，由于这种著作形式在这些国家都遇上了"水土不服"，因而都未能得到茁壮成长和发展，而是全都"枯萎和凋零"了，这也是历史事实，任何研究者都必须承认。令人不解的是，尽管我们已经作了如上的论述，还是有人以日本为例发表文章，强调编修方志不是中华民族特有的文化传统。为此笔者于春节前特地给日本学者稻叶一郎教授写了一封信，请他谈谈对日本历史上编修过地方志的看法。想不到他竟如此认真负责，花了4个月的时间，查阅许多相关资料，将日本历史上编修方志的情况及最后演变为地方史的事实，在信中都作了详细说明。因此，与其说是一封信，不如说是对日本历史上编修地方志的一篇概述。此信告诉我们，日本历史上曾在两个时间段里编修过方志，但都未能持续下来，更谈不上普遍性和制度化了，尤其到了明治维新以后，便全部演变为地方史了。这与笔者在《方志学通论》修订本《前言》中的论述是相一致的。征得稻叶一郎教授的同意，特将此信全文在这里予以发表。（征得作者同意，发表时删减了书信的首部和尾部，如称谓、问候语、署名等——编者）

来信所提之事，关于修订本《前言》的日本方志性质变化的记述，经过调查的结果是：在日本，方志编修是在奈良时代和平安时代初期以及江户时代，地方史编修则是在近代明治以后。具体的说明如下：

奈良时代元明天皇和铜六年（713）及平安时代初期醍醐天皇延长三年（923）命令各国编纂作成《风土记》。《风土记》是以隋唐图经、方志为典范而编纂的地方志。现在留存的有出云（岛根县东部）、常陆（茨城县）、播磨（兵库县西部)、肥前(佐贺县)、丰后(大分县)等国风土记。但是,全国风土记好像未完成。

在平安后期,镰仓、室町、桃山时代(从 11 世纪到 16 世纪)没有编纂地方志。进入江户时代,始复活地方志的编纂。

因江户时代宽文四年(1664)会津藩(福岛县)仿照《大明一统志》编纂了《会津风土记》,刺激了各藩兴起地方志的编纂。享保三年(1803)(享和三年为 1803 年,享保三年应为 1817 年——编者注),幕府以昌平黉(学问所)地志调所为地志编纂中心,命各藩国编纂地志。但是,各藩国所编修的方志、某风土记或某国志名称各不相同。内容也大概是模仿《大明一统志》编纂的结果,全国地志终究没完成。

明治时代(1868—1911)是相当于自地方志到地方史的过渡期。明治维新以后,因为废止藩国而置县,地方志的名称渐变为县(都、道、府)史、市史,内容也变成所谓的地方史。

1877 年(明治十),政府以风土记为模范而编纂《日本地志提要》。1879年(明治十二)—1889 年(明治二十二),政府为了扩充《日本地志提要》的内容而计划编纂《大日本国志(皇国地志)》,以《大明一统志》和《大清一统志》为模范而以全国的规模推进地方志编纂。结果只完成了一部《安房志》而已。

一方面,地理学者山崎直方与佐藤传藏自 1903 年(明治三十六)起到1915 年(大正四)编成《大日本地志》10 卷。这本书是脱却了中国的地方志传统而变成地方史。内容是地文、人文、地志的三部构成,多方采录自然科学的成果。尔后之地方史,如此形式成为主流。

第二次大战后,自 1955 年(昭和三十)以后,各地有地方史编纂,还有纪念明治维新百年,掀起县史和市史编纂的热潮。当时的地方史成为各地开辟以来之历史,接着配地文、人文、地志,这个潮流仍是延续不断。

以上之拙记若能作为您的参考的话,我觉得非常荣幸。

至于方志编修在我国所以能历 2000 年之久而不衰,关键在于它的内容价值适合于历代统治者需要,因此一直受到历代统治者的重视。这也就是人们常说的,在中国具有适合于这种著作成长和发展的土壤。"存史、资治、教化",方志的三大功能,是任何一个朝代统治者都不可缺少的。所以自隋唐直到清朝乃至民国,每个朝代总是三番五次下令各地方政府,必须按时编修,限时上送。所有这些，史书都有记载，有案可查，甚至对编修内容也都作出要求。如《五代会要》卷十五《职方》条，就记载了当时政府对各地编修图经的具体要求：

长兴三年（932）五月二十三日，尚书吏部侍郎王权奏："伏见诸道州府，每遇闰年，准例送尚书省职方地图者，顷因多事之后，诸道州府旧本虽存，其间郡邑或迁，馆递增改，添增镇戍，创造城池，窃恐尚以旧规录为正本，未专详勘，必有差殊。伏请颁下诸州，其所送职方地图，各令按目下郡县城池，水陆道路或经新旧移易者，并须载之于图。其有山岭溪湖、步骑舟楫各得便于登涉者，亦须备载。"奉敕："宜令诸州道府，据所管州县，先各进图经一本，并须点勘文字，无令差误。所有装写工价，并以州县杂罚钱充，不得配率人户。其间或有古今事迹、地理山川、土地民所宜、风俗所尚，皆须备载，不得漏略，限至年终进纳，其画图候纸到，图经别敕处分。"

这条史料讲得非常具体，从地图绘制上应当标明哪些内容，到图经的编修应当记载哪些内容，都有明确规定。而关于图经虽然只有四句话16个字，但所包含的内容却相当广泛，非常丰富，所谓"古今事迹"，自然就包括本州县的历史发展、建置沿革、历史事件、历史人物、故事传说等等；所谓"土地所宜"，就是指这个地方的土地适宜于种植哪些作物，适宜于养殖哪些家禽、家畜，还有哪些矿产资源，特别是土特产，也就是后来成型方志著作目录中常见到的"物产"类，因为它直接关系到封建政府的贡赋问题；至于"风俗所尚"，凡是参与过方志编修的人都很清楚，内容范围非常广泛。众所周知，隋唐五代，是方志发展史的第二阶段——图经的盛行时期，处于分裂割据、动乱不安的短命王朝五代的君臣们尚且如此重视图经的编修，隋唐两代统治者的重视程度自然也就可想而知了。我们再看成型后的方志发展，自宋以来，历朝政府关于编修方志的命令，可以说是史不绝书。就以清王朝而言，不仅三令五申，雍正帝竟还亲自为方志编修专门发了"上谕"，《清实录·世宗实录》雍正六年十一月载：

一统志总裁官大学士蒋廷锡等奏称：本朝名宦人物，各省志书既多缺略，即有采录，又不无冒滥，必得详查确核，采其行义事迹卓然可传者，方足以励俗维风，信今传后。请谕各该督抚，将本省名宦、乡贤、孝子、节妇一应事实，详细查核，无阙无滥，于一年内保送到馆，以便细加核实，详慎增载。得肯：

朕为志书与史传相表里,其登载一代名宦人物,较之山川风土尤为紧要,必详细确查,慎重采录,至公至当,使伟绩懿行,逾久弥光,乃称不朽盛事。今若以一年为期,恐时日太促,或不免草率从事。若各省督抚,将本省通志,重加修辑,务期考据详明,采摭精当,既无阙略,亦无冒滥,以成完善之书。如一年未能竣事,或宽至二三年内,纂成具奏。如所纂之书,果能精详公当,而又速成,著将督抚等官,俱交部议叙。倘时日既延,而所纂之书,又草率滥略,亦即从重处分。至于书中各项分类条目,仍照例排纂,其本朝人物一项,著照所请,将各省所有名宦、乡贤、孝子、节妇一应事实,即详查确实,先行汇送一统志馆,以便增辑成书。

雍正帝这个"上谕",说明这样几个问题:其一,自元朝开始编修《元大一统志》起,至明清两代,每次修一统志之前,都要下令全国各地先编修各级方志,已成为制度。清朝建国后便着手修《一统志》,有鉴于《一统志》迟迟未能成书,问题出在各省方志未能按时修好上报,故雍正于次年将此旨晓谕全国,要求各地重修通志,严谕促修,限期完成,上诸一统志馆。其二,志书内容同样是有统一要求,即"各项分类条目",显然是早有规定。其三,特别重视"名宦人物",因为它足以"励俗维风",所以雍正说"较之山川风土尤为紧要"。其间,志书编修好坏,还有必要的奖惩措施,故清朝的封疆大吏们都热衷于修志,这自然是重要因素之一。即使我们的宝岛台湾,有清一代也修出了40多部各类志书。而在民国时期,虽有军阀混战,国民政府相关部门同样多次下令各地修志,因而全国各地还是照样修出各类方志1100多种。这些事实就充分说明,我们方志的编修,任何时候都是政府行为,由中央政府下令,各地方政府执行编修。因此,无论任何时代、任何地方都是普遍的、连续不断的,这种情况在任何一个国家都是不可能有的。

新中国成立后,由于国家领导人对修志工作很重视,所以新中国成立不久,尽管当时经济很困难,编修新方志工作照样在全国各省普遍展开。当时并将修志工作列入国家科学规划。1963年,中共中央宣传部向各地转发了《关于编写地方志工作的几点意见》。这都说明,即使在上世纪五六十年代,国家也一直很重视地方志的编修。据国家档案局1960年的统计,当时就有20多个省、市、自治区的530多个县,开展了新方志的编修工作。其中约250多个县写出了县志初稿,正式出版的有近30部,还有一大批专业志。这说明当时的修志工作同样是取得了相当大的成就。后因"四清"和"文化大革命"而中断。遗憾的是这一段修志的历史竟然早被人们所遗忘。至于上世纪 80 年代以来的大规模修志，已是人所共知的事，在短短 20 年中，全国方志工作会议就召开了三次，足以说明党和政府对修志工作之重视。从这 20 年的修志事业发展来看，这一古老的优秀的民族文化传统，正焕发出特有的青春活力。所有这些都明确告诉人们，我国方志的编修，每个朝代都有制度规定，自隋唐以来从未中断，史书记载不断，代代有案可查。正是这样，就保证了这一优良的文化传统、特有的文化发展现象得以代代相传。尽管其内容总是在不断地发展与丰富，体例也在不断地完善与更新，但是作为方志所固有的特点却一直保持着不变。这种情况，就连外国学者研究后亦无不为之惊叹！美国芝加哥大学亚力托教授在其《中国方志与西方史学的比较》一文中就曾这样说过：中国"自宋以来，方志在形式上和内涵上的一致性是惊人的。至于西方，根本没有长期一致的文体，即使一国中的一致性也没有。……而方志的形式则千年基本未变"。外国学者况且承认这一历史事实，为什么有的中国人要否定呢？我们认为，历史事实终归是历史事实，任何强词夺理都是改变不了的。但是有一件事必须在这里告知广大读者，"活字印刷术是中国人引以为傲的四大发明之一，尽管这一说法为世界所公认，但是近年来，在韩国，一些研究学者却反复强调，是生活在朝鲜半岛的朝鲜人最先使用和发明了活字印刷"，"一些韩国学者甚至认为，毕昇的泥活字仅仅还停留在理论阶段，只是一个设想，并没有付诸实施"。对此，中国印刷博物馆研究室主任尹铁虎先生率课题组，根据《梦溪笔谈》记载，历时两年，完成了"毕昇泥活字印刷实证研究"课题，成功复原了当年毕昇活字印刷的技术，证实了毕昇活字印刷技术的科学性与可能性。从而证实了"活字印刷的源头在中国"。尹铁虎先生说："我们来做这个研究，就是通过实证性研究，复原当年毕昇活字印刷的技术，来驳斥他们"。[①] 笔者在这里所以摘引这个报道，无需说明用意，广大读者也肯定都会明白。

　　最后还必须指出，我们上面列举了东亚一些国家，在历史上虽然仿照中国方志的编修，在各自国家确实编修过一些志书，但是由于各个国家的生活

---

① 　报道载 2005 年 6 月 16 日《中华读书报》。

习惯、风俗民情,特别是政治制度的不同,因而对于这种著作形式没有一个国家能够坚持下来,要么自行消亡,要么演变为单纯的地方史。这些事实再次说明,作为意识形态的学术文化,总是一定社会政治、经济的反映,同时又反过来作用并影响一定的社会政治和经济,也就是说,它是要为一定的社会服务的。因此,它的地域性和民族性表现得都非常明显。不同的地域、不同的民族,自然就形成了人类文化的多样性,这是研究各国学术文化最起码的常识。只有懂得这个道理,才能够理解为什么不同的国家、不同的民族必然产生不同的学术文化,也才能够真正懂得方志这种著作为什么在那些国家没有相应的成长发展的土壤。所以,我们有百分之百的理由说,编修方志,是中华民族特有的文化传统。

(原载《江苏地方志》2005 年第 5 期)

《越绝书》，江浙两省共有的文化遗产

——兼论《越绝书》的成书年代、作者及性质

关于《越绝书》，笔者先后已发表了四篇文章①，对该书一些重大问题，诸如性质、作者、内容等提出了自己的看法。近来阅读了王志邦先生发表在《中国地方志》2005年第12期上的《〈越绝书〉再认识》一文后，颇受启发，觉得有必要对有些问题再谈些看法。尤其是长期以来，对于《越绝书》的归属问题，浙江方志界有些同仁总是拿它作为浙江最早的一部方志，似乎从来无人提出疑义，已成定论。可是我在多次阅读、研究这部书以后，发觉原来并非如此。实际上笔者早在《〈越绝书〉散论》一文中就提出了这个问题。现将这段文字抄录如下：

其实只要人们在读此书时，稍事留意，就可以发现，对于作者书中已有明确说明。在今传本该书首篇《越绝外传本事》中有这样问答："问曰：'《越绝》谁所作？''吴越贤者所作也。当此之时，见夫子删《书》作《春秋》，定王制，贤者嗟叹，决意览史记，成就其事'。"该篇最后一段还说："经者，论者事，传者道其意，外者非一人所作，颇相复载，或非其事，引类以托意"。这里既讲明作者为吴越贤者，又指出非一人所作，杨慎析隐语时为什么置这些而不顾呢？还要指出的是，全部《越绝书》除会稽山外，不曾出现作为行政区划的会稽名称。只有杨慎析隐语时又析出个会稽来，这里杨慎明显的又犯了常识性错误。众所周知，该书所记下限是建武二十八年（52年），而秦始皇二十五年来楚国降越君后于故吴越地置会稽郡，治所在吴县（今江苏苏州）辖县二十余，在浙江者十四，余在江苏。西汉辖县二十六，在浙江境十八县，余在江苏。东汉永建四年（129年）分浙江西置吴郡，会稽郡移至山阴。可见早期的会稽郡，实包括

---

① 《〈越绝书〉是一部地方史》，载《历史研究》1990年第4期；《袁康、吴平是历史人物吗——论〈越绝书〉作者》，载台湾《历史月刊》1997年第3期；《〈越绝书〉散论》，载《史学研究》1998年第1期；上述三篇后收入自选集《史家·史籍·史学》一书，山东教育出版社2000年出版。《〈越绝书〉评介》，载《中国史学名著评介》增订五卷本，山东教育出版社2006年出版。

故吴越两地,把它单指浙江,显然是错误的。既然如此,作者乃吴越两国贤者,所记内容又为吴越两国之事,就篇幅而言亦各占其半,有什么理由说它只是浙江所属呢?明明是江浙两省所共有。这个历史事实还得讲清为好,目的在于今后大家都该实事求是地对待这部古代留下来的史书。

笔者这篇文章发表已经快8年了,《再认识》一文还是将其作为浙江最早的方志,并且引经据典,甚至将曾在浙江任过省长的万学远在《浙江省志丛书总序》中所讲的话也引来作为论据,似乎这样就万无一失了。可是作者却忘记了他的文章开头所写"东汉建立不久,远离政治中心洛阳的东南边陲——会稽郡诞生了一部拟《春秋》而作,汇吴、越两国史地为主的地方性史籍——《越绝》"。(这句话提法本身也是错的,下面我们再讲)既然是汇载吴、越两国史地为主的地方性史籍,怎么就成为浙江最早的方志呢?章学诚在《史德》篇中提出,历史学家在进行史学研究和编写历史时,"当慎辨于天人之际,尽其天而不益以人也"。这就要求历史学家应当慎辨自己主观与历史客观之间的关系,划清哪些是自己主观意图,哪些是客观史实。在分清主观与客观关系之后,要尽量尊重客观史实,如实反映客观史实,不要随心所欲地把自己主观意图掺杂到客观史实中去,只有这样,才有可能得出比较准确的结论。

《再认识》一文认为《越绝书》产生于东汉,这也值得商讨。在讨论这一问题之前,有必要先作个自我检讨,在1983年出版的《中国古代史学史简编》一书中,笔者也曾有过同样的错误看法。这主要是由于本人当时对这部地方史尚未作深入研究,轻信了《四库全书总目提要》的说法,加之自己当时阅历不深。尽管如此,在这个问题上,自己毕竟误导过读者,理所当然应当向读者致歉。后来在阅读和研究过程中,逐步发现这部记载吴越两国争霸的地方历史,乃是产生在战国后期,这是历史上研究这部书的主流说法。因此,笔者在发表于1990年的《〈越绝书〉是一部地方史》一文中就已指出:"该书实际上正像《战国策》一样,是当年一些政治家游说吴越国君,由战国后期人追记汇编而成,直到东汉还有人在附益,因而并不是一人一时的作品"。这个结论我是通过历代学者研究该书的成果,结合对该书内容的研究而得出的。我们不妨先看历史上书目著录情况:

南朝梁人阮孝绪所撰《七录》云:《越绝》十六卷,或云伍子胥撰。

《隋书·经籍志》"史部·杂史类"著录:《越绝记》十六卷,子贡撰。

《旧唐书·经籍志》"史部·杂史类"著录:《越绝书》十六卷,子贡撰。

《新唐书·艺文志》"史部·杂史类"著录:子贡《越绝书》十六卷。

《宋史·艺文志》"史部·霸史类"著录:《越绝书》十五卷,或云子贡所作。

从南朝至宋共 5 部目录学著作,或云伍子胥作,或云子贡作,不管是谁,这两人都是先秦人物,这难道不值得注意吗?到了南宋,著名目录学家陈振孙在其所著《直斋书录解题》卷五"杂史类"云:《越绝书》十六卷,"无撰人名氏,相传以为子贡者,非也。其书杂记吴、越事,下及秦汉,直至建武二十八年。盖战国后人所为,而汉人又附益之耳"。对于陈氏之说,影响十分深远,明清以来直至当代,绝大多数研究该书的学者,都认同此说。如明朝学者张佳胤在《越绝书·序》中云:"兹书及秦汉,陈氏谓战国人所为,汉人从而附益,似矣"。清人钱培名在《越绝书札记·序》中亦说:"陈振孙曰盖战国后人所为,而汉人附益之,斯得其实矣。"而民国学者徐益藩对于陈氏之说更是赞叹不已。在所著《越绝考》中竟然说出:"陈氏振孙之见,乃亘古而不祧。"徐氏在文中论述了明清以来许多学者研究《越绝书》的成果,都是以证明陈氏对《越绝书》成书时代和作者的判断,可以成为千古不变之说法。当代著名学者余嘉锡先生对陈氏说亦十分赞赏,他在《四库提要辨证》一书中,广征博引,将有清以来所有考证该书作者的观点一一加以辨正后指出:"自来以《越绝》为子贡或子胥作者,固非其实,而如《提要》及徐氏说(引者注:指徐时栋在《烟屿楼读书志》卷十三云袁康作、吴平删定),以为纯出于袁康、吴平之手者,亦非也。余以为战国时人所作之《越绝》,原系兵家之书,特其姓名不可考,于《汉志》不知属何家耳。要之,此非一时一人所作。《书录解题》卷五云'《越绝书》十六卷,无撰人名氏,相传以为子贡者非也。盖战国后人所为,而汉人又附益之耳'。其言得之矣。"众所周知,余嘉锡先生是现代著名学者,花费 50 年精力,系统地考辨了清代《四库全书总目提要》的乖错违失,对于许多所论述的古籍从内容、版本、成书时代到作者生平等都作了翔实的考证,是一部权威性的学术论著,其可信程度可想而知。著名历史地理学家陈桥驿先生在为上海古籍出版社出版的《越绝书》序中,在引用了余氏上述那段论述后,接着说:"由此可见,《越绝书》的渊源远比《吴地传》所说的'建武二十八年'古老,而袁康(假使确有其人)和吴平的工作,无非是把一部战国人的著作,加以辑录增删而已"。不仅如此,陈先生在这篇序中,还严肃地批评了《四库全书总目提要》

"失之于轻率"，文中说："洪氏（指清人洪熙煊，引者）根据《汉书·艺文志》的著录，追溯《越绝书》的渊源，寻根究底，方法是可取的。按照他的研究，则《崇文总目》所谓'或云子胥'的话，看来也并非完全无稽。总之，对于像《越绝书》这样一部来历复杂的古籍，后世存在不同议论，本来就不足为怪。但是作为官修的《四库提要》，竟置早已存在的论争于不顾而独崇隐语，就未免失之于轻率"。而《再认识》一文，为了说明该书成于众人之手，引了明人田汝成为该书写的序中一段话："内经内传，此（应为'辞'字，引者注）义奥衍，究达天人，明为先秦文字；外传猥驳无伦，〔而〕记地二篇杂以秦汉〔郡县〕，（括号中字乃引者所加，《再认识》引时遗漏）殆多后人附益无疑也。本事篇序又依托《春秋》，印（应为'引'字，引者注）证获麟，归于符应，若何休之徒为《公羊》之学者，故知是书成非一人（田氏原文无'人'字，引者注）手"。因为不同时代，语言文字结构都会有所不同，田氏之文正是从文字结构等角度确定内经内传，"明为先秦文字"，这也正是许多学者论证该书为战国后期所产生的重要论据，也是研究所有古籍产生时代的一个重要依据。看来《再认识》作者只顾征引它来说明该书出于众人之手，而忽略了自己在前面讲了其书产生于东汉说发生了重大矛盾而无从自圆其说。综上所述，大量事实无可辩驳地说明，《越绝书》最早成书于战国后期。

又如关于袁康、吴平，我经过多年搜索和研究，对于被称为"百岁一贤"的人物，自东汉至明代中叶，所有文献典籍中竟然毫无蛛丝马迹。为此，我在发表于1997年的《袁康、吴平是历史人物吗？》一文中指出，历史上并无袁康、吴平其人，而是明代学人杨慎通过所谓析隐语而臆造的人物，实际上乃是子虚乌有。武汉大学古籍所所长李步嘉教授在2003年上海古籍出版社出版的《〈越绝书〉研究》一书中，对我的这一观点表示支持，认为袁康、吴平乃是两个政治术语而不是人名。而《再认识》则提出了相反的意见，认为袁康、吴平或真有其人。

对于杨慎析隐语之事，笔者在两篇文章中都作了详细论述，这里不再过多论述，但是有一点要说明，析隐语与考证一样，必须具备旁证，这就是明代辨伪学家胡应麟所说的"佐验"。而杨慎析出袁康、吴平以后，费尽心思也找不到旁证，始终不能自圆其说。既然没有证据，如何让人相信呢？《再认识》一文认为，《会稽典录》之所以没有记载袁、吴二人，是因为该书散佚，"有关袁康、吴平的内容,也可能恰恰散佚不见了"。我们认为就更不是理由了,既然是"百岁一贤"人物,那除了《会稽典录》外,其他地记如《会稽记》等自然亦会记载,总不可能说凡是这两个人材料"恰恰散佚不见了"。至于《再认识》一文以东汉时会稽太守马臻创建镜湖,范晔《后汉书》没有为之立传用来反证,那就更加站不住脚了。的确范晔《后汉书》没有为马臻立传,原因乃是多方面的,限于篇幅,不便多讲。尽管《后汉书》没有立传,但是从魏晋时期的地记直到清代的地理著作,对马臻的记载真是史不绝书。宋人李昉所编类书《太平御览》卷六十六征引《会稽记》曰:"汉顺帝永和五年,会稽太守马臻创立镜湖在会稽山阴两县界……"宋代地理学家乐史在所著《太平寰宇记》卷九十六,先是自己叙述"汉顺帝永和五年,会稽太守马臻创立镜湖,在会稽、山阴两县界,筑塘蓄水……"之后,又引《会稽记》云。我们知道,晋人贺循曾作有《会稽记》,而南朝宋人孔灵符亦著有《会稽记》,鲁迅先生的《会稽郡故书杂集》中就对孔氏《会稽记》作过辑佚。唐人编的类书《艺文类聚》和宋人编的《太平御览》都对该书有所征引。到了唐代,著名地理学家李吉甫在《元和郡县志》中就已经有了详细记载,就连杜佑《通典》在《食货·田制下》亦有记载。到了宋代那就更多了,不仅《太平寰宇记》《舆地广记》《玉海》《通志》《记纂渊海》《会稽志》等都有记载,甚至连学者的文集、日记都有著录,如黄震的《黄氏日抄》、薛季宣的《浪语集》等。到了元代则有《宋史·地理志》、马端临《文献通考》、王祯《农书》、陶宗仪《说郛》等。明代则有《明一统志》、王鏊《姑苏志》、徐光启《农政全书》等。清代,公修的则有《大清一统志》,私家的有胡渭《禹贡锥指》等。相反,对于袁康、吴平,我们上文已经讲了,从东汉以来至明中叶杨慎析隐语以前,全部文献典籍中竟是蛛丝马迹全无,所以我们有充分理由说这两个人物是杨慎臆造出来的,而不是历史人物。

再如《再认识》一文将《越绝书》说成郡书更是不妥当的。因为长期以来,所有正式史书,对《越绝书》的性质是早有定论的。上文引了《隋书·经籍志》《旧唐书·经籍志》《新唐书·艺文志》和宋代官修之《崇文总目》,都将这部书归入"史部·杂史类";而《宋史·艺文志》则将其归入"史部·霸史类";清修《四库全书总目提要》则又列入"史部·载记类";唐代刘知幾在《史通·因习》篇则将其归入"伪史"或"伪书"。至于私家目录如宋代陈振孙的《直斋书录解题》是放在"杂史类"之首部,其后便是《战国策》;而宋人尤袤的《遂初堂书目》

亦是放在"杂史类"。可见长期以来所有历史学家和目录学家都将其视作一部史书。直到明清，个别方志中方才提出了《越绝书》是"方志之祖"的说法，最早的是《万历绍兴府志》卷五十八："其文奥古多奇，《地传》(指《越绝外传记吴地》《越绝外传记地传》两篇)具形势，营构始末，道里远近，是地志祖"。这里作者还是相当有分寸的，人家是讲《地传》"是地志祖"，而没有讲这部书是地志祖。到了清代就有毕沅和洪亮吉分别在两部县志序中直接提出"一方之志，始于《越绝》"的说法。于是浙江方志界有些同仁便据此大讲《越绝书》是浙江最早的一部地方志，当然也就成为全国最早的地方志了。但是据我研究，这部书绝不是地方志，于是便在 1990 年发表了题为《〈越绝书〉是一部地方史》的短文，文章从该书著书宗旨、著作体例、编纂形式、记载内容等多方面加以论述，表明《越绝书》只能是一部地方史，而不可能是地方志。文章发表后，新华社还发了消息，中央人民广播电台在 1990 年 8 月 14 日早间新闻里作了广播，《人民日报(海外版)》《光明日报》《解放日报》《浙江日报》《杭州日报》等国内多家报纸分别于 8 月 14 日、15 日以《〈越绝书〉论述治国强兵之道》《〈越绝书〉是战国时论述治国的史书》等标题加以转载，其影响可想而知。如今《再认识》又重述《越绝书》是一部郡书，是最早的地方志，对此我们当然有必要再表明一下自己观点，并对文中有些论点谈点自己看法。总的来说，文章内容并无多少新意，只是将原有观点作些重复，更无新的材料。文章引《隋书·经籍志》"杂传类"小序中几句话，说明"郡国之书，由是而作"。此话本身是很正确的，说明郡书是产生于两汉，因此笔者在论著中曾多次征引。但是，它并不能说明《越绝书》就是郡书，相反，就在这部书的"杂史类"却著录了《越绝书》，可见《隋书》的作者早就表明《越绝书》是一部"杂史"。文章两度征引刘知幾《史通·杂述》篇论述郡书的特点，用来比拟《越绝书》，实际上同样达不到目的。因为刘知幾早已在《因习》篇将该书定为"伪史""伪书"。而刘知幾在《杂述》篇所举郡书，"若圈称《陈留耆旧》、周斐《汝南先贤》、陈寿《益部耆旧》、虞预《会稽典录》，此之谓郡书者也"。也许因为《会稽典录》在郡书中比较典型，因此在《采撰》篇论述郡国之记时，再次举其为例。刘知幾是位史学评论家，专门评论历来史书和史家，所论自属可信。事实上《越绝书》是一部战国后期人所写的当年吴越两国争霸的史书，当然就不可能称其为郡书，因为郡县制度是秦始皇统一六国以后才实行的，而它的体例当然也就不可能受到后来郡书编纂的影响。既然如此,文中围绕郡书所发表的议论,自然也就全都落空,因为大前提错了,议论当然就没有什么价值了。

最后谈一谈如何正确对待前人所下的结论,即"一方之志,始于《越绝》"。我们向来认为,对待前人研究的成果和所下结论,必须进行一番研究,凡是正确就采用,不正确的就加以否定,这就是我们对待文化遗产的态度。从来就没有人说过,前人的记述和结论都是准确无误的,否则我们今天还何必再作研究呢?因此,对于前人说法,必须作科学的分析,而不应当盲目附和。就以《万历绍兴府志》所讲《地传》"是地志祖"来看,尽管上文我们指出作者所讲是有分寸的,仅指这两篇,而不是指全部《越绝书》。即使如此,我们也并不同意。因为研究一部书的类型和性质,不能用书中一两篇内容来定全书的性质。正如我们常说《汉书》有篇《地理志》,不能说《汉书》就是地理书;有一篇《艺文志》,也不能说《汉书》就是目录学书;即便全书有 10 个志,也不能说它是一部政书体史书,因为它毕竟是一部纪传体正史,道理是一样。这就是说,一部书的任何一个部分都不能决定全书的性质,这就是我们常说的不能以篇(偏)概全,这是一个普通的常识。至于清人毕沅在《乾隆醴泉县志序》讲的"一方之志,始于《越绝》"的提法就更加不可信了。众所周知,毕沅在当时是一官僚政客,他也喜欢延聘一批学者为其修书,但并不是他自己所修,就如他挂名主编的《续资治通鉴》一书,乃是著名史学家邵晋涵通稿,就连为此书修成要给钱大昕写的信还是章学诚代笔,曰《为毕制军与钱辛楣少詹论续鉴书》,此信至今还保存在章氏著作之中。因此,他的许多序文多为其幕僚们所写,章学诚就曾代其写过多篇府县志序、墓志铭、祠堂碑等文章,如今保存在《章氏遗书》中还有将近十篇之多。像章氏这样的幕僚显然不会很多,一般多为只懂些八股文,而根本不解著述之意的秀才们所为,究竟有多少学术价值也就可想而知。早在上世纪,在中国地方史志协会成立大会上,著名历史地理学家谭其骧先生在所作题为《地方史志不可偏废,旧志资料不可轻信》的报告中就已经告诫大家,"对待地方志里的每一条史料都要慎重,照搬照抄要上大当。地方史一般是私人著作,学术价值较高。地方志除少数出于名家手笔外,多数是由州县官找几个会作八股文的乡曲陋儒修的,这些人只会做八股,根本不懂做学问,不懂著作之体,不懂得前朝的掌故,所以有的志书越修越坏。虽然每一部方志都有保存的价值,但对方志中的各个项目,每一条具体记载，我们决不能轻信不疑，不经考核，照抄照搬"。① 今天我们有些人竟将这些旧方志的不实之词奉若经典，实在不可思议。这里不妨请大家看看这篇序的有关内容吧。这篇写于乾隆癸卯（乾隆四十八年）的《醴泉县志序》开头便说："一方之志，始于《越绝》，后有常璩《华阳国志》。《越绝》先记山川、城郭、冢墓，次以纪传"。就这几句话，显然就不符合《越绝书》的内容，当然也就露了馅。如今流传的《越绝书》版本篇目（当然，毕沅他们看到的也是这种版本），第一卷乃是《外传本事》与《荆平王内传》两篇，而《外传记吴地》则在第二卷，至于《外传记地传》更在第八卷，根本谈不上"先记山川、城郭、冢墓"。至于纪传则更是天方夜谭了，因为此书根本就不存在纪与传两种体裁。它虽有"内传""外传"之称，但绝非纪传体之传，书中除了"内传""外传"之外，还有"内经"之称，实际上这里的"传"是与"经"相对的。全书共 19 篇，只有第六卷《外传纪策考》有个"纪"字，但在它前面既冠有"外传"两字，后面又是与"纪策考"相连，这就说明这个"纪"字绝非"纪传体"含义之"纪"，问题十分清楚，序文中所讲"纪传"从何而来？值得注意的是，这篇序文后面还有这样的高论："今志所采有《唐会要》，新、旧《唐书》，十七史地志，李吉甫、杜佑、乐史等志，前之作者皆未及之也。"稍有历史知识的人都知道，十七史之称宋人已经开始，宋末文天祥面对元人的逼降就曾说过："一部十七史，从何处说起！"因此，十七史中已经包含了《新唐书》，若是懂得历史常识的人也不会如此不伦不类地并提。李吉甫作《元和郡县志》，乐史有《太平寰宇记》，都是全国地理总志，将其称为方志已属勉强，杜佑作的《通典》，也把它拉来称志，这是哪一家学问呢？很显然，这篇序正如谭其骧先生所说，乃是"乡曲陋儒"所作无疑，能有多少学术价值难道还不清楚吗？况且，为什么"一方之志，始于《越绝》"，其原由文中却只字未提，这样凭空而讲，何以取信于人？人们不禁要问，难道历史上那么多历史学家、目录学家所言，还不如一个"乡曲陋儒"的信口开河可信吗？这篇序文原文俱在，读者不妨自己看看。也许有人会产生疑问，既然章学诚也做过毕沅的幕僚，此序会不会是章氏代笔？这里可以明确告诉大家，章氏在乾隆五十二年冬方才在河南第一次见到毕沅，而这篇序则写于乾隆四十八年。最后还要指出的是，《再认识》还引用了当年在浙江任过省长的万学远在

---

① 《中国地方志通讯》1981 年第 5、6 合期。

《浙江省志丛书总序》的一段话:"浙江素有修纂地方志的传统。浙江的地方志事业,概言之,是编纂时间早、数量多、质量高。追本溯源,'一方之志,始于《越绝》,'是为东汉浙江修志已开其端",以此来说明"表述浙江方志源流也是准确的",自然就更加没有道理了。这位省长从未研究过史志,这是众所周知的,因此,这篇《总序》出于代笔是显而易见的,用它来作为论据,无疑就像在用自己的结论来证实自己的观点。

综上所述,《再认识》一文作者本意似乎是想对《越绝书》诸多有争论的问题再作一次深入研究和探讨,而实际上并未能如此进行。因为通读全文,并无新意,既无新的史料,亦无新的论点,只是将老的观点用不同的文字重复一次而已,而所用史料有的与自己论点并无关系。我们认为,对于这样一部古籍,只要能够认真仔细地阅读,深入研究,抛弃固有成见,本着追求真理、修正错误的精神,这些争论问题是完全可以解决的,况且有的问题别人已经解决了。我们认为,《越绝书》是一部记载春秋晚期吴、越两国争霸史事的地方史,而绝不是地方志;因地跨江、浙两省,应是两省共有的文化遗产;最早成书于战国后期,历经秦汉魏晋常有人附益,许多古书成书后常有后人附益,就如先秦时期著名的编年体史书《左传》,顾炎武早就指出"成之者非一人,录之者非一世",千万不要以为有东汉魏晋时的内容,就一定认为是这个时期所作;书的作者正如书中所说"吴越贤者",这就说明写《外传本事》时已经无法确指作者为谁,只能说是"吴越贤者"。而袁康、吴平,历史上根本不存在这两个人物,是杨慎臆造的,至于书的名称《越绝书》之"绝"正是取孔子作《春秋》因获麟而绝笔之意,因为越国灭吴后最后一个称霸,而称霸以后,勾践便得意忘形,再也听不进谋臣们的意见,逼死了文种,逼走了范蠡,越国的前途也屈指可数了,故至此绝笔而不书,实属情理之中。

(原载《江苏地方志》2006 年第 4 期)

镇志编纂不能抽象化
——由重修《周庄镇志》而想到的几个问题

志书必须有地方特色

我赞成重修《周庄镇志》，吸收和利用几部周庄旧志，补正前面，写出周庄的文化底蕴、人文内涵。这一轮修志，有责任纠错和补充上一轮志书的不足。重修《周庄镇志》，要体现地方特色、风貌特色、时代特色。当今时代，经济发展、生活富裕，要把长足进步、改革开放取得的成就充分反映出来，要比上一轮志书更充实。周庄乃第一水乡，知名度很高，受关注度就大。志书的质量不取决于文字量，而是要体现内容资料的价值。

一部好的乡镇志，其价值往往超过市（县）志。研究明清史，少不了研究地方志，而研究地方志，少不了研究乡镇志，因为乡镇志所记内容都很具体。看了《周庄镇志》部分初稿，感到农业合作化具体内容不够，这样写，放到县市志里还可以；联产承包前吃"大锅饭"，怎么吃的？要具体化。志书要有骨头、要有肉，不能抽象化。志书必须有地方特色。水乡古镇、名镇，同时要反映时代性，并且与地方特色结合起来。重修周庄镇志，要把前三部志书好的内容全部吃进，尽量吸收过来。详今略古不是绝对的，该详细的还要详细，有多少好的，全部吸收，吸取精华，剔除糟粕。

发挥资料长编的作用

方志学是传统文化的一个内容，修志是做学问的地方。古代许多志书都很有名。修好一部志书，是一件很了不起的事。一本有价值的志书，永远有人看。希望修志人员提高自己的修养，增强信心，不要自暴自弃，要把志书修成新时代有代表性的一部镇志，要与周庄的名气相符，名副其实。周庄好多的地方文献资料,都应吸收进来。资料越多越好,随后挑选比较,好的东西写进去,不好的东西不必写进去。不写进去的东西也可以保存下来,作为资料长编。

地方志的内容应当是丰富的,作为"一方全史",其丰富的内容是任何一种著作都无法比拟的。乡镇志内容要具体,不能抽象。比如,人民公社办了几个食堂,把食堂名称写下来;"文化大革命"、红卫兵串联、"横扫一切牛鬼蛇神"、打倒"走资派"等内容,都要写下来。中央有文件,"文化大革命"是一场灾难,因此必须一件件记下来。希望能具体化地写,这一轮修志不记载,以后就没人写了。写下这些,让子孙后代知道,这里曾经发生过什么样的事情。希望周庄带个头,把人民公社出现高指标、瞎指挥、浮夸风的事,都要写下来。

慎引史料,不要轻易下结论

补资料,可召开座谈会。座谈会,人多找一些。资料上写明年、月、日,哪些人出席,都要写清楚。转引材料要慎重,最好与原材料对照一下,如找不到原材料就要注明"转引自××"的字样。要知道些历史常识,引用史料要慎重,不能下结论的,宁可不下结论。志书既是资料性著作,又是学术性著作,看起米很矛盾,其实不矛盾。

重修的《周庄镇志》书名可以定为《周庄镇志》(某年版),这个"版"的年份,是指正式出版的年份。

(本文据作者在重修《周庄镇志》研讨会上的讲话整理。

原载《南京史志》2010 年第 1 期)

关于新修志书冠名问题的一点建议

方志的名称在其发展过程中,曾发生过很多变化,初期阶段称地记,即某某地记,如《会稽记》《洛阳记》《荆州记》《三秦记》等。当然,同时亦有称传、志、录等,但称地记是主流,所以称为地记阶段,时间是从两汉至魏晋南北朝。而到了隋唐五代,就进入了图经阶段,不论行政区划大小,一律都称某某图经。在唐代,我们确切知道的,有《沙州都督府图经》《西州图经》《润州图经》等。直到北宋,还是称图经者居多。南宋大史学家郑樵在《通志·艺文略》中为我们留下了一组宝贵的图经名称,计有:《开封府图经》18卷、《畿内诸县图经》18卷、《京东路图经》98卷、《京西路图经》46卷、《河北路图经》161卷、《陕西路图经》84卷、《河东路图经》114卷、《淮南路图经》90卷、《江南路图经》114卷、《两浙路图经》95卷、《关郡图经》6卷(李宗谔撰)、《吴郡续图经》3卷(朱长文撰)、《荆湖南路图经》39卷、《荆湖北路图经》63卷、《川陕路图经》30卷、《益州路图经》82卷、《利州路图经》63卷、《夔州路图经》52卷、《梓州路图经》69卷、《广东路图经》57卷、《广西路图经》160卷、《福建路图经》53卷、《南剑州图经》6卷、《吉州图经》9卷、《江宁府图经》6卷。

宋代实行路、府(州)、县三级地方行政制度。宋仁宗天圣年间,分天下为18路,从上列书名来看,18路的图经齐全。郑樵为南宋初年的历史学家,故对北宋所修路一级的图经情况都还可以知道。至于府、县两级,一则数量大,不易统计;再则是私人修史,条件也有所限制,故其他图经仅记7部。可见所有地方行政区划,也都一律称图经。众所周知,到了南宋,方志体例渐趋定型,名称也趋向于统一,大都称志。如今流传下来的30余种宋代方志,亦基本上修于南宋,并且都为府州县志,路一级根本就没有修志。许是南宋政权偏安以后,一直处在风雨飘摇之中,因此,路一级也不曾修过志。元朝建立以后,地方一级建置亦是路,全国共设置185路,路领州(府)、县。而元代方志编修,无论是形式、体例还是内容,可以说基本上还是继承、沿袭宋代成规,并无明显特殊变化,只是使已经定型的体例更进一步完善、成熟。从现有资料来

看,所修三级志书,名称大都称志,如《邹平县志》《白马县志》《德顺州志》《东
兰州志》《昌国州图志》《保定路志》《肇庆路志》《丽江路图志》等。这些书名显
示,在元代,所有地方行政区划的志书,也都一律称志,尚未出现有区别的
称呼。

到了明清时期,方志发展达到了完全成熟时期,也是封建时代方志发展
的全盛时期。无论是编修数量之巨、种类之多、体例之完备,还是内容之丰
富,都出现了前所未有的新局面,因此,方志编修也进入了制度化、规范化时
期。唯其如此,在志书的冠名问题上也有所规定。众所周知,明清两代地方
最高行政区划一律称省,而省一级所修志书则冠名"通志"。这种称呼始于明
代,历清代至民国,都是如此。从明代来看,山西就曾修过三次省级志书,有
成化《山西通志》、嘉靖《山西通志》、万历《山西通志》;陕西有嘉靖《陕西通
志》、万历《陕西通志》;贵州有弘治《贵州图经新志》,而嘉靖、万历两次所修则
均称《贵州通志》;而广东、广西于嘉靖、万历两次都修了"通志"。至于如今只
留下一部的省份那就多了。需要指出的是,有明一代在省一级志书改称"通
志"以后,在学术界很快就得到了反映,如凌万知在其所编著的《万姓统谱》卷
首《凡例》中就说:"是编引用诸书甚繁,大略以姓氏等书为宗,参用《一统志》、
十二省通志、各郡县志,至于经史子集等书"。又如著名学者王世贞在《弇州
四部稿》卷一百七十《乞赐忠臣祠额以励士风疏》中亦有这样的记述:"又查得
唐忠臣赠扬州大都督张巡,据《唐书》及本省通志,俱称系南阳府南阳县人。"
可见通志之称在明代社会中已经相当流行。不过,我们也要说明的是,在明
代省一级所修志书中,亦有不称"通志",而称"总志"的,四川最为典型,如正
德年间所修直接称《四川志》,嘉靖、万历所修则都称《四川总志》。而湖北省,
嘉靖所修称《湖广图经志书》,万历所修又称《湖广总志》。河南省,成化所修
称《河南总志》,嘉靖所修则称《河南通志》。可见在明代,省一级志书的冠名,
同样是有一个演变过程的。可是到了清代则完全统一了,这是因为清朝最高
统治者已经三番五次明确表态。康熙十一年(1672 年)七月,保和殿大学士卫
周祚进奏:"各省通志宜修,如天下山川、形势、户口、丁徭、地亩、钱粮、风俗、
人物、疆圉、险要,宜汇集成帙,名曰通志",以供纂修《大清一统志》之用。诏
允其请,令"直省各督抚聘集夙儒名贤,接古续今,纂辑通志"。《世宗宪皇帝
上谕内阁》卷七十五:雍正六年(1728 年)十一月二十八日,"著各省督抚将本

省通志重加修辑，务期考据详明，撷采精当，既无阙略，亦无冒滥，以成完善之书。"这一内容在《清实录·世宗实录》雍正六年十一月下所载内容更具体。"今若以一年为期，恐时日太促，或不免草率从事。若各省督抚，将本省通志，重加修辑，务期考据详明，采撷精当，既无阙略，亦无冒滥，以成完善之书。如一年未能竣事，或宽至二三年内，纂成具奏。如所纂之书，果能精详公当，而又速成，著将督抚等官俱交部议叙。倘时日既延，而所纂之书，又草率滥略，亦即从重处分。"

　　上引两条材料说明，清朝最高统治者是明确将省志冠名为"通志"，所以有清一代所修之省志，大都称为"通志"，已经约定俗成，成为惯例。我们不妨再看一看当年直接参与通志编修的总督们对此所作之议论。康熙年间两江总督于成龙主持了《江南通志》编修，他在《江南通志·序》中说："夫修志之役，必始于县，县志成乃上之府；府荟集为之府志，府志成，上之督抚；督抚荟集为通志；通志归之礼部，然后辑为一统志。于是无所不该，山川、贡赋、土产、人物之类，无所不备。上下数千载，使之瞭如目前，然则通志之举，其事不綦重而为之不綦难欤！"①又如乾隆年间所修《甘肃通志·后序》亦说："直省有通志，犹古列国有史，但史与志义例不同，详略亦异。夫统一省数千里之境，上下数千年之久，其间典章事实悉于志，是载其事诚不易为。臣等生逢圣世，恭遇右文盛事，遵奉纶音，敢不悉心延访耆硕，采辑旧闻，搜罗轶事，以荟萃成编，惟是各省通志俱有成书，甘肃独无。"由于清朝统治者非常重视修志工作，并规定对志书编修的好坏，还有必要的奖惩措施，故封疆大吏们都热衷于修志，也的确修出了一批好的志书，比较有名的如谢启昆的《广西通志》、阮元的《广东通志》和《云南通志稿》等。当然，特别能说明问题的还是清代台湾修志署名的变更。清代早期，台湾原属于福建省内的一个府，故早期所修志书都称《台湾府志》，到了清末方置省。于是光绪二十一年（1895 年），唐景嵩等人便修了《台湾通志》。这就说明，行政区划变更了，志书的名称也随之变化了，足见有清一代，通志之名只有省志才能够称呼。

　　民国尽管时间不长，在短短的 30 多年中，也编修出各类志书 1600 余种，而所修之省志，也一律都冠名"通志"，即便是沿边省份亦是如此，如《四川通

---

①　《王清端政书》卷八。

志稿》《贵州通志》《新纂云南通志》等。特别难能可贵的要属民国时期所修之《绥远通志稿》了，作为绥远省，如今知道的人已经很少了，因为它仅仅存在 26 年，1914 年曾置绥远特别区，1928 年改置省，1954 年撤销，并入内蒙古自治区，因此，存在时间很短。尽管如此，民国时期的该省主席，还是四处请人来编修通志，并留下一部 100 卷的通志稿，现存内蒙古图书馆。前不久国家图书馆出版社已将其收入稀见方志丛书出版。

综上所述，可见自明以来，历清朝至民国，修志过程中，已经形成一个不成文规则，即所修省志，均应冠名"通志"，其他府、县之志，不得冠以此名。历史事实也证明，这是行之有效的。因此，笔者认为对于这样一个修志传统还是应当继承的，因为在方志分类上有着很大的优越性，也就是说，在众多的方志著作中，只要看到"通志"二字，就知其必然是一部省志，这在目录学著录上就相当方便，也很科学。当然，需要指出的是，在民国时期所修县志中，也有过称通志的，那就是民国 22 年(1933 年)所修的《鄞县通志》51 编，但毕竟是极个别的事例，总体都还是按照长期以来所形成的规范办事。

在首轮修志过程中，尽管许多修志工作者都是初次接触修志工作，但是在冠名问题上，大家都还是按照长期形成的规范办事，并未出现"越位"现象。而第二轮修志出版的新修志书中，在冠名问题上，已经出现了"越位"现象，如新修的《武威通志》，一个地级市的志书，居然也冠上了"通志"之名。据我所知，目前正在编修的志书中，还有许多也都打算冠"通志"之名，如杭州市余杭区所修志书，送审稿就已经定名为《余杭通志(送审稿)》；又如县级市江苏常熟市，新修志书的编写大纲也已写了"常熟通志"字样。我所知道的已是如此，不知道的或许还要多。究其原因，其实就是要表明自己所修的是一部贯通古今的志书，与他人所修的续志(断代式的)是不同的。说老实话，对于他们这种重修方式我是举双手赞同的，因为他们这样编修，符合我国传统的续修方式。为此，十年前我在《中国地方志》上还发表过题为《千锤百炼著佳章》(后收入《仓修良探方志》一书，华东师范大学出版社 2005 年出版)的文章，积极提倡在新一轮书修编中，应当采用传统的续修方式，即贯通古今的编修程式，这样可以编修出高质量的新的志书。但是这种传统的编修方式，无需在书名上标出，只要在凡例中加以说明就可以了。事实上，自宋代方志成型以来，一直采用传统的续修方式——贯通古今的重修方式，但是从来没有在志书的名称上作过任何标志，我们自然也没有必要，何况，这样一来反而打乱了长期以来形成的志书冠名规范。不过，我也要告诉大家，在第二轮修志中，采用传统的续修方式（即贯通古今）的地方还是比较多的。据我所知，浙江就有义乌市、金华市、台州市等，江苏则有南京市江宁区、大丰市、宿迁市宿豫区等，特别是宁夏回族自治区，全区的市县志编修，基本上都是采用这一形式，而他们在志书的冠名上都并无异样举动，该称市志的就称市志，该称区志的照样标以区志，尤其是《大丰市志》，前几年就已经出版，《义乌市志》《台州市志》等亦先后通过了评审。他们所修志书的内容虽然都是贯通古今，但都从未考虑过要在书名上标以"通志"二字，因为大家只要看了志书，自然就知道其内容。可见欲冠名"通志"者，毕竟还是很少数。就是这个少数，我想当他们得知在志书冠名问题上已经形成了一种规范时，他们肯定也不会坚持要这么去做了。

总之，鉴于以上论述，方志编修的冠名问题，长期以来已经形成了一个规范，只有省志可以冠"通志"之名，其他府州县志一律不得冠"通志"之名。这一做法，数百年来，也一直为学术界所公认。因此，我建议在新志编修中，应当遵守数百年来所形成的冠名规范，即除省志以外，其他志书都不得冠"通志"之名，否则破坏传统规范看是小事，但它势必引起学术界的反对，因为这已经不单纯是方志学界内部的"私事"。修志同仁应慎重其事。

（原载《中国地方志》2010 年第 8 期）

用海纳百川的精神来办好学术刊物

《浙江方志》走过25年的历程,实为不易。她为指导浙江的修志,为浙江的方志事业作出很大贡献;也为培养人才,培养方志理论工作者作出了贡献。她是浙江志界人士走向全国的平台,许多志界人士的第一篇文章在《浙江方志》上发表,而后才慢慢走向全国。

那么,现在应该如何更好地办好这本刊物?我认为,首先要贯彻"百花齐放,百家争鸣"的原则。学术刊物与党的政策性刊物不一样。比如《求是》,以体现政治性为第一要求。而学术刊物,则应以学术为中心,强调学术性。《浙江方志》要保持刊物的学术性,要用海纳百川的精神来吸取各种研究成果,发表各种学术观点,要发表不同意见,真理是愈辩愈明的。

地方志刊物要扩大办刊思路,不能只局限在谈方志,也要有史的内容,有地方文献的资料,有对地情的分析研究,这样内容就不会狭窄,会更丰富,刊物也就好办了。在浙江,方志刊物很多。如《萧山记忆》,刊名和内容给我的印象都很深。刊名很好,内容则记录了当地很多历史往事,把有可能湮灭的历史碎片都记录了下来,并为将来修志保存了资料。现在,很多地方志刊物都在转型。如《江苏地方志》最近一期就更为明显,刊载的地方史内容丰富,涵盖了江苏历史文化的方方面面。有些历史如果我们不记载,将来就很少有人记载了。把历史重拾,是对历史负责,对刊物的发展也是很有必要的。

其次,要保持刊物的地方志性质,以地方志工作指导和理论研究为主。方志刊物就是方志刊物,性质不能变。我在《浙江方志》发表过关于《武林坊巷志》的文章,介绍了这本志书的内容。它详细记载了自南宋至清末杭州城市的坊巷、官府、宫室及有关文献,是我国最大的一部都市志,是了解老杭州的最好资料。后来《钱江晚报》记者来采访我,并建议杭州市民都要读读《武林坊巷志》。可见,这类文章引起了媒体的注意,而且通过他们又向广大民众传播了地方志知识,体现出志书的功能。所以,我认为《浙江方志》朝着学术性的地方志综合刊物方向努力，一定会办得更好。

（本文据作者 2010 年 11 月 24 日在《浙江方志》创刊 25 周年座
谈会上的讲话整理而成。原载《浙江方志》2010 年第 6 期）

用地方志来思考、认识、更正杭州历史

　　各位方志界的同仁，我已经好几年没讲课了。这次系里梁敬明主任（按：时任浙江大学历史学系主任）对我说，杭州市方志馆要开办杭州历史文化讲坛，想请我来讲第一讲。出于对方志馆的兴趣，我就答应了。方志文化很深远，杭州的历史也很深远。我想，今天就讲一讲如何用方志来更正杭州历史记载中的一些错误吧。为什么要讲这个呢？因为现在有好多地方，大家写错、做错也不觉得错，或者不知道错在哪里。实际上，根据方志上的记载，有些错误是可以更正的。如果听之任之错下去，我觉得对不起我们的祖先。

　　很多史志爱好者都有一个疑问，"钱塘""余杭"这些地名是怎么来的？其实，这个问题在旧志古籍中都有所反映。我曾经写过一篇文章，是关于《武林坊巷志》的，我用的标题是："一部反映杭州千年历史足迹的重要文献——《武林坊巷志》"。这篇文章刊登在《浙江方志》2005年第3期。文章刊出后，《钱江晚报》采访我，认为这篇文章写得很好。所以当时《钱江晚报》发表一篇文章，说浙江大学仓修良教授，建议杭州市民都去读一读《武林坊巷志》。为什么要读这部志书呢？因为读这部志书能对杭州的历史，特别是大街小巷的前身，有个大概的了解。然而遗憾的是，很多人都没有意识到《武林坊巷志》的重要性。后来新出版的《杭州市地名志》中有些地方记载得不准确，可能就是没有去查证志书。下面，我讲三个问题。

　　第一个问题，"钱塘"是怎么来的。大家都比较熟悉"余杭"的来历，这和大禹有关，许多文献都有记载。那么"钱塘"是怎么来的呢？我查过资料，这个问题在魏晋南北朝时期刘孝标注的《世说新语》中就有记载。《世说新语注》中提到了一部叫做《钱唐记》的地记，作者是钱唐县县令刘道真。刘道真在其中讲述了"钱唐"来历。据此书记载，秦汉时"（钱唐）县近海，为潮漂没。县诸豪姓敛钱雇人，辇土为塘，因以为名"。可见，"钱唐"之名与修筑海塘有关。我认为这个记载还是比较可靠的。这也提醒我们，在搞历史研究的时候，可以关注像《世说新语》这类小说体裁的古籍。虽然这些文学作品里面的内容非常庞杂,但里面记载、征引的谱牒、地记也非常多,可以为我们提供很多有价值的资料。魏晋南北朝时期,谱学盛行。我在《世说新语注》中找到很多谱牒的名目与资料,为此还专门写了一篇题为《刘孝标与〈世说新语注〉》的文章(按:收入李振宏主编《朱绍侯九十华诞纪念文集》,河南大学出版社 2015 年版;又见拙著《谱牒学通论》第四章第四部分《使用和保存家谱的功臣刘孝标》,华东师范大学出版社 2017 年版),论述了这本书的重要性。记载“钱唐”来历的历史文献,并不止《钱唐记》一种。另一个来源是郦道元的《水经注》。据《水经·浙江水注》引《钱唐记》记载:“防海大塘,在县东一里许。郡议曹华信家议立此塘,以防海水。始开募,有能致一斛土者,即与钱一千。旬月之间,来者云集,塘未成而不复取。于是载土石者皆弃而去,塘以之成,故改名钱塘焉。”(按:《太平御览》所引内容大致相同)郦道元(472—527)是北魏人,刘孝标(463—521)是南朝人,大致上是生活在同一时期的历史人物。所以,“钱唐”这个名称的来历大致如此。当然这些记载中的“唐”,是“唐朝”的“唐”,土字旁的“塘”是后来演化而来的。所以我告诉大家,从地方志中可以挖掘到很多资料,尤其是关于地名的演变历史。记得几年前,我还参加了杭州市方志馆设计方案论证会(按:具体时间为 2011 年 10 月 23 日,曾有相关报道),时任中国地方志指导小组副组长朱佳木也参加了,主要是讨论方志馆(一期工程)的定位和方向。刚才我参观了一下杭州市方志馆,建得很不错,是宣传杭州历史和地情的很好载体,基本上把杭州的历史文化都向全市人民展示出来了。当然,外地来参观的游客也可以在这里了解到杭州的历史文化。我觉得,市志办的同志用自己的行动,费尽千辛万苦把方志馆建起来,而且做得这么好,真的很不容易。遗憾的是囿于目力所限,我现在不能写文章了,不然肯定会写上一篇,呼吁大家都来参观。如果地方志的同行来参观,也一定会有收获。

　　第二个问题,如何用“临安三志”来研究杭州历史。大家要知道,杭州的“临安三志”,是宋元名志,在方志发展史上有着重要的地位(按:拙著增订本《方志学通论》在第五章中,分别对于“临安三志”有着较为细致的介绍和评析,可供参考)。特别是《咸淳临安志》,更受人瞩目。因为《乾道临安志》和《淳祐临安志》都有残缺,只有《咸淳临安志》是完整的。实际上,《咸淳临安志》是任何一位宋史专家的必读之书。有的同志问我,方志算不算学术著作?

我说,这要看具体情况,如果修得好,就是一部学术著作;若修得不好,就是一堆垃圾。老实讲,我现在看到有好多地方志书越修越糟糕,甚至连资料汇编都称不上。虽然里面内容越来越多,可都是些文件汇编,这有价值吗? 你看"临安三志"记载,很具体、很简洁、很实用,后人就可以拿它来研究南宋的历史啊! 说点题外话,我刚刚看到杭州方志馆的"人杰地灵"展厅里展示了杭州历史上人口变化的情况,其资料出处之一就是《咸淳临安志》。关于杭州历史上的人口,据《马可·波罗游记》说有"数百万之民",柳永的《望海潮》中提到"参差十万人家",其实都是一些大概的数字,确切的人口数据还得从地方志中查找。顺便提一句,我为什么一开始就讲"钱塘"的来历,而既未提"余杭",也未提"临安"(按:秦王政二十五年,即公元前 222 年,置钱唐和余杭两县,杭州主城区即属钱唐县辖范围;东汉建安十六年,即公元 211 年,分余杭置临水县,至晋武帝太康元年,即公元 280 年,更名"临安",是为临安县之始;又到了南宋建炎三年,即公元 1129 年,以吴越国王钱镠故里升格为临安府),不仅因为它是建置之始,还因为"钱塘"早已是杭州的代称,这在柳永《望海潮》中开头的一句"东南形胜,三吴都会,钱塘自古繁华"中得到很好的印证。

　　从杭州人口这个例子中,我们就知道为什么修志要具体,这是我一直主张的观点。在《咸淳临安志》里面记载了详细的杭州户口数据,我们后人在研究中就可以用到了。如果要研究南宋的经济,更离不开地方志。我在《方志学通论》中就讲了,南宋时杭州手工业是非常发达的,有丝织、印刷、瓷器、造船、军火等,种类非常多。特别是丝绸中心,在《咸淳临安志》中记载的当时临安丝绸就有十多种,如绫、罗、锦、丝等。对于这个"绫"的记述,当时修志的人引用了白居易的诗句"红袖织绫夸柿蒂"。还有关于杭州古代养金鱼的记载,地点就在现在南屏山这一带。当时还有所谓的"市行团",类似现在的集市,这个集市是分类的,有米市、菜市、花市、珠宝市等,现在米市巷、菜市桥等地名都还在,这说明到南宋时杭州已经形成专业性的市场。所以我们研究杭州历史,就要使用具体的地方文献,特别是"临安三志"等地方志来做研究。我刚才看了方志馆,每个展厅中的文字说明内容,都是依据方志中的记载而来的,非常有说服力,非常可信。

　　第三个问题,我重点向大家介绍一下《武林坊巷志》。这部志书的作者丁丙(1832—1899),是清朝末年著名的藏书家。丁丙生于清道光年间,他家里有藏书传统,开始有八千卷楼,还有后八千卷楼、小八千卷楼,实际上他的藏书量有 20 万卷,是清朝末年国内四大藏书家之一(按:丁丙著有《善本书室藏书志》40 卷、《八千卷楼书目》20 卷,是清代重要的目录学著作,其提出的关于善本的四大标准,即旧刻、精本、旧钞、旧校,对于版本目录学的发展具有重要的影响)。他曾经做过两件事,值得现在注意,一是与其兄丁申不避艰险,搜集、补抄文献,尽力补齐因太平天国运动而遭劫散佚的文澜阁《四库全书》,通过多年的努力,使之基本恢复原貌;二是编纂刊刻了《武林掌故丛编》《武林往哲遗著》等大型丛书,把杭州的历史文献、典故旧闻搜集汇总起来。这部《武林坊巷志》是他利用 2100 多种文献史料,包括方志、家谱、文集、正史还有书信等写出来的,一共有 400 多万字。这部志书把整个杭州城从南宋时期以至清末的大街小巷全部记载进去,所以我们要研究杭州的历史,一定会用到这部志书。遗憾的是,现有的《杭州市地名志》中的记载,可能没有用这部志书作为史料验证,导致对于一些地名的记载出现了很多差错。我给大家讲几个典型的例子,很有意思。比如说,我现在住的地方(按:浙大御跸社区)后面,明朝时有一个水星阁(按:其大体位置在杭州市区体育场路北、中河北路东的一片区域),水星阁当年风景非常好,水星阁种的梅花可以和现在孤山的梅花相比,形成了一片梅园,因此留下了"梅登高桥"这个地名。"梅登高桥"确切说应该是"梅东高桥",就是梅园东面的一座高桥。可惜水星阁后来没有了(按:1962 年因为建电子管厂而被拆除)。有一次社区领导找我聊,请我把社区内的有名历史古迹从文献记载中找出来。我说,水星阁在《武林坊巷志》中是有记载的,但若要恢复水星阁,恐怕就不容易了。另外还有长庆街这个地方,现在大家对此也有所误解。在《武林坊巷志》里,丁丙并没有考证出该地名的出处,但新版《杭州市地名志》把长庆街和南宋时期的长庆坊联系在一起,实际上这是没有根据的。宋人吴自牧所撰《梦粱录》讲得很清楚,长庆坊路口正对着精忠庙,而精忠庙在城隍山。现在的长庆街离城隍山很远,所以和南宋的长庆坊应该是没有关系的。至于长庆街的真正起源,已经无从考证了。我现在住的那个地方,就是浙大御跸社区,所谓"御跸",专指皇帝来过的地方。但根据我的考证,皇帝从来没有来过这个地方。这在《武林坊巷志》里讲得很清楚,这个地方是和"御笔"有关的,而非"御跸",明显是后人弄错了。所以我觉得有些好地名和好传统还是要恢复,要尊重传统。杭州过去的街道命名有个规则,东西向的称"街",南北向的称"路",如庆春街、解放街、北山街等东西向的道路都称"街",延龄路(即现在的延安路)等南北向的道路都称"路"。我记得1954年我读大学时,住的宿舍就是现在的御跸社区。一个人到城站火车站去取行李,能够不用问路自己走回来,凭的就是"街""路"名称的规律,是不会弄错方向的。现在城市里的道路名称一律都改成"路"以后,我觉得方向反而不好辨别了。像济南市,经几路、纬几路,很容易让人找到方向。国外有的城市道路用号码编制,这样也不会错。这个问题,确实值得有关部门反思。

这样的例子还有很多,现在很多地名,历史上的名称对于现在而言,会觉得不可思议。例如百井坊巷,为什么叫百井坊巷? 在《武林坊巷志》里有说明,这并不是随随便便命名的,建议大家有空时认真看看。这部志书对杭州城一些地名的来龙去脉介绍得非常详细,有些是从"临安三志"中的记载而来的,有些是依据历代《杭州府志》的记述,还有一些是地方志书中没有记载的,征引自家谱、正史、笔记等历史文献载体。这部《武林坊巷志》共引用了2100多种文献,引用这么多种材料,实在了不起。所以我常和学生讲,要多翻书、多看书,不要忽视各类材料,比如笔记、书注,特别是"注"的内容。说实在的,注书的工作很不容易,作者必然要阅读大量的文献材料,才能注释好一本书。

附:讲座问答

听　众:仓老师,您好! 您在《方志学通论》中提到,在方志发展史上,图经也是其中一个阶段,其中有《沙洲都督府图经》,但上面只有文字,而没有图。能否介绍一下图经究竟是一种什么样的文献?

仓修良:回答这个问题之前,我先告诉你一件事。你手上的《方志学通论》是2003年方志出版社的修订本,这个版本问世后,我发现排版出现了一千多处文献引用的错误,原来我以为修订之后没问题了,后来可能核对文献时出错了。这个版本要让子孙后代骂的,怎么能流传呢? 所以我后来只能再出一个增订本,把这些错误都修改过来,现在又出了精装本。实际上,图经并不是像有的先生讲的"以图为主",图经就是前面有"图"、后面有"经"的一种地方文献(按:拙著《方志学通论》第四章对此问题有详细的论述,并附录几种唐代敦煌图经残卷文字内容,可参看;另有《从敦煌图经残卷看隋唐五代图经发展》

一文,对敦煌图经的真实面貌与文献价值进行了专题研究,收入华东师范大学出版社 2005 年版《仓修良探方志》、浙江大学出版社 2017 年版《史志丛稿》)。比如南宋时期的《严州图经》,前面就是图,后面就是文字。你刚才提问的敦煌流传下来的图经,为什么只有文字没有图呢? 因为当时画图还是比较麻烦的,所以这些图经残卷保留了文字,图都丢失了,就是这么一回事。还有唐代的《元和郡县图志》,也称《元和郡县图经》,但是现在只叫《元和郡县志》,就是因为这部全国性的地理总志,本来既有图也有文字,但后来流传下来的只有文字了。在方志发展过程中,地记之后就是图经,图经之后就是成型的方志。成型方志最有代表性的就有"临安三志"。因此,图经就是方志,处于方志发展史上的第二个阶段。

听　众:仓老师,您好! 我对您刚才讲的地名讹误的问题非常有兴趣。我是市志办的工作人员,在编修第二轮市志时,也遇到类似地名讹误的问题。请问目前针对此类地名错误,我们有没有向地名办提出过纠正或者汇总这些讹误之处? 如果没有,作为地方志工作人员,我们可以做哪些工作呢?

仓修良:我觉得可以做这些工作,要对子孙后代负责,我们要对这些错误实事求是地按照像《武林坊巷志》这样的古籍记载进行更正。因此我常在一些讲座上呼吁,也希望引起有关部门重视这个问题。还有,我们以后修志,要能够把古人的一些长处好好学一学,不要老是关起门来,自说自话地写。要扪心自问,自己写的这些东西究竟有没有价值。像有些志书的"经济"部分,写的内容很多,如果把文件、政府工作报告都收集进去,谁会喜欢看? 所以修志要像古人一样,要给后人留下实用的资料,而不是一堆没有价值的东西。

(本文据 2016 年 10 月在杭州市方志馆举办的
杭州历史文化讲坛上的演讲整理)

古代史学理论双璧之一的《文史通义》

　　章学诚(1738—1801年)，字实斋，号少岩，浙江会稽(今绍兴市)人，是我国封建社会晚期一位杰出的史学评论家。他的代表作《文史通义》和刘知幾的《史通》一直被视作我国古代史学理论的双璧。《文史通义》是章学诚对史学贡献最大的著作。他35岁开始撰写此书，并立下要"成一家之言"的宏伟目标。此书分内篇、外篇和杂篇三部分。其中《浙东学术》一篇，成于逝世前一年。可见该书撰述几乎历30年之久。严格地说，直到逝世，全书并未完成，像很重要的《圆通》《春秋》等篇，虽早有计划，终未撰成。而今天人们看到的也仅是内外两篇。由于该书无严格义例，而全书在作者生前既未最后定稿，又未排定篇目，为后人留下难题。作者生前曾讲过，想在去世前对自己著作加以整理，最后审录定稿，但未能如愿，临终前数月，只得将全部文稿委托友人王宗炎代为校定。现今流传的刘氏嘉业堂刻《章氏遗书》，就是依据王氏所编之目加以补订刊行的。章氏次子华绂对此书编排并不满意，所以于道光十二年(1832)在开封另行编印了"大梁本"《文史通义》，并在序中说，王氏所编之目并不符合其先人之意。后来流传的《文史通义》，主要就是《章氏遗书》本和"大梁本"两种，而以后者流传最广。《文史通义》是一部纵论文史，品评古今学术的著作。它不仅是文学园地里的奇葩，而且也是文学批评园地里不可多得的佳作。此书要为著作之林校雠得失，品藻流别，进而讨论笔削大旨，故皆用辩驳评论的体裁为写作方法，而其中心则侧重于史。由于它是"文""史"通义，综合讨论文史理论问题，因而其内容就不像《史通》主要论史，《文心雕龙》主要论文那么单一。除部分篇目是分别论述文史外，好多都是文史兼论。所以要严格划分哪些是专门论文，哪些是专门论史，是比较困难的。事实上除评论文史之外，还有许多篇属于哲学范畴，反映作者对客观世界的看法。正因为全书内容比较庞杂，因而有的学者把它看作是一部学术史，这是不太确切的。

　　章学诚在学术贡献上最能体现其"成一家之言"精神的有三个方面：一是

史学理论上的突破,二是方志学的奠基,三是校雠学的系统与完善。而一、二两大方面的内容则全在《文史通义》之中。他那丰富的文学理论,在许多方面都确实做到了后来居上,而这许多方面也确实都超过了刘知幾。首先重视史义的研究,并从理论上强调其重要性,这在古代史家当中,章学诚是第一人。孔子作《春秋》,记齐桓、晋文争霸之事,通过事实体现孔子的观点和目的。孔子也曾讲过通过史事实现史义,但并未作理论上的论述。杰出史学评论家刘知幾的论述重点则是历史编纂学的史学方法论,因而理论上论述史义的重要性便落在章氏身上。正如他自己所言:"刘言史法,吾言史意;刘议馆局纂修,吾议一家著述。"①他所以要重视史义,是因为"史所贵者义也,而所具者事也,所凭者文也"②。他认为事是对历史事实的记载,文则是观点与事实的表现形式,而观点又是反映作史者的政治主张与政治立场,因此,"史义"的重要就可想而知了。史家编写历史,必须用明确的观点记载历史,总结经验。其次,提出史家必须具备史德,刘知幾提出良史必备才、学、识三长,千百年来一直成为衡量优秀史家标准,章氏在《史德》篇中对此首先加以肯定,又指出根据他的研究,单具"三长"还不足以称良史,作为史家,还必须具备"史德"。什么是"史德"? 就是著书者之心术,指史家作史,能否忠实于客观事实,做到"善恶必书,务求公正"的一种品德。他说:"史之义出于天,而变之文不能不藉人力以成之","故曰心术不可不慎也"③。特别是"慎辨于天人之际,尽其天而不益以人"的要求把我国古代史学领域"据事直书"传统发展到一个新的阶段。这个新的杰出思想,正是对古往今来历史经验的大总结。第三,对"六经皆史"思想的大发挥。"六经皆史"说不是章氏首先提出,但他对这一思想发挥得最全面、最彻底。他指出《六经》原来也都是先王治国平天下的道理,况且古代并无经史之分,把儒家六部著作推上神圣经书宝座,那是汉武帝独尊儒术以后之事,从此《六经》就成为封建统治者统治人民的思想基础。第四,为我国方志学奠基。该书外篇四至六都是方志论文。章氏虽长于史学,但从未得到清政府的重用。因此他把自己的史学理论,用于编修方志的实践中。编修方志在他一生活动中占有相当重要地位,并使他成为方志学建立的至关重要人物。梁启超把他誉为我国"方志之祖""方志之圣"。80 年代全国修志热潮兴

---

① 《文史通义新编》外篇三,《家书》二。
②③ 同上书内篇五,《史德》。

起后,他的方志学说还被用来当作启蒙理论学习,《文史通义》也成为非谈不可、非读不行的热门了。但该书内容庞杂,结构松弛,又缺少中心议题,各篇之间可以说互不关联,这也许是因为作者一生生活极不安定,全部著作几乎都写于"车尘马足之间"的缘故。

（原载《光明日报》2001 年 12 月 4 日）

唐太宗治国施政经验的总结

——评《贞观政要》

　　《贞观政要》(以下简称《政要》)是一部研究唐代历史,特别是研究唐代贞观年间历史的重要历史文献,同时也是一部史学直接为现实政治服务的典型著作。作者吴兢,是唐代一位著名的历史学家,汴州浚仪(今河南开封市)人,生于唐高宗咸亨元年(670年),卒于玄宗天宝八年(749年)。他生活的时代,正是"贞观之治"以后,唐王朝继续兴盛发展的时期。但是在繁荣兴盛局面的深处,已经蕴藏着严重的社会危机,土地兼并日趋激烈,封建剥削日益加重,特别是从武则天以来到玄宗即位,一连串的宫廷政变——武后专政、韦氏弄权,结党营私,排斥异己,更加速了阶级矛盾的激化。早在武则天统治时期,就已经是"关东饥馑,蜀、汉逃亡,江、淮以南,征求不息。人不复业,则相率为盗"①。农民起义不断爆发。吴兢目睹这种现状,从李唐王朝统治的长远利益着眼,深感有必要向最高统治集团及时敲响警钟,迅速扭转这种危局。《政要》就是在这一思想指导下的产物。

　　吴兢不愧是一位具有卓识远见的历史学家,他不同于一般的庸儒、学究,"祖述尧舜,宪章文武",而是注重现状,讲求实效。在他看来,唐初"太宗时政化,良可足观,振古而来,未之有也"。如果最高统治者能够"克遵太宗之故事,则不假远求上古之术,必致太宗之业"②。正是从这个现实的政治目的出发,他把贞观年间(627—649年)唐太宗与魏徵、房玄龄、杜如晦、王珪、褚遂良等四十多位大臣论政的问答,臣下的谏诤奏疏,以及政治上的设施等等,"缀集所闻,参详旧史,撮其旨要,举其宏纲",编纂成《政要》一书,用作封建地主统治集团治国施政的借鉴,他殷切祈望"有国有家者,克遵前轨,择善而从",如此,"则可久之业益彰矣,可大之功尤著矣,岂必祖述尧舜,宪章文武而已

---

① 《旧唐书》卷八十九《狄仁杰传》。
② 吴兢:《上〈贞观政要〉表》,《全唐文》卷二九八。

哉！"①他的这种心情，在《上〈贞观政要〉表》中，表白得更为强烈。他说："伏愿行之而有恒，思之而不倦，则贞观巍巍之化可得而致矣。昔殷汤不如尧舜，伊君耻之；陛下倘不修祖业，微臣亦耻之。"他以伊尹辅佐殷汤自任，说明他对时政是何等的关注！

　　《政要》全书10卷40篇，正文8万字左右。篇幅不大，内容却非常广泛，大凡唐太宗当政以后，与大臣们论及治国安邦的言论、设施，几乎全被辑录。而在材料取舍、问题分类乃至顺序排列等方面，作者更是费尽心机，周详考虑。因此，本书虽是一部政治言论摘录的汇编，实际上是对唐太宗君臣治国施政经验的全面总结，充分反映了作者本人的政治理想和历史观点。大致每卷都围绕着一个中心，如为君之道、任贤纳谏、君臣鉴戒、教诫太子、道德伦理、正身修德、崇尚儒术、固本宽刑、征伐安边、善始慎终，等等；而每篇又往往各集中说明一个问题。全书以《君道》为始，而以《慎终》终篇，作者的用意是极为深远的。在《君道》篇中，又开宗明义提出了"为君之道，必须先存百姓"；"若安天下，必须先正其身"，这两句话更是全书的总纲而贯穿于始终。那种认为《政要》一书"并不完全反映吴兢的政治观点和历史观点"的说法，显然是不确当的。

　　吴兢作为一名历史学家，在《政要》一书中，并没有作任何空洞的政治说教，而是把自己的政治观点融化在历史的叙述之中，通过总结历史的经验教训和"词兼质文"的写作技巧，集中地论述了唐太宗当政时期君臣治国安邦的议论和设施，善恶必书，以表达作者"义在惩劝"，"作鉴来叶（世）"的政治愿望。就是在今天，本书的不少内容和论述，仍有其一定的现实借鉴作用。

"以古为镜，可以知兴替"

　　唐太宗治国有一个非常显著的特点，就是他十分重视总结历史经验，善于把历史教训引为自己施政的借鉴。吴兢以历史学家特有的敏感性，在《政要》中，用大量的篇幅辑录了有关这一问题的论述。有人说一部《政要》就是唐太宗君臣总结历史经验，讨论政治得失的真实记录，确是很有道理。我们

---

① 《贞观政要序》。

从《政要》一书可以看到，每当唐太宗与大臣们讨论时政得失，制订政策措施，往往列举历史事实作为依据。这绝不是唐太宗为了卖弄文史，故意炫博，而是由于他深深了解到历史经验教训对于治国施政实在太重要了。贞观十七年(636 年)，当房玄龄、魏徵等修成《周书》《北齐书》《梁书》《陈书》《隋书》等五代历史，进呈唐太宗亲自过目审批时，他曾十分高兴地说："朕睹前代史书，彰善瘅恶，足为将来之戒。秦始皇奢淫无度，志存隐恶，焚书坑儒，用缄读者之口。隋炀帝虽好文儒，尤疾学者，前世史籍竟无所成，数代之事，殆将泯绝。朕意则不然，将欲览前王之得失，为在身之龟镜。"①这说明，唐太宗之所以如此重视历史，目的在于"览前王之得失，为在身之龟镜。"《政要》一书还具体告诉我们，唐太宗的许多重要政治设施，军国大事，都是在接受前王历史经验教训的基础上制订的。正因如此，他把"史鉴"作为自己终身奉行不渝的三件大事之一，他说："朕今勤行三事……一则鉴前代成败事以为元龟；二则进用善人共成政道；三则斥弃群小不听谗言。吾能守之，终不转也。"②他还说："夫以铜为镜，可以正衣冠；以古为镜，可以知兴替；以人为镜，可以明得失。朕常保此三镜，以防己过。"③可见他对历史经验教训是何等的重视。

唐太宗不仅自己重视前代历史，而且要求大臣们在公事之闲，也必须阅读历代史籍。贞观三年(629 年)，李大亮为凉州都督，唐太宗就曾作书告诉他："卿立志方直，竭节至公，处职当官，每副所委，方大任使，以申重寄。公事之闲，宜观典籍。兼赐卿荀悦《汉纪》一部，此书叙致简要，论议深博，极为政之体，尽君臣之义，今以赐卿，宜加录阅。"④可见他要求大臣们阅读《汉纪》这类史籍，目的同样在于要他们学习前人的"极为政之体"和"尽君臣之义"，用为治国安邦的借鉴。正是在唐太宗的带头提倡下，在当时统治集团中，重视总结历史经验蔚然成风，并由此提出了许多有价值的积极建议，对于唐初统治政策的制订起了很人的作用。

首先，从无数的历史经验教训中，使唐太宗比较清醒地认识到，国家的盛衰兴亡，最主要的原因在于做天子的是否"有道"。贞观六年，唐太宗公开地

---

① 《册府元龟》卷五五四，《国史·恩奖》。
② 卷六，《杜谗邪》。
③ 卷二，《任贤》。
④ 卷二，《纳谏》。

对侍臣们说:"看古之帝王,有兴有衰,犹朝之有暮,皆为蔽其耳目,不知时政得失,忠正者不言,邪谄者日进,既不见过,所以至于灭亡。朕既在九重,不能尽见天下事,故布之卿等,以为朕之耳目。莫以天下无事,四海安宁,便不存意。可爱非君,可畏非民。天子者,有道则人推而为主,无道则人弃而不用,诚可畏也。"①特别是秦、隋两朝,都由头等强国,一旦迅速覆亡,更使他"惕焉震惧"。在唐太宗看来,自己尽管已经登上了皇帝宝座,但这皇帝宝座并不是那么好坐的,一不提防,就有被打翻在地的危险。所以他力戒大臣们"莫以天下无事,四海安宁,便不存意。"

　　其次,历史的经验教训又告诉了唐太宗,要做一个"有道"之君,保住自己皇位,就得先"存百姓"。只有百姓安居乐业,才能使社稷永固。而"存百姓"的关键,又在于国君自己必须先"正其身"。所以贞观初年,唐太宗就曾明确地对大臣们说:"为君之道,必须先存百姓,若损百姓以奉其身,犹割股以啖腹,腹饱而身毙。若安天下,必须先正其身,未有身正而影曲,上治而下乱者。"②这"存百姓"、"正其身",就是唐太宗从总结大量历史经验教训中所得出的治国施政的六字诀,也是《政要》全书的总纲和主题,但凡各个篇章所论述的问题,无不以此六字为指归。在唐太宗看来,要保持皇位,永固社稷,就得让百姓能够生存下去。而百姓的安居乐业,又完全决定于君主自身是否能够做到"抑损情欲,克己自励"。这种民为邦本、本固国宁的认识,在唐太宗头脑里是极为深刻的。他说:"凡事皆须务本。国以人为本,人以衣食为本,凡营衣食以不失时为本。夫不失时者,在人君简静乃可致耳。若兵戈屡动,土木不息,而欲不夺农时,其可得乎?"③他还说:"朕每思伤其身者不在外物,皆由嗜欲以成其祸。若耽嗜滋味,玩悦声色,所欲既多,所损亦大,既妨政事,又扰生民。且复出一非理之言,万姓为之解体,怨诡既作,离叛亦兴。朕每思此,不敢纵逸。"④为此,他曾与大臣们反复论述前朝帝王骄矜取败的历史教训,时刻警惕自己。他说:"朕观古来帝王,骄矜而取败者不可胜数……至如晋武平吴,隋文伐陈已后,心逾骄奢,自矜诸己,臣下不复敢言,政道因兹弛紊。"⑤"秦

---

① 卷一,《政体》。
② 卷一,《君道》。
③ 卷八,《务农》。
④ 《君道》。
⑤ 《政体》。

始皇平六国,隋炀帝富有四海,既骄且逸,一朝而败。吾亦何得自骄也? 言念于此,不觉惕焉震惧。"①特别是隋炀帝的悲惨下场,更是唐太宗"耳所闻,目所见,深以自诫。故不敢轻用人力,惟令百姓安静,不有怨叛而已。"②唐太宗正是在"人君赋敛不已,百姓既弊,其君亦亡"③的历史教训下,力戒骄奢,节制嗜欲,克己自励而不敢纵逸。他说:"夫安人宁国,惟在于君,君无为则人乐,君多欲则人苦,朕所以抑情损欲,克己自励耳。"④他还以栽树来比喻治国:"夫治国犹如栽树,本根不摇,则枝叶茂荣。君能清净,百姓何得不安乐乎!"(《政体》)这种"清净""无为""偃武修文"的治国思想,在唐太宗君臣们的脑海里几乎占着主导的地位。历史事实也确实如此,唐太宗在位23年,基本上是按照"存百姓""正其身"这一方针在做的。正因为唐太宗在治国施政中能够抓住这个根本,采取一系列措施,"克己自励","安人宁国",才出现了"贞观之治"的繁盛景象。因此,我们认为,"贞观之治"的出现,其原因固然是多方面的,但是唐太宗君臣的重视并且善于总结历史经验,时时"以古为镜",无疑是其中十分重要的因素之一。

"为政之要,惟在得人"

吴兢在《政要》的《任贤》《择官》以及《忠义》《公平》《杜谗邪》《贪鄙》等篇中,集中地论述了唐太宗用人的事迹,歌颂了唐太宗知人善用、任人唯贤的品德。十分显然,这正是作者对武后以来现实政治生活中任人唯亲、排斥异己的有力批判。史载吴兢为人"方直寡谐比,惟与魏元忠、朱敬则游"⑤,同样反映了他对官场中人的不满情绪。

一个国家能否治理得好,关键固然在于治国的方针政策如何,但在很大程度上也取决于是否拥有一大批富有经验、才德兼备的人才。一个封建王朝出现"中兴"繁荣局面,单靠一个"贤明"的国君,而没有一批具有卓识远见、得力可靠的官吏"共成政道",也是办不到的。唐太宗时期"贞观之治"的出现,

---

① 卷十,《灾祥》。
② 卷十,《行幸》。
③ 卷八,《辩兴亡》。
④ 《务农》。
⑤ 《新唐书》卷一三二《吴兢传》。

其中又一个很重要的因素,就是由于他广泛地选拔了一大批真正能够为他所用的人才。

唐太宗十分重视用人,他反复强调:"为政之要,惟在得人"①;"致安之本,惟在得人"②,把"为官择人"视为治国安邦的根本。这在贞观二年,他和大臣们的一次谈话中,表述得十分明显。他说:"朕每夜恒思百姓间事,或至夜半不寐。惟恐都督、刺史堪养百姓以否。……朕居深宫之中,视听不能及远,所委者惟都督、刺史,此辈实治乱所系,尤须得人。"③他还说:"今所以择贤才者,盖为求安百姓也。"④可见唐太宗是把选贤用人与"安人宁国""存百姓"的治国方针紧密联系在一起。官吏的选择是否得当,直接关系着"安人宁国"方针的贯彻。

唐太宗搜罗人才的途径是很广的。一种是通过科举考试认真加以选拔;再则是督促大臣们"举贤"。贞观二年,唐太宗曾批评封德彝长期不举贤,封德彝回答说:"臣愚岂敢不尽情,但今未见奇才异能。"太宗听了后很不以为然,反驳说:"前代明王使人如器,皆取士于当时,不借才于异代。岂得待梦傅说,逢吕尚,然后为政乎?且何代无贤,但患遗而不知耳!"⑤这个批评确是十分中肯的,天下如此之大,不是无贤可举,而是不善于去发现人才。第三是经常发动官吏议政,从中简拔人才。吴兢在《任贤》篇记载唐太宗发现马周的经过,就是一个突出的例子。贞观五年,马周"至京师,舍于中郎将常何之家。时太宗令百官上书言得失,周为何陈便宜二十余事,令奏之,事皆合旨。太宗怪其能,问何,何对曰:'此非臣所发意,乃臣家客马周也。'太宗即日召之,未至间,凡四度遣使催促。及谒见,与语甚悦。令直门下省,授监察御史,累除中书舍人。"可见唐太宗在用人问题上,不仅求贤心切,而且是不拘一格,唯才是用的。为了说明唐太宗用人唯才,不讲亲疏远近,不计门第高低,吴兢还辑录了大量太宗用人的故事和言论。如"贞观元年,有上封事者,请秦府旧兵并授以武职,追入宿卫。太宗谓曰:'朕以天下为家,不能私于一物,惟有才行是任,岂以新旧为差?……汝之此意,非益政理。'"中书令房玄龄亦奏言秦府旧

---

① 卷七,《崇儒学》。
② 卷三,《择官》。
③⑤ 《择官》。
④ 卷五,《公平》。

员，未得官者多有怨言。太宗同样回答说："用人但问堪否，岂以新故异情？凡一面尚且相亲，况旧人而顿忘也！才若不堪，亦岂以旧人而先用？今不论其能不能，而直言其嗟怨，岂是至公之道邪？"①特别是对于太宗用人能不记私仇，不报个人恩怨，吴兢更认为是一种值得称颂的美德。他在《政体》篇中说："初，息隐(高祖长子建成，死后追封息王，谥曰隐)，海陵(高祖四子元吉，死后追封海陵王)之党，同谋害太宗者数百千人，事宁，复引居左右近侍，心术豁然，不有疑阻。时论以为能断决大事，得帝王之体。"作者在这里通过引用时论来颂扬了太宗用人不记私仇的美德。在所记事例中，最突出的是魏徵，他出身低微，做过道士，参加过隋末农民起义，后跟随李密投唐，又辅佐与太宗誓不两立的太子建成，并为建成设计，企图杀害太宗。但当太宗了解到魏徵"雅有经国之才，性又抗直，无所屈挠"，并能"忠诚奉国"时，不仅不念旧恶，而且对他十分重用，言听计从，而魏徵"亦喜逢知己之主，竭其为用"②，终于成为"贞观之治"的一名得力功臣。

　　值得注意的是，唐太宗用人，也并非只是以才取人，而是把才德兼备作为他用人的标准。这在《政要》的《崇儒学》篇和《择官》篇中，都有十分明确的记载。贞观初年，唐太宗对"吏部择人，惟取其言词刀笔，不悉其景行(既德行)。数年之后，恶迹始彰，虽加刑戮，而百姓已受其弊"③的情况十分不满。他告诫大臣们说："为政之要，惟在得人，用非其才，必难致治。今所任用，必须以德行、学识为本。"④后来他在与魏徵讨论"为官择人"这一问题时，说得更加明白。他对魏徵说："古人云，王者须为官择人，不可造次即用。……用得正人，为善者皆劝；误用恶人，不善者竞进。"因此强调"用人弥须慎择。"魏徵很赞同唐太宗的意见，回答说："今欲求人，必须审访其行。若知其善，然后用之。设令此人不能济事，只是才力不及，不为大害。误用恶人，假令强干，为害极为。……太平之时，必须才行俱兼，始可任用。"⑤"正人""恶人"，都是就"德行"而言，这说明君臣二人的用人标准是完全一致的。在他们看来，如果误用了缺德无行的"恶人"，越是强干，为害也就越大。这一事例充分说明，无论哪一个

① 《公平》。
② 《任贤》。
③⑤ 《择官》。
④ 《崇儒学》。

阶级,在用人问题上,绝不会单纯地只取才力而不考虑德行,尽管德的标准各不相同,但是坚持德才兼备的原则却是一致的。

唐太宗君臣在用人问题上又一个可贵之处是,主张"用人如器,各取所长"①,充分发挥各人的才能。关于这点,魏徵在他的一个奏章中说得相当具体,指出择官用人一定要做到"因其才以取之,审其能以任之,用其所长,掩其所短"②。只有这样,才可以做到各尽其能。因此,旧史书上颂扬唐太宗"拔人物则不私于党,负志业则咸尽其才"③,并非虚语。

此外,在用人问题上,还有一点值得指出的是,唐太宗认为要做到"清净"、"无为","安人宁国,"必须大量裁减冗员,减轻百姓负担。贞观元年,他曾对房玄龄等人说:"致治之本,惟在于审。量才授职,务省官员。……若得其善者,虽少亦足矣。其不善者,纵多亦奚为? 古人亦以官不得其才,比于画地作饼,不可食也。……当须更并省官员,使得各当所任,则无为而治矣。"④可见唐太宗是非常强调"官在得人,不在员多"⑤的,如果人才选拔得当,安排合理,即使人员减少了,同样可以做好工作。

以上事实说明,吴兢对于唐太宗用人唯贤的路线是十分称颂的,不仅记载了太宗选拔人才的途径,而且也很注意太宗用人之德才兼备的标准和"量才授职"的方法,强调并省官员、"官在得人"的重要性。从这些记载中,我们可以看到,唐太宗统治时期之所以能够使一个遭受战争严重破坏的社会,在短短20多年时间里,一变而为"年登岁稔,人无水旱之弊,国无饥馑之灾"⑥的繁荣兴盛局面,除了采用"安人宁国""存百姓"的政治路线,使国家、人民有一个比较安定的环境,有利于社会生产的恢复和发展外,还有很重要的一条,就是因为有用人唯贤的组织路线作保证,通过这条路线,选拔了一大批有才干、有经验、有"德行"、有"学识"的官吏,成为出现"贞观之治"不可缺少的重要因素之一。

---

①⑤ 《通鉴》卷一九二。

②④ 《择官》。

③ 《旧唐书·太宗纪》下。

⑥ 卷九,《征伐》。

"君臣相遇,有同鱼水,则海内可安"

在中国漫长的封建社会里,君臣之间能够协调一致的并不多见。汉高祖刘邦对待自己的功臣是采取了"杀"的办法,这是历史上的一个典型。后来的宋太祖赵匡胤则采用了"养"的办法,又是另一个典型。宋太祖的办法,当然是唐太宗所无法知道的,可是对于汉高祖的作为则是了解得清清楚楚,并视为前车之鉴。他说:"自古人君为善者,多不能坚守其事。汉高祖,泗上一亭长耳,初能拯危诛暴,以成帝业,然更延十数年,纵逸之败,亦不可保。何以知之? 孝惠为嫡嗣之重,温恭仁孝,而高帝惑于爱姬之子,欲行废立;萧何、韩信,功业既高,萧既妄系,韩亦滥黜,自余功臣黥布之辈,惧而不安,至于反逆。君臣父子之间悖谬如此,岂非难保之明验也?"①至于隋炀帝猜忌大臣,君臣之间离心离德的状况,更是他耳闻目睹。唐太宗吸取了历史上这些反面教训,利用一切手段,认真处理好君臣、臣臣之间的关系,形成了一个比较团结、协调的封建上层统治集团,这是他在政治上能够取得胜利的又一个重要因素。吴兢在《政要》一书中,十分注意总结唐太宗大胆信任、放手使用的用人经验,以期引起太宗继承者们的重视。因此在书中特立《君臣鉴戒》专篇,并在一开头就引述了唐太宗关于君臣关系的重要谈话。唐太宗说:"君臣本同治乱,共安危,若主纳忠谏,臣进直言,斯故君臣合契,古来所重。若君自贤,臣不匡正,欲不危亡,不可得也。君失其国,臣亦不能独全其家。"这几句话,把君臣之间的利害关系全部点了出来,进则说明国家能否治理得好,必须君臣共同努力,退则说明国家一旦灭亡,"臣亦不能独全其家"。历史上无数的可怕教训,特别是记忆犹新的隋亡之鉴,使唐太宗认识到"惟君臣相遇,有同鱼水",尔后才"海内可安"②。所以他说:"今天下安危,系之于朕。故日慎一日,虽休勿休。然耳目股肱,寄于卿辈,既义均一体,宜协力同心。事有不安,可极言无隐。倘君臣相疑,不能备尽肝膈,实为国之大害。"③作为封建皇帝的唐太宗,其所以比别的帝王高明,最突出的一条,在于他颇有点"自知之明",能把

① 卷十,《慎终》。
② 卷二,《求谏》。
③ 《政体》。

国家的兴旺、社会的安宁,看作是君臣共同努力的成果,比较能够看到众人的力量,而不是以"朕即一切"、独断专行自居。他曾多次当众表示,"当今远夷率服,百谷丰稔,盗贼不作,内外宁静,此非朕一人之力,实由公等共相匡辅。""朕端拱无为,四夷咸服,岂朕一人之所致,实赖诸公之力耳。"①他还常把自己比作石间之玉、在矿之金,把大臣比作良工。他说:"玉虽有美质,在于石间,不值良工琢磨,与瓦砾不别。若遇良工,即为万代之宝。朕虽无美质,为公(指魏徵)所切磋,劳公约朕以仁义,弘朕以道德,使朕功业至此,公亦足为良工尔。"②又说:"金之在矿,何足贵哉?良冶锻而为器,便为人所宝。朕方自比于金,以卿(指魏徵)为良工。"③以此形象地说明,国家所取得的一切成果,都是与魏徵等这些得力大臣尽心辅佐分不开的。尽管唐太宗不可能认识人民群众的作用,但却能够看到大臣们的集体力量,这不能不说是他的过人之处。因此,对于国家的许多重大事情,他敢于放手让大臣们分头负责去做。他还批评了隋文帝"不肯信任百司,每事皆自决断,虽则劳神苦形,未能尽合于理"的致命伤。在他看来,由帝王一人包揽国家一切大小事务,只能是劳而无功,有害无益。所以他又说:"朕意则不然,以天下之广,四海之众,千端万绪,须合变通,皆委百司商量,宰相筹画,于事稳便,方可奏行。岂得以一日万机,独断一人之虑也。且日断十事,五条不中,中者信善,其如不中者何?以日继月,乃至累年,乖谬既多,不亡何待?岂如广任贤良,高居深视,法令严肃,谁敢为非?"④这就是说,国家这样广大,头绪如此繁多,绝不是件件事情都由皇帝一个人所能包办得了的。若由一人决断,不仅劳神苦形,而且乖谬极多,迟早还得亡国。因此他认为,对于帝王来说,最紧要的是应该抓根本——"广任贤良,高居深视"。由此可见,他对发挥各级官吏的集体力量,"共成政道",是何等的重视。所以但凡国家大事,唐太宗绝不是一个人说了算,而总是先交给百官大臣共同讨论,集思广益,由宰相拟订稳妥方案上报,然后颁发各级官吏分头执行。不仅如此,他还一再命令经办官员,"若诏敕颁下有未稳便者,必须执奏,不得顺旨便即施行,务尽臣下之意"⑤。这样做,既可避免不少差错,又有利于调动各级官员的积极因素,发挥他们各自的主观能动作用,为巩

---

① 《慎终》。
②④⑤ 《政体》。
③ 《任贤》。

固封建地主政权尽心效劳。同时,为了调动官员们的积极性,对于那些有功之臣,唐太宗多能及时予以表彰和嘉奖。贞观十二年,在一次公卿大臣的隆重宴会上,唐太宗当众表彰了房玄龄与魏徵两大功臣,他说:"贞观以前,从我平定天下,周旋艰险,玄龄之功无所与让。贞观之后,尽心于我,献纳忠谠,安国利人,成我今日功业,为天下所称者,惟魏徵而已。"①尤其值得注意的是,对于那些敢于谠言直谏、面折廷争的官吏,即使官卑职低,唐太宗也无不一一加以赏赐和鼓励,这类事例,在《政要》一书中,比比皆是,不胜枚举。这充分说明唐太宗不仅十分注意选贤用能,而且非常重视发挥各级官吏的积极作用,这对于协调君臣关系,加强最高统治集团内部的团结,起着极为有益的促进作用。这种情况,在长期封建社会中的许多王朝里是不可多见的。唐太宗当政时期之所以能够出现"贞观之治",这也是其中的一个重要因素。吴兢以历史学家敏锐的政治眼光看准了这一点,所以在《政要》里,对于这一经验非常重视,反复强调。吴兢的关注不是没有道理的,他目睹唐玄宗时期统治集团内部不仅谈不上协调一致,而且钩心斗角,矛盾重重,这自然是国家的不祥之兆,他迫切希望改变这种不景气的现状。后来的历史发展也正不出吴兢所料,在他死后仅仅七年(755年),在统治集团内部就爆发了"安史之乱",唐王朝从此也就一蹶不振,日益走向衰亡。

"以人为镜,可以明得失"

有了大批才华出众的人才,如果君主独断专行,不能采纳大臣们的合理意见,充分发挥他们的聪明才智,对于"安人宁国"同样也是起不了"共成政道"的作用的,这在历史上更是屡见不鲜。因此,作为一个最高统治者,要想把国家治理得好,不仅要广开才路,大量搜罗人才,而且还要广开言路,听取来自不同方面的意见,集思广益。从某种意义上说,后者往往显得更为重要。在封建帝王中,唐太宗在这方面是做得最出色的。为了贯彻"安人宁国"、"存百姓"的治国方针,在维护和加强李唐统治的前提下,唐太宗公开要求大臣们大胆向他提出规劝的意见,这在"朕即一切"的封建专制时代,确是十分少见

---

① 《任贤》。

的现象。吴兢在《政要》中,不仅列出了《求谏》《纳谏》的专篇,而且在《君道》篇的第二章,就以显著的地位,记载了唐太宗与魏徵关于"明君""暗君"的讨论。唐太宗问:"何谓明君暗君?"魏徵回答说:"君之所以明者,兼听也;其所以暗者,偏信也。……人君兼听纳下,则贵臣不得壅蔽,而下情必得上通。"唐太宗非常赏识这个说法,为了使自己能够成为一个"明君",曾反复多次地向大臣们公开表态:"人欲自照,必须明镜;主欲知过,必借忠臣。"又说:"明主思短而益善,暗主护短而永愚。""若人主所行不当,臣下又无匡谏,苟在阿顺,事皆称美,则君为暗主,臣为谀臣,君暗臣谀,危亡不远。"①从《政要》一书,我们可以清楚地看到,正是在这种思想指导下,唐太宗主动地想方设法引导官员进谏,他还有意无意地立下了许多条规办法,如订立制度,树立榜样,实行奖励,造成风气。早在贞观元年,便规定:"自是宰相入内平章国计,必使谏官随入,预闻政事。有所开说,必虚己纳之。"②他还"诏京官五品以上,更宿中书内省。每召见,皆赐坐与语,询访外事,务知百姓利害,政教得失"③。有了一定制度保证,自然方便于官吏进谏,而下情也就容易上达。在所有的大臣中,魏徵可以说是唐太宗树立起来的"直谏"榜样。魏徵原是太宗政敌的腹心,投靠太宗后,"忠诚奉国",一直敢于犯颜直谏,先后建议 200 余事,几乎全被采纳。如唐太宗欲实行分封,魏徵领头坚决反对;唐太宗打算修建飞山宫,魏徵批评他这是走隋炀帝"不虑后患"的老路,劝太宗不该劳民伤财,"以暴易暴";唐太宗准备登泰山行"封禅"大典,魏徵尖锐地指出,这完全是皇帝个人崇尚虚名而使国家百姓受害的行为,等等。由于魏徵经常的提醒,及时的进言,使得唐太宗少犯了不少错误,国家、百姓也相应地免除了许多灾难。所以唐太宗说:"征每犯颜切谏,不许我为非,我所以重之也。"④贞观十三年,魏徵发觉唐太宗在取得一定成绩后,开始慢慢去掉了他过去的一些长处和作风,"不能克终俭约"时,特地上了一篇《十渐不克终疏》,尖锐地批评了唐太宗与贞观初年相比,在政治上和生活上的十大显著变化,同时还指出了变化的根源就是由于唐太宗"以居万乘之尊,有四海之富,出言而莫己逆,所为而人必从,公道溺于

---

① ② 《求谏》。
③ 《政体》。
④ 《任贤》。

私情,礼节亏于嗜欲故也"①。他劝告太宗应多从社稷的长远利益着想,继续减轻百姓负担,坚持节俭作风,倾听忠谠之言,防止"佞人"挑拨,注意杜绝谗言,措辞激切尖锐,事事有根有据,击中了唐太宗的要害。他看了这篇奏疏后,作了反复思考,心服口服,并亲自面告魏徵说:"人臣事主,顺旨甚易,忤情尤难。公作朕耳目股肱,常论思献纳。朕今闻过能改,庶几克终善事,若违此言,更何颜与公相见? 复欲何方以理天下? 自得公疏,反复研寻,深觉词强理直,遂列为屏障,朝夕瞻仰。又录付史司,冀千载之下识君臣之义。"②于是赏赐黄金10斤、骏马2匹,以资鼓励。贞观十七年,魏徵死后,他非常悲痛,说自己失去了一面明辨得失、照见己过的镜子。为了鼓励大臣们勇于提出不同意见,唐太宗还以重赏作为手段。在他即位之初,大臣们很少有人敢于进谏。一次,孙伏伽为处理一桩刑事案件,提出了与唐太宗不同的意见。太宗听了后觉得有理,便立即采纳,还厚加赏赐。这一举动在朝臣中影响很大,"自是论事者唯惧言不直、谏不极,不能激上(指唐太宗)之盛意,曾不以忌讳为虞"③。正是在唐太宗"恐人不言,导之使谏"的鼓励下,后来进谏者日益增多,朝廷上下,皇宫内外,谠言直谏,蔚成风气。贞观四年,太宗下令修洛阳乾元殿,给事中张玄素上疏反对,他引述了隋朝初建殿时,"乾元毕工,隋人解体"的历史教训,指出:"陛下今时功力,何如隋日? 承凋残之后,役疮痍之人,费亿万之功,袭百王之弊,以此言之,恐甚于炀帝远矣。"太宗反问:"卿以我不如炀帝,何如桀、纣?"张玄素毫不含糊地回答说:"若此殿卒兴,所谓同归于乱。"这就是说,要是这个工程不停止,就会落得个和桀、纣同样的下场。这一番话给唐太宗的震动很大,当场承认:"我不思量,遂至于此。"于是立即下令停止这项修建工程,并当众表彰张玄素说:"以卑干尊,古来不易,非其忠直,安能如此?"遂即赐绢200匹。这类事例,在《政要》中记载得很多。当时在皇宫里也是谏诤成风,如唐太宗有一匹心爱的马突然无病死亡,他十分恼火,要立即杀死养马人。长孙皇后得知后,便举历史上齐景公也曾因马死要杀养马人的故事进行劝谏,使唐太宗猛然醒悟,认识了自己的错误。事后他还对房玄龄说:"皇后庶事相启沃,极有利益。"又一次,苑西监穆裕因故冒犯了太宗,他大发雷霆,"命于朝堂斩之。时高宗为皇太子,遽犯颜进谏,太宗意乃解。"目睹

①② 《慎终》。
③ 《新唐书》卷一七四《元稹传》。

此情此景的长孙无忌非常惊异地说:"自古太子之谏,或乘间从容而言。今陛下发天威之怒,太子申犯颜之谏,诚古今未有。"唐太宗回答说:"夫人久相与处,自然染习。自朕御天下,虚心正直,即有魏徵朝夕进谏,自征云亡,刘洎、岑文本、马周、褚遂良等继之。皇太子幼在朕膝前,每见朕心悦谏者,因染以成性,故有今日之谏。"①这段君臣对话,充分反映出唐太宗时期,在统治集团内部,确是一度出现过人人敢于进谏的比较开明的政治局面,这对于唐太宗集思广益,取长补短,以至论政决策,加强统治,都起到了重要的作用。贞观年间,这种比较开明、活跃的政治局面的形成,关键在于唐太宗的态度,诚如魏徵所说:"陛下导臣使言,臣所以敢言。若陛下不受臣言,臣亦何敢犯龙鳞,触忌讳也!"②

　　唐太宗为了广开言路,除了表彰、赏赐等精神和物质上的鼓励外,还采取了一系列办法,打消大臣们的顾虑。他从以往的历史中,清楚地了解到"人臣之对帝王,多承意顺旨,甘言取容"③的心理状态;同时又察觉到自己"威容俨肃,百僚进见者,皆失其举措","又比见人来奏事者,多有怖慑,言语致失次第。寻常奏事,情犹如此,况欲谏诤,必当畏犯逆鳞"的现实情况,为了消除这一障碍,除了每见人奏事,"必假颜色",尽可能使自己的态度温和一些,还一再向大臣们公开表态:"朕今志在君臣上下,各尽至公,共相切磋,以成治道。公等各宜务尽忠谠,匡救朕恶,终不以直言忤意,辄相责怒。""每有谏者,纵不合朕心,朕亦不以为忤。若即嗔责,深恐人怀战惧,岂肯更言!""朕今开怀抱,纳谏诤。卿等无劳怖惧,遂不极言。"④甚至还说:"臣下有谠言直谏,可以施于政教者,当拭目以师友待之。"⑤反之,对于那些"阿旨顺情,唯唯苟过",只说好话,不道恶言而一意奉承的坏作风,则严加批评斥责,还下令:"自今诏敕疑有不稳便,必须执言,无得妄有畏惧,知而寝默",更"不得顺旨便即施行"⑥。

　　唐太宗在自己虚心求谏、纳谏的同时,也告诫各级官员千万不能护短,听不得半句不同意见,指出:"若不能受谏,安能谏人?"⑦这说明唐太宗是不主张

① 以上引文均见《纳谏》。

② 《任贤》。

③ 卷六,《悔过》。

④ 以上引文均见《求谏》。

⑤⑥ 《政体》。

⑦ 《求谏》。

搞一言堂,而赞成搞群言堂的,这在封建专制时代的帝王当中更是不可多见。

唐太宗为什么能够"从谏如流",并要求大臣们"每看事有不利于人,必须极言规谏"①? 从《政要》一书可以找到答案,这绝不是他个人的风度问题,而是总结历史经验的结果,有其深刻的思想基础。特别是亲眼看到的隋亡之鉴,对他的震动最大。他说:"隋王好自专庶务,不任群臣;群臣恐惧,唯知禀受奏行而已,莫之敢违。以一人之智决天下之务,借使得失相半,乖谬已多,下谀上蔽,不亡何待?"②又说:"隋炀帝暴虐,臣下钳口,卒今不闻其过,遂至灭亡。"③正是这些历史的经验教训,使他认识到君臣之间"同治乱,共安危",以及"人君须得匡谏之臣,举其愆过"的重要性④。因此,"凡人言语理到"⑤,有"裨益政教"者,即使"正词直谏",言辞激切,也不应以"犯颜忤旨,妄有诛责"⑥,鼓励大臣们"徇公亡私",为国为家而献计献策。正是在唐太宗的主动倡导下,在贞观年间才形成了一个"房(玄龄)、杜(如晦)、王(珪)、魏(徵)议可否于前,四方言得失于外"⑦的比较开明的政治局面。

"理国守法,事须画一"

《政要》一书,还辑录了唐太宗君臣为了贯彻"安人宁国"基本方针,而在法律上所采取的种种措施。首先是修订了一部完整的《唐律》,使得各级官吏在行使职权时,有法可依,有律可循。《唐律》是一部维护地主阶级利益、束缚农民手脚、镇压农民反抗的封建法典,是巩固封建统治的专政工具。不过在使用这一工具时,唐太宗君臣很注意其限度,以达到保持社会安定为原则,主张立法简约宽平,去重就轻,并且一经制定,不再随意变更。早在贞观元年,唐太宗与大臣们讨论制订刑法时就提出:"死者不可再生,用法务在宽简……今作何法,得使平允?"⑧后来又多次强调:"国家法令,惟须简约"⑨。平时,他还经常向司法官询问"刑罚轻重","法网"宽严,深恐"主狱之司,利在杀人,危

---

①③④⑤ 《求谏》。

② 《通鉴》卷一九二。

⑥ 《政体》。

⑦ 《新唐书》卷一七四《元稹传》。

⑧ 卷八,《刑法》。

⑨ 卷八,《赦令》。

人自达，以钓声价"①。又再三告诫侍臣："不可一罪作数种条"，否则"格式既多，官人不能尽记，更生奸诈，若欲出罪即引轻条，若欲入罪即引重条。"同时强调法律要有相对的稳定性，太宗说："数变法者，实不益道理"，因为"诏令格式，若不常定，则人心多惑，奸诈益生"，对安定社会秩序有害无益，所以反复指出，制订法律时"宜令审细，毋使互文"（以上引文均见《赦令》）。在用法轻重上，唐太宗不赞成光用"重法"镇压，认为社会上所以会产生"盗"，主要是由于"赋繁役重，官吏贪求，饥寒切身"。要是能"去奢省费，轻徭薄赋，选用廉吏，使民衣食有余，则自不为盗，安用重法邪？"②在这一思想指导下，贞观年间所修订的《唐律》，"凡削烦去蠹，变重为轻者，不可胜纪"③。特别是关于死刑，相当审慎，由于"人命至重，一死不可再生"，因此，不仅在判罪条目上，比之隋代旧律"殆减其半"，而且规定："凡有死刑，虽令即决，皆须五覆决。"在此之前，原来规定"三覆奏"，即死刑判决后，在执行前应向皇帝汇报三次，可是主狱之司并未认真执行，贞观五年，唐太宗发觉这一情况后指出："比来奏决死囚，虽云三覆，一日即了，都未暇审思，三奏何益？纵又追悔，又无所及。自今后，在京诸司奏决死囚，宜二日中五覆奏，天下诸州三覆奏。"同时还下令："自今门下省复有据法合死，而情在可矜者，宜录状奏闻。"④这些规定，无疑大大减少了死因的数量。可见史书记载贞观四年，天下断死刑者仅 29 人，数字虽难以置信，却反映了这个时期法治的一个侧面。

　　但是，更为吴兢赞赏的是，法律既经制定以后，唐太宗能够要求自己带头，不避亲疏贵贱，一体遵行。因此，有关这方面的言论事迹，他都有闻必录。唐太宗十分重视赏罚要允当，认为只有这样才能取信于民，真正起到劝善惩恶、稳定社会秩序的作用。贞观元年，唐太宗就已经指出："国家大事，惟赏与罚。赏当其劳，无功者自退。罚当其罪，为恶者感惧。则知赏罚不可轻行也。"⑤这一观点，魏徵在一次奏疏中叙述得更加明白，他说："夫刑赏之本，在乎劝善而惩恶，帝王之所以与天下为画一，不以贵贱亲疏而轻重者也。"⑥这就是说，刑赏的目的在于"劝善惩恶"，而要达到这个目的，首要在于有一个统一

---

①④⑥　《刑法》。

②　《通鉴》卷一九二。

③　《旧唐书》卷五十《刑法志》。

⑤　卷三，《封建》。

的标准,这个标准一经确立,就不能以亲疏贵贱为转移。贞观初年,朝廷大开选举,有人"诈伪阶资",太宗下令限期自首,否则便处死刑。后来果然"有诈伪者事泄",大理少卿戴胄依法将这个人判处流放,上奏太宗。太宗说:"朕初下敕,不首者死。今断从法,是示天下以不信矣。"戴胄说:"陛下当即杀之,非臣所及,既付所司,臣不敢亏法。"太宗说:"卿自守法,而令朕失信耶?"唐太宗一再强调自己说话要算法,要取"信"于民。戴胄针锋相对,就在"信"字上做文章,反驳了唐太宗以个人一时的喜怒之言代替国家大法,他说:"法者国家所以布大信于天下,言者当时喜怒之所发耳! 陛下发一朝之忿,而许杀之,既知不可,而置之以法,此乃忍小忿而存大信,臣窃为陛下惜之。"说到这里,太宗才高兴地说:"朕法有所失,卿能正之,朕复何忧也。"①太宗君臣之间关于执法应以何为准的这段对话,生动地反映了贞观年间比较开明的政治局面。唐太宗对于胆敢公然否定自己意见的戴胄,不但没有大发"天威之怒",反而加以肯定和表扬,承认自己过错,如果没有那么一点"民主"的政治空气,是根本不可想象的。又如郿县县令裴仁轨因"私役门夫",为太宗发现,便下令要处死仁轨。殿中侍御史李乾祐上书反对,指出:"法者,陛下所与天下共也,非陛下所独有也。今仁轨坐轻罪而抵极刑,臣恐人无所措手足。"②由于大臣们的监督,因此在不少问题的处理上,唐太宗本人也能按照法律规定办事,还一再表明:"法者非朕一人之法,乃天下之法。"③贞观九年,盐泽道行军总管、岷州都督高甄生,"坐违李靖节度,又诬告靖谋逆,减死徙边。"当时有人上书求情,说高甄生是秦府功臣,请宽其过。但唐太宗没有接受这个意见,指出高甄生"虽是藩邸旧劳,诚不可忘,然理国守法,事须画一,今若赦之,便开侥幸之路。且国家建义太原,元从及征战有功者甚众,若甄生获免,谁不觊觎? 有功之人,皆须犯法。我所以必不赦者,正为此也。"④可见唐太宗并不是不想宽恕有功旧臣,而是由于他深深感到"理国守法,事须画一"的重要性,一开侥幸之门,必将造成不可收拾的严重后果。为此,他首先从自己做起,一再要求大臣们对他在处理政事中"有乖于律令者",随时加以监督。他说:"朕比来临朝断决,亦有乖于律令者。公等以为小事,遂不执言。大事皆起于小事,小事不

---

① ③ 《公平》。
② 《通鉴》卷一九二。
④ 《刑法》。

论,大事又将不可救,社稷倾危,莫不由此。"①同时,他还反复告诫大臣们,处理政事不能顾惜颜面以徇私情,必须做到"灭私徇公,坚守直道",否则,"难违一官之小情,顿为万人之大弊,此实亡国之政"②,后果不堪设想。

以上事实说明,唐太宗在位期间,特别是在贞观初年,君臣上下,都是相当注意遵纪守法的,办事能够"一断以律"。作为封建法律来说,固然是为了统治和镇压人民,它是掌握在地主阶级手中的专政工具。但在当时能够强调"一断以律",对于贵族、官吏的胡作非为,多少起了一定的限制约束作用,这就有利于维护社会的安定和生产的正常发展。

"居安思危,所以定其业"

吴兢还将唐太宗君臣讨论"草创与守成"的言论,特别是有关太宗教育子女、培养皇位继承人而采取的种种措施,在《政要》一书中备加辑录,系统论述,这在以往的史书中是非常罕见的。

贞观年间,唐太宗和朝臣们曾多次讨论了"帝王之业,草创与守成孰难"的问题,突出的一次是在贞观十年,太宗问:"帝王之业,草创与守成孰难?"房玄龄回答:"天地草昧,群雄竞起,攻破乃降,战胜乃克。由此言之,草创为难。"魏徵不同意这个看法,他说:"帝王之起,必承衰乱。覆彼昏狡,百姓乐推,四海归命,天授人与,乃不为难。然既得之后,志趣骄逸,百姓欲静而徭役不休,百姓凋残而侈务不息,国之衰弊,恒由此起。以斯而言,守成则难。"唐太宗听了双方意见后判断说:"玄龄昔从我定天下,备尝艰苦,出万死而遇一生,所以见草创之难也。魏徵与我安天下,虑生骄逸之端,必践危亡之地,所以见守成之难也。今草创之难既已往矣,守成之难者,当思与公等慎之。"③究竟"孰难",太宗并未明言,因此有人认为唐太宗实际上是把两者等量齐观,视为同样困难,只不过草创之难已经过去,而守成之难尚待解决而已。其实这种看法是缺乏分析,很不妥当的。众所周知,魏徵是一位很有远见的封建地主阶级政治家,他亲身参加过轰轰烈烈的隋末农民起义。投奔李唐后,在李唐王朝的创建过程中,他同样出生入死、备尝艰苦,对于"草创之难"怎能不尽

---

①② 《政体》。

③ 《君道》。

知呢？但是，他从历史上各个王朝的兴替和现实的政治生活中，认识到巩固政权比之夺取政权更为艰难得多，如果不慎重对待，夺取了的政权随时都有丧失的可能。所以在贞观十五年，一次当唐太宗问到"守天下难易"时，魏徵很干脆地回答："甚难。"太宗说："任贤能，受谏诤，即可。何谓为难？"魏徵说："观自古帝王，在于忧危之间，则任贤受谏。乃至安乐，必怀宽怠，言事者惟令兢惧，日陵月替，以至危亡。圣人所以居安思危，正为此也。安而能惧，岂不为难？"①魏徵说这番话，是既有历史的教训，又有现实的依据。他已经发觉太宗"近岁颇好奢纵"，而且在两年前他就已给太宗上过一篇《十渐不克终疏》进行规谏。再就唐太宗本人来说，在掌握政权以后，他也同样清楚地看到，摆在自己面前的"守成"问题是一个比"草创"更为艰巨的问题，他是很同意魏徵的看法的，所以才会说出"今草创之难既已往矣，守成之难者，当思与公等慎之"的话来。

　　"守成"问题，是一个如何维护和进一步巩固李唐政权、使社稷永固的大问题。任何一个封建帝王，都是想把他一家一姓的天下代代相传，一世、二世以至万世。就是隋炀帝，又何尝"不欲社稷之长久"，只是由于他"恃其富强，不虑后患。驱天下以从欲，罄万物而自奉；采域中之子女，求远方之奇异。宫苑是饰，台榭是崇，徭役无时，干戈不戢。外示严重，内多险忌，谗邪者必受其祸，忠正者莫保其生。上下相蒙，君臣道隔，民不堪命，率土分崩。遂以四海之尊，殒于匹夫之手，子孙殄绝，为天下笑②"。因此，唐太宗君臣认为，要解决好"守成"问题，首先要从君主自身做起，牢固树立"居安思危"的思想。魏徵说："自古失国之主，皆为居安忘危，处治忘乱，所以不能长久。"③中书令岑文本在一次上书中也说："臣闻开拨乱之业，其功既难；守已成之基，其道不易。故居安思危，所以定其业也。"④唐太宗自己则说得更为明白："安不忘危，治不忘乱，虽知今日无事，亦须思其终始。常得如此，始是可贵也。"⑤这些论述，可以说是太宗君臣如何解决"守成"问题的指导思想。正是从这一指导思想出发，接受历史上那些亡国之君对待百姓"如馋人自食其肉，肉尽必死。人君赋

---

①② 《君道》。

③ 《政体》。

④ 《灾祥》。

⑤ 《慎终》。

敛不已,百姓既弊,其君亦亡"①的教训,唐太宗才提出了"为君之道,必须先存百姓"的治国原则和"安人宁国"的施政方针,主张"轻徭薄赋","积谷于民"。他说:"凡理国者,务积于人,不存盈其仓库。古人云:'百姓足,君孰与不足?'但使仓库可备凶年,此外何烦储蓄? 后嗣若贤,自能保其天下;如其不肖,多积仓库,徒益其奢侈,危亡之本也。"②

　　在解决"守成"问题上,历史经验又告诉了唐太宗,要使李唐国祚长久,社稷永存,固然与他自己的作为有密切的关系,而更为紧要的任务,还在于如何加强对下一代,特别是对作为皇位法定继承人——皇太子的教育,以培养好自己的接班人。他说:"古来帝子,生于深宫,及其成人,无不骄逸,是以倾覆相踵,少能自济。我今严教子弟,欲皆得安全。"③历史的经验还告诉了他,大凡"拨乱创业之主,生长民间,皆识达情伪,罕至于败亡。逮乎继世守文之君,生而富贵,不知疾苦,动至夷灭"④。因此,在对于下一代的教育培养上,关键在于要向他们进行民间疾苦的教育,让他们懂得"存百姓"以"治国安邦"的"为君之道"。为此,唐太宗除了加强师教,要求师傅辅导太子、诸王时,"常须为说百姓间利害事"⑤之外,他自己也以"为君之道,必须先存百姓"严教子弟。特别是当原皇太子承乾,由骄奢淫逸发展到企图谋反而被废为庶人后,对新立为皇太子的李治,更是"遇物必有诲谕",抓紧对他的教育。如见李治临食将饭,就教导他:"汝知饭乎?""凡稼穑艰难,皆出人力。不夺其时,常有此饭。"见李治乘马,又教导他:"汝知马乎?""能代人劳苦者也,以时消息。不尽其力,则可以常有马也。"见李治乘舟,就告诉他:"汝知舟乎?""舟所以比人君,水所以比黎庶,水能载舟,亦能覆舟。尔方为人主,可不畏惧!"见李治休息于曲木之下,又告诉他:"汝知此树乎?""此木虽曲,得绳则正。为人君虽无道,受谏则圣。"⑥可见唐太宗即使对于这些日常琐事也紧抓不放,从中引申出存百姓不夺其时,不尽其力和节嗜欲、纳谏诤的"为君之道"来教育他的继承者。这充分说明,作为一位封建社会杰出的政治家唐太宗,从李唐王朝的长远利益出发,为了使他所代表的地主阶级事业后继有人,确是想得很深,看得

---

　　①② 《辩兴亡》。

　　③　卷四,《尊敬师傅》。

　　④　卷四,《教戒太子诸王》。

　　⑤　《尊敬师傅》。

　　⑥　《教戒太子诸王》。

很远的。他非常懂得,要使自己的子女真正能够担当起"天"降于"斯人"的"大任",维护本阶级的长远利益,就必须从根本上进行严格的教育,而不能只作些细枝末节上的爱护。在他临死的前一年,即贞观二十二年(648年),还亲撰《帝范》12篇以赐太子李治,内容包括:君体、建亲、求贤、审官、纳谏、去谗、戒盈、崇俭、赏罚、务农、阅武、崇文等方面,实际上这是他一生政治经历的全面总结。他嘱咐李治说:"修身治国,备在其中。一旦不讳,更无所言矣。"①唐太宗能够看到自己子女生长深宫、少居富贵、骄奢纵逸的弱点,而采取种种有针对性的补救措施,精心培养地主阶级事业的接班人,是很能启发后人深思的。

　　历史的经验,特别是隋亡的教训,还使唐太宗进一步认识到,为什么"草创之主,至于子孙多乱?"这不仅是由于"幼主生长深宫,少居富贵,未尝识人间情伪、治国安危,所以为政多乱",而且也在于"功臣子弟多无才行,借祖父资荫遂处大官,德义不修,奢纵是好",结果是"主既幼弱,臣又不才,颠而不扶,岂能无乱?"所以他在抓紧教育自己子女的同时,要求朝臣们也必须时刻"戒励子弟,使无愆过"②。君臣同治乱、共安危,协力同心以成治道,是唐太宗的一贯认识。在他看来,只有一个好的皇帝继承人还是治理不好国家的,必须同时培养整个一代的功臣子弟,"使无愆过",这才是解决"守成"问题的根本途径。

　　吴兢在总结唐太宗治国施政经验时,对于唐太宗如何要求和培养继承人的问题十分重视,除了散见于各个篇章外,还以该书第四卷整整一卷的篇幅,集中地汇编了有关这个问题的言论和事迹。吴兢是一位很有识见的历史学家,他阅历丰富,深知"守成"的艰难。更何况在当时他又目睹太宗后继者的所作所为已远远不及太宗,国家政治矛盾重重,危机四伏。他之所以详尽地辑录太宗君臣讨论"草创与守成"问题的言论,系统论述太宗严教子弟的种种措施,目的正是为了唤醒和警告太宗的后继者们,只有牢记住"居安思危""存百姓"的祖训,才能守住祖宗的家业,使李唐王朝代代相传。

---

① 《通鉴》卷一九八。
② 《君臣鉴戒》。

贞观之治，并非虚构

　　吴兢的《政要》，比较全面而系统地总结了贞观年间唐太宗治国安邦的基本方针和各项政策措施，事实上这是一部唐太宗治国施政纲领的记录。从这一部施政经验的汇编中，人们可以清楚地看到，唐太宗君臣在讨论军国大事、制订政策措施时，都是从总结历史上的经验教训入手的，特别是隋亡之鉴，在《政要》一书中，谈到的竟达 40 多处。波澜壮阔的农民大起义，在短暂的时期内，就把隋王朝这个庞然大物打翻在地，给亲身参加过反隋斗争的唐太宗留下了极其深刻的印象，使他比较清醒地认识到人民群众的巨大威力，深深感到民心的不可侮，民力的不可滥用。"天子者，有道则人推则为主，无道则人弃而不用。""舟所以比人君，水所以比黎庶。水能载舟，亦能覆舟"等语言，对于唐太宗来说，绝不是什么无从捉摸的空洞说教，而是有其生动、丰富的而且也是极其可怕的内容。他那"为君之道，必须先存百姓"的原则，就是在这个前提下产生和确定的，以图缓和阶级矛盾，调整生产关系。当然，唐太宗的所谓"存百姓"，目的并不是真正为了百姓，它无非是个旗号而已。真正的用意在于巩固封建专制统治，维护李唐王朝的长远利益。但是，我们认为，不管唐太宗的主观愿望和真实目的如何，而他所制订的治国施政纲领和方针政策，的确都是从这个基点出发的。轻徭薄赋、不误农时、不使民怨，注意徭役赋税大致控制在所谓"法定"数字的范围之内，这在客观上为当时农业生产的恢复和发展、社会经济文化的繁荣和兴盛，创造了有利的条件。同时，由于唐太宗又能比较主动地对封建政权进行必要的改革，特别是采取种种措施，调整统治阶级的内部关系，建立起一个比较协调、稳定的上层统治集团，使得"安人宁国""存百姓"的治国方针得到基本的贯彻，从而造就了一个比较安定的社会环境，通过广大劳动人民的辛勤劳动，使得经济、文化、科学技术都达到了一个前所未有的繁荣的阶段，推动了中国封建社会发展到了它的高峰，即使在当时的世界范围来说，唐朝也是领土最广大、经济最发达、文化最昌盛的头等强国之一。这些众所周知的史实，这里无需多说。总之，我们认为，"贞观之治"并非虚构，它的出现也绝非偶然，而是与唐太宗君臣的努力和贡献是分不开的。他们能够顺应历史发展的潮流，制订出一系列有利于政治、经济、文化发展的政策措施,推动了整个社会的前进。唐太宗虽是一位封建时代的帝王,但是他的所作所为,却不失为中国古代封建社会中一位杰出的政治家。

尽管吴兢由于阶级和时代的局限及其强烈的为现实政治服务的愿望,在《政要》一书中,主要是总结了唐太宗君臣治理国家、巩固统治的嘉言懿行、德治仁政,希望作为李唐后继者们治国施政的借鉴,但是对于唐太宗晚年政治上原来那种大有作为气魄的逐渐消失,生活上的日益奢靡逸乐、任情放纵的劣迹,也同样直书不讳。如贞观十二年,"唐太宗东巡狩,将入洛,次于显仁宫,宫苑官司多被责罚",大摆了唯我独尊、唯我独是的皇帝臭架子。对此,魏徵当即上书指出:"陛下今幸洛州……城廓之民未蒙德惠,官司苑监多及罪辜,或以供奉之物不精,又以不为献食,此则不思止足,志在奢靡,既乖行幸本心,何以副百姓所望!"①特别是在《慎终》篇,吴兢把魏徵在贞观十三年所上的《十渐不克终疏》,全文备载。在这篇奏疏中,用对比的方法,将唐太宗晚年政治上意气衰退、生活上放纵奢靡的变化,一一列举了出来,指出:"贞观之初,无为无欲,清静之化,远被遐荒……今则求骏马于万里,市珍奇于域外,取怪于道路,见轻于戎狄";"贞观之始,视人如伤,恤其勤劳,爱民犹子,每存简约,无所营为。顷年以来,意在奢纵,忽忘卑俭,轻用大力";"贞观之初,求贤如渴,善人所举,信而任之,取其所长,惟恐不及。近岁以来,由心好恶,或众善举用之,或一人毁而弃之;或积年任而用之,或一朝疑而远之";如此等等,一共 10 件。单就这个奏疏便足以说明,由于封建帝王的阶级本性所决定,不管他如何重视总结历史经验,善于接受历史教训,从来也没有人能够"克终俭约"贯彻始终的。身为"拨乱创业之主",自称"百姓艰难,无不谙练"②的唐太宗也不例外。吴兢在《慎终》篇的最后一章,精心地安排了贞观十六年唐太宗与魏徵关于如何永远保住皇帝宝座的一席对话,并以魏徵所言"陛下圣德玄远,居安思危,伏愿陛下常能自制,以保克终之美,则万代永赖",作为全书终篇的结束语,到头来也不过只是反映作者美好愿望的一句吉利话而已。但是由于吴兢的直书精神,在《政要》一书中,也为我们留下了研究和评价唐太宗的大量真实史料,为我们进一步探讨和分析"贞观之治"的来历提供了第一手的材料。有人认为《政要》一书,"歌功颂德有余,批判贬斥不足,甚至没有",

---

① 《行幸》。
② 《教戒太子诸王》。

未免失之于武断。

　　作为我国封建时代著名历史学家的吴兢，虽然没有留下独自撰写的一部史学名著，但就其所编辑的这部《贞观政要》，也足以使他名传千古。

　　　　　　　　（本文与魏得良合撰。原载《中国历史文献研究集刊》
　　　　　　　　第二集，湖南人民出版社 1981 年 12 月版）

《读通鉴论》述评

王夫之(1619—1692)是我国封建社会末期一位重要的思想家,也是一位杰出的史学评论家,他晚年所写的《读通鉴论》和《宋论》,是他史论著作中的代表作,对秦以后中国封建社会的历史,进行了系统的分析和评论,是人们熟知的史论名著。

在我国古代史学领域里,史论向来比较发达,先秦时期《左传》里的"君子曰"已发其端,秦汉之际则出现了贾谊《过秦论》这样的长篇史论著作。唐代刘知幾的《史通》,主要也是对史家、史著和历史编撰方法进行评论的史论著作。唐宋以后,撰写史论的人就更多了,司马光、苏轼兄弟、陈亮、叶适、郑樵、王世贞、李贽等,都是著名的史论作者。不过他们所写的史论,都还是比较片段和零碎的。对古代历史进行系统分析评论并写成专著的,那还只有王夫之和他的《读通鉴论》。

《读通鉴论》30卷,其中评论秦史的1卷,两汉史8卷,三国史1卷,两晋史4卷,南北朝史4卷,隋史1卷,唐史8卷,五代史3卷。每卷根据《资治通鉴》所列帝王世系,又分为若干篇;每篇则选择这一时期的历史事件和历史人物若干,进行分析和评论。卷末附《叙论》4篇,集中说明该书的写作意图和指导思想。这是一部根据《资治通鉴》所载史事,用评论历史的形式,来阐发自己的政治主张和历史哲学的史论学著。

一、"贵乎史者,述往以为来者师"

王夫之写作《读通鉴论》,目的是要从历代史事的演变中,找出"经世之大略",吸取历史上的经验教训,以为当前的现实斗争服务。他说:"所贵乎史者,述往以为来者师也。为史者,记载徒繁,而经世之大略不著,后人欲得其得失之枢机以效法之无由也,则恶用史为?"①这一段话,可以说是他研究历史、评论历史最终目的之自我表白。他在解释《资治通鉴》这部书名、阐释"资治"两字的含义时,对于"经世致用"的史学思想又作了进一步说明,提出"'资治'者,非知治知乱而已也,所以为力行求治之资也。"这就是说,研究历史,不仅在于"知治知乱",更重要的必须以此作为"力行求治之资"。如果读了历史而起不了任何作用,那就势必变成"玩物丧志"。所以他说:"览往代之治而快然,览往代之乱而愀然,知其有以致治而治,则称说其美;知其有以召乱而乱,则诟厉其恶;言已终,卷已掩,好恶之情已竭,颓然若忘,临事而仍用其故心,闻见虽多,辨证虽详,亦程子所谓'玩物丧志'也。"但是要从历史研究中获得"资治",也不是一件简单的事。尤其是历史上的善恶是非、成败兴亡,往往互相依伏,变化多端,因此必须用心推敲,认真剖析,掌握其精神实质之所在,要"设身于古之时势,为己之所躬逢;研虑于古之谋为,为己之所身任。取古人宗社之安危,代为之忧患,而己之去危以即安者在矣;取古昔民情之利病,代为之斟酌,而今之兴利以除害者在矣。得可资,失亦可资也;同可资,异亦可资也。故治之所资,惟在一心,而史特其鉴也。"这就说明,能否从历史研究中得到"资治",关键在于人的主观能动性。只有充分发挥人的主观能动作用,才能做到"得可资,失亦可资","同可资,异亦可资",左右逢源,运用自如。因为历史毕竟只是一面镜子,"照之者"还是在人。对待历史上的经验教训,必须有一个正确的态度,要在充分了解其精神实质的前提下,再加以学习借鉴,切忌教条主义的生搬硬套,否则就只能作形式的模拟而失去其精髓,结果只能是貌同而心异,形合而神离。"故论鉴者,于其得也,而必推其所以得;于其失也,而必推其所以失。其得也,必思易其迹而何以亦得;其失也,必思就其偏而何以救失;乃可为治之资,而不仅如鉴之徒悬于室、无与照之者也。"这里明确提出,要真正从历史上吸取经验教训,必须做到两个"所以",两个"必思",只有这样,才能真正发挥历史这面镜子应有的借鉴作用,提供丰富有益的经验教训和学习榜样,从中使人们看到"君道在焉,国是在焉,民情在焉,边防在焉,臣谊在焉,臣节在焉,士之行己以无辱者在焉,学之守正而不陂者在焉。虽扼穷独处,而可以自淑,可以诲人,可以知道而乐",②而不至于使它成

---

① 《读通鉴论》卷六《光武》十。以下凡引用本书的,只注明卷数和篇名。
② 以上引文均见《叙论》四。

为"徒悬于室"的装饰品。正因如此,所以研究历史绝不是一桩可有可无之事。

《读通鉴论》是王夫之晚年的一部作品,成书于康熙二十六年(1687),当时他是怀着亡国之隐痛撰写此书的,因此书中所选择的评论和批判的史事与实例,都是针对着明末清初各种社会政治流弊而发的,正如他自己在《叙论》三所说,"此编所述","刻志兢兢,求安于心,求顺于理,求适于用"。鉴于明末党争误国,凡书中涉及前代党争者,无不予以反复贬斥,说他们"寻戈矛于不已","导人心于嚣讼而不可遏",①结果使得当时的人们"皆知有门户,而不知有天子"!②并愤慨地指出:"朋党兴,而人心国是如乱丝之不可理,将孰从而正之哉?"③要是这种弊端不加制止,任其自流,则"朋党恶得而禁,士习恶得而端,国是恶得而定"?④这类议论,书中屡见不鲜。只要把它和晚明统治集团内部党派斗争的风气相对照,我们就不难明白他反对朋党的用心之所在了。又如他痛于明朝的灭亡,对于清初征服者的仇恨,有时竟超过了他的阶级偏见,所以书中涉及少数民族统治中原的历史事件时,对"夷夏"之辨特别用力,大谈其"夷夏之大防"。他说:"呜呼!天下之大防,夷夏之大辨,五帝、三王之大统,即令桓温功成而篡,犹贤于戴夷狄以为中国主。"⑤对于历史上那些民族投降主义者,则一概加以无情地痛斥,他谴责了割让燕云十六州给契丹贵族以换取儿皇帝地位的石敬瑭,和为石敬瑭出谋划策的桑维翰;谴责了宋代的汉奸张邦昌和刘豫之流,指出这伙人"称臣称男,责略无厌,丑诟相仍,名为天子,贱同仆隶",⑥并把他们斥之为"祸及万世"的"万世之罪人"。⑦相反,那些曾为保卫边疆作出过贡献的人,则都一一予以称颂。对于历代封建统治者,王夫之是既反对他们"弃土",也反对他们"拓土",而在当时的现实条件下,他更为强调的是反对"弃土"。虽然,他所强调的"夷夏之辨",在今天看来,纯粹是狭隘的种族主义思想,毫无可取之处。不过从历史的条件来说,却是不宜苛责的。王夫之亲眼看到明朝亡于满洲贵族之手,这在当时的汉族士人看

---

① 卷二十六《文宗》五。

② 《文宗》一。

③ 《文宗》二。

④ 《文宗》八。

⑤ 卷十三《成帝》十四。

⑥ 卷三十《五代下》六。

⑦ 卷二十九《五代中》十六。

来,文明远为落后的满族征服汉族,无疑是奇耻大辱。特别是清兵所到之处,野蛮、残暴的杀掠,在历史上又属少见,"扬州十日""嘉定三屠",曾激起了强烈的民族仇恨。因此,在当时的历史条件下,起而号召抗清斗争,自然是属于进步的行为。正是基于这种思想认识,王夫之在书中对于历代统治者借用少数民族兵力镇压农民起义的暴行,他都严正地加以抨击。唐末统治者借沙陀兵镇压黄巢起义,书中作了反复的评述,显然他是借此历史题材以抨击吴三桂等人"借清兵"的罪恶行径的。

以上事实足以看出,王夫之的评论历史,绝不是泛泛地空论,而多是从"经世致用"这一目的着眼,是有所为而发的。他不但在《叙论》四中明白表示:"编中所论,推本得失之原,勉自竭以求合于圣治之本",而且还在书中一再强调,对于历史上治乱兴衰、成败得失的经验教训,必须善于学习,切忌形式模仿,更不能泥古不化,提出:"善法三代者,法所有者,问其所以有,而或可革也;法所无者,问其何以无,而或可兴也。跖遵而步效之,黠民乃骄,朴民乃困,治之者适以乱之。宽其所不可宽者,不恤其所可恤,恶足以与于先王之道乎?"①"鉴古酌今,以通天下之志而成其务,非循名责实泥已迹者之所与知久矣。"②这一切都充分表明,王夫之所以重视历史的研究和评论,其目的就在于"述往以为来者师"。

二、"论史者有二弊"

王夫之在《读通鉴论·叙论》三里,还提出了论史方面普遍存在着的两大弊端,他说:"论史者有二弊焉:放于道而非道之中,依于法而非法之审,褒其所不待褒,而君子不以为荣,贬其所不胜贬,而奸邪顾以为笑,此即浅中无当之失矣;乃其为弊,尚无伤于教、无贼于民也。抑有纤曲崛琐之说出焉,谋尚其诈,谏尚其谲,微功而行险,干誉而违道,奖诡随为中庸,夸偷生为明哲,以挑达摇人之精爽而使浮,以机巧裂人之名义而使枉;此其于世教与民生也,灾逾于洪水,恶烈于猛兽矣。"这里一方面批判了貌似正经而实属迂腐的庸俗史论,另一方面又反对了那种"纤曲崛琐之说"的诡异史论。在王夫之看来,前

---

① 卷二十八《五代上》五。
② 卷二十《唐高祖》八。

者还只是属于肤廓无聊、"浅中无当之失",无害于世道人心,无损于社会风俗;而后者那种"卑污之论",则导人脱离正规,走向邪路,"于世教与民生","灾逾于洪水,恶烈于猛兽",这种情况如果听之任之,必将贻害无穷。为此,他主张评论历史,一定要针对具体史实,进行实事求是的分析,做到有的放矢,切忌千篇一律、空洞无物的说教,和歪曲事实、主观唯心的臆断。同时,对于那些人所共知的人和事,虽"极词以赞而不为加益,闻者不足以兴;极词以贬而不为加损,闻者不足以戒"的,也没有必要重复前人再作繁词累说的褒贬。他自己写作《读通鉴论》一书时,就是按照这个主张实践的。他说:"故编中于大美大恶、昭然耳目、前有定论者,皆略而不赘。推其所以然之由,辨其不尽然之实,均于善而醇疵分,均于恶而轻重别,因其时,度其势,察其心,穷其效。"①因为历史事件是千变万化的,历史人物也是千殊万别的,如果不进行深入具体的分析,而是简单地"以一言蔽千古不齐之事变",这样的结论,则"适以自蔽而已",②是不可能符合于"万世不易之公理",达不到"经世致用"之目的的。所以同样一个"义",而"有一人之正义,有一时之大义,有古今之通义;轻重之衡,公私之辨,三者不可不察。以一人之义,视一时之大义,而一人之义私矣;以一时之义,视古今之通义,而一时之义私矣;公者重,私者轻矣,权衡之所自定也。三者有时而合,合则亘千古、通天下、而协于一人之正,则以一人之义裁之,而古今天下不能越。有时而不能交全也,则不可以一时废千古,不可以一人废天下"。桓温和刘裕二人同是抗表伐敌,对两者的评论就不能作一样的要求:"桓温抗表伐李势,讨贼也。李势之僭,溃君臣之分也;温不奉命而伐之,温无以异于势。论者恶其不臣,是也,天下之义伸也。刘裕抗表以伐南燕,南燕,鲜卑也。慕容氏世载凶德以乱中夏,晋之君臣弗能问,而裕始有事,暗主不足与谋,具臣不足与议,裕无所可奉也。论者亦援温以责裕,一时之义伸,而古今之义屈矣。"③

基于上述主张,王夫之还提出对于历史人物,不仅要"因其时,度其势,察其心,穷其效",来评论其为人之邪正,立言之是非,做事之功罪,而且还要注意不能盲目地全盘肯定或否定,好之中往往有坏,坏之中也许有好,要做到瑕

① 《叙论》二。
② 卷二十六《武宗》五。
③ 以上引文均见卷十四《安帝》十四。

瑜不掩,功过分明,既不以人废言,亦不以言废功,并举例作了具体的说明。他说:"谋国而贻天下之大患,斯为天下之罪人,而有差等焉。祸在一时之天下,则一时之罪人,卢杞是也;祸及一代,则一代之罪人,李林甫是也;祸及万世,则万世之罪人,自生民以来,唯桑维翁当之。"①奸邪者如此,正面的肯定人物也同样如此。这就说明,评论历史人物,必须通过具体分析,作出恰如其分的评论,而不能绝对化。作为封建史学家的王夫之,能够提出这样的看法和主张,应该说是很可贵的。不仅如此,他在书中还指出,一个人的所作所为,往往有这样的情况:"以一时之利害言之,则病天下;通古今而计之,则利大而圣道以弘"。如"汉武抚已平之天下,民思休息。而北讨匈奴,南诛瓯、越,复有事西夷,驰情宛、夏、身毒、月氏之绝域。天下静而武帝动,则一时之害及于民而怨蕴起。……然因是而贵筑、昆明垂及于今而为冠带之国";②匈奴则"垂及哀、平,而单于之臣服不贰"。③ 可见王夫之在评论历史人物和历史事件时,还注意到暂时的利益与国家民族的长远利益相结合之原则。只要对国家、民族有长远利益的,即使"以一时之利害言之,则病大卜",也仍然应当予以积极的肯定。正因如此,他对许多历史事件和历史人物的评论,能够大胆突破前人的传统看法。唐朝中叶以王叔文、王伾为首的"二王八司马"政治集团的革新活动,向来是"以邪名古今",而历史学家没有辨清事实真相,就随声附和地加以记载,于是"恶声一播,史氏极其贬诮,若将与赵高、宇文化及同其凶逆者"。王夫之认为这是极不公道的。他说:"平心以考其所为,亦何至此哉!自其执政以后,罢进奉、宫市、五坊小儿,贬李实,召陆贽、阳城,以范希朝、韩泰夺宦官之兵柄,革德宗末年之乱政,以快人心、清国纪,亦云善矣。"④王夫之的这个结论,显然是符合历史的真实情况的。又如他对司马光"牛、李维州之辨"错误论断的批评,也是很令人信服的。他说:"牛、李维州之辨,伸牛以诎李者,始于司马温公。公之为此说也,惩熙、丰之执政用兵生事,敝中国而启边衅,故崇奖处镦之说,以戒时君。夫古今异时,强弱异势,战守异宜,利害异趣,据一时之可否,定千秋之是非,此立言之大病,而温公以之矣。"⑤这个批评

---

① 卷二十九《五代中》十六。
② 卷三《武帝》十五。
③ 卷五《王莽》二。
④ 卷二十五《顺宗》。
⑤ 卷二十六《文宗》四。

不仅合情合理,而且还深刻地揭示了司马光之所以作出违背历史真实的评论,根源在于他以当前的政治斗争需要为标准,来论定前人的功罪是非,利用历史事件大做政治文章,达到反对王安石变法之目的。这个批判确是一针见血,击中了司马光的要害。对于刘晏的理财,王夫之也曾尽力为其辩白:"言治道者讳言财利,斥刘晏为小人。晏之不得为君子也自有在,以理财而斥之,则倨骄浮薄之言,非君子之正论也。"他还指出,刘晏理财之时,正当"兵兴之日","非宇文融、王铁、元载之额外苛求以困农也"。而其理财的目的,则是为了"使自有余息以供国,而又以蠲免救助济民之馁瘠","仁民也,非以殃民也"。再察其理财的效果,又是户口大增,"兵兴以来,户不过二百万,晏任财赋之季年,增户百万,非晏所统者不增"。于是得出结论说:"晏体国安民之心,不可没矣","晏之于财赋,君子之用心也,不可以他行之瑕责之也。"最后,对于那些斥刘晏为小人的所谓"君子"们则进行了有力的反驳:"晏死两年,而括富商、增税钱、减陌钱、税间架,重剥余民之政兴,晏为小人,则彼且为君子乎?"①这一批驳确是入木三分,深刻有力。

作为封建史学家的王夫之,评论历史能够提出这些独到的主张,确是很有见识的。尽管有些评论并不完全确当,但从总体来看,仍不愧为一位别具史识的卓越的史学评论家。

三、"知人安民,帝王之大法"

一个国家能不能治理得好,关键在于君主能否抓好治国的方针政策,这是王夫之在《读通鉴论》一书中所反复强调的重要思想。他明确提出:"纲纪者,人君之以统天下,元戎之以统群帅,群帅之以统偏裨者也。"②在纲纪不乱的前提下,君主只要能够牢牢掌握住几大要害性措施,做到"择得其人","知人安民",那么大权就不至于旁落了。他说:"国之大政,数端而已;铨选也,赋役也,刑狱也,乃其绪之委也,则不胜其冗,择得其人而饬之以法,士不废,民不困,而权亦不移。"③又说:"安民也,裕国也,兴贤而远恶也,固本而待变也,

① 卷二十四《德宗》五。
② 卷十三《东晋元帝》四。
③ 卷十五《文帝》三。

此大纲也。大纲圮而民怨于下,事废于官,虚誉虽腾,莫能掩也。"①这就是说,君主治国,必须抓住大纲,而大纲之精意,在于"安民"而"固本","兴贤而远恶"。做国君的,唯有懂得"知人""安民",一切问题才能迎刃而解。所以他明确提出:"知人安民,帝王之大法也。"②

王夫之深深懂得,一个国家,如果没有一批有才有识、富有治国经验的得力人才,这个国家的寿命就不可能长久;而对于国君来说,首要的任务便是"知人",即必须善于发现、识别和使用人才,特别是要善于识别和防止野心家操纵国家大权。因为用人的好坏,直接关系到千家万户的生活能否得到安宁,更密切关系到国家的命运和君主本人的安危,绝不能掉以轻心。"自唐以来,人主之速趋于亡者,皆以姑息养强臣而倒授之生杀之柄,非其主刚核过甚而激之使叛也。"③因此,"用人行政",必须"交相扶以国治",否则,"失其一,则一之仅存者不足以救;古今乱亡之轨,所以相寻而不舍也"。④ 反之,如果用得其人,政治清明,则民不受害,而国家的命运自然也就可以久长了。

不仅如此,王夫之还进一步认识到民为邦本,本固邦宁的重要性,指出要使天下太平,政权巩固,做国君的同时必须懂得治民之术,让人民得以安居乐业。他说:"古之称民者曰'民喦'。上与民相依而立,同气同伦而共此区夏者也,乃畏之如喦也或? 言此者,以责上之善调其情而平其险阻也。"⑤这就说明,君主与百姓本应相依为命,要是老百姓无法生活下去,做君主的也就不可能有安宁的日子。那么怎样才能做到"安民"呢? 王夫之认为,这倒并不需要做国君的该向百姓赐予什么,而只是要求他们做到"轻徭薄赋,择良有司以与之休息",使百姓"自得其生",这样,社会自然也就"辑宁"了。⑥

可是,在长期的封建社会里,绝大多数的封建帝王都达不到这个"知人安民"的要求,劳苦大众经常处于饥寒交迫的困境之中。对此,王夫之是深表同情的,他说:"民之可悲者,聂夷中之诗尽之矣。其甚者,不待二月而始卖新丝,五月而始粜新谷也。君之愚也,促之甚,则民益贫;民益贫,则税益逋;耕

---

① 卷十《三国》二十三。
② 卷二十一《高宗》八。
③ 卷三十《五代下》三。
④ 卷十一《晋》五。
⑤ 卷二十七《懿宗》二。
⑥ 卷十九《隋文帝》十一。

桑之获,止有此数,促之速尽,后虽死于桁杨,而必无以继;流亡日苦,起为盗贼,而后下蠲逋之令,计其所得,减于缓征者,十之三四矣;何其愚也！迫促之令,君慻而不知计,民惴而不敢违。墨吏得此以张其威焰,猾胥得此以仇其罔毒,积金屯粟之豪民得此以持贫民之生死,而夺其田庐子女。乱世之上下,胥以迫促为便,而国日蠹、民日死,夫谁念之？"①因此,他提倡"王者之爱养天下,如天而可以止矣,宽其役,薄其赋,不幸而罹乎水旱,则蠲征以苏之,开粜以济之。而防之平日者,抑商贾,禁赁佣,惩游惰,修陂池,治堤防,虽有水旱,而民之死者亦仅矣"②。并主张实行"惩有司之贪,宽司农之考"③。在他看来,这便是达到"安民"的唯一良策。所以他说:"以治民之制言之,民之生也,莫重于粟;故劝相其民以务本而遂其生者,莫重于农。"④

基于上述的思想认知,王夫之在评论统治者的政治作风和治国方术时,反对严刑峻法,主张宽柔之策。他批评"曹操以刻薄寡恩之姿,惩汉失而以申、韩之法钳网天下……士困于廷,而衣冠不能自安;民困于野,而寝处不能自容。故终魏之世,兵旅亟兴,而无敢为崔苇之寇,乃蕴怒于心,思得一解网罗以优游卒岁也,其情亟矣"。而赞扬"汉之延祀四百,绍三代之久长,而天下戴之不衰者,高帝之宽,光武之柔,得民而合天也"⑤。他还特别赏识和敬佩汉光武以"柔道"治理百姓的经世之略,认为光武帝之所以得天下,"岂有他哉？以静制动,以道制权,以谋制力,以缓制猝,以宽制猛而已"⑥。"自三代而下,唯光武允冠百王矣。"⑦十分明显,在王夫之的心目中,唯有实行宽柔之策的人,才能得民心而使"本固邦宁";相反,凡是严刑峻法、"趋利徼功"的人,则如同"锻铁者,急于反则折"一样,⑧是不可能达到这个目的的。

王夫之还进一步指出,"天下者,非一姓之私也"⑨。因此,要求做国君的必须目光远大,切不可做专事聚敛钱财的守财奴,并以历史上号称"小贞观"

---

① 卷二十四《德宗》三十五。
② 卷十九《隋文帝》六。
③ 卷五《哀帝》二。
④ 卷十四《孝武帝》四。
⑤ 卷十《三国》三十一。
⑥ 卷六《光武》八。
⑦ 卷六《光武》十。
⑧ 卷十二《怀帝》六。
⑨ 卷十一《晋》一。

的唐宣宗统治为例,说明由于一意搜括,不顾人民死活,结果种下了亡唐的严重祸根,他说:"宣宗非有奢侈之欲,而操综核之术,欲尽揽天下之利权以归于己。……于是搜括无余,州郡皆如悬磬,而自诩为得策,曰:吾不加敛于民,而财已充盈于内帑矣。乱乃起而不可遏矣。唯其积之已盈也,故以流艳懿宗之耳目,而长其侈心。一女子之死,而费军兴数十万人之资。帛腐于笥,粟陈于廪,钱苔于砌。狡童何知,媚子因而自润,狂荡之情,泰然自得,复安知天下之空虚哉?"①唐朝末年为什么会爆发规模巨大的农民起义,以至"君之身弑国亡,子孙为戮",王夫之认为"非必民之戕之也,自有戕之者矣"。② 所谓"自有戕之者",就在于君主本身不正,政令不行,"上崇侈而天下相习以奢","懿、僖之世,相习于淫靡,上行之,下师师以效之,率土之有司胥然","是纵千百暴君贪主于天下,而一邑之长皆天子也,民其能不死,国其能不乱乎"?③ 因此,若要真正实现"本固邦宁"的局面,除了反对暴政,反对行申、韩之术,实行轻徭薄赋等政策之外,还得大力要求"为政者,廉以洁己,慈以爱民,尽其在己者"④。也就是说,做国君的首先必须严于律己,身体力行。因为在王夫之看来,"天子者,化之原也;大臣者,物之所效也。天子大臣急于功,则人以功为尚矣;急于位,则人以位为荣矣。俭者,先自俭也,让者,先自让也,非可绳人而卑约之者也"⑤。又说:"身教立,诚心喻,德威著,塞蒙心之贪戾,而相沐以仁让。故曰:'蒙以养正,圣功也'。身之不正,何以养人哉?"⑥他把君主的言传身教,看得比任何政策法令都来得重要。其次是对于整个国家的各级官吏,也必须加以严肃认真的整治。而要整顿好官吏队伍,就得从"严之于上官"做起。他说:"将责上官以严纠下吏之贪,可使无所容其私乎? 此尤必不可者也。胥为贪,而狡者得上官之心,其虐取也尤剧,其馈献也弥丰;唯琐琐箪豆之阄吏,吝纤芥以封殖,参劾在前而不恤,顾其为蠹于民者,亦无几也。且有慎守官廉,偶一不检而无从置辩者矣。故下吏之贪,非人主所得而治也,且非居中乘宪者之所容纠也,唯严之于上官而已矣。严之于上官,而贪息于

① 卷二十七《懿宗》三。
② 卷二十七《僖宗》九。
③ 《僖宗》一。
④ 卷十九《隋文帝》十。
⑤ 卷十二《愍帝》二。
⑥ 卷六《光武》三十七。

守令,下逮于簿尉胥隶,皆喙息而不敢逞。"这一番议论,真可谓经验之谈,他抓住了封建社会官吏贪赃枉法的普遍规律,即:"上官之虐取也,不即施于百姓,必假手下吏以为之渔猎",而下吏则阿谀奉迎,处处投上官之所好,上下勾结,于是"其虐取也尤剧,其馈献也弥丰"①,而百姓则遭殃更甚。针对这一社会弊端,他提出了要"严纠下吏之贪","唯严之于上官而已"的解决办法。但事实上,在封建社会里要扫除这一不正之风是根本办不到的,这一点当然是王夫之所不可能认识到的。

另外,王夫之还一再告诫君主,自己的一言一行,事关重大,切忌随心所欲,因为"君操宗社生民之大命,言出而天下震惊,行出而臣工披靡,一失而贻九州亿万姓百年死亡之祸"②。所以他要求君主在治国过程中,必须从实际出发,"平其情以听物之顺逆",而不能主观地违背事物的发展规律,"挟意以自居于胜"③。明确提出:"成天下之务者,因天之雨旸,就地之险易,任人之智力,为其所可为,不强物以自任;则以理繁难、试艰危、通盈虚、督偷窳、禁盗侵,无不胜也。自宋以后,议论猥多,而不可用者,唯欲以一切之术,求胜于天时、人事、物力,而强以从己而已矣。"④无数的历史事实证明,凡是不从实际出发,不顾客观条件,一切"唯意以乱法","强以从己"者,没有不遭到惩罚的。而王夫之在他那个时代,就能从理论上阐述做工作、治国家,必须顺应"天时、人事、物力",适应事物发展规律,"为其所可为,不强物以自任",不主观臆断,"不挟意以自居于胜",要求遇事头脑冷静,做到"平其情以听物之顺逆",是非常可贵的。这些论断,不仅在当时具有现实意义,就是在今天也同样可以受到不少有益的启迪。

王夫之之所以把"知人安民"视为君主巩固政权的关键和"帝王之大法",显然与他的君民观有着密切的关系。在他看来,君主与百姓之间,是互相依存的,"'君非民,罔以立;民非君,罔克胥匡以生'。名与义相维,利与害相因,情自相依于不容已"。因此他说:君"'作善,降之百祥;作不善,降之百殃'。……君惟纵欲,则忘其民;民惟趋利,则忘其君。欲不可遏,私利之情不自禁,

---

① 以上引文均见卷二十八《五代上》十七。
② 卷十二《怀帝》八。
③ 卷二十三《肃宗》十一。
④ 卷二十二《玄宗》十四。

于是乎君忘其民而草芥之,民忘其君而寇仇之,夫乃殃不知其所自生,而若有鬼神焉趋之而使赴于祸。"①为此,他对于李翯戒子的一段话十分赞赏:"翯之戒诸子曰:'从政者审慎赏罚,勿任爱憎,折狱必和颜任理,用人无间于新旧,计近不足,经远有余。'是说也,岂徒其规模之弘远哉?内求之好恶之萌以治其心,与天相顺,循物以信;三代以下不多得之于君子者,而翯以偏方割据之雄,能自求以求福;推此心也,可以创业垂统、贻百世之休矣。"②不仅如此,他甚至还说:"苟有知贵重其民者,君子不得复以君臣之义责之,而许之以为民主可也。"③可见他对于那些能够"贵重其民"的君主,是何等的称颂!但是,王夫之理想中的这种所谓"民主",与其说是中国封建社会专制主义统治末期的思想产物,倒不如说是儒家传统"仁政"思想的集中反映更恰当一些。

四、"明君之治,择守令而已"

在中国长期的封建社会里,许多著名的政治家和史学家,都非常重视人才的培养和任用。千百年的历史事实证明,凡是有作为的国君,总是在自己的周围集结着一大批各有所长的人才。一个国家能否治理得好,关键固然决定于治国的方针政策如何,但在很大程度上也取决于是否拥有一大批富有才识、经验的人才,因为方针政策总得要有人去执行。唐朝前期所以能够出现"贞观之治",其中一个很重要的因素,就因为唐太宗李世民非常重视并且善于用人,他把"为官择人"视为治国安邦的根本。北宋大史学家司马光不仅在《进修心治国之要札子》中明确提出:"致治之道有三:曰任官,曰信赏,曰必罚。"④并且在《资治通鉴》一书中,对举贤用能、信赏必罚的史实,给予极大的注意和突出的叙述,强调"为治之要,莫先于用人"⑤。同样,王夫之在《读通鉴论》中,对人才问题的评论也是非常重视,他把人才的教育和培养,看成是"固国之根本"⑥,若"国无可用之人则必亡"⑦。秦王朝之所以短祚,王夫之认为

①③　卷二十七《僖宗》九。

②　卷十四《安帝》十一。

④　《司马文正公传家集》卷四十六。

⑤　《资治通鉴》卷七十三。

⑥　卷十四《孝武帝》七。

⑦　卷二十六《宣宗》八。

主要就是由于用人不当,坏人篡权。他说:"秦始皇之宜短祚也不一,而莫甚于不知人。非其不察也,惟其好谀也。托国于赵高之手,虽中主不足以存,况胡亥哉!"①而对于曹操之善于用人则非常赞赏,并曾先后把他与诸葛亮、刘裕作对比,说明善于团结、选择和培养人才,是曹操取得成功的重要因素。他说:"夫大有为于天下者,必下有人而上有君。"诸葛亮虽是一位杰出的政治家,可是他由于"上非再造之君,下无分猷之士,孤行其志"②,不能很好地施展自己的才能,因此要想取得成功,自然是很难想象的了。曹操则不然,他"推心以待智谋之士,而士之长于略者,相踵而兴"③,加之"曹操又能用人而尽其才,人争归之"④,结果是"魏足智谋之士,昏主用之而不危"。从这对比中,王夫之得出结论说:"故能用人者,可以无敌于天下!"⑤刘裕的情况也一样,由于他"起自寒微,以敢战立功名,而雄侠自喜,与士大夫之臭味不亲。……当时在廷之士,无有为裕心腹者",加之"裕又无驭才之道",因此尽管"裕之为功于天下,烈于曹操,而其植人才以赞成其大计,不如操远矣"。和刘裕相反,曹操"方举事据兖州,他务未遑,而亟于用人;逮其后而丕与睿犹多得刚直明敏之才,以匡其阙失"。于是王夫之又得出结论说:"曹操之所以得志于天下,而待其子始篡者,得人故也。岂徒奸雄为然乎?圣人以仁义取天下,亦视其人而已矣。"⑥可见在王夫之看来,即使是一个有作为的君主,如果不善于"得人"、"用人",在自己周围聚集一大批才识之士,要想治理好国家也是不可想象的。

王夫之在论述用人的过程中,还特别强调宰相人选的重要性,因为下级官吏都要通过宰相来选拔,国家大政也得依靠宰相去推行。他说:"明君之治,择守令而已;守令不易知,择司铨司宪者而已。司铨司宪者,日在天子之左右,其贤易辨也。而抑得贤宰相以持衡于上,指臂相使,纲维相掣,守令之得失,无不可通于密勿,则天子有德意而疾通于海内,何扞格之有乎!"⑦宰相选定之后,他认为就要做到"既任而信之,坦衷大度以临之",⑧切忌猜疑之心。若"上多猜,则忠直果断之士不达;上多猜而忠直果断者诎,则士相习于苴靡,

---

① 卷一《秦始皇》三。
②④ 卷十《三国》五。
③⑤ 卷十《三国》十一。
⑥ 卷十四《安帝》二十一。
⑦ 卷三十《五代下》十六。
⑧ 卷十五《明帝》五。

虽有贞志,发焉而不成"①。同时还要授之以实权,不能徒拥虚名,"宰相无权,则天下无纲,天下无纲而不乱者,未之或有。权者,天子之大用也。而提权以为天下重轻,则唯慎于论相而进退之。相得其人,则宰相之权,即天子之权,挈大纲以振天下,易矣。宰相无权,人才不由以进,国事不适为主,奚用宰相哉?奉行条例,画敕以行,莫违其式而已。宰相以条例行之部寺,部寺以条例行之镇道,镇道以条例行之郡邑,郡邑以条例行之编氓,苟且涂饰以应条例,而封疆之安危,群有司之贤不肖,百姓之生死利病,交相委也,抑互相容以仇其奸也。于是兵瘁于边,政弛于廷,奸匿于侧,民困于野,莫任其咎,咎亦弗及焉。宰相不得以治百官,百官不得以治其属,民之愁苦者无与伸,骄悖者无与禁,而天子方自以为聪明,遍察细大,咸受成焉,夫天子亦恶能及此哉"?"上揽权则下避权,而权归于宵小。天子为宵小行喜怒,而臣民率无以自容。……无权则焉用相哉"?② 这一番议论,把天子独揽大权、宰相徒具虚名的种种弊端备述无遗,说明君主即使"得人",但不能"用人",最终仍将大权旁落,入于小人之手,害己害民。可见在王夫之看来,一个国君若要达到"本固邦宁"的治国目的,首先必须做到宰相得其人,守令获其选,同时还要坦诚大度地信任他们,并授之以实权,使他们真正起到布宣君主德意、下情上达的桥梁作用。所以他把"择守令"视为"明君之治"的重要措施之一。

但是,要真正做到选得其人,还得广开才路,强调任人唯贤。他说:"惟用人之途广,而登进之数多,则虽有诡遇于倖门者,而惜廉隅、慎出处之士,亦自优游以俟,而自不困穷以没世。"③又说:"夫以族姓用人者,其途隘;舍此而博求之,其道广;然而古之帝王终不以广易隘者,人心之所趋,即天叙天秩之所显也。"④特别对那种替用人唯亲找借口,认为荐举富家子弟任官可以避免贪暴的荒谬论调,更是进行了尖锐有力的批驳,他说:"举富人子而官之,以谓其家足而可无贪,畏刑罚而自保,然则畏人之酗饮,而廷醉者以当筵乎? 富而可为吏,吏而益富,富而可赇其吏于子孙。毁廉耻,奔货贿,薄亲戚,猎贫弱,幸而有赀,遂居人上,民之不相率以攘夺者无几也。自非嬴氏为君、商鞅为政,

---

① 卷十五《顺帝》。
② 卷二十六《宣宗》四。
③ 卷十一《晋》十一。
④ 卷十五《文帝》十一。

未有念及此以为得计者也。"①这一批驳,确属真知灼见,令人信服。当然,若是真有才识,并且出于公心,王夫之也并不反对推举自己的亲友出来任职:"人臣以社稷为己任,而引贤才以共事,不避亲戚,不避知旧,不避门生故吏,唯其才而荐,身任疑谤而不恤,忠臣之效也。"②

王夫之鉴于历史上许多朝代亡于朋党的事实,特别是明末党争误国的惨痛教训,深深感到"国家之大患,人臣之巨慝,莫甚于自相朋比,操进退升沉于同类之盈虚,而天子特为其酬恩报怨、假手以快志之人"③。为了防止这种弊端的出现,他主张用人必须审慎,即不能光听其言,因为"听言以用人,不惑于小人,而能散朋党以靖国,盖亦难矣";更重要的还应观其行,"听之而试之察之,验其前之所已效,审其才之所可至,而任之也可以不疑。假不如其言,而覆按之,远斥之,未晚也"。同时他还特别批驳了用人问题上那种恤私忘公、论资排辈的论调:"有人于此,而或为之言曰:是久抑而宜伸者也;是资望已及,当获大用而或沮之者也;是其应得之位禄与某某等,而独未简拔者也;是尝蒙恩知遇,而落拓不偶,为人所重惜者也。如此,则挟进退以为恩怨,视荣宠为己应得,以与物竞,而相奖于富贵利达,以恤私而不知有君父者矣,不待辨而知其为朋党之奸、小人之要结矣。"④不过要真正做到消除朋党,不拉关系,国君本人必须以身作则,否则"天子而欲收贡士为私人,何怪乎举主门生怀私以相市也。此朋党之所以兴,而以人事主之谊所由替也"⑤。为此,他大声警告统治者:"人苟于天伦之际有私爱而任私恩,则自天子以至于庶人,鲜不违道而开败国亡家之隙,可不慎哉!"⑥

五、"人君之待谏以正,犹人待食以生"

如果说广开才路、选拔大批才华出众的有识之士充当官吏,是君主能否把国家治理得好的一个很重要的因素,那么广开言路、采纳来自各方的合理

① 卷三《景帝》六。
② 卷二十五《宪宗》十三。
③ 卷二十六《文宗》一。
④ 卷二十六《文宗》八。
⑤ 卷二十一《中宗》八。
⑥ 卷六《光武》三十二。

意见,就更成为君主治国必不可少的基本条件之一。因为君主独断专行,不能倾听大臣们的有益意见,即使人才搜罗再多,也起不到集思广益、共成政道的作用。在某种意义上说,广开言路往往比之广开才路显得更为紧要。这一点,王夫之也是有充分认识的。他说:"言路者,国之命也,言路芜绝而能不乱者,未之有也。"①他还说:"人君之待谏以正,犹人之待食以生也。绝食则死,拒谏则亡。"②把国君的求谏、纳谏视同一日三餐,天天不可缺少。不仅如此,他还进一步强调,求谏、纳谏不能只是局限于谏官的进言,而必须做到广泛地听取各方意见。他说:"谏必有专官乎? 古之明王,工瞽、庶人皆可进言于天子,故《周官》无谏职,以广听也。……谏有专官,而人臣之得进言于君仅矣。"③这就是说,只要君主真心求谏,则"无人不可谏,而何待于所举之人;何谏不可纳,何必问之考官之选"④。可是在封建社会中,真正能够认识到求谏、纳谏的重要性,做到"从谏如流"的君主却是少得十分可怜,大多数总都是拒听大臣之忠谏,而喜闻阿谀奉承之赞词,其结果往往加速了自己的覆亡。秦始皇就是个典型。所以他说:"拒谏者,古今之所谓大恶也。"⑤"好谀者,大恶在躬而犹以为善,大辱加身而犹以为荣,大祸临前而犹以为福;君子以之丧德,小人以之速亡,可不戒哉!"⑥但是,一个国君做到真正的纳谏,绝不是一件容易的事,既要奖励大家踊跃进言,又需善于鉴别、选择,所以王夫之说:"纳谏之道,亦不易矣。君无爵赏以劝之,则言者不进;以爵赏劝之,言者抑不择而进;故纳谏难也。"⑦这是因为进谏者中间,"有爱君无己而谏者,有自伸其道、自不忍违其心而谏者"⑧。因此,君主纳谏,必须审慎选择。特别是"人君当嗣位之初,其听言也,尤不容不慎也。臣下各怀其志于先君之世,而或不得逞,先君没,积愤懑以求伸,遂若鱼之脱于钩,而唯其洋洋以自得。斯情也,名为谋国,而实挟怨怼君父之心,幸其死以鸣豫者也"⑨。说明对谏者们的进言,

---

① 卷十四《安帝》二。

②④ 卷二十五《宪宗》六。

③ 卷十一《晋》二。

⑤ 卷十《三国》三十六。

⑥ 卷十二《愍帝》四。

⑦ 卷七《章帝》五。

⑧ 卷二十七《懿宗》五。

⑨ 卷七《章帝》二。

也并不是可以全部不加辨别地采纳的,其中有的人是怀着不可告人的目的,以上言劝谏为名,企图使君主按照他们的意图去办,若不谨慎而使奸计得售,必然祸及宗社。这种教训在历史上是不乏其例的。但是在王夫之看来,还有一种更为主要而普遍的情况,是由于社会上的种种因素,在大臣们中间真正能够做到秉公不阿、犯颜直谏的并不多见,以致出现"苟为欲治之君,乐其臣之敢言者有矣,而敢言之士不数进"①的反常现象。造成这种不敢直谏的原因究竟是什么? 王夫之曾作过十分深刻的分析,他指出:"受谏之难也,非徒受之之难,而致人使谏之尤难也。位尊矣,人将附之而恐逆之,然附尊位者,非知谏者也;权重矣,人将畏之而早已惴之,然畏权重者,非能谏者也;位尊而能屈以待下,权重而能逊以容人,可以致谏矣,而固未可也。所尤患者,才智有余,而勤于干理,于是乎怀忠欲抒者,夙夜有欲谏之心,而当前以沮,遂以杜天下之忠直,而日但见人之不我若,则危亡且至而不知。"②把封建社会的那种上下级关系揭露得清清楚楚。事实的确如此,在阶级社会里,凡是"位尊""权重"的人,难得有"屈以待下""逊以容人"的作风的,因此臣下那些"怀忠欲抒者",即使"夙夜有欲谏之心",也难免顾虑重重而不敢犯颜直谏了。只有极少数"轻宠辱、忘死生"的人,才敢"言之无忌"。③ 为此,王夫之从维护整个地主阶级封建统治的长远利益出发,一方面勉励大臣们应以宗社为重,秉公无私,尽忠进言,指出:"身为大臣,有宗社之责焉,缄口求容,鄙夫而已矣。"④另方面又告诫君主:"谏者以谏君也。迷声色,殖货利,狎宦戚,通女谒,怠政事,废学问,崇佛老,侈宫室,私行游,媟威仪,若此者谏官任之。大小群臣下逮于庶人,苟有言焉,则固天子所宜侧席而听者也。即言之过,而固可无忧也。"⑤王夫之认为,若能真正做到在上者乐于受谏,在下者敢于进谏,则"上下相亲,天下之势乃固"⑥。

---

① 卷六《光武》二十四。
② 卷十二《愍帝》六。
③ 卷二十《太宗》九。
④ 卷二十一《高宗》三。
⑤ 卷十一《晋》二。
⑥ 卷六《光武》十二。

六、"法贵简而能禁，刑贵轻而必行"

王夫之在统观历代治乱兴亡史实的基础上，于《读通鉴论》一书中，还提出要治理好国家则"政莫善于简"的主张，反对严刑峻法。他说："治天下以道，未闻以法也。道也者，导之也，上导之而下遵以为路也。……上以各足之道导天下，而天下安之。"①可见他在国家的治理上，是反对高压、力主教化的，因此对于立法量刑，他一再强调从简从宽、从柔从轻："法不可不简，而任之也不可不轻，此王道之所以易易也。"②"苛刻一行，而莫之知止，天下粗定，而卒召吏民之叛以亡。"③而书中对杨相如上言的评论，则更足以反映他的这一立政思想。他说："玄宗初亲政，晋陵尉杨相如上言曰：'法贵简而能禁，刑贵轻而必行。小过不察，则无烦苛；大罪不漏，则止奸慝。'斯言也，不倚于老氏，抑不流于申、韩，洵知治道之言乎！"④他还列举了历史上许多王朝的统治为例，说明凡是采用申、韩之法者，法密律繁，结果都没有好的下场。因此他深有感触地说："君愈疑，臣愈诈，治象愈饰，奸蔽愈滋，小节愈严，大贪愈纵，天子以综覈御大臣，大臣以综覈御有司，有司以综覈御百姓，而弄法饰非者骄以玩，朴愿自保者罹于凶，民安得不饥寒而攘臂以起哉！"⑤这一议论的确很有见识，凡斤斤于细枝末节者，必然视朝廷中无一好人，而真正的大奸大慝反而难以辨识，使之逃脱法网。但是，更为严重的恶果还在于："律令繁，而狱吏得所缘饰以文其滥，虽天子日清问之，而民固受罔以死。"⑥"法愈密，吏权愈重；死刑愈繁，贿赂愈章；涂饰以免罪罟，而天子之权，倒持于掾吏。南阳诸刘屡杀人而王莽不能问，皆法密吏重有以蔽之也。"⑦由此他得出的结论是：以法治天下则天下乱，以德治天下则天下安。

"治人"和"治法"是我国封建社会里政治家、史论家长期争论不休的老问

①　卷五《哀帝》二。

②　卷十六《武帝》四。

③　卷二十六《宣宗》二。

④　卷二十二《玄宗》一。

⑤　卷二十六《宣宗》六。

⑥　卷四《宣帝》四。

⑦　卷一《二世》六。

题。作为史论家的王夫之,在这个问题上,也曾发表过许多的议论,而在以往的研究中,有的说王夫之是主张"治法"的,有的则断言是主张"治人"的。我们认为后一种说法更符合王夫之的思想实际,他在《读通鉴论》里就曾明白地指出:"古今之大害有三:老、庄也,浮屠也,申、韩也。三者之致祸异,而相沿以生者,其归必合于一。不相济则祸犹浅,而相沿则祸必烈。"①我们只要通读全书,就可明白看出,王夫之对于申、韩的法治几乎是一骂到底,从不说一句好话的。他指出:"夫申、韩之以其术破坏先王之道者,岂不以为情理之宜,诛有罪以恤无辜乎?而一倚于法,天下皆重足而立。君子之恶其贼天下而殄人国脉者,正以其近于情理,易以惑人也。"②曹操的才能,诸葛亮的为人,都很受王夫之的钦佩和敬仰,但是对于他们两人之流于申、韩,又毫不掩饰地进行严厉的指斥,他说曹操"以申、韩为法,臣民皆重足以立;司马氏乘之以宽惠收人心,君弑国亡,无有起卫之者"③;"王道息,申、韩进,人心不固,而国祚不长,有自来也"④。

关于"治法"还是"治人",可以说王夫之是完全继承了荀子的主张。荀况在《君道》篇开宗明义便提出:"有治人,无治法。"认为治理好国家的关键是人而不是法。尽管法对于治理好国家具有非常重要的作用,但它毕竟是人制定的,最终还是决定于统治集团的人。王夫之在书中直接引用了荀子的这个观点,并进行了评述:"语曰:'有治人,无治法。'人不可必得者也,人乃以开治,而法则以制乱。"⑤"天下之将治也,则先有制法之主,以使民知上有天子、下有吏,而己亦有守以谋其生。"⑥他还一再强调:"治惟其人,不惟其法。"⑦"吏人之得失,在人而不在法。"⑧"法者非必治,治者其人也。"⑨"先王不恃其法,而恃其知人安民之精意。"⑩在王夫之看来,即使有了良法,也还得靠人去掌握和

---

① 卷十七《梁武帝》二十五。
② 卷二十六《宣宗》二。
③ 卷十一《晋》五。
④ 卷十《三国》七。
⑤ 卷十七《梁武帝》九。
⑥ 卷三十《五代下》十三。
⑦ 卷二十《太宗》三。
⑧ 卷二《文帝》十七。
⑨ 卷十九《隋文帝》四。
⑩ 卷二十一《高宗》八。

贯彻。唐太宗时所订定的一系列律令制度,就因为上有"太宗之明,足以折中群论而从违不爽"①,下有魏徵、房玄龄等得力大臣的贯彻和执行,才取得显著的成效。如果说,"使天下而可徒以法治而术制焉,裁其车服而风俗即壹,修其文辞而廉耻即敦,削夺诸侯而政即咸统于上,则夏、商法在,而桀、纣又何以亡?"②他还说:"治之敝也,任法而不任人。夫法者,岂天子一人能持之以遍察臣工乎?势且仍委之人而使之操法。"③十分明显,王夫之正是把"治人"视为治理好国家的关键的。而这种思想的产生,我们认为又与他所处的那个时代有其密切的关系。王夫之生活的明清时期,已经是中国封建社会的后期,封建的专制主义中央集权达到了高峰。而封建的专制集权,又突出地表现在法治主义上。就以明朝的末代皇帝崇祯而言,号称励精图治,其实正是一个任法使权、"沈机独断"的人物,史书记载他在政治上的作风是:"性多疑而任察,好刚而尚气。任察则苛刻寡恩,尚气则急剧失措。"④至于"东厂""诏狱""锦衣卫""镇抚司"等特务统治,更是明代封建专制主义实行法治的突出表现。这种统治方式,使得人人自危,最后走上了君弑国亡的道路。作为政治家的王夫之,从地主阶级的长远利益着想,在政治上要求尽可能地兼顾其他阶级的某一些利益,所以他不主张法治,并对"任法"进行了批评。

当然,王夫之也并不完全否定法律的作用,而是强调要有一个主次先后。他说:"法不可以治天下者也,而至于无法,则民无以有其生,而上无以有其民。"⑤"法未足以治天下,而天下分崩离析之际,则非法不足以定之。"⑥不仅如此,他还承认:"治道之裂,坏于无法。"⑦不过需要指出的是,王夫之虽然肯定法的作用,但更重视教化,认为在行法之前,先要进行教育,行其风教,养其廉隅,而反对以法律惩办为万能。所以他说:"治之不隆,教之不美,天子不自惭恧而以移罪于刺史乎?民犯大逆,而劾及刺史,于是互相掩蔽,纵枭獍以脱

① 卷二十《太宗》三。
② 卷二《文帝》十一。
③ 卷六《光武》二十一。
④ 《明史·庄烈帝纪》。
⑤ 卷三十《五代下》十三。
⑥ 卷二十三《代宗》十一。
⑦ 卷十七《梁武帝》二十六。

于网罟,天下之乱,风俗之坏,乃如河决鱼烂而不可止。"①可见他对教育这个环节是多么看重。

赏与罚,是治国行法过程中的一个重要手段,政策法令能否顺利推行,除了平时施以教化之外,就靠赏与罚了。所以王夫之说:"好恶赏罚,治乱之枢机,持之一念,岂易易哉!"②同时他还指出,君主实行赏罚,一定要按章办事,切忌凭一时之喜怒而以私意乱法,否则就会失去赏罚的重大作用。他说:"法者,非以快人之怒、平人之愤、释人之怨、遂人恶恶之情者也。"③又说:"帝王之诛赏,奉天无私,犹寒暑之不相贷也。"④尽管在封建社会里,真正做到赏罚分明是很难办到的,但王夫之能够提出这一要求,无疑仍然是很可贵的。正因为在治国行法过程中,赏罚起着重大的作用,所以王夫之告诫封建帝王必须慎重其事,罚既不宜过重,赏也不应过滥,罚要做到"小惩而大诫"、"惩一人而天下诫"⑤;赏要做到"慎重其赏,则一缣亦足以明恩,一级固足以昭贵;如其泛滥无纪,人亦何用此告身以博酒食邪? ……爵冗名贱,欲望天下之安,必不可得之数也"⑥。这就说明,罚不在重而应抓住要害,方可起到"惩一人而天下诫"的作用;赏不在多而要得当,才能收到"天下之安"的效果。

尤其值得注意的是,王夫之还批判了"刑不上大夫"的传统观念。他说:"先王之制法,所以沮不肖者之奸私,而贤者亦循之以寡过。"⑦"刑者,非大辟之谓也,罪在可杀,则三公不贷其死,而况大夫?"⑧主张在刑法面前,不论职位多高,应当一视同仁。又因为"法"是用来衡量功过、决定刑赏的客观标准,所以在定罪、给赏时,必须按罪定刑、论功行赏,不能轻重不一,更不可随心所欲,贪图一时之痛快。如果没有一个客观的标准可资遵循,"为相臣者,不能平静以审法,持法以立断,徒挟恶恶之心,大声疾呼,颒颜奋袂,与小人争邪正,以自祸而祸国也有余"⑨,那就必然会造成很大的混乱。但在事实上,国家大

---

① 卷二十《太宗》十八。
②⑨ 卷二十一《高宗》二。
③ 卷二十一《中宗》十三。
④ 卷二十三《代宗》八。
⑤ 卷三《武帝》二十一。
⑥ 卷二十四《德宗》十六。
⑦ 卷二十四《德宗》二。
⑧ 卷三十《五代下》二。

事又是非常复杂和经常变化的,"天下之大,田赋之多,人民之众,固不可以一切之法治之也"①。这就说明,所有法制,虽有其可因,但必须根据时代特点而加相应的变更,一成不变的法是没有的。

综上所述,王夫之的观点是非常明确的,他所主张的是"治人",但是他的"治人"也并不是不要法,而是强调一切之法皆由人而立,因人而行,人的好坏起着决定的作用。所以他得出结论说:"非法之难,而人之难也。"②

七、"一代之治,各因其时"

《读通鉴论》一书,不仅反映了王夫之的政治思想和他的历史方法论,同时也比较集中地反映了他的进化论的历史观。在书中,他通过对历史事实的评论,批驳了唐、宋以来的各种复古主义思潮,肯定了历史是发展进化的。他曾明确指出:"唐、虞以前,无得而详考也,然衣裳未正,五品未清,婚姻未别,丧祭未修,狉狉獉獉,人之异于禽兽无几也。……若夫三代之季,尤历历可征焉。当纣之世,朝歌之沈酗,南国之淫奔,亦孔丑矣。……春秋之民,无以异于三代之始。帝王经理之余,孔子垂训之后,民固不乏败类,而视唐、虞、三代帝王初兴、政教未孚之日,其愈也多矣。"及至李唐建国以后,则"伦已明、礼已定、法已正之余,民且愿得一日之平康,以复其性情之便,固非唐、虞以前茹毛饮血、茫然于人道者比也。以太宗为君,魏徵为相,聊修仁义之文,而天下已帖然受治,施及四夷,解辫归诚,不待尧、舜、汤、武也。垂之十余世而虽乱不亡。事半功倍,孰谓后世之天下难与言仁义哉?"③王夫之用我国历史发展的进程,有力地说明人类社会的历史,从来就是在不断发展进步,并且后世胜过前世的,绝不是一代不如一代。唐、虞以前,人类过的是"异于禽兽无几"的生活,经过夏、商、周三代"帝王经理",孔子"垂训",而后人类才真正进入了文明时代。他的这一番论述,是基本上符合我国历史发展实际的。尤为可贵的是,他在探讨中还能认识到历史的发展由分裂逐步走向统一的趋势:"古之天下,人自为君,君自为国,百里而外,若异域焉,治异政,教异尚,刑异法,赋敛

①　卷十六《武帝》四。
②　卷四《宣帝》十七。
③　卷二十《太宗》八。

惟其轻重,人民唯其刑杀,好则相昵,恶则相攻,万其国者万其心,而生民之困极矣。尧、舜、禹、汤弗能易也。"这里生动地指出了在古代邦国林立、"国小而君多",政教不一,统治者互相争斗、攻杀掠夺,从而给人民造成极大痛苦的情况。但是自从周朝建立以后,"则渐有合一之势,而后世郡县一王,亦缘此以渐统壹于大同,然后风教日趋于画一,而生民之困亦以少衰"①。说明由于国家的统一,废除分封,设立郡县,全国有了统一的法令制度,人民的生活也得到了相对的安定,从而充分肯定了由分裂到统一,乃是划时代的大进步。

同时,王夫之还指出,随着历史的发展,时代的进步,以及社会情况的不断变化,后代的文明肯定超过前代,因而各个时期的典章制度、政治措施,也必须随之而发生相应的变化。他说:"一代之治,各因其时,建一代之规模以相扶而成治。"②他还列举了"汉承秦之法而损益之,故不能师三代;唐承拓跋、宇文之法而损益之,故能不及两汉;宋承郭氏、柴氏之法而损益之,故不能逾盛唐"等历史事实,说明创法立制的人,必须按照时代的特点和需要,做到"损其恶,益之以善",而后"天下遂宁"。③ 切不可泥古不化,把一代之制视为万世之大经。所以他又说:"至于设为规划,措之科条,《尚书》不言,孔子不言,岂遗其实而弗求详哉?以古之制,治古之天下,而未可概之今日者,君子不以立事;以今之宜,治今之天下,而非可必之后日者,君子不以垂法。故封建、井田、朝会、征伐、建官、颁禄之制,《尚书》不言,孔子不言。岂德不如舜、禹、孔子,而敢以记诵所得者断万世之大经乎?"④同样,若对各种制度进行评论,也必须注意"因时因地而各宜,不能守一说以为独得者"⑤。比如"割地以封功臣,三代之制也,施之后世,则危亡之始祸矣"⑥。一句话:"事随势迁,而法必变"⑦。这就是他的结论。所以不论何人,硬"就今日而必法尧、舜也,即有娓娓长言为委曲因时之论者,不可听也。诚不容不易也,则三代之所仁,今日之所暴,三代之所利,今日之所害,必因时而取宜于国民,虽有抗古道以相难者,

---

① 卷二十《太宗》二。
② 卷二十一《高宗》八。
③ 卷三十《五代下》十三。
④ 《叙论四》一。
⑤ 卷十九《隋文帝》五。
⑥ 卷十四《安帝》三。
⑦ 卷五《成帝》八。

不足听也"①。

王夫之又指出,随着社会的不断向前发展,人类的物质文化生活同样也是在不断地发展、丰富着,故"世益降,物益备"。而社会风俗、科学文化等,也无一不是如此。"历虽精,而行之数百年则必差。夏、商之季,上敖下荒,不能厘正,差舛已甚,故商、周之兴,惩其差舛而改法,亦犹汉以来至于今,历凡十余改而始适于时,不容不改者也"②。

总之,在王夫之看来,一切事物都是在不断发展进步的,一成不变的东西是没有的。基于这一思想,他竭力主张革除那些不合时宜的社会制度,提出君主治理天下"无定法"。所谓"无定法者,一兴一废一繁一简之间,因乎时而不可执也"③。

王夫之的这种历史进化论观点,是在与各种复古守旧、今不如昔的形形色色谬论的斗争中建立起来的。他对魏徵驳斥封德彝的一段话备加赞赏:"魏徵之折封德彝曰:'若谓古人淳朴,渐至浇讹,则至于今日,当悉化为鬼魅矣。'伟哉其为通论已。"④而对历史上那些主张恢复古制的人物,在书中则尤不予以痛骂,"谓三代之制一一可行之今,适足以贼民病国,为天下僇,类此者众矣。不体三代圣人之心,达其时变,而徒言法古者,皆第五琦之徒也"⑤。即使对唐太宗,他也没有轻易放过,指出:"柳宗元之论出,泥古者犹竞起而与争;勿庸争也,试使之行焉,而自信以必行否也? 太宗曰:'割地以封功臣,古今通义,而公薄之,岂强公以茅土邪?'强人而授之国,为天下嗤而已矣,恶足辩?"⑥由此可见,王夫之对于"泥古过高而菲薄方今"的退化论思想的揭露和批判,是相当重视的。

至于谈到社会发展、制度变化的根源时,他则用一个"势"字来说明,即所谓"事随势迁"。十分明显,他的这种思想,正是由继承并一步发展刘知幾、柳宗元等人重"势"之进步史观而来的。古代为什么实行封建制,王夫之认为那是"时会然也";同样,后来郡县制之取代封建制,也是时势发展的必然产物。

---

① 卷二十四《德宗》三十三。
② 卷十九《隋文帝》二。
③ 卷六《光武》十九。
④ 卷二十《太宗》八。
⑤ 卷二十三《代宗》六。
⑥ 卷二十《太宗》十五。

他还以历史发展的事实,说明"封建之必革而不可复也,势已积而俟之一朝也";而那些复古者之倒行逆施,其错误根源皆在"不明于时故也"①。所以他一再指出:"封建之不可复也,势也。""封建之尽革,天地之大变也。"②"风会之所趋,贤者不能越也。"③可见任何一个政治家,无论他有多大的能量,要想逆转历史,违背时势,都是绝对办不到的,他们必须认识时代,顺乎潮流,适应天地之大变,才能有所作为,这也就是王夫之所说的"智者因天,仁者安土,俟之而已"④。

八、"名教之于人甚矣"

《读通鉴论》一书,比较全面、系统地反映了王夫之的政治思想和主张,也比较集中、明显地体现了他的历史方法论和历史进化观,同样地,他的哲学思想也在本书中得到了充分的体现。《读通鉴论》不仅是王夫之史论方面的代表作,也是他晚年一部成熟的作品,书中所反映的思想和观点,都可以视为他最后的定论,我们研究王夫之的政治观点和学术思想,当然可以从本书中所反映的为依准。不过由于这是一部内容广泛而又丰富的史论专著,要在短短一篇文章中加以全面地评述,自然是比较困难的,加之有些内容,诸如哲学思想、民族思想以及有关反对佛教方面的言论等等,前人又都已有过较多的评论,因此在上面,我们只就几个重要问题,提出了自己的粗浅看法,其他就都略而不谈了。

王夫之在史论方面虽然曾提出了不少有价值的看法,在政治观点上也有过不少可资借鉴的主张,特别在哲学思想方面更有其重大贡献,而这些成就又远远超过同时代的许多学者,他不愧是明清之际一位非常重要的思想家和杰出的史论家。但是由于种种原因,使他的政治思想和主张,又大大落后于黄宗羲和顾炎武,对此,不少同志都有比较一致的看法。可是关于王夫之思想的阶级属性问题,却是众说纷纭,有的说他代表中小地主阶级立场,有的说他代表地主阶级反对派,有的说他代表新兴市民阶层,有的则甚至说

---

① 卷三《武帝》十。
②④ 卷二《文帝》十六。
③ 卷十三《康帝》一。

他代表农民或自耕农民阶级。我们认为，要解决这一争论的分歧，首先应当剖析王夫之的思想基础是什么，也就是说要看一看他论述一些问题的指导思想是什么。要是把这一问题搞清楚了，那么他的阶级属性问题自然也就迎刃而解了。

《读通鉴论》一书告诉我们，王夫之是把"大礼""大乐"看成为社会统治的基础的，而仁、义、名教则是衡量、评价一切人物和事件的准绳，他甚至提出了"名教之于人甚矣"①这样的论断。在他看来，一个君主的统治，只要做到"名教兴而风俗雅，虽中材莅之，亦足以戢其逸志，而安其恒度"②。那么"名教"如何才能得以"兴"呢？他认为首先是要大兴礼乐之教："夫礼之为教，至矣大矣，天地之所自位也，鬼神之所自绥也，仁义之以为体，孝弟之以为用者也；五伦之所经纬，人禽之所分辨，治乱之所司，贤不肖之所裁者也；舍此而道无所丽矣。故夷狄蔑之，盗贼恶之，佛、老弃之，其绝可惧也。有能为功于此者，褒其功，略其疵可也。"③可见在王夫之的心目中，礼乐之教是高于一切、大于一切的，它是维护封建社会纲常人伦的必不可少的重要武器。正因如此，所以他对"鲁两生责叔孙通兴礼乐于死者未葬、伤者未起之时"的批评，斥之为"非也"，并指责鲁两生"以为休息生养而后兴礼乐"，是贩卖管子"衣食足而后礼义兴"的邪说，同时他还引用孔子的话大发议论："子曰：'自古皆有死，民无信不立。'信者，礼之干也；礼者，信之资也。有一日之生，立一日之国，唯此大礼之序、大乐之和，不容息而已。"又引用晏子"唯礼可以已乱"的话为依据，论述礼乐乃立国、治国之根本，背离这个根本，要想治理好一个国家，是绝对不可能的。他说："立国之始，所以顺民之气而劝之休养者，非礼乐何以哉？譬之树然，生养休息者，枝叶之荣也；有序而和者，根本之润也。今使种树者曰：待枝叶之荣而后培其本根。岂有能荣枝叶之一日哉？"他高度赞扬了孔子所说"礼乐不兴，则刑罚不中，民无所措手足"的话为"务本教也"，而批评鲁两生的错误是"非不知权也，不知本也"。④ 以上事实充分说明，王夫之是把礼、乐、仁、义等封建伦理原则看作为立国、治国的根本，而其他一切都只不过是由此

① 卷十八《后主》二。

② 卷二十一《高宗》五。

③ 卷十七《梁武帝》十。

④ 卷二《汉高帝》十二。

而派生出来的枝叶,衣食住行自然也不例外,所以他说:"帝王立法之精意寓于名实者,皆原本仁义,以定民志、兴民行,进天下以协于极,其用隐而化以神,固不在封建井田也。"①他的这个论断,显然是已深深陷入到唯心主义的泥坑中去了,他颠倒了经济基础与上层建筑的关系,过分强调封建伦理的教化作用,无视解决人们吃饭穿衣的大事,否定经济基础的作用,这自然是十分错误的。正是在这个错误理论的指导下,他极力赞扬汉光武帝为三代以后最理想的君主,因为他能于"天下未定,战争方亟,汲汲然式古典,修礼乐,宽以居,仁以行,而缘饰学问以充其美,见龙之德,在飞不舍,三代以下称盛治,莫有过焉"②。同时,他还进一步提出了实行礼乐之教的具体依据和内容,他说:"先王之政,纪于《尚书》,歌于《雅颂》,论定于孔、孟,王者之所宜取法,儒者之所宜讲习,无得而或欺,亦无得而自欺者也。语虽略,而推之也,建天地、考三王、质鬼神、俟后圣,无不在矣。"③又说:"诗书礼乐之化,所以造上而养其忠孝,为国之桢干者也。"④这就是说,儒家的经典、学说,乃是帝王推行礼乐仁义之教的根本教材,治国平天下的道理无不包含于其中。唯其如此,所以必须保持它的纯洁性,对于那些所谓异端邪说,他是深恶痛绝的,因而不仅李贽等人横遭指责,就连司马迁也免不了受到他的讥刺,说"司马迁挟私以成史,班固讥其不忠,亦允矣"⑤。"司马迁之史谤史也,无所不谤也"⑥。所谓"不忠",表面看是因为司马迁在《史记》中批评了汉武帝,于是《史记》也就被指斥为"谤史"。其实不然,关键还是在于司马迁"论大道则先黄老而后《六经》";"序游侠则退处士而进奸雄"。⑦ 在王夫之看来,这些思想不仅离经叛道,更重要的是其"危言耸听",成为日后传播异端邪说的祸源。他说:"若近世李贽、钟惺之流,导天下于邪淫","溯其所由,则司马迁、班固喜为恢奇震耀之言,实有以导之矣"。⑧ 这样,他把众口誉为实录的《史记》,错误地作了全盘的否定,认

---

① 卷二十二《玄宗》十五。
② 卷六《光武》十五。
③ 卷十八《文帝》五。
④ 卷十七《梁武帝》二十一。
⑤ 卷三《武帝》三十。
⑥ 卷三《武帝》十七。
⑦ 《汉书·司马迁传》。
⑧ 《叙述》三。

为"迁之书,为背公死党之言,而恶足信哉"?① 相反,对于孔子的《春秋》,则奉若神明,甚至把"为尊者讳,为亲者讳"的曲笔,也视为理所当然,说"《春秋》之法,'为尊者讳,为亲者讳'。《春秋》以正乱臣贼子之罪,垂诸万世者也。桓、宣弑立而微其辞,尊则君,亲则祖,未有不自敬爱其尊亲而可以持天下之公论者也"②。可见他之所以推崇《春秋》笔法,一则在于它能"正乱臣贼子之罪",再则便是"尊君""亲祖",两者都符合他所提倡的"君臣、父子,人之大伦"的主张。③ 这就进一步说明王夫之对于儒家的经典,不单是推崇扶持,而且还加以大力地宣扬。就这个问题而言,他是个十足的儒家正统思想的卫道士,这就难怪他要力辟"异端邪说",再三强调:"辟异端者,学者之任,治道之本也。乃所谓异端者,诡天地之经,叛先王之宪,离析《六经》之微言,以诬心性而毁大义者也。非文辞章句度数沿革之小有合离,偏见小闻所未逮而见为异者也。"④明乎此,则王夫之论政、论史的思想基础是什么,不也就很显然了吗!

正是在上述思想的指导之下,所以王夫之在《读通鉴论》一书中,宣扬封建纲常,强调封建名教,自然也就理所当然了。他曾一再声称:"三纲绝,人道蔑"⑤;"名不正,义不直"⑥;"名不正,义不伸"⑦,"君臣、父子,人之大伦"。并大肆宣扬"天子者,天所命也"⑧,他是代天而统治万民,"代天而行赏罚"⑨。并把君臣、父子的名分,视为伦常之大者,要是"民彝泯矣",则"天理绝矣"⑩。为此,他提出:"君臣者,义之正者也"⑪;"君臣之义,上下之礼,性也"⑫。这就是说,君臣上下之间的从属关系,乃是人的本性,臣子事国君是天经地义的职责,因此,"为臣子者,有死而无降,义存焉耳"⑬。这样一来,君臣名分关系便

---

① 卷三《武帝》三十。
② 卷四《宣帝》二。
③ 卷二十八《五代上》二十。
④ 卷七《和帝》八。
⑤ 卷十六《武帝》六。
⑥ 卷三《景帝》一。
⑦ 卷十五《文帝》二。
⑧ 卷十四《安帝》六。
⑨ 卷六《光武》三。
⑩ 卷十八《文帝》三。
⑪ 卷十四《安帝》十四。
⑫ 卷十五《文帝》六。
⑬ 卷九《献帝》三十二。

成了世上衡量一切事物好坏的最高准绳,"善不善之分歧不一矣,而彝伦为其纲。彝伦攸叙,虽有不善者寡矣;彝伦攸斁,其于善也绝矣。君臣者,彝伦之大者也"。因此,王夫之把"匡维世教以救君之失,存人理于天下者",看成为做臣子者应尽的职责,即使"从君于昏以虐民者",皆可"勿论"①,而只要能够保存君臣之义就可以了。所以在王夫之看来,"唯弑君之罪为神人所不容"②,"恶莫大于弑君"③。可是对于劳动人民,则又完全是另一种腔调,他说:"君子之与小人,所生异种,异种者,其质异也;质异而习异,习异而所知所行蔑不异焉。"④很明显,王夫之把"君子"与"小人"说成是"所生异种",即生来就是禀赋不同,并以此为论据,进一步说明广大劳动人民天生就应当受统治者的压迫和奴役。同时,他还说:"是以古之为法,士之子恒为士,农之子恒为农,非绝农人之子于天性之外也,虽欲引之于善,而曀霾久蔽,不信上之有日,且必以白昼秉烛为取明之具,圣人亦无如此习焉何也。故曰:'民可使由之,不可使知之。'"⑤唯其如此,所以他在《读通鉴论》一书中,污蔑、辱骂劳动人民的地方也还是相当普遍的。这就足以说明,他是坚定地站在封建统治阶级的立场上的,而在对劳动人民的权利问题上,他的封建专制主义思想又是十分顽固,等级名分思想更是相当严重的。所以我们说,王夫之的政治思想与历史观点,比之黄宗羲和顾炎武,是明显地要落后得多。因此,在评论王夫之的政治思想、历史观点乃至哲学思想时,我们认为都必须掌握分寸,注意他的这个思想基础,因为这是他用来看待事物、评论历史的指导思想和衡量准则。不然的话,就难免会不恰当地过分夸大他的进步性而有失于历史的真实。

(本文与魏得良合撰。原载中国历史文献研究会秘书处编《古籍论丛》第二辑,福建人民出版社 1985 年 10 月版)

---

① 卷二十七《僖宗》九。
② 卷十五《文帝》二。
③ 卷二十八《五代上》十八。
④ 卷十四《哀帝》三。
⑤ 卷十《三国》二。

文献工作者必读之书

——读杨绪敏先生《中国辨伪学史》

当今世界假冒伪劣泛滥成灾，这不仅是商品市场的普遍现象，而且也是文化市场的普遍现象。有感于此，不久前去台湾参加史学史研讨会，我所提供的论文便是《辨伪学家胡应麟》，希望当今学术界多出几位辨伪学家，以便对学术界的假冒伪劣加以清除。我在宣读论文的时候，还特地向台湾学术界推荐了杨绪敏先生的新著《中国辨伪学史》。该书对广大文献工作者特别是青年文献工作者和广大历史爱好者来说，确是一部不可多得的知识性很强的学术著作。它不仅可以帮助我们学得辨伪学的知识，而且可以帮助人们掌握做学问的某些必要手段和途径。正如作者在《前言》中所说，在流传下来的'浩如烟海'的古书中，"除伪书外，在一些古书中还掺杂着伪史、伪说。比如关于'三皇'、'五帝'的传说，其中有着不少的虚拟成分，倘若对这些伪史、伪说不进行考辨，将会给我们的研究工作带来很大的危害"。作者还征引了著名学者刘起釪先生在《古史续辨·序言》中的一段论述，指出有的人"直接称用传说中的古帝、古神作信史人物来立论，有用晋代的《帝王世纪》之说去驳诘先秦资料的，有引用伪《古文尚书》文句为说的，有把不同历史时期出现的资料并列地使用的，有把属于不同历史时期或不同部族的古帝先王，在论文中不区分其先后混同地称引和阐说的。"紧接着作者便说："这不仅是一个学风的问题，而且说明，在一些年轻的学者中，对中国辨伪学的知识知之甚少，一些本该阅读的辨伪学著作，却没有坐下来认真去读，因此出现了以上所说的现象。"这个结论我认为很有道理。研究历史文献的人，或经常与历史文献打交道的人，若是不懂一些辨伪学知识，不仅在研究中要遇到很多问题和困难，而且还要闹出大笑话。所以我特地向大家推荐这部《中国辨伪学史》。

为了说明我之所言并非虚语，下面不妨援引近几年来发生在学术界的一些不该发生的闹剧，就足以为戒。去年我在《历史研究》第 5 期上发表的《关于谱学研究的几点意见》一文中，有《使用家谱资料应当审慎》一节，列举了近时许多地方对新发现的家谱中的材料未经慎重考证和辨伪,便大肆宣扬某某问题有新发现、有重大发现等等。"如有人只根据从浙江江山县搜集到的《须江郎峰祝氏族谱》,便认为'发现了一首岳飞在绍兴三年赠祝允哲大制参的《满江红》及祝允哲的和诗(词)'。未经考证真伪,即认定这对进一步探讨岳飞《满江红·写怀》词的真伪提供了新的重要文献'。(《岳飞〈满江红·写怀〉新证》,《南开大学学报》1996 年第 6 期)《人民日报》海外版转载此说,一度在学术界引起极大反响。不久,朱瑞熙先生发表《〈须江郎峰祝氏族谱〉是伪作》一文(载《学术月刊》1988 年第 3 期),用大量历史事实说明,宋代根本就没有族谱中所讲的'祝臣''祝允哲'这两名官吏,族谱中载祝允哲之父祝臣'是北宋绍圣年间兵部尚书,太子少保、都督征讨大元帅、上柱国、宣国公',而祝允哲则是'靖康元年钦宗敕授大制参,督理江广粮食饷,提督荆襄军务'。朱先生指出:'如果宋哲宗绍圣年间真有祝臣其人,他的差遣之一兵部尚书是从二品,《宋史》便不可能不为之立传,此其一。即使《宋史》不为立传,作为这样身负重任的高级官员,祝臣的政治活动必然会在《宋史》《宋会要》《续资治通鉴长编》以及其他数百种宋代史籍、文籍中留下蛛丝马迹,不至于影踪全无。'文章还从宋代官制规定,揭露制假者的破绽,最后论证了《祝允公和岳元帅述怀》与所谓岳飞《调寄满江红·与祝允哲述怀》两词全是伪作,而作伪者是明代或清代的祝氏后人。""1994 年《文学遗产》第 3 期发表了《宋江征方腊新证》一文,文章是根据新发现的民国丙寅《五云赵氏宗谱》卷一八李纲《赵忠简公(期)言引录》而写,文章附录了《赵忠简公言引录》,指出'就全文文字、内容考察,不可能出于后人伪托'。著名宋史专家徐规先生指出,所谓李纲撰写的《赵忠简公言引录》,当属不熟悉宋事的后人所伪托,故谬误迭见,毫无文献价值,当时亦无赵期其人。(《取证族谱必须审慎》,《文载》1985 年第 4 期)以上两件误用伪造年谱资料所造成的不良影响是相当大的,教训应当说也是深刻的,研究者自当审慎。"

　　我所以要不厌其烦地征引已经发表的两段文字,目的在于告诉大家,伪书、伪说还不时地会冒出来,若能掌握一些辨伪学的常识,了解一些辨伪学家辨伪的方法和手段,即便遇上了伪书、伪说,也不会听之任之,让其流传,自己更不会被俘虏而为其广为宣传。当然,你还可以用它来抵制、批评那种不良的学风,现在有些人为了达到某种目的,常常制造一些耸人听闻的消息,以起到所谓轰动效应,其实所传的都是虚假的,当你识破以后,方才认识到是个骗局。还有把传说中的人物作为自己的始祖,这本来是不可信的,可是目前竟有教授先生还在大肆鼓吹。吴越王钱镠所制之《大宗谱》,将彭祖定为自己的始祖,一个私盐贩子出身,这样编造已属离奇,遗憾的是,有人却热衷于此,大做考证文章,论述彭祖确系钱氏始祖,而台湾彭氏家族修谱中,理所当然将彭祖列为自己始祖,于是出现了钱姓与彭姓争夺始祖的情况。又如浙江绍兴大禹陵附近有姒姓家族,自称为禹的后代,并以晚清所修的族谱为凭,前几年在公祭大禹时,上海、浙江一些报纸还曾据此做了显著的报道,笔者认为此谱记载绝不可信。诸如此类,作为文献研究工作者来说,都有责任对其辨个水落石出,而不应当让伪书、伪说广为流传。既然如此,学点辨伪学的知识也就是情理之中的事了。这也正是我向大家一再推荐杨先生的《中国辨伪学史》的原因之所在。

关于这部书的学术价值,我非常同意卞孝萱先生在为该书写的序中所作的评论:"全书资料丰富,论证充分,新见迭出,精义纷呈,是一部不可多得的辨伪学专著,具有很高的学术价值"。我和卞公是多年交往的老朋友,他所写的也正是我要讲的,可见我们两人"所见之略同"。

下面我从三个方面再略谈自己对该书的看法:

第一,该书对中国辨伪学的历史作了全面而系统的论述。像这样的著作在中国还是第一部。该书将中国辨伪学划分为四个时期,(1)疑古思想的萌芽及辨伪学初起时期——先秦汉魏南北朝。(2)辨伪学的发展时期——唐宋。(3)辨伪学的成熟时期——明清近代。(4)辨伪学的再发展时期——现当代。回顾我国辨伪学的发展过程,人们会觉得这样的分期是符合历史实际的,这样划分完全取决于辨伪学在每个时期所反映的特点,作者在考虑时并未为朝代所局限,最明显的是第三个时期,不是断在清末,也不是按 1840 年鸦片战争为限,而是将近代与明清放在一道,这种划分的办法,无疑是具有独创性,是其他各类专史所未有过。因为撰写历史,特别是各种专史编写分期向来是一项比较复杂的问题,它既要考虑到整个社会历史发展的规律,又要照顾到本学科发展的自身特点,只有处理好两者之间的关系,才能够做到更加科学,更能充分反映出该学科的发展规律和特点。所以决不能小看这不为人们所注意的分期问题。它实际上是撰写史书首先要解决的大问题。

上面我已讲了，这是第一部系统全面地论述中国辨伪学发展历史的学术专著，我之所以这样讲，是因为像这样的著作以前还不曾出现过。正如卞公序中所讲，"约在20世纪30年代中叶，顾颉刚曾计划写一部辨伪学史，但由于种种原因，始终未能如愿。他所写的《崔东壁遗书序》，后经改易，题为《战国秦汉间人的造伪及辨伪》。……80年代初，王煦华同志将顾先生未完成的草稿联缀补充成书，续补了从三国到清代的辨伪史略。至此才有一部简明的'中国辨伪史略'，然而它只是'要把二三千年中造伪和辨伪的两种对抗的势力作一度鸟瞰'，不免有简略、粗浅、罅漏之处"。1986年，台湾学生书局出版了郑良树的《古籍辨伪学》一书，但是该书研究范围仅局限在古籍的辨伪，作者在《自序》中开宗明义便说："古籍辨伪学所研究的应该是古籍的作者、成书时代及附益等三方面课题，通过这三方面的研究来鉴定古籍的真和伪。所谓真，是指古籍与作者或成书时代相符；所谓伪，是指其传闻者和它确实的作者、成书时代相乖，甚至有附益的篇章和文字。"显而易见，该书宗旨，仅在述古籍之辨伪，而于伪史、伪说则不是其论述范围，这从整个辨伪学角度来说，显然是不够全面的。因为伪史、伪说之危害有时更甚于伪书，因为这些内容，大都是掺杂在史书或其他古籍之中，往往不为人们所注意。如欧阳修等人所修之《新唐书》，自然是一部真实的史书，但其中《宰相世系表》谬误很多，主要是作者轻信家谱之言而造成的。钱大昕就曾批评说："《唐书·宰相世系表》虽详赡可喜，然记近事则有征，溯远胄则多舛，由于信谱牒而无实事求是之识也。"①实际上还在南宋时洪迈在其《容斋随笔》卷六就专门列了《唐书世系表》一目，对其错误作了严肃批评，指出"新唐宰相世系表皆承用诸家谱牒，故多有谬误，内沈世者最可笑。"而这"最可笑"者，正是身为历史学家的沈约所编造，称沈氏乃"金天氏之后"，"秦末有逞者，徵丞相不就"，"其后入汉，有为齐王太傅敷德侯者，有为骠骑将军者，有为彭城侯者。"洪迈都一一作了批驳，而笔者也查了《汉书》，不仅无敷德侯、彭城侯之封号，亦无沈达其人；虽有骠骑将军，却与沈氏无关；全部《汉书》仅载沈姓四人，三人为春秋时人，一人为王莽时人。沈约如此编造，难怪洪迈严厉批评："沈约称一时文宗，妄谱其上世名氏官爵，固可嗤诮"，而"欧阳公略不笔削为可恨也。"无独有偶，洪迈对史学

① 《十驾斋养新录》卷十二《家谱不可信》。

家魏收编造祖上的世系做法,在书中也进行了揭露。诸如此类,这些伪造历史的现象自然不能听之任之,要揭露其伪造,自然就得做辨伪工作。所以辨伪学不仅是要辨清古籍的真伪,而且要对伪造的历史和伪说作出认真的考辨,而《中国辨伪学史》则全都包容了这些内容,所以我才断言它是全面系统论述中国辨伪学史发展的第一书,作者在充分研究并吸收了前人研究成果的基础上,做到了后来居上。

第二,突出重点,反映特点,尽力反映中国辨伪学史发展全过程。从该书"目录"我们就可以发现,只有章、节,而没有子目。其中二、三、四章的第一节的"概观",也就是我们平时所说的概述,通过"概观",将这一时期辨伪学发展的趋势、特点及主要辨伪学家所取得的成就作一全面的论述,使人读了可以获得一个总的概念。而对那些具有代表性的著名的辨伪学家,则设专节加以论述,这就做到了全面论述与重点评论相结合。当然同样设有专节的其地位也并不等同,就以宋代而言,虽然欧阳修、郑樵、朱熹、叶适四人列了专节,他们在辨伪学上也确实都作出了重大贡献,相比之下,朱熹的成就毕竟更大些,他曾指出伪书60余种,并有自己的辨伪理论和方法。明代列了宋濂、梅鷟、胡应麟三人,三人中显然又以胡应麟为主,因为胡应麟不仅有丰富的辨伪学理论和方法,而且还撰著了我国封建社会首部辨伪学专著《四部正讹》,为我国封建时代辨伪学的建立奠定了基础。而清代崔述、姚际恒、阎若璩、刘逢禄诸人,在辨伪学上虽然都堪称大家,但就其贡献与影响来说,阎若璩则居首位,因为他花了30年精力,写出了《古文尚书疏证》,揭发了东晋时期梅赜所献《古文尚书》之全系伪作,加之后来惠栋的《古文尚书考》,这就结束了长期以来古文《尚书》争论不休的一大悬案。这就是说,该书编写上做到重点突出,不单是表现在章节目录上面,更体现在具体内容的叙述之中。该书作者,对于每位辨伪学家成就的特点,很注意揭示,有的则在节的标题中就得以体现,如《王充的"疾妄求实"思想及对伪说、伪书之考辨》《刘知幾疑古惑经思想及对伪史、伪说、伪书之考辨》。这两人在辨伪学上的共同特点,是他们辨伪的重点都在伪说与伪史上;《欧阳修对儒家经传的考辨》,表明欧阳修辨伪的重点在于"儒家的经传";《朱熹考辨古书的成就、方法及影响》,表明朱熹辨伪重点虽是著作,但涉及面十分广泛,经、史、子、集都有,他还总结出自己的辨伪方法,"一则以义理之所当否而知之,二则以其左验之异同而质之"。前者是讲理论,后者是讲证据,舍此二途,就无法定其真伪。他的辨伪理论对后世的影响是深远的;《胡应麟对伪书的考辨及对辨伪学理论的总结》,这就无疑肯定了胡应麟在中国辨伪学史上特殊的地位,他对辨伪学的理论进行了一次全面的大总结,并且写出了辨伪学专著;《阎若璩与伪〈古文尚书〉的定案》,说明由于阎氏这部著作,而使争论1000多年的悬案得以解决,他所考订的虽然仅是一部书,但其意义却十分重大。诸如此类,自然无需多举,已经足以说明。由于作者对这些辨伪学家的研究比较深入,才有可能抓住每位学者在辨伪学贡献上的长处和特点,这就为广大读者学习和研究创造了条件。

第三,实事求是地评论,深入浅出地叙述,是一部雅俗共赏的学术专著。正如卞公序中所说:该书"深入细致地分析总结了历代辨伪学家的辨伪思想和方法,并作了客观、公允的评价。"对古人的学术思想和学术贡献进行评价,过分的夸大和不切实际的贬斥都是不对的,但要做到实事求是、恰如其分,也的确很不容易。要做到实事求是,不仅需要对每位学者的成就作深入研究,而且要把他们的贡献置于历史发展的长河之中进行比较,当然又不能够脱离每位历史人物的时代条件。而该书做到了这一点,确属难能可贵。只要通读全书,自然就会发现我和卞公所言,绝非虚言。上文所言作者能将每位辨伪学家的特点予以充分反映,其实就是实事求是的重要表现之一。该书还有一个重要特点,那就是在文字叙述上做到了深入浅出,通俗易懂,许多重要内容都是经过作者消化后,用自己的语言叙述出来,而很少见到大段大段地引文,这对青年读者来说,尤其显得重要,因为青年人古文基础较差,读书中最怕遇上大段引文,这也是可以理解的。所以我说这是一部雅俗共赏的学术专著。

最后,对该书还存在的不足之处提些看法。因为任何一部著作都不可能是十全十美,该书自然也不例外。比如西汉大学者刘向刘歆父子在辨伪学上的贡献没有能够得到足够的重视,虽然在《两汉的造伪及辨伪》中已经论述到,但没有把他们列入专节似乎欠妥,因为他们在辨伪学上的贡献及对后世的影响都是很大的。当代著名文献学家张舜徽先生在《中国文献学》一书中就曾指出:"审定伪书之法,至刘(向)、班(固)而已密。"可见刘向绝非一般辨伪学家所可比拟。唐代的韩愈,在辨伪学上也常为人们所谈论,能否将其与柳宗元并列一节? 南宋洪迈,在辨伪学上的贡献据我看并不亚于郑樵和叶适,只不过以前很少有人研究,因而从未引起人们注意,他在《容斋随笔》中,对于伪书、伪史、伪说作了大量的考辨工作,并且提出了许多很好的方法,我作了初步归纳,总有六七种之多,虽然未能作条理化和理论化工作,但为后人建立辨伪学理论和辨伪学毕竟创造了条件,他在书中直接提出了"《周官》非周公所作"的论断。因此,在辨伪学著作中,应当给他一个应有的位子。阎若璩对于《古文尚书》的定案是起到重要作用,但惠栋的《古文尚书考》,同样起了不可忽视的作用,因此,建议应将阎、惠两人放在一节中,并都出现在标题上,因为是否见于标题,这里就反映了一个等级问题。以上粗浅看法,仅供参考。

(原载《徐州师范大学学报(哲学社会科学版)》第 25 卷第 1 期,1999 年 3 月)

史学工作者的良师益友

——读《白寿彝史学论集》

著名的历史学家、史学界老前辈白寿彝先生的《史学论集》出版已经四年了,我们可以这样讲,随着时间的推移,该书的学术价值,会被越来越多的学人所发现。它的内容之丰富,会使你感到常读常新;它会指引你认真读书,踏实治学,树立远大理想,去攀登历史科学的新高峰。因此,我们说它是史学工作者的良师益友,尤其是青年史学工作者。

一、"要认真读点书"

白先生这部《史学论集》内容是非常丰富的,只要认真深入地去读,是必有所得。针对当前学术界读书风气不盛的情况,这里着重讲一讲白先生关心史学工作者的健康成长、教导大家认真读书、鼓励大家踏实治学等方面的心得体会。阅读过《史学论集》的同志都会发现,白先生长期以来一直关心史学工作者的成长,经常提出要大家认真读书,其中有两篇是专门谈读书,一篇是作于 1963 年的《与友人谈读书》,一篇是作于 1981 年的《要认真读点书》。而作于 1964 年的《中国史学史研究任务的商榷》一文中,已经提出史学史工作"特别重要的是要集中精力,占领堡垒"。"所谓堡垒,就是各时期的代表作"。后来在 1983 年给《史学概论》讲习班的讲话中,可以说重点讲了读书问题,既讲了读书的重要性,同时还讲了怎样读和读什么。1987 年在给史学史助教进修班讲课时,中心可以说还是讲读书问题,并且提出了 30 部应当阅读的书目。特别是《要认真读点书》一文开头的一段,实在令人感动,令人深思:

1980 年 11 月,陈垣先生百年诞辰。12 月,顾颉刚先生逝世。为了纪念这两位老先生,我读了他们的一些著作。这些著作使我深深地感动了的,是他们治学的功力,是他们认真读书的精神。在我们这一代,在治学的功力上,在读书的认真上,能赶上他们的,恐怕是不多了。就我和我同年辈的一些朋友来说,我们很少认真读历史书,也很少认真读马列的书,多年以来,我们的研究成果不多,尽管有这样那样的原因,而读书不认真至少是一个很大的原因。

白先生方且感到,"在治学的功力上,在读书的认真上",能够赶上陈、顾一辈老学者的恐怕是不多了,那么,我们这一辈,或者再年轻的一辈又怎么样呢? 有人想过吗? 我想,这是不容回避的现实,必须正视。白先生为什么一而再,再而三地谈要认真读书呢? 关键恐怕就在这里。我想从事任何一门学问的研究,总要努力超过前贤,否则将不可想象。白先生所讲,也许有几分事实,但毕竟还包含着谦虚的成分,而我们这一辈人,才是真真实实如此了。古人在谈论学问的深浅时,往往要看你的功力如何,只有功底深厚的人,才有可能具有高深的学问。做学问本来就不是轻而易举的事,必须下苦功,认真读书,打下坚实基础,只有功力到家,学问才有可能得到。

可是,学术界的现状,认真读书的风气,并不令人满意,不愿认真读书,却要写大文章、出大著作。对这种现象,白先生还在 1983 年为《史学概论》讲习班那次讲话中已经提出批评,指出:"搞历史不读书,现在却是个普遍现象。有的人大文章写了一篇,有三四万字,字不少,有的研究生毕业论文,写了十几万字,可仔细一看,却发现了他没有认真读书,这不是说他没有看过书。他是看过的,但他没有懂,抄书上的话不少,可不是那么回事。"白先生所批评的这种不认真读书的现象,目前仍旧很普遍。如有个年轻人,读了几篇《史记》,就在某报副刊上不断发表文章,有一篇标题为《子虚乌有鸿门宴》,全篇文章说的是司马迁所写之"鸿门宴"乃是司马迁所虚构的;又如在《机智的张良》一文中,讲张良年轻时老者授兵书一事,"我要说司马迁上了机智张良的一个大当","在我看来,这个故事完全是张自己编出来的";再如在《无用的李广》一文中说:"司马迁因李陵事而下狱受刑,对李陵的先人李广,他天生有一种认同感,所以在《李将军列传》中不由倾注了过多的同情与热忱。当后人盲目倾向于司马迁的巨笔时,李广的形象便渐渐脱离了真实。"当然,我们无需多引,仅此三条,就足以说明,千百年来,一直被誉为"实录"的《史记》,在他笔下竟毫无信史可言。实际上笔者可以断言,尽管一篇篇文章发表了,但他对《史记》并没有认真研究和阅读,否则决不会写出这样离谱的文章。也有这样的人,在自己对中国传统史学名著既未很好阅读过,对外国史学更是一无所知的情况下,居然大做中外史学比较研究,比较结果,将中国传统史学臭骂一顿,认为中国传统史学样样都比不上外国史学,并且还提出一个似乎十分高明的见解,说中国传统史学就是"剪刀＋糨糊"。如此等等,显然都是由于不认真读书的结果。可见作为文史工作者,尤其是青年文史工作者,认真读书是何等重要。

对于如何读书,白先生在书中也提出了具体的要求。首先,要认认真真地读,他说:"我认为,读书,还跟看书不同,我们当书店的服务员,当图书馆的出纳员,比我们看的书多得多,但那不能算是读书,画画的,外行叫看画,内行叫读画。写字要学碑帖,我们说看看碑帖,内行叫读帖。读,就是认真琢磨,认真地一字一字地钻研,那才算。"(第 272 页)还在 1963 年,在《与友人谈读书》中,就曾提出,读书不仅态度要端正,而且要有一个正确的学习方法,"那种东翻翻西翻翻,东抄抄西抄抄的作风,那种东拼西凑写讲稿的作风,那种片面夸大抄卡片的作用的看法,尽管也许有不得已之处,究竟是浅见的,是没有什么好处的;如果存在的话,总是应该扭转的。"(第 423 页)其次,白先生还提出要建立基地,不能老是东一枪,西一炮地打游击,他说:"读书,注意建设一个基地,不能老打游击战。要先掌握一部书、两部书,熟读深思,作为学习的基础。有了这个基础,博览群书,就有破竹之势。"(第 273 页)这与我们前文已经提到的 60 年代初要求史学工作者"集中精力,占领堡垒"的要求是一致的。"所谓堡垒,就是各个时期的代表作。我国史籍繁富,如果漫无边际地去阅读,费时多而成效小,很容易掉在书海里,不能自拔,先从研究代表作入手,逐个地击破,其余的史学著作的研究就可以势如破竹,比较省力。……只要我们逐渐占领了一些堡垒,就可以取得经验、提高认识,不断向堡垒的四周发展,不断取得工作上的进展了"。"所谓集中精力,是要真正地坐下去,一部一部地研究这些代表作。真是要下'攻读'的功夫,要下'熟读深思'的功夫。"由此可见,白先生不仅一再要求大家认真读书,而且不厌其烦地教导大家如何读书,要建设基地,占领堡垒,就是用这些形象而生动的语言来鼓励大家。我觉得白先生的这个意见是十分重要的,作为史学工作者,尤其是中青年史学工作者,必须扎扎实实地精读几部史学名著,而不能够打游击式的东看一篇,西看一篇,长此以往是成不了大气候的。也许有人要问,具有堡垒价值的各个时期的代表作有哪些呢?白先生在《说六通》一文中已经作了明确的回答:"我的意思认为,可以提出'六通'来,就是在'三通'以外,加上《资治通鉴》,再加上刘知幾的《史通》和章学诚的《文史通义》。这'六通'和《史记》《汉书》《后汉书》《三国志》可合称为'四史六通',这就是我国中古时期历史著作中的代表作。在 50 年代,我曾把这个意思跟同志们谈过,现在觉得这个看法还符合事实。但'三通'和《通鉴》卷数多,《史通》的典故多,《文史通义》的创见多而文字简奥。这六种书读起来很不容易,需要下很大的功夫。对于史学史工作者来说,这样的功夫是少不了的。"(第 660 页)后来在为陈光崇先生的《史学研究辑存》所写的序中对此"四史六通"又再次论述,认为"这十部书是治史学史必须研究的书,也是最难研究的书。其中有的是部头大,短时间啃不下去,有的是文义艰深,不大好懂"。(第 1230 页)这十部书既是"中古时期历史著作中的代表作",又是"治史学史必须研究的书",但是"也是最难研究的书",因为"最难研究",当然就成为史学史研究中的"堡垒"了。若是真的要研究史学史,如果对这十部史学名著都不很好攻读,要想在史学史研究领域有所建树恐怕也就难了。《史记》《汉书》《后汉书》《三国志》这四部著作,是长期以来大家公认的纪传体史书的代表作,是"廿四史"中质量最高的四部史书,不仅在史学史上地位很高,即使在文学史上也有着重要的地位;《通典》《通志》(主要是《二十略》)和《文献通考》则是典章制度史的代表;《资治通鉴》是编年体史书的代表;《史通》和《文史通义》虽然都是史论著作,但是所论侧重点又各不一样。所以这十部史学著作,既是各不同时代的代表作,又是不同史体的代表作,其各自重要地位自然可想而知。令人高兴的是,对于这十部著作,白先生在《史学论集》中都有专门文章从不同角度对其价值特点进行评述,为大家阅读和研究这些著作作了导读。

后来白先生在《在史学史助教进修班座谈会的讲话》中,又提出了学习史学史的同志必读书目 30 种:《书》《诗》《易》《周礼》《仪礼》《礼记》《春秋》《左传》《公羊传》《穀梁传》;《史记》《汉书》《后汉书》《三国志》;《续汉书》的《志》《五代史志》(即《隋书志》);《通典》《通志》《资治通鉴》《文献通考》《史通》《文史通义》;《宋元学案》《明儒学案》;《明夷待访录》《日知录》《读通鉴论》;《论语》《孟子》《读史方舆纪要》。起初提出是 27 部,后又加了后面的 3 部。这个大的篇目,实际上是白先生为史学史研究工作者提出的长远奋斗目标,并非叫你三两年内就一定读完,况且有些书也并非全部读完,挑选其中一部分篇章阅读就行了,但是你必须亲自去研读。白先生说:

　　这么多书一年里读不完，十年念完就是很不错的了。怎么办？我想这个投资是很必要的，有机会可以买上，没有这几部书是不行的。在这一年里，可以先读两三部书，如《史记》《史通》《文史通义》。

　　在这 30 部书目中，还有好多种经书，研究史学史，为什么要读儒家经典？白先生在《在第一次全国史学史座谈会上的讲话》中已经讲了这个问题，看来这也是当前广大中青年史学史工作者应当很好理解的一个大问题，白先生说：

　　经同史的关系很密切。经是最早的史，《诗》《书》《易》《礼》《春秋》，尤其是《周礼》《仪礼》《礼记》中的若干篇，都是比较早期的不同形式的古代史书，只是后来才把这几部书推出去变成了经典。史学上的几个重要问题，经中都说到了。《礼记·经解》说："疏通知远，《书》教也，属辞比事，《春秋》教也。"第一句说的是史学的意义，第二句是说史学的编撰。研究历史最忌随意说，写史最怕杂乱无章。所以说"疏通知远而不诬，则深于《书》者也，属辞比事而不乱，则深于《春秋》者也"。《易经》说："君子多识前言往行以畜其德，"这是把历史作为知识性的东西看，讲的是人生的修养。孟子说："尽信书，则不如无书"，这是关于史料学很有价值的话。经对思想上的影响很大，许多概念一直有作用。后来成为儒家经典，儒家思想在中国的长期历史里占统治地位。对儒家经典里的思想若不理解，对以后的史学思想也就不好理解，也就无从进行研究。后来的史书里经常使用经里的大量词汇，使用时并不提出处，若根本不接触经或对经书不熟，就会闹笑话。所以从事史学史工作的同志一定要懂得经。这是从思想影响上讲。如从史书体裁上讲，经书中包含了多种体裁，后来史书的编年、纪传、纪事本末、典志和文选等体裁，在经书里早就有了。讲历史体裁的渊源不能离开经，要注意这个问题。

　　从这引文中人们可以发现，白先生不仅给大家开了书目，而且还告诉大家为什么要读这些书和怎样读，《论语》《孟子》对后世影响比较大，可全读，《礼记》选一小部分就可以了。特别是对经书和《论语》《孟子》一类书籍，唯恐史学史工作者不引起重视，故多次讲话中都一再说明，"《四书》，包含《论语》《孟子》《大学》《中庸》。这是儒家的经典著作，在中国思想史上影响很大。不管它们说得对不对，但影响大，后来好多论点、好多词汇，都是从这部书中来，你没念过《四书》，对了解中国的传统思想很困难。……因为《四书》所反映的儒家思想是中国长期封建社会的正统思想，历史工作者不懂不行。不懂《四书》,就不懂儒家,也不懂得别人为什么要反对儒家"。(第 274 页)尤其是在当前,世界各国汉学家争相论述新儒学的今天,对真正的传统儒学思想还是一无所知,在学术研究上显然就会遇上许多困难。可见研究史学史还不能只抱住那些史学名著不放就万事大吉,事实上要占领这些"堡垒",若不具备一些相关的知识,这些"堡垒"也很难给你真正占领。所以我们也必须认识到,读书,做学问,还必须照顾左邻右舍,单打一总是行不通的。总之,在《史学论集》中,白先生谈论读书的地方很多,你读了以后就会感到非常亲切,在《要认真读点书》一文最后说:"只要能认真读书,读一本就会得到一本的益处,读书不难,认真读书也不难,最难的是要长期坚持下去。只要能长期坚持下去,我们的史学工作是会逐渐改变面貌的。当然,读书不是治史的唯一大事。但在现在来说,这确实是第一件大事。"白先生的文章虽然是 80 年代初发表的,但是在今天看来,仍具有十分重要的指导意义,希望中青年史学工作者,都能从中得到非常宝贵的教益。

二、"自得,是治学最要紧的一条"

读书和治学是非常密切的问题,因此,白先生那些关于认真读书的讲话中,都或多或少讲到了如何治学问题,当然,在他的《史学论集》中还有两篇专门谈治学的文章,这两篇文章都不太长,但讲得都很精辟,并且也很风趣,很具有吸引力,因为这两篇文章都不是说教式的。一篇是《治学如积薪,后来者居上》,另一篇是《治学小议》。特别是后面一篇,白先生引了王国维的治学三个境界说,加以解说,读起来令人感到特别形象生动:

王国维曾经说过,治学有三个境界,他说:"昨夜西风凋碧树,独上高楼,望尽天涯路。此第一境界也。衣带渐宽终不悔,为伊消得人憔悴。此第二境界也。众里寻他千百度,蓦地回头,伊人正在灯火阑珊处。此第三境界也。"这一段话说得很好。第一境界是说,要眼光远大,意志坚定。尽管昨夜西风凋碧树,尽管只是一个人,还要独上高楼,还要望尽天涯路。第二境界说的是,能够吃苦耐劳,经得起考验。尽管是"衣带渐宽",还是"终不悔",心甘情愿,"为伊消得人憔悴"。第三境界是说,在热闹的众人场合里,不能有所发现,你寻他千百度也行,但偏偏是在灯火阑珊,没有什么人的地方找到他了。

　　王国维的治学三个境界说,经白先生的评述,其意就更明显了,一般人也就容易看得懂了。白先生在这篇短文中,着重论述了治学的两大要点,第一谈的是"立志",这是做学问首先要解决的问题,"立志可以有大小,最重要的是一个'立'字,看你站立得住立不住。你要立志,那很好,但是不是不被困难所打倒。在困难面前有所动摇,是可以理解的,但在动摇之中要坚强起来。经过一番动摇,可能就增加一份坚强。……千万不要忘记这个'立'字"。这就是说,立了志,就必须坚持下去,不要被困难所打倒。因为做学问不是十天半个月的事情,更不是三年两载之事,而是终生的事,因此,坚持就显得特别重要,这就是人们常说的"贵在坚持"。为此,白先生在文中用荀子的"锲而不舍,金石可镂"的名言来勉励大家,并说"治学就是要有这个劲头"。"笨,不可怕,困难,不可怕,只要锲而不舍,总要得到胜利,"第二点谈的就是治学必须要有"自得",而不能老是跟大流,白先生认为"自得,是治学很要紧的一条"。并且引了孟子所说:"君子深造之以道,欲其自得之也。自得之,则居之安。居之安,则资之深。资之深,则取之左右逢其源。"我觉得白先生所提的这点,确实十分重要,如果做学问没有自得,就如同开杂货铺一样,经营没有自己的特色。关于这点,古代许多著名学者,也都十分强调,如明末清初的大学者黄宗羲,在编著《明儒学案》一书时,就很注意各个学派和各个人的思想特色,每个学案,尽量体现各人在治学方面的学术宗旨,做到"分别宗旨,如灯取影"。对于那些"有一偏之见,有相反之论"者,亦同样为之各立学案,因为他们毕竟都具有自己的见解。但是对于那些"凡倚门傍户,依样葫芦者,非流俗之士,则经生之业也",①自然不具有学术价值,因此一概不取。可见他正是在提倡自得,贵于创见。后来的章学诚,更是提出"学必求其心得,业必贵于专精"②的主张。他还再三论述,如果没有自己的见解,没有独创精神,你掌握的知识再多也还称不上学问,这些知识只不过是做学问的一种动力。他在《又与正甫论文》中说:

　　学问文章,古人本一事,后乃分为二途。近人则不解文章,但言学问。而所谓学问者,乃是功力,非学问也。功力之与学问,实相似而不同。记诵名数,搜剔遗逸,排纂门类,考订异同,途辙多端,实皆学者求知所用之功力尔。

---

　　① 均见《明儒学案·凡例》。
　　② 《文史通义新编》内篇六,《博约》下。

即于数者之中，能得其所以然，因而上阐古人精微，下启后人津逮，其中隐微可独喻，而难为他人言者，乃学问也。今人误执古人功力以为学问，毋怪学问之纷纷矣。文章必本学问，不待言矣。而学问中之功力，万变不同。《尔雅》注虫鱼，固可求学问，读书观大意，亦未始不可求学问，但要中有自得之实耳。中有自得之实，则从入之途，或疏或密，皆可入门。……而今误执功力为学问者，但趋风气，本无心得，直谓舍彼区区掇拾，既无所谓学，亦夏虫之见矣。①

　　问题很简单，没有自得，就成不了学，因为你所掌握的都是人家的东西，他只承认你有做学问的功力，而不承认你有学问，因为你虽然掌握了这么多知识，但是却没有消化，没有独创精神，只是将前人的知识作一番排比而已，有何价值可言呢。所以他在与其好友邵晋涵讨论学问时，还在谈论此事："学无心得而但袭人言，未有可恃者也。"②可见他对自得的要求是非常强烈的。当然，白先生在提倡自得时有两个前提条件，第一，"不主张故意标新立异"，第二，"不提倡没有理由的创新"。这两点都很重要，因为当前学术界确实有些人故意地标新立异，故弄玄虚，为了表明自己学贯中西，不惜把自己的祖宗痛骂一通，把祖国的传统文化痛斥一番，然后将西方的东西作些不痛不痒的论述，以此来显示自己的高明。更有一些人所写书名或文章标题，首先就让人无法理解，这样似乎就足以表明自己学问的高深。我与施丁先生就曾被一青年拿来厚厚两本书的书名所考倒，这位青年拿来两本书要我们替他写封推荐信。不料我们两人全都看不懂这两本书的书名，问题出在哪里呢，我想这里也无需多说。自得乃是指自己对某问题新的见解，自己没有见解，就不必无病呻吟，更不要装腔作势，因为治学毕竟需要严肃认真的态度，所以白先生首先提出两条。但紧接着白先生就说："但是我们决不可能随声附和，应当以此为治学大忌。我们应当虚心向别人求教，但决不应该跟在哪个权威后边，跟在哪个老师后边，唯唯诺诺，不肯表示自己的见解。我们应该有自己的独立见解，老实地说出来。对于别人的错误，敢于提出不同意见。对于自己的错误，也要善于接受别人的意见。这样，对于个人学业进步，对于学术界的进步，都会有很大好处的。现在我们有一种流行的风气，不提倡自得之学。报刊上有不少文章，往往是对于一些资料的汇集或改写。如果说是以介绍知识

---

① 《文史通义新编》外篇三。
② 《文史通义新编》外篇三，《与邵二云论学》。

为目的,也不是不可以的,如果说是学术论文,就不对头了。"(第 428 页)白先生这番话讲得是多么恳切,表达了老人家期待着史学界队伍能够健康地、迅速地、茁壮地成长的心情。他告诫大家,做学问不能老是跟在别人后边转,不论是谁,应当有自己的独立见解,而对于别人错误要敢于大胆地批评,当然也要善于接受人家的批评意见,只有这样,学业才有可能进步,学术才有可能发展。当然,白先生也指出,资料的汇集或改写,都不能称作学术论文,必须是有资料、有见解、有观点,方能称为学术论文,这就是说,每篇学术论文,都应当反映出作者的自得。

白先生的另一篇关于治学的文章,着重是讲积累问题,特别是文史工作者,没有长期的积累,是成不了大气候的。正因如此,所以白先生要求大家必须注意知识的积累。他说:"无论一门学问有多么深或多么浅,一门学问有多么久或多么新,你想在这门学问上'后来者居上'吗?总离不开这个'积'字。不注意一门学问的积累过程,不总结已有的研究成果,却要想平地起高楼,这种做法总不能算是对头。"白先生还指出,这种积累应当在人家已有的研究成果上进行,要充分利用别人的研究成果,从现有的水平上继续提高,而不要搞平地起高楼,另起炉灶。为了达到形象说明,文章开头引了《史记·汲郑列传》上,当年汲黯不满意汉武帝任用大臣的办法所说的一句牢骚话:"陛下用群臣,如积薪耳,后来者居上"。白先生紧接着说:"汲黯的话有点发牢骚,但用在学术研究上,却能说明学术发展过程中的一条真理。"白先生为了强调"治学讲究个'积'字",因此文中引了荀子《劝学篇》所讲:"积土成山,风雨兴焉。积水成渊,蛟龙生焉。""不积跬步,无以至千里;不积细流,无以成江海。"但是,白先生说,汲黯说得更加形象,"学问的发展真像积薪一样,要在已达到的水平上,一步高似一步,一层高似一层。你在学术上要立雄心大志,不在于要平地起高楼,而在于能在别人已积的薪上再增加一些新的薪,能把这些薪积得高一些,同时也让别人好在你的成绩上更有所增加,把薪积得更高一些。汲黯说的虽是一句牢骚话,我看却值得咱们玩味哩。当然,'积薪'也只是一个比方,治学决不会像积薪那样简单;在学问上提高一步,决不像添一块柴那样方便。这里面有一系列复杂的劳动。但要像积薪那样,从已达到的水平上继续前进,这总没有问题吧"。(第 419 页)白先生在这里虽然用了积薪这个典故,来说明治学要注意积累,但同时又指出,"治学决不会像积薪那样简单",

"这里面有一系列复杂劳动"。因此,在做学问上提高一步,不可能像添一块柴那么方便。因为治学毕竟是一种十分复杂的脑力劳动,它不仅需要毅力,做到持之以恒,而且需要以漫长的时间为代价,因此,从事文史研究的人员,要想很快就能出惊人的成果,自然是不可想象的,书总得要一部一部去读,就以白先生所开之书目而言,三五年能够读完吗?况且近人的研究成果,也非读不可,否则你就不可能了解当前的水平,自然也就无从后来居上了。对此,当前某些决策者不了解文史研究的特殊性,而一律强调年轻化,于是就出现了有些地方博士毕业没有多久,就破格升为教授,有的教授一批下,马上又成了博导。这些现象未必能说是正确的,它毕竟不同于理工科,没有相当长时间的积累,从何而来渊博的学问呢?这个误区若不解决,恐怕将会后患无穷。

白先生不仅希望大家认真读书,注意知识的积累,而且还教导大家做学问、搞研究的具体方法,对于历史研究者来说,不掌握丰富的材料,也就不可能研究出新的成果,但是也并不是非把全部资料都掌握到手才能开始研究,为此,白先生告诉大家:"没有掌握丰富的材料,研究足够的文献是不可能做出成绩来的,但也不可能等到把所有的文献都研究完了才开始作分析、作结论。你总是一边研究文献,一边研究已有的成说,一边提出自己的初步看法。此后,你又随着研究的深入而不断修改并提高自己的理解。这个过程可能占好多年的时间,也可能占不太多的时间。但无论如何,到工作开始的一段,必须分析研究基本文献,分析研究主要的说法。这里说的是基本文献,不是说所有文献,这里说的是主要的说法,不是说的一切说法。如果你不愿这样做,而习惯于比较随便地用材料,并对已有的各说法采取不大理睬的态度,作为对一个史学工作者的要求来说,我看,这种作风是要改变改变的。"(第420页)白先生最后指出的这种风气,在当前学术界看来为数还是不少,随便抓起一条材料便大发议论,并且一切以我为中心,别人的研究成果,众多的说法,他都不屑一顾。什么后来居上,在他看来,一切都不在话下。对这种妄自尊大的人,只有随他去了。

针对不少人文章写得不能令人满意,白先生还专门讲了怎样写好文章。他说:"首先,要练习写文章,要学会正确地表达自己的研究成果。对所研究的问题,不要轻易做出结论。要深入,不要把局部的问题扩大成为全面的问题。要注意,根据个别事例作出结论,是站不住脚的。评论历史事件和人物,也要分个层次，不要把话说得只求痛快，过了头。在评论某事件的时候，不要轻易地说很好或很坏，要有点分寸。其次，写文章要注意不说废话，不要扎空架子。……写文章没有内容，但把摊子摆得很大，表示自己有学问，其实，这正是暴露自己没有学问，真有学问的人不这样作。……还要注意，写文章不要怕修改，怕麻烦。文章经过多次修改，往往是一个提高的过程。"(第296页)这里所讲的，实际上都是平时写文章时容易犯的一些毛病，若是平时能按白先生的教导去做，无疑写文章的表达能力定会不断提高。

这里我还想特别指出的是，白先生在许多文章里都反复教导我们，我们祖国文化遗产是非常丰富的，特别是史学遗产，大家应当重视这份遗产，要在研究中总结历史经验，继承发扬优良传统。他还批评了有些人说中国史学没有理论。他说："有些人认为，中国史学没有理论，这是把问题看得太简单了，这是不符合事实的。"(第296页)说这种话的人，正说明他对中国史学的发展并不了解，许多重要名著也没有很好阅读，否则绝对不会说出这种不符合历史事实的话来。这正像说中国传统史学只是"剪刀＋糨糊"一样的无知，好在中国许多史学名著都还完好地保存下来，有事实为证，并非某些人说了就好定论。

最后我还想说的是，白先生对中青年史学史研究工作者是抱有很大的期望，希望大家"要有敢于'成一家之言'的勇气"。要树雄心，立大志，不要急于求成，而"必须投下扎扎实实的功夫"，要学习过去优秀的史家的可贵精神，就在于不惜长期的辛勤，坚持了工作，甚至拿出了毕生的精力，终于出色地写出了有代表性的巨制，在史学上作出了贡献。

（原载北京师范大学史学研究所编《历史科学与理论建设——祝贺白寿彝教授九十华诞》，北京师范大学出版社1999年4月版）

史学史研究的最新成果

——读《中国史学史纲》

最近读了瞿林东教授的新著《中国史学史纲》(北京出版社 1999 年 9 月出版,下称《史纲》),得益匪浅。这部著作,具有这样三个明显的特点:

全书最大的特点就是对中国史学理论的发掘、研究和论述的内容表现得尤为突出,这正是史学界长期以来研究中一个薄弱的环节。也许就是因为如此,所以有些外国学者就认为中国史学没有理论,于是国内学术界也有人随声附和。虽然 1988 年白寿彝先生已经批评了"这是不符合事实的"。但是,我们自己下功夫进行深入研究和发掘确实做得很少,自然就给人们产生了某些错觉。林东先生这部著作,正是在这方面作出了非常突出的贡献,正像《自序》所说:"内容方面,力图在阐述清楚中国史学发展的全貌的基础上,适当突出这一发展过程中之理论成就的积累,并尽可能兼顾到有关认识历史的理论和有关认识史学的理论。在这方面,现有的一些著作,给人们留下了可以发挥的广阔空间,我希望做一些拾遗补阙的事情。"这里作者很谦虚地指出了原有史学史著作这一内容大多比较缺少,"留下了可以发挥的广阔空间",所以他在书中大做"拾遗补阙的事情",并且做得非常出色。当然,所以能够如此,显然是付出了辛勤的劳动和巨大的代价的。正因如此,《史纲》才有可能将我国历史上异彩纷呈的史学理论展示在读者面前。例如在讲魏晋南北朝史学思想特点时,归纳为"辩兴亡""论神灭""评人物"三大方面进行论述;在隋唐五代史学一章中,共列六节,竟用了两节的地位论述这一时期的史学理论;而在宋辽金史学这一章,除了用一节专门论述《两宋史家的忧患意识》外,又列《宋代史学批评的繁荣》一节,下设四目标题是:一、《册府元龟·国史部》序和《新唐书纠谬》序的理论贡献。二、曾巩和洪迈的史学批评。三、叶适的"史法"之议和朱熹的读史之论。四、目录之书与史学批评。只要看了这些标题,就会使你感到耳目一新,并使你深深感到中国的史学理论的确是非常丰富的。特别是"目录之书的史类部分,也包含了丰富的史学批评思想",恐怕很多人从来也没有想过。

该书第二个显著特点，是内容丰富，史料翔实。以前许多同类著作，大多是前重后轻，宋以前较为详细，宋以后则较为简略，似乎中国史学的发展，朝代越晚越不发达。事实当然并非如此。《史纲》一书的内容则大为改观，就以辽金元三朝而言，辽金两代单设一节，下分六目，节的标题是《辽金史学的民族特色及其对多民族国家历史文化的认同》。而元代史学不仅专设一章，而且下分六节，篇幅之多实属罕见，充分反映了元代史学的内容丰富和多样性。再以明代史学而言，一章中也分六节，每节标题分别为：《实录和官修史书》《私家之本朝史撰述》《方志和稗史》《经济史著作》《史学的通俗形式和历史教育》《晚明史学的崛起》。这六节之中，三、四、五三节内容，以前大多被忽略了；尤其是四、五两节，以前著作更是很少论及。

该书还有一个特点，就是不人为地去划分阶段，"而是采用长期以来人们比较习惯并易于理解和接受的时段划分；这样做的好处是，或许可以使更多的读者在他所熟悉的历史时段的框架中去认识该时段史学发展的面貌"（《自序》）。笔者以为这是很有道理的，因为中国历史的发展，特别是王朝兴替的本身就具有其特殊性，不能不为史学发展打上其阶段性烙印。作者在每章之前所加的概括语就足以说明这点，这些概括语自然就把各个时期史学发展的特点非常明确地展示出来。如"宋辽金史学"这章前冠以"历史意识和史学意识的深化"，"元代史学"前冠以"多民族史学的进一步发展"，"明代史学"前冠以"史学走向社会深层"，"清代前期史学"前冠以"史学的总结与嬗变"，"清代后期史学"则又冠以"史学在社会大变动中的分化"等等。当然，这些概括语又为读者指明了每个时期史学发展的重点或要点。

（原载《中华读书报》1999 年 11 月 24 日）

纪事本末谱新篇

——读《山西历代纪事本末》

"纪事本末体"由南宋历史学家袁枢创立,它是我国古代产生比较晚的一种重要史体,我们所以讲比较晚而不讲最后一种,是因为与创立这种史体的袁枢同时代的朱熹还创立了"纲目体";而清初的黄宗羲又创立了"学案体",这才是古代最后一种史书体裁。加上前期的编年体、纪传体、政书体和史论、史评等,不难看出,我国古代不仅史书之多是世界之最,而且史书体裁之丰富也是世界任何一个国家所无法比拟的。① 我们认为,中国传统史学不可能是十全十美的,从来也没有人说它是十全十美的,我们必须对它作具体的研究分析和总结,该批判的批判,该肯定的肯定,还有使用价值的,就按照我们的要求使之继续发挥作用。特别是史体更是如此,决不应当笼统地一笔否定或全盘肯定。事实上,学术界真正做学术研究的学者早已经是这么做了。还在1982年,著名学者杨向奎先生就对黄宗羲创立的"学案体"进行改造,著成《清儒学案新编》八大卷。杨先生在该书《缘起》中说,"学案体"可以起到"学术思想史""学术思想史料选编的双重作用"。但是,"徐世昌主撰之《清儒学案》出,名为《学案》,主传实鲜学术思想内容;而原著选编又多失当,于是所谓学术思想史及学术思想史料的双重作用,都有不足。盖徐氏显宦,不通晓清代学术思想源流,而假手众人,取舍未免失当"②,鉴于此,故决定撰写《清儒学案新编》。由于"《旧案》体例","未免庞杂","《新编》拟汰其繁冗,整齐条例"。经过整齐划一后,每个学案有案主评传和这个学案的学术思想史料选编两大部分,传主的学术渊源和师承关系,都在评传中加以叙述。杨先生还计划

---

① 关于这些,还是有必要经常讲讲,免得青年人被一些胡说八道所蒙蔽。有的人从未学过史学史,更不曾认真读过一部中国传统史学名著,在对于中国封建社会究竟有多少种史书体裁、每种史体的长短得失等很少了解的情况下,居然就写出中西史学比较的论文,对中国传统史学的史体横加指责;还非常得意地"发现"中国传统史学中的那些名著成书不过都是剪刀加糨糊而已。这种人如果不是知识贫乏,就是狂妄之徒。

② 杨向奎:《清儒学案新编》卷一。

"《新编》将附有《清代学术思想史年表》《清代学者著述表》及人名书名索引"。① 经过杨先生等人的辛勤劳动,一部新型的学案体史书已经呈现在我们面前了。

而近年来山西史学界的专家学者们又用纪事本末体撰写出一部山西通史,这又是一个十分可喜的尝试,我们首先表示祝贺,并且感谢他们敢于大胆地采用旧的史体来撰写新的史书。这里我们不妨先回顾一下这种史体产生以后的使用情况和前人的有关评论,然后再谈这部新产生的纪事本末体的地方通史。就在袁枢成书不久,宋人杨仲良就编了《皇朝通鉴长编纪事本末》,明代陈邦瞻编了《宋史纪事本末》《元史纪事本末》,清人高士奇编《左传纪事本末》,清人谷应泰编《明史纪事本末》,清人倪在田编有《续明史纪事本末》,清人杨陆荣编有《三藩纪事本末》,清末李有棠编有《辽史纪事本末》《金史纪事本末》,清人张鉴编有《西夏纪事本末》,清人李铭汉编有《续通鉴纪事本末》,近人黄鸿寿编有《清史纪事本末》。从上述所列可以看出,纪事本末的史籍,贯穿古今而自成一个体系。其中《明史纪事本末》《西夏纪事本末》《清史纪事本末》等,都不是改编前人之书而成,因而它们的史料价值自然就高于其他纪事本末之书。还要指出的是,还有许多史籍虽不以纪事本末为题,而实与纪事本末相近或相同,如明人高岱的《鸿猷录》、范景文的《昭代武功编》和清人马骕的《绎史》,都是如此。至于明清之际的野史,属这种类型的还有不少,这里不一一列举。可见纪事本末体自创立以后,用此体编修的各种史书是相当多的,而并不仅局限于少数民族史的编写。因为它毕竟具有其自身的优越性,杰出的史学评论家章学诚对其的评价就是相当高的。他说:"本末之为体也,因事命篇,不为常格,非深知古今大体,天下经纶,不能网罗隐括,无遗无滥。文省于纪传,事豁于编年,决断去取,体圆用神,斯真《尚书》之遗也。"②由于这种史体由对编年体史书改编而来,而初期一些著作亦多为仿袁氏改编旧史而成,数量又不多,故历代目录学家在分类时将其编于杂史之中,这是可以理解的。但接着他又说:"但即其成法,沉思冥索,加以神明变化,则古史之原,隐然可见。书有作者甚浅而观者甚深,此类是也。故曰,神奇化臭

---

① 杨向奎:《清儒学案新编》卷一,《叙例》。
② 仓修良:《文史通义新编》,第19页。

腐而臭腐复化为神奇,本一理耳。"①尽管章学诚对袁枢本人评价并不高,但对这种史体的优越性却给予高度评价,因为"史为记事之书,事万变而不齐,史文屈曲而适如其事,则必因事命篇,不为常例所拘,而后能起讫自如,无一言之或遗而或溢也。此《尚书》之所以神明变化,不可方物"②。章学诚这个看法,显然是通过对编年体、纪传体的比较以后得出来的,在他看来,要编撰好一部史书,这种史体还是比较理想的。当然,他也曾经打算对这种史体适当加以修正,使之更加完善,可惜由于他过早地去世,美好的愿望未能实现。这里还要多讲几句,章学诚认为这种史体实"《尚书》之遗也",这实际是指《尚书》每篇都自为起讫,首尾完整,这不能说没有道理。因为我们今天大多认为纪事本末体源于先秦《左传》,而很少有人去理会章氏之说法。近代著名学者梁启超在《中国历史研究法》一书中,对纪事本末体更是非常赞扬,他说:"盖纪传体以人为主,编年体以年为主,而纪事本末体以事为主。夫欲求史迹之原因结果以为鉴往知来之用,非以事不可,故纪事本末体于吾侪之理想的新史最为相近,抑亦旧史界进化之极规也。"③而在《中国历史研究法补编》中又说:"论他体例,在纪传编年之外。以事的集团为本位,开了新史的途径,总不愧为新史的开山。"④可见他对这一史体所寄托的希望是何等之大,认为是"新史的开山"。当然,他不可能知道,后来撰写新史的人们,竟然是无人对它问津。

遭遇冷落而无人问津,并不说明它本身就没有价值,而是由于人们没有去研究它,利用它,它内在的价值没有被发现罢了。加之近现代以来,章节体风行,大家竞相采用,天长日久,不思改进,墨守成规,因而一直以老面孔出现在人们面前。这里不妨引章学诚批评纪传体的话来说明:"纪传行之千有余年,学者相承,殆如夏葛冬裘,渴饮饥食,无更易也。然无别识心裁,可以传世行远之具,而斤斤如守科举之程式,不敢稍变;如治胥吏之簿书,繁不可删。"⑤对于章节体的长处,不会有人去否定它,但是,也并不是说章节体适合任何一种著作,这就要人们自己去探索了。

---

① ② 仓修良:《文史通义新编》,第 19 页。
③ 梁启超:《中国历史研究法》,第 20 页。
④ 梁启超:《饮冰室合集》第 23 册,第 160 页。
⑤ 梁启超:《饮冰室合集》,第 18 页。

春节前接山西大学友人寄赠《山西历代纪事本末》一书,看了觉得很有新奇之感,看来山西史学界朋友正在探索究竟采用一种什么样的史体来撰写一部地方通史更加合适,他们通过对历史上的几种史体和当前流行的章节体作了对比研究,最后采用了纪事本末体。该书《序》中说:"我们采用这一体裁,主要是从编书的宗旨目的出发,意在发挥纪事本末体以记事为中心,宜于完整、明快地叙述历史事件的优势。"①而在《导言》中又作了具体的论述:"这一体例,每立一条目,各详起讫,自为标题;每篇各编年月,自为首尾。""也就是说,这一体例,综合了编年体的直观性、纪传体的容纳性后,又增加了叙事的灵活性,形成一种局部条目具有相对独立性、整体结构又能展现历史全貌的体例优势。这是本书采用这一体例的首要原因。"②其次,这一体例对编写少数民族历史较为有利,"山西地方是古来民族融合的洪炉,涉及多种少数民族的历史活动,故本书采用纪事本末体又是内容所需要"。"再其次,善叙战事亦是纪事本末体例的优势之一。""山西古来为征战之地,发生过无数战役,如阏与之战、长平大战、三围晋阳、杨业抗辽、平型关战役、百团大战等等,在我国军事史上有重要地位。采用纪事本末体例详叙战事的经过,可以突显山西地区古来战争频仍的特点。"③可见他们在采用什么体例编写问题上,确实是经过深思熟虑的研究,最后才确立的,在他们看来,纪事本末体乃是编写地方通史比较理想的一种史体。这里我想再附带讲几句,近日接到台湾著名学者、前台湾大学历史系主任陈捷先教授寄赠的新著《康熙写真》一书,看了篇目真是喜出望外。这是一部康熙的传记,按照"常规",无疑都要用章节体编写,而该书却完全例外,全书用 50 个题目,将康熙的一生写完,实际上竟也采用了纪事本末体,其篇目如:《康熙继承之谜》《康熙皇帝的相貌》《康熙的血统》《君臣翰墨因缘》《康熙对西藏的经营》《康熙与台湾开发》,最后以《康熙之死》一篇而告终。通过 50 个问题的叙述,将一个真实的而不是虚构的康熙皇帝展示在读者面前。这与山西史学界朋友的选择自然是一种偶然的巧合,但是这种巧合无疑都反映出史学界不少朋友已不再满意编写史书而单一地采用章节体了,想寻求一种更为理想的史书体裁,这自然是一种非常可喜的现

---

①　《山西历代纪事本末》,第 2 页。

②　《山西历代纪事本末》,第 13 页。

③　《山西历代纪事本末》,第 13—14 页。

象,希望教科书式的章节体不要再一统天下。

《山西历代纪事本末》是用旧的史体来编撰新的内容、并取得相当成功的一部新型的地方通史,记载了上起远古旧石器时代,下迄 1949 年山西省人民政府成立全部历史,内容分远古文明、春秋战国时期、秦汉魏晋南北朝、隋唐五代、宋辽金、元明清、近代、现代八大部分。全书共设 249 篇,"涉及山西的政治、经济、军事、文化、交通、民族、宗教、典章制度、古代建筑、石窟艺术以及与山西有密切关系的重要历史人物等"①。这部用纪事本末体编撰的地方通史,有如下几个特点:

首先,为了弥补纪事本末体松散互不连贯的缺陷,作者们将全部历史分成八大部分,并在每一历史时期前都加有《概述》一篇,对这一时期历史发展的总趋势,以及这一时期历史发展的特点、重点,作一全面的概述,以起到提纲挈领的作用,让读者看了以后,可以对这一时期的历史先有一个初步的了解,实际上给读者入室前起一登堂的作用。这种形式,古代许多著作多有采用,有的称之为小序,如在方志编修中,早就有了这一形式;在专业志之前,大多有长短不同的概述或小序,如今新志编修中,则更加普遍地采用。可见该书的作者们,为了使这一史体更加完善,因此,尽可能吸收其他史体和著作中的长处,以弥补这一史体的不足。

其次,众所周知,这一史体之产生是从改编编年体史书《资治通鉴》而来,而《通鉴》一书,人们早已有过议论,"专详治乱兴衰的政事史",而于经济、文化内容则很少记载。因此,由此书改编而来的《通鉴纪事本末》一书,在 239 目中,经济只有两目,而文化、艺术、宗教等就更少了,像文学家屈原、陶渊明等都未提及,杜甫是从王叔文口中吟诗才提到,而王通、刘知幾能够书其卒年,已经很不错了。《通鉴》原来就是这种状况,袁枢当然不能自作主张,这也说明,这并不是纪事本末体本身的缺点。原来《通鉴》在经济方面还是有所记载的,所以《通鉴纪事本末》也就立了两目,只能怪后人对其理解有误而已。当然,传统的纪事本末的书中,涉及经济、文化方面的内容确实是很少,那也只能说明是后来模仿者的责任,与这一史体本身并无直接关系。山西历来就是经济、文化大省,并且都具有自己的特色,该书作者为了反映这些特色,因而

---

① 《山西历代纪事本末》,《凡例》。

在书中特设立《开凿云冈石窟》《创建净土宗》《五台山大建寺庙》《开发利用河东盐》《平阳发展雕版印刷业》《恢复农业生产》《复兴手工业》《道教盛衰》《崇佛建寺》《杂剧兴起》《潞绸兴衰》《晋商兴衰》《票号浮沉》《地方戏曲兴盛》《近代工业兴起》《西教传晋》《书院改学堂》《西北实业公司兴衰始末》等近 30 个篇目,占全书内容的 8.3％,这个比例应当说是相当大的。从而一改旧纪事本末史书专记政治内容之一统天下的老面孔。可见这种史体记载内容的详略多少,并不是史体本身的毛病,关键在于编撰者如何使用,如何处理与安排。只要有意识地精心组织,合理安排,做到各方面内容比例的协调,就一定能编撰出一部内容丰富多彩的新型纪事本末史书来,《山西历代纪事本末》一书的成功问世,就足以说明这个问题。

　　第三,如何在纪事本末体中表现人物,该书作者也作了探索。本来人与事是密不可分的,但是这种史体,一般都是以事立目,如何更加突出一些人物在山西的活动呢? 书中也确实立了一些篇目,以体现那些杰出人物在山西活动的情况,这中间有本地人,也有的不是山西人。著名学者王通,出生在山西河津县,但大半生一直在外地做官,只有晚年回归故里讲学,学术影响很大,书中便立了《王通汾阴讲学》一目,专讲其在山西的贡献;武则天祖籍山西文水,曾几次回乡省亲,于是立了《武则天荣归故里》一目,通过省亲活动,讲述她对北都太原城兴建的促进;他如《元好问私撰金朝史》《杨深秀在山西》等,都是侧重于某些事件的记述,而不是单纯为个人立传。至于外省人士在山西有业绩者,亦作如是处理,如《徐霞客游五台山、恒山》《张之洞抚晋》等都是如此。现代的则有《阎锡山特务统治始末》《李林殉国》《左权殉国》《刘胡兰、尹灵芝就义》等,这就解决了篇目中见事不见人的问题。

　　第四,尽量发挥这一史体固有的长于写战争和民族历史的优势,以突出体现山西地方的区域特点。山西历史上发生过许多著名的战役,在中国军事史上都有重要的地位,其中有许多在中国战争史上都成为著名的战例。如《晋齐鞍之战》《晋楚鄢陵之战》《孙庞斗智》《长平喋血》《河东争战》《李光弼血战太原》《中原大战》《平型关战役》《忻口战役》《百团大战》《中条山战役》等,描写战争的总共 80 多篇,占全书篇目将近 1/3。叙述民族内容的也占了相当篇幅。因为山西自古以来就是许多少数民族活动场所,成为古代民族融合的洪炉,因而如何反映这一历史的事实,该书作者确实是下了功夫。这类篇目中著名的如《赵武灵王胡服骑射》《汉匈融合》《北魏改制》《尔朱荣乱魏》《高氏经营太原》《周武帝克平阳》等，叙述民族内容的也达 40 多篇。若与战争篇目相加，两者竟高达 120 多篇，占到全书篇目的 1/2。这自然就充分突出了山西区域历史的重大特色。

最后，该书篇目的排列顺序，均以事件发生的时间先后为序；但遇到时间跨度长，则"酌情列于其起始或兴盛阶段。如《边塞和战》《汉匈融合》列入汉代；《创建净土宗》列入唐代；《晋商兴衰》《票号浮沉》列入近代等等"。①

总之，通过作者们的辛勤劳动，取得了明显的两大成果：其一，作者们对于旧的纪事本末史体进行了协调、变通与改进，使得这个古老的史体更加完善，更加理想，可以说是得到了新生。这就是我们常说的对传统文化要建立在批判、继承和发展上，这中间既有继承，又有发展，表现出史学工作者高度负责的精神。他们没有作简单的全盘肯定或全盘否定，而是抱着满腔热情的态度对待祖国的文化遗产，因而才有可能使古老的史体焕发出青春活力，再度为撰写新的史书而作出贡献。杨向奎先生对学案体作了整齐划一的工作，完成了《清儒学案新编》学术巨著；山西史学界的朋友，通过对纪事本末体的完善，写出了《山西历代纪事本末》史学巨著，他们的功绩在中国史学发展史上，都应当得到肯定和歌颂。

其二，实现了作者们的理想和目的。他们要通过这种史体，写出一部深入反映山西历史的全貌和文化层次的新型著作，并能成为广大读者喜欢阅读的内容丰富、灵活多样的好教材。用他们自己的话来说："将曾发生在此地的重大事件和重要人物的活动，作为立目的重点，……围绕以上大事，再列出一系列相关事项的篇目，如经济、文化的方方面面，与事件和人物相互发明，展现其深厚的文化内涵，使读者在把握中华历史的走势、领略山西地方的独特风貌中，又能有具体而微的感受。……每篇都取山西历史进程中引人深思的重要片断，以纪事本末体例分条写出，在激发爱省爱国之情、增强奋发图强之志的教育活动中力求取得鲜活明快、直观便捷的效果。"②我们可以毫不夸张地讲，"倾注全体组织、编撰人员心血"的《山西历代纪事本末》一书，目的是达到了。为了达到这个目的，作者们在拟订篇名时，也经过了深思熟虑。为了

---

① 《山西历代纪事本末》，《凡例》。
② 《山西历代纪事本末》，《导言》。

达到很好的效果,有的沿用了传统的名称,如《西门豹治邺》《赵武灵王胡服骑射》《晋齐鞍之战》《触龙说赵太后》等,都是人们比较熟悉的篇目,人们看了会倍感亲切。有的篇名则富有艺术色彩,如齐魏之间发生的"围魏救赵"的"马陵之战",实际上是孙膑和庞涓两人在兵法智谋上的一场较量,最后孙膑智取庞涓,书中则干脆用了《孙庞斗智》为题。又如廉颇、蔺相如武将、文臣之间以国家利益为重,从矛盾到和好,则用戏剧上常用的《将相和》来名篇。再如《重耳历难》《托孤赵盾》《主父之死》《长平喋血》等,都与历来严肃的、板着面孔的篇名显然不同,更容易接近广大读者,收到的效果自然也就大不一样。特别是对广大青年朋友进行热爱家乡的教育,就更容易被接受。限于篇幅,就不再作更多的议论。

最后,想提两点参考意见:第一,能否考虑编写一篇山西历代大事年表,一则可以起到加强连贯性的作用,"概述"是起横断面的联系作用,而大事年表则起到纵的贯穿作用,如同一根线索,将 249 个篇目贯穿起来,更容易看出历史发展的全过程;再则也可起到拾遗补阙的作用,因为历史上所发生的事件,只需三五句话即可解决,不仅无须成篇叙述,就是作为附录也无必要。就如大史学家司马光是山西人,他的生卒年代总该给全省人民作一交代吧;再如山西还有其他不少学者和有价值的著作,在大事年表中都可以得到解决。

司马迁的《史记》作有十表,其价值大家都很清楚,宋代史学家郑樵对此曾大加称颂,认为"《史记》一书,功在十表,犹衣裳之有冠冕,水木之有本源"。[①] 因此,主张编写史书,必须充分发挥图表的作用。后来的章学诚,更强调史书、方志都应当加强图表的作用,他说:"史不立图,而形状名象,必不可旁求于文字。此耳治目治之所以不同,而图之要义所以更甚于表也。古人口耳之学,有非文字所能著者,贵其心领而神会也。至于图象之学,又非口耳之所能授者,贵其目击而道存也。"[②]正因如此,我的第二点意见是应当设法在不同历史时期插入一些历史地图,重要战役则附以形势图,这对于帮助读者了解山西的历史发展无疑是有好处的。当然,绘制历史地图难度是比较大的,不妨借用人家的已有成果,我们在编纂"二十五史辞典丛书"时,就都选用谭其骧先生主编的《中国历史地图集》,而历史上许多著名的战役,在许多军事

---

① 郑樵:《通志》,《总序》。
② 郑樵:《通志》,第 810 页。

史的著作中也都绘制有形势图,只要加以选择,还是可用的。因此,希望该书再版时,能够补上这两项,进一步完善这一新型的历史著作。

(原载《山西大学学报(哲学社会科学版)》
第 24 卷第 4 期,2001 年 8 月)

读《中国史学史资料编年》

杨翼骧先生是史学界老前辈,一生治学严谨,著述审慎,为青年史学工作者树立了榜样。所著《中国史学史资料编年》(下简称《编年》)三册,将我国先秦至明代史学发展过程中所产生的关于史学方面的人、事、书一一加以记载和摘编,这是一项十分艰巨的工作,是在"披沙拣金"。这样一部著作,帮助我们掌握和了解我国史学发展的梗概,对于研究具体史家或史书也创造了条件,嘉惠后学,其功大矣。因此,我们可以说这是一部史学史研究入门之书。全书原计划分为四册,由于先生年事已高,健康状况欠佳,第四册清代部分已无法自己完成,不得不委托弟子们来编写。就此三册而言,我初步阅读后,觉得有如下几方面特点:

一、全面记载了史学发展中的人、事、书

这部《编年》,对中国史学发展过程中所产生的有关人物、重要事件和对史学研究有关的著作,均按年代顺序予以记载。有些不知名的野史、杂史,本书也都作了记载。每部史书写作的起止年代和作者的生卒年,大都作了记载;无确切年代的也作了考证。本书著录了重要的舆地著作、目录学著作、类书、笔记、金石学等。我们中华民族是一个多民族组成的大家庭,因此,中华民族的发展历史也是由多民族所创造的。因此,杨先生在著录过程中,很注意搜录少数民族的有关史学著作。作者注意收录史学史上有重要影响史学大事的内容,如晋武帝太康二年(281)记"荀勖著《中经新簿》,分甲、乙、丙、丁四部,以史书为丙部";晋明帝太宁元年(323)"李充著《晋元帝书目》,分甲、乙、丙、丁四部,以史书为乙部"。每条之后,都征引了多条原始材料。荀勖提出的四部分法,在中国学术史上是一件大事,将史书列在丙部,起码说明史书已被独立分类。东晋李充,"因荀勖四部之法,而换其乙丙之书",即定史为乙部,子为丙部,虽同属四部分类,但排列顺序则不同。次序的变化,反映了学

术发展的变化。《晋书·李充传》说,自此,"祕阁以为永制"。修于唐初的《隋书·经籍志》,亦采四部分类法,它直接影响着后来图书分类和编目,直至清朝编《四库全书》。乙部之书乃成为史书之代名词。宋文帝元嘉十六年(439)"立史学,以何承天主之"。下引《南史》卷二《宋文帝纪》:元嘉十六年,"上好儒雅,又命丹阳尹何尚之立玄素(案:素字衍)学,著作佐郎何承天立史学,司徒参军谢元立文学,各聚门徒,多就业者"。南朝齐、梁、陈三代还都"置修史学士",《编年》引《史通·史官建置》来加以说明。另外,如隋文帝开皇十三年(593),"隋禁私人修史"。引《隋书》卷二《高祖纪下》:"开皇十三年……五月癸亥,诏人间有撰集国史、臧否人物者,皆令禁绝";唐太宗贞观三年(629),"唐移史馆于禁中,宰相监修国史";武则天长寿二年(693),"宰相始撰时政记";后唐明宗长兴四年(933),"史馆规定修史官员奖惩制度";宋高宗绍兴十四年(1144),"秦桧乞禁野史";宋宁宗嘉泰二年(1202),"宋禁行私史",等等。著录这些内容,是要有历史眼光的。

二、一书多名和一名多书的考订

如南朝宋王诏之所著《晋安帝阳秋》,《隋书·经籍志》著录为《晋纪》,《世说新语注》及《初学记》所引又题《晋安帝纪》。《编年》在按语中指出:"《晋纪》及《晋安帝纪》当即《晋安帝阳秋》之异名,实为一书也。"有的著作竟有四五种书名,富弼、王洙等编修的《太平故事》,又作《三朝政录》《三朝政要》《祖宗故事》《三朝太平宝训》《庆历三朝太平宝训》。对于这些,书中不仅都一一予以列出,而且全都征引原始出处。其他如陶岳的《五代史补》,又称《五代补录》,陈傅良的《建隆编》,又名《开基事要》;张昕等人的《大金仪礼》,亦称《大金集礼》等等。对于那些不能肯定的,也都抱着存疑的态度。如赵至(一作志)忠所著《虏廷杂记》,《玉海》、《郡斋读书后志》均著录《虏廷杂记》10卷,但《通志·艺文略》《直斋书录解题》只著录《阴山杂录》。而《宋史·艺文志·传记类》既有《虏廷杂记》14卷,又有《阴山杂录》15卷,均未著录作者。《编年》在"按"中说:"据上所引,《虏廷杂记》与《阴山杂录》是二书或是一书,颇成疑问。李锡厚《〈虏廷杂记〉与契丹史学》(见《史学史研究》1984年第4期)一文认为'很可能是同书而异名'。'《阴山杂录》当是该书原名,而《虏廷杂记》则系至忠投宋后所改易。'可参阅。"除此之外,其他类同名之书亦不在少数。如《鸡林志》便有两人同时成书,《玉海》载"《鸡林志》二十卷,崇宁中吴栻使高丽撰。载往旧事迹及一时诏诰"。《宋史·艺文志·传记类》亦同样著录。而《宋史·王云传》载:"云举进士,从使高丽,撰《鸡林志》以进"。《直斋书录解题》著录"《奉使鸡林志》三十卷,宣德郎王云撰,崇宁元年,云以书状从刘逵、吴栻使高丽,归而为此书以进。自元丰创通高丽以后事实,皆详载之"。《玉海》在《崇宁鸡林志》下载"又三十卷,王云撰。其类有八,自高丽事类至海东备检"。《宋史·艺文志》亦著录"王云《鸡林志》三十卷"。可见在同名书中,以此为最典型,不仅同时著述,而且同记一个内容,只不过详略不同而已。阅读了这些内容以后,对于这两部书的编写缘由、内容乃至两位作者都可有初步的了解,今后若要进一步研究,心中也就有底。

三、考订正误辨别真伪

在我国众多的史籍当中,有许多都未写明成书年代,对于这些,杨先生在书中都尽可能作了考订。《史记》没有明文记载成书年代,这已是众所周知的事。其实《晋书》的成书年代,虽有记载,却又错了。杨先生对《晋书》的修撰作了考订,指出:"关于《晋书》修成之年代,惟《旧唐书·房玄龄传》有'至(贞观)二十年书成'一语,他书均无明文记载。然《晋书》既始修于贞观二十年闰三月,必不能速成于同年之内(余嘉锡《四库提要辨证》卷三史部一《晋书》条已辨之),则《旧唐书·房玄龄传》所记有误。据《唐会要》言'以其书赐皇太子及新罗使者各一部',《册府元龟》于记贞观二十二年闰三月诏修《晋书》之后,又言后数载而书就,……以其书赐皇太子及新罗使者各一部,则《晋书》修成必在新罗使者到中国之前,考《旧唐书·太宗纪》,贞观二十二年闰十二月,'新罗王遣其相伊赞千金春秋及其子文王来朝',再证以《册府元龟》所言'后数载而书就',则《晋书》之修成当在本年也。"《晋书》的编修,在史学史上自然是件大事,余嘉锡先生作过辨证,知道的人毕竟不多,因此书中作出辨证很有必要。又如《安南志略》一书由于作者黎崱自序落款时间有误,就为后人研究带来了难题,对此,《编年》在按语中作了详尽的考订,由于考订比较典型,现将按语全文抄录于下:

　　按：黎崱著成《安南志略》之年代，似应以其自序落款为准，但黎氏自序末署"元统初元乙卯春清明节"，其错谬显然，不能依据。查元统元年之干支为癸酉而非乙卯，此乃一大谬；元宁宗卒于至顺四年二月，顺帝于六月即位，十月改元元统，清明节在三月，此时顺帝尚未即位，岂能冠以"元统初元"？此又一大谬。故自序所置年月绝不可信，实为难以解释之疑窦。为此书作序者先后共有十一人，均为当时学者名流，其中写明作序时间者有八篇，程钜夫、刘必大、许善胜三篇为最早，在元成宗大德十一年（公元1307年），夏镇一篇为最晚，在元顺帝至元六年（公元1340年），相距长达三十七年，可见黎氏在数十年悠久岁月中，对此书不断修订，多次请人审阅作序，其勤勉求善之志，虚心请教之情，殊为可贵。武尚清《安南志略在中国》（见《史学史研究》1988年第二期）及《安南志略校注序》（见《史学史研究》1993年第四期）对此书考述精详，研究至深，言及此书著成年代时，极为慎重，谓约在"元惠宗（即顺帝）元统、至元年间"。今依从其说，并据夏镇序末所署年月，编于本年。

　　又按：以上引录自序以外之十一篇序文，系据清光绪上海乐善堂本《安南志略》卷首所载之顺序排列，其中有时间先后失次者，未予更动，谨此说明。

　　又按：武尚清点校《安南志略》，已由中华书局于1995年4月出版，其中所附载有关研究是书之资料，至为详备，可参考。

　　上述引文对成书时间作了辨证外，还引自序外以及他人作的序共11篇，对这11篇序，书中都一一加以征引。这些对研究者来说，无疑是提供了极大的方便。

　　除了考证作者生卒年代和成书年代外，对于书名有差异、作者名有差讹的也都作了考证。如苏辙所著《春秋集解》，许多目录著作均著录为《春秋集传》。《编年》征引苏辙《春秋集解引》《郡斋读书志》《直斋书录解题》《宋史·艺文志》，作了考证，认为"当以《春秋集解》为是"。又如《使琉球录》一书的作者，《千顷堂书目》著录为许士霖，《四库全书总目提要》作郭世霖，实际上应为郭汝霖。《编年》考证云："按：据《明进士题名碑录》及《类姓登科考》，均作郭汝霖而非郭世霖；又据《明世宗实录》卷四六四：'嘉靖三十七年九月……壬辰，升刑科右给事中郭汝霖……俱左给事中，……汝霖……俱吏科'。又据《明史》卷三二三《外国·琉球传》：'命给事中郭汝霖、行人李际春封尚元为王'。卷九九《艺文志》四《别集类》：'郭汝霖《石泉山房集》十二卷'。均作郭汝霖,则《使琉球录》之作者姓名应为郭汝霖无疑,《千顷堂书目》及《四库提要》皆大误。"再如宋代王禹偁是否作过《建隆遗事》?《编年》在"《五代史阙文》作者王禹偁卒"条之后有一按语:"按《郡斋读书志》、《直斋书录解题》、《文献通考》、《玉海》、《宋史·艺文志》均著录《建隆遗事》一卷,题王禹偁撰。邵伯温《闻见前录》卷七亦云王禹偁所著《建隆遗事》,一曰《箧中记》。但经晁公武、王明清、李焘、陈振孙等考证,均认为书中所证与史实相悖谬,系他人托名之伪作,非王禹偁所撰(可参阅《文献通考》卷一九六《经籍考》二三引录诸家之文),故本书不予编录。"而对于历史上的疑案"何法盛窃书说",尽管史料缺乏,但作者还是提出自己的看法。《编年》的按语为:"案:何法盛之生平及其著书年代均不详。《宋史》卷一○○《自序》云:'(沈)伯玉,字德润。……世祖(宋孝武帝)践阼,……复为江夏王义恭太宰行参军,与奉朝请谢超宗、何法盛校书东宫'。考《宋书》卷六《孝武帝纪》,江夏王义恭于孝建三年进位太宰,则何法盛在是年以后校书东宫无疑,吾人所知何法盛事迹之年代亦仅此一条,其著《晋中兴书》或在此前后,因史无明文,故暂编于此。至于《南史·徐广传》所载何法盛窃书于郗绍事,确否尚不可知。刘知幾熟于史事,既言法盛始撰《晋中兴书》,今从之。"

四、重视收录史论

我国史学发展过程中曾产生过许多史论著作,这是人们容易看到的,还有许多单篇的史论分散在文集、史传和其他史书之中,这些是研究史学史的宝贵材料。《编年》注意摘编这些议论,其中也包括议论修史之事。如魏孝文帝、唐太宗论及修史的事;韩愈、柳宗元论修史事;李翱论行状,等等。其他如评《史》《汉》优劣等内容,《编年》都注意收录。

总之,《中国史学史资料编年》一书,内容相当丰富。由于篇幅限制,只谈了四个方面特点,而其特点、内容则远不止这些。这是研究中国古代史学史一部不可多得的入门之书。当然书中也存在一些美中不足之处,主要表现在利用前人和最新研究成果做得还不够,如《越绝书》不是袁康、吴平所作,余嘉锡先生在《四库提要辨证》一书中早已指出,《编年》未能采用其说。前几年笔者《越绝书散论》在《史学史研究》上刊出,杨先生看了以后,于1998年4月21

日给我写了一封信,信中说:"大作《越绝书散论》已拜读,对《越绝书》的性质、作者、内容、书名等问题都进行了详细的阐述,考证精密,论断确当,令人信服。今后谈论该书者自当以为准绳,不要再固执其偏见了。""我在《中国史学史资料编年》第一册中,因误信杨慎之说,竟列出《袁康著〈越绝书〉》的标题,犯了一个大错误,实深惭愧!"

从来信可以看出,余嘉锡先生之辨证,杨先生很可能当时没有看到,而我的《散论》刊出乃是在《编年》第一册出版以后,故看了后深感犯了"错误"。杨先生实事求是的治学态度令人感佩。另外,第三册是先生在病中编写,由于体力欠佳,因而有些书籍未能编入,尤其是嘉靖以后,遗漏较多,关于这点,钱茂伟同志在《明代史学编年考》的《自叙》中已经指出。我们指出不足之处,目的在于像章学诚所说那样,"攻瑕而瑜亦粹",因为毕竟是"瑕不掩瑜"。

（原载《史学史研究》2002 年第 2 期）

我国传统文化的长廊——大运河

——读《中国运河文化史》

关于中国运河史的各类著作,已不下十多种,其中篇幅最大者首推由山东教育出版社出版、安作璋先生主编的《中国运河文化史》。此书可以说是迄今为止篇幅最大,内容最丰富,学术价值很高的一部运河文化史学术专著。笔者阅读以后,有如下几点体会:

首先此书告诉人们,中国的大运河与万里长城一样,被列为世界最宏伟的四大古代工程之一,是世界上开凿时间最早、流程最长的一条人工运河。在人们的印象中总是把隋炀帝与开凿大运河联系在一起,似乎隋朝才开凿运河,这自然是一种误解。其实早在周敬王三十四年(公元前486)的春秋时期,吴王夫差便开凿从江都(今扬州)到末口(今江苏淮安)的南北水道邗沟,距今已有2400多年历史。此后我国劳动人民一代接一代,不断地开凿整修,直到元世祖至元三十年(公元1293),终于完成了一条由杭州直达北京的人工大运河,前后持续了1000多年。大运河全长1782公里,跨越北京、天津、河北、山东、江苏、浙江四省二市,沟通了钱塘江、长江、淮河、黄河、海河五大水系。无论从开凿时间之早、开凿范围之广、开凿长度之长(还有局部地区小运河尚未计在内)、效益影响之深远都是世界所仅见的。

该书作者告诉读者,历代统治者开凿运河,大都出自政治、经济诸方面的需要。民间一直流传,隋炀帝开凿运河,就是为了到扬州看琼花,满足其穷奢极欲,其实不然。我们不妨看该书的几段论述,关于邗沟与菏水的开凿:

邗沟是我国历史文献记载的第一条有确切开凿年代的运河。公元前486年,吴王夫差北上争霸,为了解决交通运输问题,开凿了一条南接长江、北入淮水的运河,后来这条运河屡经改道整修,一直是沟通江淮的主要运河。开邗沟后三年,吴又在"商鲁之间"开了一条运河,名曰菏水,将沂水(泗水支流)、古济水连通,于是吴兵船只便可从长江出发,由邗沟北上经泗水,再由菏水通济水至黄河。

该书不仅详细地记述了邗沟和菏水的开凿过程,而且记载了由于这两条水道的开凿,打开了夫差西进与晋侯争霸的水上通道。公元前482年,夫差倾全国兵力北上,其舟师顺利地由淮入泗,由泗入菏水,再入济水,最后到达与晋侯会盟的济水岸边的黄池(今河南封丘南)。当然,夫差北上争霸因越王勾践从后面偷袭遭惨败而灭亡,但这条水道开凿的价值已经显而易见,特别是后来对经济上的影响更是深远,如运河两岸社会经济得到发展和沿岸城市的兴起,乃至后来的秦汉统一都与大运河有很大的关系。

我们再看隋朝南北大运河的开凿。对于隋朝大运河的开凿,历来褒贬不一,总是认为隋炀帝是利用通济渠、山阳渎从洛阳乘龙舟游江都(扬州),并将开凿运河作为隋末农民大起义的重要因素之一。事实上隋朝开凿运河是从隋文帝开始的。书中从经济、政治、军事等多方面加以论述开凿运河乃形势发展所迫。隋朝建都长安,但关中经济优势已经衰退,黄河流域地区经济又因魏晋之际长期战乱而受到破坏,而南方经济却很快在上升,已形成了另一个经济中心。作为统治者来说,如何利用这一富庶地区的经济自然有着巨大的吸引力。加之在政治上,江南的士族与地方豪强,和隋朝中央之间一直存在着尖锐的矛盾。特别是旧陈的中心地区,还曾发生过大规模叛乱,虽经两年用兵得以平定,但南方并未因此而平静。所以为了加强对南方地区的控制,开凿大运河便成为必不可少的一项巩固统治的措施。故作者在书中指出:"开凿运河固然有炀帝巡游享乐的成分,但他的主观动机主要在于其政治意义。"这个说法自然是有道理的。隋统治者为了巩固其对全国的统治,特别是要发展江淮的漕运,以便南粮北运,因此从隋文帝开皇四年(584)至隋炀帝大业六年(610)的20余年间,充分利用过去已开的运河和天然河流,凿成并疏通了以洛阳为中心,北抵河北涿郡,南达浙江杭州的大运河。尽管运河开凿完成不久,隋王朝就在农民起义的冲击下灭亡,但到了唐朝却发挥了很大的作用。人们可以看到,唐朝的运河基本上沿用了隋朝所开的大运河体系,只做了局部的整修。正因如此,曾有人说"隋朝开河,唐宋受益",可见隋朝所开的大运河影响是深远的。所以该书十分肯定地指出:"中国古代的运河问题,不仅是一个交通问题、涉及国计民生的经济问题,而且还是一个政治问题,对历代统治者来说,也就是一个政治生命线的问题。"这也再次说明,历代统治者开凿运河,其主要目的绝不是在于游山玩水。

　　该书还向人们展示,由于大运河的开凿,不仅沟通了南北交通,使得南北经济文化得到交流,而且带动了两岸经济的发展、城市的兴起和学术文化的繁荣,这也是该书最着力之处,也可以看作是该书的重点之所在、特色之所在。一般写运河历史的著作,大都只着眼于运河开凿历史的过程和开凿后沟通南北交通,最多再加上物资的交流,而对于两岸经济的发展和文化的繁荣则很少注意。这部书最大的特点就在于它既重视前者,又尽一切努力发掘后者,并使之成为全书的重点内容。《中国运河文化史》是一部名副其实的运河两岸经济发展史,同时又是一部内容非常丰富的学术文化史方面的专著。而对于运河两岸城市的兴起和繁荣则尤其着意加以描述,使人看到运河两岸城市,“宛如一串镶嵌在运河上的明珠,璀璨辉映,耀人眼目”。就以对扬州的记述为例,“隋唐大运河这条碧绿的彩练上,镶嵌着颗颗耀眼的明珠,然而在这些明珠中,最硕大、最美、最光彩的一颗应属扬州。因为扬州在这些城市中崛起最早,也最富庶、最为重要、最为著名”(第 429 页)。接着便征引许多史料,说明扬州在当时所以获得“天下第一”的盛名,“因为它地处长江三角洲的中心,是运河与长江的交汇处,是南北河运、东西江运、水陆交通的总枢纽,优越的地理位置使扬州在唐代成为最富庶、人物荟萃的著名城市”(同上)。

　　需要指出的是,此书是集体编写,集众手而成,个别作者在编写中有些问题未能吸收学术界相关的最新成果,因而影响了某些结论的准确性,这自然是美中不足,尽管“瑕不掩瑜”,我们还是无保留地将其指出,目的在于像章学诚所说“攻瑕而瑜亦粹”。

　　　　　　　　　　　　　　　　　　(原载《中国图书评论》2003 年第 6 期)

一部反映杭州千年历史足迹的重要文献

——《武林坊巷志》

　　杭州市最近正在进行背街小巷的整治工程,在整治过程中,还要发掘每条街巷的历史典故,我觉得这是一项很有意义的工程,它不仅在为杭州人民创造一个非常良好的生活环境,而且在为全市人民找回杭州被湮没的历史。因为杭州的每条街巷,都有一段丰富的历史和十分精彩的文化内涵,而这一些长期以来一直被埋没而鲜为人知。如水星阁一带,自南宋以来就已经成为游览胜地,特别是明代建阁以后,周围广植梅花,冬春时节,梅花盛开,游人前来赏梅之盛况,可与孤山相媲美;由于这里当时还有南湖,夏季又到此观赏荷花。又如今天的长庆街一带,北宋时这里称北桥巷,巷内有吉祥寺(《咸淳临安志》称吉祥院),寺内所种之牡丹非常有名,苏东坡称是"钱塘第一",他在杭州任太守期间,每当牡丹盛开时节,必到此赏花,直至傍晚扶醉而归,还留下一组《吉祥寺赏牡丹》诗,其中一首是:"人老簪花不自羞,花应羞上老人头。醉归扶路人应笑,十里珠帘半上钩。"这一带当年的繁华景象亦可想而知。南宋时这一带则属安国坊。再如今天的新华路一带,明代以来称忠清巷,而在宋代则称褚家塘,因为唐代名宦褚遂良家族,自三国以来,世代居此,故有此称。至南宋时,太监陈源命园丁在褚家塘御东园嫁接琼花成功,故将此园改称琼花园,因而此处又有"琼花街"之称。这些内容,如今的杭州人知道的自然也不会很多的。说老实话,对于上述这些,我也是最近才从丁丙所著《武林坊巷志》一书中知道的。

　　前不久,社区领导请我帮忙,为他们将本社区所属几条街巷的历史名称和典故查找一下,为了完成这一任务,于是便将书柜中这部《武林坊巷志》八本全部拿出。这部书还是六七年前,浙江人民出版社王福群同志给我送来的,一直没有时间翻阅。经过几天的翻阅查找,任务当然是完成了,同时我深深地感到,要想了解杭州的各条街巷、里弄、桥梁、寺观等名称的来历及演变,只要能有这部书,就可以得到比较满意的回答,因此,我在这里特向大家推荐和介绍。

丁丙,字嘉鱼,号松生,又号松存,浙江钱塘(今杭州市)人。生于清道光十二年(1832),卒于光绪二十五年(1899),是我国清代著名的藏书家。同治三年(1864),因左宗棠奏荐,以知县发往江苏任用,未仕。一生以搜集地方文献为志,太平天国时期,杭州文澜阁《四库全书》散佚,他多方访求、补抄,为保存这部《四库全书》作出贡献。其先世有藏书楼曰"八千卷楼",他又增益二楼曰"后八千卷楼""小八千卷楼",总称"嘉惠堂",有藏书凡20万卷。与江苏常熟瞿氏"铁琴铜剑楼"、山东聊城杨氏"海源阁"、浙江归安陆氏"皕宋楼"并称清季四大藏书楼。他曾将杭州地方文献搜集整理并编刊为《武林掌故丛书》,这对于防止地方文献的流失、保存杭州地方文献作出很大的贡献。另外,他还著有《善本书室藏书志》《庚辛泣杭录》等书。特别是他用了30多年时间而编写成的《武林坊巷志》,更是一部有益于民生的好书,建议所有杭州人都去读一读此书,肯定会有收获。

丁丙编写《武林坊巷志》究竟用了多少时间,尚未见到有确切记载。从其自序可以知道,同治三年(1864)他已经着手搜集有关资料,而光绪二十二年(1896)元旦自己就写了序,俞樾也在同年立夏后三日为该书写了序,序中已明确讲了,"康侯抱书来见,则哀然成编矣"。以此推算,用时约30年之久。全书440余万字,记载了南宋至清末杭州城市的坊巷、官府、宫室、寺观、园圃、坊市和名人宅第及有关文献,所收街、坊、巷、弄据《自序》所云:"都八百余条,稽之图志,证之史传,下至稗官小说,古今文集,靡不罗载"。可见编写中所据之资料是非常丰富的,内容记载翔实可靠,因此,书刚完稿,便得到大学者俞樾的称赞,并随即为之作序,指出:"其书以太平坊建首,以南巡行宫在焉,尊之义也。次之以西壁坊以下,鳞罗布列,若网在纲。博采群书,参稽志乘,无一事不登,无一文、一诗不录,城郭、官府、宫室、寺观、坊市曲折及士大夫宅第,无不备载。"其学术价值,远远超过宋敏求的《长安志》。而对于"文献无征,付之盖阙,正其著书之慎也"。因此,书中所载内容,大都足以信赖。

这部书中坊巷的排列顺序,是按照《康熙杭州府志》所列坊巷为准而再作调整,关于这一点,作者在《总目》之前的按语中已经作了说明:

谨按:康熙《杭州府志》,仁和县坊八:曰义和、曰平安、曰东里、曰如松、曰南北壁、曰东西壁、曰义和安国、曰同德安国。钱塘县坊十有一:曰南壁、曰西壁、曰太平、曰丰宁、曰馨如、曰斯如、曰保安、曰芝松、曰松盛、曰南良、曰北良。兹仁和县义和安国改曰义同，同德安国改曰卫所。钱塘县丰宁改曰丰上，馨如改曰丰下，南壁一坊且并入驻防，无是坊名，伏查太平坊为南巡行宫，翠华再幸，驻跸于斯，是以恭录太平弁冕于诸坊之上，微特见省方之勤，抑亦昭尊崇之义也。余仍依《府志》所编次第，而以驻防附其后焉。

书中对于所列之坊、巷、街道等名称来历及演变，大都能做到穷原竟委，水落石出。而对于无从考证的，也都在按语中加以说明。由于杭州曾是南宋的都城，故每个地名的记述一般也就以南宋作为上限，并且也都以《乾道临安志》《淳祐临安志》《咸淳临安志》三部志书所载作为依据而开始记述。当然，有些地名产生比较晚的则以后来的志书或其他有关文献为依据。而对于这些地方居住过的历史名人，除了引用方志以外，还大量引用正史、文集、私家宗谱和各类笔记等。全书所用各类书籍达2143种之多，我们说它是一部内容丰富、资料翔实的地方文献，决不是一句虚夸之词。当然，各条记述详略和征引资料的多寡都并不相同，甚至差别很大，这也说明作者在撰写过程中是从实际出发，没有史实根据，宁可阙如，而不作任何判断，足见作者治学之审慎。下面我们就举例说明：

水星阁：从该书记载来看，明清时期这一带地方是杭城一处很重要的风景名胜地，直至清光绪年间，这里还是一些文人雅士相聚品茶吟诗之处。因为这里在南宋时曾是当时名将张俊之孙张镃的私家花园，书中首引《咸淳志》："广寿慧云禅寺，在艮山门里白洋池。张循王之孙镃舍宅为寺，绍熙元年赐今额。"接着再引《成化府志》《嘉靖仁和志》和《万历府志》，而《仁和志》所述最详："广寿慧云禅寺，即张家寺，在白洋池北。宋张循王俊宠盛时，其别宅富丽，内有千步廊，今为民居，故老犹口谈之。旧有花园，废久。惟存假山石一二。今寺中有留云亭、白莲池，皆其所遗。其前白洋池，号南湖，拟西湖为六桥，桥亦堙迹。宋淳熙十四年，王之孙名镃者，舍宅建寺，尚遗王像，寺僧至今崇奉。宋致仕魏国公史浩撰碑记。"又根据《西湖游览志》记载，"元至正间毁，洪武十七年，僧文副重建。永乐九年永忠、宣德间广睿、弘治元年福海相继重建"。而在慧云寺内有玉照堂，这在《康熙仁和志》则有具体记载，这是南宋张镃在淳熙乙巳（指淳熙十二年，1185），得曹氏荒圃于南湖之滨，有古梅数十。辟地10亩，移植成列。增取西湖北山别圃红梅，合300余本，筑堂数间以临之。又夹以两室,东植千叶白梅,西植红梅,各一二十章。前为轩楹,如堂之数。花开季节,居宿其中,环洁辉映,夜如对月,因名曰玉照。按《西湖游览志余》记载,张氏此园,"其园池声妓服玩之舶甲天下",一时名士大夫莫不与之交游。至于水星阁之建,则在明中叶以后。书中引《北隅掌录》所载:"水星阁在白洋池上,形六角,如浮图,凡三层,高七丈八尺,(自注:自地至脊高六丈六尺,顶高一丈二尺,围环十四丈四尺)中供毗罗佛,此前人用以厌武林之火患也。似明中叶以后所建,各志未载。阁东偏有康熙时碑,记他事,只旁及水星阁一语,绝不言其缘起。乾隆甲寅、乙卯间(乾隆五十九、六十年)仁和徐吉峰司马(尧鉴)募金修葺,工竣,植梅百本于其下,并重构玉照堂,复张氏故迹。旧腊新春,梅开如雪,游人之盛与孤山埒。功甫(张镃号)玉照堂诗:'一棹径穿花十里,满城无此好风光。'当年胜概,犹可仿佛其一二焉。"据有关文献记载,水星阁一带直到清光绪年间,由于这里风景甚美,仍是文人雅士聚会之处。王景彝在《铁花吟社诗存》中就记载他与高云麟等8人光绪五年(1879)五月二十一日到此相聚吟诗的情景。可见直到清末还是人们向往的地方。正因如此,清人沈映钤即使做官在外,还是念念不忘这里的景色。他在《退庵随笔》中写道:"吾杭北郭之南湖有慧云寺,乃南宋张功甫之故居,当时有十里南湖之目。今寺中补植梅数百本,开时烂漫,与城闉塔影参差掩映,别饶胜概。其前楹有句云:'六楹抱阁,三层香尘不断;一径穿花,十里风景犹新。'余少时最喜往游,领其萧闲之趣。今则宦海浮沉,欲归不得,每至岁除,不禁梦魂长触耳!"此人清同治年间做过知府,足见水星阁地区到了清末,还是风景依旧。由于这里一年四季花事不断,冬春梅花,春季桃、李、海棠,夏季荷花,三秋桂花、红叶,风景总是宜人,故而令人向往。为了反映出这里南宋至明清游人之盛,作者特从志乘、碑刻、笔记、各类诗文集,选录了许多文人在此游后所留下的众多诗句,确是非常好的见证。据《钱塘县志补》记载,大诗人陆游曾写过《饮张功父园戏题》:"(自注:功父名镃,有梅园在湖上)寒日清明数日中,西园春事又匆匆。梅花自避新桃李,不为高楼一笛风。"诗中所写到此欣赏的显然不是梅花,而是桃李,因为时值清明时节。又如南宋陈造在《江湖后集》中亦有《游张园观海棠戏作》:"春色都将付海棠,群仙会处锦屏张。约斋妙出春风手,子美无情为发汤。"至于所录关于写张家寺、南湖慧云寺、玉照堂、水星阁等赏梅、赏花、赏月等诗不下数十首。特别要指出的,因为水星阁又是赏月的

好去处,所以也留下了不少赏月诗。如清人陈裴之在其《澄怀堂诗集》中就有
《水星阁玩月》诗:"月轮天近水星天,高阁来看夜月圆。山影隔云低似梦,江
流归海远如烟。闻歌欲唤龙宫女,把酒应来鹤背仙。客与主人俱好事,诗成
都供百花前。"而清嘉庆年间诗人陈文述在《颐道堂诗集》中也有《水星阁玩
月》诗一首。可见当时每当天高云淡的时候,这里又成为文人雅士赏月吟诗
的活动场所。总之,记述水星阁的文献资料非常丰富,作者在介绍中,竟然动
用了80余种各类著作,他对此书所下功夫之深于此可见。

　　对于每条街、巷等名称的来历,一般情况下,他都尽可能地探明原委,而
对每处历史上曾住过、产生过哪些名人,不仅做到一一列出,而且将其有关传
记资料也都尽量加以辑录。我们就看曾为新闻媒体多次披露过的孩儿巷,
《乾道志》《淳祐志》均称保和坊,再注砖街巷。《咸淳志》仍曰保和坊,注安国
坊相对,俗呼砖街巷。《嘉靖仁和志》则曰:"孙儿巷、保和坊,即砖街巷。"到了
《康熙仁和志》,表述得就更加清楚了:"保和坊,即砖街巷,又名孩儿巷。宋时
售泥孩儿者多在此,故名。又名永寿巷。"可见孩儿巷之称至迟在明嘉靖年间
已经有了。这样一来,巷名的来历与演变过程自然也就清楚了。接着便对巷
内的灵祐宫、报恩禅寺、关帝庙、永福寺作一一介绍。然后便对这条街巷中住
过的名人加以介绍,而首先介绍的就是爱国诗人陆游。作者从《渭南文集》中
录《跋松陵集》原文:"淳熙十六年四月二十六日,车驾幸景灵宫,予以礼部郎
兼膳部校察赐公卿食,讫事作假,会陵阳韩籍寄此集来,云东都旧事也,欣然
读之。时寓砖街巷街南小宅之南楼。山阴陆某务观手识。"这段跋文明确地
记载了陆游住在砖街巷的时间和当时的任职。接着又从《剑南诗稿》中抄录
了《夜归砖街巷书事》全文,随后作者又用按语形式列举《初到行在》《还都》
《夜归》以及《己酉元日》诗数首,应当都在此寓所中所作,"放翁时年六十五
岁"。并用《陆放翁先生年谱》,印证"(陆游)淳熙十六年己酉,六十五岁,在都
下寓砖街巷南小宅"。为了记述该巷的旧闻轶事,还特从《张玠老编年诗》中
选录《康熙癸酉秋闱试毕归家解嘲》诗:"形貌虽衰心尚孩,喧喧一例选场回。
三年消缴三场苦,三个胶泥蜡烛台。"小注:系孩儿巷泥人铺支应。紧接着作
者又加了按语,"丙按:今孩儿巷已无泥人铺,秋闱仅有瓷盘碗暨中秋月饼放
给,胶泥烛台久停给矣。此诗不特斯巷旧闻,抑亦秋闱故事也。"其后,又记述
了住过此巷的名人事迹与巷中发生过的奇闻轶事。

我们再看百井坊巷的来历。百井坊巷在义同坊二,书中先后引《乾道志》《淳祐志》《咸淳志》记载,南宋时这里属左二厢,招贤坊,但在咸淳五年起则称登省坊。从《成化府志》起又称兴贤坊,因元时贡院而得名。《康熙仁和志》记载:"兴贤坊内自东而西抵四姑桥。"丁丙在此按曰:"百井坊巷正为兴贤坊。"至于百井坊巷之得名,黄士珣的《北隅掌录》记述最为完整:"《咸淳志·山川》十六:'祥符井,吴越王开,凡九百九十眼,后为军器湮塞,今仅存数井。'《寺观》二:'钱王井九百九十眼,今存者无几。'并云九百九十,《梦粱录》同。而《淳祐志》则云:'有井九十九眼。'《洪武杭州府志》(书今不传,见《永乐大典》):'有钱王所凿九十九眼井。'《成化志》同。按此系《咸淳志》误,而《梦粱录》承其误,淳祐、洪武、成化三志是也。读楼宣献(指楼钥)《武林山》诗:'吴越大筑缁黄庐,为穿百井以厌之',尤为显证矣。今寺后有百井坊巷,当从此得名。《十国春秋》:'宝正六年,浚中兴寺戒坛院井,井九十九眼,号钱王井。'则九十九是眼数,非井数明矣。"黄氏除了征引宋、明、清三代志书外,更引楼钥诗和吴任臣的《十国春秋》作为旁证。特别是楼钥,乃是南宋高官,曾以吏部尚书、端明殿大学士、签书枢密院事,进同知枢密院事,后又除参知政事。诗中所言自属可信。丁丙为了说明问题,将这段文字全文照录,比自己叙述更为重要,这就使读者能够更加全面地了解各种有关文献对这一名称记述的全过程。凡是杭州历史上出现过的地名,书中一般都专门列出条目,材料多的则多讲,资料少的则少讲,若是出于自己推测,也必然如实讲明。如豆腐巷,先指出"南出孩儿巷,西北出双陈巷"。再引《咸淳志》卷十九:"在城厢界,左三厢,东至三桥西塊,转北沿河直至结缚桥豆腐巷"。在引了这段文字后,自己按语曰:"连左二厢界。左二厢,北自观桥中心以北直至三桥子为界,又东自市西坊以北御街一带,直至观中心为界。今豆腐巷在结缚桥下观桥上,与左三、左二接连之语相合。虽委巷,居然犹沿南宋旧名。诸志之不载者,殆以巷陋忽之,反未尝细究《临安志》耳。"既讲清在历史上所处的位置,又讲明当今所在的地方。同时也批评了自《临安志》以后,因巷陋而诸志都不记载,这当然是很不应当的。

当发现前人记载中有不同情况时,一般也都作认真分析与考证。如永宁街,在指出"北对青云街,南出福清巷"后,先引《乾道志》卷二:"《坊市》:右二厢,祈祥坊(北桥巷),安国坊(仁和仓巷)。"对此记载,丁丙作了很长一段按语:"《淳祐志》安国坊下注云:旧祈祥坊。《咸淳志》安国坊下注:保和坊相对,俗呼北桥巷,所谓旧祈祥坊,注亦削去。因思《乾道志》既祈祥、安国两坊分列,必非一坊两名可知。疑祈祥坊专指北桥至仙林街直街一段,安国坊当在今之长庆街一段。故姚氏《西湖志》白莲花寺,亦谓在安国坊内也。《乾道志》既于安国坊下注仁和仓巷,今永宁街至青云街两名各志不列,仁和仓址即今之贡院永宁、青云两街,直通贡院,其为仁和仓巷方合。"从这段按语,人们可以看到,作者看问题和分析问题是相当仔细的。

笔者在翻阅了该书以后,深深感到这是一部不可多得的杭州地方文献,是研究杭州历史,特别是研究杭州地名的演变者不可不读之书。然而我感到遗憾的是,这部书的作用还没有得到充分发挥,试举一例说明。长庆街:丁丙在书中按语指出:"长庆街,西对仙林桥,东对白莲花寺巷,街内西南曰大福清巷,东南曰五老巷,西北曰永宁街,东北曰柳营巷"。接着引《康熙仁和志》:"安国坊,俗称北桥巷"。又引姚靖《西湖志》:"安国坊,俗称北桥巷。内有仙林寺、白莲寺(别见北桥巷)"。在引文之后,丁丙接着就发表了自己看法:"按此所云,则长庆街、白莲花寺巷均属北桥巷矣。又考《康熙仁和志》,安国坊今名仙林寺巷,则此街隶安国,而随两桥为名。然长庆之名,终无可考。"丁丙在这里说得非常清楚,长庆街之长庆究竟起于何时,"终无可考"。可是,《杭州市地名志》则曰:"长庆街:东起林司后,西至仙林桥。宋称长庆坊,《梦粱录》卷七:'长庆坊入忠清庙路'。"当然,我不知道他们对《武林坊巷志》阅读过没有,还是已经阅过而对丁丙的考证结论不信任? 不外乎这两种可能。在这里我可以告知广大读者,他们的结论是错误的。其实这个问题在《咸淳临安志·坊巷》栏目中讲得很清楚,该目在右一厢所列诸坊名目中,在"长庆坊"下特别注明:"朝天门里西入忠清庙路"。只要查看一下该志所载之《皇城图》,问题就可全部解决。况且该图在浙江人民出版社出版的《武林坊巷志》每册后面都有,真是只需花举手之劳。特别令人不解的是,《杭州市地名志》在《浙江省城图》之后,就是这幅图,只要看一下也就可以解决。还要指出的是,《咸淳临安志·坊巷》右一厢所列各坊之后,还特地指出:"已上并在御街东西。"只要有上述两条:"朝天门里""并在御街东西",就完全可以确定其方位,绝对不可能在今天长庆街的位置。退一步讲,朝天门如果不知道,御街今天知道的人还是比较普遍的。再说《梦粱录》的记载也没有错,只是使用的人没有多做思考而错用,该书所载:"长庆坊,入忠清庙路",与《咸淳志》相比,少了一个"西"字。这里首先就应当考虑到"忠清庙"的所在位置,《咸淳临安志》卷七十一《祠祀》—《土神》之下第三座庙宇便是"忠清庙"。此庙是为祭祀伍子胥而建。志书云庙在"吴山","唐元和十年刺史卢元辅修"。"国朝载在祀典,雍熙二年四月诏重建。""大中祥符五年,朝廷以海潮大溢,冲激州城,诏本州每岁春秋醮祭,学士院写青词(见诏令门),其年赐忠清庙额,封英烈王。"这就是说,此庙虽然建于唐朝,但是名"忠清庙"还是大中祥符五年(1012)开始。这里有必要附带说明一下为什么为伍子胥立庙。伍子胥是春秋时期吴国的重臣,为吴国立下大功,就是因为他屡谏吴王夫差拒绝接受越王勾践的投降而被迫自杀。死后,吴王将其尸体装在鸱夷(当时是用作盛酒的皮袋子)里面,投入江中。后来传说他的精魂不泯,尸体随着波浪奔流,形成汹涌澎湃的怒涛。于是民间就逐渐将其视为水神,说他发怒时,就会兴起波涛汹涌的狂浪,祭祀他就可以免除为汹涌的波涛所冲击。可见忠清庙是在吴山,与今天的长庆街相距甚远,而与这里的忠清巷更是风马牛不相及。如今的忠清巷名称则始于明代中叶,它并不是因忠清庙而得名,这在明清时期所修杭州有关志书中都有明确记载。丁丙在"升平街"按语中说:"今对肃仪巷,则称忠清里"。《嘉靖仁和志》:"升平坊,即忠清里。旧名琼花街。"《康熙仁和志》则说:"升平坊,今名忠清里,旧琼花街,入褚家堂"。至于忠清巷之得名,则起于明正德十五年(1520),时任浙江监察御史唐凤仪欲为胡世宁而建坊,据《万历杭州府志》《康熙杭州府志》,胡世宁谢曰:"唐有仆射褚遂良者,里人也。当时谏易后,忠莫大焉。我明四川按察金事王琦、兵部郎中项麒,皆与同里,清望重一时。若移树坊之工为三公表,世教民风,所益良厚。""凤仪遂为树'忠清里'坊于褚家堂南巷口云"。至于褚家堂,原名褚家塘,《嘉靖仁和志》有详细记载:"褚家塘,在城内忠清里。乃是茅山河所经,今茅山河湮久,其塘名尚存。自褚遂良以上,世有显宦,咸居于此,因以名塘"。而如今的长庆街,又确实与忠清里相邻,于是《地名志》的作者,就采用了简单的对号入座方法,而忽略了"同名同姓"这一特有的社会现象。不要以为人有同名同姓,却不知地名亦有此现象。大家知道湖南有个桃源县,而江苏泗阳历史上也曾称过桃源县,一座城市里曾经有过相同的地名自然也不在少数。因此,参与编修方志同志与地名办同志,在处理这些问题时,必须持审慎态度,切不可掉以轻心,千万记住"文章千古事"这句至理名言。

这部书阅读以后,人们还会发现,如今杭州的地名,有许多在流传过程中慢慢地变了,乃至脱离原意。如"六克巷",本当是"六客巷",原指六位客人,有名有姓,有文献记载,变成"六克",其意则不可解;"十五间园",如今变作"十五家园"了,丁丙在书中并解释了为什么叫"十五间园",而未提及"十五家园"之名,可见这个名称的变化还在丁丙成书之后;"梅东高桥",今天变成"梅登高桥"。书中引《西湖游览志》卷十四:"通济桥,俗称梅东高桥,其旁有胭脂桥。"《康熙府志》及此后所修志书均称"梅东高桥"。丁丙还摘引了许多描写、吟诵梅东高桥的诗文,也不曾提及有"梅登高桥"之称。看来同样是成书以后方才演变的;最离奇的则是"御笔弄(街)"变成了"御跸弄(街)"。这个错误的始作俑者看来应当是《浙江省城坊巷图》作者。"御跸街",丁丙在书中按语云:"南出仓巷,东出新横河桥街,人物有沈初一人。"接着列出"《浙江省城坊巷图》:御跸街"。此下就抄录了周骏发的《卧陶轩集》中的《沈冢宰云椒初》诗:"迎銮同献赋,倚马羡登瀛。启事山涛赡,澄怀卫玠清。生刍贻一束,御笔兆三卿。待唱归田乐,如何噩耗惊。"小字注:"云椒召试入中书,能马上书奏片。癸巳,予丁内艰,自豫章回籍治丧,云椒寓杭之御笔街,应王抚军聘,修《南巡盛典》,过舍吊问,今秋卒于当涂里第。"周骏发在注中讲得非常清楚,沈初住在"杭之御笔街",而不是"御跸街",而诗中所云"御笔兆三卿",那是讲沈初在京城所受到的荣宠。因为沈初中进士后,历任福建、顺天、江西等地学政、兵部、吏部、户部尚书等。以文学为乾隆帝所赏识,先后充任四库馆、实录馆、三通馆副总裁。还参与内廷续编《石渠宝笈》《秘殿珠林》等书。据《清史稿·沈初传》记载,乾隆帝确实曾为他单独下过诏书对他予以表彰并给以升官,上引诗中所讲大约就是指的此事。御笔街是否即因此而得名,因无其他证据,也就无从下判断。但是,无论如何,我们可以这样讲,"御跸街"之名始见于《浙江省城坊巷图》,可惜的是此图是何时何人所绘,丁丙在书后未作说明(其他引书在书后都注明了作者和时代)。而生活在乾嘉时代的杭州人周骏发文集中所讲的是叫"御笔街"。此图的绘制当然不会早于乾嘉时代。况且历史上也从未见到过记载有某皇帝到过此处。我们再从汉字的使用常规来说,史书上从未见到过"御""跸"两字连用的情况,因为这两个字本身都已经含有皇帝的特权在其中,如"御"就是在封建社会指与皇帝相关的事物及其所作所为,御书、御题、御制、御医、御驾等等;"跸"本来就是指皇帝出行时,禁止行人通行而要进行清道,因此,有时亦有跸道、跸路,也引申为指皇帝的车驾,如驻跸、扈跸等,因而也就无须"御""跸"两字连用。综上所述,御跸街之称,肯定是流传中形成的一个错误名称,不应再让其误传下去。更不应当"将错就错"!

通过以上论述,我们完全有理由这样说,《武林坊巷志》确实是一部内容丰富,资料翔实,论述有据,可读性强的雅俗共赏的杭州地方文献,它可以告诉你杭州每一个重要地名的来龙去脉,每个地方的历史典故和许多历史文化内涵,诸如每条街巷历史上曾住过哪些历史人物,留下哪些相关遗迹乃至诗文;曾经有过哪些名园和风景名胜;产生过哪些风味小吃,等等。胡三省在评论司马光的《资治通鉴》时,认为《通鉴》内容丰富,如同一座文化宝库,因此"读《通鉴》者,如饮河之鼠,各充其量而已"。我可以借用这句话来形容《武林坊巷志》的内容和价值也不为过分。我们可以这样讲,直至目前为止,还没有一部记述杭州地方文献的著作能够超过此书。上文列举的那个不应当产生的对号入座错误,显然,与没有阅读或没有很好阅读此书有着直接关系。而《杭州市地名志》中其他地名是否还有这样离奇的错误? 由于我不可能一一去查对,当然也就不可能表示看法。但由此而想到的是,地名志的编写,必须认真负责,来不得半点马虎,一旦出了差错,势必给子孙后代造成很大麻烦。你们上述错误,我们可以根据 800 年前留下的志书为你们指出错误,你们的书 800 年后还具有这样价值吗?

最后还要谈一点关于杭州的地名问题。众所周知,每座城市的地名,总都有自己的个性和特色,而不应当是千篇一律,因为许多地名都是经过很长时间而逐渐形成的,因此,其中都蕴藏着深厚的历史文化内涵,不应当随便加以改变。而作为一座城市的主要街道,其名称同样有着自己的个性与特色。山东济南,他们主要街道是以经、纬来命名,经几路,纬几路,外地人到了这里以后,只要知道一条路名,就可以知道东西南北方位。我们杭州,上世纪 50 年代初,笔者虽然初到杭州,由于路名特点,就很少弄错方向。当时主要街道的名称,东西方向称街,如平海街、庆春街、解放街等;南北方向的则称路,如延龄路、湖滨路、建国路、东街路等。不仅很有特色,而且给外来人员以很大方便,只要知道一条路的名称,就可以很快确定自己所在的方位。解放初期,在街道命名上还是遵照这个特点来定的,如解放街肯定是解放后才定的。不知什么时候,杭州市地名办公室来了个统一大行动,杭州主要街道的名称,好像一律都称路了,杭州原有路名的个性从此就消失了。广大杭州市民朋友,难道你们就不觉得很惋惜吗?

（原载《浙江方志》2005 年第 3 期）

忠于历史的《中国历代通俗演义》

蔡东藩以十年时间写完一部《中国历代通俗演义》,全书共写 2166 年历史,内容为 1040 回,600 多万字。这是通俗的历史,而不是小说,可以胡编乱造。因此,这一举动是了不起的,值得学术界认真总结和学习,尤其是在当今学术界浮躁之风盛行的时候,宣传蔡东藩先生踏实地、认真地做学问的精神很有意义。他是一位老教育家,擅长写诗,懂得医道,精通历史,称得上是学问渊博、很有才华的爱国学者。他是要用通俗的历史宣传教育,以激励国民的爱国热情,这与武侠小说全然不同。

一、用通俗的形式写真实的历史

明朝通俗文学家冯梦龙就已经提出文史殊途,反对历史演义向文艺小说发展的趋向,他自己就曾写过《东周列国志》,这是与《三国演义》全然不同的两种演义,他反对历史演义著作中出现于史无据的虚构和编造。当时学者胡应麟亦持此主张。清朝的章学诚在《丙辰札记》中评论演义体时曾指出,应当坚持"实则概从其实,虚则明著寓言,不可虚实错杂",并以《三国演义》为例,指出该书"则七分事实,三分虚构,以致观者往往为所惑乱"。鲁迅在评论《三国演义》时,就曾引用了章氏这一观点。

蔡东藩先生正是继承了这些主张而写成演义,正如他在《唐史通俗演义》自序中所说:

以正史为经,务求确凿;以轶闻为纬,不尚虚诬。徐懋功未作军师,李药师何来仙术?罗艺叛死,乌有子孙;叔宝扬名,未及子女。唐玄奘取经西竺,宁惹妖魔。……则天淫秽,不闻私产生男。……种种谬妄,琐亵之谈,辞而辟之,破世俗之迷信者在此,附史家之羽翼者亦在此。子虚乌有诸先生,谅无从窃笑于旁也。

这就是说,他写演义是以正史为依据,再广泛搜集遗闻轶事,当然,他所集的遗闻轶事,必须要有旁证方才使用,尽量做到可靠无误。当然,正史记载,也并不都完全可信,他在《清史演义》第一回之后,有这样一段评述:

　　成为帝王,败即寇贼,何神之有? 我国史乘,于历代开国之初,必溯其如何祯祥,如何奇异,真是谬论。是回叙天女产子,朱果呈祥等事,皆隐隐指为荒唐,足以辟除世人一般迷信,不得以稗官小说目之。

　　这段评论,确实都是实话。历代开国君主,为了说明自己称帝是出于"天意",总要胡编乱造一些祯祥,每部史书都不例外,就连被鲁迅先生称赞为"史家绝唱"的《史记》,一向被视为"实录",同样也记载了范增所编造的鬼话:"吾令人望其气,皆为龙虎,成之采,此天子气也。"班固为了说明刘邦应得天下,于是在《高帝纪》中编造了刘邦夜行斩蛇的故事。《后汉书》《三国志》记载这类事情就更不在少数,前四史尚且如此,以后诸史就更可想而知了。所以蔡东藩所讲确是事实,这实际上在提醒读者在阅读正史时,亦应当注意要剔除这类糟粕的东西。

二、加批注、作考证帮助读者辨明真伪与正误

　　历史上常有许多历史事件或历史现象真伪难辨,正确与错误难分,碰到这种情况,蔡东藩就在正文或批注中作简要说明,有的还引用别的史料加以考证。如《宋史通俗演义》十六回写陈抟之死时说:陈抟系一隐君子,独行高蹈,不受尘埃,若目他为仙怪一流,实属未当。俗小说中或称为陈抟老祖,捏造许多仙法,作为证据,其实荒唐无稽,请看官勿所惑哩!

　　又如《清史演义》第三十四回,讲到"乾清宫世宗立嗣"时,于最后有一段批语,讲到圣祖欲立十四子,而皇四子篡改御书,将"十"字改为"于"字,此则故父老皆乱语之,似不为无因,但证诸史录,亦不尽相符。可见此事尽管传闻到"故父老皆乱语之",但是他还是指出毕竟不是事实,与史录"不尽相符"。这位蔡东藩先生为读者考虑相当周到,除史料考证以外,对于书中用到的古代官制、法制、地理、器物、名号等还作出简要的通俗的注释,这是以前历史演义著作从未有过的。

　　当然,我们也要指出,书中少数地方因条件限制而过于相信传闻的地方也还是存在的。如《清史演义》第三十六回,讲乾隆为陈阁老儿子,叙述得非

常详细,其实全无此事,这在清宫档案中都有明确记载。

总之,这部《历代通俗演义》,对于对广大人民群众普及历史知识教育是有着重要的价值,应当很好地宣传,大力地推广,尤其是新闻媒体要多作宣传,使蔡东藩生前愿望能够尽快实现。

（原载陈志根主编《蔡东藩研究》,
中国文史出版社 2005 年 10 月版）

一部颇具学术品位的地方史

——读《湖州古代史稿》

由湖州市地方志办公室沈慧同志编写的《湖州古代史稿》是一部写得相当成功的地方史论著,全书内容丰富,资料翔实,突出湖州地方特色非常鲜明,全方位反映了湖州的历史发展全过程,记述了湖州这座历史文化名城2000多年来所经历的历史足迹,是认识湖州、了解湖州、研究湖州一部不可多得的历史著作。因为它在湖州历史上还是开创之作,此前类似著作还不曾出现过,对于湖州来说,其贡献与价值自然就可想而知了。即使对于研究浙江和全国历史来说,亦同样具有参考价值,许多地方上的特有内容,可补国史记载之不足。下面先从四个方面谈谈个人初步看法。

一、全面反映湖州发展的历史

在湖州的历史上,专门系统记载湖州发展的历史著作还不曾有过,因此,《湖州古代史稿》无疑是一部开创之作,这自然也就体现了作者的一种独创精神。做学问的人都深有体会,开创性的研究总是比较困难的,因为它一无借鉴,二无模仿,只有自己独辟蹊径,没有一点勇气,没有一点敢闯精神是难以做到的。读了这部书以后,你就会发现书中确实有些与一般地方史不同的写法。全书记载上从旧石器时代开始,下至鸦片战争前为止,跨度10万多年,特别是有文字记载的2000多年,更是从政治、军事、经济、文化、风俗民情等方面作了全面而系统的记载。使人可以从中得到湖州历史发展的全貌,特别是按照中国历史发展的朝代来划分章节,更可以体现出湖州的历史发展的脉络和连贯性,避免了专题式的撰写所产生的诸多常病。作者在撰写这部湖州地方史时,是把它作为中国历史的一个组成部分而撰写,也就是说,是将湖州历史的发展放到中国历史发展的长河中而加以撰写,这样既写出湖州历史特有的内容,反映湖州历史发展的自身特色,又体现了它是中国历史发展的一个重要组成部分，而不是孤立地在写湖州的历史。如历代选官制度的变化在湖州地区推行的情况，从察举、征辟、九品中正，及至长期实行的科举制度，都是通过在湖州具体实行的史实叙述，而使每种选官办法得以具体化，使具有中等文化程度的人阅读也都很容易理解。魏晋南北朝时期，是世家大族统治的时期。该书第三章《六朝时期的湖州》中，就专门列了《六朝政权与湖（吴兴）地区大族》一目，讲孙吴政权时期的吴兴大族，东晋政权时期的吴兴大族，南朝政权时期的吴兴大族。在湖州地区的世家大族中最为突出的莫过于沈氏家族，这个家族自东晋得势以后，历南朝的宋、齐、梁三代一直处于显赫的地位，大家比较熟悉的自然就是沈约，因为他在文学上、史学上都有过贡献，如今流传的《二十五史》之一的《宋书》就是由他所撰写。对于这些内容，书中都有详细的论述。而在第四章讲述隋唐五代时期的湖州时，作者更富有创意地在《隋唐五代湖州的政治》一节中，特地列了《唐王朝中的湖州人》一目，将湖州籍人士在全国性政治事件中所起的作用加以叙述，如《陈叔达与唐初太子废立》《唐太宗的"从谏如流"与姚思廉、徐惠的进谏》《武则天重用酷吏政策与徐坚慎重量刑、依法复奏思想》。既让大家了解了唐代政治生活中这些大的事件，又使大家知道在这些历史事件过程中，湖州人所起的作用。这自然又将湖州的历史发展与全国的历史发展紧密地联系在一起；又如在宋代，王安石当政以后，曾在全国推行为"富国"和"强兵"而实行的一系列新法，书中如实地记载了新法在湖州推行的情况。接着就详细记载了苏轼"乌台诗案"，因为元丰二年（1079）四月，苏轼从徐州移官湖州，到湖州以后，由于向皇帝进谢上表而引发了此"案"，理所当然要对此"案"原委作详细记载。而在南宋历史上，还曾发生过"霅川之变"，这件事又是发生在湖州境内，因而书中特地列了《"霅川之变"与改湖州为安吉州》一目，既讲述了"霅川之变"的原因，又说明了湖州为何要改称安吉州；众所周知，江南重赋，在历史上是由来已久，这一现象不仅早为许多学者所注意，而且各地修志亦各有记载。明末清初大学者顾炎武在《日知录》一书卷十《苏松二府田赋之重》一文开头便说："丘濬《大学衍义补》曰：'韩愈谓赋出天下，而江南居十九。'以今观之，浙东西又居江南十九，而苏、松、常、嘉、湖又居两浙之十九也。"可见，湖州重赋，实由来已久。为此，《湖州古代史稿》在记载《明朝湖州赋税制度及其改革》时，特地列了《湖州重赋区的形成》，将湖州历史上产生重赋的原因作了探索和分析，并引用了许多旧志书所载之史料,说明由于赋税太重,经常发生农民的大量逃亡;到了清朝,在湖州境内又发生了多起影响全国的重大政治案件,一则是湖州的"朱三太子案",再则便是在湖州境内所兴的文字狱庄廷钺"明史案",该案下狱者和充军边疆者达数百人之多。还有"吕留良案",更是发生在湖州而涉及全国的文字狱大案。对此,书中都列了专目予以详细记载。如此写法,既系统全面地记述湖州历史的发展,又将湖州的历史发展融入全国历史发展的长河之中,并且做得非常协调、非常融洽,这是该书在撰写中所反映出的最大的特点。这种写法,不仅在政治方面如此,而在经济、文化方面同样是如此。

二、突出反映湖州的地方特色

湖州自古以来就一直是江南的粮仓,由于这里的自然环境乃是水乡泽国,因而也就自然形成了鱼米之乡。书中详细讲述了因为这里人们长期积累了农业生产经验,农业技术不断提高,普遍推广了精耕细作式集约型农业,从而至迟在宋代,湖州已成为全国闻名的"稻米之乡,粮食基地",并引"苏湖熟,天下足"谚语来说明湖州的农业生产在全国所占的重要地位。也正因为农业的发展,农业生产技术的不断提高,还在宋代,这里就产生了一部总结农业生产经验和技术的陈旉《农书》。书中不仅讲述水稻种植的技术,而且还附着一卷专门记载蚕桑的经验,这也从一个侧面说明湖州人在农业生产上的重大贡献。对此,书中用比较多的篇幅作了介绍。与此同时,作者在讲述元朝湖州经济发展时,又特地介绍了《田字五行》一书,这是汇辑湖州地区天气谚语的专辑,反映了湖州农民对气象规律的认识,共同说明了湖州所以成为全国重要的粮仓,并非出于偶然,从中也体现了湖州人的聪明才智和对祖国农业生产发展所作出的重大贡献。

对于湖州的"丝绸之府"的产生、形成和发展,是该书反映湖州地方特色的一个重头戏。我们看到,在《明代湖州经济》一节中,专列了《丝绸之府的形成》一个大目。下列《蚕桑产区的扩大》《湖丝量多质优》《丝绸特产增加》《丝绸业市镇崛起》和《明代湖州蚕丝业进一步发展的原因》五个小目。单从这五个小目,人们也就可以了解到湖州丝绸业的发展到了明代确实已经不同凡响。到了清代,又着重记述了"丝绸之府的发展与繁荣",指出蚕桑业此时进一步专业化与商品化,其中已经产生了资本主义因素的萌芽。而许多著名的湖州丝绸已经名冠全国,特别是湖丝已经成为全国各地生产丝织贡品的原料基地,这在当时各地所修的方志中都有记载。当然,湖州成为"丝绸之府",也是有一个发展过程的,对此,书的作者在隋唐宋元等章节中的经济部分,都作了必要记载和论述,完全起到了前后呼应的连贯作用。我国第一部茶叶方面的专著《茶经》诞生在湖州,自然就说明还在唐代,湖州的茶叶生产已经相当有名,否则总结茶叶栽培、采制、煮茶、饮茶、茶具等技术和经验的专门著作怎么会在这里产生呢? 为此,书中特地设了《陆羽和长兴顾渚贡焙》一个大目,专门讲述了陆羽撰写了我国历史上第一部关于茶叶的经典著作《茶经》,实际上也是世界上最早关于茶叶方面的专门著作,这自然是湖州人的骄傲。至于湖笔、湖羊也都是湖州的著名品牌,书中也都安排了适当的篇幅予以记载。因此,我们可以这样说,这部《湖州古代史稿》,从各个方面都散发出湖州的风土乡情气味,显露出鲜明的湖州的地方特色。

三、突出湖州历史发展中的文化内涵

《湖州古代史稿》还有一个非常突出、非常重要的特点,那就是突出湖州历史发展中的文化内涵,以体现湖州人在中华文明发展中所作出的重要贡献。众所周知,近现代以来,自从用章节撰写中国通史或断代史,大都有专门章节讲述文化,但是所有著作中讲文化的篇幅都是相当少的,因而往往都成为陪衬或点缀而已,实际上是忽略了文化在人类社会发展中的重大作用,总是将政治、经济作为主要内容来安排。我觉得这个现象今后不应当再延续下去。我读了《湖州古代史稿》这部书后,非常高兴地看到,此书有一个很突出的可喜现象,那就是讲文化的比重相当大,笔者粗粗作了个统计,全书内容共496 页,而各章的文化内容就有 120 页,约占全书 1/4。当然,从另一方面来说,湖州也确实有深厚的历史文化积累值得加以总结和发扬。就以史学而言,我们如今流传的《二十五史》,其中《宋书》《梁书》《陈书》三部,成书都出于湖州籍人士之手。沈约著《宋书》,知道的人还是比较多,因为他还以文学著称于世。武康人姚思廉受命撰写《梁书》《陈书》,知道的人就不多了。即便研究历史的人知道姚思廉撰写了《梁书》和《陈书》,但是也很少有人将他与湖州籍人士联系起来。同样也就在唐代,与刘知幾同时的著名历史学家徐坚,曾与刘知幾一道编修了《则天实录》,还曾参与《初学记》和《唐六典》的编纂工作,他是长城(今长兴)人,但也很少有人知道他是湖州籍人士。可见加强宣传是非常重要的。到了宋元明清,在湖州历史上同样出现了许多历史学家和历史著作,在史学发展领域中都作出了相当的贡献。又如在方志编修方面,湖州同样出了许多人才。宋代流传至今的方志为数并不多。在这为数不多的宋代方志中,竟有四部出自湖州人之手。《嘉泰吴兴志》自然不必去说,而《乾道临安志》的编修者乃是长兴人周宗;《嘉泰会稽志》的编修者沈作宾、施宿,前者为归安人,后者为长兴人;《开庆四明续志》的吴潜乃德清新市人。就在南宋一代就出了那么多的方志学家。还要告诉大家的是,明代乌程人董斯张所编修的《吴兴备乘》曾在清代台湾编修方志过程中产生过相当大的影响,有的志书则是直接在《吴兴备乘》影响下编修的。如《诸罗县志》是台湾编得最好的一部方志,该志的编撰人员就是受到《吴兴备乘》的影响,对此,湖州人恐怕很少有人知道。再是文学艺术方面,内容就更加丰富了,书中都作了必要的评介,限于篇幅,就略而不谈了。仅就书画艺术再略举一二,因为在这些方面,曾出现过国家级的重要人物,如大书法家王羲之、王献之父子,虽然不是湖州人士,但都先后任过吴兴太守多年,他们有些传世作品,还是在吴兴太守任上所作,特别是王献之,还为湖州培养了书法家,有许多戏剧性的轶事,一直在湖州社会上流传,这在书中都有详细记载。又如大书画家赵孟頫就是湖州人,并是赵宋王室的后裔,他的书法和绘画,在我国历史上曾产生了深远而广泛的影响,前不久中央电视台国际频道的"国宝档案"节目中,还专门介绍了著名画作《浴马图》的流传和收藏情况,如今已成为国家级的国宝文物,殊不知此画正是画家奉元仁宗之命而作,其中还有一段鲜为人知的体验生活的经历。其妻管道昇也是一位著名画家,善画墨竹、梅、兰,还长于画山水,而在书法上,书牍行楷与赵孟頫极为相似;他的儿子赵雍,在书画方面也都有很大成就,他也有一幅奉元仁宗之命而作的画,前不久也上了中央电视台的"国宝档案"节目,其价值自然就可想而知。也就在元代,湖州还曾先后产生过钱选、唐棣、王蒙等画家,特别是钱选,与赵孟頫、王子中等人并称"吴兴八俊",可见湖州画坛上真是群星灿烂,为中华民族的文化发展当然也增添了光辉,对此,当今的湖州人能有多少人知道呢?而《湖州古代史稿》中为我们都作了较为详细的记载。"嘉业堂"对于湖州人来说,恐怕已经是无人不知,无人不晓了,因为它已为湖州吸引来众多中外游客。它是我国近代保存下来的著名的藏书楼。可惜的是,也就在湖州,与此藏书楼同时而更为有名的"皕宋楼"未能保存下来。事实上湖州历史上早就出现了许多藏书家,早在六朝时期,武康人沈麟士就隐居授传,聚集藏书数千卷,其后族侄沈约藏书竟达 2 万卷,与当时的国家藏书相当。南朝陈时,姚察家有藏书 1 万余卷。随着历史的发展,湖州的藏书家也不断在增加,藏书数量也不断增多,到了宋代,就出现了家住吴兴的叶梦得家有藏书数万卷,和安吉人陈振孙家有藏书 5 万余卷,吴兴人周密家有藏书 4.2 万卷。尤其是陈振孙,利用家中丰富的藏书,大约经过 20 年时间,编写了一部学术价值很高的目录学著作《直斋书录解题》,著录图书51000 多卷,在目录学史上具有非常重要的地位,直至今天,仍为文史研究工作者必备之书。自宋以后,历元明清以至民国,湖州地区的藏书事业历久而不衰,到了清代,归安人郑元庆等还编写了《吴兴藏书录》,对于湖州地区的历代藏书家都作了记载。关于这一内容,《湖州古代史稿》一书同样精心安排了适当的篇幅作了记载。应当知道,藏书楼乃是人类智慧的集散中心,然而这样一个重要的内容,往往被人们所忽略。

我们还要指出的是,《湖州古代史稿》一书对文化方面的记载是相当全面的,除了我们上面已论述以外,其他如教育、科学技术、宗教、园林建筑艺术等方面,都在相应的篇章作了必要的记载。而全书则将湖州人在历史上所创造出的丰富的文化,几乎全部展现在读者面前,正因如此,笔者认为,这是该书非常重要的一大特点。众所周知,以前的历史著作,重点总都是在讲述政治和经济,而文化部分仅是陪衬或点缀而已。事实上任何时代的历史,文化的发展,总都是占主流,但到了历史书中,文化的内容就很少见到了,应当说这是不太正常的现象。

四、内容丰富,资料翔实

内容丰富,资料翔实,这是每部历史著作本该做到的要求,但是,现实并非如此,由于当今社会上浮躁之风盛行,在学术界尤其如此,普遍流行着不太要读书,偏偏却又非常要写书。既不肯读书,自然就谈不上掌握第一手资料,那就只能东拼西凑,并且用大量的空洞而无用的理论来应付,于是空话、套话、大话、废话连篇累牍,让人看了摸不到头脑。而《湖州古代史稿》一书,则是在占有大量史料基础上撰写的,凡是阅读过该书的人都会看到,书中的论述,总是以丰富的史料为前提,凡所征列有正史、典制、杂史、野史、方志、地方文献、文集、笔记等,还有大量的出土文物资料。如为了说明六朝吴兴郡的制砖业相当发达,乃用出土的六朝墓葬砖为例加以说明,当时的墓砖制造极其美观,特别是铭砖,还有各式各样的花纹,虽是文字介绍,但使人看了无疑就会产生形象的直观感,从而反映出当时吴兴高超的制砖技术。特别是书中摘引了大量的方志和地方文献所记载的制砖相关资料,这不仅大大丰富了该书的记载内容,增强了全书的地方特色,同时也就提高了可读性,为普及湖州地方历史知识创造了良好的条件。

我们从上述四个方面对该书作了评述,从中可以看出,全书确实内容丰富,资料翔实,地方特色鲜明,学术价值显而易见,是研究和了解湖州不可多得的一部地方历史。当然,在阅读中笔者也发现,书中同样也存在着美中不足的地方,如在介绍湖州历史上方志著作时,还存在着少数概念不清的情况,将《湖州刺史记》《湖州历官记》《吴兴镜见录》《石柱记》都列入方志著作行列,这些著作称地方文献可以,称地方志则不可以。又受方志学界一些胡说八道的影响,在介绍图经、图志时,硬要加上"横排门类"这样一句,似乎不加就不足以说明它们都是属于方志。还有在介绍赵雍画作的传世作品时,还漏掉一幅现为故宫收藏、称为国宝的。这些虽然都是琐碎问题,大家都会知道"瑕不掩瑜",但总归还是美中不足,我在写书评时,就不能不加以指出,希望再版时更加精益求精,使全书内容更加完善,其目的像章学诚所说"攻瑕而瑜更粹"。我认为任何一部著作,都不可能是十全十美的,我们在写书评时,都必须实事求是地既肯定其成功的一面,也要认真负责地指出其不足之处,即使是很小的缺点或失误,也要不讲情面地加以指出,这才是写书评的道理。既不要廉价地溢美,也反对恶意地贬低。作为一个评论家,要按照大史学理论家刘知幾的要求去做,要有"忘私"的精神,丢掉偏见,做到"兼善",才能做到"爱而知其丑,憎而知其善"。只有这样,才能写出符合每本书实际的书评来。

（原载《浙江史学论丛》第二辑,甘肃文化出版社 2006 年 8 月版）

又一部实实在在的方志学术论著

——喜读《中国地方志流播日本研究》

2008 年上半年，我收到巴兆祥同志寄赠的《中国地方志流播日本研究》①一书，阅读以后，收益颇丰。著名历史地理学家复旦大学邹逸麟先生在为该书所作的序中曾给予高度的评价，指出此书的出版，"嘉惠学林，功德无量"。这个评价自然是相当高的，但是，这个评价又是实事求是的。只要你阅读了这部书，就一定会认同这个评价。作者做了方志学界早该做而一直无人去做的工作，因此，实实在在填补了方志学界研究的一个大空白。作者为这部书所花费的时间和精力，是一般人所想象不到的。为了掌握第一手资料，他曾两次东渡日本，先后长达 15 个月之久，跑遍日本各主要图书馆，作细心的搜索，其认真研究的毅力和精神也是值得大家学习的。诚如邹先生在序的最后所说："当今做这类实证性的课题，没有静心坐冷板凳的精神是做不到的。我想读者在阅读这本专著时，当能体会到潜心学术的可贵和不易。希望今后学术著作少一些泡沫，多一些这类厚重的砖头，学术大厦才能建立在扎实的基础上。"真正在做学问的学者们，对于那些具有学术价值的各类专著，总是满腔热情地加以扶持和肯定。目的就是一个，发展祖国的文化事业，繁荣祖国的学术文化，为建好学术大厦打下扎实的基础。《中国地方志流播日本研究》一书，共 80 余万字，分上、下两编。上编为方志流播日本的过程和轨迹，下编为方志东传日本的总目录。全书所记内容都是实实在在的，全是用具体资料编纂而成，并无抽象的长篇理论，并且书中所提供的多为作者亲自搜集调查到的第一手资料，其价值自然就尤为可贵。下面就从两个方面向大家作些介绍。

中国地方志的编修有着悠久的历史，而历代统治者又大多非常重视，因此，所编修的地方志大多内容非常丰富，实用价值和学术价值都相当高。因

---

① 巴兆祥：《中国地方志流播日本研究》，上海人民出版社 2007 年版。

此,长期以来,国际上一些有识之士不断将中国的方志通过各种途径引向国外,世界上许多国家图书馆都不同程度地收藏有中国地方志。其中日本是收藏中国地方志数量最多、质量最好的国家。据《中国地方志流播日本研究》一书统计,日本各图书馆共收藏有中国地方志 4028 种,其中有些在国内是早已绝版的孤本和善本。这样大又准确的数字,我们也是第一次从该书中得知。以前尽管大家在研究论著中说,日本收藏中国地方志很多,但从来没有人讲出个具体数字来,因为谁也没有花那么多的时间和精力做过深入准确的调查研究,这就叫作"有一分耕耘,才有一分收获"。从历史文献记载来看,日本输入中国地方志的时间是很早的。远在唐代,日本就已经掀起了学习中国文化的高潮。从贞观四年(630 年)日本第一次遣唐使开始,到乾宁元年(894 年)停派遣唐使为止,共有 13 批遣唐使来华,而且规模很大,最多的一次 651 人,最少的也有 120 人。其中除了大小使臣、翻译外,还有学问僧、留学生和科技人员,他们来的主要任务就是学习中国文化、典章制度、科学技术。因此回国时,总会带回许多中国文化典籍,其中就有地理书、图经和地记之类著作。到了明末清初,方志流往日本,已经超越了一般文化物品的内涵,更作为一种重要的贸易商品,以中国商人走出国门来到日本的方式,在中日间架起了一座别具特色的经贸桥梁。据书中统计,17 世纪初至 19 世纪中叶中国输出日本的地方志就约有 1245 部之多。如此之多的方志输入日本,原因当然是多方面的,而主要有两点值得注意:第一,其时中国地方志编修正处于繁荣时期,为方志出口提供了充足的货源。众所周知,明清两朝是中国传统方志编修的兴盛时期。仅就清朝而言,康熙、雍正两朝就先后多次下令地方官修志。《清实录·世宗实录》雍正六年(1728 年)十一月记载的雍正帝关于修志的上谕,还强调了志书编修得好坏,对地方官还有必要的奖惩措施。故封疆大吏们都热衷于修志。上谕内容还说明,当时对志书编修内容还有统一要求。两年后,雍正帝又令省、府、州、县志 60 年一修。因此,清康熙、雍正、乾隆、嘉庆四朝所修志书现存的尚有 2960 种。这为方志出口提供了充足的货源。第二,日本对中国志书需求量很大。日本在江户时代是一个武功、文治双修的时代,此时社会稳定,经济繁荣,重视文教,对方志等中国文化典籍需求相当广泛。幕府的御文库是唐船持渡方志的主要买主。到 1817 年,御文库已购藏清代方志 528 部之多。其他藩主、大名、学者等也都喜欢购买地方志,因此,中国地方志在日本有着较广阔的需求市场。舶载到日本的 1245 部志书,除全国地理总志外,遍及今北京、上海、天津、河北、山西、辽宁、陕西、甘肃、新疆、山东、江苏、浙江、安徽、江西、福建、河南、湖北、湖南、广东、广西、四川、贵州、云南、西藏等省(自治区、直辖市)及台湾地区。对于进口什么样的方志,日本也是按照自己需求发出订单的。众所周知,康熙、雍正年间,为配合《大清一统志》的编修,曾号召各省、府、州、县编修新志。德川吉宗热衷效法康熙皇帝,要求"仔细地调查当时的中国政治,需要搜集中国地方志"①,因此,他主张对中国方志进行广泛购买,真可谓来者不拒。该书引《壬寅入津唐本大意书抄》记载,1721 年日本首次批量输入通志计有:"《大明一统志》《盛京通志》《山东通志》《江苏通志》《浙江通志》《江西通志》《湖广通志》《河南通志》《陕西通志》《广东通志》《贵州通志》。以上十一种为去年渡来之书,呈上御用。《云南通志》亦去年渡来。"此后,不断有成批通志输入日本的记录,如 1733 年又输入通志 14 部 72 帙,1750 年再次进口十五省通志,等等。由于日本方面有强烈需求,加上高额利润的驱使,志书东渡速度也明显加快。如康熙《西林县志》《庆余县志》1718 年出版,1728 年便被舶载日本;嘉庆《重修丹徒县志》1805 年出版,当年就被带到日本。以上事实说明,17 世纪初至 19 世纪中叶,地方志与中国其他书籍一道,曾以半公开的走私贸易形式,作为一种特殊的商品,在中日关系中扮演着重要的角色。

　　然而,历史的发展向来都不可能只沿着一个轨迹前进,上述种种中日之间的方志贸易,很快就发生了巨大的变化。正如该书所说:"中国近代是个不堪回首的年代,天灾人祸不断。我们的民族备受列强欺凌,人民生活在动荡之中,特别是日本发动的侵略战争,更是让中国遭受到了史无前例的灾难,方志等古籍收藏与流通的正常秩序被破坏,大量方志等古籍从藏家散出,一度形成虚假的市场繁荣,这就为日本等强势国家和机构大肆收购甚至劫掠方志提供了契机。"②作者在书中先是讲述了藏书流散的各种原因,并列举了由于古籍的流散,在许多大中城市还形成了古籍市场、书店。其中北平、上海最多,南京、苏州、杭州、济南、大连亦有。《民国销售方志主要古书店一览》中,

　　① 巴兆祥:《中国地方志流播日本研究》,第 39 页,上海人民出版社 2007 年版。版本下同。
　　② 《中国地方志流播日本研究》第二章《20 世纪中叶前方志散出与日商争购》第一节《乱世中的方志流散》。

还特地列出书店名称、所在城市、详细地址和资料依据,可见书的作者所做的工作是多么仔细,特别是"资料依据"告诉读者,表中所列全都有据可查。上文所讲在 20 世纪以前,方志输入日本多为中国商人以走私形式进行,而 20 世纪开始则全由日本商人所为。"近代日本书商经常出没于中国的大江南北书肆,利用日本国的强势地位和雄厚的资金收购地方志。……尤其是 1907 年静嘉堂文库成功收购清末四大藏书楼之一的湖州陆心源皕宋楼的汉籍,其中有大量的地方志,给了日本图书机构、书商以极大的刺激,他们来华收购地方志更积极、更频繁。"①从该书记载来看,近代日本书商确实很多,遍布日本列岛各地,而以东京、京都、大阪等地为主。据《东京书籍商传记集览》统计,属于东京书商协会的书商,1897 年有 205 家,到 1911—1912 年就已经有 369 家。这些书商中经营汉籍的仅占一部分,而买卖地方志的却更广些,主要由文求堂、琳琅阁、松云堂等经营。当然,作为正当的买卖自然不会多作议论,但对那些私家藏书的收购,则大多采取了不光彩的手段,名义上是购买,实则巧取豪夺。日本方面对于这些一直是讳莫如深。就以陆心源皕宋楼藏书的东流日本为例,许多学者一直以来常在报刊上发表文章加以揭露。而《中国地方志流播日本研究》作者则单独设立《日本搜求方志的著名案例》专章,将陆心源皕宋楼和徐则恂东海楼方志的东渡,从头至尾全过程加以讲述,让人们从中可以看到日本不正当的"购买"手段。尤其是东海楼藏书的东流,更是在日本外务省直接操纵下进行。在该章第二节《徐则恂东海楼方志的东徙》之下子目二就是《外务省的秘密劫取》,开头就指出:"日本外务省文化事业部自设立以来,不断利用日本在华邦人、文化机构和领事馆收集中国藏书信息,调查藏家图书存散情况。尤其是在 1928 年外务省决定成立东方文化学院后,对中国藏书的劫取日益频繁,1929 年前后达到高峰。先是在 4 月觊觎长沙叶德辉遗书,通过在上海任职的古川先生同叶氏后人叶启绰接洽,后是接连染指杭州东海藏书楼及天津陶湘的藏书。当时东京、京都研究所都处于筹备阶段,而 1928 年 1 月 29 日中华图书馆协会第一次年会通过议案,'呈请国民政府防止古籍流出国境并明令全国各海关禁止出口'②,因而劫取的实际策划运作都是外务省在秘密进行。"由此可见,日本当时对中国藏书进行收购,采用的大多

---

① 《中国地方志流播日本研究》第二章第二节《日本商人的方志输入》。
② 《中华图书馆协会会报》第 4 卷第 4 期,第 7 页,1928 年 2 月。

是不正当、不光彩的手段,而对东海藏书楼书籍收购的全过程表现得最为典型。故该书在详细介绍了了全过程,包括签订合同、交割与偷运后,指出:"总而言之,日本对'东海楼'的劫取计划周密,行动迅速。在谈判中肆意压价,随意变更合同,把持交涉的主动权。为避人耳目,竭尽所能,花样百出。表面上是付款购买,实际上书款、保险费、搬运费、通关手续费等都出自'庚款',也就是说,日本分文未出,而白白得到了 47137 册方志等汉籍。"其实有一点就足以说明问题,既然是购买,为什么要"偷运"! 可见他们的所作所为,都是不合法的,是见不得人的。还要作出说明的是这两家藏书楼的方志数量:陆心源皕宋楼有 403 种,徐则恂东海楼为 172 种。特别是皕宋楼之藏书,版本都相当好,许多都是善本,不少甚至是宋元刻本。单从书楼名称就可以说明问题。陆心源搜购到宋刻本达 100 余种,于是将自己藏书楼一分为二,一个称"皕宋楼","皕"为二百之意,隐然有凌驾于"百宋一廛"之意,专藏宋元版本;另一个则称"十万卷楼",专藏明以后秘刻及精抄本。后来人家则统称陆氏藏书楼为"皕宋楼"。在 403 种方志(包括地理总志)中,以朝代计,唐代 2 种,宋代 30 种,元代 8 种,明代 18 种,清代 345 种。其中许多在国内均属珍稀版本,如咸淳《昆陵志》、嘉定《赤城志》(弘治本)、至元《嘉禾志》(旧抄本)、隆庆《楚雄府志》、顺治《续吴江志》、康熙《新修靖江县志》、康熙《弋阳县志》、康熙《翁源县志》等。至于其他珍贵典籍,更不胜枚举。"皕宋楼"藏书的东渡,是中国文化史上的一大损失,有人比之为"我国文化史之惨祸"。

也许有人要问,日本人为什么这么喜欢中国的地方志呢? 为此,该书在第七章第一节专门列有《日本搜集地方志的意图》说明,日本大量搜集中国地方志,除了学术研究外,更重要的还是出于政治上的需要。因为地方志是关于一个地方历史与现状的资料性文献,是地情指南。正因如此,日本人一直处心积虑地搜集中国地方文献特别是地方志。如果说日本全面侵华以前,对地方志的输入,即使是用不光彩的手段巧取豪夺,还勉强称得上是"购买"的话;那么,全面侵华战争爆发以后,则完全变为公开的掠夺和抢劫了。对此,日本右翼分子总是一直矢口否认。为此,作者在第三章第三节专门列了《地方志书的浩劫》加以揭露。下设两大标题,一是《日人对"江南夺书"的否认及本稿的举证》,二是《驻沪总领馆、东亚研究所、参谋本部的掠夺》。而在第一个标题之下,又有三个子目:1.《日人对"江南夺书"的否认》;2.《江南夺书的机构》;3.《掠夺方志的举证》。书中运用了大量的原始资料,无可辩驳地反映出当年日本侵略者明目张胆地掠夺、抢劫我国方志和其他重要典籍的事实。为了掠夺方便,当年日本还特地成立了"中支占领地区图书文献接收委员会"及"中支建设资料整备委员会"配合侵略军大肆掠夺图书文献。为了说明问题,在《掠夺方志的举证》之下,列举了当年被掠夺图书的数量:"南京地区被掠夺图书的总量,1938 年初统计是 646900 册",后来"在三月十四日至四月十日这三十天左右的时间里,在付出了巨大的劳力之后,终于搜集到了八十余万册,占战前南京图书的 60%"①。这些数字还不包括档案、地图。另"1937年 12 月至 1938 年 1 月,日军在上海掠夺图书 60000 册,1938 年 2 月在杭州掠夺图书 20000 册、清浙江官书局板木 160000 枚"。《中华图书馆协会会报》也报道:"据香港《立报》载,上海专电谓,南京沦陷,敌军事当局,曾组织图书委员会,从事搜劫图书。闻目前南京贵重图书,已被敌方搜去 70 余万册。又苏州、杭州、南浔等处公私所藏珍贵图书,亦被敌搜劫一空。"②在整个掠夺过程中,地方志的被劫占相当大的比重。如国民政府文官处是国民政府保管地方志等图书的场所,1936 年初,已"藏有方志千数百部",南京沦陷后,这些方志和其他书籍共 7 万余册全被掠夺一空。浙江图书馆所藏全套方志 2 万册,杭州沦陷后,即被日军抢光。至于私人所藏方志被掠夺运往日本的亦很多。1940 年 5 月,嘉定陆式一藏方志 535 种,全被日军所掠夺。著名学者、方志学家余绍宋寒柯堂的藏书 10 余万卷,他亦喜欢收藏方志,尤注重浙江方志,先后搜得各府、县、乡志新旧凡 430 余部,其中旧志多为他处所未见者。这些方志连同大量手稿也被劫掠一空。余氏在其所作《方书叹》诗中,表述了图书被掠后的痛苦心情:"草堂既遭劫,他物宁足怀。缥缃十万卷,失去良堪哀。……半生心血瘁,念之肝肠摧。寇仇奚足怨,但怨时命乖。岂不思旷达,文献伤沉埋。中原已涂炭,区区固涓埃。所痛及吾身,辛苦始得来。愁闻读书声,怯过藏书斋。触目皆伤心,吾身安寄哉!"诗中充分反映出一位年近古稀的学者对于失去自己心爱图书的悲痛,财产散失并不足惜,十万卷藏书被掠实在伤心到极点,既怕听到读书声,更怕看到自己空荡荡的书斋。因为触景生情,备受煎熬。这些历史事实是任何人都无法否认的。《中国地方志流播日本研

---

① 〔日〕藤本实也:《满支印象纪》,第 51 页,东京七丈书院 1943 年版。
② 《中华图书馆协会会报》第 13 卷第 1 期,第 18 页,1938 年 7 月。

究》一书能够将这些资料搜集整理写入书中,是非常有必要的,因为这些内容在其他著作中是很少见到的,而作为中国人又不应当忘记这些,尤其是文化工作者更应当有所了解。我们向来欢迎平等的文化交流,反对任何形式的掠夺。

要特别指出的是,在流传到日本的4000多种地方志中,不仅有许多善本,更有许多还是孤本。为此,该书还专门写了一章《流失日本的孤本方志考述》。在此章引言中,作者是这样说的:"东传日本的地方志散藏在日本各地,其中既有版本众多的名志,也有许多不见中国国内收藏的珍稀版。对见藏日本的名志尤其是孤本地方志研究,一方面可以个案形式体现方志传播的轨迹,另一方面也能揭示流散异邦的中国地方志的价值,可为读者查阅、利用提供线索。"可见作者在撰写此书时,总是在考虑如何为读者的查阅、利用提供方便,实际上全书的内容都贯穿着这一思想,而以下编表现得更为突出,这在下面我将作详细介绍。本章用三节篇幅对崇祯《嘉兴县志》、泰昌《全椒县志》、万历《宁国府志》、万历《望江县志》、万历《青神县志》、光绪《镇番县乡土志》6部志书作了较为全面的评述,从流传、版本、作者、内容、体例、价值等都有论述。此外,还列举了国会图书馆所藏其他孤本,如成化《处州府志》、正德《华亭县志》、万历《临洮县志》、崇祯《乌程县志》、崇祯《寿宁待志》等。而东洋文库则有万历《新宁县志》、崇祯《元氏县志》、康熙《金溪县志》、康熙《罗山县志》、嘉庆《镇原县志》、光绪《墨尔根志》等。这些罗列,虽然只是一部书名,但重要的是它告诉了大家这些书的下落,人们要查找和利用就有明确单位可查了。

《中国地方志流播日本研究》下编载的是日本所藏中国方志总目,因此,这部分内容实用价值最大。此前全面介绍反映日本所藏中国方志的书籍尚未见过,确切的数字更加无人作过统计,因为流传日本年代久远,又分散在日本各地,并无有效文献记载,所以一直是个悬案。本书作者通过多年努力,特别是两次东渡,一年多的实地探访,追本穷源,终于理出了一个脉络,填补了方志学界一个大的空白,这个工作确实是功德无量。下编将日本所藏4028种方志,按总志和全国32个省(市、自治区)(重庆当时还属于四川)有序编排。在编排之前,作者还写了几点说明:以日本主要图书机构所收藏的1949年以前编纂的方志为调查、著录对象,而宋以前的古方志多已散佚,其辑佚本大多过于简略，故一般就不予收录。而专志，包括山水志、风俗志、书院志、祠庙志、人物志、金石志、水利志、艺文志等，因《中国地方志联合目录》等综合目录均不著录，而作者因时间和精力不足，故亦暂未收录。故本书所收方志主要为全国地理总志、通志、府志、州志、厅志、县志、乡镇志、卫所志。本书共收录日本 53 个图书机构与文库所藏方志，书中先将 53 个藏书单位全称一一列出，后附简称，而在正式编排方志名称时，所藏单位一律都用简称，查找起来非常方便。

这里我们必须说明的是，东传日本的 4000 余种地方志，并不是就 4000 余部，因为每一种，都有很多版本，而每一种，版本又有很多单位收藏。如：元丰《吴郡图经续记》3 卷，宋朱长文纂，宋元丰七年（1084 年）修，清嘉庆十年（1805 年）刻《学津讨原》本，东研、学习院、大谷藏；清咸丰三年（1853 年）《琳琅秘室丛书》本，东研、筑大藏；清同治十二年（1873 年）苏州江苏书局刻本，东洋、东大、静嘉堂、庆应、杏雨、神大、爱知藏；清同治五年（1866 年）抄本，国会图书馆藏；民国 11 年（1922 年）影印《学津讨原》本，庆应、高知藏；民国 13 年（1924 年）刻《密韵楼影宋本七种》本，斯道、东研、爱知藏；民国 28 年（1939 年）《丛书集成初编》铅印本，国会、东洋、东研、庆应、天理、东北藏。从上述事例可以看出，单是《吴郡图经续记》一种，在日本就有 16 个单位共收藏了 24 部，东研一个单位就收藏有 4 个版本。可见日本收藏中国地方志数量是相当大的。不仅如此，还有许多是国内已经绝版的孤本和善本，上面所列仅是案例而已，当然不止如此。就如我的家乡江苏泗阳，清朝时称桃源县，康熙时所修之《桃源县志》，国内早就不存在了，而在日本国立公文书馆，却保存了康熙二十六年（1687 年）的原刻本。而乾隆《重修桃源县志》，在东洋文库同样保存了乾隆三年（1738 年）的原刻本。至于宋元善本自然亦不在少数。号称"临安三志"之一的咸淳《临安志》，是大家公认的宋代佳志，日本静嘉堂不仅保存有一部咸淳原刻本，还保存有一部抄本。同样，这部志书的后来刻本，则有十多个单位收藏。众所周知，宋元刻本在我国古籍收藏中属于善本珍品，在各大图书馆中并不多见，在所藏方志中就更加难得了。还要指出的是，在我国古籍收藏中，明代和清代早期的刻本，都属于善本，而从这本书中可以看到，日本所藏之中国地方志，可以说此类版本比比皆是。我们随便举例来说，万历《杭州府志》100 卷，明刘伯缙修，明万历七年（1579 年）刻本，日本国立国会图书馆和宫内厅书陵部两处都有收藏。康熙《杭州府志》40 卷,首 1 卷,马如龙修,康熙二十五年(1686 年)刻本,国立公文书馆、东京大学东洋文化研究所两处有收藏。乾隆《杭州府志》110 卷,首 6 卷,郑澐修,乾隆四十九年(1784 年)刻本,国立国会图书馆、东洋文库、京都大学、九州大学附属中央图书馆、东北大学附属图书馆五处均有收藏。我们再看边远省份云南,隆庆《云南通志》17卷,邹应龙修,明隆庆六年(1572 年)修,万历四年(1576 年)刻本,前田育德会尊经阁文库、早稻田大学中央图书馆两处有收藏。万历《滇略》10 卷,谢肇淛纂修,万历刻本,静嘉堂文库有收藏。康熙《云南通志》30 卷,首 1 卷,范承勋等修,康熙三十年(1691 年)刻本,国立国会图书馆等 6 处有收藏。乾隆《云南通志》30 卷,首 1 卷,鄂尔泰等修,乾隆元年(1736 年)刻本,国立国会图书馆等 7 处有收藏。以上所举的事例足以说明,在日本收藏的方志中,称得上善本的比比皆是,绝无夸张之意,因为所举并非个案。

总之,我阅读了这部书以后,得益的确非常大,对于中国地方志流播日本的各种轨迹都有确切的了解,有的还是第一次知道。当然,在阅读过程中,每当看到日本侵略者将我国的古籍一批一批掠走时,心情总是沉重的。特别是陆心源皕宋楼藏书的东流,因为该藏书楼宋元善本太多,对中国文化界的损失是难以估量的,所以我国学术界几代人,对此无不义愤填膺。上文已经提到,《中国地方志流播日本研究》一书现实的实用价值更在于它为人们利用、查找这些方志提供了方便。人们要查找某部方志,只要查到所在省(市、自治区),很快就可以知道此志藏在日本哪些单位。还要指出的是,作者为了帮助读者阅读时加深理解,还制作了 26 幅表格穿插在行文中间,如《民国销售方志主要古书店一览》《1930—1931 年中日方志市场价对照表》《日本驻沪总领馆特别调查班掠夺方志一览表(1942 年止)》《1929 年外务省劫取东海楼方志统计表》等,对帮助阅读都很有价值。而在全书的最后,作者还制作了七表二图作为附录,如《流失日本明代地方志统计表》《流失日本清代地方志统计表》《流失日本民国地方志统计表》《中日传统纪年对照简表》等。可见作者在撰写过程中,处处为读者着想,考虑得多么细致,这种精神在学术界应当大大发扬。

综上所述,我可以下这样一个结论,《中国地方志流播日本研究》是一部内容非常丰富、资料非常翔实的方志学术著作。许多资料都是作者在异国他乡一点一滴地搜集起来的,况且流传到日本的地方志,是分散在日本全国各地,大的图书机构和文库就有 53 个之多,就这 53 个单位要一个个跑到已经很不容易,况且还要查阅许多目录和资料。即使在国内,是自己国家,要跑遍 53 个单位查找调查搜集资料,也不是一件容易的事。可见作者为撰写这部书所具备的毅力和所花费的精力。正因如此,他才能够写出这样一部不仅有益于当代,而且完全可以藏之名山、传之后世的学术著作。我再次引用邹逸麟先生为该书所写序中的一句话作为这篇文章的结束语:"我想读者在阅读这本专著时,当能体会到潜心学术的可贵和不易。"

（原载《中国地方志》2009 年第 1 期）

《中国史学名著评介》前言

我们伟大的祖国是世界上文明发达最早的国家之一，有文字记载的历史已有 4000 多年。4000 多年来，我们的祖先创造了光辉灿烂的文化，留下了非常丰富的文化典籍。其中仅以史籍而言，已是浩如烟海，它不仅数量之多、内容之丰富，而且记载之连续、体裁之多样，都是世界历史上所罕见的。这个珍贵的文化遗产，是我们中华民族发展的记录，也是我们中华民族对世界文明所作贡献的最好见证。因此，它不仅是我们研究祖国历史的重要宝库，而且也是研究中外文化交流的重要依据。甚至当今世界上许多国家在研究自己的历史时，也还是要借助于它，在研究世界科学发展史诸如天文学史等时，也还是要依赖于它。这就充分说明了这份珍贵遗产是不应当被忽视的，更不应当轻易地加以否定，而是应当批判地加以继承，为建设社会主义精神文明服务，为创立新的文化提供养料，特别是要总结继承和发扬历代史家所创立的许多优良传统。

然而，在前几年所兴起的"文化热"中，在讨论中国传统文化的浪潮中，有些同志有意无意地在否定中国传统的史学。如有的同志在文章中说，中国传统史学的历史学家只重视微观研究，而不重视宏观研究，这一结论出来后，好多报刊都加以摘引，影响很大。事实果真如此吗？我们认为，这个结论是不符合中国史学发展的实际的。就以第一部纪传体史书《史记》而言，这是一部贯通上下 3000 年的通史，司马迁在这部著作中不仅论述了 3000 年来的政治、经济和文化等重大问题，而且记载了农民起义、少数民族和边疆邻国的历史，应当说内容涉及了社会的诸方面。如果读过这部伟大著作的人，总都不会说司马迁写《史记》只注意微观研究而不重视宏观研究。它记载了上下 3000 年的波澜壮阔的社会发展历史，特别是对于楚汉之争和汉初社会的描述，究竟是微观还是宏观，读者自己可以下结论。还要提醒大家注意的是，司马迁在讲自己著书的宏伟目标，乃是要"究天人之际，通古今之变，成一家之言"，如果单纯的微观研究能够达到此目的吗？又如杜佑的《通典》、马端临的《文献通考》等,都是记载古今典章制度变化的史书,两位作者都明白表示他们不仅要记载这些典章制度的发展和演变,而且要研究所谓"张弛之故",甚至于对有些制度发展的阶段特点都加以研究。像这样的著作难道说只是微观研究吗? 再如司马光所著的《资治通鉴》,是一部编年体通史,记载了上下 1362 年的历史。司马光在编写本书时所举的目的之一就是要"专取关国家盛衰,系生民休戚,善可为法,恶可为戒者",这样的目的难道靠微观研究能够做得到吗? 事实上在这部通史中,详细地反映了历代的阶级斗争和政治斗争,因为他要探讨历代的治与乱。因此,有人曾把《通鉴》称之为"专详治乱兴盛的政治史",这是有一定道理的。至于其他史体就不一一列举了。

当然,谈到微观研究,人们会立刻想到乾嘉考据史学,这是很自然的,其实当时不独史学如此,整个学术界都是这个风气,应当指出的是,这是清政府文化专制主义政策所造成的,这种政策迫使学术研究走上了畸形发展的道路。即便如此,在当时的史学家中从事宏观研究的也不乏其人,何况,我们不能以乾嘉时代的学风来概括整个中国封建社会的史学发展。另外,还有一个事实必须辨别清楚,历史研究是离不开微观研究的,宏观研究是建立在微观研究基础之上的,若没有大量的微观研究做基础,宏观研究将从何谈起? 这应当是众所周知的常识吧。也有的同志在写中西史学比较文章时,实际上他对中国封建时代究竟有多少种史书体裁、每种史体的长短得失等还没有搞清楚,就草草地撰写文章,作了所谓比较后,便对中国传统史学的史体横加指责,这哪里能够使人信服? 我们认为,中国传统史学不可能是十全十美的,从来也没有人说它是十全十美的,我们必须对它做具体的研究分析和总结,该批判的批判,该肯定的肯定,而决不应当笼统地一笔否定。因为有一个历史事实,大家不应当忘记,即世界上没有一个民族是在骂倒自己的传统文化之后而能立足于世界强大民族之林的。而我们的传统文化却经历了数千年而一直独立于世界各民族的文化之林,其生命力之长久,内涵之丰富和独特,在世界文化史上是非常罕见的,这是世界学者所公认的。就以史学而言,还在 19 世纪初,黑格尔在其名著《历史的哲学》一书中,通过对各国历史著作研究比较后,用惊叹的口吻写道:"中国'历史作家'的层出不穷、继续不断,实在是任何民族所比不上的。""而尤其使人惊叹的,便是他们历史著作的精细正确。"①外国人都如此评价,难道我们自己还能做这种既对不起祖宗又对不起子孙的历史虚无主义吗?

为了帮助大家对祖国传统史学作进一步的了解和研究,以弘扬优秀的民族文化,为建设社会主义精神文明服务,受山东教育出版社的委托,约请了全国有专门研究的历史学家对一些著名的史学著作撰写文章,编成《中国史学名著评介》(3卷),分别对这些史学名著作出评论和介绍。在这些作者中,有年逾古稀的老一辈专家学者,也有一大批后起之秀的中青年历史学家,大多数撰稿人对所评的历史著作都是研究有素。对每部史著既有全面的介绍,又有重点的论述,做到了知识性和学术性相结合。特别是对原著写作的目的和历史背景、原著基本内容、史体结构以及编纂特点、原著的学术价值及其影响等等,都作了较为详尽的论述。因此,它实际上是一部雅俗共赏的学术著作。既是一部供高等院校用的参考教材,也是一部带有工具书性质并具有较高学术价值的研究读物。以高等院校文科各专业师生、中学历史教师、社会科学研究工作者,以及史学爱好者和自学青年为读者对象。

本书编撰体例力求合一,因此,对一些技术性问题都作了统一的规定和要求。但文章成于众手,各篇写法又没有强求一律,因为每位作者都有各自不同的风格和笔法,不强求一律,可使读者看到每位作者写文章的风格和笔调,尤其是对于观点性的问题,我们是采取文责自负的原则,因为这样能更好地发扬"百家争鸣"的精神。文章既是各自成篇,出于众手,那么,在各篇之间存在某些重复,甚至有互相牴牾之处,也就在所难免了。

所谓史学名著,一般都是选择具有某一方面的代表性,或者具有一定影响的著作。但有些也并不尽然,如"二十四史"之中,除前四史外,并非部部都称得上是名著,但是为了使读者了解到"二十四史"是由哪24部史书所组成,其各自的价值如何,自然都得一部不漏地全部收入;又如《唐会要》,实际上是一部史料性的著作,自然称不上名著,但为了使读者了解会要是一种什么样的史体,故将这种体裁的第一部选入其中;再如朱熹的《通鉴纲目》,就其思想性和史料而言,都很难说有多大价值,但由于它创立了纲目史体,并对后世起

---

① 王造时译,三联书店1956年版,第161、163页。

了很大的影响,产生了一大批纲目体史书,故亦把它收入。还有《东观汉记》,是我国最早的一部官修史书,从唐代以后慢慢失传,虽无完本传世,但在它存在之日,却是一部享有盛誉的权威著作,因而有《史记》《汉书》《东观汉记》三者并提的"三史"之称,况且目前又有较为全面的辑本出版,自然有必要向读者介绍。凡此种种就不一一说明。本书原计划共收 100 种史学著作,但由于有些作者未能按时交稿,为了不影响全书的出版计划,只好忍痛割爱,如《大唐西域记》《大金国志》《明实录》等便是如此。因此,现在全书实际只收 86 种。考虑到我国是一个多民族国家,中华民族的历史是各民族共同创造的,因此,对于有关少数民族的历史著作,尽可能多收入一些。至于近现代所收下限很难确定,故原则上只收到梁启超的著作为止。

本书编排顺序以成书先后为准,而不采用分类法。这样既可以避免分类法所产生的轻重不均的现象,又可以使读者从史书、史体产生的先后看出中国传统史学发展的总趋势及其特点和某些规律。实际上可以起到史学发展史的一个缩影的作用。

本书的第三卷是由袁英光教授所编写,因此,全书实际上是由我们两人共同主编。袁先生是我的老学长,却执意不愿挂主编之名,故只好在这里加以说明。全书编纂过程中,叶建华同志帮助我做了不少具体工作,周谷城先生在百忙之中为本书署签,责任编辑温玉川同志更为本书花费了大量的精力,在此一并表示感谢。而对于全书广大作者的热情支持更加表示衷心的感谢。

1988 年 11 月 15 日于杭州大学

〔原载《中国史学名著评介》(三卷本),
山东教育出版社 1990 年 2—3 月版〕

《史记辞典》前言

　　《史记》是西汉时代历史学家司马迁所作的一部伟大的历史名著,是我国第一部纪传体通史,并且是清代乾隆年间刊布的《二十四史》之首部。全书用五种体例组织而成:12本纪、10表、8书、30世家和70列传,共130篇,52.65万字。五种体例相互配合,互为补充,构成一个不可分割的整体。《史记》的问世,把我国的史学发展推到了前所未有的新阶段,它在中国史学史上具有划时代的意义,是史学发展领域里一块不朽的丰碑。《史记》的史体,对后世史学的发展起了极为重大的影响。宋代史家郑樵说过:"使百代而下,史官不能易其法,学者不能舍其书,《六经》之后,惟有此作。"①清代史家赵翼亦说:"自此例一定,历代作史者遂不能出其范围,信史家之极则也。"②虽然说不上是史家作史的"极则",但它确实直接影响着2000年来纪传体史书的编写,在我国漫长的封建社会里,史家编写史书,许多都采用了司马迁所创立的纪传史体。

　　《史记》不但是一部伟大的史学名著,同时也是一部杰出的历史文学作品,在中国文学史上具有很高的地位,现代文豪鲁迅赞美它"固不失为史家之绝唱,无韵之《离骚》"③。又由于它记事内容极为丰富广博,除人物事件外,上自天文,下至地理,以及职官典制、经济文化、医药科技、社会风貌、风土人情、各种物产,包罗万象,因而被人们视为我国古代百科全书式的巨著。《史记》的记事断限,上起传说中的黄帝,下迄汉武帝太初年间,对我国古代3000年的历史,作出了伟大的总结。无论从涉及时代之远,包含范围之广,史学价值之高,艺术影响之大,都是空前的。

　　《史记》文字不算古奥,但是由于时代久远,不仅语言有了极大的不同,而且制度的递进,地理的沿革,亦费稽考,尤其是各《书》,对于非专业工作者来说,更难尽悉。以往国内外学者曾对《史记》进行了大量的研究,文字的校刊,

---

① 《通志·总序》。
② 《廿二史劄记》卷一《各史例目异同》。
③ 《汉文学史纲要》。

史实的考订,功夫至深,对于我们阅读和研究《史记》提供了许多方便。但是这些成果或另为专著,或散见于其他文献,仍然满足不了广大读者的需要。因此,我们受中国历史文献研究会和山东教育出版社的委托,编写了这本《史记辞典》。

《史记辞典》是《史记》的专书辞典。共收录《史记》原文中语词,人名、地名、民族、职官、著作、天文、历算、音乐,动植物名以及器物典制、历史事件等16800余条(其中包括参见条 2200 条)。力求收词全面,释文正确,文字简练。并附有《词目索引》和《索引检字》。适合文史工作者及具有中等以上文化水平的读者阅读和研究《史记》时查阅使用,也可供读者研习秦汉及其以前历史时作为工具书使用。

《史记辞典》在编写过程中自始至终得到了中国历史文献研究会和山东教育出版社的大力支持。著名学者谭其骧教授、著名学者中国历史文献研究会会长张舜徽教授给予了我们许多指导;张会长还在百忙中为本书题辞和解决疑难问题;崔曙庭教授参加了编写体例的讨论,山东教育出版社社长张华纲同志亲自参加了编写会议,并给予具体指导;尤其是责任编辑温玉川同志工作勤勤恳恳,废寝忘餐,倾注了大量的心血;山东新华印刷厂的领导和广大职工,在排版、印刷中付出了艰辛的劳动。本辞典原确定由仓修良先生和施丁先生两人共同主编。后因施先生工作难以脱开而未能参加,但他对编写中的许多重大问题都提出了宝贵的意见和建议,实际上是本辞典的顾问。对于师长、朋友们的这些支持和帮助,我们谨在此表示深切的感谢!在编写中我们尽可能地吸取了学术界各方面的研究成果,从这一点讲,《史记辞典》也可以说是学术界共同的研究成果。限于篇幅,不能一一注明,亦在此表示感谢并请谅解。

编写《史记》专书辞典是一种新的尝试。对于我们来说是一项新的课题,经验不足,加之水平所限,书中错误遗漏和不当之处在所难免,恳请广大读者和学术界师友批评指正。

《史记辞典》编委会

1987 年 9 月

(本文由作者执笔。原载仓修良主编《史记辞典》,

山东教育出版社 1991 年 6 月版)

《汉书辞典》前言

《汉书》是东汉时代历史学家班固所作的第一部纪传体断代史书。

班固(32年—92年)字孟坚,扶风安陵(今陕西咸阳东)人,出身于世代显贵的豪富家庭。父亲班彪,是当时著名的儒学大师,曾为续补《史记》做了许多工作,这为班固撰写《汉书》打下了坚实基础。该书体裁承袭《史记》而略作变更,改"书"为志,去掉"世家"而并入列传,从而进一步整齐了纪传体的体裁为纪、表、志、传四个部分。全书由12本纪、8表、10志、70列传组成,共100篇,80余万言,记载了汉高祖元年(前206)到王莽地皇四年(23)计230年的历史,这就使一个朝代的历史保存得更为完备,因此,从历史编纂学上来说,无疑是一种创造。由于这种形式很符合封建统治者要求,故后来各个朝代编修的正史,基本上沿袭了《汉书》的编纂方法,并使历代史家相仍而不变。清代史学评论家章学诚说:"迁书一变而为班氏之断代,迁书通变化而班氏守绳墨,以示包括也。就形貌而言,迁书远异左氏,而班史近同迁史。""盖迁书体圆而用神","班氏体方而用智","迁史不可为定法,固书因迁之体而为一成之义例,遂为后世不祧之宗"。① 可以说无形中为一部"二十四史"整齐体例起到了良好的作用。需要指出的是,班固所著的《汉书》,其中八表和《天文志》还没有最后完成,由于窦宪的牵连,被仇家洛阳令种兢逮捕,死于狱中。妹妹班昭乃续成八表,马续则补作《天文志》。

《汉书》的十志贡献较为突出,反映班固的创新精神也最为明显。由于书名称"书",所以将篇名中"书"改称为"志"。十志虽然是在《史记》八书基础上扩大发展起来的,但记事内容远比八书更为丰富而完备。《沟洫志》详于《史记·河渠书》,记载了有关秦汉的水利建设和治河对策。《地理志》为班固所创立,是我国第一部以疆域政区为主体的地理专著,它不单限于西汉地理,上溯先秦,下迄西汉,对郡县封国建置的由来和变革,以及西汉王朝的疆域政

---

① 《文史通义》内篇一、《书教》下。

区、领土面积、郡县户口、垦田数字、山川方位、重要物产、城邑关塞、祠庙古迹等等,都有详细记载。篇末还对各地区的经济、文化、风俗习惯及海外交通,作了综合的叙述,所以它也是我国一部较早的历史地理著作。《食货志》则系统记述了自西周以至王莽时期的农政、钱法,反映了1000多年社会经济发展的重要侧面,特别是对于研究西汉经济制度、阶级关系和社会生产力的发展,具有重要的史料价值。《艺文志》主要是根据刘向、刘歆父子的《七略》而创立,虽然只是一种书目,但它不仅反映了西汉官府藏书的基本情况,更重要的是还为研究学术发展史上各个学派的源流、盛衰及长短得失提供了重要资料,实为一部极其珍贵的思想文化史资料,贡献之大,不可低估,以后正史中大多立有《艺文志》。刘氏父子的《七略》后来失传了,而《汉书·艺文志》却为我们保存了许多古代典籍的目录,在目录学史上亦具有很重要的地位。总之,《汉书》十志,扩大了历史研究的领域,对纪传体史书的书志部分有很大影响,以后正史所立之志,大都依据《汉书》十志加以损益而成,从而形成了中国史学史上的书志体;同时在典章制度史的发展上,也起了继往开来的作用,对于《通典》《文献通考》等书的著述,有过重大的影响。《汉书》的贡献还表现在扩大了对少数民族和邻国历史的记载,这不但为研究我国古代各兄弟民族的历史提供了珍贵的资料,而且也是研究亚洲有关各国的历史不可多得的重要文献。《汉书》还有一个特殊的贡献,那就是为我们留下了许多重要的文献资料。《汉书》在搜集和保存重要文献方面表现十分突出,许多重要的学术、政治文献,都是通过它而被保存到今天。董仲舒的《限民名田说》《天人三策》,贾谊的《治安策》,晁错的《教太子疏》《言兵事疏》《募民徙塞下疏》,贾山的《至言》等,都是一些重要的政治、经济、军事方面的珍贵文献。司马谈的《论六家要旨》,司马迁的《报任安书》,则是研究他们父子两人的学术主张、史学思想的重要文献,也是由于班固将其收入《司马迁传》而得以流传至今。

班固著《汉书》,好用古字,加之许多列传又引了大量的诗赋,典故迭出,所以在东汉时,该书刚刚流传,一般士人竟还无人能读通它,只有班昭才能通解,因此大家都向她请教。马融是东汉著名的学者,他都曾经伏于阁下,从昭受读,其难度之大,于此可以想见。不过由于它很符合不断改朝换代的封建统治阶级的历史要求,一直受到统治者的大力提倡和利用,因而从事《汉书》研究的人也就越来越多,"始自汉末,迄乎陈世,为其注解者凡二十五家,至专门受业,遂与《五经》相亚"①。唐代颜师古在前人研究的基础上,对《汉书》作了一次全面注释,成为唐代以来长期流行的最完备的注本。清代王先谦又作《汉书补注》,前此沈钦韩还有《汉书疏证》,所有这些,对于阅读《汉书》虽说都不无补益,但毕竟都是专家之学,对于广大读者来说,显然不能解决问题。因此,我们受中国历史文献研究会和山东教育出版社的委托,编写了这本《汉书辞典》。

《汉书辞典》是《汉书》的专书辞典,共收录《汉书》原文中语词、人名、地名、民族、职官、著作、天文、历算、音乐、科技、动植物名以及器物典制、历史事件等23800余条,力求收词全面,释文正确,文字简练,并附有《词目索引》和《索引检字》,适合文史工作者及具有中等以上文化水平的读者阅读和研究《汉书》时查阅使用,也可供读者研习汉代及其以前历史时作为工具书使用。

《汉书辞典》在编写过程中,自始至终得到了中国历史文献研究会和山东教育出版社的大力支持。已故的著名学者谭其骧教授,已故的著名学者、中国历史文献研究会前任会长张舜徽教授,中国历史文献研究会现任会长刘乃和教授给予了我们很多指导;山东教育出版社张华纲社长、王洪信总编辑对该书出版工作给予坚定的支持;崔曙庭教授参加了编写体例的讨论;责任编辑温玉川同志从收词到发稿,废寝忘食地做了大量的工作,倾注了大量的心血;安作璋教授、赵文润教授还为该书提供了有关插图和照片。对于师长和朋友们的支持和帮助,我们谨在此表示深切的感谢! 在编写中我们尽量吸取了学术界各方面研究成果,限于篇幅,不能一一注明,亦在此表示感谢并请谅解。

由于我们编写辞书经验不足,加之水平所限,书中错误遗漏和不当之处在所难免,恳请广大读者和学术界师友批评指正。

《汉书辞典》编委会

1993 年 7 月

（本文由作者执笔。原载仓修良主编《汉书辞典》,
山东教育出版社 1996 年 11 月版）

---

① 《史通·古今正史》。

《章学诚评传》后记

1984年,我在中华书局出版了《章学诚和〈文史通义〉》一书,由于书的主题所限,只是写了与《文史通义》有关的问题。学术界朋友虽诸多鼓励,但总觉得意犹未尽,希望我能对章学诚思想和学术贡献作一全面评述。当时我正在对章氏著作进行全面整理,鉴于其代表作《文史通义》自问世以来,一直无较为完善的定本,而主要的两种版本内容又出入很大,外篇竟是完全不同,因此决定按照章氏著书的宗旨进行重新编定。正在这一工作接近尾声时,接到匡老主持的中国思想家研究中心来信,约我撰写《章学诚评传》,于是便不揣浅薄,欣然应命。

为了不辜负思想家研究中心的深情厚意,更好地完成这部评传,便约叶建华同志和我共同撰写,因为青年人对于新观点、新事物都更为敏感。他是我首届研究生,勤奋好学,学习期间已发表学术论文,毕业多年来,已发表、出版学术论著近70篇(部),对思想史、文化史、史学理论以及章学诚和浙东学派等,均有专门研究。在本书撰写中,我和叶建华同志共同发凡起例,从初稿到定稿,都相互讨论,密切合作,终于实现了预定的目标。

我们在撰写过程中,尽量努力按照匡老为评传丛书所制定的要求精神去做,对传主思想作全面研究和深入剖析,尽可能全面准确地反映传主的思想和学术贡献。为了写好这部评传,我们虽已尽了很大努力,作了反复修改,但书中缺点、错误之处恐怕还是在所难免,欢迎广大读者和行家批评指正。

本书撰写自始至终得到"中心"许多同志的热忱帮助。吴新雷教授还特地来杭州看望我们,征求意见,我们非常感激;茅家琦教授和蒋广学教授以极其认真科学的态度审阅了全书,提出了许多宝贵的修改意见;花建民先生为本书责任编辑,更为本书付出了辛勤的劳动;我的研究生文善常同志在本书的外文文献和章节目录翻译方面也做了不少工作。在此一并表示衷心感谢!

本书引用章学诚的著作,凡属《文史通义》内容,一律以上海古籍出版社出版的《文史通义新编》为准,其余则据《章氏遗书》,特此说明。

1995 年 8 月于杭州大学

(原载仓修良、叶建华著《章学诚评传》,
南京大学出版社 1996 年 3 月版)

《章学诚评传》前言

　　章学诚是我国封建社会后期杰出的史学评论家,方志学的奠基人。出身于中小地主家庭,父亲章镳,为人忠厚,乾隆七年(公元 1742 年)中进士后,过了 10 年,方才得了个湖北应城知县。为官清廉正直,上任仅 5 年,就因断狱主持公道而丢了乌纱帽。因贫穷无力回归故里,只得主讲于天门、应城等书院,并死于应城。青年时代章学诚对于科举考试非常反感,但父亲的去世,为全家生活计,又不得不把希望寄托在科举考试上,企图通过这一途径取得一官半职。生活好像总是故意在捉弄着他,每次考试总是落选,直到 41 岁那年方中进士。又自以迂拘,学问不合世用,终究未敢进入仕途。仅在国子监时任过国子监典籍(即今日之图书管理员)。章学诚的一生就是通过主讲书院,为人修志,担任幕僚而走完艰辛困苦的人生旅程。他的著作也就是在这样恶劣的环境中写出来的,有许多更是"写于车尘马足之间"。他在入湖广总督毕沅幕府后,曾协助毕沅编修《续资治通鉴》,为其主编《湖北通志》,并借其力编修《史籍考》。本计划改编《宋史》,因生活的不安定,未能如愿。他在 35 岁的时候,就立下志愿要在文史校雠方面有所发明,"成一家之言"。尽管代表作《文史通义》在去世前未能修完,但"成一家之言"的目的却是实现了。在史学理论上章学诚提出了一系列杰出见解,诸如史书编修必须重视"史义"、优秀历史学家必须具备"史德"、系统阐发"六经皆史"说、扩大史料范围等等,都做到了发前人所未发;虽有丰富的史学理论,却无处实践,因而肆力于方志的编纂,用以检验自己的史学理论。章学诚强调,修志当中要实地调查,重视乡邦文献,要求内容详近略远,反对形式主义。在总结前人修志得失前提下,结合自己的修志经验的升华,提出了系统的修志义例和理论,建立起方志学。章学诚在校雠学上的成就很大,代表作《校雠通义》成为我国封建社会校雠学集大成之作。此书内容对我国目录学的方法和理论一直起着重大影响。在学术研究上,章学诚认为应当坚持"经世致用"原则,故对当时专务考索和空谈义理两种不良学风都予以反对。他认为,要在学问上有所建树,就不能赶风头，更不能趋炎附势，否则将一事无成，这都是宝贵的经验之谈。其著作除《文史通义》和《校雠通义》外，大多散失。全部文稿生前委托萧山王宗炎代为校定，1922 年嘉业堂主人刘承幹依王氏所定之目加以补订，刻为《章氏遗书》。

此书是小女仓晓梅和我共同撰著，她除了撰写近二分之一的初稿外，又做了定稿后的全部誊写工作。李侃先生对本书撰写大纲提出了十分宝贵的意见。叶建华同志对书稿提了不少宝贵的修改意见。在此一并表示感谢！

1993 年 6 月 8 日于杭州大学寓所

（原载仓修良、仓晓梅著《章学诚评传——独树一帜的史学评论家》，广西教育出版社 1996 年 8 月版）

《泗阳古今人物》序

　　郝耀同志在主编的《泗阳县志》出版后，为了弘扬泗阳人的创业精神，对青少年进行爱祖国、爱家乡教育提供乡土教材，接着便计划编写一本《泗阳古今人物录》。为此，他四处写信联系，多方搜集资料，真是不辞辛苦地在奔波忙碌，整天在做着既不可能成名，又不可能得利的纸上工作，其目的也十分单纯，就是在退出一线的晚年多发挥点余热，多做点贡献，这种无私的奉献精神确实令人敬佩！

　　去年春天，因去北京、天津两地开会，顺道回老家仓集看看，事先曾约请郝耀同志到仓集共饮两杯，他如约赶到，见面后谈得都很高兴，而交谈中，他要编写此书自然也是重要内容之一，并且非常慎重地提出要我为这本书写篇序。面对突如其来的要求，我这向来不大愿意为人作序的人，竟然很愉快地接受了。为什么会如此爽快答应？除了被作者这种无私奉献精神所感动外，更重要的恐怕是浓浓的故乡情了。

　　故乡对于每一个人来说都是具有各种不同程度的诱惑力的，因为正是故乡的那块土地哺育着每个人的成长，尽管许多人早就远走他乡，但是故乡情总是终生难忘的。人们不是常说吗，月是故乡明，难忘故乡情，这可以说是人们眷恋故土心理的真实写照。我对于自己故乡是有着深厚感情的，虽然我离开故乡将近50年了，又一直生活在号称人间天堂的杭州，然而我始终怀念着自己的故乡。50年从历史发展的长河来看自然是微不足道的，但对于人生来说就是很可观了。正如晚唐有位诗人有两句诗："去日儿童皆长大，昔年亲友半凋零。"去日儿童不仅长大了，而且好多也都快步入老年了，当日的亲友已大半过世，而思乡之情却与日俱增，看来这都是人之常情吧。平时每当从亲朋处听到或从报刊上看到故乡的信息，总是静静地听完、看光，为故乡的成就、丰收而高兴；每当遇上水旱灾害，也为之忧虑。我相信每一位多年远离故乡的泗阳人，都会有此同感。我是在高等院校从事教学和科研工作的，也很想为家乡建设作点什么贡献。众所周知，知识分子是既无权又无钱，只有用掌握的知识来回报。所以在80年代以来的新修县志过程中,已经尽了自己的努力,而现在郝耀同志编写的此书正是为家乡建设精神文明服务的,我能不乐意为之写序吗?!

泗阳这个名称,还在西汉初年就已经有了,就是因为她位于泗水流域下游的北侧,即泗水之阳。我国地名的来历,许多都是因山水而得,并且有一条因自然现象而形成的原则,即山之北称阴,山之南称阳,水则反之。当然使我们县得名的那条古泗水,今天在县境内早已看不到踪迹了,这条水源出山东境内,自徐州南下经泗阳至清江市注入淮河。据文献记载,金代以后自徐州以下为黄河夺道,故道虽存而名称已变,到了清咸丰年间,黄河改道北迁,金、元以来为黄河所占夺的徐州以下故道,从而淤废,这样一来,古泗水下游在名实两方面自然都不复存在了。我想作为一名泗阳人,这点常识也该有所了解。还想指出的是,元代以来,历明清三代,我们县还曾称过桃园、桃源,何以会得如此诗情画意的美称,我也百思不得其解,是否我们的祖先因土质关系而曾经大面积种植桃树呢? 自然不敢断言,因为没有可靠的文献依据,尽管文天祥被俘后,押解北上大都(今北京)途经桃源县时,在《桃源县》诗末句有"何处觅桃花"句,但从全诗意境看,实具双关之意,作者是要告诉人们,人世间世外桃源是恐怕没有的,桃花实际上是指陶渊明所讲的桃花源,因为他曾写过《桃花源》诗和《桃花源记》,描述了一处幻想中的世外桃源,对后世影响颇大。与文天祥同榜进士且并肩抗元的南宋爱国诗人谢枋得,在抗元斗争失败后所写《庆全庵桃花》诗首句便是"寻得桃源好避秦",看来两诗共同的格调都在于对战乱社会的厌烦和对和平生活的渴望。况且文天祥被押北上途经我县时正值金秋九月,因此不能据此推论我县得名桃源之缘由。当然这一悬案今后还可继续探讨。到了民国3年(1914),内务部因与湖南桃源县重名而重新改称泗阳。至于湖南桃源县仍用此称,看来确实合乎情理。因为在其西南有桃源山一座,下有桃源洞,相传是陶渊明所记桃花源的遗址,这自然都成为重要的命名依据。

泗阳有着悠久的建置历史,远在秦始皇推行郡县制之日起,我们泗阳县已经存在了,当然开始不称此名,但起码在汉武帝时已称今名。可是由于历史的原因,加之地理条件,特别是数百年来的黄河为患,水旱蝗灾连年不断,造成经济上长期贫困,文化教育上非常落后。对此康熙二十六年(1687)县令萧文蔚在所撰《桃源县志序》中有详尽的叙述,在当时全国邑无大小,率皆有志的情况下,桃源却无志书,显然是由于经济困难,人才缺乏,诚如序文所言,这里是"民不能自养,土不能养人,物不能为养。居官者,性狡好贪,亦无可贪;性即好廉,亦桃能成之"。其贫困程度可以想见。正因如此,文化教育也就无从谈起,所以自有科举考试以来,千余年间只有三名进士,这与其他地方简直无法相比,常熟历史上考中进士者达 438 人之多,浙江东阳也有进士 305人。以上事实说明,经济上的贫穷,文化上的落后,这个一穷二白的两者实是互为因果的共存体,经济的贫穷制约着文化的发展,而文化的落后又影响着经济的建设,因此,要治理,两者必须同步进行,解放后的泗阳经济、文化发展现状足以说明这一关系。打开每部志书,总都可以看到作者在以自豪的口气称颂着自己的故乡,什么山川秀丽、人杰地灵、水乡泽国、鱼米之乡等等。这自然都是出于对家乡的热爱。这种现象自古以来就是如此,并且将人才辈出与地理环境的优越紧密联系在一起,这种思想不仅流传非常久远,而且从地域来讲也相当广泛,"物华天宝,人杰地灵"这副春联,在旧社会叫以说,已经贴遍全中国,这两句话虽然是出自唐初文学家王勃的《滕王阁序》,但这种思想则早在流传。如东晋学者虞预在其所撰《会稽典录》的《朱育传》中,就记载了会稽人虞翻,在回答新上任的地方官王景新问话时,就极力美化自己家乡山水,夸耀自己家乡自古以来就人才出众,他用十分自豪的口气说,他们那里"山有金木鸟兽之殷,水有鱼盐珠蚌之饶,海狱精液,善生俊异,是以忠臣系踵,孝子连阁,下及贤女,靡不育焉"。意思中说,会稽所以会产生那么多杰出人物,忠臣、孝子、才士、贤女,就是因为有异于他处的良好地理环境和自然条件,人物英杰是因为地气灵秀,"海狱精液,善生俊异",人才杰出与否,似乎会由地理环境所决定。朱育是三国时人,而他传中所讲则是汉献帝时所发生之事,可见这种思想之产生流传为时很早。又如另一位东晋历史学家常璩在其所著《华阳国志》的《先贤士女总赞论序》中也曾有如此说法:"华岳降精,江汉吐灵。济济多士,命世克生。"这就是说,由于有"华岳降精,江汉吐灵",所以使得这一带地区人才济济,远胜他处。难道真的如此吗? 我的回答是否定的。对于这种现象,唐代杰出的史学评论家刘知幾早已指出,这种地方性的著作,都在"矜其乡贤,美其邦族,施于本国(指本乡本土),颇得流行;置于他方,罕闻爱异"①。夸耀本乡本土,热爱自己故乡,乃人之常情,何况那个时候还有其特定情况,即这种地方性著作大都为世家大族服务的,因此,对于"人杰地灵"这种说法我是不敢苟同,因为我是研究历史的,不妨查看一下历史,事实都并非如此。就以我们大家都比较熟悉的而言,我们江苏沛县,就其地理条件、自然环境都并不怎么优越,不也出了一位西汉开国君主刘邦及一批名臣,诸如萧何、曹参、周昌、樊哙等人,这当如何理论呢?

我认为"一方水土养育一方人士"的说法是合理的,由于各地水土不同,气候不同,所以各地人的气质、性格也就产生了差异。至于成名成才与此并无直接关系,时势造英雄才是至理名言。当然,面对时势大舞台,是冷眼旁观,还是积极参与,这就要看每个人的主观能动性发挥的程度了。我们现在常说,一个人的成功与否,际遇很要紧,仅是有了际遇,自己不去把握也枉然。我所讲的这些,在郝耀同志编写的《泗阳古今人物录》一书中都可以得到证实。

《泗阳古今人物录》全书 40 余万字,共收泗阳古今人物 480 人,有军政、科技、文化教育、英雄模范等各方面代表人物。生活在这片土地上的泗阳人,长期以来养成了纯朴善良、勤劳勇敢、富有正义感的性格和精神。这种性格和精神,不正是这里的水土养育而形成吗? 在这片土地上,历史上虽无惊天动地的人物出现,但有史可查的英雄人物也是代有其人。秦朝末年,有与陈胜、吴广同时揭竿而起反对暴秦的秦嘉,曾成为"伐无道,诛暴秦"的农民大起义中重要一员;隋末则有聚众起义反抗隋朝腐朽统治的起义军首领苗海潮;南宋有组织义军坚持抗金斗争的刘世勋;明代有镇守边疆、政绩卓著的朱笈;清代晚期有体恤民情、多次联名上书反对议和、力主抗击外国侵略者的尹耕云;辛亥革命爆发后,更有著名历史地理学家张相文为响应辛亥革命,组织了滦州起义;其后还有韩恢、樊炎等民主革命志士为反清、讨袁、护法而献出了自己宝贵生命。

在八年全面抗日战争中,为了挽救民族危亡,为了保家卫国,我们泗阳人真正做到全民动员,有钱出钱,有力出力,男女老少齐心协力投入打击日本侵略者斗争,出现了许许多多可歌可泣的动人场面,有 500 余名泗阳儿女在这场全民抗战中献出了宝贵的生命,在当年许多打击日本侵略者斗争中的英雄人

---

① 《史通·杂述》。

物,后来都成为解放战争杰出指挥员,成为新中国建立的第一批功臣。像老将军、老同志姜玉田、蒋光化、洪家德、汪涌、陈果、李兆书、杨扶真、丁翰、张耀、夏一超、张前恕、史秉诚等,他们不仅在抗日战争中为国家、为民族立下了汗马功劳,在解放战争中又都各建奇功,他们的英雄事迹是我县进行精神文明建设的重要教材。解放战争中,泗阳人全力以赴支援解放战争,有 1800 余名英雄儿女为此而献身。其中有许多是早年投身革命,年轻时就为解放事业而献身的,孙耀宗、魏其虎、刘永安、董振英等就是杰出的代表,尤其是孙耀宗同志,还是我们泗阳第一任中共县委书记,牺牲时年仅 21 岁,实在可敬可佩!这样的英雄人物,如何能不值得我们纪念呢? 这里需要指出的是,所有这些英雄,无论是早年参加革命,还是后来投身于抗日战争、解放战争,他们从未想过参加后自己可以从中得到什么,他们所想的就是祖国的独立,民族的解放,人民的解放。就连自己的生命也都早已置之度外,这在市场经济的今天,在有些人看来似乎是不可思议。正因如此,我觉得英雄们当日高尚品德与精神面貌,都是我们宝贵的精神财富,是我们无价的传家之宝,他们的英雄事迹,更是教育青少年不可缺少的内容。

解放了,祖国这个广阔的大舞台,为全国人民提供了用武之地,泗阳人自然也不例外,随着经济建设的发展,文化教育事业的繁荣,泗阳已陆续为全国各地输送了一批又一批建设人才、管理人才,从党政领导到专家学者,从英雄人物到劳动模范,其数量都是相当可观的。国家广电部部长孙家正同志,是继蒋光化同志以后,又一位进入国家高层次领导的泗阳人,至于省地市级自然就为数更多了。谈起专家学者,我们可以毫不夸张地说,无论在高等学府,还是在科研院所,无论在学术界、科技界、教育界,还是文化艺术界,都可以见到泗阳人的身影,寻到泗阳人的足迹,看到泗阳人的成果和奉献。诸如漆贯荣教授在天文学方面的成就,王克平教授在农业种子研究上的贡献,张筐芬教授、郑德先教授和陈圣邦教授分别在各自医学尖端科学方面的研究,老作家吴越在文坛上出版的一部部诗歌、散文、小说集,中年画家洪维勤一幅幅具有自己艺术特色的山水画,都在各自领域享有很高的声誉。而历届劳动模范,则更为泗阳的经济发展作出了功不可没的重大贡献。还要特别指出的是,这部书所收年龄最小的胡莉莉,年仅 23 岁,已获得全国五次击剑冠军,并获得亚洲青年锦标赛击剑冠军,真正是后生可畏! 所有这些好样的泗阳人,称得上是群星灿烂，一个个为泗阳争得了荣誉，为提高泗阳的知名度作出了贡献。所有这些能够用"人杰地灵"解释得了吗？当然不能。时代变了，勤劳勇敢的泗阳人，靠的是勤劳和智慧，登上了文化科学各方殿堂。我们相信，在经济不断发展，文化更加繁荣的情况下，勇于进取的泗阳人，将会有更多人走上国家各级管理和建设岗位，创造更多辉煌。当然，我们这些远离故乡的泗阳人，殷切希望故乡的青少年朋友，要树雄心，立大志，超前贤，登高峰，为祖国建设建功立业，为泗阳兴旺创建丰碑。长江后浪推前浪，一代新人胜旧人，这是不可抗拒的历史发展规律。

1996 年 2 月 10 日

（原载泗阳县地方志办公室主编《泗阳古今人物录》，中州古籍出版社 1996 年 12 月版）

《南宋名臣王居安研究》序

南宋名臣王居安,从其流传下来的奏章看,确实是一位忧国忧民之士。他希望南宋统治者善于用人,裁减机构,节省费用,减轻人民负担,让老百姓能够生活下去,认为这样国家才有可能得以安定,"民不安则国易危,此君道之大端"。他在《论知人安民疏》中指出:"国家自累圣以来,养兵日多,民力日困,先正群公固已深论之矣。逮驻跸东南,供亿愈广,赋取愈繁,考财用之入,轻经费之出,益非祖宗之旧矣。今田里空虚,州县匮乏,岁幸中熟,犹有愁叹之声,间有聚敛者专事掊克,贪墨者肆为赃污,罢软者纵吏为奸,则民不聊生矣。不幸有旱干、水溢之交,何以保其不为盗乎?陛下思安民之难,则惠养之方不可缓也。"值得注意的是,他有许多议论,即使在今天看来,其境界也是相当高的。他曾提出:"人臣公而忘私,国而忘家,当国多事之时,捐躯丧元有所不顾,倘并省其冗官,或借其冗禄,而有利于军国之用,亦孰敢归怨哉?"(《论撙节财用减汰冗费疏》),在封建社会,要做到"公而忘私,国而忘家"显然是不可能的,但是当时能够提出这个想法已经是很不简单,这个想法很可以和范仲淹的"先天下之忧而忧,后天下之乐而乐"的名言相比拟,因为从社会意义上而言,他们同是在忧国忧民,提倡先忧而后乐,先公而后私,先人而后己。所不同的则是范仲淹的名言,随着他的名篇《岳阳楼记》早已广为流传,并且深入人心,而王居安的这些言论,乃是写在给皇帝的奏章之中,很少有人知晓,甚至和他这个人一样,几乎早为社会所遗忘。这就说明,论著的能否流传和人一样,也要有机遇,文章、言论再好,没有机遇,得不到人们的赏识和宣扬,照样销声匿迹,当然更谈不上有什么社会影响和价值。这自然不是作者的责任,更不能说这些言论没有价值。就以"公而忘私,国而忘家"两句而言,自然是我们今天所大力提倡的,可是,即使天天在宣传,真正能够做到的又有多少人呢?今天尚且如此,试想八百年前的封建时代能够做到吗?然而,王居安当时毕竟提出来了。用今天的话来说,应当是大大超前了。更为难能可贵的是,他竟然还敢给当时皇帝提要求,要皇帝能够"修实德,立实政"。实的对面自然就是虚和空，也就是说，不要老说空话，要多做实事。不妨看看他所提的实德是什么，"开言路，决壅蔽，公天下之是非，辨天下之邪正，居之以刚健，行之以中正，则实德修矣"①。看来这些要求确实都是实的，"开言路"，要让大家能够讲话，使大家敢于讲话，以便做到下情上达，沟通上下的思想，铲除阻碍言路的一切障碍，统一天下的是非标准，辨清天下的善恶好坏，一切言行都必须公正合理。作为一国之君，对此等言论若是真的能够实行，那么，政治必然清明，社会必然安定，平民百姓必然得以安居乐业，这就是王居安所说的，"则足以和同天地而延社稷之福也"。可见这位王居安在当时不仅是一位很有政治头脑的开明的封建官吏，而且是一位富有政治理想的政治家，他对于治国用兵之道有着自己的主张，并有成套的理论依据。他很想报效国家，但仕途一直坎坷，屡遭罢黜，因此，虽怀满腔热血，却是报国无缘。因而生前不可能产生多大影响，到了死后，更是湮没无闻，就连一部《方岩集》也未能完好地流传下来。值得庆幸的是，王居安的故里温岭市各界人士，特别是市政协、市文化局与大溪镇，他们并没有忘记这位乡贤。为了弘扬这位乡贤忧国忧民的思想和精神，繁荣地方文化，为地方精神文明建设服务，热情支持张继定、王呈祥先生整理和研究王居安的遗作及有关资料，并资助出版《南宋名臣王居安研究》一书，这是令人敬佩的，也是值得提倡的。

众所周知，我们这个国家历史悠久，像王居安这样的官吏，在每个朝代都有千百计，还有其他历史名人，全国总要上万计，若要国家拨出经费一一加以研究，将其著作都加以整理出版，自然是不现实的。而各地能够对本地的名人乡贤拨出一定经费进行研究，以其著作整理出版，既减轻了国家负担，又为弘扬传统文化作出贡献，当然也就可以进一步发挥地方文献的作用。据悉，温岭市政府几年前即曾拨款支持本市地方志办公室整理、校注颇有历史文献价值的《太平县古志三种》，并由中华书局审定正式出版。前不久我曾收到嘉定区志办公室寄赠的《嘉定钱大昕全集》一套，精装十册。对这一寄赠当然是喜出望外，从其前言得知，该书乃是上海市嘉定区政府资助出版，这对于研究钱大昕的学术思想无疑是一巨大贡献。这就说明，这些地方的领导，是有见识、有眼光的，与那些空喊文化搭台、经济唱戏者不可同日而语。

---

① 《论灾异当修实德立实政疏》。

　　主持王居安研究这项工作的是浙江师范大学中文系张继定先生,他也是温岭人,受家乡父老的委托,在温岭市原政协委员王呈祥先生的协同下,经历几个春秋,终于完成了这一研究工作。众所周知,自古以来进行文献整理有两种方法,而大家比较熟悉的则是对原有古籍进行校点、注释、辑佚、辨伪等工作,这也是通常进行的文献整理方法,但是还有另外一种方法就很少有人知道,当代著名文献学家张舜徽先生就曾指出:"灵活地综合古代文献资料,加以剪裁、熔铸,用当代语言文字编出人人能看的新书。"并以司马迁著《史记》为例。然而我们今天很多人只把前者称作文献整理(或古籍整理),这当然是没有错,而从未想到后者亦为文献整理,这显然就不够全面了。

　　《南宋名臣王居安研究》一书共分三大部分,一是研究王居安及其著作的"研究考证编",二是王居安"著述辑校编",三是作为附录的"文献资料编",即历史文献中有关王居安的纪传和诸家题赠的汇编。很显然,该书两种方式同时采用,这可以说是一大特点,因为在众多的文献整理中,很少是两者合在一书之中。第一部分是张继定等作者关于王居安及其著作的研究,是从政治思想、军事主张、诗文创作以及仕途坎坷等方面对王居安进行评介。尤其要指出的是,张继定先生还在材料非常困难的情况下,作了《王居安年谱简编》,这为研究和了解王居安生平事迹创造了有利条件。年谱的价值是很重要的,但要作一部令人满意的年谱也是不容易的。著名学者钱大昕早就说过:"读古人之书,必知其人而论其事,则年谱要矣。"(《潜研堂文集》卷二十六,《郑康成年谱序》)鲁迅先生当年对年谱的作用也非常重视,他认为对于一个人物,如果不作年谱,就无法进行全面研究和作出恰如其分的评价。因为这是一种知人论世的著作形式。我们今天在研究一个人的政治思想和学术贡献时,能够有一部较好的年谱,那要方便得多,它会给你提供方方面面的信息,从中还可以得到许多意想不到的收获,省时间、走捷径就更不用说了。这不单是历史研究工作者,即使是整个社会科学工作者都会有同感。所以《王居安年谱简编》的撰写,可以说是王居安研究中一件大事,在王居安研究成果中居于首位。第二部分是王居安著述的辑校。王居安曾著有《方岩集》10卷,包括奏章、记叙、诗词三部分,但久已散佚。张继定先生在省内外一些图书馆、博物馆和历史文献专家的帮助下,广泛查阅有关文献典籍,将分散各处之文章诗词,重新汇集,并且予以校点或简注,其所花之精力时间自然可以想见,使人们从中可以了解到王居安政治思想面貌,整理者称得上是王居安身后之功臣。第三部分即"附录",则是由从史志记传中摘抄的资料和搜集的诸家题赠所组成。分散在各种史志中的材料大多零散,需要通过各种线索加以查找,除了本地志书必须检索外,凡是王氏做过官的地方,其省、府、县志同样不能遗漏。至于史书笔记,那就得靠平时读书功力了,因为哪些书该查,哪些书不必查,并无什么明确规律可循。至于"诸家题赠",又须到与王居安有过交往的诸家之文集中去查找了。正是由于作者做了上述这些复杂烦琐而细致的工作,所以才有可能掌握丰富的第一手资料,从而得以较为顺利地编著成《王居安年谱》,当然两方面工作又是相辅相成的。这也就说明,做任何一种学问,都需要知识的积累、资料的积累。这个研究成果,不就是张继定先生几年心血的结晶吗?而这个研究成果,不仅是温岭地方文献整理上所取得的丰硕成果,而且在文史研究领域,特别是宋史研究领域起到了填补空白的作用,它将为后人全面深入地研究王居安提供较为完整的资料。即便对于研究南宋历史上的某些问题亦有不可忽视的价值,我们千万不要轻视研究领域这种拾遗补阙的工作,积少成多,就会解决历史上的大问题。

在该书即将出版之际,继定先生请我为之作序,特从文献整理角度略抒管见,权充序言,并以此向温岭市人民和有关领导不忘乡贤之情表示敬意!

1999 年 5 月 15 日

（原载张继定、王呈祥著《南宋名臣王居安研究》,
浙江古籍出版社 1999 年 7 月版）

《史家·史籍·史学》自序

　　我从事史学史的研究已经整整40年了。40年来，我一直坚持在这块园地里耕耘，一切研究都在这块园地范围之内。方志学和谱学都是史学发展中所产生的分支，都是随着史学的发展而产生和发展起来的。有位史学界老前辈在有关魏晋南北朝史论著中就曾说过，谱学和地记（方志初期阶段），都是为了维护世家大族利益、巩固门第制度而形成的两种史学方式，它们产生的社会条件和肩负的任务都是一致的，都是世家大族所建立的庄园经济在意识形态上的反映。因此，它们也都理所当然地成为我研究的对象。正因为我研究的都是关于历史学家（或方志学家）、史学著作和史学发展的方方面面，于是，奉献给读者们的书名便题为《史家·史籍·史学》。

　　我对章学诚的研究亦几乎持续了40年之久。从研究史学史以后，就一直以他为主轴而向外辐射，因为他不仅是位杰出的史学评论家，而且又是我国方志学的奠基人，他对文学、哲学、校雠学、谱学等方面亦多有建树，在我国封建社会里，他的史学理论与刘知幾齐名，按白寿彝先生所说，他的史学理论比刘知幾还要高一个层次。但是他的一生非常坎坷，而死后又一直被人所冷落，使我很同情；他的品德非常高尚，使我很敬佩；他的治学精神非常认真，使我很感动；他的敬业精神和学术贡献，又使我非常推崇。他的一生"不作违心之论"，"生平为此不欺二字，差可信于师友间也"。41岁方才考取进士，9年后的冬天，"已垂得知县"，可是为了自己所爱好的文史校雠之业，又决计舍去。若从生活考虑，一个知县养家糊口自不成问题，然而一旦做了县官，自己所好之文史校雠将如何处置？经过比较，最后还是弃了县官之位，以继续自己的文史校雠之业。仅此两点，今天能有多少人可以做到？由于他所从事的是文史校雠之业，因而就养成了其"好辩"的习惯，当然也就得罪了许多人，以致死后也得不到公正的评论，直至新中国建立后，也未得到改变。诚如美国斯坦福大学教授倪德卫在其所著《章学诚的一生与思想》一书中对中国学术界许多人指名道姓所作的批评："他们有的只是认识到章学诚学术的一部分，有的甚至误解。章氏一直没有被很好地理解，对大多数人而言，章氏只是一个有学问的人，而不是一个需要认真研究的思想家。"这个批评，自然值得我们很好地思考。对于章学诚我曾写过一系列文章，其中有多篇是为其辩白。有人说由于章学诚在考据上斗不过戴震，所以就拼命贬低戴震，为此我写了《章实斋评戴东原》，指出章学诚对戴震是褒大于贬，那种贬低说法是毫无根据的，况且，在当时真正认识戴震学术价值之所在的正是章学诚；有许多人对章学诚的"六经皆史"说产生误解，我则写了《也谈章学诚"六经皆史"》，说明章学诚当时论述"六经皆史"说的社会意义；有人说章学诚不是浙东学派（史学）的成员，我便写了《章学诚和浙东史学》，指出章学诚是名副其实的浙东史学殿军；有的学者认为章学诚所提出的"史德"，已经包含在刘知幾的"史识"之中，我又写了《"史德"、"史识"辩》一文，指出"德"与"识"属于不同概念，"德"是指行为规范，道德品质，"识"则是指对历史发展、历史事实、历史人物是非曲直的观察、鉴别和判断能力。众所周知，伟大的史学家司马迁曾提出过"究天人之际，通古今之变，成一家之言"的豪言壮语，此后漫长的封建社会中就不再看到有历史学家提出"成一家之言"的要求。我从章氏两篇佚文中发现，他竟也曾提出要"成一家之言"的目的，由于佚文长期未被学者们看到，所以我又写了《章学诚的"成一家之言"》，指出他要成一家之言的途径与司马迁全然不同，他要通过自己的文史校雠而达到此目的，我们也很高兴地告诉读者，他这个目的是完全实现了。

曾有朋友这样对我说，由于我长期对章学诚的著作进行研究，因而章氏治学精神中的某些特点也影响了我，如"善于辩"。这自然是客气的说法，说白了不就是"好辩"吗？记得十多年前，有个刊物的编辑同志正是冲着我这"善于辩"而要我给他一篇稿子。我认为，从做学问的角度来看，"好辩"未必是件坏事，对学术界的历史悬案提出自己不同的看法，对学术界争论而有意见分歧的问题提出自己的看法，对别人研究的结论不同意而提出自己不同的看法等等，通过辩论搞个水落石出有什么不好呢？大家都不是承认真理是越辩越明吗？做学问本来就是要能发现问题，然后去解决问题，否则老是去作无病呻吟的文章到底有何价值？我十分坦诚地承认，我在做学问过程中每遇问题确实"好辩"，一定要打破砂锅纹（问）到底，这不仅是表现在对章学诚的研究方面，而且是表现在我做学问的全过程，只要遇上问题，总想参与争论。

因为我相信,只要本着坚持真理,修正错误的精神,通过学术争论和讨论,可以达到学术交流,推动学术发展的目的。如由黄宗羲创立、全祖望完成的"学案体",是我国封建社会历史学家所创立的最后一种史书体裁,但自诞生以后,一直未得到学术界应有的重视。海外有些学者却先后发表不少文章,但是,他们着眼点偏重于从学术思想史内容去找源流,因而把《庄子·天下篇》《荀子·非十二子篇》《淮南子·鸿烈篇》等一一罗列,很少考虑这种"学案体"的结构组成,不是从历史编纂学角度进行研究。而美国一位学者仅从"学案"这个名字来探源,因而把明万历年间刘元卿所作《诸儒学案》看作是"学案体"的首创。为此,我先后写了《要给学案体以应有的历史地位》《黄宗羲与学案体》《历史学家黄宗羲》等文,明确指出,"学案体"史书是属学术史,但是,所有学术史著作未必都是"学案体",因为作为一种史书体裁的"学案体"是由几个特定成分组成的,正像纪传体史书一样,单独的人物传,谁也不会承认它是纪传体。而在分类上那种把学案体附在传记一类的做法也是很不妥当的,因为这种史体与人物传记绝不相同。

对于司马光和《资治通鉴》,我原拟撰写一系列文章,后发现许多学者都在作专门研究,从而放弃了此打算。因为我研究问题还有个习惯,即人弃我取,人取我予,多研究一些被人所冷落的史家和史著。但是对于司马光和《通鉴》,我还是发表了一组和别人商榷的文章。在庆祝中华人民共和国成立 30 周年时,我校举行了大型学术讨论会,还邀请了京沪等地学者前来参加。当时我写了一篇《〈资治通鉴〉编修的全局副手——刘恕》,副标题是《兼谈〈资治通鉴〉编修分工的几个问题》。关于《通鉴》编修分工,在 20 世纪 60 年代曾因翦老(伯赞)一篇文章引起过争论。对这个历史悬案,我也想谈点看法。不料前来参加学术研讨会的一位北京来的学者,在看了拙稿后以非常快的速度在某刊物发表一篇文章,以讥讽挖苦的口气对拙稿进行批评。学术讨论和批评,应当本着与人为善,这是最起码的常识和道德规范,即使别人错了也不能讥讽挖苦,何况我并没有错。本着"来而不往非礼也"的原则,我自然要写一篇答辩文章,我发现这位先生的错误在于对司马光给刘恕的那封信理解有误,我想还是一道来读一下这封信吧,于是便写了《读司马光〈贻刘道原书〉》,文章本着心平气和的说理,而不是你来一枪,我必回敬一刀。我认为学术研究中的争论,必须平等相待,以理服人,决不允许盛气凌人,只要双方把司马光这封信都理解正确了,问题自然就会迎刃而解。后来我又写了一篇《〈资治通鉴〉编修分工及优良的编纂方法》,较为详细地论述了在《通鉴》编修过程中,刘恕、刘攽及范祖禹三人分工及主编司马光本人所做的工作。司马光是封建时代一位正直的历史学家,但是也曾有位先生写了文章批评司马光在其著作《资治通鉴》中有曲笔现象,我拜读后深感并非事实,于是就写了《从〈通鉴考异〉看司马光的求实精神》,目的在于告诉大家,司马光编修《通鉴》,凡所征引的材料,大多经过考证,往往一事而用三四种史料纂成。他曾作《通鉴考异》30 卷,目的就是为了把史实的取舍经过全部告诉大家,他所编写的史书,都是有根有据,若有疑问,有《考异》备查。这就说明他作史光明磊落,不怕别人挑剔,这种做法还是前无古人的。针对有的著作说司马光是位宿命论者,我也持不同看法,因而又写了《司马光无神论思想剖析》一文。可见我对司马光所写文章,大都出于对有争议问题发表自己的看法。

　　针对方志学界有些人把《越绝书》说成是地方志,我曾写了《〈越绝书〉是一部地方史》,从著书宗旨、著作体例、编纂形式、记载内容等多方面论述了《越绝书》只是一部地方史,而绝不是地方志。文章发表后,新华社还发了消息,中央人民广播电台在早间新闻里作了广播,《人民日报(海外版)》《光明日报》《解放日报》等多家报纸分别以不同的标题加以转载。文章附带讲了该书应成书于战国后期,其作者自然就不是袁康、吴平了。其实此说宋人陈振孙和近人余嘉锡都早已提出,可惜没有引起学术界的重视。后来为了替周生春先生《吴越春秋辑校汇考》一书作序,不得不再与《越绝书》打交道,因为两书内容有其互补性,历史发展使它们似乎如同姊妹篇了。在研究过程中,尤其看到《吴越春秋》作者赵晔,不仅正史《后汉书》有传,地记《会稽典录》中也有记载,而且将他与王充相提并论,视为当时会稽学界的代表人物,而历代谈论或记载《吴越春秋》时,也必然提到赵晔,这本是理所当然之事。再按此道理来查被杨慎誉为“百年一贤”的袁康、吴平,自东汉至明中叶前,竟然蛛丝马迹全无,于是使我感到这两人全然不像历史人物,实际上乃子虚乌有。于是便写了《袁康、吴平是历史人物吗?》,副标题是《论〈越绝书〉的作者》。指出历史上并无袁康、吴平其人,乃是明代中叶学者杨慎所臆造的人物,既然是假的,就不应该让其继续蒙骗我们子孙后代了。鉴于浙江方志学界至今还有人大力宣扬《越绝书》是最早的地方志,当然,我不得不再作辩论,特写《〈越绝书〉

散论》一文,对该书性质、作者、归属、内容、书名等一并加以论述。文中指出,学术研究,存在意见分歧乃是正常现象,但是在讨论中必须本着"坚持真理,修正错误"的原则,当别人已经指出你的看法是错误时,理所当然地应当审视自己的观点和结论,真的错了就不必惋惜而放弃,若是觉得没有错,则应当勇敢地进行辩论,千万不要做失理也不饶人的"你打你的,我打我的"人物。笔者那篇文章发表已经 8 年,从未见到有辩论文章,然而坚持认为《越绝书》是浙江最早的地方志的文章却从未间断,这显然是很不正常的。文章对袁康、吴平不是历史人物又作了进一步论述,同时指出炮制这两个臆造人物的杨慎,竟是一位"制假老手",所作伪书甚多,《四库全书总目提要》都有揭露。文中特别对归属问题作了论述,因为向来被看作浙江最早之史籍或方志,从未有人提出过疑义,可见习惯势力影响之深远。书中明明讲了,这是吴、越两国贤者所作,所记内容又分明是吴、越两国之事,并且几乎各占其半,以今天而言,显然应当是江、浙两省所共有,并非浙江独有。在科学研究上,一是一,二是二,来不得半点客气好讲。多年来一笔糊涂账,应当讲讲清楚。

我国历史悠久,产生过许多有作为,有贡献的历史学家,但是,长期以来,研究总是集中在一些大家身上,而有很大一批史学家一直被冷落,有的至今尚鲜为人知。为此,我早就有过想法,要拿出一定的时间和精力,对这些史家逐个加以研究,让他们的事迹和贡献,也能够得到发扬,而不至于长期被埋没下去。如应劭的《风俗通义》,是一部内容非常丰富的学术著作,无论是内容还是见解,都有很高的学术价值;常璩的《华阳国志》,保存了方志早期阶段地记的许多著作形式,因此,它成为研究地记的内容与形式不可多得的著作;颜师古一生为《汉书》作注做出了巨大贡献,成为班固之功臣;郑樵以一个人的力量编著《通志》,但长期以来却一直得不到公平的论述,直到清代章学诚才出来为之讲公道话;洪迈的《容斋随笔》,是一部内容非常丰富的笔记,许多史学观点都很有见地,因毛泽东同志晚年读了此书,所以一段时间里一度成为热门书;胡三省是一位爱国史家,他以一生精力为名著《资治通鉴》作了详注,为后人研究《通鉴》提供了方便;明代王世贞,长期以来一直以文学家著称,其实他还是一位有很大贡献的历史学大家;与王世贞同时的胡应麟,是位杰出的辨伪学家,他撰述了我国首部辨伪学专著《四部正讹》,是我国辨伪学的奠基人;明末清初的历史学家谈迁,以一个人的力量编著了长达 400 万言的明代编年史,一稿被盗后,已经年过半百,强忍悲愤继续再写,其精神实在感人至深;顾祖禹的《读史方舆纪要》,清初称为海内三大奇书之一;全祖望曾替黄宗羲完成《宋元学案》这部"学案体"宋元学术史,并使这种学案体得到完善;万斯同、邵晋涵都是"浙东学派"重要成员,赵翼的《廿二史劄记》乃是读史入门之作,如此等等,都吸引着我花了时间和精力进行研究,可与读者共同享受此中之乐趣。

　　方志学是我研究的重点内容之一,与史学研究同步进行,因而收到相得益彰的效果。因为方志既然是史学发展的一个分支,是随着史学的发展而产生发展起来的,那么要研究它的产生和发展,就必须把它放到史学发展的长河中进行探索,才能正确找出产生的原因,发现每个阶段不同的特点。可是,许多研究方志起源的文章,有一个特点就是脱离社会发展条件,抛开政治、经济、学术文化等重要社会因素,孤立地仅就某部书坐而论道,大谈方志起源,因而起源《周官》说、起源《禹贡》说、起源《山海经》说等等,甚至直到现在,这些说法从未中断。为此,我早在80年代就先后发表了《论方志的起源》和《再论方志的起源》等文章,指出马克思主义经典作家早就讲过,一定的学术文化是一定的政治经济在观念形态上的反映,同时又反转过来作用并影响一定的政治和经济。因此,不同时代总要出现为这一时代服务的学术文化思想体系、学术流派及相应的各种学术著作,这就是人们常说的文化反映论。我正是用这种观点,建立起自己在中国古代史学史研究上的思想体系。研究方志自然也离不开这个观点,我照此办理,很快摸清了方志的起源和发展规律。大量史籍记载说明,方志的名称,较早时候,史家都称之为"郡书""郡国之书""郡国地志"等,这就表明,它是记载以地方行政区划郡县为范围的一种著作。后来的发展,也正是沿着这样的道路,所以随着行政区划的变更,就有府志、州志这一类名称。既然如此,我国郡县制度是在秦始皇统一六国后才在全国确立推行的。而在郡县制度未确立之前,自然就不可能产生反映这种制度的著作,否则将是不可思议的。因此,春秋战国时代不可能产生这种著作,西周当然就更不必说了。根据我国秦汉以来社会发展概况的研究,我们得出结论——方志是起源于两汉地记。况且史书对此也早有确切的记载,令人不解的是,许多人也都知道这些材料,就是视而不见,避而不谈。《隋书·经籍志》"杂传类"小序曰:"后汉光武,始诏南阳,撰作风俗,故沛、三辅,有耆旧、节士之序,鲁、庐江有名德、先贤之赞。郡国之书,由是而作。……推其本源,盖亦史官之末事也。"这段文字说明,地记这类著作,还是由统治者所提倡而开始的,光武帝刘秀,为了宣扬自己的家乡,诏撰了《南阳风俗传》,这么一来,各地纷纷仿效。值得注意的是,作者总结性地指出:"郡国之书,由是而作。"这就是说,地方性的郡县著作,从这个时候便开始了。这就是我们今天所讲的地方志初级形式,这种地记在魏晋南北朝时期十分盛行。可是到了隋唐时期,由于社会政治、经济等方面发生了变化,图经遂取代了地记而行使其历史使命,方志发展便进入了第二阶段。直到宋代,方志才逐渐定型,成为今天大家比较熟悉的地方志。这就是方志发展的第三个阶段。可见方志是有自己的发展历史及发展规律的,特别是三个阶段皆有自己不同特点。至于为什么在发展不同阶段会出现不同名称,可以说从来无人问津,似乎各种名称都是理所当然,并无研究之必要。事实上方志既然是独立的一门学科,自然也就有其自身的发生、发展规律,要离开社会条件和时代精神而去研究特点和规律是不可能的。只要大家稍作留意,就可发现地记、图经和成型方志固然有其明显的区别,即使是成型后的方志,亦都带有不同程度的时代烙印。正像我们今天所编修的新方志一样,它必然反映在内容、体例等各个方面。以上所述,尽管我在拙著《方志学通论》中都有详细论述,但是由于种种原因,能够看到此书的人并不多,所以特别撰写了《方志学概述》一文。由于方志学是我研究的重点内容之一,当然,对于方志学界的情况我不仅要了解,而且也参与许多修志活动,特别是新编志稿评议会、新修方志首发式等,从80年代开始修志以来,从未中断过,从中我吸取了不少新的养料,加之看了许多已出版的新修方志,也发现不少问题,应当引起注意,以便及时修正。如许多新修方志过分强调了经济部类,而削弱了其他内容;1992年5月我查阅过的229部新修方志中,有半数以上的方志将"艺文志"砍掉了;民国时期的内容不仅很少,而且有的还把民国时期的政府机构放到附录中去了,许多新方志序很多,成了排位子、拉关系的装饰品,三序四序不足为奇,有的竟达七八序之多;方志本是资料性著作,有的则大谈宏观,大讲规律等等。这些问题的出现,又与方志理论研究工作者的误导有着密切关系,不仅如此,而且出现了一些奇谈怪论,有人说修志中"存史、资治、教化"六字功能已经过时了;"据事直书"今天已不适用了;有的还编造出"横排竖写"是方志的"特点",等等。还有不少著作将历来公认的舆地著作如《元和郡县志》《太平寰宇记》等等也都列入方志行列，诸如此类，甚是不少。为此，我先后写了《对当前方志学界若干问题的看法》《章学诚方志理论的三大来源》《如何写好新修方志人物传》《新修方志中艺文志不可少》《新修方志特色过眼录》等文。写这类评论文章，要批驳错误的观点，势必牵涉到人，甚至可能得罪一大片。但考虑到事关新一代方志编修的质量，又关系到社会主义新方志理论的建设和发展，如果连这点胆量和精神都没有还谈什么做学问呢？相信广大修志工作者和方志界同行也定会理解的。

谱牒文献同样是我国文化遗产中一个重要组成部分，可以为研究我国封建时代的历史与文化提供许多无可替代的重要史料。可是新中国建立后，由于左倾思潮的影响，这门学问的研究几乎处于停滞状态，谱牒被认为是封建地主阶段的家谱，毫无疑问属于封建糟粕，几乎无人敢于问津。然而在海外，如美国、日本的许多汉学家，却一直在收藏、整理和研究谱牒，台湾不少学者也一直在研究，还两年举行一次族谱研讨会。80 年代以来，大陆有些学者也开始着手研究，陆续发表一些论文，这是可喜的现象。但我在阅读海内外学者一些论著时，却发现了不少问题很值得商榷。如有的把谱学直接说成是家谱学，这显然是不妥当的；有的离开时代条件来谈谱学的产生；有的把西周铜器铭文上的世系表说成是私家之谱，把司马迁《史记》中的《太史公自叙》和班固《汉书》中的《叙传》都一律说成是"自叙家谱"；有的相信并宣扬某些家谱中将传说中人物作为自己的始祖；更有许多文章将某些家谱中伪造的历史，不作任何考证，就把它作为可靠的信史而大加宣扬，并且鼓吹是新发现等等。为了澄清什么是谱学及其产生、发展诸问题，特写了《试论谱学的发展及其文献价值》《论谱学研究中的随意性》等文章。这些文章自然又都带有辩驳性质。写到这里，深深感到学术评论之不易，文学、史学如此，方志学、谱牒学又何尝不是如此呢！以此书奉献给广大读者，希望能有更多的朋友能从事于学术评论工作，使史学史、方志学和谱牒学研究的理论水平都能大大得到提高。

回顾自己的研究历程，有两点体会：第一，做学问从来不赶风头，因为风向是常在变动的，永远也赶不上。章学诚说得很有道理，做学问必须专心致志，切忌随波逐流，要能做到"世之所重，而非吾意所期与，虽大如泰山，不遑顾也；世之所忽，而苟为吾意所期与，虽细如秋毫，不敢略也。趋向专，故成功也易;毁誉淡,故自得也深"①。这些都是经验之谈,做学问必须按照自己的志趣、爱好和条件去努力,千万不可见风使舵,以趋时尚,否则就很难把自己研究的问题深入下去。第二,从不贪多,一切围绕着自己的研究中心做文章,因为一个人的精力有限,这里不妨再引章学诚话来说明,他告诉大家,"大抵文章学问,善取不如善弃。天地之大,人之所知所能,必不如其所不知不能,故有志于不朽之业,宜度己之所长而用之,尤莫要于能审己之所短而谢之。是以舆薪有所不顾,而秋毫有所必争,诚贵乎其专也"②。这就是说,要想在学术上做出成就,没有这种"善弃"的精神是很难想象的,因为人的精力有限,不分主次地样样都研究,结果将是样样都研究不好。所以必须尽量发挥自己的长处,珍惜光阴,刻苦奋斗。有的青年朋友问我,既要研究史学史、文献学,又要研究方志学、谱牒学,精力是否分散? 我回答说,看起来确实是好几门学科,但它们之间,却是互相关联的,况且都是同出一源,方志学、谱牒学本来就是史学的两个分支,研究起来往往可以起到互补的效果,因为都无需另立门户去研究。对于应酬之类文章,我也并非一概拒绝,而是往往借应酬文章来发表自己的观点和看法。但是,若与研究范围无关,又不能借题发挥,则一律不写,可以说毫无客气余地,只有这样,才能保住自己研究正常进行。

我与山东教育出版社交往已经有 18 年之久,称得上是老朋友了。他们已经出版许多影响很大的学术著作,因而他们已是国家出版总署公布的全国优秀出版社之一。我已先后在此出版过《中国历史文选》《中国史学名著评价》《史记辞典》和《汉书辞典》等。承该社领导的厚爱,又为我出版这部著作;责任编辑温玉川编审,在编辑出版此书中付出了辛勤劳动,对于他们的深情厚谊,我由衷地表示感谢和敬意!

最后,热忱地希望史学界、方志学界同仁和读者朋友对本书批评指正!

　　　　　　　　　　　　　1999 年 6 月 7 日序于浙江大学寓所

（原载仓修良著《史家·史籍·史学》,

山东教育出版社 2000 年 3 月版）

---

① 《文史通义新编》外篇三,《与朱沧湄中翰论学书》。
② 《文史通义新编》外篇三,《与周次列举人论刻先集》。

新修仓氏族谱序

族谱亦称宗谱,而民间则统称之为家谱,其义虽然是一样,但严格而言,其记载范围大小还是有所区别的。然而这种区别,如今已不太为人们所注意。总的来说,这种著作就是记载一家一姓的世系和人物的事迹,亦即记载这个家族世系之繁衍,因此,也就是二家一姓一族的历史,当然各种家谱、族谱内容详略往往差别很大。需要指出的是,在我国许多姓氏中,虽然同为一姓,却未必同宗同族,这种情况由来已久,实际是导源于魏晋时期的门第制度,在门第制度下,产生了郡望观念,标举郡望,在于显示门第的高下。而门第的高下直接关系到每个人的社会地位和政治权利,因为当时实行的九品中正选举制度,不以人才优劣为本,但以门第高下为据,"上品无寒门,下品无世族",这已成为当时社会不成文法,可见当时的族姓与社会地位、政治权利密切相连。这么一来,不同的郡望,尽管同姓也不可能是同一个宗族,所以修族谱便成为当时政治生活中第一大事。由于这一社会风气,在当时又产生了另外一个社会现象,那就是不同的社会地位是不能通婚,必须门当户对方能通婚,这也是影响重视族谱因素之一。而这个习俗可以说一直影响着中国整个封建社会。这就是说,这个时期的谱牒学所以非常发达,主要是政治因素在起作用,况且政府还设立专门机构图谱局,由专官管理,因此,魏晋南北朝时期成为我国谱学发展的黄金时代。清代著名史学家钱大昕就曾指出:"谱牒之学,盛于六朝。"唐代后期,随着门第制度的消亡,世家大族的衰落,以宣扬门第、郡望为宗旨的修谱事业也随之衰落。宋代开始便大多以一家一族修私家之谱为主,官府主持修谱之事已不复存在。这种私家之谱的编修,大多采用"或推始迁之祖,或述立世之宗,守近而不能濒远"。编修起来,易于成功。这种族谱的编修,也更加贴近于"奠系世,辨昭穆"的目的。当然,这并不是说家谱之修起源于宋代,只不过说到了宋代族谱(家谱)的编修,在性质与目的方面和六朝隋唐相比发生了某些变化,同时封建政府也不再干预。也正因如此,有些家谱族谱的编修过程中,编造附会之事也就时有发生,这自然就失去了编修家谱族谱的目的和意义了。所以许多著名的学者黄宗羲、钱大昕、章学诚等都先后多次提出批评。黄宗羲在《唐氏家谱序》中说："沈约、魏收为史，自叙其先世，附合乖谬，人以谓诬其祖也，故序家谱者，未有不以此为戒。是故诬祖之罪，甚于忘祖。然今日谱之为弊，不在作谱者之矫诬，而在伪谱之流传，万姓芸芸，莫不家有伪谱。"章学诚在《和州志氏族表序例》中指出："谱系之法，不掌于官，则家自为书，人自为说，子孙或过誉其祖，是非或颇谬于国史，其不肖者流，或谬托贤哲，或私鬻宗谱，以伪乱真，悠谬恍惚，不可胜言。"所以他气愤地说："有谱之弊，不如无谱。"所以在使用宋元以来所修的这些私家之谱的资料时，必须非常审慎。虽然我们肯定家谱族谱是我国文化遗产中一个重要内容，它可以为研究我国封建时代的历史和文化提供许多重要资料，其史料价值又往往是其他史料所无可代替的。然而由于伪托攀附之风盛行，假托附会名贤已成为不少家谱的通病，这就给后人使用家谱资料时带来诸多麻烦。当然当其造假附会之事被考证揭露之后，无疑也必然受到严厉的指责和批判，当今修谱者不能不引以为戒。

古人之修谱无不以尊祖、敬宗、睦族为目的，当今之修谱自然也不能例外，因为尊（长）老爱幼是我们中华民族光荣的传统美德，这一传统美德或多或少反映在修谱之中。钱大昕在《周氏族谱序》中就曾这样说："夫谱之言布也，布列其世次行事，俾后人以时续之，无忘其先焉尔。"编修族谱，将先人之世系事迹布列其中，让子孙后代，永记先人之懿德而不忘。这在任何时候修谱都是首要任务。长幼有序，辈分有别，则是修谱的另一任务。同族相见而不知称谓，辈分错乱而不知识别，于是出现了族孙名字与族祖同辈，这是现实生活中出现的真实情况，不论作如何解释，这终归是一种不好的现象。修了族谱，自然就会迎刃而解。至于修谱的"睦族"作用，在今天同样还是相当重要。同族之间，有了了解，就可以做到相互关心，相互支持，相互鼓励，共同奋斗，为建设美好的家园，创造美好的生活而努力奋斗。这就是我们今天所以还要编修族谱的目的之所在。况且在我国的传统观念中，国是家的扩大，忠是孝的延伸，家国一体已成古训。因此，孝顺父母，热爱家乡，报效祖国，是在不同层面上体现的同一情怀。

我们泗阳及周边的仓氏家族，由始迁祖制书公在明末清初"由苏迁桃"，至今已将近 400 年了。起初定居陆城，旧时泗阳共分五个乡，即吴城、陆城、顺德、崇河、恩福。因此每个乡范围都很大,陆城则在泗阳县城之西,包括陆城一乡,临河市、体仁市、洋河市。(这里的市是集市之市,临河兴集早于仓集十年,故当时仓集还统属于临河市。)初来时究竟居于何处? 据张相文先生主修之民国《泗阳县志》载:"仓家集仓:明仓制书由苏州迁来,世居陆城乡西部,今仓家集是也。其后有仓元琳者,徙居崇河乡。户三百。"可见"世居"二字告诉我们,我们祖先自苏州"迁桃"后,一直定居在仓集这块土地之上。到四世祖有元琳公带领一支分居崇河乡。到了清道光末年,仓集便形成一个集镇。对此,民国《泗阳县志》是这样记载:"仓家集,兴于清道光末年,圩则同治三年(1864)集首仓立功所筑,有户二百余,市面兴旺。治西四十里,最盛。"从"最盛"两字可知,仓集兴集虽然晚于临河,但后来市面兴旺却超过临河。张相文先生是民国时期著名的地理学家和历史学家,志中所载,大都作过调查考证,因此,所载均属可信。这个记载告诉我们,仓集开始兴集是在道光末年,而道光帝在位 30 年,最后一年为 1850 年,因此,即使是最后一年兴集,至今也已经 150 周年了。对于这些大事,族中恐很少有人知晓,因为对于这些内容,光绪二十年(1894)所修之谱,三篇序中均只字未提。此等均乃族中之大事,应当使每位族人都能知道。仓集自兴集以后,光绪二十一年绘制桃源县境图时,就已将"仓家集"绘入其中。民国《泗阳县志》附图二《清末桃源县形势图》有这样文字说明:"前图仿乾隆《桃源县志》旧图,仅具雏形。后图系光绪二十一年江苏布政司派员实测于四境,界线较为明确,且原图载之江苏省疆域全图册内,官书典要,亦足以资考证,诚县境沿革图之宝鉴也。"这就是说,还在 100 多年前,仓集作为地名已经为当时政府所承认而绘入县境图中。并且已经"载之江苏省疆域全图册内"。

我们这个家族成员,向以务农为本,家境大多清贫,因而修谱之事并未能经常进行,定居仓集将近 400 年间,似乎只有光绪二十年正式修过一次,此前仅有过"稿本"。因此在此之前族人活动情况几乎一无所知,甚至"自苏迁桃"确切时间也未留下,因为"明末清初"这个概念范围太大,跨度可达百年之久,因此要确定始迁之年自然相当困难。所以只能说我们仓氏家族定居于仓集这块土地上已将近 400 年了。沧海桑田,亦已传至十六世了。

我们祖先的事迹由于族谱中很少记载,因而也就无从了解。既然如此,我们今天修谱就应当将族人值得纪念的事和人记下一些,还是很有必要。

就如前面已述兴集建圩之事,又例如我们仓集还在民国初年就已经有了第一所小学,是由族祖荣魁公与祖父铁魁公共同捐资兴办,并由荣魁公任校长,当时建有校舍 12 间,为发展地方教育,提高本地文化素质都起到很大作用。学校并成为泗阳县第三学区立第一初级小学。然而到了"民国七年(1918),校舍为防营占住,改迁顺德西乡郑家楼西南陈新庄圩"。一个地方总不能长久没有学校,到了 20 世纪 30 年代初,族祖荣魁公与祖父铁魁公又共同努力,多方设法,利用仓集镇东面的"火神庙"加以扩建,又办起了仓集小学,仍由荣魁公任校长。又化南大伯父生前亦多行好事,他们的事迹已经光荣地载入新修之《泗阳县志》。又如祖父铁魁公不仅常为乡亲排解纠纷,而且每遇灾荒之年,便四处筹款购买粮食,以救济灾民;对于贫困乡邻,逢年过节还多方资助。尤其是为了使我们这个家族能够平安地生活在这块土地上,他曾花费了大量的精力和财力。因而不仅深得族人的敬重,而且得到乡亲们的敬仰。我们这个家族还有一个共同特点,就是投身于教育事业者很多,族祖荣魁公毕生致力于教育事业,成为族人的榜样;族祖魁五公旅居湖南常德,也是从事教育事业终身,并擅长国画书法。其后则有三叔道同、四叔道林、五叔道洲、六叔道来等。同辈兄弟中更有修启、修权、修栋等。晚辈之中亦已有从事教育工作者多人,自不必一一列举。这自然是十分可喜的现象。因为无论是一个民族还是一个国家,教育都是头等大事,所以党和政府已经提出"百年大计,教育为本"的号召。可以预见我们这个家族中将会有更多的成员从事这一很有意义的工作,在党和政府领导下,为祖国的繁荣富强而作出自己的贡献。

至于我们仓氏家族的始祖,既然民国《泗阳县志》讲了"仓氏,黄帝史臣仓颉之后",因此这里有必要将有关记载仓颉文献的资料向族人作些介绍。在先秦古籍中,最早记载的为《荀子·解蔽》篇,文中曰:在上古之时,"好书者众矣,而仓颉独传者,一也"。[①] 唐代学者杨倞注曰:"仓颉,黄帝史官,言古亦有好书者,不如仓颉一于其道,异术不能乱之,故独传也。"这里的"书"是书法的"书",指文字而言,并非书籍之"书"。与荀子同时而稍晚的《韩非子·五蠹》篇亦记载:"古者,苍颉之作书也。"其后《吕氏春秋·君守》篇在介绍古代创造发明时说:"奚仲作车,苍颉作书,后稷作稼。"而成书于西汉早期的《淮南子》,

---

① 《世本·作篇》也记载有"仓颉作书","仓颉造文字"。但是,《世本》主要内容虽然可能成于西周,而《作篇》则显然是后人补作,所以没有将其作为最早记载仓颉之书。

在《本经训》篇中记有"昔者苍颉作书,而天雨粟,鬼夜哭"。东汉学者高诱注曰:"苍颉始视乌迹之文造书契。"东汉思想家王充在其《论衡》一书中,论及仓颉之事的就更多了,全书共30卷,有11卷中都对此有所记载,在《骨相》篇曰:"苍颉四目,为黄帝史",在《感虚》篇曰:"仓颉作文字,业与天地同",在《讥日》篇曰:"又学书讳丙日,云仓颉以丙日死也。"(《路史》注云"以丙寅日死,故学者讳丙日"。)《后汉书・郡国志》注引《皇览》云:"葬于冯翊衙县(即今陕西白水县)利阳亭南,坟高六丈,学书者皆往上姓名投刺,祀之不绝。"《汉书・古今人表》亦载:"仓颉,黄帝史。"当然,类似记载,虽然还很多,但大多不能作确切的肯定,只能说相传而已。古代之史官,其实就相当于后世之文书,不仅要为帝王起草诏诰及各类文书,而且要记载君王的言行,"君举必书",就是指此而言。至于创造文字,一个人恐怕也是不可能的,看来还是《荀子》所言较为可信,起初"好书者众",就是说根据人民群众长期生活积累,有好多人同时都在搜集整理,形成最初的象形文字,最后也许因仓颉搜集整理,做到了"视鸟兽之迹"而造书契,更加切合适用,也就是杨倞所言,其他人都"不如仓颉一于其道,异术不能乱之,故独传也"。近人李广阳先生写过一篇《仓颉・仓颉庙》文章,建议附于谱后,让仓氏家族每个成员了解,长期以来,人们一直以崇敬的心情怀念着这位古代的英雄人物。我们在家谱中写进这些内容,目的在于激励我们家族每个成员奋发上进,为中华民族的繁荣兴旺而努力奋斗。而没有任何理由以此作为我们这个家族的骄傲。

这次族谱的编修,全由道林四叔一手而成,他以古稀之年,为修谱之事而四处奔走,历尽数个寒暑,于去年全部完稿。我们全体家族成员都应铭记这位可敬的长者为我们家族所作的贡献,感谢他一心为宗族事业的无私奉献。还有远居台湾的道正大叔,对此次修谱也十分关心,不仅多次在信件上、电话中表示关切,而且还在经济上予以资助。对于这样一位热心于家族事业的前辈,我们也应当衷心感谢。族孙中华在这部家谱付印过程中,从联系排版到多次校对,花费了许多时间和精力,为这部家谱作出很大贡献。对于家族中所有支持这次修谱的每位成员,我们都真诚地表示感谢。希望大家团结互助,为使我们家族的兴旺发达而共同努力奋斗。

2000 年 1 月　十二世修良敬撰

附记

我们仓集周围的仓姓家族,据《仓氏家谱》记载,是明末清初由苏州迁来,由于何种原因迁来则不得而知,因为谱中没有讲起。那么苏州又是从何时、何处迁至,目前因无资料可查,自然也是悬案。从正式史料记载,可提出如下线索:

东汉末年学者应劭在其《风俗通义》一书中,曾有《姓氏篇》,对当时全国姓氏来源及分布作了记载,可惜此篇散佚,今有学者作了辑佚,得 362 姓,其中记载仓姓者尚有:"仓氏:八凯仓舒之后,又黄帝史官仓颉之后。春秋时周有仓葛,汉有江夏太守仓英,子孙遂为江夏人。"这就是说,应劭认为仓姓皆是仓舒、仓颉之后代。仓舒、仓葛,《左传》均有记载,前者在《左传》文公十八年,后者在《左传》僖公二十五年。至于汉江夏太守仓英,查《汉书》《后汉书》均未见,不知应劭根据何书。汉时的江夏,则在今之湖北省境内。又据《三国志》记载,曹魏有位官吏名叫仓慈,淮南人,黄初末年任长安令,太和中迁敦煌太守,并死于敦煌,由于治政有方,有善政,死后,吏民,特别是少数民族,似丧亲戚,为其立祠祭祀。当时淮南治所在今安徽寿县。这就是说,在三国时期淮南一带有仓氏家族居住。再者敦煌藏经洞发现的唐人所写《新集天下姓氏族谱》记载,仓姓原出河北道,冀州勃海郡,该谱序云:"谨录元(原)出州郡,分为十道"。这就是说我们仓姓家族,原出冀州勃海郡。这里相当于今天河北省沧州一带。我也查了此谱亳州、苏州分部,此时均无仓姓。又据另一部《天下姓望氏族谱》残卷载,唐朝共有 398 姓。据上资料,可见我们仓姓家族原来是生活在北方,汉代在湖北一带,三国时又居淮南一带,到了唐代,则又居住于河北境内。至于何时南迁,路线如何,现在尚无从查考。

特将上述资料附记于此,以供今后研究参考。家谱、族谱,乃是一个家族的历史,不知道的宁可缺遗,切忌胡编乱造,牵强附会。宋代著名学者欧阳修、苏洵都主张家谱编修,可从高祖开始,也有提出以始迁高祖开始,目的都在于杜绝家谱编修中的胡编乱造,以保持家谱编修中的可靠性。早在明代,历史学家宋濂就已经指出:"族族有谱,所以纪所自出,实则为尊祖。伪则为诬其先而乱其类;不孝莫甚焉。"清代历史学家钱大昕,认为家谱中伪造世系现象实在是"诬其祖也","序家谱者未有不以此为戒。故诬祖先罪,甚于忘祖"。因此,家谱编修,必须实事求是。千万不要为了虚荣,将别人的祖先写入自己的家谱。

　　　　　　　　　　　　　　　　　十二世　　修良

　　　　　　　　　　　　　　2000 年 9 月作于杭州

　　　　　　　　（本文系为新修《仓集仓氏族谱》所作序言）

《乾隆写真》使你认识真实乾隆

我的朋友陈捷先教授,其著作之多这里我且不必说,近两年出书之神速,实在令人敬佩;去年初曾收到寄赠大著《康熙写真》,下半年又收到寄赠新著《雍正写真》,而近来《乾隆写真》又问世了。其著述速度之快捷,不能不说神速,可见作者学识之渊博,根底之深厚,否则是不可能做到的。

在收到《康熙写真》的时候,我正在为山西大学一朋友的《山西历代纪事本末》一书写书评,因而得到《康熙写真》所用的也正是纪事本末之体,所以在该文中就写了这样一段话:"近日接到台湾著名学者、前台湾大学历史系主任陈捷先教授寄赠的新著《康熙写真》一书,看了真是喜出望外。这是一部康熙的传记,按照'常规',无疑都是用章节体编写,而该书却完全例外,全书用五十个题目,将康熙的一生写完,实际上竟也采用了纪事本末体,其篇目如《康熙继承之谜》《康熙皇帝的相貌》《康熙的血统》《君臣翰墨因缘》《康熙对西藏的经营》《康熙与台湾开发》,最后以《康熙之死》一篇而告终。通过五十个问题的叙述,将一个真实的而不是虚构的康熙皇帝展示在读者面前。"当然,《雍正写真》《乾隆写真》也都采用了同一体裁,这正是陈教授为了普及史学、把史学著作推向人民大众所作的可喜的努力。正如他在《康熙写真》的《前言》中所说:"我深信纯学术的史学巨著固然高深雅致,有价值、有贡献;但是短篇的史学小品,只要作者能向锦心绣口的方向努力,也并非全无品位。相反,可能会有雅俗共赏的妙用,甚至还能产生极大的社会教育功能。与其曲高和寡,作品被人阅读的不多,不如写出人人可读,人人能读,并可深入人心、龙虫兼雕的读物,不也更好吗?"可以肯定,陈教授的目的通过这三部写真,是完全可以达到的。因为这三部书从形式到内容,直到文字的表述,都做到了"人人可读,人人能读",可以预言,也必然是人人爱读。如果能在祖国大陆出版发行,不仅会成为畅销之书,而且将会出现"洛阳纸贵"的现象。因为"写真"所采用的纪事本末体形式,比较灵活,便于在茶余饭后或休闲时阅读,不受时间长短限制,不受前后排列顺序的约束,加之文字表达确实做到了深入浅出,而讲的又都是真实事情。阅读以后，既可以增长知识，又丰富了生活内容。

目前"戏说"历史的泛滥，使得许多历史和人物都变得似是而非，对此现象有识之士都深感忧虑，《人民日报》今年 2 月 3 日刊登了南帆的文章，建议"戏说"历史勿用真名，指出"这些电视或者电影的虚构愈来愈大胆，'戏说'堂而皇之地成为历史中的叙述方式"，而所讲的某些人物某些事件，"均似是而非，或者无可稽考。那些没有机会阅读历史著作的人——尤其是少年儿童——很可能因为电视或者电影形成先入之见"。可见人们希望得到的是真实的历史。如今有了"写真"这类通俗的历史读物，显然会受到读者的欢迎，况且这种写作方式又起到雅俗共赏的作用。

在清代的帝王当中，乾隆皇帝在民间影响要算最大，而近年来社会上销售的清代帝王之书或电视电影作品中，有关乾隆的也特别多，但是其内容大都是传说的乾隆，虚构的乾隆，编造的乾隆，而不是历史上真实的乾隆。因而就形成了一种假象，在人们的心目中，乾隆乃是一位"风流天子"，给人的印象就是整天陪着几个貌美的女子游山玩水，风花雪月，沉溺于女色之中。其实这些都是被人虚构出来的，而不是真实的。《乾隆写真》一书，通过对乾隆一生重大事件和琐碎生活的系统叙述，都从正面回答了这些问题。全书分列 50 个问题，从正反两方面进行论述，使一个真实的乾隆皇帝展现在读者面前，它告诉人们，乾隆是中国历史上少见的文武全才的君主，是在政治上、军事上、文化上都有建树的一位皇帝。

社会上流传最广、影响最大的莫过于乾隆的生身父母与出生地问题，尤其在江南一带更是如此，加之民国以来"演义"小说的渲染，于是乾隆原是海宁陈阁老所生之子便被视为真实可靠的了。为此，陈教授在书中首先列出《乾隆皇帝的生母》与《乾隆出生地之谜》两目，用大量的史实，特别是皇家玉牒的记载，加上许多专家的考证，证实这些都是无稽之谈，将乾隆的生母和出生地如实地告诉了读者。

乾隆一生称帝 60 年，执政 63 年，如果真的像有的人所说是位"风流才子"，恐怕大清王朝早就垮了。陈教授在书中告诉我们，乾隆实际上是位"文武全才的杰出皇帝"。乾隆自己就曾讲过"无非一念为民生"，"他完全赞同孟子的看法，人民必须有'恒产'，因为有了恒产，才能产生恒心。百姓有吃有穿，才能'知礼义'，如此民心才能安顺，天下才能太平"。这就是说，乾隆很懂得如何才能治理好国家,那就是要让老百姓吃饱穿暖,才不会起来造反,国家才能安宁,经济才能发展。这自然也是古代所有杰出政治家、史学家的共识,"衣食足,知荣辱",这个至理名言看来任何时候都不会过时。因此,乾隆经常告诫大臣,"食为民天",必须"重本务本",能够做到"耕九余三,虽遇灾年,民无菜色"。正因如此,生产得到发展了,人民生活安定了,人口得到迅速的增加。康熙后期宣布滋生人丁永不加赋,雍正朝推行摊丁入亩政策,人口统计的真实性相对可靠了。乾隆初年人口普查时是 1.4 亿,比康熙时 7000 万已是增加一倍。到了乾隆二十七年,已突破 2 亿,到了乾隆末年,全国人口已达到3 亿之众。数字是最容易说明问题的,如此众多的人口,吃穿就是头等大事,没有相应可行的政策,没有一定的驾驭能力,这样一个人口众多、民族复杂的大国,一个"风流天子"能够统治得好吗? 乾隆六下江南,自然就成为宣传"风流天子"的重要口实。为此,陈教授在书中专门立了《行旅天子》一目,说明乾隆南巡在政治、经济、文化思想上的目的与作用。他既然注意农业生产,因而水利也就成为他注意的内容。他自己就曾讲过,"南巡之事莫大于河工",所以视察黄淮治理工作就成为他南巡的第一要务。众所周知,在历史上黄河下游是经常决口,一旦决口,就泛滥成灾,大量流离失所的灾民,必然要影响到国家统治的安全,自然不能掉以轻心。特别要指出的是,乾隆对于黄河的治理,并没有仅停留在视察上面,甚至还亲自参与工程的研究策划。他曾"命令增建储水坝,编为仁义礼智信五座。他主张在徐州一带改筑石坝,以保工程经久耐用。他也决定用以工代赈的方式,动员灾民筑堤,因为这样'于穷黎有益,而于工程亦易集其事'"。可见他在南巡中确实为治河工程做了事情。

由于他六次南巡,四次去了海宁,这也就成为有些传说的有力根据,因为不仅四次驻跸海宁,"并为陈家花园隅园改作安澜园,又赐陈家'爱日堂'与'春晖堂'匾额两块,认为是乾隆有报答父母深恩之意"。对此,陈教授在书中不仅用具体史料给以批驳,而且说明同样是为水利工程海塘建筑而去。事实上,康熙、雍正时也都很重视海塘工程,因为万一发生水灾,受害的都将是富庶的鱼米之乡。所以乾隆即位之后就曾命令:"海塘工程,着动正项钱粮办理其事",足见他的关心程度与决心。在他的关心与督导之下,"先后修建了二百多里的鱼鳞石塘,代替了原有的土塘,防堵了吴越平原遭受水灾的袭击"。这都是有据可查的。所以"清史名家孟森先生也称赞乾隆在海塘工程上,'谋国之勤,此皆清代帝王可光史册之事'"。

当然,陈教授在书中还指出乾隆南巡之勤,还有第三个原因,那就是"争取广大民心"。明末清初,浙江沿海一度成为抗清斗争的根据地,后来又先后发生了"千古悖逆之人"吕留良,"名教罪人"钱名世、庄廷鑨的《明史》案,等等,故在乾隆心目中是浙江"民情狡诈"。另一方面,浙江又素称"人文渊薮",好多学者在国内影响很大,加之催交积欠,严重影响了江南富户利益而产生不满,种种因素,使中央与南方的关系逐渐产生了问题,而浙江毕竟是全国赋税的重地,作为皇帝自然不能不引起足够的重视。而单用硬的一手,又显然不能解决,这就需要软的一手自己亲自去安抚笼络了。于是他在南巡过程中,"对所经之地的人民蠲免钱粮,举办平粜,赦免犯人,以博取人民对他的拥戴与对中央政府的支持"。"单是免除经过的各州县积欠钱粮就高达两千万两之多";对于官吏、乡绅、士商,则采用接见、赏饭、赐人参或貂皮等方式,有时还晋封官爵、赐他们子孙功名;而对地方读书人中杰出者,便召来面试,成绩好的赏给功名,还有带回京城做官的。总之,从各方面施以不同的笼络手段,以取得对他的好感。可见出巡也是其加强统治的一种方法。

我们再看乾隆的武功与文治。乾隆晚年,谈到武功时,他就会举出"十全武功",实际上就是指在他统治时期所发生的 10 次规划较大的战役,在 82 岁时还亲自写了《十全记》,以记述他的"十全武功"。文中说:"乃知守中国者,不可徒言偃武修文以自示弱也,彼偃武之不已,必致弃其故有而不能守,是亦不可不知耳。"这个观点自然是有相当道理。应当说他的十全武功是起到了保卫国家领土与主权,维护边疆安全,巩固政权统治的作用。

在文治方面,表现得就更为突出了。首先是注重培养人才。可以看出,在乾隆时期,学术界确实涌现出一批著名的学者,无论是经学、史学还是文学都有,这批学者在繁荣学术文化上都起到了重要作用,其中很大一部分都是乾隆朝进士。其次则是向全国征访遗书,对献书者给予奖励,结果征集到13000 多种宫中缺少的图书。第三,编修大型图书和丛书。乾隆十二年设立三通馆,编修《续三通》和《清三通》;乾隆三十八年设立四库全书馆,编纂大型丛书《四库全书》,组织了 360 人的庞大机构,当时著名学者纪昀、戴震、邵晋涵、翁方纲、姚鼐、周书昌等均在其中,到乾隆四十七年全书告成,共收录图书3457 种,79070 卷。存目之书 6766 种,93556 卷。书成后,先后缮写七部,分存于北京、承德和江南等处。编纂《四库全书》，乾隆是有其政治目的的，想通过这一措施，对全国所有书籍来一次大搜集、大审查、大删改、大烧毁，以达到加强文化专制主义的统治。但是它的客观效果我们必须承认，《四库全书》毕竟是我国历史上空前未有的大丛书，也是历史上前所未有的图书大集结，对于图书的保存还是有着积极的作用，给学术研究提供了方便条件。当然，我们也要看到乾隆本人也确实是文武全才，他实际上是一位杰出的诗人和艺术家，他一生写诗多达 43600 多首，称得上我国历史上高产诗人，比《全唐诗》所收唐代诗歌总量还多，不能不说是奇迹。他是位书法家，大家都会相信，因为如今在许多风景名胜之处，都还留下他的众多手迹，真可谓随处可见。他还是一位画家，知道的人就很少了，为此，陈教授在书中特地列了《杰出的文学家与艺术家》一目，告诉大家，乾隆的文学艺术生活是相当丰富的，是常人难以想到的。

由于长期以来，"风流天才"的桂冠因"戏说"关系一直戴在他的头上，因而，在人们的心目中，乾隆肯定是一个好色之徒。其实不然，"他平时早睡早起，几乎不见有彻夜宴乐之事。他从不酗酒，在他数万首诗中，绝少将'酒'字入诗。他虽然讲究吃喝，但是他始终以'食少病无侵'作为'养心养身'良方。他的后宫确有后妃等四十多人，但并不沉溺于女色，后人有说他是'风流天子'的，应该不是公正的评论"。乾隆自己曾经讲过："几物之暇，无他可娱，往往作为诗、赋、文，赋不过数十篇，诗则托兴寄情，朝吟夕讽。"作为皇帝的乾隆，富有四海，空闲时可供娱乐的事情可以说应有尽有，然而他却以写诗自娱，调剂生活，可见其爱好并非女色，这是一般人都想象不到的。为了让大家真正了解乾隆，陈教授在书中还列有《乾隆的妻与妾》《乾隆的子与女》《谈乾隆的吃喝》等目，并且还列了几天乾隆用膳的饭菜单，其中还有两次是在杭州的虎跑和行宫用膳的饭菜单，每顿饭也不过就五六样菜而已，很难说他奢侈吧。

乾隆皇帝是中国历史上最为人民大众熟悉的一个皇帝，也是在民间被误解最多的一个皇帝。实际上他的一生，勤政爱民，关心民间疾苦，兴修水利，发展农业，要让老百姓吃饱穿暖；整饬官场，痛惩贪官，皇亲贪污也杀头，防止产生官逼民反；喜爱诗词书画，充实政余生活，是我国历史上杰出的文武全才、多才多艺的皇帝。《乾隆写真》，正是用大量的真实史料，剖析了一个个对乾隆所加的各种误解，正面回答了社会上流传的各式各样的无稽之谈，恢复了乾隆的本来面貌，让人们看到了真正的乾隆皇帝的模样，这就是《乾隆写真》的贡献。

陈教授的《乾隆写真》，实际上是用中国传统史学中纪事本末体撰写而成，也许这是陈教授没有想到的。但是经过陈教授的努力，使这种古老的史体"返老还童"，富有了新的生命力，使史学走向通俗化、走向人民大众，闯出了一条通道，开创了写历史人物采用纪事本末体的先河，这是可喜而成功的一举。可以肯定，《乾隆写真》不仅会受到人们的欢迎而广为流传，而且所使用的体裁与形式也会很快得到推广和使用，在史学通俗化方面将会产生深远的影响。

（本文系为陈捷先著《乾隆写真》所作"推荐人的话"，
该书浙江文艺出版社 2003 年 4 月出版）

《章学诚生平与思想》中译本序

美国斯坦福大学倪德卫教授所著的《章学诚的生平与思想》一书中译本即将与广大读者见面,在正式付印之前,参与翻译的同志要我为中译本写篇序。这也是我去年在美国期间答应过倪德卫教授的,即一旦出中译本,我一定为之作序。我与倪德卫教授交往已经十多年了,1987年8月的一天,我突然接到倪德卫教授从上海给我寄来的一封信,信中首先说明,他在上海一家书店购得我在中华书局出版的《章学诚和〈文史通义〉》一书,但书中既无自序,也无后记。因此也就无从得知我在什么单位工作。后从上海社会科学院我的朋友汤志钧教授处打听到我在杭州大学历史系任教,当即给我写了一封信,约我去上海见面。不巧的是他所约定见面的那天,正是《萧山县志》出版召开座谈会,由于早已邀请,加之主编费黑的盛情要求"千万千万光临"。于是我只好给倪德卫教授发了一份特别长的电报,说明无法赴沪原因,并邀请他到杭州来做客、见面。遗憾的是他的回程机票早已买好,于是我们就这样失去了第一次见面的机会。但是,他回国后立即就给我寄来了这本《章学诚的生平与思想》一书,从此就开始了我们的交往。因此,可以这样讲,我们之间的交往、友谊是由章学诚为我们建立起来的。去年4月间我到美国之后,在电话交谈中,我告诉他,浙江省志办已将翻译他这部著作列入2000年重点工作计划,他听了非常高兴,并主动为做好翻译工作提供了有关资料。我在8月初回国前和他一次通话中,他还表示,如果在中国召开章学诚学术研讨会,他一定参加,并且要和他的研究生(现早已为教授)一道来参加,因为这位教授正在汇编全世界研究章学诚的有关论著。一位年事已高的美国学者,居然对章学诚研究是如此一往情深。此种精神,值得学习。

外国学者研究章学诚,倪德卫教授不算最早,日本学者内藤虎次郎在20世纪初首先编纂出版了《章实斋先生年谱》,还发表了《章学诚的史学》等。后来法国学者戴密微教授便写出《章学诚和他的史学思想》一文,称章学诚是中国第一流之史学天才,可以与阿拉伯的史家伊本凯尔东或欧洲最伟大之史家并驾齐驱。正如倪德卫教授在他这部著作的《导言》中所说："凡是阅读过这篇文章的人,很自然地会相信章学诚是中国造就的最有魅力(最迷人的)的思想家之一。"非常遗憾的是,这位戴密微教授在80年代初曾托云南一位学者打听我的下落,可惜当1986年我得知此信息时,再一打听,这位教授已经去世。而倪德卫教授从1942年就已经开始接触章学诚的著作,1953年当时作为学位论文正式开始撰写此书,直到1966年出版,历时13年之久。其撰写过程,在自序中都有详细说明。此书是外国学者研究章学诚篇幅最长的一部。80年代以后,韩国学者中先后有多位学者从事章学诚研究并发表了论文,中央大学教授权重达写过《章实斋之博约论》、西江大学教授曹秉汉写过《章学诚儒教史观的基本概念和其政治的意味》、中北大学教授崔秉洙写过《章实斋史学方法论》《章学诚方志学试论》《章学诚史学上"述而不作"》《章学诚的史书体例论》《章学诚的方志体例论》《关于章学诚方志理论的研究》和《章学诚的良史论》等等。当然,还有其他外国学者研究章学诚的论著,这里就不再一一罗列。这些事实说明,章学诚早已用他的杰出学术思想跻身于世界文化名人之列,已不仅是世界史学名家了。他的学术思想早已经成为世界文化知识宝库中可贵的财富,这自然也是我们中华民族的骄傲。面对这些事实,那些长期来一直在贬毁章学诚的各种言论,自然也就无需去辩驳了。

　　人们可以看到,作者在该书《导言》中对作为一位思想家的章学诚在中国学术界长期未得到应有的承认和地位而深感遗憾,他说:在中国"研究章学诚的学者绝大多数是专业历史学家,他们着重研究章氏的历史编纂学理论,特别是他的方志学理论。因此章学诚是作为一个史学方法评论家而为人所知;相对来说,他的校雠学和文学批评思想则很少有人感兴趣。不仅如此,即使在中国,章学诚在哲学史上还未得到一个公认的位置。但我深信,章学诚理应得到作为中国哲学家的重要地位。承认这一点只是时间问题而已"。这就是说,在倪德卫教授看来,章学诚不仅是一位史学评论家,而且是一位文学评论家和哲学家。而后两者的确很少被人们所重视。尤其是在哲学史上,从来不被哲学史论著所收入,而文学理论批评史有的著作中还是有所收入。总的来说,倪德卫教授当时指出的国内对章学诚研究现状,确实就是如此,长期以来,一直就是把章氏当作史学评论家和方志学奠基人。其实章学诚在哲学思想、文学理论、校雠学、谱牒学、教育学等方面都是有自己的贡献,随着人们不断的深入研究,这些问题也都才逐渐为人们所发现。需要指出的是,侯外庐先生 1956 年在人民出版社出版的《中国思想通史》一书第五卷中单立了《章学诚的思想》一章,而该章的第三节则是《章学诚的哲学思想》。也许因为条件限制,倪德卫教授很可能并未看到过此书,因为在他的著作中似乎没有谈到过,连侯外庐先生的名字也未涉及。而关于章学诚的文学理论方面,朱东润先生 1944 年在开明书店出版的《中国文学史批评大纲》中也已立了专章作了评论,该书 1957 年又由古典文学出版社再版。由于当时条件限制,倪德卫教授很可能也未见到过此书。值得庆幸的是,正如倪德卫教授所预言,作为思想家的章学诚,现在已经为我国学术界所公认,我国著名学者匡亚明先生所主编的"中国思想家评传丛书"中,就有《章学诚评传》。而此评传正是由笔者负责撰写。我们在撰写评传时,正是从思想家角度入手,因而在叙述生平和时代背景以后,首先列了《倡言改革的社会政治思想》和《朴素唯物论的哲学思想》两章,而对于倪德卫教授所指出的不被人们所重视的校雠学和文学理论思想也都列有专章论述,而史学思想、方志理论以及谱牒、教育等思想,同样都有专章,以体现作为思想家的章学诚学问之渊博。至于对章氏的文学理论方面,80 年代以来出版的中国文学理论批评史、中国文学批评史等著作,也都相当重视章学诚文学理论的研究和评论。只有哲学界至今似乎尚无人问津。

倪德卫教授的《章学诚的生平与思想》一书,对章学诚的生平、学术著作、学术思想、政治思想、哲学思想都作了全面的论述,实际上是一部较早出现的《章学诚评传》,从各个不同角度论述了章学诚的奋斗经历,著述过程和对后世的影响。特别是对后世的影响,列举了许多具体人物,认为章学诚的思想,影响了章太炎和龚自珍,尤其是对龚自珍的影响,似乎还是多方面的:"如章学诚年轻时一样,他写了一篇建议文章,强调(如章学诚已经做的)一部府志应成为省志的资料来源。一年以后,他写了政治和哲学论文集,更加明显地表现出了章学诚的影响。""章学诚刺激了年轻的龚进行有意识的政治思考这一点是重要的。""作为思想家的章学诚的才干得到公开而普遍的承认,还只是 1920 年以后的事。内藤虎次郎的著作,之后是胡适的著作在中国和日本引起了广泛的注意。章学诚不仅成了学术好奇心的对象,而且作为一个对其职业有着高度创造性思想的前西方中国历史学家,章学诚在帮助中国史学家顺应新的史学方向方面发挥了重要作用。胡适在章学诚那里受到了历史和哲学方法的激动人心的启发,这些历史和哲学方法帮助他自己在西方所学到的东西上加上了中国的印记;顾颉刚说在年轻时读到一篇章学诚的文章,深深地影响了他的思想;冯友兰则求助于他的有重要意义的对中国哲学史的洞察力。""章学诚的名声是稳固的。然而,顾颉刚只是对章学诚思想的一个片断有反应;历史学家把他技术方面的东西看成是独立于其哲学母体的;甚至胡适也误解他;冯友兰虽然充分地利用了他的思想,但未能看到他对史的普遍化是'从哲学的角度思考历史'的,而不是从历史本身的角度。章学诚一直没有很好地被人们所理解,对大多数人而言,章氏只是一个有学问的人,而不是一个需要认真研究的思想家。"以上所引说明倪德卫教授在该书中很注意章学诚的思想对后人的影响,这确实很重要,因为在章氏的学术思想中确实具有浓厚的启蒙色彩,所以,侯外庐先生将他作为一位重要的启蒙思想家而列入《中国思想通史》中《中国早期启蒙思想史》卷,那么这些启蒙思想对后世究竟有哪些影响,都有待于进一步作深入研究。近日在绍兴参加"章学诚逝世二百周年座谈会"上,有位朋友就曾讲了章学诚对鲁迅也是有影响的。我对此没有研究,所以也就不好轻易地发表意见。不过我还是可以举出一点,鲁迅在《中国小说史略》中,在评论《三国演义》时就引了章学诚的论述,书中说:"然据旧史难于抒写,杂虚辞复易滋混淆,故明谢肇淛(《五杂俎》十五)即以为'太实则近腐',清章学诚(《丙辰札记》)又病其'七实三虚惑乱观者'也。"章学诚在《丙辰札记》中对演义这一文学体裁进行评论时,认为应坚持"实则概从其实,虚则明著寓言,不可虚实错杂",并以《三国演义》为例,该书"则七分事实,三分虚构,以致观者往往为所惑乱"。鲁迅在评论该书时便引用了这一论点。可见鲁迅对章学诚的著作,不仅阅读过,就连章氏笔记也都看了。所以今后研究章学诚的学术思想对后人的影响,应当成为研究章氏学说的一个重要课题,因为它直接体现了章学诚学术思想的价值和历史地位。

总之,倪德卫教授这部著作,对章学诚的评论是相当全面的,评价也是相当高的,认为"章学诚和17、18世纪的顾炎武、王夫之、黄宗羲、戴震等人一样,试图以自己的方式摆脱过去,思考出新的见解,提出新的问题,用新的方法解决旧问题。与其他人一样,他最终也未能摆脱传统的束缚"。(以上所引均见该书第十章《后世的评论》)

值得注意的是,《章学诚生平与思想》一书封皮内出版者写的著作介绍,也确实概括了该书的基本观点,介绍是这样说的:"章学诚不是他那个时代的代表人物。他同时代的人认为他是一个怪人。他没有口授的'门生',没有继承者。他缺乏耐心仔细考察当时时髦的考据之学,在自己的著述中,他表现出了罕见的、几乎是现代的思辨特征。作者倪德卫视章学诚为中国最重要的哲学家之一。"无论是作者的评论,还是出版者的介绍,都值得我们很好地重视,章学诚究竟是一位什么样的历史人物,应当尽可能还其本来面貌。

需要说明的是,翻译是一项难度相当大的工作,因为每个国家语言文字,都有自己的民族风格,要想翻译得非常贴切,是相当困难的。特别是我国传统文化,有许多内容是很难翻译,由古文译成白话,已经是如此,尤其是,有些文句、诗词,人们常说,"只可以意会,而不可以言传",若是翻译成外文,难度自然就可想而知。现在再从外文译成中文,有些地方与原意是否会产生距离就很难说了。

当然,还要说明的是,我这篇序只是对倪德卫教授这部著作简单作些介绍而不是评论。因为评论是要全面的,既要肯定其长处,又要指出其不足。我想这个工作还是留给广大读者来做吧。不过我也可以表示,书中有些观点和提法,我也不完全同意。这就说明学术上不同的观点和见解存在,完全是正常的,这就叫作仁者见仁,智者见智,经过进一步研究和讨论,最终也许会取得一致看法。

倪德卫教授长期从事中国传统文化的研究,重点研究中国哲学和中国语言,特别是中国思想史。他的主要著作,除该书外,还有《行动中的儒教》《共产主义道德和中国传统》等。近年来他对中国古代的一些典籍和夏、商历史还进行研究,并发表了《论"今本"〈竹书纪年〉的历史价值》等论著。其研究精神令人敬佩。他实际上是在向西方传播中国传统文化,成为一位光荣的文化使者。

(原载《浙江方志》2002 年第 6 期,又载〔美〕倪德卫著,王顺彬、杨金荣等译《章学诚的生平与思想》,方志出版社 2003 年 10 月版)

《日本藏中国罕见地方志丛刊续编》序

编修地方志是我国民族文化中一个优良的传统,也是我们中华民族所特有的文化传统,自从两汉产生以后,由于历代统治者对这种地方性著作都很重视,故每个朝代都有明确规定,各个地方政府都必须按时编写,及时呈送。自隋唐以来,直到清代,从未中断。对于这种规定,史书都有记载,真可谓有案可查。甚至对编写内容都有具体要求,这就保证了我们这一优良的文化传统、特有的文化发展现象得以代代相传而不衰。尽管其内容总是不断地在发展与丰富,体例也不断地完善与更新,但是作为方志所应有的特点始终保持不变。正因如此,自宋以来为我们留下了各种方志(包括山水志)有 8500 多种,共 11 万多卷,占我国现存古籍十分之一左右。这是一个巨大的数字,是一个巨大的历史文献宝库。杰出的历史地理学家谭其骧先生早在 20 世纪 80 年代初,在中国地方史志协会成立大会上讲话中就已指出:"我们的祖宗给我们留下来八千多部方志,这是我国一个很伟大的、特有的宝库,这中间有大量的可贵的史料。"①台湾学者陈捷先教授在其《清代台湾方志研究》一书中将其称为"全世界文化史中的一项特有的瑰宝"。为我们研究祖国各地的历史、地理、物产资源、风俗民情、农业生产、自然灾害、教育思想等提供很多宝贵的资料。其中有不少内容还可补正史记载之不足。如各地设置的机构,正史等著作往往缺载,而在地方志中却往往都有记载。宋元以来,由于各国商人到我国来经商日益增多,因而在上海、杭州、宁波、温州等地都曾先后设立过市舶司,可是正史都不曾记载,而在有关方志中却有记载,因此,研究我国古代对外贸易及中外交通的历史,地方志自是不可缺少。故陈高华、吴泰先生所著《宋元时期的海外贸易》一书,就曾引用了 20 多种地方志资料。邹逸麟先生所撰《上海地区最早的对外贸易港——青龙镇》②一文,共引前人著作 18 种,其中地方志就有 12 种,占三分之二,而文中许多重要结论,都是根据地方志记载

---

① 《中国地方史志通讯》1981 年第 5、6 合期。

② 载《中华文史论丛》1980 年第 1 辑。

的材料而得出的。又如我国封建社会发展到明代,已进入了封建社会后期,特别是从明代中叶开始,由于商品经济的发展,某些地区、某些部门已经开始出现了资本主义因素的萌芽,它反映在手工业、商业和农业各个生产领域。尤其是手工业,这时有了长足的发展。就全国而言,虽然占统治地位的手工业仍是依附于农业的家庭工业,但在江南许多城镇,特别是许多著名的乡镇,则早已突破了这种情况。纺织、采矿、冶炼、制瓷等独立手工业都十分发达,并且都非常明显地表现出资本主义萌芽的许多特点。而能够反映出这些内容的,恰恰又正是当时各地所编修的各种地方志。因此我们可以看到,学术界凡是研究明清社会经济发展的论著,尤其是研究明代以来资本主义萌芽的论著,几乎无不引用江南一带明清时期所修方志材料为主要依据,而这些内容正史中却又很少有记载。仅从上述两个方面,已经可以看出作为地方性综合性著作的地方志其重要价值之所在。至于记载各地物产资源、风俗民情,特别是各地的土特产,更是地方志的重要强项,若要研究这些内容,如果没有方志这种地情著作,可以想见势必困难重重。所以,8500 多种旧方志是一个珍贵的、巨大的、不可多得的文献宝库。

但是,在这 8500 多种历代方志中,还有相当一部分流散在海外,为日本、美国等国图书馆所收藏,其中有些国内甚至仅存其目。为了保存祖国的文献,发扬传统的民族文化,满足国内学术界的研究需要,中国国家图书馆的工作人员通过各种渠道,主要是国际交换的方式,广泛查寻,搜集流散于海外的方志,并制成缩微胶卷。北京图书馆出版社对这批胶卷进行了整理,并于 20 世纪 90 年代初选取其中现为日本所藏、国内罕见的地方志近 100 种,编成《日本藏中国罕见地方志丛刊》,影印出版。该丛刊出版后在学术界反响很好,至今已近售完,可见很受学术界的欢迎。现在出版社又精选日本所藏中国稀见地方志 16 种,编为《日本藏中国罕见地方志丛刊续编》,其中明代 11 种,清代 5 种,汇编为 20 册,影印出版。特别要指出的是,这 16 种志书,不仅在国内均为稀见,而且有好几种在《中国地方志联合目录》中亦不见著录。如《崇祯肇庆府志》50 卷,陆鏊、陈炬奎纂修,崇祯十三年(1640)刻本,《联合目录》不见著录,著录的只有《万历肇庆府志》22 卷,再后则为《康熙肇庆府志》32 卷。又如《万历沙河县志》8 卷,姬自修、王九秋、李国士同纂,谷师顾重修,万历三十七年(1609)刻本,《联合目录》不见著录,《联合目录》中最早的也只有《康熙沙河县志》8卷。再如《崇祯蔚州志》4卷,来临纂修,崇祯抄本,《联合目录》不见著录,而《联合目录》著录最早的也只是《顺治蔚州志》2卷。我们如此不厌其烦地列举,目的在于说明这部续编所选之16种志书,确实均为国内罕见,足以起到填补空白的作用,其学术价值显而易见。

当然,这批罕见的地方志,对于研究方志发展的历史同样具有学术价值。特别是《崇祯肇庆府志》,居然有序11篇,其中崇祯五年(1632)、六年、十三年各1篇,当然都是为崇祯新志而作。另外保存下来旧志之序8篇,这在明代所修众多志书中还是不多见的。计有正统五年(1440)2篇,成化九年(1474)1篇,嘉靖四十年(1561)2篇,万历十六年(1588)3篇。从这些序言中,人们可以了解到肇庆这个地方在明代编修方志的大体情况。据《明太宗实录》卷二一载:"永乐十六年六月……乙酉,诏纂修天下郡县志书。……仍命礼部遣官,遍诣郡县,博采事迹及旧志书。"而正统五年梁致育在为《肇庆府志》所作的序中亦说:"国朝永乐十七年檄纂修方志,吾郡奉行","至今又二十年"。这就说明肇庆于明代最早编修的一部志书也是在永乐年间。崇祯六年,王鳌在为新修的《肇庆府志》所作的序中则说:"国初诏辑《一统志》","嗣是正统、成化、嘉靖、万历间修辑再四"。可见肇庆府在有明一代就先后6次修过方志,而最早的一次同样是为《大明一统志》编纂而编修的。并且全国各地无不如此,所以万历十六年黄时雨在为《肇庆府志》所写序中说:"宇内郡各有志,盖自文皇一下诏,而志业上献矣。"这些内容对于研究明代各地修志情况无疑都具有重要的价值。又如,在明代修志过程中有一个很重要的特点,就是修志工作者已经很注意研究方志的性质,强调方志的作用,这在上述11篇序中就有着非常丰富的内容。何乔新在成化九年所写序中说:"夫郡之有志,犹国之有史也。史载天下之事,其所书者简而严;志纪一郡之事,其所书者详以尽。然而史之所书多本于志之所录,则其所系亦重矣。为政者岂可忽而不之究耶!昔宣宗,唐之英君也,命词臣纂次诸州境土风物为分处语,故能成大中之治;萧何,汉之贤相也,收秦图籍,具知天下扼塞、户口多寡之处,故能成佐命之功。彼为天子、相天下者且然,况于郡之守佐,于其统内山川之险易、风俗之淳漓、贡赋户口之登耗、人物之盛衰,皆当究而知之,以为出治之资者也。能究而知之,则所以施诸有政者,不出户庭而得之矣。"这段文字既讲了志书的性质,又讲了志书的作用,特别指明为地方官吏"出治之资"。若要治理好一个地方,对于这个地方的历史和现状若是一无所知,自然是不可能的。应当说这些都讲得很有道理。嘉靖四十年黄佐在所写序中,直称"郡乘,乃史之支流",更是史不多见。序文说:"迁、固而下诸史,文有工拙,而记载源乎《诗》《书》,褒贬祖乎《春秋》,举相似也。郡乘,乃史之支流,具体而微者,其所哀集,惟恐文献之不足……"同年徐鹤所写序中,则强调志书的作用,"志者,君子之所以观风考俗、监古证今以彰治道者也"。"志亦君子所由以适治道之路也。"诸如此类,议论虽然不多,但对此后方志理论的发展都有着重要的意义。尤其要指出的是,该志在《凡例》中专门列出 1 条,撰写人物,必须实事求是,"志乘宁信毋疑,宁核毋滥,宁缓以质舆评,毋逞笔于臆见,宁缺以俟后日,毋阿意于目前。其真惠直廉,必阎泽曾编,穷檐冰玉,可风百代。即立言立功,必捍御著有劳勋,经纬蔚为文采,使作者无腴词,受者无愧色。它若职守平常,不敢概为传述"。作为封建时代的修志工作者,能够提出如此严格的要求,自然是很了不起的,写的人不允许有阿谀奉承的语言和内容,要让被写的人当之无愧。尤其可贵的是,对于官吏们,如果政绩平平,也就不必为之作传。对于这条凡例所规定,我敢大胆地说,我们不少新编方志的作者未能做到,只能说甘拜下风。像这种优良的道德作风和思想品质,自然是我们方志发展历史过程中所产生的优良传统,应当加以继承和发扬。不过我们也要指出的是,明代修志中也有一种不良的倾向和风气,就是喜欢发表空洞的议论,而这些议论与所修志书毫无关系。这种风气在上述 11 篇序中,也都有不同程度的反映,限于篇幅,这里就不再征引。

在这 16 部志书中,《嘉靖山阴县志》的《述志》写法很有特色,不称《序》而称《述志》,并且毫无空洞的议论,尤其是《述志》开头的几句话,却讲出了方志的起源是秦置郡县之后,"夫自禹绝封,秦皇肇制列县,称名张官置理,分合代更,群职联叙,志为邑而作也"。这就是说,由于秦始皇推行郡县制度,派官吏治理,郡县之划分也常有变更,于是为一邑而修的志书也就产生了。看来这位《述志》的作者确实很有点见解,能够知道邑志是产生于秦始皇行郡县制之后。很显然比我们今天有些方志理论工作者还来得高明,因为这些方志理论工作者还在抱着《周官》《禹贡》等书坐而论道,总希望方志产生于西周或者更早能够成为现实,就是不愿意面对历史现实,有的固执到连正史记载也不承认。所以我说在这个问题上,他们连封建时代的方志学家还不如。

这里我还想向大家介绍一部名称非常特别的志书《寿宁待志》，其作者则是大家都很熟悉的明代著名的通俗文学家、戏曲家冯梦龙。也许因为他编纂了通俗小说"三言"(《喻世明言》《警世通言》《醒世恒言》)而使他出了名，其实他还编著和改编了大量的传奇戏曲，因此在明代文学史上有着重要的影响，当今许多文学史论著中自然也就少不了对他的评介。在众多的评介中，却很少有人提到他编纂的《寿宁待志》。尽管他从小就有才华，但在科场上却是一位失意者，为了名登仕籍，进了国子监，成了一名贡生，于是不久被破例授丹徒训导。崇祯六年(1633)结识了巡抚苏松的山阴祁彪佳，也许因此于次年升任福建寿宁知县。清代修的《寿宁县志》，将他列入《循吏传》，称其在任期间，"政简刑轻，首尚文学。遇民以恩，待士以礼"，是一位正直的文人和清官。在崇祯十年，即离任前一年修成了《寿宁待志》2 卷。至于为什么称为《寿宁待志》，他在该志《小引》中作了回答：

> 曷言乎待志？犹未成乎志也。曷为未成乎志？曰：前乎志者有讹焉，后乎志者有缺焉，与其贸焉而成之，宁逊焉而待之。何待乎？曰：一日有一日之闻见，吾以待其时；一人有一人之才识，吾以待其人。然则何亟亟乎待志之刻也？曰：天运如轮，昼夜不停；人事如局，胜负日新。三载一小庚，十载一大庚，经屡更之故，实质诸了不关心之人，忽忽犹计梦然。往不识无以信今，今不识何以喻后？略旧所存，详旧所缺，四十五季间时事之纤促，风俗之淳浇，民生之肥瘠，吏治之难易，一览三叹，司牧者可以不兢兢乎哉！不敢志，不敢不志，待之为言，欲成之而未能也。然则旧志可谓成乎？曰：否。言待不言续，总之未成乎志云尔。旧以待余，余以待后之人，有其待之，其于志也，功过半矣。

他认为要写好一部志书是不容易的，前人所写的志书有错误，后人所写的志书有缺漏，既要纠正错误，又要补充缺漏，何必急于求成？况且闻见总是不断增加，各人才识又各不相同，应当集思广益，使志书的内容更加丰富、更加充实。在这短短 300 字左右的《小引》中，包含了很有意义的人生哲理，还有许多欲言又止的深层内容。尤其是那"一览三叹"，岂不令人深思？表现了一位清官忧国忧民的忧患意识。总之，他认为一部书的记载应当完善而真实，一个人的精力见识有限，很难做到这一点，因此必须有后人的纠误、补遗及增加新的内容，只有这样，志书的内容才能得到不断地充实和完善。他在该志《旧志考误》中有这样一条:"志书即一邑之史,旧志成于邑人叶朝奏之手,未免贡谀戴令,叙事中多称功颂德之语,殊乖志体。宜直载其事,稍删赞美。"这就代表了他的修志之指导思想。因此,他在《寿宁待志·小引》中所体现的修志理论和思想,很值得我们今天的新志编修工作者借鉴,特别是对那些主张断代续修的人来说,尤其是一篇很好的教材。《寿宁待志》虽然仅有2卷,约4万字,但篇目设置和所记内容却相当完备,这与一直为前人所吹捧的康海《武功县志》和韩邦靖的《朝邑县志》相比,简直不可同日而语。他们都是以文学家角色参与修志,其结果却大不相同,看来这只能归结于冯梦龙所说的"一人有一人之才识"。可以想见,这部志书的出版,对于研究冯梦龙的为人性格、学术思想和治学之道等方面都有重要价值。因为大家都知道他是一位文学家,却很少有人知道他还修过一部县志。

　　总之,北京图书馆出版社将日本藏中国罕见地方志陆续编辑出版,可以说是一件功德无量的事情,不单是对学术研究有着重要的价值,更重要的是使这部分流散海外的志书能够回归故里。希望北京图书馆出版社今后能够将流散在美国各图书馆的中国方志,亦通过各个渠道加以搜集,编辑出版,以使更多流散在国外的方志回归祖国,为发展祖国学术文化做出贡献。

(原载《文献》季刊 2003 年第 4 期)

《民族精神的华章：史学与传统文化》序

在市场经济的巨大浪潮冲击下，传统史学遭遇到前所未有的冷落，问津者日益减少。原因非常简单，从事这一内容的研究，是无法直接产生经济效益的，这在任何时候都是如此。当今社会事事处处都得讲究经济效益，整个社会真有如司马迁在《史记·货殖列传》中所讲"天下熙熙，皆为利来；天下攘攘，皆为利往"。既然不能直接产生经济效益，遭受冷落也就在情理之中。经济对于每个社会成员都是非常现实的，因为它关系到每个人的切身利益——衣食住行。在如此潮流之下，传统文化研究领域，与那些经济效益不好的单位一样，纷纷产生了下海、跳槽的现象。按照司马迁的观点来看，人们为了自己生活得好一些而不停地来来往往，乃是合理的正常现象，但人才的流失总归还是很可惜的。这就值得有关方面的领导，特别是有些大专院校的领导很好地反思，他们重理轻文的做法，促使了这种人才的大量流失。

值得庆幸的是，我们大部分从事传统史学研究的同仁们，由于热爱自己的研究事业，甘于寂寞，不怕清苦，长年累月地还是坚持坐着冷板凳，不为社会风气所囿。钱茂伟、王东两位青年史学工作者就是其中的代表人物，他们近20年来，一直耕耘在传统史学这块园地里，并且都取得了丰硕的成果，论著甚丰，在海内外史学界也已小有名气。尤其是茂伟同志，近年连续出版了功力深湛的《明代史学编年考》《明代史学的历程》。最近，两人合作的《民族精神的华章：史学与传统文化》书稿即将出版。这是一部通过传统史学的论述来反映中华民族几千年来所形成的民族精神的论著。作者别出心裁，采用了史学功能的演变等多种组合形式加以撰写。将谱牒、方志、国史熔于一炉，把官修史书、私人野史、民间传播的通俗历史统统写入一书，真可谓形式多样，内容丰富，颇具创新意识。

至于他们为什么要撰写这部书？作者在前言中已经作了明确的说明："历史学是中国传统文化的一块基石，是其最核心的部分之一。"然而长期以来，许多人并没有认识到这一点，因而研究传统文化的，完全可以不研究传统史学,不懂得传统史学,而洋洋数十万字的中国传统文化论著,照样一本一本问世。对此,我在十多年前为《浙东学术史》所写的序(后收入我自选集《史家·史籍·史学》①一书时改为《谈史学与文化的关系》)中曾有过论述:"学术文化的发展总是与历史学的发展有着密切关系,并且最早产生的亦为历史学。因此,研究传统文化,决不能离开传统史学的研究,因为传统史学不仅是传统文化的最重要组成部分,而且是核心,其他学科都是从史学辐射开去的。因而,离开了史学,一切文化现象都无从谈起。正因为如此,有的著作将史学称之为文化中的文化,应该说是很有道理的。众所周知,历史学是致力于人类社会整个文化领域,它要把人类社会自古迄今发展和变化全部显示出来,其他任何学科,仅是研究一个方面的知识,历史学则是研究人类文化的整体发展过程,诸如哲学、宗教、艺术,乃至自然科学的各个学科的发展,无一不是历史学探讨的对象。十分遗憾的是,我们打开许许多多文化史论著,其中历史学竟很少有一席之地,对传统史学一无所知或知之甚少的人,却在大谈其传统文化,这不能不说是一种奇怪的现象。"十多年过去了,当时所说的那种奇怪现象,当然不可能有所改变,尤其在传统史学越发受到冷落的今天,要想有所好转,更是不可能的。因此,在这个时候能够看到这样一部论述传统史学的著作出版,自然还是得到莫大欣慰。特别是从书的内容来看,当今社会盛行的浮躁之风,书中似乎并没有受到沾染。因为这部书毕竟是以传统史学的具体内容为基础而进行评论,通过对传统史学发展的每一个阶段,来论述与传统文化的关系,它是如何成为塑造民族文化的源泉,又是如何在一代代培养着中华民族传统的美德和民族精神,而绝不是那种空洞无物让人摸不到头脑的奇谈怪论。尽管传统的史学受到了如此冷落,但是我仍旧有着坚定的信念,它必定会一刻不停地发展下去,而绝不会突然中断。因为我们的祖国是世界上文明发达最早的国家之一,有确切文字记载的历史已有 4000 多年。4000 多年来,我们的祖先创造了光辉灿烂的文化,留下了非常丰富的文化典籍。其中单以史籍而言,已是浩如烟海,它不仅数量之多,内容之丰富,而且记载之连续、体裁之多样,都是世界历史上所罕见的,就是一部传统的"二十五史",亦已称奇于世界。这些珍贵的遗产,是我们中华民族发展的记录,也

---

① 山东教育出版社 2000 年第一版,2004 年第二次印刷。

是我们中华民族对世界文明所作贡献的最好见证。对于这样珍贵的遗产难道我们真的能够不加重视吗？难道我们真的能够见钱而忘史吗？我国历史的发展早就告诉我们，历代统治者都非常重视历史，所以史学在封建社会一直处于"显学"的地位，这在这书中也已有了论述，难道我们今天真的就可以轻视历史，乃至不要历史，这当然是不可能的。胡锦涛主席 1999 年 9 月 23 日在国家社会科学基金项目优秀成果颁奖大会上的讲话中，曾特别指出："哲学社会科学的发展水平和繁荣程度，是一个民族的综合素质和文化力量的重要体现和标志。"而前不久中共中央发出的《关于进一步繁荣发展哲学社会科学的意见》中也指出："哲学社会科学的研究能力和成果是综合国力的重要组成部分。……提高全民族哲学社会科学素质与提高全民族的自然科学素质同样重要。"可见党和国家领导人对于提高全民族的文化素质已经引起了高度的重视，但是，作为下层应该贯彻执行的单位，却是按兵不动。特别是那些一味实行重理轻文的大学，照样我行我素，并不把中央的政策意见当作一回事！这些人总有一天将要受到社会发展的制裁。我们觉得，提高全民族的文化素质确实应当引起高度重视，因为不单是普通老百姓文化素质不容乐观，即使是大学生、研究生亦是如此。今年暑假在一次打交道中，居然发现北京某名牌大学的数学博士生，连我国历史上黄帝这样一位历史人物也不知道，这恐怕也太说不过去了吧！"中华民族都是炎黄子孙""海峡两岸都是炎黄子孙"，电台、报纸几乎一直在讲，还是有人不知道我们中华民族的老祖宗，那就太不应该了吧！这就又让我想起两年前一位美籍华裔科学家在一篇文章中曾说，一位理科博士生如果连中国历史上司马迁的《史记》、司马光的《资治通鉴》都不知道，将来要让他热爱自己的祖国恐怕就难了。现在看来，这位科学家的话很有道理。

我尤其感兴趣的是，在这部著作中，作者从地方历史与乡土文化角度出发，将地方志与家谱作为两个专题列入其中。方志和谱牒本来就是史学发展过程中所产生的两个分支，这样做不仅是合情合理，而且也更反映出传统史学内容的丰富多彩。谈到谱学，我这里有必要多讲几句，地方志与谱学，是史学发展过程所形成的两个分支，我在《方志学通论》等多部论著中都作过论述，其实也是早为史学界所公认的事实。最近，在安徽一次学术会议上，一位先生提出，家谱学是一门独立的学问，而不是史学的分支。尽管他讲了不少理由,但从其所讲可以看出,这位先生不仅对传统史学内容不甚了解,即使对谱学的概念,也不甚理解。因为谱学并不等于家谱学。关于这一点,我在《关于谱学研究的几点意见》①一文的第一个问题就是讲"谱学不等于家谱学",开头便说:"谱牒是古代记载世系书籍的总称,而这种称呼的来源,盖出于司马迁的《史记》。《太史公自叙》称:'维三代尚矣,年纪不可考,盖取之谱牒旧闻,本于兹,于是略推,作《三代世表》第一。'……后来这类著作渐多,史书或目录学分类,便亦有此名目,并逐渐形成一门学问谱牒学,简称谱学。"文中还引用了清代著名的历史学家邵晋涵论述谱学起源和发展的文章中一段文字。这段文字不仅叙述了谱学的起源,而且叙述了谱学的发展过程,不同阶段的特点及其代表作。邵氏认为谱学发展是经历了三个阶段,即由专官之掌,演变为专门之学,进而形成私家之谱。最早先秦时代是由专官所执掌,其目的仅在于"奠世系,辨昭穆",别贵贱,识尊卑,如此而已。秦汉以来无专官所管,学者乃竞相编述,至六朝遂形成专门之学,并产生了谱学发展史上第一次高潮。到了唐代,由于统治者的利用和提倡,出现谱学发展史上又一高潮。但其著作形式与表现功能则与六朝时期有着显著不同,这往往被谱学研究者所忽视。五代以后,此学遂衰,此后专治谱学而成学者实不多见。正如邵氏所说,以后多为"私家之谱"。邵氏的论述还告诉我们这样一个事实,即谱学的内容是非常丰富的,决不像如今有些人所说,谱学就是家谱学。我在论述这个问题的最后指出:"我们认为谱学是研究和阐述人类宗族家族世系演变及相关问题的一门学问,一切著录和记载宗族家族世系历史的典籍,都属于研究的范畴,诸如家谱、宗谱、族谱、世谱、世系录、总谱、统谱、官谱、年谱以及史书中各类世系表等等。而家谱只是谱学中的一个分支,一个成员,不能代表整个谱牒学,充其量也只能是狭义的谱学而已。"至于是否是史学支流,其实前人也早已讲了,清代著名历史学家钱大昕在《钜野姚氏族谱序》中就曾非常明确地说:"予唯谱系之系,史学也。《周官》小史'奠世系,辨昭穆'。汉初有《世本》一书,班史人之《春秋》家,亦史之流别也。裴松之之注《三国》史,刘孝标之注《世说》,李善之注《文选》,往往采取谱牒。魏晋六朝之世,仕宦尚门风,百家之谱,悉上吏部,故谱学尤重。欧公修《唐书》,立《宰相世系表》,固史家

---

① 刊于《历史研究》1997年第5期,后收入自选集《史家·史籍·史学》时,改为《论谱学研究中的随意性》。

之创例,亦由其时制谱者,皆通达古今,明习掌故之彦,直而不讦,信而有征,故一家之书与国史相表里焉。"①值得注意的是,钱大昕在多篇家谱序中,都论述了谱牒与史学的关系,可见他说谱牒乃史学支流并非出于偶然。又当代著名史学家何兹全先生在他的《魏晋南北朝史》中,讲述魏晋南北朝时期方志与谱学得到非常发展时,指出这是专为门第制度服务而产生的两种史学。这就是说,这种著作不仅是史学支流,而且是为特定的社会制度服务的。这恐怕是那些否认谱学为史学支流的人更加想象不到的吧。谱学和方志作为史学的支流,其实早已成为史学界的一种共识,到如今还会有人提出否定,我倒是觉得有点奇怪,不论怎么说,要想把单纯家谱说成可与史学并列的一门学问,看来虽不能说是奇谈怪论,起码也是太离奇了。

总之,《民族精神的华章：史学与传统文化》是一部别具特色的论述中国传统史学的著作。讲它特别,是因为它采用了与其他传统史学著作完全不同的形式和方法在撰写。一般写传统史学,大多采用写史的方法,即按照史学发展的顺序来加以撰写。本书却采用专题形式,将全部内容组合成16个专题来撰写,并且把史学的功能、史家认真负责的写史精神等,都在每个专题的标题上显现出来,如《出入于经邦治国之道：传统史学的政治功能》《国可亡史不可亡：传统史学的文化功能》《立言与使命的艰难历程：中国史家催人泪下的修史精神》《从庙堂之高到江湖之远：历史知识在民间的传播》等等,使人看了一目了然。而每个专题又都是在大量的史实为基础而展开评论。将一部中国传统史学从16个方面向读者加以展示,不管怎样,它总是一次新的可喜的尝试。这里我也不想多加评论,还是留给广大读者来选择,来评论吧。

史学危机之声频频传来,传统史学又受到了空前的冷落,这是否就意味着传统史学真的就是毫无价值而似乎只有面临衰亡呢? 我也不想作正面回答,还是摘引台湾学者杜维运教授的《中国史学史》第一册自序中一段话来作说明,并作为我这篇序的结束语:"为挽救现代史学的危机,须自史学史的研究与撰写起。发展两千年以上的史学,是历代无数史学家竭尽智慧呕尽心血所留下的结晶。其富有真理处,可以超越时间空间的限制,而永远有其价值;其因时代变迁而价值转变者,亦可就时代与史学的关系,测出史学消长的消

---

① 《钱大昕全集》第9册,《潜研堂文集》卷二十六。

息。以中国史学史来讲,春秋大一统之义,维系了中国两千余年的统一与强大;为近人所讽讥的褒贬史学,对中国的文明,发挥了无法估计的维持功能;数千年史官及时记载天下事,是史学上的不朽盛业;优美的辞令,经世的文章,屡见于史册,丰富了历史的内容;《史记》文笔的恢宏,《汉书》措辞的温雅,无损于叙事的真实;《左传》所表现出来的人文主义气氛,《通鉴》所表现出来的磅礴浑厚气象,非用现代极为科学的电脑统计与甚为时髦的结构学者的史学理论(structuralist theories of history)所能形成。凡此,足以说明史学不能以现代为绝对,而睥睨千古。史学的进步,是靠累积的,由累积而创出新史学。待新史学出,旧史学仍时时发挥其功能,为新史学作资源。"

2004 年 9 月 28 日于浙江大学独乐斋

(载钱茂伟、王东著《民族精神的华章:史学与
传统文化》,北京图书馆出版社 2004 年 11 月版)

《文史通义新编新注》序

《文史通义》是我国著名史学家章学诚(1738—1801)的代表作,它和刘知幾的《史通》并称为我国封建时代史学理论的双璧。由于章氏晚年双目失明,未能亲手编定,故将其全部书稿委托萧山友人王宗炎代为编定。对于王氏的编排,章学诚本人意见如何已不得而知,但章氏次子华绂却是很不满意,因而于道光十二年(1832)便在开封另行编印了《文史通义》。而嘉业堂主人刘承幹则在王氏编目基础上,加以搜罗增补,并于1922年刊行了《章氏遗书》,《文史通义》自然亦在其中,于是此书便出现了两种内容出入颇大的不同版本。为了便于区别起见,我把它们分别称为"大梁本"和"《章氏遗书》本"。后来社会上尽管流传了许多种版本,但不外乎都源出于这两种版本。两种版本的区别在于前者内篇分为5卷,计61篇。后者内篇分为6卷,计70篇,两者相差9篇。而外篇的内容则全然不同,前者全为方志论文,后者则为"驳议序跋书说";篇数相差则更大。根据笔者的研究,这两种版本都还反映不了章学诚著作本书的想法和意愿。同时这种局面实际上已经给学术研究者带来殊多不便,甚至造成混乱。比如引《礼教》篇,如果不注明"《章氏遗书》本",至"大梁本"内篇中自然就查找不到,因为"大梁本"内篇未收这一篇;若引《方志立三书议》的内容,如果不注明出自"大梁本"外篇,到"《章氏遗书》本"外篇中当然也就查找不到。反之也是如此。为了解决这一矛盾,并尽可能恢复《文史通义》内容的原貌,笔者花了30年时间进行研究,认为两种外篇都是《文史通义》的内容,所以在1993年出版的《文史通义新编》中,将两种流传的外篇,全部编入《新编》的外篇,并且还收入两种外篇都不曾有的80余篇,其中就包括《上晓徵学士书》和《上慕堂光禄书》两文,这是章氏的两篇佚文。胡适、姚名达在作《章实斋先生年谱》时都未见过这两篇文章。特别是《上晓徵学士书》很重要,章氏在文中讲了"取古今载籍,自六艺以降讫于近代作者之林,为之商榷利病,讨论得失,拟为《文史通义》一书。分内外杂篇,成一家言"。这就是说,他的《文史通义》应为内篇、外篇、杂篇三部分组成。而章氏次子华绂在"大梁

本"《文史通义》的序中也曾指出:"道光丙戌,长兄抒思自南中寄出原草并毂
膑先生订定目录一卷,查阅所遗尚多,亦有与先人原编篇次互异者,自应更
正,以复旧观……今勘定《文史通义》内篇五卷,外篇三卷,《校雠通义》三卷,
先为付梓。尚有杂篇及《湖北通志检存稿》并文集若干卷,当俟校定再为续
刊。"这就表明,华绂当日是知道其父《文史通义》内容的编排次序的,其中还
有"杂篇",但当时不知何故未加收入。他也看到王宗炎所编定之目录,王氏
所编篇目是将"驳议序跋书说"作为外篇,而将方志论文排除在《文史通义》内
容之外,故序中说这个篇目"所遗尚多,亦有与先人原编篇次互异者",所指大
约正是这个。因为关于方志论文是《文史通义》内容的组成部分,章学诚在有
些论著中不仅讲了,而且明确指出是该书的外篇,那么"驳议序跋书说"是否
又都是"杂篇"呢? 其实也并不如此,如章氏在《与邵二云论文书》中就曾讲到
"《郎通议墓志书后》,则《通义》之外篇也"。正因如此,我在《文史通义新编》
的《前言》中说:"为了保持新编本与习见的通行本之间的连贯,也便于读者的
使用,这次就不再另行分设'杂篇',而将这一问题留给有关专家再作研究
了。"也就是说,仍将两种通行本的外篇全部编为外篇,因为要将"驳议序跋书
说"之文区分出外篇和杂篇实在太难。区分的标准是什么呢? 2003 年在绍兴
"章学诚国际学术研讨会"上,中国人民大学梁继红博士的《章学诚〈文史通
义〉自刻本的发现及其研究价值》一文,曾谈及章氏自刻本的编排问题,本以
为可以解决"杂篇"的范围问题,着实高兴了一阵子,但通过仔细研究后,看来
问题仍未得到解决,只能还是一个悬案。文章中有这样一段,现抄录于后:

　　从《文史通义》自刻本的编排体例上看,章学诚将《文史通义》分为三个部
分,即内篇、外篇及杂篇,后附杂著,其篇目如下:

　　《文史通义·内篇》:《易教》(上中下)、《书教》(上中下)、《诗教》(上下)、
《言公》(上中下)、《说林》、《知难》;

　　《文史通义·外篇》:《方志立三书议》《州县请立志科议》;

　　《文史通义·杂篇》:《评沈梅村古文》《与邵二云论文》《评周永清书其妇
孙孺人事》《与史余村论文》《又与史余村》《答陈鉴亭》;

　　《杂著》:《论课蒙学文法》。

　　从上述所列篇目看,内篇和外篇,本来就无多大异议。特别是方志作为
外篇,我在多篇文章中都有论定。至于"杂篇",看了自刻本所列篇目后,我觉

得还是很茫然,上文提到的《郎通议墓志书后》,章氏在给邵晋涵那封论文的信中,就明确定为"外篇",这封信写于46岁那年,距离给钱大昕的那封信已经11年了,此时的想法应当都是相当成熟了,既然这篇属于"外篇",当然同性质的文章还是不在少数,自然也都应当归入"外篇"。而这类文章究竟能有多少,现在看来这个界线谁也划不清楚。基于这种情况,如今我有一个大胆的想法,当年章氏次子华绂,为什么只将方志论文列为外篇,而其他的"驳议序跋书说"中还有哪些是属于"外篇",他自己也说不清,只有这样一做了事,于是杂篇和其他内容,都"当俟校定再为续刊",只不过是借口而已。后来的事实证明,也确实如此,他再也未作过任何校定续刊。因此,这里只好再重复一句,尽管大家都看到了章氏自刻本的部分分类篇目,但是原来的"驳议序跋书说",究竟哪些篇应当留在"外篇",哪些篇应当归入"杂篇",还是无人能分辨清楚,看来只好仍旧维持现状,待以后能有所发现再来定夺。

《文史通义新编》出版以后,曾获得了中外学术界师友们的好评,为研究章氏学说创造了方便条件。许多学者并认为可以作为《文史通义》的定本。但是,同时亦有许多友人提出,特别是青年朋友提出,章氏之书比较难读,最好能够有个注本,于是为《新编》再作"新注"的任务便又放到我的面前。特别要指出的是,浙江古籍出版社张学舒先生更是这种"新注"的倡导者和策划者。而我本人却一直心存疑虑,担心自己才疏学浅,恐怕难以胜任,因为这部书的内容涉及知识面实在太广。但是,为了不负众望,最终还是勉为其难地接受下来。

为《文史通义》最早作注的自然要首推1935年出版的叶长清的《文史通义注》,尽管在此之前,1926年商务印书馆出版过章锡琛的选注本,但它毕竟只是为学生阅读的选注本。其次则为叶瑛的《文史通义校注》,此书完成于1948年,到了1983年中华书局才首次出版。这是一部比较好的注本,因为不仅注释详密,而且校出了不少文字上的错误。其最大缺点在于,它不是一部内容完整的版本。也就是说,其内容是不全的、不完整的,因而书名也就名不副实。当然,责任并不在校注者,因为他总以为《文史通义》就是这么多内容。实际上这个校注本只有122篇,而《新编》本则有298篇,多出的这些篇目中,许多都是研究章学诚学术思想和生平治学必不可少的内容。同时注释者由于不了解方志的性质及其发展历史,对史学史不太精通,因而有些注释就不太贴切。如《经解》中里讲到"图经",注曰:"图经始见于《隋志》,郎蔚之著有《隋诸州图经集》一百卷。"这个注释显然不妥,图经开始出现于东汉,最早见于《华阳国志》卷一《巴志·总序》中记载东汉时巴郡太守但望在奏章中提到的《巴郡图经》。又清人侯康、顾怀三、姚振宗诸人所补之《后汉书·艺文志》均载有东汉人王逸的《广陵郡图经》。这足以说明图经这种著作最早出现于东汉,而盛行于隋唐五代。至于图经究竟是什么,注者还是没有讲清楚。实际上图经是早期方志的一种著作形式,与地记同时出现于东汉,隋唐五代时期成为方志第二阶段的主要形式,这种著作卷首均冠以所写郡县之地图。也有注释曰附有地图的地理志,这当然也不正确。又在《方志立三书议》开头一段里的"掌故",注释在引了《史记·龟策列传》文字后说:"掌故,国家之故实。"这与章氏本意当然并不相符,章氏之意是编修方志时,在主体志之外,另立两种资料汇编性质的著作,一叫"掌故",一叫"文征",都是资料选编。只要看了他自己所编修的方志,就可以迎刃而解。他在《湖北通志·凡例》中说得十分清楚:"今仿史裁而为《通志》,仿《会典》则例而为《掌故》,仿《文选》、《文粹》而为《文征》,截分三部之书,各立一家之学,庶体要既得,头绪易清。"这是章学诚在方志理论上的一大创建,注释者不解其意,而作上述解释,使读者更加摸不到头脑。在同一篇中,由于对"掌故"的理解有误,在注释《史记》的《八书》时说:"八书犹方志中之掌故。"这自然又错了。其实《八书》《十志》就类似于我们今天新编方志中的各种专业志,章学诚因为各种方志书名已称志,为避免重复,特将内中各志均称"考",正像班固《汉书》中的《十志》篇名不称"书"一样,就是避免与书名重复。他在《答甄秀才论修志第二书》中很明确地指出:"考之为体,乃仿书、志而作,子长《八书》,孟坚《十志》,综核典章,包函甚广。"考与书、志,皆为正式著作,掌故乃是资料选编,性质是不一样的。至于中国史学史上的书志体则是在《汉书》诞生后已经形成,这是众所皆知的事。而注释者竟将《八书》与掌故相比附,显然又是很不妥当的。还有,注释者常引刘咸炘《识语》来说明某篇的宗旨或主题,其实刘氏所解,有许多亦并不切题,因为他本人亦未能理解章氏作文之本义。如《州县请立志科议》,引刘氏《识语》:"此论次比,与《答客问》下同义。"这一解释,我们可以说与本文主题简直是风马牛不相及。章氏此文是建议清朝政府在各个州县设立志科,为编修地方志储备资料。因此,这个志科实际上就相当于我们今天的档案馆、档案局。正因如此,我们今天档案学界都把章学诚又称作档案学家。书中还将历史地理著作《太平寰宇记》《元丰九域志》《舆地广记》《方舆胜览》等书统称为方志,实际上是不懂方志是何种著作。其实这类著作、与《大清一统志》一样,只应称为全国地理总志,而绝对不是方志,正因为不懂方志是何种著作,所以有关这方面的注释中不妥之处较多。我们列举这些事例,毫无批评指责之意,旨在说明注释工作实在是不太容易,尽管这个注本已经是相当精细详密,还是免不了有些疏漏。这就说明,并不是能够阅读古文者都可以从事这项工作。

　　此外,贵州人民出版社 1997 年 12 月出版的由严杰、武秀成先生译注的《文史通义全译》所采用的亦为"大梁本"。

　　长期以来,广大读者一直认为章学诚的《文史通义》比较难读难懂,这自然就成了《新注》首先要考虑的问题。为此,《新注》对每篇文章的主题思想或写作宗旨都作一简单说明,类似于解题或提要。如全书首篇《易教》上,开宗明义第一句便是"六经皆史也",实际上把《易教》上、中、下三篇主题都点出来了。意思是说,《六经》都不过是史,而不要把它们视作玄而又玄的经,因为"古人未尝离事言理,《六经》皆先王之政典"。既然如此,当然都是研究当时治国平天下的重要依据,谁能说不是史呢? 不仅如此,他在《报孙渊如书》中更提出:"愚之所见,以为盈天地间,凡涉著作之林皆是史学,《六经》特圣人取此六种之史以垂训耳。"对此,胡适在所著《章实斋先生年谱》中就曾指出:"我们必须先懂得'盈天地间,一切著作皆史也'这一句总纲,然后可以懂得'六经皆史也'这一子目。"这自然很有道理,一切著作都具有史的价值,《六经》自然也就不例外了。一般说来,讲《诗经》《尚书》《春秋》《礼》是史书,都是容易理解的,唯独说《周易》也是史,似乎就很难理解了。正因如此,他就把这一篇作为解说对象。只要大家细心阅读就会发现,《易教》三篇的中心思想都在讲述这一问题,从悬象设教,治历明时,王者改制,直到易象通于"六艺",一步一步地在分析论述,一层一层分析《易》为什么是史。只要抓住这一点,一切就迎刃而解。又如《原道》三篇,他在写出后不久,就遭到来自各方面的议论,也是当今认为比较难懂的篇目。这篇文章实际上是研究章学诚历史哲学的重要一篇,文中提出了"道不离器,犹影不离形"的光辉命题,这表明了他的唯物主义思想。"道不离器",就是说所有事物的理或规律,都是离不开客观事物而单独存在。这一命题,是反映了"存在决定意识"的唯物观点。文章系统论述了人类社会的"道",是伴随着人类社会的产生而产生,随着人类社会的发展而发展的。在人类社会产生之前,有关人类社会的各种"道",诸如各种理论、司法制度等等,是根本不存在的。有了人类的活动,也就有了人类活动的各种"道",人类社会越是发展,产生的各种"道"也就越多而越复杂,正如他所说从"三人居室",到"一室所不能容",而必须"部别班分","道"就很清楚地纷纷出现了。再向前发展,则"作君、作师、画野、分州、井田、封建、学校"等等也就都出现了。这样一来,有关人类社会的理法制度也就产生了。随着社会的向前发展,"道"也自然在起变化,典章制度、礼教风俗也在变化。章学诚就是通过这些通俗而形象的比喻,来议论道与器的关系。需要指出的是,他这"道不离器"的命题,在写此文之前六年而作的《与朱沧湄中翰论学书》中已经提出,而在《原道》三篇里论述得更加系统而完整。可见他这一思想也是有一个发展过程的。类似的情况,即一种思想或说法在书中两篇或多篇同时出现,为了便于读者的阅读或研究,在每篇说明中,一般都予以指出。当然,每篇说明长短不一,多的数百字,少的几十字,大多根据文章的难易程度而定。也有少数篇目,由于内容简单就不作说明,两篇内容基本相似的也就只写一篇。这就是《新注》的第一个内容,也是主要的内容。与此同时,则对每篇文章的写作时间,尽量予以注明,这也是不少朋友早就提出的建议。因为这对于研究章氏学术思想的发展有着重要价值。就以他的方志理论而言,就是很明显地在不断发展和完善。

其次则是对书名、人名的注释,而疑难语词和典故就省略了。之所以要这样决定,是考虑到原书的篇幅已经很多,若是后两者也加注,则篇幅势必过大,况且这两部分内容只要有一部普通的辞书如《辞海》《辞源》之类也就可以解决了。但是,书名、人名则不然,许多书在目录著作中也很难找到,而许多人名即使在许许多多的中国历代名人辞典中也难以找到。

我们先以书名来说,在《上晓徵学士书》中,提到上海《庄氏书目》,书目主人是元代人,但查找元、明、清以来公私书目均未见有著录,最后还是从私家笔记中得到解决。最早记载的是元代学者陶宗仪的《辍耕录》,明代学者胡应麟在《少室山房笔丛》卷一《经籍会通》一引用陶氏《辍耕录》云:"庄蓼塘住松江府上海县青龙镇,尝为宋秘书小史。其家蓄书数万卷,且多手抄者,经史子集,山经地志,医卜方技,稗官小说,靡所不具。书目以甲乙分十门。……至正六年,朝廷开局,修宋、辽、金三史,诏求遗书。……江南藏书多者止三家,庄其一也。……其孙群玉,悉载入京,觊领恩泽。"这一记载,与章氏文中所云完全相符,因而我们可以推断《庄氏书目》正是庄蓼塘家私家藏书书目。章氏书中还有许多省称的书名也不太容易查找。平时少见的,甚至书名也未听到过,再加上省称,查找起来就更加难了。如《山堂考索》省称《考索》,还比较耳熟,但《神农黄帝食禁》省称为《食禁》,《三洞琼纲》省称为《三洞》,《孝经援神契》省称为《援神》,《孝经钩命决》省称为《钩命》等等,尽管有些目录著作有著录,但由于省称,查找难度就相当大。更有甚者,书中援引前人著作篇目时随意性很大,于是出现了许多与原篇名完全不同的情况,如书中提到韩愈的《五原》《禹问》诸篇,经查对《昌黎先生集》卷十一杂著,方才明白他是将《原道》《原性》《原毁》《原人》《原鬼》五篇文章合称为《五原》,而将《对禹问》省称为《禹问》。这种情况即使有著作篇目索引,也是无法查找的。又他在《上辛楣宫詹书》中引用"韩退之《报张司业书》",经查对《五百家注昌黎文集》,应是指卷十四《重答张籍书》,所引文字亦有出入。诸如此类,若是不注清楚,明显会给读者带来诸多不便。

　　至于人物,问题可就更多了,章氏在许多文章中都批评前人行文很不规范,其实他自己亦是如此。古今名人大多使用字号,一般很少直呼其名,但是查找起来可就麻烦了。尽管有多种名人字号辞典,历史上不同朝代人物,会有十多个人在使用同样一个字或号,于是有时候很难分辨哪一位是你所要查找的人物。有许多并非有名人物,辞典也不收入,这就更难找了。还有许多则是用地名、官号来称呼人名,如万甬东、胡德清、徐昆山、潘济南等等。以官号名者如梁制军、周内翰、谢藩伯、徐学使、翁学士等等。影响比较大的自然容易识别,影响小的麻烦就大了,因为任何名人辞典都无从查找。特别是许多信函,这类称呼更多,甚至王十三、唐君,绍兴相公、金坛相公这类称呼都会出现。当然,我们也没有理由去责备章学诚,因为作为信件,收信人对这些称呼是一清二楚的。对于这些,我们只能尽力而为。我们为了查找"金坛相公"是何许人,于是在金坛籍人物中确定能够称"相公"的在当时只有于敏中,因为他以文章为清高宗乾隆所重用,曾被任为军机大臣、文华殿大学士,"四库"开馆又受命为正总裁,又充国史馆、"三通馆"总裁,当然可以称"相公"。为了确定此人戊戌年是否任过考官,鲍永军同志又专门替我查阅《清高宗实录》,发现戊戌年此人确实任正考官。这样章氏所云"金坛相公"必指此人。当然还有许多是后生小辈,本不知名,只有暂作阙如。上述种种,不仅名人辞典无法解决,即使动用正史也无济于事,因为这些人物中许多都是名不见经传的。所以注释中将人名列入范围,道理就在这里。也正因如此,所以在注释人名时,尽可能注出其生卒年、籍贯、字号和著作。有的人字号很多,也尽可能一一注出,著作也是如此。因为有些著作,书目中未必都能反映出来。

《文史通义》的内容十分庞杂,它既不像《史通》专门论史,也不像《文心雕龙》论文那么单一,正如他自己所讲,"自六艺以降迄于近代作者之林",都要讨论其利弊得失,显然就不限于文史了。因此,要严格划分哪些是专门论文,哪些是专门论史,是比较困难的。需要指出的是,这部书写作时间跨度是相当长的。一般讲是从他35岁那年开始,实际上在二十六七岁时与甄秀才论方志编修的几封信已经开始了。从严格意义来讲,直至他去世全书撰写计划也未能完成,《游东学术》乃是其去世前一年口授而成,早有计划的《园通》篇却一直未见完成。因此,在阅读时应当用发展的眼光来看待书中的每一篇文章,因为早期所写的文章与成年和晚年时所写的文章在论点上和观点上都会起着很大的变化,任何一位学者无不如此。千万不要把书中作者自己早已否定和抛弃了的观点和论述再拿出作为经典来宣传,这样做既是不道德的,也是无知和不负责任的表现。令人遗憾的是,20世纪80年代全国修志工作开始以后,有人竟根据章氏《答甄秀才论修志第二书》中有"史体纵看,志体横看"两句话,编造出方志特点是"横排竖写",并且说是章学诚所讲而广为宣传。这封信是章氏青年时代所写,当时读书不多,说了错话是可以理解的。可是当他写《方志立三书议》时,就已经提出"仿纪传正史之体而作志",而在《湖北通志·凡例》的第一条又说:"今仿史裁而为《通志》。"可见章氏晚年已将方志与正史完全等同看待了,把早年那个错误说法已全部否定和抛弃了。我们今天再将它拾来加以编造后进行宣传,自然是很不应当的,很不道德的!记得当年我在发现这一错误做法后,曾在《对当前方志学界若干问题的看法》(载《中国地方志》1994年第1期)一文中提出过严肃的批评,竟未引起任何人的注意。需要特别指出的是,这个错误说法,如今在方志学界不仅已经广为流传,成为编修新方志的"指导理论",而且堂而皇之地写入许多新修方志的凡例之中,这就使我想到以前有人说过,"谎言重复千次,就会变成真理"。方志学界这一怪事,似乎正足以作为这句话的例证。我所以要这样写,希望这种怪事在方志学界今后不要再发生!

我一直认为,校注工作是一项相当复杂的工作,因为它涉及的知识面太广,要想做得很完善是很不容易的。在这次注释过程中,得到了师友们的支持和帮助,解决了不少疑难问题,特别是鲍永军同志为我查对、寻找了数十条资料,责任编辑江兴祐先生在编辑出版此书中付出了辛勤劳动。对于他们的深情厚意,一并在此表示感谢和敬意。限于个人的水平,校注当中不当之处,实所难免,热忱地欢迎学术界同仁和读者朋友批评指正。

最后还要说明的是,章实斋先生故里道墟镇人民政府怀着对这位乡贤的崇敬心情,对该书出版还给以资助,并在镇上为其立了半身铜像,旨在弘扬章氏对祖国传统文化所作出的贡献。他们这种精神非常可贵。作为章氏学说的研究者,我不得不在此多说几句,以记述这种可贵的精神,使之与章氏的代表作一道传之于世。

2002 年中秋节成于浙大独乐斋

2005 年元旦修订于浙大独乐斋

(原载仓修良编著《文史通义新编新注》,

浙江古籍出版社 2005 年 10 月版)

《中国史学名著评介》新版序

　　《中国史学名著评介》一书，1990年出版以后，深受广大读者的欢迎，在海内外引起了反响。首次印刷很快销售一空，再版重印后，又很快售完。1993年台湾里仁书局购买版权后，在台湾地区出版了繁体字本，甚至销售到东南亚一带。该书出版十多年来，我们听到过不少读者和朋友的赞誉和鼓励，也收到过不少读者的很好建议，希望能够修订再版。同时，我们也作了认真的审视和回顾，深深感到此书还存在着许多不足和缺陷。为了对广大读者负责起见，以使该书更加完善，决定作较大的修订和补充后再行出版。

　　这次修订主要解决三个问题：一是对原有内容进行校刊修改和补充；二是对原有三卷未收的重要史学著作进行补写。我们在初版《前言》中已经讲了，"本书原计划共收一百种史学著作，但由于有些作者未能按时交稿，为了不影响全书的出版计划，只好忍痛割爱，如《大唐西域记》《大金国志》《明实录》等便是如此"。这就是说当时就在计划之内的14部史书未能收入，这次修订当然首先考虑加以补写。此外，考虑到为了给广大读者多增加一些史学知识，又新增了与史学有关的几部著作，关于这点，下文再作论述。三是增补现代部分史学名著，这也是这次增补的重点，共收名著70部，分成四、五两卷。从这三点可知，这次修订变动是比较大的，两项所增加之著作远远超过原有三卷之部数，因此，约请撰写的作者人数之多，工作量之大也就可想而知。

　　前三卷新增的36部著作中，有少数并不是名副其实的史学著作，但其与史学都有着密切的关系。这中间有笔记、有目录、有史学工具书、有类书、有丛书。我国历史上私家笔记非常丰富，有的内容史料价值很高，早已引起史学家的注意。大史学家司马光在主编《资治通鉴》时，就曾明确对其助手提出要求，除对正史采摘以外，还要注意对私家传记、小说笔记等的采用。范祖禹主要负责唐代长编的编写，司马光在给他的信中就曾说，除《旧唐书》《新唐书》的纪、志、传均需采录外，"并诸家传记、小说以至诸人文集稍干时事者"，皆需采集。他也许怕范祖禹不太理解，还特地指出："其实录、正史未必皆可据,杂史、小说未必皆无凭,在高鉴择之。"①

事实也正是如此,据史料记载,《资治通鉴》的编写之中,确实用了不少笔记小说材料。因此那些好的私家笔记,同样对历史研究能够起到很好的作用。就如我们这次所选的洪迈《容斋随笔》,就是一部内容非常丰富的笔记,单从历史内容而言,就有对史书的评论、对史事的评说、对人物的评价、对古籍的考证与辨伪等等。由于内容丰富,言之有物,故问世九百年来,读书人大多喜爱阅读,并且得到很高评价,《四库全书总目提要》评之曰:"辨证考据,颇为精确。"②像这样一类笔记,其价值并不亚于杂史、野史。又如目录学著作,是伴随着史学的发展而产生和发展起来的,作为当代史学史专著而言,必然也都有目录学这一内容。事实上好的目录著作,还可以起到如章学诚所说的"辨章学术,考镜源流"③的作用。况且目录之学又是读书入门的重要学问,早在清代,著名历史学家王鸣盛在《十七史商榷》一书中就曾指出:"凡读书最切要者,目录之学。目录明,方可读书,不明,总是乱读。"④又说:"目录之学,学中第一要紧事,必从此问途,方能得其门而入。"⑤正因如此,我们选入了《四库全书总目》,因为它是我国封建时代由官府组织编纂的最后一部大型书目,正如黄爱平先生在为该书所写的评价文章开头所说:"它继承发扬了中国古代目录学的优良传统,在目录学发展史上留下了具有总结集成性质和里程碑意义的重要价值。"这里需要说明的是,这部书目目前社会上流传有两种名称:一是由上海商务印书馆 1931 年出版的称《四库全书总目提要》,后来海南出版社于 1999 年、河北人民出版社于 2000 年先后出版的均称《四库全书总目提要》。二是中华书局于 1965 年出版,1981 年和 1997 年又先后两次再版重印的,均称《四库全书总目》。如果不作说明,一般读者很可能将其看作是两种书目。这种情况对出版界来说,本可采用统一书名,完全可以避免给读者造成不必要的错觉。笔者认为,既然确实是有提要,那么就称《四库全书总目提要》,不是更加名副其实吗? 其实中华书局在该书《出版说明》中因称《总目》,在行文中有些字句就不太顺当,如"《总目》对书籍的评价",实际上是《总目提

---

① 《司马文正公传家集》卷六十三,《答范梦得》。
② 《全库全书总目提要》卷一一八,《子部·杂家类》。
③ 《校雠通义》自序,载《章氏遗书》卷十。
④ 《十七史商榷》卷七,《汉书·叙例》。
⑤ 同上书卷一,《史记集解分八十卷》。

要》对书籍的评价。又如"《总目》中对于一些古籍的考订",也只是《总目提要》对于一些古籍的考订。因为单纯的《总目》既不能对书籍作评价,也不能对古籍作考订。单纯的《总目》是不存在这些功能的。就如《汉书·艺文志》、《隋书·经籍志》,尽管在学术上有着重要价值,在目录学发展史上有着很高的地位,但它们同样不具备这些功能,这是众所周知的事。这里不妨提示一下,在谈论这个问题时,不要忘记"目"是什么。《说文解字》:"目:人眼也。象形。重,童子也。凡目之属皆从目。"段注:"目之引伸为指目、条目之目。"因此,这里的目自然就是指书目,一部书的篇目,或次序编排的群书之书名。我们再看书后所附的两个内容,却又偏偏都称"提要",即《四库撤毁书提要》和《四库未收书提要》。而大家都不陌生的余嘉锡先生对这部书所作的"辨证",亦叫《四库提要辨证》,而不叫《四库总目辨证》。而中华书局在出版该书的说明中还有这么一段话:"本书为余嘉锡先生的学术专著之一,它系统地考辨清代《四库全书总目提要》的乖错违失,并对所论述的多种古籍,从内容、版本到作家生平,都作了翔实的考证。"所有这些难道都不值得考虑吗?当然,我们并不是说《四库全书总目》这个书名就不好用了,而是要说明另一种称呼似乎更加明确,更加贴切,更加符合实际而已。20世纪30年代,商务印书馆出版该书时,为什么要冠以那个书名,显然也是有所考虑的。这里我们有必要说明,我们讲这些,无意于批评中华书局等出版社,因为他们是按照原书《凡例》"分之则散弁诸编,合之则共为总目"而付印。我们所以要在这里作如此说明,目的在于告知广大读者,这部著作目前实际上是存在着两种称呼,尽管有的文章并不同意这样说法,但它毕竟是客观的存在,我们也要告诉读者,这个问题还存在着争议,三两句话也很难说清楚。然而我们收入该书时,仍称《四库全书总目》,一则是该书评介作者所用底本为中华书局本,再则是我们一向尊重作者本人意见,关于这一点,我们在本书初版《前言》中已经讲了,"尤其对于观点性的问题,我们是采取文责自负的原则,因为这样能更好地发扬'百家争鸣'精神"。实际上,如今的提要是源于西汉刘向校书时为每部书所写的《别录》,对此著名文献学家张舜徽先生在其《清人文集别录自序》中就曾这样讲:"别录之体,犹提要也……昔刘向校书秘阁,每一书已,辄为一录,论其指归,辨其谬误,随竟奏上,载在本书,后又裒集众录,谓之别录,盖即后世目录

解题之始,名曰《别录》,谓纂辑群书之叙录,都为一集,使其别行云耳。"①如今
有人将刘向的《别录》误解为《总目》,显然是不妥的,《别录》虽然已经亡佚,但
有些书的"别录"毕竟还有不少著作征引过,而这些征引都是对某部书的介
绍,而不是某部书的书名标题。后来演变亦有称解题者,如陈振孙的《直斋书
录解题》,它们都有一个共同的功能,就是都要对每一部书加以评介,这是单
纯的目录著作所做不到的。无论是《汉书·艺文志》还是《隋书·经籍志》,尽
管它们在学术发展史上地位都很高,但却都不具备这个功能,这是众所周知
的。我们选入这部书还有一个用意,那就是要让广大读者知道,《四库全书》
是我国最大的一部丛书,同时从评介中还可以了解到什么叫做丛书以及丛书
的起源和发展历史。有鉴于目前社会上对丛书和类书分辨不清而造成了许
多认识上的错误,曾有好几家新闻媒体,把《四库全书》说成是我国最大的类
书,而将《永乐大典》又说成是我国最大的丛书,为此,在这次增补中,我们将
《永乐大典》也列入其中。通过对这部书的评介,读者可以了解到这部最大类
书的编纂过程及其巨大规模,称得上是世界上最大规模"百科全书"。同时读
者也可以知道,这部类书的史料价值是无可估量的,它曾为我们保存了许多
已经失传的重要史书,如李焘的《续资治通鉴长编》、薛居正的《旧五代史》、刘
珍等人的《东观汉记》等等,清朝编纂《四库全书》时,曾从《永乐大典》中辑出
已经失传的各类典籍五百多种,其中史籍也占到了相当数量,所有这些对于
史学史和有关历史研究都有其重要价值。于此可见这部大的类书对中国文
化所作的重大贡献。这次新增补的著作中,还有一部《史姓韵编》也不是正式
史书,而是史学工具书,是我国历史上第一部"二十四史"人名索引,在现代人
名索引工具书出版之前,在研究"二十四史"检阅人名时起过非常便捷的作
用,在20世纪二三十年代,就曾受到学术界一致好评,万国鼎就盛赞该书作者
汪辉祖和章学诚等人是索引的"先觉"。当代引得创始人洪业亦称《史姓韵
编》这一部书真是可宝贵的工具"。胡适在多次讲演中一再提及《史姓韵编》,
并将其列入《一个最低限度的国学书目》。可见这些大家对该书的重视。通
过该书的评介,读者可以了解到我国古代历史学家,早就有为史书做索引的
情趣。为一部书做索引,可以为研究者提供很大的方便,但是,它既不是现代

---

① 《清人文集别录》,1963年11月中华书局出版,1980年成都第二次印刷。

学者的专利,更不是外国人的专利,只不过越到后来,编得更加方便、更加进步罢了。还有一部比较奇特的《洛阳伽蓝记》,似地非地,似史非史,尽管大多数研究者"都倾向认定《伽蓝记》是一部熔史笔和文采于一炉的佳构",但还很难说它是一部史学名著。只不过由于它的内容对于研究北魏的政治历史、社会风情,特别是洛阳都邑的盛衰有着无可替代的重要价值,因而一直被视为北朝文献的三大精品之一,当然就有必要向读者推荐和介绍。

　　这次增补最多的当然还是 20 世纪所产生的史学著作,增补了两卷之多,计 70 部。因为 20 世纪是我国史学变革时期,也可以说是转型时期,是传统史学向近代史学完成过渡的时期,史学研究各方面都表现出创新的意识,从研究方法、研究内容、研究对象乃至研究观点,都有明显的创新表现。因而在这百年之中,曾产生过许多杰出的史学家和许多著名的史学著作。这些著作遍布于史学研究领域的各个方面,有中国通史、断代史、各类专史、历史地理、人物传记、考古学、历史文献学、史学理论、中外关系史,还有世界通史、国别史等等。许多史学著作大都已经采用新的观点、新的方法、新的材料编写而成。特别是考古方面的一再出现惊人的新发现,甲骨文、金文、帛书和简牍的先后出现,敦煌文献的发现和明清档案文书的开放,都不断地在扩大史学研究工作者的视野,当然也就不断地在扩大历史研究的领域。同样是中国古代的历史,由于有诸多方面材料的新发现,因而不仅研究的内容要变,观点、结论也都要变。如以前研究殷商的王位世系,总都是根据史书和其他文献记载而加以研究,而王国维则采用甲骨文于 1917 年发表了《殷卜辞中所见先公先王考》和《续考》两篇文章,论证了殷墟甲骨文中所记载的殷商先公与先王的名号,同时也证实了《史记·殷本纪》中所记载的殷商王室世系是可靠的,当然也纠正了《史记》中的个别错误。其方法则是地下发现的资料与文献记载作对照研究。这无疑就打开了史学研究的新视野,开拓了中国古代史研究的新途径。唯其如此,王国维曾被郭沫若誉为"新史学的开山"[①]者。对于 20 世纪众多的史学名著,我们不可能一一向大家推荐和介绍,只能选择其中一部分,至于选择哪一些,我们也曾请教过史学界多位专家,听取他们的意见,其中有林甘泉先生、刘泽华先生、施丁先生、陈祖武先生等。我们还邀请了胡逢祥先

---

① 郭沫若:《十批判书·古史研究的自我批判》。

生、周国林先生、张书学先生等作过一次小型的座谈,最后确定了选入书目。我们在考虑向大家推荐的史学名著时,一则是看该书问世后对史学界所起的影响,也就是说看它在我国新史学的建立和发展中所起的作用。再则便是这部书代表着史学研究某个领域的重要成果。还有一点就是从能够为广大读者提供必要的史学知识出发。当然这三者实际上是统一的。如我们选了翦伯赞的《历史哲学教程》,就在于大家认为这是中国第一部马克思主义历史哲学著作,全面系统地论述用唯物史观研究历史;范文澜的《中国通史简编》和《中国近代史》,则是作者用历史唯物主义观点对中国历史进行了全面而系统的研究论述和总结;侯外庐的著作,我们向大家介绍的是《中国思想通史》,因为我们认为这是迄今为止内容最完整、资料最丰富、观点最鲜明的一部中国思想史;陈垣的史学著作很多,我们仅选了他的《史讳举例》和《通鉴胡注表微》两书,因为避讳是我国历史上一种特殊风俗,在长期的中国古代社会里,一直影响着史书乃至所有的文献记载,因此,它在辨别古书的真伪和史料的正误上,都起着其他手段无法代替的作用,《史讳举例》正是学习避讳学的一把重要的钥匙;陈寅恪的著作,我们选了他的《唐代政治史述论稿》外,又选了他的《柳如是别传》,因为这部著作是作者以诗、史互证,熔文学与史学为一炉的一部史书,也是他以诗文证史方法的总结;对于钱穆的史学著作,一般都选他的《先秦诸子系年》,他还有《国史大纲》,然而我们最后选了《中国近三百年学术史》,因为梁启超的《中国近三百年学术史》我们在第三卷中已经选入,两位同时代的史家,撰写了同一时期的同一内容,读者若是能够在一般了解基础上,将两部著作对照阅读肯定会得到很多启发。诸如此类,说明我们在选入每部书时,确实是经过多方考虑的。还要指出的是我们这次向大家推荐评介的,并不限于大陆的史学家著作,而是包括了港台和长期旅居在国外的史学家著作,因为他们不仅都是我们中华民族传统文化、传统史学的承传者,而且也都是中国新史学的共同创建者,他们的史学论著在新史学的建立和发展中都起到过各自不同的作用,为我国新史学的发展作出了贡献。因此,我们这部《中国史学名著评介》,可以说是我们中华民族自有史书以来史学发展的大荟萃,可视为中国史学发展史的一部长编。对于有志于了解和研究中国史学发展的广大读者都会从中得到益处。

　　这次新增的四、五两卷,原计划收入当代学者所著史学名著共 77 部,但由于有些约请的作者未能如约交稿,为了不影响全书出版计划,只好也忍痛割爱,如张光直的《青铜时代》、董作宾的《殷历谱》、梁方仲的《中国历代户口、田地、田赋统计》、蒙文通的《周秦少数民族研究》、周一良的《魏晋南北朝史论集》、侯仁之的《历史地理学的理论与实践》、陈旭麓的《近代中国社会的新陈代谢》等。

通过对每部名著评介文章的审阅和编定,特别是对当代学者所著名著评介的审阅和编定,深深为老一辈历史学家们那种求真务实的治史精神和对历史研究的敬业精神所打动。他们在历史研究中重史实,重证据,没有确切可靠的史料为依据,任何权威人物和权威著作所讲都不足为信。作为学习和研究历史的人,知识的主要来源就是书籍和各种文献(当然包括考古新发现),读书就是取得知识积累资料的重要手段。老一辈历史学家著书立说,总是抱着对社会负责的态度,我们今天如何呢?就很难说了。当今社会浮躁风气盛行,在学术界尤其如此,普遍流行着不太要读书,偏偏却又非常爱写书,至于所写之书对社会会产生什么样的影响,那都全不在话下。据新闻媒体披露,有位红极一时的文人接连出了三本书,竟被一位有识之士查出 100 多处文史知识硬伤,其中有些还是常识性的,这种情况够得上是触目惊心吧,可是这位作者照样若无其事,把社会责任感丢得一干二净,管它什么谬种流传,自然全不在话下。许多老一辈史学家,辛勤耕耘一生,也只留下一两部著作,已经是很不错了,如今据说只需三两个月就可以"打"出一部书来,更有的只用九天时间就"打"出一部 20 万字的书稿,创出著书立说的奇迹。当然这是老一辈史学家所望尘莫及的,我辈自然也只得甘拜下风。有一次学术会议期间,有位作者拿出两本新出版的书籍,其书名我与施丁先生竟然都很不理解,当时还曾自嘲一番,两位教授都读不懂的书名,其内容肯定是深奥莫测,如此之类的书究竟写给谁看呢?记得在给学生讲课时,每当讲到晚明的社会,总要讲一下当时出现的怪现象,大家束书不观,却又争先恐后地要写书。正如《四库全书总目提要》所说:"明人学无根底,而最好著书,尤好作私史。"①不料我们今天也会出现这种现象,不能不令人深思。针对明末的不良学术风气,顾炎武曾提出了严厉的批评,并且提出写文章必须有益于社会,因为无论写什么文

---

① 《四库全书总目提要》卷五十八,《史部·传记类》二《今献备遗》。

章,都不能脱离社会现实,不能无补于国计民生,否则将一无价值。所以他指出:"文之不可绝于天地间者,曰明道也,纪政事也,察民隐也,乐道人之善也。若此者,有益于天下,有益于将来,多一篇,多一篇之益矣。若乎怪力乱神之事,无稽之言,剿袭之说,谀妄之文,若此者,有损于己无益于人,多一篇,多一篇之损矣。"①顾炎武的文章,虽然写于300多年前,但我觉得这段引文确具有非常现实的借鉴意义。想当年,老一辈历史学家范文澜先生的治学精神:"板凳需坐十年冷,文章不写半句空",曾激励了一代治史人的成长。如今我们不仅要向广大读者推荐评介老一辈史学家的史学著作,更要向大家推荐介绍老一辈史学家们的这种治史精神和对社会负责任的高尚品德,这一点我们觉得尤其重要。最近看到某报一篇文章标题是《文章千古事,岂能乱弹琴》,其内容是批评谁倒并不重要,这个标题我觉得很有意义,很具有普遍性,所有要写书作文的人,不妨用它来自律自戒,岂不很好!

　　这次约请为名著写评介的作者称得上阵容庞大,并且具有两个特点,一是德高望重的年长学者积极参与撰写。其中王钟翰老先生已经93岁高龄,当我们电话约请时,他老竟十分爽快地就答应了。徐规、卞孝萱、陈桥驿三位老先生,都是八十以上高龄,都是欣然应约,提前交稿。至于年逾古稀或年近古稀者那就更多了。真正做到了老、中、青三代学人共同来完成这一意义重大的文化工程。当然,主力军还是中青年学者,他们都是学有专长,对于所评介的名著都有专门研究。第二个特点就是我们邀请了台湾历史学家来和我们共同完成这一巨大的文化工程,共同评介先人为我们留下的共同的宝贵文化遗产。因为海峡两岸所有学术文化内容无一不是同根同源,这是任何人也否定不了的铁的事实。海峡两岸历史学家共同来完成这一史学著作,本身就说明了两岸学者间的浓厚情谊是任何力量也阻隔不断的。细心的读者或许还会发现,我们这次写作队伍中有许多位先生三卷本已经参与撰写,这次又能欣然应约再献佳作,其精神更加令人敬佩!这里我们也怀着沉痛的心情告知广大读者,在为三卷本撰写评介的作者中,有多位先生如赵光贤、陈连庆、袁英光、吴枫等老先生都已先后永远地离开了我们,对他们的仙逝,我们深表哀悼!并在此永远寄托我们的怀念之情。

---

① 《日知录》卷十九,《文须有益于天下》。

　　这次增订是在前三卷基础上加以扩充的,初版《前言》中已经讲过的关于体例和其他有关原则要求完全适用于增订本内容,因此,这次所写新版序就不再重述。不过这次推荐的名著中,有的是两部著作同为一位作者,这种情况两部就排在一道。

　　此书在编纂过程中,还承胡逢祥、陈祖武、刘泽华、周国林、张书学等先生代为约稿。尤其是胡逢祥先生,还代为审读了大量的文稿,本欲请他共同署名,出于他对我的尊重,执意不肯,因为我们已经是老朋友了,只好在此加以说明。鲍永军、张勤两位同志,帮我做了许多具体工作。责任编辑温玉川编审,从发凡起例、组织书稿,到审阅书稿、编校清样、印制成书,为本书付出了大量的精力和时间,这部书得以问世,他居功至伟。因此,我们可以这样讲,这部书能够顺利出版,除了全部名著评介作者鼎力支持外,上述诸位的鼎力相助也是分不开的,实际上是大家共同努力的智慧结晶。在此,对为该书作出贡献的所有专家学者一并致以诚挚的感谢! 而对于广大读者长期以来对该书的热情支持、关心和爱护,我们也衷心表示感谢! 并继续欢迎大家对我们提出宝贵的批评和建议!

　　　　　　　　　　　　　　　　2005 年 7 月 15 日于浙江大学独乐斋

　　　　　　　[原载仓修良主编《中国史学名著评介》(新版五卷本),
　　　　　　　　　　　　　　山东教育出版社 2006 年 2 月版]

《绍兴师爷汪辉祖研究》序

汪辉祖是清代乾嘉时期影响比较大的良吏和学者，尽管他在史学上也曾有过贡献，特别是在史学工具书的编纂方面，还曾作出过重大贡献，但今天知道的人是非常少了，即使是大学历史系的毕业生，也很少有人了解。当然，从汪辉祖本人来说，生前影响比较大的还是吏治方面。他的一生在州县佐治为官就达40年之久，因而吏治经验非常丰富，且勤于总结，留下了多部关于幕学与吏治的著作。这些著作成为幕友们必读之书，更是学幕者之必读课本而得以广泛流传，被誉为"宦海舟楫""佐治津梁"，居官佐幕者几乎人手一册，视为枕中鸿宝。史学大家章学诚在《汪龙庄七十寿言》中就曾这样说："居闲习经，服官究史，君有名言，文能称旨，布帛菽粟，人情物理。国相颁其政言，市贾刊其佐治，雅俗争传，斯文能事。"可以视作当日最好的写照。所以他在当时政坛上声誉很高，是颇受尊重的名幕，是位名副其实的"绍兴师爷"。

"绍兴师爷"这一称呼在民间流传是比较广的，即使在今天，往往对有些绍兴人还是这样称呼，可见影响之大，流传之广，但是真正深知其意者却并不多。还在20世纪30年代，大学者胡适之先生在《章实斋先生年谱》中，批评章氏错误观点是"绍兴师爷"之伦理见解，其实就是对"绍兴师爷"的一种误解。似乎"绍兴师爷"在议论问题时总是带有偏见，这显然与事实不相符。而大多数人以前又总以为其职是主刑事诉讼的，这自然又是不全面的，"师爷"实为旧时官署幕友的尊称。古代将帅带兵出征，治无常处，以幕为府，故称"幕府"，以后相沿成习，幕府遂成为各级军政官署代称。而军政大员所延揽帮办各类事务的文人学士，也就获得幕僚、幕宾、幕友等相应称谓，民间自清朝起一概称此类幕僚为"师爷"。作为幕僚来说，所做的工作实际上是很广泛的，他们要为幕主或出谋划策，参与机要；或起草文告，代拟疏奏；或处理案卷，裁行批复；或奉命出使，联络官场等等。因此其类别就分"刑名师爷""钱谷师爷""书启师爷""征比师爷""挂号师爷"等类。章学诚在毕沅的幕府，做的就是"书启师爷"，他不仅要为毕沅代写书信，还要代写各种应酬文章。如《为毕制府与钱辛楣宫詹论续鉴书》，就是乾隆五十七年（1792 年）毕沅主编《续资治通鉴》成，章氏代其给钱大昕写的一封信，其实信中的史学观点与主张都是章氏本人的。又如《为毕制府撰〈湖北通志〉序》《为毕秋帆制府撰〈常德府志〉序》《为毕秋帆制府撰〈荆州府志〉序》等等，也是如此。甚至当时别人请毕沅写墓志铭，也是由章氏代写。可见师爷必须掌握丰富的相关知识，并非人人可为。因此，要入幕还需通过专门学习，当时学幕还有许多专门著作，汪辉祖就著有《佐治药言》《续佐治药言》《学治臆说》《学治续说》《学治说赘》五种。由于他做过地方官，亦做过多年幕僚，力佐江浙州县牧令凡 16 人，为人正直，这些著作可视作他丰富经验的总结与升华。他在自撰年谱《病榻梦痕录》中说：幕友"所以效力于主人者，宜以公事为己事，留心地方，关切百姓，使邑人皆曰主人贤，庶几无愧宾师之任"。并且提出幕友必须做到"立心要正""尽心""尽言""勤事""慎事""公事不宜迁就"六点要求，如果坐视官之虐民，那就是违反幕道之行为。可见做一名幕友，不仅需要相当的学识和相关的知识，而且必须具备高尚的品德，"才、识、品"三者之中，"品为尤要"，这就告诉人们，做一名"绍兴师爷"，自然并非易事。

　　那么也许有人要问，师爷是旧时对幕友的尊称，为什么又称"绍兴师爷"呢？主要因为明清时期，特别是有清一代以来，从事这一职业者，以绍兴人居多，所以就有了"绍兴师爷"的说法。当然"绍兴师爷"的崛起，并非凭借个别绍兴籍师爷的功绩和名望，而是反映了当时封建统治阶层出于政治目的网罗特殊人才的需要，以及从事师爷职业的绍兴人士的整体素质。绍兴向为文化之邦，绍兴人处世精明，治事审慎，工于心计，善于言辞，具有作为智囊的多方面能力，故清代以师爷为职业者多系绍兴人，诚如龚未斋在《雪鸿轩尺牍》中所云："吾乡之业斯者，不啻万家。"可见绍兴人从事此业者人数之多，因为地域和文化等多方面因素，造就了绍兴人善于从事于斯业，"绍兴师爷"从此也就闻名于世。可是对绍兴师爷的研究，至今仍是非常薄弱，尽管前些年出过不少著作，也发表过十多篇文章，多数仍停留在对中国师爷的概括和介绍，而真正对明清时期绍兴府八县的师爷进行研究的成果却不多见，尤其是有分量的深入细致的研究成果则更加少。记得在 2000 年，笔者看了一篇关于"幕客"的文章，介绍明清时期幕客情况及其作用，全文数千字，竟然只字未提到作为幕客主体的"绍兴师爷"。我们虽然不能说该文研究尚未入门，但起码是存在着严重缺陷,因为研究明清时期的幕客,无论如何也少不了绍兴师爷这一内容,否则这个研究必然是内容不完整。何况绍兴师爷在"幕客"中最具有代表性,舍"绍兴师爷"而谈明清"幕客",自然可以说是舍本而逐末。正如鲍永军同志在《绍兴师爷汪辉祖研究》的《前言》中所说:"绍兴师爷是明清时期幕府制度与绍兴人文背景相结合的产物,是一个地域性、专业性极强的幕僚群体,是清代幕友的主流,在政治舞台、社会生活中扮演重要角色。"因此,"研究这一富有特色的职业群体产生、发展及衰落的历史过程,研究他们的生活状态、职业道德观念,研究他们对地方行政、社会生活的作用与影响,无论在学术上还是在实践中,无疑都具有重要价值。因此,绍兴师爷是政治学、行政管理学、法学、经济学、社会学等多学科的研究对象,从多种角度进行深入探讨,都能获得有价值的成果,对绍兴师爷作系统的历史探讨和文化透视,有助于揭示明清幕府制度的演化以及社会的变迁"。

有鉴于上述原因,鲍永军同志十年前就选择了从汪辉祖入手,而对绍兴师爷这一特殊的职业群体进行深入细致的研究,想通过对汪辉祖的研究,"分析其游幕历程、心理状态、对幕业的观念等等,窥一斑以见全豹,为幕府制度研究提供一个典型的个案,以弥补以往专注群体研究之不足"。加之"绍兴师爷在清代幕友中最具代表性,而汪辉祖又是绍兴师爷中出类拔萃的人物,有着清代盛期幕友的品行操守,却无绍兴师爷的世俗巧作,极具代表性"。况且汪辉祖又留下了非常丰富的幕学与吏治著作以及生平资料,也为研究这一问题提供了有利的条件,这也是其他幕友所无法比拟的。通过多年的辛勤探索和研究,2004 年他完成了博士论文《绍兴师爷汪辉祖研究》,得到有关专家的好评并顺利通过答辩,获得了博士学位。论文经过修改补充,如今已成为 30 余万字的书稿。在该书行将出版之际,我有幸首先阅读了全部书稿,从中得到很多的启发和收益。我印象最深的是此书内容丰富,资料翔实,议论有据,行文流畅。全书是在占有丰富的资料前提下进行撰写的,因此就看不到有空话、废话,看不到当今社会上盛行的浮躁风气,也就是说,从未见到那种乏味的不着边际的长篇议论。全书共分九章,前面三章从时代背景入手,讲述了清代幕业的产生、特点和绍兴师爷的兴盛,接着就叙述了汪氏生平经历、学术活动。第四章《幕学思想》、第五章《吏治思想》、第六章《法律思想》,都是在讲述作为名幕良吏的汪辉祖在幕学、吏治、法律等方面许多有益的见解和可贵的主张,不仅在当时起到了良好的社会效果,即使在今天同样会给人们以有益的启发和借鉴。值得注意的是,该书第七章专门讲述汪氏的人生哲学,剖析了他的天道宿命论、因果报应、守身律己、伦理道德等方面的思想。后面一章则是探讨汪氏的学术成就,特别是阐述他在史学上的成就。我在前面已经讲了,汪辉祖还是一位很有成就的历史学家,他的《元史本证》,在元史研究上作出了重大贡献,特别是在史学工具书的编纂方面,先后编成了《史姓韵编》《三史同名录》《九史同姓名略》等史学工具书五种,为学术界检索和研究历史人物提供了极大便利。尤其是《史姓韵编》,收录了《二十四史》中世家、列传及附传所载人名,分姓汇录,以韵编次,是第一部《二十四史》人名索引。笔者在最近出版的《中国史学名著评介新版序》中就曾写过这样一段话:"这次新增补的著作中,还有一部《史姓韵编》也不是正式史书,而是史学工具书,是我国历史上第一部《二十四史》人名索引,在现代人名索引工具书出版之前,在研究《二十四史》检阅人名时起过非常便捷的作用。在 20 世纪二三十年代,就曾受到学术界一致好评,万国鼎就盛赞该书作者汪辉祖和章学诚等人是索引的'先觉'。当代引得创始人洪业亦称'《史姓韵编》这一部书真是可宝贵的工具'。胡适在多次讲演中一再提及《史姓韵编》,并将其列入《一个最低限度的国学书目》。可见这些大家对该书的重视,通过对该书的评介,读者可以了解到我国古代历史学家,早就有为史书做索引的情趣。为一部书做索引,可以为研究者提供很大的方便,但是,它既不是现代学者的专利,更不是外国人的专利,只不过越到后来,编得更加方便、更加进步罢了。"①这段话当日正是就鲍永军同志为《中国史学名著评介》所写的《〈史姓韵编〉评介》而发的议论,这就说明汪辉祖还是一位在学术上有着重大贡献的学者、历史学家。他的晚年精力,都全部用在做学问上,用了整整 26 年时间,不惮考索钩稽之烦劳,完成五种史学工具书的编纂工作,为后人编制同类工具书打下基础。非常可惜的是,在章学诚建议之下而编纂成的 160 卷的《二十四史同姓名录》,成书后却未能刊刻传世。对于这些内容,《绍兴师爷汪辉祖研究》中都有专门章节加以论述。最后还有一章专门讲述汪辉祖的历史地位与影响,对其事业功绩作了中肯的评论。该书重点论述汪辉祖的幕学、吏治和学术贡献,评论中实事求是,

---

① 《中国史学名著评介》(五卷本),山东教育出版社 2005 年版。

避免了人物评论中的"护短"现象，做到了刘知幾所提出的"爱而知其丑，憎而知其善"的要求。综观全书内容，书名虽称《绍兴师爷汪辉祖研究》，实际上是一部汪辉祖评传。因为从全书内容看，对汪辉祖已作了全面的研究和评述，全书既揭示了汪辉祖的人生轨迹、政治思想、为官之道、幕学影响、人生哲学，又论述了学术贡献、历史地位与影响，如此全面地论述汪辉祖的著作，此书还是第一部，所以我们完全可以把它视作一部评传。当然，在阅读过程中，也发现一些美中不足之处，一是个别地方与汪氏关系不大的琐碎材料多了一些；二是有些地方分析议论还欠缺一些，似乎还可加强，在此提出，希望今后在研究中注意。

2006 年元宵节于浙江大学独乐斋

（原载鲍永军著《绍兴师爷汪辉祖研究》，
人民出版社 2006 年 7 月版）

《陕西省图书馆藏稀见方志丛刊》前言

　　编修地方志是我们中华民族特有的优良文化传统，这一优良传统，至今已有 2000 年历史。而在其产生和发展过程中，曾经历了地记、图经和成型方志三大阶段。特别是自隋唐直到清朝乃至民国，每个朝代的中央政府总是三番五次地下令各个地方政府，必须按时编修，限时上呈。所有这些，史书都有明确记载，有案可查，有些命令，甚至对具体编写内容都有明确规定。因此，我们说我国的方志编修，任何时候都是政府行为，由中央政府下令，各个地方政府执行编修。因而无论任何时期、任何地方都是普遍的、连续不断的，这种情况在任何一个国家都是不可能有的。尤其是到了宋代，方志成型以后，历代竟还会留下 8500 多种各类志书，这是我国一个伟大的、特有的文化宝库，这中间蕴藏着许多史书不曾记载的重要史料，可以补史书记载之不足。可见这座文化宝库是非常丰富的，非常重要的，不同学科、不同行业的人，从中都可以或多或少得到自己所需要的各种资料。所以，我们应当很好地重视它，珍视它，更要很好地开发和利用它，使它能够在发展和繁荣社会主义文化事业中起到应有的作用。

　　非常可喜的是，近年来已有多家出版社先后出版过各类方志丛书，而北京图书馆出版社去年开始陆续推出的由全国数十家著名图书馆收藏的《稀见方志丛刊》，则是其中别具特色的一种。我们说这套方志丛刊其最显著的独特之处，就在于都是"稀见方志"，这就是说，这些稀见方志以前很少在社会上流传过，其中有许多都还是钞本和稿本，还有许多则是该地建置后首次所修之志书，长期以来一直分散收藏在全国各地的图书馆之中，当然也就很少有人能有机会看到，因此，我们可以这样说，这么多的稀有方志，大都还是"藏在深闺人未识"。就以已经出版的《华东师范大学图书馆藏稀见方志丛刊》而言，这些方志之中，有些原是清末藏书家方功惠碧琳琅馆旧藏，后归清邮传大臣盛宣怀愚斋收藏，有的还盖有"方功惠藏书印""读耕斋之家藏""愚斋图书馆藏"等藏书印章，当然这些志书弥足珍贵；又如收藏在陕西省图书馆的明代天顺年间刊刻的《襄阳郡志》，万历年间著名藏书家黄居中、黄虞稷父子的藏书目《千顷堂书目》中竟然没有著录此书，而千顷堂乃是一家享有盛誉的大藏书楼，当时藏书已有 6 万余卷，却尚未收藏到这部志书。到了近代，著名方志学家朱士嘉所作的《中国地方志综录》也未著录此书，可见传本之少，洵可珍贵。书中钤盖有清乾隆年间太仓藏书家陆时化的藏书印，据吴晗先生的《江苏藏书家史略》载：此人"嗜法书名画，精鉴别，聚书万卷，购善本而手校雠之"。又书中还有丹徒赵氏积微室藏书印等。后来又不知于何时流传到北方，并为陕西省图书馆所收藏，这就不得而知了。对于这部志书，《中国地方志联合目录》著录时称刊刻时间为明天顺三年（1459），但阅读其内容则可发现在学校、廨舍、坛场、桥梁、津渡、科举、岁贡等目的文中，却多次出现天顺四年的内容条文，可见此志的刊刻不会早于天顺四年，或许稍迟一些，关于这一点，该书《提要》作者亦已指出。再如收藏在内蒙古图书馆的《绥远通志稿》就更加特殊了，作为绥远省，今天已经很少有人知道了，因为它仅仅存在 26 年，1914 年曾置绥远特别区，1928 年（有的作 1929 年）改置省，省会在归绥（今呼和浩特市），1954 年撤销，并入内蒙古自治区，因此存在时间很短，尽管如此，仍为我们留下一部 100 卷的省志稿，这也再次说明我们特有的这一文化传统的普遍性，这种现象无论哪一个国家都是不可能存在的。据文献记载，绥远改置省后，首任省主席李培基马上创立了绥远通志馆，先后聘任了馆长、副馆长和总纂，当时荣祥亦参与纂修。到了 1936 年，《绥远通志》的初稿已接近完成，时任省主席的傅作义从北京请来著名学者傅增湘任总纂。傅接任后，又请来了学界名流吴廷燮、瞿宣颖、谢国桢等人参与修纂，七七事变发生后，纂修工作陷于停顿。1938 年应伪蒙疆政府的要求，傅增湘继续了通志的编修，并请来吴丰培、孙楷第等多位学者相助编修，至次年定稿完成，交伪蒙疆政府内务部。1943 年，通志稿竟由日本东亚文化研究所带到东京影印出版，两年后适逢美军轰炸东京，影印成品与定稿遂都付之一炬。1960 年和 1970 年，荣祥等人对绥远通志馆的原稿，先后两次进行了修订，最后定稿 100 卷，300 余万字。这部志稿现收藏在内蒙古图书馆，当然社会上不可能有过流传，今若将其正式出版，自然又是学术界一大福音。这里特别要指出的是，这部志书的编修真是历尽艰险，而十多位学者先后参与其事，真正称得上是专家修志。尤其是吴廷燮、瞿宣颖两位，更是著名的方志学家，前者先后编纂过《奉天郡邑志》《奉天通志》《北京市志稿》等；后者则于 1930 年已经出版了《方志考稿》（甲集），这是我国第一部方志著作提要，全书著录直隶、奉天、吉林、黑龙江、山东、河南、山西、江苏 8 省方志 600 余种。既是提要，实际就是对 600 多种方志进行评论。此书之作，乃是瞿宣颖以天津任振采天春园所藏志书为取材，时任氏已聚方志 1500 种，而瞿宣颖本拟将这些志书全部写出提要，以成"乙集""丙集"之计划，后因故未果，但他个人阅读方志之多却于此可见。

这套《稀见方志丛刊》第二大特点就是"乡土志"特别多。乡土志其实也是方志的一种，只不过在编修过程中，不够规范化而已，不过，实际情况也并非全是如此，有的乡土志篇目设置相当规范，只是名称不叫县志、州志，还是称乡土志。这里不妨举例说明，如民国 13 年（1924）钞本《白水县乡土志》，在其篇目中，就没有历史沿革、职官、人物等内容，而只记白水的气候、习尚、冠婚丧祭、岁时、物产、陶器、矿产、药材、木属、草属、果属、蔬属、毛之属、花之属、羽之属、虫之属、介之属、方言等内容，这显然就是一部典型的"乡土志"。又如清末稿本《泾阳乡土志》，现存卷三，主要记载各类人物，门目有耆旧、孝友、忠义、义行、节烈，其他内容均不载，这实际上还是汉魏时期流行的耆旧传形式，当然，这只是乡土志中非常特殊的一种，实际上不应属于乡土志，因为乡土志一般都要记载该地的山水、物产、风俗等内容。我们还是举例说明，如修于清光绪三十二年（1906）的《朝邑乡土志》（陕西省图书馆所藏为宣统年间钞本），全志约 30000 字，分历史、地理、山水、政绩、兵事、氏族、道路、宗教、物产、耆旧、户口、实业、商务等门目，在历史门目中还列有沿革表。就其内容来看，已经相当齐全，其实已经称得上相当规范的县志了。如果将其与明代韩邦靖的《朝邑县志》和康海的《武功县志》相比，真正是有过之而无不及。《朝邑县志》全书仅 5600 字，分总志、风俗、物产、田赋、名宦、人物、杂志 7 类。而《武功县志》，全书也仅 20000 字，分为地理、建置、祠祀、田赋、官师、人物、选举 7 目。对这两部志书，清代许多人将其吹捧很高，梁启超对这些吹捧者曾作过严厉的批评，指出"耳食之徒，相率奉为修志楷模"。大家可以想象，5600 字如今只是一篇中等篇幅的论文而已，若是写一部内容丰富的县志可能吗？对此，笔者在拙著《方志学通论》中已分别作过评论，这里不再重复，目的仅是用这两部志书来说明，许多内容丰富的乡土志，其文献价值，绝对都在这类县志之上，而不仅是这两部县志。我们不妨再列举收藏在华东师范大学图书馆的民国初年编修的《崖州直隶乡土志》为例，该志仅两卷，上卷为历史，分沿革、政绩、兵事、耆旧、名宦祠、乡贤祠、忠孝祠、人类、户口、氏族、宗教、实业；下卷为地理，分区域、古迹、祠庙、桥梁、市镇、学堂、山、水、海岸、道路、物产、制造、商务等，共25目。其内容可与光绪二十六年所修之《崖州志》相互参考，并可补其不足。即如"商务"一目，记崖州每年生产、营销进出口物资种类与数量，是研究19世纪末、20世纪初海南贸易经济的重要资料。因此，我们切不可忽视乡土志这一重要的地方文献。在这套《稀见方志丛刊》中，乡土志所占的比重是相当大的。就以《陕西省图书馆藏稀见方志丛刊》而言，所收关于陕西的著作共52种，其中乡土志就有22种，可见数量之大。又如南开大学图书馆所收藏的稀有方志中，就有《沭阳乡土志》和《滁州乡土志》2种，都是稀见的孤本。现在都将其出版，必将有益于广大学人和各地方志编修工作者们。

这套《稀见方志丛刊》第三大特点就是稿本多、钞本多，还有的虽是刻本，但留存的已经不多，并且还是该地首次所修的志书，当然也就显得珍贵。上文已经谈到，内蒙古图书馆所藏之《绥远通志》，就是一部非常珍贵的稿本。而华东师范大学图书馆所藏清宣统三年（1911）所修的《昭觉县志稿》4卷，亦很珍贵。昭觉今属凉山彝族自治州。宣统二年，四川总督赵尔巽奏请设县，是为此县置县之始，宣统三年志稿完成，可见建县与修志实际上是同步进行。加之志稿编纂者徐怀璋又曾任昭觉设治委员，奉命经办昭觉县筹建工作，因此志稿中保存了许多珍贵的原始资料，诸如当时的公文奏牍、法令法规等。举凡城市规划、经费筹措、道路管理，乃至物料工价，无不具载。尤其是志稿中所记载的凉山彝族情况，如家族、户口、风俗、文字等，都有重要反映。在第三卷记述风俗时，还将彝族经典传世之作《勒武特亦》（亦作《勒俄特衣》）收入，并译为汉语，凡此种种，都足以说明这部志稿确实非常重要。该馆还收藏有完稿于1953年的《南浔镇志稿》4卷。南开大学图书馆亦收藏有《新城县志》《蒲城县志》2部志稿。陕西省图书馆则收藏有3部志书稿本。至于钞本，那就更多了，陕西省图书馆所藏稀见方志共55部，其中钞本竟有31部。而华东师范大学图书馆所藏稀见方志20部，其中钞本则有8部，这些比例都是相当大的。值得注意的是，有的钞本其价值甚至与稿本相当，如华东师范大学图书馆所藏的修于宣统二年的《朝城县志略》并无刻本，只有3部钞本传世。又如万历《开原图说》，修成后无刊本，仅有钞本4部传世。类似这样的钞本，其价值自然就很珍贵了,而这样的钞本在许多图书馆所藏之稀见方志中大都存在,只不过多少不等而已,我们就不再一一列举了。还要指出的是,在这众多的稀见方志中,有许多都是该地区现存最早的志书,如康熙《中部县志》4卷,是在明志失传后中部县的第一部县志,该志对万历三年(1575)以后的资料作了详细补充。又如顺治《邠州志》4卷,是在嘉靖、万历2种明代志书均已失传之际,知州苏东柱于顺治六年(1649)续修重梓。再如康熙《山阳县初志》3卷,乃是明成化十二年(1476)山阳建县后首次修志,故名"初志"。这些志书对于这些地方来说,都有重要意义。

这套《稀见方志丛刊》更重要的一大特点,还是在于这些方志所保存的丰富资料方面,因为在这众多的方志之中,有些内容是相当丰富的,所记内容称得上是五花八门,对于研究这些地方的历史、民情和经济发展都有相当价值。就以光绪《黑龙江述略》6卷而言,编纂者徐宗亮,光绪十三年(1887)被黑龙江将军恭镗聘为幕僚,在此期间,在搜集大量官府档案和实地调查的基础上,修成此志,记事止于光绪十五年。全志约55000字,分为疆域、建置、职官、贡赋、兵防、丛谈6门。众所周知,咸丰十年(1860),沙俄强迫清政府签订不平等的《中俄北京条约》,将乌苏里江以东包括库页岛在内的约40万平方公里中国领土,强行割归俄国。该志书在《疆域》门中对黑龙江的疆域沿革做了较为精确翔实的考证,记述了大片中国领土被沙俄鲸吞的过程。在《建置》门,对黑龙江(瑷珲)、卜魁(齐齐哈尔)、墨尔根(嫩江)、兴安等7城的建置经过及台站、卡伦、电报局设置过程都作了详尽的记述。《兵防》门则记述了该省陆师、水师设置的经过及练军的兴起。此外,《职官》《贡赋》等门也都有较详细的记述。该志的显著特点,是强调实边御侮的思想,自非一般庸人所修书书可以比拟,因为它有真实的充实内容。又如万历《开原图说》2卷,亦是记载东北地区情况的一部地情书,它是一部带有军事地理性质的地方文献。鉴于明代中叶起边患连年,出于边防的需要,因此对于边防上的重镇、关口、卫所,以及沿海要地亦多修有图志。这就进一步说明,地方志的编修和发展,完全适应当时政治、军事和经济发展的需要,当时就先后产生了《九边图志》《四镇三关志》《西关志》《海宁卫志》等,而万历《开原图说》,亦是这种性质的地情书。开原乃古代肃慎之地,明代在此设3万卫,为东北军事重地,明万历以后,中央政府与东北少数民族关系紧张,开原地位益显重要,其"东北制诸夷,西北制诸虏",就是在这种情况下,冯瑗编纂了《开原图说》2 卷,上卷详载开原所属各成堡地理位置、军事部署、兵力配备,并附作者按语。下卷叙述建州女真各部世系与有关情况,以及作战营图、对敌形势等。在万历以后,东北地区对峙形势日益恶化的情况下,《开原图说》显然成为一部极为重要的军事地理著作,亦可说是当时军情的总汇。这样一部在军事上如此重要的著作,出于军事上的机密,当时没有刊本,完全在情理之中,当然后世也就极为少见。再如康熙《江都县志》和乾隆《通州志》2 部志书,则是研究这两个地区在漕运和盐务方面所起重大作用不可或缺的重要文献。通州素为漕运重地,东南 7 省,岁入数百万粮以实京师,四方商贾云集;扬州是长江中下游地区经济繁荣的重镇,"盐漕之络绎,商贾之辐辏",就是这里突出的特点;江都则是扬州之附郭,自然也就处处体现出扬州之特点,整个商业的繁荣,直接渗透到市民社会生活之中,尤其是漕运、盐务两大内容自然就成为这 2 部志书的特色。还有《当阳县志》也很特殊,其《典礼》一门记载特详,对文庙祭祀的礼器、仪注以及祭祀时所用之乐谱、舞谱都有详细记载,这是其他方志中所不多见的。不仅如此,由于当阳是关羽陵所在地,而关羽在清代被尊奉为"武圣",故该志《典礼》门在文庙之后又有武庙。至于边疆地区许多稀见方志,大多保存有比较丰富的少数民族资料,如乾隆《广西府志》还专设《土司》一目。而有些县本身就是少数民族的聚居地,其县志内容多记少数民族之事,也就在情理之中了。如上文已经谈到的宣统《昭觉县志稿》便是如此。又如民国 6 年(1917)所修之《同正县志》,亦是如此。同正今为广西扶绥,旧名永康州,原由土司管辖治理,明代中叶改土归流,自然都为少数民族居住地。再如乾隆《乾州志》4 卷。其第四卷"红苗风俗",辑录地方文献,记载当地土家族民情风俗相当详细。还要指出的是,陕西省许多稀见方志中,还较多地记载了西方传教士在该地传布天主教、耶稣教,广收信徒的史实,仅在南郑一处,就有天主教徒 2270 余人。可见这些志书所记内容是相当广泛的,并且所记内容亦随着时代的发展和变化,而在不断变更和增加,充分体现出方志的时代性特色,这在每部志书的篇目设置中就可以一目了然,限于篇幅,边里不再举例说明。

最后还要说明一点,这些稀见的地方志书,除了保存许多重要史料和地方文献外,有些志书对于研究方志体例的发展变化亦有参考价值。明代以来,方志编修在体例上形成两大系列,一个是细目并列,即将所记之事一一都列目。另一种则是分纲列目，而在分纲列目中又有多种分法。如有的以天、地、人为总纲，然后再列细目，明代学者王世贞将其称为"三才体"（启蒙读本《三字经》上有"三才者，天地人"之语）。清代赵弘化的康熙《密云县志》就是如此，分天文、地理、人事。亦有按土地、人民、政事 3 门编设总纲的，最典型的莫过于唐枢的万历《湖州府志》，有人将其称为"三宝体"，因为它是源自《孟子·尽心篇》中"诸侯有三宝：土地、人民、政事"的说法。清代所修的《续修台湾县志》就是采用了这种体裁。我们在查阅这些稀见方志时就发现，编修于光绪年间的《略阳乡土志》，则按历史、地理、格致分为 3 卷，下面再分 10 门 43 目，所记内容包括政绩、兵事、宗教、实业、方域、物产、商务等内容。这种分类法就相当于明清时期产生的"三才体"或"三宝体"。但是它的分法，却充分反映出志书产生的时代特色。众所周知，清代中后期以来，自然科学得到了广泛的关注和发展，三大类中"格致"的出现，就是自然科学发展的结果，而"实业""商务"等门目的出现，同样是在反映新时代的曙光。而且，看来这种分类法，还不是个别现象，如编修于光绪三十二年（1906）的《留坝乡土志》，全书亦是由历史、地理、格致 3 部分组成，就是明证。又如编辑于乾隆初年（1736）、刊刻于乾隆四年的《襄阳文献录》，则是一部典型的地方文献汇编，该书在分类汇辑文献时，分为"人""文""景"3 编，这种分法也很特殊，其分类编辑的方法，同样值得地方文献工作者借鉴。其"人编"4 卷，收录本地自古至清顺治、康熙年间人物传记资料，举凡传纪、像赞、事状、墓表、祠祀等文字记载统统收入；"文编"1 卷，收录自元代杨士弘始襄城人之诗文著作，大部分还附有作者小传；"景编"4 卷，则收录襄城山川、河流、城垣、建筑、墓冢、古迹等处的文献资料。第十卷为"死事"，第十一卷为"宦迹"，第十二卷篇"寓迹"。如此编辑一个地方的文献，还是不多见的，其中保存了许多罕见的珍贵文献。所以我们说，以上种种分类方法，无疑都丰富了方志编修体例的多样性，对于研究方志编修体例发展历史同样具有参考价值。

　　以上我们从几个方面简单介绍了北京图书馆出版社已经出版和正待陆续出版的一些稀见方志的情况，旨在说明在这些稀见方志中确实蕴藏着不少很有价值的文献资料，对于研究这些地方的政治、经济、文化等等都有着无可替代的作用，有些资料还可补史书之不足。可是，长期以来，这些稀有方志分散收藏在全国各地图书馆中，确确实实是"藏在深闺"，许多真正需要使用的人,却无缘相识。如今北京图书馆出版社,将其分别结集出版,为学术界做了一件大好事,为大家利用这些方志创造了良好的条件。当然,对于这些稀有方志来说,今后也就可以发挥出各自应有的作用了。不过,由于条件的制约——文章篇幅所限,同时也未能尽阅所有稀见方志——我的介绍,还只是肤浅的,也就是说可能还只是停留在表面上。可以肯定,这些稀见方志中所蕴藏的许多有价值的资料,还有待于更多的研究者与使用者进一步去发掘与利用。

2006 年 8 月序于浙江大学独乐斋

(原载陕西省图书馆编《陕西省图书馆藏稀见方志丛刊》,北京图书馆出版社 2006 年 9 月版)

《卷葹书屋苏古求新集》序

孙绍华先生是中国历史文献研究会的一位老会员,她是在学会成立的第二年就已经参加了,因此,我们之间的交往已将近30年了,自然称得上是老朋友。而且随着时间的流逝,我们之间的友情却越发在不断加深,而这种友情自然比任何东西都来得珍贵。最近孙先生将其长期以来研究的成果,整理结集出版,并请我为之作序。我暗自在想,孙先生这次可找错人了,因为我是不善于写这类文章的,故很少为人写序。但是,考虑再三,作为老朋友来说,出于友情,我又不忍心要她收回这份慎重的邀请,那就只有自己献丑吧,将个人阅读了这部文集后的一些想法和体会,向读者朋友谈些看法吧。

孙先生长期以来从事于传统文化的教学与研究工作,今结集的成果自然都是这些内容。然而,对于传统文化,当前虽然也都在讲,但是对其所包含的内涵和真正概念,知道的入恐怕是已经并不多了。作为我国的传统文化,其内容实际上是非常丰富的,起码要包含了今天分科的文、史、哲等学科,当然也就容纳了儒、道、佛多家的内容。以前常说,文史不分家,其实还是不够确切。我们可否这样说,在以前实际上是文史哲不分家,这就是我们今天所讲的传统文化的大体内容,它们之间是相互牵连、交织在一起的,有时很难将其严格加以区分。众所周知,明清之际的三大思想家顾炎武、王夫之、黄宗羲,他们都是杰出的思想家,又都是著名的历史学家和文学家,各自都有这方面的代表作。而近代著名学者魏源、王国维、章太炎等亦都如此。他们都是传统文化的承传人物,由于做学问的需要,从没有将这些内容区分为此疆彼界。我想在稍了解这些情况以后,或许会有助于更好地阅读孙先生这部文集。

孙先生将这部文集命名为《卷葹书屋苏古求新集》,并在《后记》中说明了命名的缘由。全书共分三卷,二、三两卷,主题比较明确,第二卷是集中对其所发现的上海小刀会起义新史料的研究与论证,第三卷所收则全部是对古代经典著作和名篇的点评,每篇文字虽然都不太长,评论文字却很精彩,都能做到细致入微,恰到好处。对于所评析过的经典著作和名篇,无疑都将起到导读的作用。第一卷应是全书的精华之所在,这从标题"苏古以求新"就足以表明。全卷所收文章 18 篇,全是历年来参加学术会议所撰写之论文,因此,每篇文章都具有自己的真知灼见。限于篇幅,现单就这卷内容谈点自己的看法和想法,以就教于广大读者。

一、不趋时、不媚俗、不写跟风文章

文如其人,孙先生为人向以正直而著称,这一点甚至对于我的夫人印象都非常深刻。我们通读全部论文,篇篇都有实在内容,毫无趋时媚俗的气息。自从走上工作岗位以后,一直潜心于教学和研究工作,虽然毕业于大学中文专业,却执教于历史系,长期讲授历史文选、古汉语、中国思想史、文学史诸课程,因而一直就与传统文化结缘,所以论文也都属于这些方面内容。尽管社会上曾几度掀起不同潮流或风头,真所谓无论是东南西北风,作者总是一如既往,专心致志地做自己的学问,坚守自己研究的内容而不动摇,从未跟风写过任何违心的应景文章。因而书中所有论文都不会因时过境迁而失去其存在的学术价值,完全有可能藏之名山,传之后世。可见孙先生正是按照著名史学评论家章学诚的治学精神在实现自己的理想。章学诚在《与朱沧湄中翰论学书》中在讲做学问时,认为必须做到:"世之所重,而非吾意所期与,虽大如泰山,不遑顾也;世之所忽,而苟为吾意所期与,虽细如秋毫,不敢略也。趋向专,故成功也易;毁誉淡,故自得也深。"①这就是说,做学问必须按照自己的志趣、爱好和条件去坚持不懈地努力,千万不可跟着风头跑,随波逐流,以趋时尚,否则就很难得到高深的造诣,原因在于风头总是不断在变的。孙先生正因为数十年如一日坚守自己所热爱的中国传统文化的研究,所以才有可能撰写出有自己个性、有独到见解的一大批文章来,这就是章学诚所讲的,"毁誉淡,故自得也深也"。

二、有自己的个性、有独到见解

凡是阅读过孙先生文章的人都会发现,具有鲜明的个性和独到的见解。

---

① 《文史通义新编新注》外篇三,浙江古籍出版社 2005 年版。

尽管所写的许多内容,前人已经写过不下数千次之多,作者照样还是能够写出新意,写出非常有创意的文章。如她在《论民族英雄寇准及其诗词》一文的开头便有这样的几句话:

尽管千余年来人们谁都不会否认寇准是名臣、贤相;近几十年来,评说也等等不一,比如政治家、谋士、谋略家、名流、中华风云人物等等。诸般种种,都未将他在历史关键时刻的大智大勇与大功置于应有的高度去作出公允的评价,这是有负于古人,也不利于今人和后世的缺憾! 我们有必要还历史以本来面目,给寇准作出新的评价。

接着就以《不同寻常的政治家》《挽救危亡的民族英雄》《被论功行罚的悲剧人物》《含恩凄婉的诗词》四个标题论述了寇准的不平凡的一生。特别是在第三节中指出:"历来人们承认寇准是谋略家,却对他在战略方面的军事才能未予重视。实质上,这是一位既可以运筹帷幄,又可以临阵指挥的杰出的军事家。"而在这一节的最后一段,便完整地讲出了自己的看法和观点:

这就是史书上有名的澶渊之盟。寇准对此并不满意,他是不得已而与契丹议和的。尽管如此,毕竟免去了一场血战,为两国人民带来了和平与安宁,这是一个利于社会历史正常发展的进步行动。寇准在此次大事件中,充分体现出他一心为国,不计个人安危的大智大勇和大功。在大敌当前、群臣震骇之际,他却能镇定自若,指挥战斗,退强敌于国门之外,挽狂澜于既倒之时,不愧为中华民族优秀儿女的代表人物,也不愧为顶天立地的民族英雄。

对于韦应物,大家都知道他是唐代著名的诗人,以前的大多数论著亦都着眼于"杰出诗人"范畴。孙先生在《苏州重话韦苏州》一文中,则提出了有别于此的特别看法。文章开门见山地指出:"本文是对中唐时期曾在苏州做过三年刺史的韦应物的有关论述,试图突破前人大多把韦氏作为杰出诗人的范畴,从其为人和为官的角度重新认识这位以清德为唐人所重的先贤。"接着作者就用一整段文字论述了自己的这一论点和论点的重要依据:

清人袁枚在论及名地和名人的关系时,曾有"江山也要伟人扶"的话,意思是说,山川名胜一旦与名人的活动相结合,便可互相辉映,相得益彰。韦应物和苏州的关系也是这样。历史上有些事情是极有意思的巧合,比如唐代的苏州刺史,在安史乱后便和韦姓人有着特殊关系,有史可稽者,在三四十年之间,韦姓人任苏州刺史者先后即有韦黄裳、韦之晋、韦元甫、韦应物和韦夏卿五人。按前人的习惯，他们都可称为韦苏州。然而韦应物任苏州刺史之后，人们一提起韦苏州，往往只想到韦应物一人。"韦苏州"一词，几乎成为韦应物的专有称谓。但这里也存在着某些偏颇，尽管人们一提起韦苏州便想到韦应物，然而，一谈到韦应物，往往把他局限在诗坛上去认识和评价，这是极其不全面，也有失公允的。诚然，从中国诗歌史的角度考察，在盛唐的李白、杜甫和王维等大诗人之后，在中唐白居易、刘禹锡得名之前的这一阶段中，韦应物确实是杰出的大诗人，但他之所以取得"韦苏州"的独有称谓，主要还在于他任苏州刺史三年的政绩上。正如朱长文所说："韦公以清德为唐人所重，天下号曰韦苏州。贞元时为郡于此，人赖以安……其贤于人远矣！""而世独知其能诗耳！"这论证应是比较公允的。因此，对韦氏的认识，应是先论其为人，再论其为官，最后再论及其为诗。所谓"以清德为唐人所重"者，是指他的为人而言。

这段文字实际上说明了三层意思，其一，在唐代安史之乱后的三四十年之间，先后居然有五位韦姓人氏在苏州任过刺史，而只有韦应物被称为"韦苏州"。其二，说明韦应物尽管在当时诗坛上占有重要地位，但他的"韦苏州"之名的取得，主要在于他任苏州刺史的三年政绩上。其三，用宋代学者朱长文的话，来证实上述论断，并进一步说明其人"以清德为唐人所重"。这些论断，不仅纠正了长期以来的某些偏颇，澄清了历史的失实情况，自然也就传播了真实的历史之道，开阔了读者的视野。至于长期以来人们在认识上为什么会产生偏颇，关键在于"文献不足征"之故，像韦应物这样一位历史人物，新旧《唐书》竟然均未为之立传，这就为后人了解韦应物带来很大困难。而本文作者经过多方努力，尽力寻求，还是搜集到不少有价值的史料，从而写出了这样一篇内容丰富、见解独特的文章来。正如作者在文中所讲，"本文便试图以'以清德为唐人所重'为主线，着重论述其为人和为官，然后也论及为诗。旨在突出韦应物为人清高、为人清正和为诗清丽的特点"。从事学术研究的人都知道，如何对待前人研究成果是一个非常现实的问题，既要尊重前人研究的结论，又不能为前人的研究结论所制约和束缚。在这部文集诸多的文章中，《洪迈〈夷坚志〉探微》就遇到了这样的问题。众所周知，洪迈的《夷坚志》成书以来，从成书时间到内容评价，都一直存在着争议，而在评价问题上，又一直为陈振孙在《直斋书录解题》所作的偏激和片面的评价所左右，就连鲁迅先生这样权威人物,在评论中亦受到其影响。孙先生在《探微》一文中,就明确指出了鲁迅先生在论述该书成书问题上的错误,"难免有失考的纰漏,并出现过评价上的不够公允"。也就是说,众多评论者大多很少肯定其正面价值之所在,往往只看到志怪小说宣扬荒唐不经之一面,而鲁迅先生也没有例外。所以这篇文章用很大的篇幅论述了该书的珍贵文献价值,"作为宋代最大的志怪专书,七百余年来一直受到学术界的重视。绝非像有的学者所说,是因为作者系名家,而作品又以卷帙浩繁取胜的缘故。实质上,它受到重视的根本缘由,在于书中存录了大量的有关真人真事的记述,多层次、多角度地反映了当时的社会现实,为我们留下了珍贵的历史文献,而这些都与志怪内容毫无关系"。这个结论与评价,显然是与众不同的。文章明确告诉读者,此书是不同于一般的志怪小说,它对于研究宋代社会有着不应忽视的重要价值,"几乎可以视为那一时代的现实缩影"。人们或许要问,这样的结论有事实根据吗? 为此,文章接着便列举事实加以说明:"《夷坚志》丰富的内容有极广阔的社会面,诸如北宋的内忧外患,南宋偏安小朝廷的左支右绌,暴吏的贪狠与人民的苦难,水旱疫疠造成的灾害,真正出现了人吃人的悲惨事实,这是一个方面;但另一面,也有力地描述了中华民族优秀的道德传统在各种人物身上的体现,其中有清廉精勤为民断案的良吏,有刚方正直言行可风的普通百姓,有智勇除害的下层群众,更有相当数量胆识德才皆值得歌颂的女性,似乎是作者尤为着力描述者。它如诗词书画,文物古迹,名医良方,绝技妙艺以及山川景物风土人情之可志者,皆不胜列举。"值得注意的是,文章不单是概括性的论述,而且从三大方面列举具体史料进行分析,充分释证自己的看法与结论,乃是有根有据,绝非出于空穴来风。

　　以上我们从具有代表性的三篇文章分析中,足以反映出作者在学术研究上,总是立足于对原著或原始资料深入研究的基础上,最后撰写成文,因此所写文章,既不是泛泛而谈,也不是人云亦云,而是敢于提出自己不同的看法,即使以前的权威著作或权威学者已有结论,她照样还要发表个人的见解,许多论点确实富有新意,具有创见。就如在这些文章中,《石涛新论》《阮籍新论——被恶势力扭曲了的人生》《陈寿〈三国志〉曲笔新探》诸文亦多具有这种精神。因此,读了这些文章,不单是获得丰富的知识,而且肯定会得到有益的启示。

三、大力表彰被湮没的人和事

关于这一内容,《萨克达夫人》《须从大处看文骢——杨文骢新论》《旅顺鸿胪井题记刻石——唐与渤海关系的珍贵文献》可视为代表。其中《萨克达夫人》则更为典型,评介的确实是一位名不见经传的妇女。我与许多读者一样,在未阅读这篇文章以前,确实不知道在清代历史上还曾有过这样一位了不起的才女。文章开头便提出要向世人评说这位女性的三大理由:

提起萨克达夫人,可能鲜为人知,因为这是清代一位名不见经传的满族女性。虽说不见经传,但却是值得提起的人物。这有着几方面的缘由。在清代乾隆、嘉庆年间贵族中有一个拒婚事件,是指权臣和珅欲与礼部侍郎德保联姻,希将其女许配德保之子英和为妻,德保鄙薄和珅的为人,予以拒绝。自此和珅怀恨,对德保与英和父子伺机报复,把婚姻问题纠缠在政治斗争中,致使嘉庆皇帝也为之动问。德保对和珅拒婚后,精心为儿子英和选择佳偶,所选者即这位萨克达夫人,此其一。萨克达氏在公公官至礼部尚书、丈夫官至协办大学士的大贵族之家作为主妇,她要对上服侍翁姑、丈夫,对下抚育自己亲生的十三个儿女,恪尽妇道,而犹能发奋读书,自学成才,对于医学尤为精研,并将多种经世致用之书刻版家藏以传世,在当时的女性中,确为少见,此其二。她善书法,工绘事,是一位女书画家,作品可能尚有留存,希望得到世人的注意,此其三。综如上述,对这位女性的生平行事略作一些探讨。

既然是名不见经传,自然也就很少有人问津,因为按惯例总是认为意义不大价值不高的人和事,就永远湮没无闻。若要研究,一切都得从原始资料搜集做起,即使想借鉴也只能望纸兴叹而已。当然,这类文章撰写起来无疑就更加费时费力,但成文以后其价值也就显而易见。

又如一位有过光辉历史、杰出贡献的杨文骢,长期以来,却很少见到过系统公正的评价,为此作者经过一番努力,写成《须从大处看文骢——杨文骢新论》一文,文章第一句话就点出"杨文骢是明末清初出生在贵州的一位杰出人物"。接着就在引言中作了概括性的介绍,此人乃是"一位能文能武,一代杰出的诗人和画家","在抗清战败,身陷清军营中时,不降不屈,壮烈殉难",年仅48岁,就"悲壮地含恨而去"。作者深有感触地指出:"对这样一位忠烈之士,本应将其事迹广予播扬,以昭后世;然而 300 年来却始终使他处于被冷落的不合理境地。只不过是因为他和马士英是姻亲,人们鄙薄马士英的为人,竟至株连到对杨文骢的正确理解,这当然是极不公道的。"为此,文章将"自幼即怀有济世报国之志""诗文书画皆享誉当代"的杨文骢,作了实事求是的评述,让读者尽可能地了解其人的本来面目。

我们还要特别指出的是《旅顺鸿胪井题记刻石——唐与渤海关系的珍贵文献》一文,不仅在弘扬石刻文献的重要价值,讲了刻石文献的沧桑史,而且在揭露侵略强盗掠夺我国重要文物的丑恶嘴脸。为了引起读者们的重视,现将文中两段文字摘引如下:

渤海国接受唐王朝的册封事在唐睿宗先天二年(公元 713 年),当时唐王朝特派"敕持节宣劳靺鞨使鸿胪卿崔忻"为专使,在完成使命的归途中路经旅顺口时,特意"凿井两口",并题记其事,刻石"永为记验",史称"鸿胪井题记刻石"。这是唐与渤海关系史上最早的信物,也是辽东半岛上最有价值的石刻,更是可与史书相互印证并可据此记载以纠正、弥补史书谬误与缺失的重要历史文献。一千多年以来,在原石上下前后左右题记补刻者甚多,除有七则题识因漫漶剥蚀已难辨认外,尚有大致或完全可以辨认者达五则之多。但不幸的是,日俄战后日本侵略者占领了旅大,日本镇守军中将富冈定恭公然将此石刻掠夺至东京,至今存放在日本皇宫内的建安府前院,称作"唐碑亭"。自此以后,多少日本人写文章研究、考证,赞美掠夺者的功勋,以主人的身份自居而恬不知耻。最令人气愤的是,去年夏天,大连电视台记者专程去采访时,竟无理地遭到拒绝。非但石刻不得一见,而且任何有关的资料也不肯提供。更令人难以容忍的是,他们居然恶狠狠地质问:"你们要干什么?!"这种强盗嘴脸使我们不禁联想到:难道被掠夺去的国宝不应归还么?……

日俄战后,帝俄战败,日本侵占了旅大。旅顺海军镇守司令长官中将富冈定恭,在他到任的当年(清光绪三十四年,日本明治四十一年,公元 1908 年)即将此刻石掠运至东京,而于旅顺原址立一"鸿胪井遗迹"石刻以掩盖其强盗行径。日本文人学者对此石刻据说"在许多书中都被大家赞扬,这已成为史家的常识"。(引见渡边谅《鸿胪井考》)他们俨然以石刻的主人自居。而时至今日,真正的石刻主人希望一见原石而不可得,公理何在?!

看了这两段文字以后,我们可以想见,作者当时是怀着极大的气愤在撰写这篇文章,爱憎之情充满了字里行间。因此,这篇文章不仅是在考证、弘扬珍贵文献的历史价值,而且更是在用愤怒的心情揭露日本侵略者强盗的丑恶嘴脸。当然,这里也同样反映了作者的个性与为人,文如其人。

最后,我还想再指出的是,上文已经讲了,第一卷乃是作者历年来参加学术会议所提供的学术论文。众所周知,上世纪80年代以来,全国各地便不断举办各种内容的学术研讨会,对于发展繁荣学术文化曾起到了一定的推动作用。但是随着时间的推移,有许多学术研讨会也随之在变味,特别是越到后来,整个社会由于浮躁之风所弥漫,尽管各类学术会议有增无减,但许多参加会议的人,很少再按照会议规定而撰写论文,很多都是随便带一篇旧的文章应付一下,更有的是卖老资格,两手空空就去参加,这已经是司空见惯的事。这么一来,还谈什么学术讨论?!当然也有一批一直以来真正在做学问的学者,还是认认真真地撰写论文,抱着追求真理的精神参与讨论,孙先生就是这样一位学者。孙先生每次参加学术会议,总是按照会议主办单位所确定的主题而认真地撰写论文。特别是在参加中国历史文献研究会每次的学术年会,更是如此。我可以告诉广大读者,我们历史文献研究会正是因为有像孙先生等一批老学者的示范带头作用,已经形成了一个好的会风,每次学术年会,学术空气总是浓浓的,每年不仅定期出版一本会刊,而且每次年会之后,总要出版一本学术论文集,原因在于我们有着非常丰富的稿源——会员提供的学术论文。从这个意义上来说,我们当然要感谢老会员们为我们学会所创造的精神财富,好的学风、好的会风。

总之,读了这部文集,作为个人来说,收获确实颇丰,感受也相当深,因为全书内容丰富、文字优美,因此给我的感受便是虽说是文集,但却具有知识性、可读性、学术性、辩驳性等多方面的价值,应当说是一部雅俗共赏的学术论著。因而凡是阅读过此书者,肯定会收到程度不等的益处。

2008年初春序于浙江大学独乐斋

(原载孙绍华著《卷葹书屋苏古求新集》,
中国大百科全书出版社2009年6月版)

《湖州方志提要》序

浙江湖州,向以方志之乡而著称,历史上曾产生过多部名志。还在宋代,就产生过景德《吴兴统记》、淳熙《吴兴志旧编》、嘉泰《吴兴志》等,特别是明代天启中期由董斯张(1587—1628)编纂的《吴兴备志》,更是一部影响深远的志书,深得《四库全书总目提要》作者的好评,不仅是内容丰富,门类齐全,特别是征引资料之多竟达400多种,除正史、前志之外,还有大量野史、杂记、文集、笔记、家谱等,许多征引之书都早已散佚,因而保存了许多今人难以看到的地方文献。而该志对于所引之资料还大多加以考证或校订,史料价值就更加可靠。尤其是它的编修体例,曾直接影响到清代台湾方志的编修,成为清代台湾编修方志的样板之一。台湾学者陈捷先教授在《清代台湾方志研究》一书中说,《诸罗县志》在台湾是编纂得最好的一部方志,而该志的编纂人员正是受到董斯张的《吴兴备志》的影响。对此,内地方志学界却很少有人知道。而在乡镇志方面,明清两代和民国时期编修的《乌青镇志》和《双林镇志》等,都为后人留下了非常丰富的有价值的资料,为后世修志树立了典范,并且还成为明清史研究工作者们常用之书。这一点尤其值得今天新志编纂工作者们学习和借鉴,因为这些旧志书给后人留下的都是些具体的史料,而不是空洞的长篇大论。

然而,非常遗憾的是,作为方志之乡的湖州,从古至今究竟编修过多少志书?尤其是流传至今的究竟还有多少种志书?很少有人能够说得出来。大家都习惯于用"毛估估"的方法说"大约有一百来种",究竟一百多少?谁也说不清楚。直到1984年洪焕椿先生出版了《浙江方志考》一书,书中收录浙江已佚和现存的旧方志2000余种,其中湖州方志180种,这是收录湖州旧方志最多的一部著作,此书的出版为研究和利用浙江旧方志提供了方便。曾得到学术界的好评。那么,人们也许会问,湖州的旧方志是否真的只有180种?实际上人们在使用《浙江方志考》过程中,发现书中对于浙江各地旧方志的记载还存在许多漏记、错记、误记等情况,但是用过也就算了,也没有机会再对其加以更正。同时也可以理解,在那个年代,由于历史和社会等因素,条件限制了作者对该书内容做到完整无误,因此今人也无意于对其苛求,况且做学问本身总是后来居上。

沈慧同志是湖州市地方志办公室的研究员,在职期间就非常注意对湖州历史上所编方志进行研究,并不时在许多刊物上发表研究成果,退休以后,便集中精力对湖州历史上所编之各类方志进行系统研究,经过数年的努力,终于编写出数十万字的《湖州方志提要》。全书收录了湖州新、旧方志共 424 种,其中新方志 171 种,旧方志 253 种(《浙江方志考》原著录湖州旧方志 180 种,其中有 20 种不属于方志而收入了地方文献存录)。可以毫不夸张地讲,该书第一次摸清了湖州方志的家底,订正《浙江方志考》涉及湖州方志记载有误的 42 条,纠误 62 处,补遗《浙江方志考》漏载湖州旧方志 93 种;发现并订正《舆地纪胜》、《内阁藏书目录》、嘉靖《吴兴掌故集》、天启《吴兴备志》、《千顷堂书目》、《明史·艺文志》、《四库全书总目提要》、顺治《湖州府志前编》、康熙《乌青文献》、雍正《浙江通志》、《清朝通志》、乾隆《湖州府志》、道光《武康县志》、同治《湖州府志》、光绪《归安县志》、《清史稿·艺文志》、《中国地方志集成》、《中国地方志联合目录》、《稀见方志提要》等 20 多种书中错误 60 余处。现以大家常用的《浙江方志考》为例,如前溪、练溪、仙潭分别是武康县、练市镇、新市镇的别名,而该书将这些志书都归于山水志;正德《仙潭志》、正德《新市镇志》实为一部志书的两个名字,该书误认为两部志书,分别归于乡镇志和山水志;《吴兴续志》是保存于《永乐大典·湖州府》9 卷中的一部相对比较完整的志书,该书著录为“已佚,仅见《永乐大典》著录一条”;成化《湖州府志》已久佚,该书却将静嘉堂文库本和姚氏咫进斋钞本弘治《湖州府志》误录为成化《湖州府志》。而在该书中著录许多“未见传本”的志书,如朱福增《练溪文献》、程之彭《仙潭文献》、张鹏翂《南浔文献志》、张睿卿《岘山志》、唐靖《前溪逸志》等,其实都有传本,沈慧同志不仅均已过目,而且均已收录于《湖州方志提要》之中。还有罗愫修、杭世骏鉴定,卷首冠有孙槐、杭世骏、罗愫三序的乾隆《乌程县志》,该书则认为:“本志卷首无序文,亦未列纂修人姓名”;署名蔡松纂《双林镇志新补》,该书亦著录为“未著编者名氏”;郡丞傅兆为嘉泰《吴兴志》作序,该书误作傅兆敬;《新市镇再续志》的编纂者应为费悟,该书却误为费格;练市镇旧属归安县,该书则误为旧属乌程县;《宝前两溪志略》中的宝溪和前溪,其实均在归安县菱湖镇,但该书误将前溪归属旧乌程县;周学浚、丁宝书参与编纂了多部志书,但该书各条目著录的作者籍贯并不统一,如此等等,就不再列举。尽管所列问题,看起来都是小事,但是作为一部书所记载的真实性来说,还是应该指出,否则这些错误将永远流传下去,因为无论是研究旧志,还是编修新志,都是在做学问,而做学问讲求的就是求真务实,精益求精,来不得半点马虎。因为你记载错了,只要无人发现,这个错误就会永远流传下去,特别是专家学者的著作,人家总会信以为真,因此,凡欲著书立说者,下笔时必须审慎。而沈慧同志为了撰好《湖州方志提要》,她查遍了湖州的图书馆、档案馆等,并通过各种关系,查阅了浙江图书馆、上海图书馆乃至国家图书馆的馆藏。有时候连中午也泡在图书馆,尽一切可能查阅原件,因为要写提要,单靠目录、索引都是无济于事的。功夫不负有心人,通过数年的辛勤劳动,终于完成了 25 万字的《湖州方志提要》一书。当然这部书能够顺利完成,除了领导重视、各有关单位支持外,还有一个重要因素,那就是她的先生湖州师范学院文学院院长程民教授的大力支持,不仅是精神上支持,更重要的是整天开着私家车奔走于各个藏书单位,并且还担当了拍照的任务。很显然,这位可敬的院长,为这部《提要》的编写是立下大功的。

对于这部《湖州方志提要》,我觉得它最大的贡献,表现在如下两大方面:首先,它第一次彻底摸清了湖州方志的家底,从本来只知道 100 多种,如今扩展到 424 种,为湖州数字方志库的建设,提供了基础数据,不仅知道了数字,更重要的知道了分布情况和收藏单位,为使用、研究这些方志创造了有利的条件。从表面上看,这个数字变化似乎很简单,但是它是用作者多少个日日夜夜辛勤劳动而换来的,其中甘苦自然一言难尽。

其次,它的价值更在于对每部方志都写了提要,正如《凡例》中所说:“每部书著录:书名、卷帙、纂修人、版本、存佚、修纂时间、篇目、主要内容与简要评价。”可见它与一般的目录著作是不同的,有了这个《提要》,即使没有看到这部方志原著,也可以了解到它的大体情况。从这些内容来看,也就可以想见到这部《提要》工作量之大,学术价值之高。仅此两大贡献,就足以使这部《提要》永远立足于方志之林。它为全国各地研究方志发展史树立了典范。

这里我想顺便告诉读者,如今我们所讲的提要,是源于西汉时期刘向校书时为每一部书所写之《别录》。对此,著名的历史文献学家张舜徽先生在其

《清人文集别录自序》中就曾这样说:"别录之体,犹提要也。……昔刘向校书秘阁,每一书已,辄为一录,论其指归,辨其谬误,随意奏上,载在本书,后又裒集众录,谓之别录,盖即后世解题之始,名曰《别录》,谓纂辑群书之叙录,都为一集,使其别行云耳。"①后来演变,亦有称解题者,如南宋陈振孙的《直斋书录解题》。解题也好,提要也好,它们都有一个共同的功能,就是都要对每一部书作一简明的评价,这是单纯的目录著作所做不到的。无论是《汉书·艺文志》,还是《隋书·经籍志》,尽管它们在学术发展史上的地位都很高,却都不具备这个功能。而称《提要》影响最大的自然要算《四库全书总目提要》了。

这里我还要说几句的是志书名称问题。从这部《提要》所载书名来看,称呼确实不少,有一些从书名看确实不像方志,将来很有可能会有读者提出疑问。关于这点,我想告诉读者,方志在历史发展过程中,确实产生过多种称呼,我早年在《方志学通论》就已经讲过,在方志发展过程中,曾产生过多种名称,除了记、图经、志为主体外,还有图志、录、乘、谱、编等,以录为名的有《吴郡录》《吴兴录》《会稽典录》《剡录》等,以乘为名的有《豫章职方乘》《兴隆续职方乘》《齐乘》等,以谱为名的有《永嘉谱》《恩平郡谱》《高要郡谱》《江阳谱》等,称编的有《永宁编》《通义编》等。我在举例说明以后就曾这样说:"可见研究宋代的方志不能只着眼于名称,尽管称志、称图经是主流,但称记、谱、乘、编者亦不能忽视。看一部著作是否属于方志,要先看其内容和著作体例,而不能用名称来定其是与不是。"②因为,在古代政府并无统一规定,况且这些书大多出于私人所修,因此不可能做到很规范,这是应当可以理解的。

最后,还有一个问题要和大家商量的,那就是有些书该不该属于方志,如学校志、工厂志、医院志等等。如某某校志,我觉得这样称呼当然可以的,但这个"志"就不应当理解为方志的"志",而应当理解为史;同样作为一个工厂、一个医院,如果也都修了志,这个"志"也都只能理解为史,因为它们本身都并不属于方志范畴。我记得原来的杭州大学就有校史编纂室,后来四校合并建立新的浙江大学,照样还是叫浙大校史编纂室。当然,还有好多本不该属于方志的家族史,也都堂而皇之地走进了方志的殿堂,至今也无人来管。还在十年前,我在《方志学通论·修订本前言》中对这类问题曾经发过一通议论,

---

① 《清人文集别录》,中华书局 1963 年 11 月出版。
② 《方志学通论(增订本)》第 180 页,华东师范大学出版社 2013 年 1 月出版。

十年过去了,居然没有得到一个回音,也不知方志界上层领导对此有何看法,按理讲也该管一管才是。为了说明问题,现将那段议论抄录如下:

如今令人感到不安的是,自从修志出现高潮以来,社会上许多书籍也都打着志书的旗号出现,莫名其妙的"志书"实在不少,一个家族的历史也名之曰志,有的还是由志办组织编写的,《陋巷志》可视作代表。该书序言中就这样写道:"《陋巷志》是以春秋时期鲁人颜回所居'陋巷'地名命名的志书,它与孔氏家族志《阙里志》一样,在中国地方志中是以圣贤家族历史为对象的专门志书。"可见人家已经将这种家族志堂而皇之地列为方志系列专门志书了。其实它不过是一部名副其实的家族史而已。而这里的《阙里志》的"志",原本当作"史"的意思,从来就没有人把它当作地方志看待,如今却一律都附会成地方志了。圣贤家族可以修志,其他家族同样可以照此办理,长此以往,当然还会出现许许多多类似的系列志书,整个修志事业不就乱了套吗? 对此,难道大家真的就能等闲视之吗?

上文讲了,十年过去了,没有听到任何反响。因此十年来,我也一直在静观发展情况,仔细观察下来,发现史志不分似乎已成一种普遍现象,从来无人过问。例如一个地方一旦发生了一件重大事件,事后马上就会有人组织编写某某某志,这已经成了时尚,就如前两年已经开始编写的《上海世博会志》,就是如此。我觉得,像上海世博会这样大规模博览会,就是在世界历史上也是具有重大意义,写一部书全面加以记载让其永载史册,那是非常必要的,但是,若是将这种书也作为方志来写,那就非常不妥当了。如果一定要称《上海世博会志》,那也未尝不可,但是,这个"志"只能解释为史的意思。听说,前些时候,复旦大学邹逸麟教授已经发表过类似意见,可见,持此观点的还是大有人在。

基于以上情况,希望修志工作的高层领导能够引起足够重视,并及早加以过问,以使修志工作更加规范化,保证已经流传两千年之久的祖国优秀传统文化能够得以健康地发展下去。

2013年3月12日序于浙江大学独乐斋

(原载沈慧编著《湖州方志提要》,
中国文史出版社2013年6月版)

《浙江藏书家传略》序

原浙江图书馆古籍部主任何槐昌先生,从事古籍图书整理研究工作近四十年,因而对于古籍的版本学、目录学、校勘学等都是具有非常深厚的根底。也正由于长期和这些大量的古籍打交道,所以对这些人类智慧的结晶产生了非常深厚的感情,他常常在想,在漫长的历史长河中,这些宝贵的历史文献和典籍,虽然历经厄运,千百年来还能保存下来,全靠广大藏书家历经艰险、劳苦,一棒一棒地传了下来,仅此而言,其功劳就不应长期被埋没。何况藏书家们对于发展学术文化、承传中华文明都起到过无可估量的作用。为此,他很早就萌发了要编纂《浙江藏书家史略》[①]一书的想法。尤其是自古以来浙江就是一个藏书大省,藏书历史源远流长,历代藏书家辈出,而至今没有一部较全面、完整地反映浙江藏书家的著作,老一辈学者金天游、吴晗先生虽然先后出版过《中国藏书家考略》《两浙藏书家史略》两书,前者共收入全国藏书家 760 位,浙江籍仅 200 多位;后者收入苏、浙两省藏书家 750 位,浙江籍也仅 380 位,还有大量的浙江藏书家仍旧湮没无闻,得不到应有的介绍。于是何先生在长期资料积累的基础上,又通过多年搜集和查考,经过数易其稿,终于在年前完成了 20 余万字的《浙江藏书家史略》书稿,全书共收藏书家 870 余位,远远超过以前所有同类书的记载,内容也更为充实。对于每位藏书家,除了姓名、字号、籍贯外,举凡生卒年代、科第仕途、藏书室名、藏书历史、生平史略、学业专长、个人著作、藏书印章等等,皆为详细著录,真是做到应有尽有。因此,这是到目前为止记载浙江藏书家个人历史最为全面的一部著作。而值得注意的是,这部著作记的虽然仅是藏书家们的传略,却都充满了浓郁的人文气氛,蕴藏着深厚的文化内涵,折射出许多不可多得的浙江的人文精神,因此,全部浙江藏书家的历史,乃是浙江文化发展过程中一条非常重要的脉络。我想此话绝无夸张之意。而令人遗憾的是,长期以来却一直很少有人对他们

---

① 何先生书稿原名"史略",后经整理,出版时改用"传略"一名,本文仍从其旧。

问津。尽管大家都在大谈建设文化大省,发扬浙江历史上的人文精神,而历史上这些藏书家们所受到的待遇,似乎还是"冷落"二字。

我国的藏书事业很早就已经产生了,远的不去说,西汉时国家已经有石室、兰台等多个藏书处,刘向父子还曾受命为国家藏书进行整理和校勘工作。此后在全国许多地方便先后出现了私人藏书家,发展到后来,江苏、浙江两省便成为全国私家藏书最盛的地方。而浙江的藏书家最早的当推范平,"吴郡钱塘人",东吴时官至临海太守,孙皓初,借病辞官还乡。入晋后,"频征不起"。《晋书·儒林传》载:"家世好学,有书七千余卷。远近来读者恒有百余人"。在当时私家藏书能有7000余卷,实属罕见。况且所藏之书同时供外人阅读,远近来读者常在百余人,并且还为前来看书者提供"衣食",这就更加少见了,就连我们今天的公共图书馆也很难办到,难怪东晋士族领袖、儒家大师贺循,在范平去世后,特地为之"勒碑纪其德行"。可见私家藏书,并非仅为自己家族而用,而是面向社会,传播知识,这实际是广大藏书家共有的特点。就以明末清初大史学家谈迁写《国榷》为例,由于他家境贫寒,并无多少藏书,而要写的又是一部内容庞大的当代史,因而需要大量的史料,于是便长年累月四处奔走,问藏书之家借抄借读,即使他去北京,跑得最多的也还是藏书家。因此,我们毫不夸张地讲,若不是众多的藏书家支持,他这部《国榷》也很难完成。这些历史事实都向人们显示,在那漫长的历史岁月里,许许多多的藏书家们,都是无怨无悔地在执行着当今公共图书馆的一些职能,对于他们这样默默无闻的奉献,如今又能有多少人知道呢?到了南朝时期,便出现了家有藏书超2万卷的藏书家沈约,时人称之"京师莫比",因为当时国家的藏书也不过2万卷。到了两宋,浙江的藏书家已遍及全省的各府县,达65位之多。清代乃是藏书之风极盛的一个时代,浙江自然也不例外,即使到了清末,全国四大藏书家:聊城杨氏海源阁、常熟瞿氏铁琴铜剑楼、湖州陆氏皕宋楼、杭州丁氏八千卷楼,浙江就占了一半。值得注意的是,清末至民国时期,社会一直处在动荡不安的状态,浙江的藏书事业,不仅没有受到影响而停滞不前,反而出现了一批著名的藏书家和藏书楼,如瑞安孙氏的"玉海楼"、绍兴徐氏的"古越藏书楼"、湖州刘氏的"嘉业堂"等等。尤其是刘氏的"嘉业堂"和建于明代的范氏"天一阁",在私人藏书楼中均成为全国之最。天一阁是现存最古老的私人藏书楼,至今已有400多年历史了,从范氏家族来讲,历13代,薪火相传而不衰,这在藏书史上也是个奇迹。著名学者黄宗羲在康熙十八年(1679)在所作《天一阁藏书记》中用敬佩的口气说:"尝叹读书难,藏书尤难,藏之久而不散,则难之难矣。"①究其原因,正是创始人范钦生前立下的"代不分书,书不出阁"的严格的家训保证。一套严格的管理制度和非常合理的防火措施,使得400多年的藏书楼能够完好地保存至今。当年范钦藏书最后达7万余卷,主要为宋、元以来刻本、稿本,而以明刻本为主。特别是所藏明代地方志乃是其最大特色。骆兆平在《天一阁藏明代地方志考录》一书中称,天一阁原藏地方志435种,超过《明史·艺文志》所著录,解放后经清理,尚有260种,而全部藏书至解放前仅存13000余种。现在这个最早的藏书楼已列为全国文物保护单位。经过工作人员的努力,现在天一阁藏书已达30万卷,其中善本精刻达8万卷之多,而新修方志已有1200部。而刘氏嘉业堂则是私家藏书最多的藏书楼,当年号称藏书60万卷(实为57万多卷、18万余册),这在私人藏书史上自然又创造了全国之最。其中宋刻本77种,元刻本78种,明刻本约2000种,清刻本更达5000种左右,而各类方志竟达1200种之多。仅这些数字,已经足以令人惊奇了。

我国私家藏书为什么能够历两千年之久而不衰,主要是所有藏书家中,除少数为书贾外,大多数都为真正的读书人,他们聚书的目的,是要从这些人类智慧的结晶中来吸取各自所需要的各类知识,作为做学问的养料,成为自己著书立说的重要源泉。因此,我们可以毫不夸张地说,在这众多的藏书家中,曾产生过许多著名的学者、校雠学家、目录学家,乃至出版家等等。我们就以大学者黄宗羲为例,尽管自己藏书数万卷,仍感不足,便到那些著名藏书楼借书借读,当时江南藏书名家,几乎都留有他的足迹。如同里世学楼钮氏、澹生堂祁氏,南中则千顷堂黄氏、天一阁范氏、歙溪丛桂堂郑氏,禾中倦圃曹氏,吴中则绛云楼钱氏,传是楼徐氏。全祖望说他"穷年搜讨,游屐所至,遍历通衢委巷,搜鬻故书,薄暮,一童肩负而返,乘夜丹铅,次日复出,率以为常"②。可见他阅读过的书籍是相当可观的,既然喜欢读书,也就喜欢藏书,因而逛书肆也就成为他的一大乐趣。每当得知有书出售者,"急往讯之"。就在57岁那年,听说祁氏旷园之书乱后欲出售,即"与书贾入山翻阅三昼夜,余载十捆而

① 《天一阁藏书》,《黄宗羲全集》第10册,第117页,浙江古籍出版社2005年版。
② 《梨洲先生神道碑文》,《全祖望集汇校集注》上册,第214页,上海古籍出版社2000年版。

出,经学近百种,稗官百十册,而宋元文集已无存者,途中又为书贾窃去卫湜《礼记集说》《东都事略》"①。已是年近花甲的人,选购书籍,竟是如此精神饱满,不难看出他对精神食粮的重视达到何等程度。全祖望曾作《二老阁藏书记》一文,讲述了黄宗羲藏书之丰富及藏书之宗旨,文中说:"太冲先生最喜收书,其搜罗大江以南诸家殆遍,所得最多者,前则澹生堂祁氏,后则传是楼徐氏,然未及编次为目也。垂老遭大水,卷轴尽坏,身后一火,失去大半,吾友郑丈南溪理而出之,其散乱者复整,其破损者复完,尚可得三万卷,而如薛居正《五代史》乃天壤间罕遇者,已失去,可惜也。"②虽经一水一火,仍有3万多卷,藏书之丰可想而知,次见所藏之书有许多乃是不可多得的罕见之书,就如薛氏《五代史》,若得以保存,后来也就可以免去辑佚之苦了。文中还转引郑南溪的话来说明黄氏并非单纯的藏书家,也不以藏书之多来显耀。他藏书的目的,在于利用这些丰富的典籍,从事学术研究,因此,这些书籍,既是他治学的工具,又是他从事学术创作的原料,同时又要利用它来教育门下弟子,其功用实在匪浅。所以郑氏说:"太冲先生之书,非仅以夸博物,示多藏也。有明以来,学术大坏,谈性命者,迂疏无当;穷数学者,诡诞不精;言淹雅者,贻讥杂丑;攻文词者,不谙古今;自先生合理义象数名物而一之,又合理学气节文章而一之,使学者晓然于九流百家之可以返于一贯。故先生之藏书,先生之学术所寄也。试历观先生之《学案》《经说》《史录》《文海》,睢阳汤文正公以为如大禹导山导水,脉络分明,良自不诬;末学不知,漫思疵瑕,所谓蚍蜉撼大树者也。古人记藏书者,不过以蓄书不读为戒;而先生之语学者,谓当以书明心,不可玩物丧志,是则藏书之至教也。"可见学者们藏书目的都非常明确,而我国历史上许多藏书家都是著名的学者。就以浙江而言,陆游、陈振孙、胡三省、袁桷、胡应麟、全祖望、朱彝尊、卢文弨、严可均、陆心源、孙诒让等无不如此。

在这些藏书家中,还产生了许多具有不同专长的名家,就以宋代藏书家陈振孙而言,他就成为著名的目录学家。由于他长期在江西、福建、浙江等出版事业较为兴盛的地方做官,这就成为他聚书的有利条件,他利用自己藏书丰富的有利条件,用40年左右时间,完成了著名的目录学著作《直斋书录解

---

① 《天一阁藏书记》,《黄宗羲全集》第10册,第118页。
② 《二老阁藏书记》,《全祖望集汇校集注》中册,第1063页。

题》一书。实际上他聚书的过程,也就是写作这部目录学著作的过程。全书原有 56 卷,著录图书 3096 种,51180 卷,分经、史、子、集四部,53 个小类。其贡献在于全面反映了南宋以前书籍流通情况,著录图书之数,几乎与南宋国家书目《中兴馆阁书目》与《续目》数相当。同时在目录中首创"解题"形式,而每部书的解题都简单扼要,而涉及内容却很广泛,诸如作者姓名、书的内容价值、取材、体例、著述时间、版本、真伪等。与晁公武的《郡斋读书志》共誉为私家目录中的双璧,直至今天,仍为文史工作者案头必备之书。又如明代中叶的藏书家胡应麟,是一位学识比较渊博的学者,在文学、史学方面都有建树。尤其是他利用丰富的藏书,撰写了一部辨伪学专著《四部正讹》,也是我国首部辨伪学专著,从此才开始有了较为系统的辨伪学理论。再如利用家中藏书进行辑佚工作而取得重大成就的严可均,所辑的《全上古三代秦汉三国六朝文》,据《清代七百名人传》云:"使与《全唐文》相接。多至三千余家,人各系以小传,足以考证史文,皆从搜罗残剩得之;复检群书,一字一句,稍有异同,无不校定。一手写完,不假众力。唐以前文,咸萃于此。"其所辑者皆为散失之文,凡全文留传者,则一律不予收入。像这样的辑佚工作,为后人学术研究提供了极为方便的条件。而以校勘称著的卢文弨,则利用藏书对古籍进行校勘工作,先后曾校订过《经典释文》《逸周书》《春秋繁露》《白虎通》《荀子》《吕氏春秋》等古籍并刊行于世。又将经、史、子、集 38 种进行校勘、注疏,成《群书拾补》。还将所校汉唐古籍及自著札记文集 20 种 263 卷,合为《抱经堂丛书》刊行,所附序跋,多为校书所得卓识之见。以上数例,就足以说明,我国古代大多数藏书家,在精神上都是有所寄托,他们各自都根据自己的专长和爱好,最终都成为各个领域的专门名家,而为中华民族的传统文化的发展与繁荣,都作出了各自不同的贡献。

在众多的藏书家中,也有一部分是集出版家、书商于一身的,他们出版刊刻之书,对社会都作出了很大的贡献,有许多在中国出版史上都有着重要地位,他们与那些专门以营利为目的的书贾是有所不同的。南宋时的陈起就是如此,家有藏书楼曰"芸居楼",自己也是位诗人,并与著名诗人刘克庄等相交往。他所刊刻的书籍有三类,一是南宋当代诗人的诗文集,主要是那些地位不高的江湖诗人作品,如《江湖前集》《江湖后集》等。二是刊刻唐人诗集,如《韦苏州集》《孟东野集》《李群玉集》等。三是出版了一批笔记和画论,特别是笔记如《湘山野录》《宾退录》《挥麈前录》《挥麈后录》等。这些笔记由于他的刊刻而得以流传下来,其内容对于研究当时的社会与历史都有重要参考价值,往往可以补史书记载之不足。他所刊刻之书,深得后人的宝爱和称赞,近代学者王国维就曾颂赞陈氏刊刻之功。而陈氏也因刊刻《江湖集》而获罪被流放。又如明代藏书家洪楩,也曾刊刻出版了许多有价值之书,尤其是所刻之《清平山堂话本》,对保存和传播宋元话本起到重要作用。我们再看藏书家刘承幹他在搜罗藏书的同时,还搜寻好的版本加以刊刻。对于所刊刻之书还请有关专家鉴定,并请著名学者为之校订,当时著名学者王国维、吴昌硕、郑孝胥、罗振玉、张元济、缪荃孙、叶昌炽等人都曾为刘承幹鉴定、校订所刻之书。所印之书约 200 多种、约 3000 卷,据统计,嘉业堂所藏之书版尚有三四万块。其中《嘉业堂丛书》《吴兴丛书》《求恕斋丛书》《留余草堂丛书》《希古楼金石丛书》五种丛书和单印本《影宋四史》《晋书斠注》等对后世都有很大贡献。尤其是他们刻印了一批被清政府列为禁书者。如李清《三垣笔记》、屈大均《安龙逸史》等。对于他的刻书,就连鲁迅先生都曾作过称赞。况且他的刻书并非为营利目的,而很大部分都分送给有关学者,甚至好多日本学人都曾向刘氏讨过书。我们还要特别指出的是,他为一生不得志,死后生平事迹又一直被埋没的章学诚刻印了《章氏遗书》,最为值得称道。章学诚在去世前一年就已双目失明,故临终前数月不得不将平生所著文稿委托友人萧山王宗炎代为校定。在著名史学家沈曾植的鼎力推荐下,刘承幹乃依据王宗炎所编之目,搜罗增补,于 1922 年刊行了《章氏遗书》50 卷,从此章氏著作遂得比较完整地刊行于世,也正因如此,章氏著作也就比较完整地得以流传下来,因而章氏之学能够显于天下。刘承幹之功劳自然不能抹杀,若不是他的刊刻,章氏有些著作也很可能会流失,可见许多藏书家他们刻书的重要意义。

　　以上所列这些事实,足以说明我国历史上这些藏书家,他们都是相关方面的专门名家和学者,由于他们执着的追求精神,使我们丰富的文化典籍才有可能一代一代地承传下来,他们都为发展、繁荣祖国学术文化默默无闻地在作贡献。浙江今天所以能够成为这样的文化大省,与一代代藏书家的辛勤劳动是分不开的,然而,今天还能有多少人能够知道他们,记得他们呢?因此,在浙江全省提出建设文化强省的今天,何先生编写出版《浙江藏书家史略》一书,自然是非常适合时宜的。作者编写此书目的非常明确,首先将那些早已被历史尘埃所湮没的浙江藏书家们的事迹加以发掘,对他们聚书、治学的坚毅、顽强、执着的宝贵精神和在创造浙江丰富文化中所作出的贡献加以弘扬,为建设文化强省而借鉴。所以我们认为这是一本有着丰富文化内涵、记录着浙江文化发展历程的重要书籍,同时又是一本雅俗共赏、面向大众的好书,故在该书行将问世之际,特写下自己的一点读后感,谨以此向作者表示祝贺,并向广大读者推荐,读此书必定是开卷有益。

写于浙江大学独乐斋
2006 年 5 月 14 日

(原载何槐昌主编《浙江藏书家传略》,上海人民
出版社 2013 年 11 月版)

《二十五史警句妙语辞典(增订本)》前言

我们中华民族,不仅有着悠久的历史,而且有着极为丰富的历史文化遗产。仅以史籍而言,已经是浩如烟海,它不仅数量众多,内容丰富,而且记载之连续,体裁之多样,都是世界历史上所罕见的。就以人们常用的被称为正史的"二十五史"而言,即有 3758 卷,约 5000 万字,记载了中华民族从远古到清朝末年 5000 年文明史,在世界文化史上独树一帜,堪称中华文化之瑰宝,在世界文化之林也具有显著的地位。它们不仅是研究中国历史文化的重要依据,甚至研究世界历史文化,"二十五史"也是重要的文献典籍,历来为中外学者们所重视。

"二十五史"起自 2000 多年前西汉著名历史学家司马迁撰著的纪传体通史《史记》,其后,东汉历史学家班固又撰著了纪传体断代史《汉书》,开历代编修纪传体正史之先河。西晋历史学家陈寿著《三国志》,南朝宋历史学家范晔著《后汉书》。以上四部史书就是今天人们所说的"四史"或"前四史"。北齐历史学家魏收著《魏书》,南朝梁历史学家沈约著《宋书》,南朝梁历史学家萧子显著《南齐书》。唐朝初年,唐太宗命史臣修《梁书》《陈书》《北齐书》《周书》《隋书》,书成后又命修《晋书》。这六部史书与上述七部合在一起,就是唐人所称的"十三史"。其后,唐代历史学家李延寿个人又编纂了《南史》和《北史》两书。五代后晋命修《唐书》,到了北宋初年人们对这部《唐书》不大满意,故宋仁宗命史臣重修,书成后,就有了两种《唐书》,为了表示区别,便出现了《旧唐书》和《新唐书》之名。北宋初年,宋太祖曾命史臣修五代历史,书成后,原称《五代史》,又称《梁唐晋汉周书》,而历史学家欧阳修对此书很不满意,便另修了《五代史记》,时人称为《新五代史》,前者则被称为《旧五代史》。于是宋人于唐人所称之"十三史"外,加《南史》《北史》《新唐书》《新五代史》,称为"十七史"。宋末宰相文天祥被元军俘至大都(今北京),元丞相逼其投降,文天祥当时曾说过"一部十七史,从何处说起"! 意思是说,一部"十七史"记载的历史这么久远,从何谈起呢! 指的就是这"十七史"。元顺帝时,命脱脱主持编修了《宋史》《辽史》《金史》三部史书。明朝建立后，明太祖即命宋濂、王祎为总裁，编成《元史》。这样明人在"十七史"外，加上上述四部史书，从而就有"二十一史"之称。明人张自勋著有《廿一史独断》，清人沈炳震著有《廿一史四谱》，郑元庆又作《廿一史约编》等。到了清雍正元年《明史》修成，遂有"二十二史"之称，后即有钱大昕著《廿二史考异》、赵翼著《廿二史劄记》等。乾隆时编辑《四库全书总目》，以纪传体为正史，并诏定《旧唐书》《旧五代史》亦列为正史，还诏定《史记》至《明史》24 种史书均为正史，自此正史遂为"二十四史"专有之名，而从此也就有了"二十四史"之名称。可见"二十四史"的编修，是经历了相当长的历史时期，而"二十四史"的名称则到清乾隆时期才产生。现在我们日常生活中，常听到有些人当遇到头绪纷繁的事情时，往往会无可奈何地说："一部二十四史，叫我从何谈起？"这个习惯用语，实际上是从文天祥说的"一部十七史，从何处说起"慢慢演变而来的。到了民国初年，《清史稿》编撰完成，尽管存在着体例不一，繁简失当，某些事实人名错漏颠倒以及文理不通诸多毛病，但是，它毕竟记载了有清一朝的史事，成为记载清代唯一的一部纪传体断代史书；从研究封建王朝全部历史的角度出发，学术界总是用它与"二十四史"相配，成为我们常说的"二十五史"之一。当然，我们也要指出，清朝末年，柯劭忞不满于《元史》的疏漏讹误，乃搜集史料，另撰《新元史》，但全书无自撰叙跋、凡例、考异和引据出处，同时采用德国人著作，德文译言多有不可信等众多弊病，为论者所诟病。尽管 1921 年北洋军阀政府总统徐世昌下令将其列为正史，为"二十五史"之一，但是学术界并不为此所约束，还是将《清史稿》作为"二十五史"之一，因为若是缺了《清史稿》，则记载封建时代最后一个王朝历史就无着落，况且《新元史》既不能取代《元史》，又无法与《旧唐书》和《旧五代史》相比。所以，我们也是将《清史稿》作为"二十五史"之一。

　　"二十五史"犹海纳百川，内容丰富广博。这 25 部史书水平虽然不一，有的甚至相差很大，但是，在每部史书中，都有很多形象生动、富有哲理、足资今人借鉴的警句妙语，对于"修身、齐家、治国、平天下"都有参考价值，有的早已脍炙人口，广为传诵；但更有大量的警句妙语仍鲜为一般人所知。把这些警句妙语加以编选集中，通俗介绍，既可以弘扬中华民族传统的优良道德文化，又可以为当前的两个文明建设服务。这些警句妙语，有许多都是在宣传我们中华民族传统的优良道德观念,对我们今天树立良好的社会风尚,培养新的社会主义道德,实现中华民族的伟大复兴,无疑都会有很好的借鉴价值。这里不妨列举数条便可说明。

恃德者昌,恃力者亡。(《史记·商君列传》)

桃李不言,下自成蹊。(《史记·李将军列传》)

其誉人也不望其报,恶人也不顾其怨,以便国家利众为务。(《史记·日者列传》)

见人不正,虽贵不敬也;见人有污,虽尊不下也。(《史记·日者列传》)

论大功者不录小过,举大美者不疵细瑕。(《汉书·陈汤传》)

君子不患位之不尊,而患德之不崇;不耻禄之不夥,而耻智之不博。(《后汉书·张衡传》)

良药苦口,惟疾者能甘之;忠言逆耳,惟达者能受之。(《三国志·孙奋传》)

能用众力,则无敌于天下矣;能用众智,则无畏于圣人矣。(《三国志·孙权传》)

尽忠益时者虽雠必赏,犯法怠慢者虽亲必罚。(《三国志·诸葛亮传》)

不念居安思危,戒奢以俭,斯亦伐根以求木茂,塞源而欲流长也。(《旧唐书·魏徵传》)

忧劳可以兴国,逸豫可以亡身,自然之理也。(《新五代史·伶官传》)

贤路当广而不当狭,言路当开而不当塞。(《宋史·乔行简传》)

以上所列内容,有的是讲治国安邦,有的是讲修身齐家。其实两者并无绝对界限,有些治国安邦的道理,同样适用于个人修养或进行社会交往。一个人如果老是动武,三句话未讲便拔拳相向,恐怕很少有人会与他交朋友;一个人如果一旦生活富裕了,整天生活在优越的环境之中,而把过去的艰辛和痛苦忘得一干二净,无半点忧患意识,到了大难临头,必然是不知所措。可见,像"恃德者昌,恃力者亡""不念居安思危"等警句妙语既可以供治理国家的各级公务员借鉴,而对个人的修身养性,培养良好的道德品质同样具有重要意义。而关于军事方面的条目,似乎只供军事将领用兵布阵时参考,其实并非如此,对经商办企业者同样有着重要的参考价值,甚至有时还超过前者。也许大家并不知道,我国古代的军事著作《孙子兵法》,在日本一直是热门畅销书,并且主要是在商界。而在我国,《孙子兵法》的思想早就在社会文化领域产生了巨大影响。如先秦著名经济学家范蠡、白圭,他们经商的成功就在于都采用了《孙子兵法》中的军事思想,这在古代许多文献中都有明确记载;《黄帝内经·灵枢》更把医学与兵法联系在一起,这更是为常人所难以想象。至于兵法对围棋理论的影响就更加深远了。所以,我们建议广大读者,对于各类警句妙语的借鉴价值,不要受分类所限制,而应尽量领会其精神实质。因为,我们的分类,仅仅是为读者查找时提供某些方便而已,而所作的分类也未必都很精确、科学。

总之,传统文化是我们中华民族的灵魂,而伟大的传统文化遗产之价值对于激发民族自豪感、提倡民族精神是无可估量的。为了弘扬中华民族的传统美德,为建设社会主义精神文明服务,为实现中华民族复兴的伟大目标服务,故而我们编选了这部《二十五史警句妙语辞典》。本书在华东师范大学出版社领导的鼎力支持下,即将问世;陈庆生、陈才等编辑为此书的出版,付出了大量的精力和时间;山西大学崔凡芝教授等为我们提供资料,对于他们的深情厚谊,我们一并在此表示感谢! 由于我们水平所限,书中错误遗漏和不当之处在所难免,特别是遗漏,恳请广大读者和学术界朋友批评指正。

《二十五史警句妙语辞典》编委会

2014 年 12 月

(本文由作者执笔。原载仓修良主编《二十五史警句妙语辞典(增订本)》,华东师范大学出版社 2015 年 4 月版)

八十自述

时光流逝得实在太快了，一不留神，已经到了耄耋之年了。为此，我当年的研究生，以钱茂伟、叶建华等同志为主，相互联系，早就筹划要为我出一本祝寿文集。起初我是不太同意的，总觉得个人的生日，没有必要去张扬，更不必兴师动众，惊动、影响学术界朋友们的平静生活，大家的时间都非常宝贵。但是，由于他们的热情很高，我也就终于答应了。这么一来，必然要麻烦许多学术界朋友，在此我首先对为该文集撰写文章的师友们表示衷心的感谢！也感谢我的老师倪士毅先生赐墨宝。同时，他们还安排我写一篇自述，这自然也是不可缺少的。自述的内容，就是讲一讲自己一生治学的历程。

一

1933年，我出生于苏北泗阳仓集的农家，自幼读过两年私塾，除了背诵过几种启蒙读物外，还诵读了《论语》《孟子》和《千家诗》等。塾师只教背诵，不讲其义，当时虽不可能理解，后来当我从事史学的教学与研究时却很受用。因而曾想当年若能多读几部，如今肯定受益匪浅。可惜由于战乱，虽也读过小学，总是读读停停，小学六年，总共加起来也只读两年书。初中因跳级也只读了两年，只有从高中到大学才按部就班读完。

1958年大学毕业后，分配到杭州大学历史系任教，先是从事中国古代史和历史文选的教学工作，1961年开始，当时的高教部规定，综合性大学历史系都要开设史学史课程，于是系领导决定让我改教中国史学史。我在大学读书时，未读过史学史，而我的指导老师黎子耀教授是两汉史专家。因此，我既无家学影响，也很难讲什么师承关系。这里有一件事情对我印象很深，我改教中国史学史后，了解到北师大白寿彝先生在讲授中国史学史，我曾向系里要求，到北师大听一个学期课，结果系总支不同意，令我不解的是，当时到外地、外校进修的人很多，进修一般都是三年，而我只要求外出听一个学期课竟得不到许可,这对我刺激很大,从此暗下决心,必须在这个学科做出点成绩,为什么人家能够做到而我做不到呢? 当然,我的指导老师黎先生有两点对我影响还是比较深的,一点是他在讲课时爱谈自己的看法与见解,而不是人云亦云。我觉得无论是教学还是研究,这都是很重要的,自己不作深入研究,就无从谈自己的看法。另一点他要我一年内除教学外,通读《四库全书总目提要》,经、子、集三部泛读,史部精读并做笔记。这实际上是黎先生教给我治学的途径与方法,后来读王鸣盛《十七史商榷》才恍然大悟,书中曾云:"凡读书最切要者,目录之学。目录明,方可读书;不明,终是乱读。"又说:"目录之学,学中第一紧要事,必从此问途,方能得其门而入。"后来,又要我翻阅浙江图书馆和杭大图书馆所藏全部宋人文集,并将有关史学方面文章做成索引。先生虽未明言,显然,这都是打基础的必要做法,也可以说为今后做学问而练基本功。在教学和研究过程中,逐步发现方志学和谱牒学原来都是史学发展过程中分出的两个旁支,尤其是对章学诚进行深入研究后,了解到章学诚不仅是一位杰出的史学评论家,而且是著名的方志学家,是中国方志学的奠基人,加之又是浙东史学的殿军,于是他就成为我研究的重点,并于 1962 年初发表了《章学诚和方志学》一文。不料在 80 年代初全国掀起修志高潮时,该文竟被看作修志必读而被到处翻印。1964 年下半年,对我个人来说,真的是风云突变,全国农村开展"四清运动",大专院校师生都要参加,参加之前,还要进行思想上清理。万万没有想到,我竟成了清理的重点对象,整整批了三天三夜,批我整天钻故纸堆,鼓吹封建文化,美化封建人物;经常追随资产阶级知识分子之后(我确实喜欢向老一辈师长们学,除了本系外,中文系和校外,如陈训慈、夏定棫等先生处,常去请教,甚至谭其骧先生来杭或我去上海,总要去拜访);反对毛泽东思想。这一条在当时来说,可了不得。人们也许会问,我怎么会反对毛泽东思想呢? 1963 年 5 月,我在《江海学刊》上发表了《顾祖禹和〈读史方舆纪要〉》,文中有这样内容:"正因为他考订精详,故书中有些记载,竟比经过实地考察所得结论来得正确,众所周知,徐霞客是以实地调查考察而著称,如西南诸川的源流,他就曾实地进行考察,他却没有能纠正《大明一统志》有关记载的错误,而顾祖禹没有身历其境,目所未击,就靠他依据文献记载所作精详考订,所作结论反比徐霞客身历其境进行实地探索的记载来得正确。"这是历史事实,况且谭其骧先生在纪念徐霞客逝世 300 周年的文章中早已指出。

批判我的人们，就是抓住这个内容，作为重磅炮弹，硬说这"是违反实践论的"，"是反对毛泽东思想"的。当时连辩驳权也被剥夺了。这是否真的违反实践论呢？这里有必要多说几句，谭其骧先生在80年代初期，已经发表文章指出，研究历史地理，依靠历史学的研究方法是很重要的，因为历史时期的地理，时间一久，经过千变万化，早已面目全非，要靠实地调查是难以解决问题的，只有依据文献资料，而事实上许多文献资料，正是前人实践经验之记录，对这一事实许多人往往就忽略了，实际上这就等于只承认自己的调查访问，而否定人家实践经验之总结，这自然是不应当的。伟大的历史学家司马迁所写《史记》，许多材料正是来自实地调查和访问。这次批判以后，就给我戴上了"白专道路典型"的帽子。在当时读古书竟成了犯法行为，今天看来简直不可思议。通过这次批判，我似乎立刻变成另一种人了。不是吗？"四清"结束后，各工作队都评出"五好队员"，在工作队里我明明也被评上，可是回校后的庆功大会上宣布"五好队员"名单时，我的名字却没有了。后来我对朋友说，"文化大革命"是1966年开始的，但对于我来说，1964年已经开始了。而"文化大革命"一开始，我又是首当其冲，大字报铺天盖地，说我是"复辟封建主义的吹鼓手""复辟封建主义的急先锋"。因为我研究史学史、方志学，自然就整天"吹捧古人、死人，美化封建文化"。

1974年夏，我接到通知去北京参加《历史研究》的复刊工作，因"文化大革命"开始后，该刊便停了。毛主席提出要复刊。不久江青便指使由科教组的爪牙接管控制，于是"复刊"变成了"创刊"，在编辑部期间，由于在讨论许多重大问题时，我发表意见常常与当权者相悖，有的更触犯了"四人帮"的忌讳，这些显然都成为我的"罪状"。我就是在这种逆境中离开了编辑部，返回杭州。可是，粉碎"四人帮"后，我系某些人又借机来整我，说我在《历史研究》时是"四人帮"的黑爪牙，因而连学报约我写的批判"四人帮"的文章也被压下不给发表。北京学术界许多朋友得知我当时的处境，都很关心，为了使我尽快摆脱困境，《光明日报》和《历史研究》都以很快速度为我发表了《从章学诚的史德谈起》和《顾祖禹生卒年辨证》两篇文章，等于让我在政治上亮相。尽管如此，在江青反革命集团被粉碎后，我还是被下放干校劳动。所幸干校两位领导通情达理，我身体不好，便分配我专门养鸭子，当起了"鸭司令"，这样倒也清静，白天赶鸭子时还可看书，晚上研究又非常安静，后来发表的好多文章，都是此时草成。就在我还在干校期间,全国十所院校中国古代史编写会议在我校召开,系总支通知我参加会议并参与编写,我理直气壮地拒绝了,"我现在是干校编制",言下之意,你们无权抽调我。这就说明系里某些人的蛮横无理做法,引起我的对抗情绪,很久都未平静下来。不过我从干校特地请了三天假,赶回杭州看望了参加会议的几位老朋友。当时,有位朋友建议我不要再研究史学史了,说这是一门花费工夫大、收效慢而微、吃力不讨好的学科,并说如果我随便选上一个朝代,花上三五年工夫,成果肯定就会出来。当然,对于朋友的关心我是十分感激的,因为从1964年起,在精简大学课程声中,史学史被精简掉了,我已改教中国古代史和历史文选课了。但是,我对朋友说,要我不研究史学史看来已经行不通了,因为我对这门学科不仅产生了兴趣,而且已经有了深厚的感情,因为我认为这是一门很重要的学问。文学有文学史,哲学有哲学史,军事有军事史,各门学科都有自己的史,为什么历史学反而不要自己的历史呢? 即使今后大学历史系不再开这门课,我课余也要研究。事实也正是这样,尽管1964年已受到不公正的批判,但对史学史的研究我却从未中断。况且大学恢复招生不久,这门课也就恢复了。

　　由于在大学读书时,并未学过这门课程,只有边教边学,通过一段时间的摸索和积累,自己慢慢建立起一套体系。1979年春在桂林参加学术会议,黑龙江人民出版社同志得知我在研究史学史,并且还曾写过一部讲稿,于是约请我对讲稿进行修订和充实,尽快交给他们出版。回杭后我便集中精力,花了不到两年时间,于1980年国庆前夕,完成了47万字的《中国古代史学史简编》的定稿工作。1983年上半年便正式出版。此书出版后得到学术界的好评,被认为是"迄今为止篇幅最多、内容最丰富的中国史学史专著"①,尤其是受到广大青年读者的欢迎,原因是书中大段引文不多,重要内容大多用通俗语言叙述,读起来比较流畅。15年过去了,在今天看来,虽有不少不尽如人意处,但是自成体系,内容丰富,总归不会过时。我在"后记"中有这样一段话:"史学史和其他学术史一样,有它自己的特点和规律。中国史学史,就是要研究中国史学发生、发展的过程,并找出它发展的规律,不仅表现在形式上(如史体的演变、史著的产生、史料范围的扩大等),而且表现在内容上(如史学思

---

① 1984年第10期《中国史研究动态》。

想、史学流派、史学传统等)。可是过去一些史学史著作,大多只注意了前者,而忽略了后者,实际上只不过是历史编纂学史。本书企图从两大方面进行探索。"而在分期上也尽量避开完全用朝代划分,而是"按照中国封建社会的发展和中国古代史学本身发展的特点",分成四个时期,这就把中国古代史学的发展,放到中国封建社会发展的长河中进行研究,史学思想与其产生的社会背景就自然地联系在一起。还要指出的是,过去史学史著作,对于明清两代大都比较简略,而《简编》则着力于明清两代,全书 47 万字,而明清则占五分之二的篇幅,把一向被看作是文学大家的王世贞,列为与王夫之、顾炎武同等重要的地位。明清之际的野史非常发达,但以前史学史却很少有人问津,浙东史学、乾嘉史学等,作为重要史学流派,也都列为专章,这都是力图改变对明清史学过于简略局面所作的努力。由于对于许多史家和史著已经分别作过研究,并陆续发表过文章,所以才有可能在不到两年的时间里完成定稿工作。

80 年代初出书相当少,我率先出版《中国古代史学史简编》,自然引起一些别有用心的人的妒忌,他们散布不实之辞,对我进行诋毁,胡说什么此书并非是我所作,只是挂名而已。由于当时复印和打字都还没有流行,为了争取早日交稿,于是我请了魏得良先生帮忙。关于这点,我在"后记"中讲得非常清楚。而且,我的手稿还在,这是最好的见证。本来这些内容是没有必要在这里讲述的,只是因为当年的不实之词,至今尚有个别人相信,自然有必要加以澄清。

我对章学诚的研究几乎持续 40 年之久,从研究史学史以后,就一直以他为主轴而向外辐射,因为他不单是史学评论家,而且还是我国方志学的奠基人,他对文学、哲学、校雠学、谱学亦多有所建树,在我国封建社会里,他的史学理论与刘知幾齐名,按白寿彝先生所讲,他的史学理论比刘知幾还要高一个层次。但他的一生非常坎坷,使我很同情,他的品德非常高尚,使我很敬佩,他的治学精神非常认真,使我很感动,他的敬业精神和学术贡献,又使我非常推崇。他的一生"不作违心之论","生平惟此不欺二字,差可信于师友间也"。41 岁方才考取进士,九年后冬间,已垂得知县,可是为了自己所爱好的文史校雠计,忽决计舍去。若为生活计,一个知县养家活口自不成问题,然而一旦做了县官,自己所好之文史校雠之业将如何处置?经过抉择,最后还是放弃了县官职务,以继续自己的文史校雠之业。仅此两点,今天能够有几人可以做到？由于他所从事的是文史校雠之业，因而养成了"好辩"的习惯，当然也就得罪了一些人，以致死后也得不到公正的评论，直至新中国成立后，也未得到改变。诚如美国学者倪德卫在其所著《章学诚的生平与思想》一书中对中国学术界许多人所作的批评："他们有的只是认识到章学诚学术的一部分，有的甚至误解。章氏一直没有被很好地理解，对大多数人而言，章氏只是一个有学问的人，而不是一个需要认真研究的思想家。"这个批评，自然值得我们思考。对于章学诚，我曾写过一系列文章，其中有多篇是为其辩白的。有人说章学诚在考据上斗不过戴震，所以就贬低戴震，我便写了《章实斋评戴东原》，指出章学诚对戴震是褒大于贬，在当时真正认识到戴震学术价值之所在的也是章学诚。有许多人对章学诚的"六经皆史"说产生误解，我则写了《也谈章学诚"六经皆史"》，说明章学诚当时论述"六经皆史"说的社会意义。有人说章学诚不是浙东学派（史学）的成员，我便写了《章学诚和浙东史学》，指出章学诚是浙东史学的殿军。有的学者认为章学诚提出的"史德"，已经包含在刘知幾的"史识"之中，我又写了《"史德"、"史识"辨》一文，指出两者属于不同概念，"德"是指行为规范、道德品质，"识"则是指对历史发展、历史事件、历史人物是非曲直的观察、鉴别和判断能力。根据多年研究的积累，1984年我在中华书局出版了《章学诚和〈文史通义〉》一书，这是国内首部关于章学诚的研究著作，虽然仅有17万字，但毕竟有了专门论著。我在研究过程中发现，由于章氏代表作《文史通义》版本不一，给学术界带来很多麻烦，主要的两种版本外篇内容竟全然不同，一个是序跋、书评、驳议，另一个则全是方志论文，若引文不注明版本，读者真无法查对。况且从某种程度上来说，这两个本子所定，又都不代表章氏本人之想法。为此，早就决心要对该书进行整理新编，使之既能符合章氏著述该书的宗旨，尽可能接近作者著述的原义面貌，又能使广大读者阅读和研究得到方便，1983年初编完成，1985年修改定稿，因为出版业不景气，迟至1993年方得出版，国内外许多师友都认为可以作为该书的定本了。全书共收303篇，其中原两种版本内所收之文合计218篇，新增补之文85篇，新增篇幅三分之一强。其中还收了两篇佚文，在至今所有刊行的章氏著的各类版本中均未收录，就连胡适、姚名达二位编《章实斋先生年谱》时也未见过。文中反映了章氏著述《文史通义》的重要学术思想和观点。明确提出"拟为《文史通义》一书，分内外杂篇，成一家言"。这在学术界可以说是鲜为人知的。正当该书临近出版之际,接到匡老(亚明)主持的中国思想家研究中心来信,约我撰写《章学诚评传》,于是便不揣浅薄,欣然应命。为了更好地完成这部评传,便约叶建华同志和我共同撰写,因为青年人对于新观点、新事物都更为敏感。他是我的首届研究生,勤奋好学,已经发表、出版学术论著70余篇(部)。该书的出版是迄今为止国内第一部全面系统阐述章学诚生平事迹和学术思想成就的专著,分别从生活时代、生平事迹和著述、社会政治思想、哲学思想、史学理论、方志学理论、校雠学理论、谱牒学理论、文学理论、教育思想以及与浙东学派的关系等方面,多角度系统地进行了论述。对他在中国古代学术文化史上的地位和影响,作出了实事求是的评价。书中也决不回避矛盾,敢于旗帜鲜明地提出自己的学术观点,与各种不同看法展开争论。诚如南大思想家研究中心给匡老所写对书稿的评审意见中所说:"本书稿具有很大的争辩性。""……直到现在还有人把章看作'乡曲之士'、'读书少的人好发议论'。基于此,本书稿在突出章学诚主体思想的同时,常为章氏辩诬。如章氏的'六经皆史'说与王守仁相比其说新在何处? 章氏批评戴震是否是坚持宋学、是否就是章氏'六经皆史'之糟粕? 章学诚是对我国学术发展起着重要影响的学问家和思想家还是'乡曲之士'及'读书不多而好发议论'的人等等,本书稿皆以先人和时人的观点为对象,以章氏本人著作为根据,参照有识之士(包括外国人)的论述,给予有力的辩驳。所以读本稿能够闻到章氏本人所特有的'好辩'的气息。"就在这部评传撰写即将完稿之时,突然接到李侃先生来信,约我为《中华历史文化名人评传》撰写《章学诚评传》。当即回信说明不宜再写,况且当时眼疾还在发作之中。然而,虽书信多次往来,想请李公另请高明,但最终还是承李公之厚意以"非阁下莫属"而不得不接受下来,否则将有失于朋友之道。这就是我所以在差不多同时撰写两部《章学诚评传》的缘由。当然李公所言也很在理,他所约的在评论一个史学评论家,字数也仅在十数万而已,与思想家评传丛书的要求侧重面显然有所不同。根据我当时的实际情况,征得李公同意,由小女仓晓梅帮我一道撰写,于是才有可能按规定时间完稿。非常巧合的是,两部评传竟都是在1996年出版。

　　曾有朋友这样对我说,由于我长期对章学诚的著作进行研究,因而章氏治学精神中的某些特点也影响了我,如"善于辩"。这自然是客气的说法,说白了不就是"好辩"吗? 记得1996年左右,有个刊物的编辑同志正是冲着我这

"善于辩"而要我给他们一篇稿子。我认为从做学问角度来看,"好辩"未必是件坏事,对学术界的历史悬案提出自己的看法,对学术界有意见分歧的问题提出自己的看法,对别人的研究结论自己有不同看法等等,通过辩论搞个水落石出有什么不好呢? 做学问就是要能发现问题,去解决问题,否则老是作无病呻吟的文章有何价值? 我十分坦诚地承认,我在做学问过程中每遇问题确实"好辩",这不仅表现在对章学诚的研究上面,而且集中表现在好多问题上。如由黄宗羲创立、全祖望完成的"学案体",是我国封建社会史学家所创立的最后一种史书体裁,但自诞生以后,一直未得到学术界应有的重视。海外有些学者却先后发表不少文章,但是他们的着眼点偏重于从学术思想史内容去找源流,因而把《庄子·天下篇》《荀子·非十二子篇》《淮南子·鸿烈篇》一一罗列,很少考虑这种学案体的结构组成,而不是从历史编纂学进行研究。而美国一位学者又仅从"学案"这一名词来探源,因而把明万历年间刘元卿所作《诸儒学案》看作是"学案体"的首创。为此,1988 年 3 月 23 日我在《光明日报》发表了《要给学案体以应有的历史地位》一文(1989 年《新华文摘》第 7 期全文转载),后来又发表了《黄宗羲与学案体》等文,明确指出,学案体史书是属学术史,但是所有学术史著作未必都是学案体,因为作为一种史书体裁的学案体是由特定的几个成分所组成,正如纪传体史书组成一样,在分类上那种把学案体附在传记一类也是很不妥当的,因为这种史体与人物传记绝不相同。

对于司马光和《资治通鉴》的研究,我也发表了几篇和别人辩论的文章。在庆祝新中国成立 30 周年时,我校曾举行了大型学术讨论会,当时我写了一篇《〈通鉴〉编修的全局副手——刘恕》,副题是"兼谈《通鉴》编修分工的几个问题"。关于《通鉴》的编修分工,在 60 年代曾因翦老(伯赞)一篇文章引起争论,对这个历史悬案,我也想谈点看法,不料前来参加学术研讨会的一位北京学者,在看了拙稿以后以非常快的速度在某刊物发表一篇文章,以讥讽挖苦的口气对拙稿进行批评,学术讨论和批评,应当本着与人为善的原则,这是最起码的常识,即使我错了也不该讥讽与挖苦,何况我并没有错。本着"来而不往非礼也"的原则,我自然要写一篇答辩文章,我发现这位先生的错误在于对司马光给刘恕的那封信理解有误,我想还是一道来读这封信吧,于是便写了《读司马光〈贻刘道原书〉》,文章本着心平气和的说理,而不是你来一枪,我必回敬一刀。我认为学术研究中的争论,必须平等相待,以理服人,决不允许盛气凌人,只要双方把司马光这封信都理解正确了,问题自然会迎刃而解。司马光是封建时代一位正直的历史学家,然而也曾有位先生写了文章批评司马光在其著作《资治通鉴》中曲笔,我看了文章后觉得并非事实,于是便写了《从〈通鉴考异〉看司马光的求实精神》,目的在于告诉大家,司马光修《通鉴》,凡所征引的材料,大都作过考证,往往一事用三四种资料纂成。他曾撰《通鉴考异》30 卷,目的就是为了把史实取舍的经过全部告诉大家,他所编写史书,都是有根有据的,若有疑问,有《考异》可查。这也说明他作史光明磊落,不怕别人挑剔。有的著作中讲司马光是位宿命论者,我不同意此种说法,因而又写了《司马光无神论思想剖析》一文。这都是对司马光研究中有争议的地方发表自己的看法。

90 年代初,我觉得自己在《越绝书》问题研究上颇有心得,1990 年曾在《历史研究》上发表了短文《〈越绝书〉是一部地方史》,针对学术界(主要是方志学界)有些人把这部史书硬说是地方志,从著书宗旨、著作体例、编纂形成、记载内容等多方面论述了《越绝书》只是一部地方史,而绝不是地方志。文章发表后,新华社还发了消息,中央人民广播电台在早间新闻里作了广播,《人民日报(海外版)》《光明日报》《解放日报》等国内多家报纸分别以不同的标题加以转载。其影响自然可想而知。文章附带讲了该书应成于战国后期,其作者自然也就不是东汉人袁康和吴平了,其实此说宋人陈振孙和近代余嘉锡都早已讲过,只是没有引起学术界的重视而已。1996 年为了替周生春教授《吴越春秋辑校汇考》一书作序,不得不再与《越绝书》打交道,因为两书内容有其互补性,后来历史发展,使它们似乎如同姊妹篇了。在此过程中,尤其是看到《吴越春秋》作者赵晔不仅正史《后汉书》有传,地记《会稽典录》中有记载,而且历代谈论或记载《吴越春秋》时,也必然提到赵晔,这本是理所当然之事,再按此道理来查被誉为百年一贤的袁康、吴平,自东汉至明中叶以前,竟然蛛丝马迹全无,于是使我感到这两人全然不像历史人物,实际上乃子虚乌有。1997 年初便在台湾《历史月刊》3 月号发表了一篇《袁康、吴平是历史人物吗?——论〈越绝书〉的作者》文章,指出袁康、吴平不是历史人物,而是明中叶学者杨慎臆造的人物。由于《四库全书总目提要》采用其说,遂使之得以流传数百年而不被人们所察觉。此文因发在台湾刊物,大陆还很少有人知道。

鉴于方志学界有些人至今仍坚持《越绝书》是最早的地方志,加上《越绝书》的作者、归属、内容、书名等问题,1998年初我又发表了《〈越绝书〉散论》一文,对上述问题一一加以论述。文中有这样一段话:"学术研究,存在意见分歧乃是正常现象,但是在讨论中必须本着坚持真理、修正错误的原则,当别人已经指出你的看法是错误时,理所当然应当审视自己的观点和结论,真的错了就不必惋惜而放弃,若是觉得并没有错,则应当勇敢地进行辩论。千万不要做失理也不饶人的'你打你的,我打我的'人物。笔者那篇文章发表已将近八年,从未见到有辩论的文章,然而坚持认为《越绝书》是最早的地方志文章却从未间断,这显然是很不正常的。"文章中对袁康、吴平不仅不是该书的作者,而且连历史人物也不是又作了进一步论述,同时还指出炮制这两个臆造人物的杨慎,竟是一位"制假老手",作伪之书很多,《四库全书总目提要》都有揭露,陈耀文、胡应麟并有专书批驳,这样的人所析隐语其可信程度有多少自然可想而知。文章对于该书内容、归属和名称也都作了论述,特别是关于归属,从来未有人谈过,因为向来被认为是浙江最早的史籍,或浙江最早之方志,从未有人提出过疑义,可见习惯势力影响之深远。书中明明讲了,这是吴越两国贤者所作,所记内容又分明为吴越两国之事,并且几乎各占其半,以今天而言,显然应是江浙两省所共有,并非浙江独有。在科学研究上,来不得半点客气,多年来一笔糊涂账,应当讲讲清楚。由于所论述之事较多,比较琐碎,但又都非常重要,故名之曰"散论"。

1984年,山东教育出版社委托我们中国历史文献研究会组织编纂一套"二十五史辞典丛书",而学会又将此事交由我来负责,我自己除了主编其中《史记辞典》《汉书辞典》外,还得组织、指导其他各史辞典的工作。全套辞书共分14部,每部辞书编委会开会我都得参加,由于这套丛书花费了我大量的时间和精力,因而使我自己十多年前就计划撰写的《浙东史学》一书,迟迟不能脱稿。不过由于自己直接主编了两部,也深深体会到辞书编纂工作的艰巨性,必须慎重从事,当然对于社会上有些人把编纂辞书作为生财之道的不正之风,深感有必要严加制止。

我的一生,致力于中国史学史、方志学和谱牒学的研究和教学工作,而方志学和谱牒学又是史学史发展过程中产生的两大分支,因此在研究过程中往往会起到互补的效果,自然也就无须另起炉灶。而三者所研究的内容,又都属于历史文献学的范围。

我从事方志学的研究,几乎是与史学史同步进行的,原因也很简单,那就是都是由于研究章学诚所致。他是我国封建时代杰出的史学评论家,代表作《文史通义》与刘知幾《史通》齐名。而章学诚同时又是方志学家,"大梁本"《文史通义》大半内容又都是方志文章,他的许多史学理论和观点,大多出自这些文章,这就逼着我在研究他的史学理论的同时,也要研究他的方志理论。因此,早在 1962 年 5 月已经在《江海学刊》上发表了《章学诚和方志学》一文,从此,方志也就成为我所研究的内容之一。方志乃是史学的一个旁支或分支,是随着史学的发展而产生发展起来的,那么要研究它的产生和发展,就必须把它放到史学发展的长河中进行探索,才能正确找出产生的原因,发现每个阶段的不同特点。因此,可以肯定地讲,若是对史学一无所知,要想研究好方志学是很困难的。

我和方志打交道也已 40 年了。1981 年在杭大高年级率先开设方志学课程,方志学老前辈朱士嘉先生特地发来贺信,希望有更多的高等学校能开设此课。60 年代,就曾写过 20 万字的方志学初稿。不料多年心血结晶连同资料卡片竟都毁于十年浩劫,尽管很感痛惜,但仔细回想起来,又觉得似乎未尝不是一件好事。因为我原来所写,观点论述都沿袭了传统的说法。现在虽说是"重操旧业",但这么一来就逼得我必须一切白手起家,从头来起。经过一番努力,当思考撰写体系时,便发现原来那种研究方法显然是错误的。马克思主义经典作家早就指出,一定的学术文化是一定的政治经济在观念形态上的反映,同时又反转过来作用并影响一定的政治和经济。因此,不同时代总是要出现为这一时代服务的学术文化思想体系、学术流派以及相应的各种学术著作的,这就是人们常说的文化反映论。我正是用这种观点,才建立起在中国古代史学史上自己的思想体系。研究方志学自然也离不开这个观点。后来又是用了这个观点,很快就探清了方志的起源和发展规律,特别是方志发展的三个阶段及每个阶段的特点。于是通过数年努力,1986 年春节前,终于完成了 46 万字的《方志学通论》的定稿工作,并已寄到齐鲁书社。遗憾的是,直到 1990 年方才出版。出版后,新华社消息称为"我国首部方志学巨著"。我可以不客气地讲,在这部书中,我真正的功劳就在于第一次讲清了我国方志发展的历史及其发展规律,特别是三个阶段和每阶段的特点,这就是方志的发展是经过地记、图经、定型方志三个阶段。至于为什么在不同发展阶段会出现不同名称,可以说从来无人问津,似乎各种名称都是理所当然,并无研究之必要。事实上,方志既然是独立的一门学问,自然也有其自身的发生、发展规律,要离开社会条件和时代精神而去研究特点和规律自然是不可能的。只要大家稍作留意就可发现,地记、图经和成型方志固然有明显的区别,即便成型后的方志,亦都带有不同程度各自产生的时代烙印。正像我们今天所编修的新方志一样,它必然反映出我们这个时代的精神。这不仅要体现在观点上,而且要反映在内容、体例各个方面。唯其如此,要想探索出方志产生和发展规律,总结出不同阶段的特点,必须把它放到特定的社会历史条件下进行比较研究和分析,才有可能收到比较理想的效果。就以研究方志起源而言,直至今天方志学界不少人还在抱着《禹贡》《周官》《山海经》等某部书坐而论道,而大量史籍记载说明,方志的名称,较早时候,史家都称为"郡书""郡国之书""郡国地志"等,这就说明,它是记载以地方行政区划郡县为范围的一种著作。后来的发展,也正是沿着这样的道路。所以随着行政区划的变更,自然就有府志、州志这一类名称。既然如此,我国的郡县制度是在秦始皇统一六国后才在全国确立推行的。那么在郡县制度尚未确立之前,自然就不可能产生反映这种制度的著作,否则将是不可思议的。因此,我们说在春秋战国时代要产生这样性质的著作是不可能的,西周当然就更不必说了。还有人异想天开地说,方志在原始社会就已经产生,这简直是天方夜谭。我们采用了文化反映论的观点,根据我国秦汉以来社会发展概况的研究,得出的结论是方志起源于两汉的地记。著名的历史地理学家谭其骧、史念海先生都持这种看法。当然,关于方志起源于两汉地记,我们除了从产生的社会条件进行分析外,还有确切的史书记载为依据。《隋书·经籍志》"杂传类"小序曰:"后汉光武,始诏南阳,撰作风俗,故沛、三辅,有耆旧节士之序,鲁、庐江有名德、先贤之赞。郡国之书,由是而作。……推其本源,盖亦史官之末事也。"这段记载说明,地记这类著作,还是从统治者所提倡开始,光武帝刘秀,为了表彰家乡之盛,诏撰了《南阳风俗传》,而所记内容,就是本地人物、风俗、山川、物产等,这么一来,各地纷纷仿效。值得注意的是,作者总结性地指出:"郡国之书,由是而作。"这就是说,地方性的郡县著作,从这个时候便开始了。我们认为,做学问,科学研究,就是在追求真理,别人研究出正确结论,我就坚决服从,这才是做学问应有的态度。令人遗憾的是,方志学界很大部分同志,对方志起源问题,还在抱残守缺,闭起门来搞文字游戏,别人的研究结论拒不接受,史书的明文记载视而不见。这与"坚持真理,修正错误"的精神实在相距太远。

　　方志学既然是我研究的重点内容之一,我不仅要了解方志学界的情况,而且也参与了许多修志活动,特别是新编志稿的评议。从 80 年代开始修志以来,从未中断过,从中我吸取了不少新的养料,但也发现不少问题,这些问题是应当引起高度重视的。许多新志书过分强调经济部类,从而削弱了其他内容;半数以上的新修方志"艺文志"都被砍掉了;民国时期的内容不仅很少,而且有的还把民国时期的政府机构打入附录中去了;许多新方志序成了排位子、拉关系的装饰品,三序四序不足为奇,有的竟达七八序之多;方志本是资料性著作,有的则大谈宏观、大讲规律等等。这些问题的出现,又与方志理论研究工作者的误导有着密切关系,不仅如此,甚至还出现了一些奇谈怪论,有人说修志中"存史、资治、教化"六字功能已经过时了;"据事直书"今天已经不适宜了;编造出"横排竖写"是方志的"特点",等等。还有不少论著将历来公认的舆地著作如《元和郡县志》《太平寰宇记》等等也都列入方志行列,诸如此类,甚是不少。为此,我于 1994 年在《中国地方志》上发表了《对当前方志学界若干问题的看法》,对 13 个问题提出了自己的看法。写这类评论文章,要批驳错误观点,势必牵涉到人,甚至可能得罪一大片,但考虑到事关新一代方志编修的质量,又关系到社会主义新方志理论的建设和发展,如果这点胆量和精神都没有还谈什么做学问呢?

　　谱牒学和方志学一样,也是史学发展的分支,理所当然是我研究的内容之一,因此,早在 80 年代初,就已发表了《试论谱学的发展及其文献价值》一文。近年来在阅读海内外一些学者有关谱学论著时,发现不少问题很值得商榷,因而 1997 年在《历史研究》第 5 期发表了《关于谱学研究的几点意见》,这又难免要评论那些错误的说法与观点,听之任之吧,对学术发展不负责任,发了文章,然而却给人一个感觉,似乎我这个人到处在批评人家,就像一个消防队员。因而深感学术评论之不易,文学、史学如此,方志学、谱牒学何尝又不如此。

二

我走过的道路很崎岖，就像生长在石头缝中的一棵小草，是硬挣扎着挤出来的，经常受到来自方方面面的挤压。这里我想着重回答广大读者一个问题：我为什么一直没有招收博士生？为什么没能戴上博士生导师这顶帽子？长期以来，常有朋友向我提出这个问题，更多的则是许多想报考我的博士生的青年朋友，问我为什么不招。我参加讲学、开会、发表文章等等，主办方、杂志或媒体报道往往给我加上博导头衔，因为在他们看来，这是毫无疑问之事。由于并非三两句话所能讲清楚，故一直避而不谈，现在借此机会，作一回答。

1989年是国家学位委员会申报博士生导师的一年，按规定，我向历史系填报了申报表，当时历史系共有三人申报。时任华中师范大学校长的章开沅先生写信告诉我："按杭州大学情况来看，一个学科最多只能评上一位，不可能评上两三位。而按照你一直在历史系的处境来看，历史系领导不可能把你放在第一位。因此，你这次申报只起到垫底的作用，不可能有成功的希望。"最后他建议我申报他们学校历史文献研究所的兼职博导。经过反复商量，我最终同意章先生的建议。为此，他还为我单独开了一次校学术委员会会议，专门讨论此事，并亲自签署了意见，而历史文献研究所则是由张舜徽先生亲自签署的意见。一切办妥后，他们将此表格寄给我，要我将相关材料整理好后，一并送交我校研究生部代为办理，一式20份寄到国家学位委员会办公室，当时研究生部是傅强同志代为办理的，至此手续办完。从当时来说，这次申报希望是很大的，因为章开沅先生当年就是学位委员会历史学科组组长，而华东师大史学所吴泽先生是副组长，蔡美彪、林甘泉等先生都是学科组成员，因为朋友关系，他们对我的情况都很了解。按常理讲，一切都办妥当了，不必再烦神了。不料有一天，突然接到学校研究生部主任的电话，说沈校长要我到学校会议室开会，什么内容电话中也没有讲，只是说到了就会知道了。到了会议室方才知道，沈校长要申报文化史博士点，需要两名正教授做梯队，要我也算一个。我听了以后，感到很突然，马上就说，我已经在华中师大申报过了，所有材料都已经寄往学位办公室，你们现在再要我填申报表，这样做是不是会有什么影响。当时，沈校长非常肯定地回答："不会有什么影响。"既然这样，我也就没什么好说的了。他是校长，而且还是毕业于本校历史系的学长，我是一般的教师，没有理由拒绝。不过，当时我还向他提出一个问题："你是研究哲学的，在哲学界当然有影响，但在历史学界知道你的人恐怕不会有多少。"接着他就说："那你可以替我做些疏通工作。"就这样，在他们的指挥下，又一次作了申报，是一次无可奈何的申报。也正是这次申报，事实上注定了我这一生与博士生导师无缘了。所以，到了下半年，评审结果出来后，我等来的自然就是"失望"两个字。后来我去华中师大，见到章开沅先生，他开口就批评我，"你这个人真有意思，装在口袋里的东西都会丢了"，并且告诉我，"一个人不能在两个地方同时申报，这是有条文规定的。作为一个大学校长，这些都应当知道的，为什么还要你这样做呢？真是莫名其妙。"他还说："所有申报材料最后都会集中到学位委员会办公室，两处同时申报的材料自然就会到这里集中，遇到这种违规情况，二话不说，直接淘汰了，不会再拿去讨论。"他们在评审时，一直未看到我的材料，就知道其中肯定出了问题。当然，他也批评我当时就不应当接受校长提出的做梯队的要求，因为这么一来，将一件已经做好了的事情，就此一笔勾销，实在太可惜了。

谈到这里，也许有人会问，我与章开沅先生为什么交往会如此密切？他是研究中国近现代史的，我则是研究中国古代史的，这里不妨附带讲几句。我们是"十年动乱"时期的患难朋友。众所周知，"文化大革命"开始以后，《历史研究》也就停刊了。1974 年，毛泽东主席提出要恢复《历史研究》，于是就从全国各大学抽调了 20 多位中青年教师来从事这项工作，当时通知是以借调名义。起初是住在前门饭店，我们这些人都集中住在六层，而我与章先生正住在两隔壁，平常串门很方便。特别是有一次，两人一起被派往天津东站去组一篇稿子，名义上是去组织天津东站的工人写稿，实际上都是我们写好后，先读给工人同志听，然后再请他们将其中有些书面语，更换成他们的口语，这种组稿方式最花时间和精力。由于当时定的题目属于近现代范围，即《曾国藩的家书和林彪教子经》，所以就由章先生执笔撰写，我则做些查找资料等事务性工作。为了工作方便，我们就住在南开大学招待所，一日三餐就在员工食堂。在这十多天的紧张生活中，两人的心可以说是紧紧地联系在一起的，因为这篇稿子是两个人共同的任务。因此，在这段时间里的一言一行、一举一动，无不打上我们之间患难与共的深刻的友谊烙印。实际上，我在编辑部仅待了半年就离开了。我在那里时,许多言论行为都"不合时宜",甚至与当局抵触,被迟群在会议上当众宣布为"害群之马",并下逐客令,要我马上离开,越快越好。事实说明,我是遭受"四人帮"迫害而离开《历史研究》的,可是回到学校后,当"四人帮"垮台时,我系有些人别有用心,硬把我当作"四人帮"爪牙而加以批判。尽管北京许多朋友用各种方法证明我是遭受"四人帮"迫害的,是清白的,但是历史系那些当权者执意不听,对我批斗后,下放劳动。而章开沅先生回校后,起初因误解也曾遭到批判,但问题清楚后,立刻给予平反,并很快担任了华中师大的校长和中共湖北省委委员。正因我们在《历史研究》同事过半年,有过患难之交,所以,他对我在历史系的处境一直非常关心和同情。加之因张舜徽先生关系,我早已是他们学校历史文献研究所的兼职教授,在他那里申报兼职博士生导师自然就是顺理成章之事。

　　1993 年,当时的杭州大学开始有了博士生导师的授予权,我也知道年龄问题上是有规定的,即一般到 60 岁为止,但其中也规定文科、农科、中医药等学科可以放宽二三岁。因此,我抱着一线希望,给沈校长打了个电话,问他申报中在年龄问题上是否有些伸缩性? 其实,我打电话的目的,还想提醒他一下,前几年我很有把握的一次申报,被你搞砸了,总该给我一次补偿吧。可打电话的结果非常失望,他在电话中回答很干脆:"年龄问题是 60 岁一刀切,没有伸缩余地。"看来校长先生把 1989 年我替他做梯队、抬轿一事早已忘得精光,实在令人寒心。不是吗? 为了自己申报博士点,可以无视政策条文规定,硬拉别人和他一道违规;如今政策规定明明可以松动,他又"铁面无私"来搞一刀切,大权在手,一切由他说了算,把教师的学术生命当儿戏! 为此,有朋友曾经问我:"你替校长抬轿,得到点什么好处?"我说:"在旧时代,为老爷抬轿,还有口酒喝,有件号衣穿。而我替校长抬轿,不仅一无所得,而且将自己应当得到的一顶帽子也丢了。"

　　说实在的,在那几年,学术界好些朋友,对于我这个问题也都予以极大的关注,有的并为之不平。最为突出的就是史学界老前辈杨翼骧先生。为了说明问题,现将他当时的来信选录几段如下。

1993 年 6 月 4 日来信:

　　6 月 1 日来信收到,欣悉杭大已获得博士导师授予权,南开是去年批准的,共有五个学科:数学、物理学、化学、经济学、历史学。

　　关于年龄问题,国务院学位委员会确实规定可以放宽到 62 岁,我系去年就有一位 62 岁的被批准了,听说别的系也有超过 60 岁的。这主要是由系里说明情况,再由学校努力争取,所以您这次不是没有希望的。只要学校报上去,国务院学位委员会是会批准的(南开去年报上去的全被批准了)。希望您不要气馁,还是要申请,并积极说服系校两级放宽年龄的限制。

　　杨先生这封来信,是在我给杭大沈校长打电话,得到的回答是年龄问题一律到 60 岁为止,没有商量余地的情况后,给他写了信,告知如此情况,所以他很快给我写来回信,将国务院学位委员会关于年龄可以放宽和南开大学申报的情况作了详细介绍,目的在于鼓励我积极争取申报。老先生当然不会知道,我已经不可能再争取申报了。我那一年其实正是 60 周岁,想不到申报权也就被剥夺了,因为我至今尚不清楚,到 60 岁为止,是说 60 岁本身还是有申报权的,还是说 60 岁就已经无权申报了? 国务院学位委员会的条文究竟是如何规定的我是无法知道的,作为一位普通教师,只能听从领导摆弄。到了下半年,为了感谢杨先生的热情鼓励,我只好将杭大的规定再讲述一次,说明我已经无法争取了,故 10 月 21 日他又写了一封回信,信的主要内容还是安慰和鼓励,希望我继续争取:

　　得悉您在这次增补博士生导师未能通过,不胜惆怅并大为不平! 但是,此事并未绝望。因增补博导是两年一次,文件中规定年龄一般不超过 60 岁,但对文科、农科、中医药等学科可放宽二至三岁。在这次我校增补通过的博导中,仅我所知的就有二人,都已 62 岁。所以下次增补时,您是 62 岁,仍可申请,只要事先做好充分准备,仍有希望。现在不公平的事太多了。

　　在杨先生看来,文件已经明文规定,文科等学科都可以放宽二三岁,南开大学已经这么办了,你们杭大应当也可以。杨先生自然没有想到,沈校长也已经讲过年龄问题 60 岁一刀切,没有伸缩余地,这似乎也是不能动摇的。因此杨先生信上所讲"下次增补时,您是 62 岁,仍可申请……",其实只是他美好的希望而已。当后来我将杭大的规定一再向他说明以后,他在 1994 年 12 月 26 日的一次来信中,还是念念不忘地关心着这件事情:

　　您当不成博士导师,太遗憾了,因为这十几年来,在史学史研究上成就最大的就是您,我曾说过若增补新的博士导师,您是首选,但只因这点年龄的硬性规定(这规定不是实事求是的,其做法也不公平合理)而受屈,实在太冤枉了。然世事如此,亦徒呼奈何而已。

在杨先生看来,一所学校的校系领导,在政策文件许可之下,总是会支持教师来实现自己合理的愿望,万万没有想到,杭州大学的这位沈校长,竟然如此不近人情,难怪杨老先生非常伤心地说:“世事如此,亦徒呼奈何而已。”杨先生是一位非常忠厚慈祥的长者,我们之间深厚的友情,完全建立在相互了解和学业交往的基础之上。1982 年 4 月上旬,我到华东师范大学史学研究所参加《中国历史大辞典·史学史》分卷的审稿工作。杨先生和吴泽先生是主编,我是编委,大家都住在师大招待所。我和杨先生同住一个房间,两人约定,因为白天整天看稿子,非常紧张,所以晚上一律休息。两人晚饭后,便到附近散步,谈话的内容非常广泛,有的是白天审稿中发现的问题,有的是学术界在研究讨论的问题,还有回忆各自的历史往事。杨先生还将他年轻时考大学、上大学的情况也都同我讲了,这样一来自然就加深了相互了解,也增进了相互之间的感情。特别是当他听到我在历次运动中不幸的遭遇时,总是表示愤愤不平,特别是 1964 年“四清运动”前,我因为发表过几篇学术论文而遭到批判,并被戴上“走白专道路的典型”帽子。“四人帮”横行时期明明遭到迫害,但是打倒“四人帮”后,却被有些人硬说我是“四人帮”爪牙而加以批斗,最后还被下放劳动。先生每当听到这些,总是表示同情和安慰,也正因为如此,他对我也就非常关怀,觉得我这样走过来实在是不容易。所以后来我在评职称、评博导时,他都是非常关心的,上面摘引几封信的内容就足以说明。

1997 年,郑小明先生接任杭州大学校长以后,觉得我的博士生导师问题至今没有解决,实在太不公平了。他在给我打电话时说:“对你的情况,是在做副校长期间知道的,在省里开会时,了解到你的著作很多,在学术界也很有影响,人家视作‘国宝’,而我们连博导也没有给你解决,真是委屈你了。不过那时我还无权来解决,接任校长后,一些遗留问题应当予以解决。于是与郑造桓书记商量,郑书记表示亦有同感。所以,我们现在就着手来解决这个早该解决的遗留问题,请你配合,填写一张表格。”我听了以后,首先对学校领导如此真诚的关心表示非常感谢,但是,我现在年纪已经这么大了,对于这类问题都早已置之度外了,现在也不想再考虑这类问题了,免得引起不必要的烦恼。这次电话打了将近一个小时,最后郑校长说:“这件事情,不单单是你个人的问题,还关系到学校的影响问题,你在学术界的影响,乃是众所周知的事实,人家已经把你视作'国宝',对于我们来说,作为'省宝''校宝'该保一保吧。"一位研究化学的大学校长,为了解决一位历史学教师的遗留问题,能够如此热情而真诚,我当时确实非常感激,答应考虑考虑。第二天在路上遇到中文系教授吴熊和先生,他知道郑校长给我打电话一事后,也劝我说,学校领导这次既然有这样的诚意,老兄就把表格填一下吧,配合学校把问题解决。还有历史系许多老师,也都如此劝我,在此情况下,我只得勉强将博士生导师申请表填好交到学校研究生部。

上面已经讲了,杨翼骧先生对我的博导问题非常关心,所以我很快就将此事写信告诉他,先生接信后,立刻就给我写了回信:"11月9日来信已收到,知您的博导问题即将解决,至为高兴,虽然被前任领导人耽误了几年,现在能够办成,终是好事。"

由此可见,杨先生对于此事是如此关注,真是已经到了与我同忧共乐的地步。可是令人万万没有想到的,等来的却是彻底的失望。本来我以为郑校长在电话中讲得如此恳切,应当说是有希望的。按理说,表格填好后,便请外校专家进行评审,外审通过后,校学术委员会讨论通过后,就可报请国家学位委员会审批备案。不料这次学校又多了一道程序,即交由全校博士生导师大会讨论。这一点我是不知道,如果知道有这个程序,我无论如何也不会答应填写表格的,因为在历史系任过多年系主任的那位先生肯定要寻事的。果然不出所料,据说在会上,他与那位同班同学一道,极力鼓动那些不知真情的先生们一起反对,尽管校长一再说明,请大家不必纠缠于年龄问题,主要讨论学术水平和学术贡献,可他们就是不肯罢休。这次交由讨论的还有中文系的一位和理科的几位,他们的年龄据说都与我相当,由于没人反对,所以都顺利通过了。我想现在一切都好公开了,就是这位系主任,长期以来,一直对我进行打、压、卡,上文讲到,"四人帮"粉碎以后,历史系有些人硬将我说成是"四人帮"的爪牙而进行批斗,这两位在当时就是主要人物。无奈我这个人生命力比较顽强,无论怎样打压,仍旧在学术园地默默无闻地奋力耕耘着,并从1992年开始享受国务院颁发的政府特殊津贴。

我可以问心无愧地告诉广大读者朋友,我没有当上博导,既不是政治关系,也不是学术水平问题,完全出于人为的因素,我想趁许多当事人都还健在,将这些问题在大庭广众公开,光明磊落,决不冤枉任何一个人。

当然,我也可以坦白地告诉广大读者,我没有戴博导这顶帽子,最大的损失就是为国家少培养几位博士,而我一生研究的心得也就难以得到全部传承。至于我在学术界的地位与影响,决不会因此而降低;反过来,即使戴了这顶帽子,在学术界的地位与影响,也不会有什么提高。下面不妨用事实予以说明,因为人家尊重的是学问,而不是因为我是否戴有某顶帽子。我研究史学史,建立了一套自己的发展体系,特别是提出了分期标准和分期段落,而在研究过程中,对不少问题提出了自己的看法,推翻了流传多年的错误看法和结论;在方志学领域,我的《方志学通论》第一次讲清了中国方志发展的历史,这是毋庸争辩的事实;对于新方志编修,同样也提出了一系列编修的理论,为指导新方志编修作出了一点贡献。以上所述,其实学术界许多朋友在他们所写的文章中早有论述,我这里摘取一些,旨在说明人家尊重我、邀请我,都是尊重我掌握了有用的知识,掌握了有用的学问,与有没有什么头衔、戴不戴什么显赫的帽子并无关系。不是吗,我退休以后,邀请我的单位反而更多,要我为他们写文章的也比以前多,所以我一直在说,退休后反而更加忙了,这是事实。还有一件事这里也想作点说明,在退休前后几年里,国内有几所大学,他们在评审历史文献博导时,经常寄来评审表格,请我为他们评审,并且还要投上一票,这在有些人看来,简直不可思议,自己尚且不是博导,怎么还能评审别人是否达到博导要求呢,这不是奇闻吗? 至于来请我评审博士论文的那就更多了,特别是史学史方面的博士论文。说实在的,这是一项苦差事,我的眼睛不好,多看书就非常吃力。一本论文起码十几万字,多的二三十万字,都必须认真审阅,对博士生负责。

三

在退休前,我先后多次接受来自美国、日本等学者前来进修中国传统文化,每个人所进修的内容并不相同,有的是中国史学,有的是中国儒学,有的则是利用旧方志研究明清时期乡村行政组织等等,人家当然都是冲着我的学问而来,自然无须多说。问题是,我退休以后,外来学者再要跟我进修,我该怎么办? 2000 年 3 月底,我和夫人一起到美国去小住半年,一则探亲,看望在美国的大女儿夫妇和小外甥;二则看看美国的老朋友印第安纳大学的司徒琳教授和斯坦福大学的倪德卫教授，顺便也带去了多年前就想写的一篇文章《从敦煌图经残卷看隋唐五代图经发展》和相关资料。应当说，我这次美国之行内容是相当充实的。我们到美国后还不到一个月，小女儿从家中打来电话，说韩国的崔秉洙教授，特地到杭州来找我，并说要来跟我学习中国史学史。因为没有见到我，所以又给我写了一封信，于是我让小女儿将此信转寄美国，当我看了信以后，也确实作了一番思考，怎么办？因为我已经退休了，有许多事情都不太好办。但是，又一想，外国朋友要来跟我学习中国传统文化，我能拒绝吗？我有责任抓住一切有利的机会，向外国友人传播中国的传统文化。我国古代学者聚徒讲学，传授知识，并无什么条件限制，我们为什么要拿今天的许多条件来束缚自己传授知识呢？于是我很快给他发了一份非常详细的传真，告诉他，我虽然已经退休了，但还是欢迎他来学习中国史学史，他要办好到浙江大学做访问学者的手续，我很快就会回国。安排每周给他讲课一次。我原定在美国住半年，但是，当我把《从敦煌图经看隋唐五代图经的发展》一文完稿后，在美国再也住不下去了，因为下半年不仅有两次学术会议要参加，更重要的是崔秉洙教授要来。2000年下半年，刚开学，崔教授已经如期到达浙大，并且办好了一切手续，而以后讲课也就在这里，有时陪他去系资料室和学校图书馆，有时我参加国内学术会议，他感兴趣的也会和我一同参加。第一次见面时，他向我介绍，他在攻读博士学位时，写的博士论文是《章学诚的方志理论》，而这篇文章撰写，主要都是根据我的论著，如《章学诚和〈文史通义〉》《章学诚评传》以及其他一系列关于章学诚的论文。因此，他早就把我视作他的重要导师。由于崔教授的汉语口语和听力还没有完全过关，在教学过程中，很多地方还要借助于"笔谈"。好在我在史学史方面不仅有专书，而且有许多相关论文，便指定让他阅读。一年下来，我们师生间建立了深厚的感情，他不仅多次邀请我去韩国讲学和参加学术活动，而且每年还专程到中国来看望我，更重要的是，他回国以后将我的学术观点撰写文章加以评述和推广。从某种意义来说，用不同方式在弘扬中国传统文化，这自然也就达到了我接受他来学习的最初目的。

按照浙大的规定，我在1999年已经办了退休手续，前一年已经停止招收研究生。可是此后很长一段时间，一直有青年朋友来信问我是否还招收研究生事宜，特别是问我为什么不招博士研究生。一般我都自己回信，也有少数是请鲍永军同志代为回信。2010 年 4 月初,突然接到复旦大学博士生陈凯同志来信,并附有拙著《中国古代史学史》勘误表一张。这封信很长,先作自我介绍,接着就讲述自己在读大学本科时就对中国史学史学习产生兴趣,信中提出:"向您请求,是否能够请您指导我学习中国史学史? 如能答应,我一定严格按照您的指导,系统认真地将中国史学史学好。"一般说来,对于青年人的要求,我大都能够满足其愿望,这次,他是如此慎重其事,当然就更不例外了。他读书如此认真,在目前来说,已经不多见了,特别是他不仅能将 60 多万字的《中国古代史学史》仔细读完,而且能提出一份《勘误表》,这就更加难能可贵了。尽管表中有许多勘误是出于误解,但有些因字形关系而未能校出的错别字确实都被他找出来了,如"王曾孺"应为"王僧孺","魏音"应为"魏晋",《汉书·艺丈志》应为《汉书·艺文志》,"肥水"应为"淝水","表枢"应为"袁枢","《兵制》"应为"兵志","祭邕"应为"蔡邕","朱予"应为"朱子"等,还是不少的。可见他在阅读此书时,不仅认真阅读,而且还仔细思考,这种精神,实在可嘉。由于他目前正在复旦大学攻读方志学博士,因此,他对我的《方志学通论》就更加有兴趣,可是,他在阅读过程中,却发现书中不少引文差错比较严重。我告诉他,这个问题,在修订本出版不久我已经发现了,主要因校对不够仔细所致。该书 2003 年出版,当时我已是古稀之年,老眼昏花,加之长年患有眼疾,校对清样时,引文未能查对,而责任编辑由于年轻,加之对古籍不太熟悉,对于排错的地方也未能校对出来。正因为我已经发现书中差错不少,所以尽管该书市面上早已奇缺,我也不同意再印了。因为印得越多,错误内容就流传越广,误人子弟越多。等时间许可,加以修订后再版。然而令人吃惊的是,就是这位小青年,居然将此书征引的千种以上资料,尽量找到原始书籍,逐一加以校对,校对结果使我进一步认识到书中存在的问题比我估计的还要严重,这自然为我解决了一大难题。查找古籍,核对引文,是一项非常枯燥无味的工作,没有做学问的细心、耐心和一定学识基础是无法做到的,这为我对该书进行修订跨出了关键的一步,我该如何感谢他呢? 就在这时,他向我提出了一个大家都想象不到的要求,即要做我的私淑弟子,希望我能答应。这样做合适吗? 这在当代毕竟尚无先例。考虑再三,我答应了他的这一请求,因为他做了一份非常完美、非常漂亮的答卷,而这份答卷又并非所有青年所能做到的。事后,我将此事告知我的研究生,让他们知道我又多了一位学生,他们也都非常高兴。我有位朋友知道后,很风趣地对我说:"想不到您耄耋之年,还收了一位高足,可喜可贺!"

由于《中国古代史学史简编》出版很早,市场上早就购买不到,即使图书馆也很难借到,为了满足广大读者的要求,我决定对该书加以修订重新出版。在正式修订之前,我与魏得良先生通了电话,征求他的意见,是否继续合作修订?他回答说:"不参加了。"因为这次如果再合作,自然不是再做上述三项工作了,而是直接分工动手改写或修订了。至于如何修订,事先也考虑好四条原则:有的内容需要改写,有的史料需要更正,有的观点需要修订,而更有许多新的研究成果需要增加。经过一年多的修改,2009年《中国古代史学史》便以新的面貌在人民出版社正式出版。从内容来说,比原来增加近三分之一。当然,在修改过程中,广大读者对原书喜闻乐见的那些特点,不仅要保持,而且要加以扩大,如增加的内容,就是偏重于史学常识性的一些书籍,这些书籍虽很重要,但一般很难了解其概况。总之,无论旧版还是新书,那些细心的读者都会发现,书中大多数章节都还留有我那些单篇论文的影子,这就是说,我这部著作,是在长期研究和积累的基础上慢慢发展起来的,没有那么多的单篇论文,也就不可能写出今天这么内容丰富的专门著作。

为了适应新方志编修事业的发展,满足修志同志的需求,从2001年初开始,我便对《方志学通论》进行修订,特别是增加新方志编修的内容,而在方志发展史中,则对隋唐五代图经内容进行全面改写。在初版中,对于什么是图经,我没有作正面回答,原因在于我虽然已经得到敦煌图经残卷,但尚未作深入研究,而学术界也都像猜宝一样,没有可信的说法。直到2000年上半年,利用到美国探亲访友的机会,在美国住了将近半年,完成了《从敦煌图经残卷看隋唐五代图经发展》一文的撰写工作。可以说,利用图经残卷,解开了图经研究千古之谜,既然如此,我在修订本中就该明明白白告诉读者,图经究竟是一种什么样的著作。同时也要告诉大家,我正是利用敦煌图经残卷,拨开迷雾,揭开了盖在图经上的神秘面纱,看清了庐山真面目。它既不是以图为主,更不是地图加文字说明,实际上已经接近于成型的方志,只不过内容简略而已。通过这次修订,全书内容已经相当完备了,原打算若无特殊情况,该书就到此为止,不再花更多时间了,还想多留点时间,抓紧将《谱牒学通论》撰写完稿。因为近年来花费在方志方面的时间也确实太多了些,以致史学史方面的文章也很少发表,难怪学术界有朋友曾调侃说:"您近年来已经不务正业了。"这完全是大实话。没有想到,《方志学通论》(修订本)出版时由于校对不精,留下的错误实在太多,甚至到了无法再让其正常流传的地步,否则就误人子弟了,这迫使我不得不对该书再出"增订本",这么一来,《谱牒学通论》的撰写自然又得向后推延,这就使我第三个研究方向的成果迟迟不能问世。

从事学术研究工作已整整 40 年了,回顾以往,有两点体会:第一,做学问不能赶风头,因为风向是常在变的,你永远也赶不上。章学诚说得很有道理:做学问必须专心致志,切忌三心二意,要做到"世之所重,而非吾意所期与,虽大如泰山,不遑顾也;世之所忽,而苟为吾意之所期与,虽细如秋毫,不敢略也。趋向专,故成功也易;毁誉淡,故自得也深"①。这些都是经验之谈,做学问必须按照自己的志趣、爱好和条件去努力,千万不可随波逐流以趋时尚,否则就很难得到高深的造诣。第二,不要贪多,一切围绕着自己的研究中心做文章。这里我还是引章学诚的话来说明,他告诉大家:"大抵文章学问,善取不如善弃。天地之大,人之所知所能,必不如其所不知不能,故有志于不朽之业,宜度己之所长而用之,尤莫要于能审己之所短而谢之。是以舆薪有所不顾,而秋毫有所必争,诚贵乎其专也。"②这就是说,要想在学术上做出成就,没有这种"善弃"的精神是很难想象的,因为人的精力有限,不分主次地样样都去研究,结果将是一无所成。所以必须尽量发挥自己的长处,珍惜光阴,刻苦奋斗。有的青年朋友曾经问我,既研究史学史、文献学,又研究方志学、谱牒学,精力是否分散。我回答说,看起来确实是好几门,但它们之间却是互相关联的,研究起来往往起到互补的效果,无须另立门户去研究。对于应酬文章之类,我也并非一概拒绝,往往借应酬文章而发表自己的观点。但是,若与我的研究范围无关,又不能借题发挥,我则一律不写,可以说毫无客气余地,只有这样,才能保住我的研究立于不败之地。

80 年过去了,一生中尝尽了人世间的酸甜苦辣,结交了一大批朋友,但因个性如此,心直口快,也得罪了一些友人,往往为了事业,又不得不如此。尽管一生坎坷,但由于自己奋力抗争,在研究领域还是取得了一定的成果,聊以自慰。

---

① 《文史通义新编》外篇三,《与朱沧湄中翰论学书》。
② 《文史通义新编》外篇三,《与周次列举人论刻先集》。

　　在讲到研究成果时,要感谢我的夫人任宁沪(雨奇,1943年生),几十年来,她将家务重担,里里外外,全部一人挑去,让我集中精力和时间做研究工作,她实际上成了我们这个家庭的顶梁柱。我是发自内心地感谢,但是从来没有在嘴上表露过。她是一位好强的女性,又是一位悟性很高的女性,学一样,会一样。退休以后,她上老年大学,学习花鸟画,又专攻牡丹,不到十年,不仅牡丹画得很好,自成一派,所画的金鱼、蝴蝶也都相当逼真,在庆祝中华人民共和国成立60周年绘画比赛中还获得全国二等奖。需要指出的是,她的绘画,完全是在繁重的家务劳动之余创作的,若是有充裕的时间,成就肯定会更加显著。目前又在学习书法,并已取得明显进步。

　　　　　　　(原载钱茂伟、叶建华主编《执着的史学追求:仓修良教授
　　　　　八十华诞庆寿文集》,华东师范大学出版社2012年10月版)

后　记

本人毕生致力于中国史学史、历史文献学、方志学、谱牒学的教学与研究，并在这些方面都有所建树，先后出版了《中国古代史学史》《方志学通论》《谱牒学通论》等多种著作，发表各类学术论文 200 多篇，并且还出版了几部论文集。其中山东教育出版社 2000 年版《史家·史籍·史学》，是我的第一部论文集，将我关于史学史研究的主要文章进行了全面总结。到了 2005 年，华东师范大学出版社又为我出了《仓修良探方志》，汇总了方志学研究的重要论文。后来浙江大学出版社请我编选重要的论文代表作，名为《史志丛稿》，列入"百年求是学术精品丛书"，于 2017 年出版。而这部《独乐斋文存》，其编选目的是为了将历年发表的散见于各种刊物的重要文章，以及相关序言书评进行搜集汇总，以便于读者查找阅读。因为其中有很多文章目前难以找到，一般人甚至都没有见过原书，比如我写的《八十自述》这篇长文，全面回顾了自己的人生历程与学术生涯，刊于《执着的史学追求：仓修良教授八十华诞庆寿文集》(华东师范大学出版社 2012 年版)；又如《一部反映杭州千年历史足迹的重要文献——〈武林坊巷志〉》，这篇文章对《武林坊巷志》进行了系统的研究和评介，多年前发表于《浙江方志》；而我为《浙江藏书家传略》所写的序，由于此书在书店里一直很少见，因此能够读到这篇文章的人不会很多，有人甚至都不知道这本书的存在。此外像我为《泗阳古今人物录》所作的序，由于该书出版时间很早，又是内部发行的，因此流传不是很广；而为《陕西省图书馆藏稀见方志丛刊》写的前言，由于是刊登在丛书的第一册，而且从未单独发表过，所以想要读到就更不容易了。因此，将这些分散且不易见的文章进行整理出版，是能够为读者提供一些便利的。

关于本书的具体内容，这里就一概不再谈了。然而细心的读者会发现，其中一篇题为《镇志编纂不应该抽象化》的文章，长不过千把字，内容也比较空洞无味，其中的观点都是老生常谈，没有什么新颖之处，和其他论文相比，差异非常明显。实际上这是根据我在新修《周庄镇志》第一次会上的发言录音整理而成的，严格来讲算不上是学术论文，也许有人要问：既然如此，为什么要收入这篇文章？这里主要想来讲讲这个问题。2007 年 6 月，重修《周庄镇志》的工作启动，当地方志办聘请我当顾问。我认为既然接受了请求，就应该"既顾又问"，实实在在地做一点有利于子孙后代的事情，决不能不管不问，空有其名。因此在接下来的几年时间当中，在我夫人的陪同下，频繁去周庄，为他们编修新志进行指导，直到志书定稿完成。其中大到业务培训、搭建框架，小到材料收集内容取舍、文字修改等，无不倾注了我的心血和精力，可以说，这部新修的《周庄镇志》是在我全面指导下才得以完成的。当时一同参加顾问指导的，还有原苏州市志办主任叶正亭同志，我们为这部志书的编修都付出了很多努力。在志书终审会上，由我作为主审专家发言指导，这在后来出版的志书中有照片为证。然而令人不可理解的是，昆山市志办的有些人（当时修志的主事者），不知出于何种目的，竟然在书出版之前，无端地凭空捏造出一个所谓的"编委会名单"，将一些有名无实、不顾不问的所谓专家，以及那些不甚相关却有级别的官员，都列入名单，堂而皇之地放在志书前面，而且在后记中只字不提笔者那些年为这部志书编修所作的贡献和付出的心血。这种偷天换日、瞒天过海的无理做法，实在令人感到气愤！胡乔木同志早就讲过，编修地方志的工作也是在做学问，既然如此，就要遵守做学问的规范，特别是要尊重学者的研究成果，对他的贡献要做出实事求是的评价，绝不能因为某种野心和险恶目的而将其埋没，欺骗世人！有的人对此难道不觉得汗颜和惭愧吗？笔者之所以详细讲了这件往事，是为了让读者知道一些相关情况和事情的真相，同时也要告诉大家，做人、做学问，一定要实事求是，要有学术良心、道德良知。章学诚早就指出，学者要有"史德"，也就是说治史者的心术要端正，要正大光明，不能搞阴谋诡计，更不能阿谀奉承。这都是我们需要牢牢记住的。

　　这本《文存》能够顺利出版，首先要感谢浙江人民出版社领导的大力支持，特别是王福群同志的鼎力相助，我的学生鲍永军、陈凯两位同志为搜集文章和编选篇目亦花费不少精力，在此一并致以诚挚的谢意！

　　前两年，外孙女写了篇她眼中的外公，发表在校报上，应该说很有几分传神。征得她的同意，放在书前，权作代序。

仓修良记于浙大独乐斋

2019 年 3 月 6 日